Wilhelm Hoegner

Die verratene Republik

Deutsche Geschichte 1919 - 1933

Nymphenburger Verlagshandlung

Ungekürzte Neuausgabe, Nymphenburger Verlagshandlung GmbH, München
1979, mit freundlicher Genehmigung des Isar-Verlags Dr. Günter Olzog KG,
München © Isar-Verlag Dr. Günter Olzog KG, München 1958
Alle Rechte, auch der photomechanischen Vervielfältigung und des auszugs-
weisen Abdrucks, vorbehalten.
Satz und Druck: J. C. Huber KG, Dießen
Bindung: Klotz, Augsburg
ISBN 3-485-01847-3
Printed in Germany

Inhalt

Vorwort

Dieses Buch ist 1934 während meiner Schweizer Emigration geschrieben. Es wurde von einem Schweizer Verlag abgelehnt, weil er das damalige gespannte Verhältnis zwischen der Schweiz und dem nationalsozialistischen Reich nicht weiter verschlechtern wollte. Nach 1945 war ich durch Amtsgeschäfte als bayerischer Ministerpräsident so stark in Anspruch genommen, daß ich zur Verwertung des Manuskripts keine Zeit fand. Erst nach meinem Rücktritt im Oktober 1957 nahm ich die Arbeit wieder hervor und bereitete sie für die Veröffentlichung vor, die 1958 erfolgte. Heute rechtfertigen schon die Umtriebe neonazistischer Kreise eine Neuausgabe meiner Darstellung der nationalsozialistischen Schreckensherrschaft in Deutschland. Vor allem erscheint es mir notwendig, vor einer Wiederkehr ähnlicher Verhältnisse zu warnen.

Der Untergang der Weimarer Republik ist zum großen Teil auf die Entschlußlosigkeit der demokratischen Parteien in der Zeit von 1930 bis 1933 zurückzuführen. Das damalige Zentrum und die Bayerische Volkspartei suchten eine Verständigung mit Hitler um jeden Preis. Die Demokraten konnten sich zu keinem Widerstand durchringen und stimmten schließlich sogar für das Ermächtigungsgesetz. Die Kommunisten waren der Meinung, daß man durch die Naziherrschaft hindurch müsse und daß an ihrem Ende der Kommunismus in Deutschland Einzug halten würde. Die Sozialdemokratie war auf die Gewerkschaften angewiesen. Diese vertraten in den Jahren nach dem »schwarzen Freitag« die Meinung, ein Generalstreik gegen die Nationalsozialisten würde nur die Folge haben, daß die damals über 6 Millionen Arbeitslosen in die bestreikten Betriebe einmarschieren würden. Der Parteivorstand der SPD hielt den Nationalsozialismus lange Zeit für eine bayerische Biergaudi und übersah die Erfolge der Nationalsozialisten in Mittel- und Norddeutschland. Er war von seinem Generalsekretär Friedrich Stampfer schlecht beraten. Stampfer freute sich sogar auf die Parteiarbeit in der Illegalität, er hielt die hartgesottenen SS-Kerle offenbar für Vertreter österreichischer Gemütlichkeit. So konnte es nicht ausbleiben, daß die verratene Republik widerstandslos unterging. Für die Sozialdemokratie wird es ein Ruhmesblatt bleiben, daß sie als einzige Partei im Reichstag gegen das Ermächtigungsgesetz stimmte.

München, im Dezember 1978

Wilhelm Hoegner

Einleitung

Die deutsche Gegenrevolution von 1933 ist die Beseitigung der durch die Revolution von 1918 geschaffenen Staatsordnung von Weimar, der deutschen demokratischen Republik. Das Mittel, durch das sie siegte, die mehr oder minder verhüllte Gewalt, unterscheidet sie von einer bloßen politischen Reaktion oder einer friedlichen Restauration. Sie ist nicht das Werk eines einzigen Mannes, sondern einer Gegenbewegung, deren Anfang und Ursachen in der Novemberrevolution von 1918 selbst gelegen sind. Ihre Träger sind die Gesellschaftsschichten, die damals von der siegreichen Arbeiterklasse überrannt wurden: das Großbürgertum, die feudalen Grundherren und die nationalistische preußische Generalität. Das Kleinbürgertum hat, wie immer in der Geschichte, nur die Rolle des Werkzeugs der Großen gespielt.

Im Gegensatz zu Rußland war der deutsche Umsturz von 1918 nicht der entscheidende Sieg einer Gesellschaftsklasse über eine andere, sondern nur die Ersetzung der politischen Vorherrschaft der Fürsten, Junker und Generale durch eine Volksherrschaft unter anfänglicher Führung der Sozialdemokratie. Die Uneinigkeit der deutschen Arbeiterschaft in der entscheidenden geschichtlichen Stunde erhielt den feudalen Herren und Industriemagnaten nicht nur ihre wirtschaftliche Macht, sondern sie zwang die Sozialdemokratie auch, zur Rettung des deutschen Volkes vor dem Bolschewismus und vor dem Zerfall, die alte Militärorganisation der Kaiserzeit zu Hilfe zu rufen. Das ermöglichte es den gegenrevolutionären Kräften, sich wieder zu sammeln und zielbewußt an die Zerstörung der Weimarer Republik von innen heraus zu gehen. Ihr Übergewicht in der Wehrmacht war schon in der zweiten Hälfte des Jahres 1919 entschieden. Seitdem war die Sozialdemokratie in die Verteidigung gedrängt. Daß die Gegenrevolutionäre trotzdem noch 13 Jahre brauchten, um wieder die politische Macht zu erobern, ist ein glänzendes Zeugnis für die zähe Widerstandskraft der deutschen Sozialdemokratie. Zuletzt ist sie erst dadurch überwunden worden, daß es den Kapitalisten mit dem Einsetzen der Weltwirtschaftskrise und der Riesenarbeitslosigkeit nach 1930 gelang, den sozialdemokratischen Einfluß in der deutschen Arbeiterschaft entscheidend zu schwächen und den vierten Stand dadurch bündnisunfähig zu machen. Der Niedergang der Sozialdemokratie erst veranlaßte das verängstigte Bürgertum, sich einem anderen Retter vor dem Bolschewismus in die Arme zu werfen, der tatendurstig an der Tür stand: dem Nationalsozialismus. Um nicht dem Bolschewismus den Kassenschrank ausliefern zu müssen, verschrieben sich so die Kapitalisten einem Hitler, der ihnen versprochen hatte, mit dem Trinkgeld der politischen Macht zufrieden zu sein.

Die Gegenrevolution hat sich in drei gewaltigen Vorstößen des Staates von Weimar zu bemächtigen gesucht. Der erste, der Kapp-Putsch von 1920, ging von den alten militärischen Kräften um Ludendorff aus. Er scheiterte an der Einigkeit der deutschen Arbeiterschaft in der Stunde der Gefahr, der Verfassungstreue der hohen Staatsbürokratie, der Unentschlossenheit des Großbürgertums und dem Mangel an Volk, von dem kein nennenswerter Teil hinter den rebellierenden Generalen stand. Der Ansturm gegen die demokratische Republik im Herbst 1923 war bereits von einer in einzelnen Teilen des Reiches bedeutenden Volksbewegung getragen. Er brach zusammen, weil sich die Gegenrevolutionäre über Führung und Ziel untereinander völlig uneins waren und die militärische Macht der Republik unter General Seeckt gegen sie Stellung nahm. Der letzte Angriff, der um 1929 begann, führte die Gegenrevolution mit Hilfe der Weltwirtschaftskrise zum Ziel. Diese erst erschütterte Gesellschaft, Wirtschaft und Staat und führte jener immer größere Volksmassen zu, die aus dem Elend der Arbeitslosigkeit keinen Ausweg mehr sahen als die Hoffnung auf die Freuden des Dritten Reiches. Das Bündnis dieser scheinsozialistischen Bewegung mit dem Junkertum, der Großindustrie und der Reichswehr bedeutete den Untergang der demokratischen Republik. Ihr Schicksal war schon seit Brünings Abgang entschieden. Von da ab ging es nur noch darum, ob die nach rückwärts schauenden und auf die Wiederherstellung der Monarchie hinarbeitenden gegenrevolutionären Kräfte oder die Nachahmer des italienischen Faschismus die Oberhand bekommen sollten. Wie nicht anders zu erwarten war, hat die Jugend über die Vergangenheit, Hitler über Hindenburg gesiegt.

Die Revolution von 1918 entsprang der zuletzt übermächtigen Sehnsucht des im Weltkrieg unsäglich leidenden deutschen Volkes, das System der Machtvergottung und des Völkerhasses, das zu diesem unmenschlichen Blutbad geführt hatte, durch eine internationale Rechtsgemeinschaft im Zeichen der Völkerversöhnung zu ersetzen. Daneben sollte der imperialistische Kapitalismus, der eine der Hauptursachen des Krieges gewesen war, von einem System der wirtschaftlichen

Ordnung, dem Sozialismus, abgelöst werden. Um das Mitbestimmungsrecht des ganzen Volkes über Krieg und Frieden, über Leben und Tod von Millionen Menschen zu sichern, wurde der alte Obrigkeitsstaat im Innern durch den Volksstaat ersetzt. Der Verlust des Weltkriegs, die völlige Entwaffnung und die ungerechte Behandlung im Friedensvertrag schienen Deutschland dazu zu bestimmen, aus einem Träger der Machtstaatsidee ein Vorkämpfer des Rechtsgedankens im Völkerleben zu werden und sein verlorenes Recht durch friedliche Revision der Verträge zu suchen. Aber dieser Weg zur Wiedergewinnung seines Selbstvertrauens und seiner Weltgeltung wurde ihm von kurzsichtigen Siegern versperrt. Während andere Völker durch die Friedensverträge ihre Freiheit erlangten, wurde Deutschland verstümmelt, dem österreichischen Stamme der Anschluß verwehrt und damit die politische Einigung der deutschen Nation in unabsehbare Ferne gerückt. Das deutsche Volk wurde aus der Gemeinschaft der Völker ausgestoßen, zum Verbrecher gestempelt, um den versprochenen Wilson-Frieden geprellt, vier Jahre lang mit allen Launen und Tücken des Versailler Vertrags gequält, gedemütigt und zur Verzweiflung getrieben. Durch diese Erfahrungen starb der Glaube an Gerechtigkeit im zwischenstaatlichen Leben ab, denn offensichtlich bekam vor dem Gerichtshof der Völker nur Recht, wer auch die entsprechende Macht besaß. Da flammte im deutschen Volk wieder der alte Nationalismus auf, die zurückgedrängten kriegerischen Instinkte brachen wieder hervor und nahmen von der heranwachsenden Jugend Besitz. Die Verfechter der zwischenstaatlichen Rechtsgemeinschaft und der Völkerversöhnung wurden als Landesverräter gebrandmarkt und ausgemerzt, die ganze Nation in einer »nationalen Erhebung« in eine neue militärische Ordnung unter Führung der alten Herrenschichten gepreßt. Die militärischen Fesseln des Versailler Vertrags wurden von Deutschland abgestreift und die größten kriegerischen Anstrengungen unternommen, um die Niederlage von 1918 auszuwetzen und alle Deutschen Europas in ein straffes Einheitsreich zusammenzufassen.

Die sozialistische Neuordnung der Wirtschaft wurde von der Revolution von 1918 kaum in Angriff genommen, sondern lediglich der vierte Stand in Staat und Wirtschaft entscheidend besser gestellt. Gegen eine sofortige Sozialisierung sprach damals nicht nur der zerrüttete Zustand der Volkswirtschaft, sondern auch die nicht unbegründete Furcht, durch Vergesellschaftung der Kraftquellen und Betriebe den Reparationsgläubigern den Zugriff auf deutsches Vermögen zu erleichtern. So ging das kapitalistische System aus dem Weltkrieg und den Nöten der Nachkriegszeit erstarkt hervor. Als es dann durch die furchtbare Prüfung der Weltwirtschaftskrise in seinen Grundlagen in Frage gestellt wurde, verstanden es die Beherrscher der kapitalistischen Wirtschaft, die neue Bewegung des Nationalsozialismus in ihren Dienst zu stellen, die durch Antisemitismus und Antimarxismus die »antikapitalistische Sehnsucht« der breitesten Volksschichten ablenkte und ihnen einen Scheinsozialismus der leeren Worte und Äußerlichkeiten aufzuschwätzen verstand. Er hat im Dritten Reich nur zu einer babylonischen Verwirrung der Wirtschaft, zur Verschlechterung der sozialen Lage der Arbeiterschaft und zur Militarisierung der ganzen Arbeit der Nation, zu einer Wiederauferstehung der Zwangswirtschaft der Kriegsjahre geführt. Die freie deutsche Arbeiterbewegung, die im Staat von Weimar den sozialen Fortschritt und den allmählichen Übergang zu einer sozialistischen Bedarfs- und Planwirtschaft zu verbürgen schien, besteht nicht mehr. Sie hat ihre Niederlage, abgesehen von politischen Ursachen, vor allem den inneren Bruderkämpfen, der mangelnden Vorbereitung zur Machtübernahme und dem fehlenden Willen zur Macht, der unbesehenen Übernahme der alten Staatsbürokratie und der alten Heeresorganisation und der Duldung von bewaffneten Verbänden neben der Polizei zu verdanken. So wurde an die Stelle des bürgerlichen Rechtsstaates von Weimar der Bandenstaat Hitlers gesetzt. Gegenwärtig hat es den Anschein, als ob die europäischen Völker erst durch die Leiden eines neuen Weltbrandes, durch eine abermalige Katastrophe von unvorstellbarem Ausmaß für eine internationale Rechts- und Friedensordnung reif gemacht werden könnten, in der jeder Nation ihr natürliches Recht und ihr Platz an der Sonne gesichert ist. Haß und Mord, Gewalt und Mißtrauen regieren die Stunde, und die Vertreter des Rechtsgedankens sind Rufern in der Wüste gleich. Aber die Wellenbewegung der Geschichte wird sie wieder in die Höhe tragen, weil die leidende Menschheit einen Zustand des barbarischen Machtwahns und der blutigen Verhöhnung allen Rechtes und aller Menschlichkeit auf längere Dauer nicht mehr erträgt. Gegen den übermächtigen Zwang einer Staatsorganisation, die das Glück und Leben des einzelnen Menschen einem finsteren Staatsgötzen opfert und für den Größenwahn und die Ruhmsucht einer Führerschicht ganze Völker zur Schlachtbank führen will, wird sich früher oder später wieder die natürliche Sehnsucht des Menschen nach Freiheit, Glück und Frieden erheben und die Ketten sprengen, an die sie heute geschmiedet ist. Kerker und Ketten waren nicht das unabwendbare Schicksal des deutschen Volkes und der deutschen Arbeiterschaft. Sie wären zu vermeiden gewesen. Das bezeugt diese Geschichte der Gegenrevolution, die kommende Freiheitskämpfer mahnt, am Tage des Sieges stark zu sein und das Notwendige zur Sicherung von Freiheit, Frieden und Brot für alle Volksschichten besser zu tun, als es nach dem Umsturz von 1918 geschehen ist.

Zürich, 1934   *Der Verfasser*

I Vom Zusammenbruch bis zum Kapp-Putsch

Der Zusammenbruch

Im Herbst 1918 brachen nach mehr als vier Kriegsjahren die stärksten Stützen des preußischen Obrigkeitsstaates zusammen: der preußische Militarismus und das persönliche Regiment. Die Oberste Heeresleitung, die seit ihrem Eintreten für den unbeschränkten Unterseebootskrieg die Staatsleitung an sich gerissen hatte, wurde wieder der Politik der verantwortlichen Reichsführung unterstellt. Der Selbstherrscher aller Preußen sah sich gezwungen, dem deutschen Volk ein Mitbestimmungsrecht über sein eigenes Schicksal einzuräumen, um es zu einer letzten Kraftanstrengung für die Rettung des Reiches in die Höhe zu reißen.

Nach den mißglückten deutschen Großangriffen im Westen und der schweren deutschen Niederlage vom 8. August 1918 bei Albert erkannten Kaiser und Oberste Heeresleitung, daß der Krieg nicht mehr zu gewinnen war. Einsichtige militärische Führer, wie der bayerische Kronprinz Rupprecht, forderten damals ein sofortiges Friedensangebot. Der Kronrat im großen Hauptquartier in Spa kam am 14. August zu dem Ergebnis, erst nach dem nächsten Erfolg im Westen Fäden zu einer Verständigung mit dem Feind anzuspinnen. Dieser Erfolg blieb aus. Die Kriegslage verschlechterte sich, Österreich bot dem amerikanischen Präsidenten auf eigene Faust, allerdings vergeblich, den Frieden an. Nach dem Durchbruch der mazedonischen Front am 15. September 1918 steigerte sich in der Obersten Heeresleitung, vor allem bei Ludendorff, die Besorgnis über die militärischen Fehlschläge zur krankhaften Angst vor einer plötzlichen militärischen Katastrophe, so daß er zuletzt völlig die Nerven verlor und auch die Reichsleitung in die verhängnisvolle Panikstimmung hineinriß. Nach dem Abfall Bulgariens am 27. September 1918 wurden sich Ludendorff und Hindenburg über die Notwendigkeit eines unverzüglichen Friedens- und Waffenstillstandsangebots einig. Sie forderten im Kronrat in Spa am 29. September ein sofortiges Waffenstillstands- und Friedensgesuch und zu diesem Zweck die Bildung einer neuen verhandlungsfähigen Reichsregierung. Der Staatssekretär von Hintze schloß sich für das Auswärtige Amt diesem Verlangen an, der Kaiser stimmte schließlich zu. Am 1. Oktober ließ Ludendorff dem Auswärtigen Amt die dringende Bitte übermitteln, das deutsche Friedensangebot sofort hinausgehen zu lassen. Heute halte die Truppe noch, was morgen geschehen könne, sei nicht vorauszusehen. Am gleichen Tag stürmte er im Großen Hauptquartier, als der Reichskanzler Graf Hertling mit dem Kaiser wegen des Kanzlerwechsels unterhandelte, unangemeldet ins Zimmer und fragte höchst erregt, ob die neue Regierung noch nicht gebildet sei. Als der Kaiser barsch erwiderte, er könne doch nicht zaubern, rief Ludendorff: »Die Regierung muß aber sofort gebildet werden, denn das Friedensangebot muß noch heute hinaus.« Aber auch der Generalfeldmarschall Hindenburg ließ dem Vizekanzler von Payer am 1. Oktober mitteilen: »Wenn bis heute abend 7 bis 8 Uhr Sicherheit vorhanden ist, daß Prinz Max von Baden die Regierung bildet, so bin ich mit dem Aufschub des Friedensangebots bis morgen vormittag einverstanden. Sollte dagegen die Bildung der Regierung irgendwie zweifelhaft sein, so halte ich die Ausgabe der Erklärung an die fremden Regierungen heute nacht für geboten.« Unmittelbar darauf sandte der Vertreter des Auswärtigen Amts beim Kaiser, wirklicher Legationsrat von Grünau, folgendes dringende Telegramm an das Auswärtige Amt: »General Ludendorff sagte mir eben in Gegenwart von Oberst Heye und Lersner, Euer Exzellenz seine dringende Bitte zu übermitteln, das Friedensangebot sofort hinausgehen zu lassen und damit nicht erst bis zur Bildung der neuen Regierung zu warten, die sich verzögern könne. Heute halte die Truppe noch und wir seien noch in einer würdigen Lage, es könne aber jeden Augenblick ein Durchbruch erfolgen und dann käme unser Angebot im allerungünstigsten Moment. Er käme sich vor wie ein Hasardspieler und es könnte jederzeit irgendwo eine Division versagen. Ich habe den Eindurck, daß man hier völlig die Nerven verloren hat und möchte glauben, daß wir schlimmstenfalls nach außen hin den Schritt mit der Haltung Bulgariens begründen können.« Um Mitternacht des gleichen Tages telegrafierte der Vertreter des Auswärtigen Amts im Großen Hauptquartier, Freiherr von Lersner, an das Auswärtige Amt: »General Ludendorff erklärte mir, daß unser Angebot von Bern aus sofort nach Washington weitergehen müsse. 48 Stunden könne die Armee nicht mehr warten. Er bäte Eure Exzellenz dringendst, alles zu tun, damit das Angebot auf allerschnellste Weise durchkäme.«

Alle politischen Einwendungen gegen das überstürzte Angebot

schnitt Ludendorff mit der Bemerkung ab, er müsse die Armee retten. Trotzdem weigerte sich der in Aussicht genommene neue Reichskanzler Prinz Max von Baden zunächst, dem Druck der Obersten Heeresleitung nachzugeben, weil er die Folgen eines Angebots im gegenwärtigen Augenblick für verheerend hielt. Endlich erklärte er sich nach Vorstellungen Hindenburgs, der eigens nach Berlin gekommen war, zur Absendung einer Note bereit, wenn die Oberste Heeresleitung ein schriftliches Gutachten abgebe, daß die militärische Lage an der Westfront eine Verzögerung des Angebots bis zum 5. Oktober nicht mehr ertrage. Daraufhin schrieb Hindenburg den folgenden Brief vom 3. Oktober 1918: »Die Oberste Heeresleitung bleibt auf ihrer am Sonntag, den 29. September dieses Jahres, gestellten Forderung der sofortigen Herausgabe des Friedensangebots an unsere Feinde bestehen. Infolge des Zusammenbruchs der mazedonischen Front, der dadurch notwendig gewordenen Schwächung unserer Westreserven und infolge der Unmöglichkeit, die in den Schlachten der letzten Tage eingetretenen sehr erheblichen Verluste zu ergänzen, besteht nach menschlichem Ermessen keine Aussicht mehr, dem Feind den Frieden aufzuzwingen. Der Gegner seinerseits führt ständig neue frische Reserven in die Schlacht. Noch steht das deutsche Heer festgefügt und wehrt siegreich alle Angriffe ab. Die Lage verschärft sich aber täglich und kann die Oberste Heeresleitung zu schwerwiegenden Entschlüssen zwingen. Unter diesen Umständen ist es geboten, den Kampf abzubrechen, um dem deutschen Volk und seinen Verbündeten nutzlose Opfer zu ersparen. Jeder versäumte Tag kostet Tausende von tapferen Soldaten das Leben. gez. von Hindenburg, Generalfeldmarschall.«
Das war das volle Eingeständnis des militärischen Zusammenbruchs. Seine Bekanntgabe durch eine deutsche Bitte um Waffenstillstand mußte bei den gegnerischen Staaten den Wunsch und Willen steigern, Deutschland zu guter Letzt doch noch auf die Knie zu zwingen, beim deutschen Volk und Heer aber die letzte Widerstandskraft ertöten. In klarer Voraussicht dieser unvermeidlichen Wirkungen ließ Prinz Max von Baden den General Ludendorff um seine Zustimmung bitten, daß nur ein Friedensangebot ohne Waffenstillstandsersuchen gemacht werde, Ludendorff blieb aber auf der baldigen Absendung des Waffenstillstandsangebots bestehen. Mit Note vom 3. Oktober 1918 ersuchte dann die deutsche Regierung den Präsidenten der Vereinigten Staaten, die Herstellung des Friedens auf der Grundlage der 14 Punkte Wilsons in die Hand zu nehmen und, um weiteres Blutvergießen zu vermeiden, den sofortigen Abschluß des Waffenstillstands zu Lande, zu Wasser und in der Luft herbeizuführen. Die

Wirkung dieser Note auf das deutsche Volk war niederschmetternd. Die deutsche Öffentlichkeit war in keiner Weise auf die Niederlage vorbereitet, noch in den ersten Septemberwochen war auf Plakaten stolz verkündet worden, daß uns der Endsieg sicher sei. Weite Kreise wollten das Unfaßbare nicht glauben. Walther Rathenau bezeichnete in der »Vossischen Zeitung« den Friedensschritt als übereilt und forderte die allgemeine Volkserhebung (levée en masse) zur Verteidigung des Vaterlandes nach dem Beispiel Carnots zu Beginn der Französischen Revolution. Die Reichsregierung lehnte eine solche Massenerhebung als undurchführbar ab, weil sie in der Kriegsorganisation einen heillosen Wirrwarr anrichten würde. Selbst Ludendorff erklärte am 8. Oktober, daß er sich von der Massenerhebung trotz des Menschenmangels nichts verspreche und daß sie mehr stören würde, als man vertragen könne.

Acht Tage später waren die wesentlichen Bedingungen Wilsons für die Einleitung von Waffenstillstandsverhandlungen bekannt: Räumung der besetzten Gebiete durch die deutschen Truppen, Einstellung des unbeschränkten U-Bootkriegs, völlig befriedigende Sicherheiten und Bürgschaften für die Fortdauer der militärischen Überlegenheit der Alliierten, Vernichtung der kaiserlichen Macht. Jetzt fragte die Oberste Heeresleitung sofort bei der Reichsregierung an, ob das deutsche Volk noch einmal im Kampf bis zum äußersten mitgehen würde oder ob die moralische Widerstandskraft zu sehr erschöpft sei. Dieser Stellungswechsel wurde in einer Besprechung der Staatssekretäre von Dr. Solf als Verschiebung der Verantwortlichkeit gebrandmarkt. Er wies mit Recht darauf hin, daß die gedrückte Stimmung des deutschen Volkes vom sichtlichen Zusammenbruch der militärischen Macht herrühre. Offenbar suche sich Ludendorff der Verantwortung für die furchtbaren Folgen des deutschen Waffenstillstandsangebots zu entziehen. Er hatte den Schuß gewollt. Nun verschloß er die Augen vor der tödlichen Wunde, die das Geschoß verursacht hatte. In der Sitzung des Kriegskabinetts vom 17. Oktober forderte er die Sozialdemokraten auf, das Volk zu packen und hochzureißen zum Kampf bis zum letzten Mann, und stellte nach der Zusage von 600 000 Mann Ersatz durch den Kriegsminister Scheüch weiteren Widerstand als möglich hin. In Wirklichkeit hatte er schon am 10. Oktober von diesem Ersatz gewußt. Der Reichskanzler wertete deshalb seine Darlegungen in dieser Sitzung als Stimmungsmache und verlor das Vertrauen zum Menschen Ludendorff. Der unbeschränkte U-Bootkrieg wurde gegen den Willen der Obersten Heeresleitung eingestellt. Nach der Note des amerikanischen Staatssekretärs Lansing vom 23. Oktober fuhren Hindenburg und Ludendorff nach Berlin und verlangten vom Kaiser den Abbruch der Friedensverhandlungen und den Aufruf des deutschen Volkes zum letzten Widerstand mit Waffengewalt. Irgendwie befriedigende Erklärungen über die militärischen Aussichten und die Möglichkeit eines besseren Friedens bei Fortsetzung des Krieges konnten sie aber der Reichsregierung nicht geben. Sie wollten nur noch die Soldatenehre retten. Die Reichsregierung lehnte es ab, der Soldatenehre das Volk zu opfern, und setzte beim Kaiser die Entlassung Ludendorffs durch. Der mächtigste General des Weltkriegs, der jahrelang der politischen Führung des Reiches seinen Willen aufgezwungen hatte, entging so der Notwendigkeit, den schimpflichen Waffenstillstand mit seinem Namen decken zu müssen. Vielleicht hätte ihm ein solcher Abschluß seiner Laufbahn die Weisheit des Maßhaltens in allen Dingen eingeprägt, die seiner rohen, übersteigerten Kraftnatur versagt war.

So aber konnte er im letzten Augenblick ausbrechen und als einer der einflußreichsten Wortführer der Gegenrevolution die Schuld am deutschen Zusammenbruch von der Heeresleitung auf die Heimat abwälzen. Aber das Schicksal hatte ihn dazu bestimmt, nicht nur den Krieg, sondern auch Bürgerkriege zu verlieren. Die beiden gegenrevolutionären Erhebungen, die unter seiner geistigen Leitung standen, der Kapp-Putsch von 1920 und der Hitler-Putsch von 1923, brachen zusammen.

Die Demokratisierung Deutschlands war seit dem August 1914 unabweisbar geworden. In Preußen aber stieß sie auf Schwierigkeiten besonderer Art. In diesem noch halbfeudalen Land war der Staat auf einem Schutz- und Trutzbündnis zwischen den Junkern und dem Landesfürsten aufgebaut. Der Adel lieferte den Offiziers- und Beamtenstand und stellte sich jederzeit schützend vor die Rechte der Krone. Dafür wurden die wirtschaftlichen Bedürfnisse der Junkerklasse mit dem Staatsinteresse gleichgestellt. Bismarck hatte einen Ausgleich zwischen Volksstaat und Junkerstaat in der Weise zu schaffen versucht, daß er im Reich eine auf freiem Wahlrecht beruhende Volksvertretung schuf, in Preußen aber alles beim alten ließ. Die Verschmelzung der beiden entgegengesetzten Staatsauffassungen war jedoch nicht gelungen. Vielmehr sagte sich der größte Teil des Bürgertums von der demokratischen Überlieferung des Jahres 1848 los und verbündete sich mit dem Junkertum. Der Riß zwischen Volk und Staat wurde dadurch nur vergrößert. Immer deutlicher zerfiel das deutsche Volk in zwei große Klassen. Auf der einen Seite standen die Besitzenden, deren Reichtum noch durch politische Vorrechte gegen die »Begehrlichkeit« der Volksmassen gesichert war. Sie waren geblendet von dem Reichtum, den das Zeitalter des Hochkapitalismus über sie ausschüttete, sie fuhren mit vollen Segeln in der Strömung des wirtschaftlichen und politischen Imperialismus dahin, die seit den 90er Jahren Deutschland in die Welt- und Kolonialpolitik trug. Am anderen Ufer lagerten die Millionen der Besitzlosen, niedergedrückt durch den immer härteren Kampf ums nackte Dasein, durch das unselige Sozialistengesetz vom Staat abgestoßen, ausgeschlossen von der Gestaltung der deutschen Geschicke und deshalb zur unfruchtbaren Kritik verurteilt, als Schwarzseher und vaterlandslose Gesellen gebrandmarkt, unbedingte Anhänger einer unzweideutigen Friedenspolitik. Die Brücke bildete der politische Katholizismus, der zwar von Bismarck einmal zum Reichsfeind erklärt worden war, sich aber einen ständig wachsenden Einfluß auf die Reichspolitik gesichert hatte. Nach dem Ausbruch des Weltkriegs schlossen sich die beiden Lager angesichts der Welt von Feinden zur Verteidigung des Vaterlandes zusammen, aber der Burgfrieden hielt nicht lange an. Bei jeder gewonnenen Schlacht wuchs bei den herrschenden Schichten das Verlangen nach einem Siegfrieden oder doch einem Sicherheitsfrieden. Der Eroberungstaumel hatte zeitweise sogar ernsthafte Politiker des Zentrums und der bürgerlichen Linken erfaßt. Das leidende Volk lehnte einen Eroberungskrieg ab. Seit 1916 fraß sich in Stadt und Land die Meinung ein, daß die lange Kriegsdauer mit deutschen Eroberungszielen zusammenhänge. Das Wort vom »Schwindel« des Kriegs wurde gang und gäbe in der Heimat und an der Front.

Das Volk sah in den Reihen der »Kriegsverlängerer« die gleichen Kreise der Besitzenden, die der Aufhebung des Klassenwahlrechts widerstrebten, daneben die üblen Gestalten der Schieber und Wucherer, denen der Krieg Erwerb und Wohlleben, der Friede den Geschäftsverlust bedeutete. Der Unmut des Volkes erreichte seinen Höhepunkt, als im letzten Kriegsjahr die deutschen Fürsten sich um Herzoghüte und Königskronen in den ehemals russischen Randstaaten zu balgen begannen. Die Oberste Heeresleitung mischte sich, anstatt sich auf ihre militärischen Aufgaben zu beschränken, in die Innen- und Außenpolitik des Reiches ein. Schon bei der Entscheidung über den unbeschränkten Unterseebootkrieg, der noch mehr eine außenpolitische Frage von größter Tragweite als eine militärische Frage war, hatte sie gegenüber den Bedenken der politischen Reichsleitung ihren Standpunkt durchgedrückt und die Kriegserklärung der Vereinigten Staaten an Deutschland verschuldet. Die Eroberungs- und Sicherheitspolitiker fanden ihre stärkste Stütze in Hindenburg und

Ludendorff. An der Friedensresolution vom 19. Juli 1917 hatte die Oberste Heeresleitung zwar mitgearbeitet, sie aber grundsätzlich abgelehnt. Das erlösende Wort über einen Frieden ohne Eroberungen und Entschädigungen und der Verzicht auf Belgien wurde auf Betreiben der Obersten Heeresleitung von der Reichsregierung nicht ausgesprochen. Der Reichskanzler Bethmann-Hollweg wurde gestürzt, weil sich Ludendorff mit ihm nicht vertrug. In der Wahlrechtsfrage stand die Oberste Heeresleitung hinter der ablehnenden Haltung der konservativen Partei, obwohl schon jahrelang an der Demokratisierung der Verfassung herumgeschustert worden war und kaiserliche Versprechen auf ihre Erfüllung warteten. Nach dem Sturz des Zarismus in Rußland wurde es aber auch in Deutschland die allgemeine Überzeugung, daß die Tage auch des preußischen Selbstherrschertums gezählt seien. Trotzdem vereitelte Ludendorff noch im Frühjahr 1918 die Auflösung des Preußischen Abgeordnetenhauses und damit die preußische Wahlrechsreform, weil diese Maßnahme während der großen Offensive im Westen nicht rätlich sei.

Erst nach den großen Niederlagen im Westen kam auch die Oberste Heeresleitung zur Einsicht, daß der inzwischen immer größer gewordene Riß zwischen den Regierenden und den Volksmassen in Deutschland durch stärkere Heranziehung der Vertrauensmänner des Volkes zur politischen Verantwortung geschlossen werden müsse. Nach einer von Philipp Scheidemann in seinem Buch »Der Zusammenbruch« wiedergegebenen Äußerung des Demokraten von Payer, vom 8. Dezember 1915, wäre es damals der Mehrheit unter seinen bürgerlichen Kollegen lieber gewesen, wenn die Sozialdemokraten nicht für die Kriegskredite gestimmt hätten. Die Ernennung des unbedeutenden Michaelis zum Reichskanzler sollte nach der Absicht Ludendorffs vor allem dem Zweck dienen, die Sozialdemokratie als ausschlaggebenden Faktor der deutschen Innen- und Außenpolitik wieder auszuschalten. Die Ernennung des Grafen Hertling zum Reichskanzler wurde von den Hofkreisen deshalb eifrig betrieben, weil man hoffte, daß dieser in der parlamentarischen Taktik viel erfahrene bayerische Ministerpräsident »das unnatürliche Bündnis« zwischen Sozialdemokraten und Zentrum sprengen würde. Als im Ministerium Hertling-Payer-Friedberg tatsächlich die Sozialdemokraten fehlten, atmeten die Konservativen auf. Nun, nach dem Scheitern der militärischen Pläne im Westen, brauchte man die Sozialdemokraten zur seelischen und geistigen Vorbereitung des nationalen Widerstandes. Gleichzeitig hoffte man, daß ihre Hereinnahme in die Regierung auf die Friedensverhandlungen einen günstigen Einfluß ausüben würde. Um diesen Preis war man bereit, die jahrhundertealte innige Gleichstellung der Junkerinteressen mit dem Staatsinteresse, die Grundlage des alten preußischen Staates, fallenzulassen.

Seit Juli 1917 war es im Reichstag zu einer Art Bündnis einer Reichstagsmehrheit aus Zentrum, Sozialdemokraten und Fortschrittlicher Volkspartei auf folgender Grundlage gekommen: allgemeines, gleiches und geheimes Wahlrecht in Preußen, Verständigungsfriede ohne Eroberungen und Entschädigungen. Diese Mehrheit hatte allmählich steigenden Einfluß auf die Regierungsbildung bekommen. Als Ende September 1918 die Stellung des Grafen Hertling, der Gegner der Parlamentarisierung war, unhaltbar wurde, griff man wieder auf diese Reichstagsmehrheit zurück. Auswärtiges Amt und Oberste Heeresleitung forderten am 29. September die Umbildung der Regierung auf breiter Grundlage. Ludendorff erklärte sich mit einer Kanzlerschaft des Prinzen Max von Baden einverstanden. Dieser dachte zuerst daran, eine Reichsregierung der nationalen Verteidigung aus Vertretern aller Parteien zu bilden. Am 2. Oktober erklärten sich die Konservativen bereit, auch unter Opfern der Überzeugung, sich an einer parlamentarischen Regierung zu beteiligen, um alle Kräfte des Volkes in geschlossener Einheitsfront für die ehrenvolle Beendigung des Krieges einzusetzen. Die Reichstagsmehrheit hielt jedoch die Heranziehung der Rechten vor allem aus außenpolitischen Gründen für schädlich und lehnte sie ab. Insbesondere die Sozialdemokraten wollten unter keinen Umständen mit den Konservativen zusammenarbeiten. Auch Prinz Max von Baden glaubte schließlich, das deutsche Friedensangebot müsse den Eindruck der Schwäche und Unaufrichtigkeit machen, wenn die Anhänger des Eroberungsfriedens sich plötzlich zu den Grundsätzen des Präsidenten Wilson bekannten. Auch dem nationalliberalen Führer Dr. Stresemann, der in diesen Tagen die Grundsätze der Reichstagsmehrheit annahm, wurde bedeutet, daß man ihn und seine Gesinnungsgenossen in der Opposition brauche, nicht aber in der Regierung. Er war darüber mit Recht betroffen. Die Stellungnahme des Reichskanzlers und der Reichstagsmehrheit war verhängnisvoll. Sie nützte außenpolitisch nichts und führte die schwersten innerpolitischen Folgen herbei. Bei den Kriegsgegnern Deutschlands waren auch die Sozialdemokraten, auf deren Mitarbeit man jetzt soviel Wert legte, nicht beliebt. Sie waren auf der Stockholmer Konferenz von ihren Bruderparteien wegen Bewilligung der Kriegskredite aufs schwerste angegriffen worden. Die Geschlossenheit des gesamten deutschen Volkes in der Frage der 14 Punkte Wilsons und der Demokratisierung Deutschlands hätten ihren

Eindruck nicht verfehlt. Jedenfalls wäre eine solche Haltung würdiger gewesen als die überkluge Erwägung, durch Zurschaustellung der deutschen Uneinigkeit in der höchsten Gefahr für Staat und Volk den Gegner milder stimmen zu wollen. Innenpolitisch war es eine Torheit sondergleichen, den Konservativen, die noch vor zwei Tagen gegen einen Verzicht auf Sicherungen in Belgien und Kriegsentschädigung gewettert hatten, die Festlegung auf einen Verständigungsfrieden zu ersparen. Sie, und gerade sie, hätten die versalzene deutsche Suppe mit auslöffeln müssen. So aber baute man ihnen eine goldene Brücke für die Flucht aus der Verantwortung. In der sozialdemokratischen Partei hatte man eine Ahnung von kommenden Dingen, als die Frage der Beteiligung an der Regierung des Prinzen Max von Baden zur Erörterung stand. Mit Recht fragten Politiker wie Scheidemann und Stampfer, ob es einen Sinn hätte, in ein bankrottes System hineinzugehen. Ebert stellte die Gegenfrage, ob man sich den Vorwurf machen lassen könne, die deutsche Sozialdemokratie habe in der größten Gefahr sich dem Vaterlande versagt. Sein Standpunkt siegte, die Beteiligung an der Regierung des Prinzen Max von Baden wurde mit erheblicher Mehrheit beschlossen. Damit war eine folgenschwere Entscheidung gefallen. Die Sozialdemokratie hatte den Krieg zu verhindern gesucht, sie hatte die unheilvollen Folgen der Außenpolitik Wilhelms II. aus tiefster Überzeugung bekämpft. Im Krieg hatte sie alles getan, was zur Verteidigung des Landes nötig war. Sie war dem Rausch der Siege nicht erlegen, hatte immer ihre warnende Stimme erhoben und auf einen rechtzeitigen Verständigungsfrieden gedrängt. Diese Haltung hatte ihren besten Männern den Vorwurf des Landesverrats eingetragen und die Drohung, sie auf den Sandhaufen stellen und erschießen zu lassen. Niemand konnte es ihr verübeln, wenn sie jetzt darauf bestand, daß die bisherigen Führer des Staates ihren bitteren Weg allein zu Ende gingen. Die Sorge um die Erhaltung der Partei und die Zukunft der Arbeiterbewegung hätte geboten, sich nicht mit einer Schuld zu belasten, die von ihren erbittertsten Gegnern aufgehäuft worden war, aber die Mehrheit der Partei dachte in diesem Augenblick nicht an die Partei, sondern an Reich und Volk, mit dessen Schicksal die deutschen Arbeiter unlösbar verbunden waren. Das Vaterland war in höchster Gefahr, sie wollten sich seinem Hilferuf nicht entziehen. So schoben sie ihren breiten Rücken unter die Last, deren Gewicht die Männer des kaiserlichen Systems bereits in die Knie gezwungen hatte. Die Sozialdemokratie hat sich nicht in die Regierung gedrängt, sie wurde durch die ernsten Vorstellungen der bürgerlichen Parteien dazu bewogen. Der Eintritt der Sozialdemokraten wurde geradezu als Sinn der Parlamentarisierung erklärt. In den Besprechungen des interfraktionellen Ausschusses vom 21. September 1918 und in der Besprechung mit Prinz Max von Baden hat Ebert diesen Eintritt als Opfer und als gewagtes Spiel seiner Partei hingestellt. Aber man redete ihm zu, dieses Opfer zu bringen. So wurden denn die Sozialdemokraten Scheidemann und Gustav Bauer am 4. Oktober zu Staatssekretären im Kabinett des Prinzen Max von Baden ernannt. Am 15. Oktober folgten die Sozialdemokraten Dr. David, Robert Schmidt und Dr. August Müller als Unterstaatssekretäre. In den folgenden Wochen wurden durch Verfassungsänderungen der Reichskanzler vom Vertrauen des Reichstags abhängig und für seine Amtsführung und die politischen Handlungen des Kaisers dem Bundesrat und Reichstag verantwortlich gemacht, die Ernennung von Offizieren der Marine der Gegenzeichnung des Reichskanzlers, von Offizieren des Heeres der Gegenzeichnung der Kriegsminister unterstellt, Kriegserklärung und Friedensschluß an die Zustimmung des Bundesrats und der Volksvertretung gebunden. Am 28. Oktober wurde das Militärkabinett dem preußischen Kriegsminister unterstellt und die politische Abteilung der Obersten Heeresleitung aufgelöst. Am 24. Oktober hatte das Preußische Herrenhaus die Wahlrechtsreform angenommen. Alle Verfassungsänderungen waren in der Hauptsache vom Verfassungsausschuß des Reichstags schon im Frühjahr 1917 beschlossen. Trotzdem wurde jetzt der Eindruck erweckt, als ob sie Zugeständnisse an die Kriegsgegner wären. Die sozialdemokratische Partei hatte sich schon im Jahr 1917 mit Entschiedenheit gegen die von den feindlichen Regierungen verbreitete Zumutung gewandt, daß die Fortführung des Krieges nötig sei, um Deutschland zu freiheitlichen Einrichtungen zu zwingen. Sie hatte es als alleinige Aufgabe des deutschen Volkes erklärt, seine inneren Einrichtungen nach seinen Überzeugungen zu entwickeln. Auch jetzt, im Oktober 1918, erklärte es Scheidemann als schmachvoll, daß man alle die freiheitlichen Änderungen der Verfassung nunmehr unter dem Drucke der Kriegsgegner vornehmen müsse. An solchem Druck ließ es Wilson namentlich in der Kaiserfrage nicht fehlen.

Bereits in der ersten Antwortnote vom 8. Oktober stellte er die verfängliche Frage, ob der Kanzler nur für diejenigen Gewalten des Reiches spreche, die bisher den Krieg geführt hätten, und erklärte die Antwort auf diese Frage von jedem Standpunkt aus für außerordentlich wichtig. Die Regierung des Prinzen Max von Baden antwortete am 12. Oktober, daß sie durch Verhandlungen und in Übereinstimmung mit der großen Mehrheit des Reichstags gebildet und in jeder ihrer Handlungen gestützt sei auf den Willen dieser Mehrheit, der Reichskanzler spreche also im Namen der deutschen Regierung und des deutschen Volkes. In der Note des Staatssekretärs Lansing vom 14. Oktober wurde Wilson deutlicher. Er nahm auf seine Botschaft vom 4. Juli 1918 Bezug, in der von ihm die Vernichtung jeder willkürlichen Macht, »die für sich allein, heimlich und nach eigenem Entschluß den Frieden der Welt stören kann«, oder doch »ihre Herabdrückung zu tatsächlicher Machtlosigkeit« gefordert war. Die Macht, die bisher die deutsche Nation beherrscht habe, sei von der hier beschriebenen Art. Die deutsche Nation habe die Wahl, dies zu ändern. Die erwähnte Botschaft des Präsidenten bilde natürlich eine Bedingung, die vor dem Frieden erfüllt werden müsse, wenn der Friede durch das Vorgehen des deutschen Volkes selbst kommen solle. Die gegen Deutschland verbündeten Regierungen müßten unzweifelhaft wissen, mit wem sie verhandelten. Die deutsche Regierung antwortete am 20. Oktober, daß in den deutschen Verfassungsverhältnissen ein grundlegender Wandel eingetreten sei. Die neue Regierung sei in völliger Übereinstimmung mit den Wünschen der aus dem gleichen, allgemeinen, geheimen und direkten Wahlrecht hervorgegangenen Volksvertretung gebildet worden. Die Führer der großen Parteien des Reichstags gehörten zu ihren Mitgliedern. Auch künftig könne keine Regierung ihr Amt antreten oder weiterführen, ohne das Vertrauen der Mehrheit des Reichstags zu besitzen. Die Verantwortung des Reichskanzlers gegenüber der Volksvertretung werde gesetzlich ausgebaut und sichergestellt. Die erste Tat der neuen Regierung sei, dem Reichstag ein Gesetz vorzulegen, daß zur Entscheidung über Krieg und Frieden die Zustimmung der Volksvertretung erforderlich sei. Die Gewähr für die Dauer des neuen Systems ruhe aber nicht nur in den gesetzlichen Bürgschaften, sondern auch in dem unerschütterlichen Willen des deutschen Volkes, das in seiner großen Mehrheit hinter diesen Reformen stehe und deren energische Fortführung fordere.

In der Note des Staatssekretärs Lansing vom 23. Oktober ließ dann Wilson endlich die Katze aus dem Sack. Er erklärte wörtlich: »So bedeutungsvoll und wichtig auch die Verfassungsänderungen zu sein scheinen, von denen der deutsche Staatssekretär des Auswärtigen Amtes in seiner Note vom 20. Oktober spricht, so geht daraus doch nicht hervor, daß der Grundsatz einer dem deutschen Volk verantwortlichen Regierung bereits völlig durchgeführt ist oder irgendwelche Bürgschaften dafür vorhanden sind oder erwogen werden, daß die jetzt teilweise vereinbarte grundsätzliche und praktische Reform von

Dauer sein wird. Auch hat es nicht den Anschein, als ob der Kernpunkt der gegenwärtigen Schwierigkeiten erreicht ist. Künftige Kriege sind jetzt vielleicht der Entscheidung des deutschen Volkes unterworfen, nicht aber der gegenwärtige, und mit dem gegenwärtigen haben wir es gerade zu tun. Es liegt auf der Hand, daß das deutsche Volk keine Mittel hat, die Unterwerfung der Militärbehörden des Reichs unter den Volkswillen zu erzwingen; daß der beherrschende Einfluß des Königs von Preußen auf die Reichspolitik ungeschwächt ist; daß die entscheidende Initiative noch immer bei denen liegt, die bis jetzt die Herren von Deutschland gewesen sind.

In der Überzeugung, daß der ganze Weltfriede jetzt von offener Sprache und geradem Handeln abhängt, hält es der Präsident für seine Pflicht, ohne alle Versuche das, was scharf klingt, zu mildern, auszusprechen, daß die Völker der Welt kein Vertrauen in die Worte derjenigen setzen und setzen können, die bisher die Herren der deutschen Politik gewesen sind, und zu wiederholen, daß beim Friedensschluß . . . die Vereinigten Staaten einzig und allein mit den echten Vertretern des deutschen Volkes verhandeln können, die als wirkliche Beherrscher Deutschlands eine wahre verfassungsmäßige Stellung zugesichert erhalten haben. Wenn die Vereinigten Staaten jetzt mit den militärischen Beherrschern und monarchischen Autokraten verhandeln sollen, oder wenn es wahrscheinlich ist, daß sie später mit ihnen über die völkerrechtlichen Verpflichtungen des Deutschen Reiches zu verhandeln haben würden, müssen sie nicht Friedensverhandlungen, sondern Übergabe verlangen. Es kann nichts dadurch gewonnen werden, daß diese grundlegenden Dinge unausgesprochen bleiben.«

Die deutsche Öffentlichkeit erblickte in dieser Note die Forderung nach dem Rücktritt des Kaisers. Noch wollte die Regierung diese Folgerung nicht ziehen. In ihrer Note vom 27. Oktober erklärte sie: »Die Friedensverhandlungen werden von einer Volksregierung geführt, in deren Händen die entscheidenden Machtbefugnisse tatsächlich und verfassungsmäßig ruhen. Ihr sind auch die militärischen Gewalten unterstellt. Die deutsche Regierung sieht nunmehr den Vorschlägen für einen Waffenstillstand entgegen.«

Am 5. November teilte der amerikanische Staatssekretär Lansing der Reichsregierung die Bereitschaft mit, auf Grund der Bedingungen Wilsons mit Deutschland Frieden zu schließen. General Foch sei beauftragt, den deutschen Vertretern die Waffenstillstandsbedingungen mitzuteilen. Auf die Kaiserfrage kam er nicht mehr zurück. Auch die Sozialdemokratie war ursprünglich nicht gewillt gewesen, sie in den Vordergrund zu stellen. Der Reichskanzler Prinz Max von Baden hoffte noch Mitte Oktober, mit ihrer Hilfe den Kaiser zu retten, der nach seiner Darstellung von den Konservativen bereits preisgegeben wurde. Scheidemann hoffte noch in einer Kabinettssitzung vom 24. Oktober, um die Kaiserfrage herumzukommen, der Sozialdemokratie sei die äußere Staatsform Nebensache. Dr. David wollte noch am 25. Oktober die Rettung des Kaisers versuchen. Am gleichen Tag hatte aber die »Frankfurter« offen die Abdankung des Kaisers verlangt. Nun war auch die sozialdemokratische Presse nicht mehr zu halten. Weite Kreise des deutschen Volkes sahen in dem Kaiser das Friedenshindernis. Man glaubte, durch die Beseitigung des Kaisers bekomme man einen guten Frieden. Der Kaiser hätte vielleicht noch Ende Oktober durch freiwilligen Rücktritt seinem Enkel den Thron retten können. Er ließ es aufs Äußerste kommen. Am 29. Oktober wurde er durch die Hofgesellschaft ohne Wissen und gegen den Willen des krank darniederliegenden Reichskanzlers nach Spa in das Große Hauptquartier gebracht. Am gleichen Tag forderte Scheidemann im Einvernehmen mit den Vorständen der Sozialdemokratischen Partei und Reichstagsfraktion in einem Brief an den Reichskanzler, man solle dem Kaiser den freiwilligen Rücktritt empfehlen. Der Reichskanzler sandte den preußischen Innenminister Drews ins Große Hauptquartier, damit er ihm den freiwilligen Thronverzicht nahelege. Allein der Kaiser wies diese Zumutung sehr ungnädig ab. Für alle Fälle aber ließ der Chef des Zivilkabinetts in diesen Tagen bei Scheidemann anfragen, ob der Kaiser noch zu halten wäre, wenn Scheidemann Reichskanzler würde. Die Sozialdemokraten dachten in diesen Tagen noch nicht an die Republik. Am 7. November stellten sie dem Reichskanzler ein Ultimatum bis zum 8. vormittags und drohten mit dem Austritt aus der Regierung, wenn Kaiser und Kronprinz bis dahin nicht zurückgetreten seien. Ebert erklärte die soziale Revolution und den Übergang der großen Volksmassen zu den Unabhängigen für unvermeidlich, wenn der Kaiser nicht sofort gehe. Inzwischen hatten die meisten Bundesfürsten sich mit der Abdankung des Kaisers einverstanden erklärt, voran der König von Bayern. Prinz Max von Baden bot im Hinblick auf dieses Ultimatum seinerseits dem Kaiser den Rücktritt an. Er wurde beauftragt, die Geschäfte vorläufig weiterzuführen. Am 9. November vormittags traten die Sozialdemokraten aus der Regierung aus. Um 1 Uhr mittags erließ Prinz Max von Baden eigenmächtig eine Bekanntmachung über den Thronverzicht des Kaisers und Kronprinzen und kündigte die Einsetzung einer Regentschaft an. Um 2 Uhr rief Scheidemann vor dem Reichstagsgebäude in Berlin: »Es lebe die deutsche Republik!«

Im Großen Hauptquartier hatte am Vormittag des 9. November General Groener dem Kaiser offen erklärt, daß das Heer nicht mehr hinter ihm stehe. Von 39 Generalen und Regimentskommandeuren, die von Oberst Heye befragt worden waren, hatte ein einziger die Frage, ob das Heer zum Kaiser stehe, mit Ja beantwortet. Um 2 Uhr nachmittags wurde der Reichskanzlei mitgeteilt, daß sich der Kaiser entschlossen habe, nur als deutscher Kaiser, aber nicht als König von Preußen abzudanken. Die Antwort war, daß die Abdankung des Kaisers bereits bekanntgemacht sei. Am Abend des 9. November erklärte Hindenburg dem Kaiser, er könne es nicht verantworten, daß die kaiserliche Majestät von meuternden Truppen nach Berlin verschleppt und der revolutionären Regierung als Gefangener ausgeliefert werde. Am Morgen des 10. November flüchtete Wilhelm II. auf den Rat des Generals von Plassen und des Staatssekretärs Hintze über die holländische Grenze. Am 28. November unterschrieb er in Amerongen die Abdankungsurkunde und entband alle Beamten des Deutschen Reiches und Preußens sowie das Heer des Treueides. Am 1. Dezember folgte der deutsche Kronprinz seinem Beispiel nach.

Der Versuch, den alten preußischen Obrigkeitsstaat in den Volksstaat umzubauen und durch Verfassungsreformen die Revolution zu vermeiden, war gescheitert. Die Monarchie ließ sich auch als Volkskaisertum nicht mehr halten. Die militärischen und seelischen Voraussetzungen zu einer letzten Kraftanstrengung waren nicht mehr vorhanden. Nach dem Zeugnis eines Heerführers, des bayerischen Kronprinzen, schmolz die Kampfzahl der Truppen im Westen in den ständigen Abwehrkämpfen mit rasender Eile zusammen. Die Divisionen konnten nur mehr mit 1000 Mann Infanterie ins Gefecht gehen gegenüber einem Bestand von 12 000 Mann zu Anfang des Krieges. Die Hälfte der Geschütze war ohne Bespannung, der Betriebsstoff für die Lastkraftwagen ging überall aus. Die Möglichkeit, über den Dezember auszuhalten, hielt er für nicht mehr gegeben. Als General Groener die Nachfolgeschaft Ludendorffs übernahm, waren keine kampffähigen Reserven mehr da, so daß die Gefahr einer entscheidenden Niederlage bei einem Durchbruch des Feindes bestand. In Metz und Straßburg waren keine Geschütze mehr. Am 28. Oktober erklärte General Mudra als militärischer Sachverständiger im Reichskabinett: Wenn Österreich bedingungslos kapituliert, dann ist die Sache für uns verloren. Am 31. Oktober unterzeichnete die Türkei den Waffenstillstand. Am 1. November erklärte sich Ungarn unter der ententefreundlichen Regierung Karolyi als neutraler Staat, die ungarischen Truppen wurden eigenmächtig aus den Schützengräben zurückgezogen, die österreichische Front löste sich auf. Zwei Tage später unterzeichnete Österreich einen Waffenstillstand, der es völlig wehrlos machte und verpflichtete, alle deutschen Truppen nach Ablauf von 14 Tagen festzunehmen, dagegen allen Truppen der Alliierten freien Durchzug und die Benützung aller Verkehrsmittel zu gestatten. Bayerische Truppen rückten zum Schutz ihres Landes in Tirol ein und besetzten die Brenner-Grenze, über München warfen italienische Flieger Bomben ab. In Bayern wurde von einem Sonderfrieden gesprochen. Am 29. Oktober sollte die deutsche Hochseeflotte ohne Benachrichtigung der Reichsregierung, um sie vor vollendete Tatsachen zu stellen, zur Entscheidungsschlacht gegen die englische Flotte ausfahren. Ein Teil der Mannschaften witterte eine Durchkreuzung der Friedenspolitik der Reichsregierung durch meuternde Admirale und weigerte sich, sinnlos zu sterben, nachdem der Friede in greifbarer Nähe war. Die Matrosen wollten die deutschen Küsten gegen einen englischen Angriff bis zum äußersten verteidigen, ihrerseits aber nicht mehr zum Angriff vorgehen. Infolge der Meuterei mußte der Befehl zum Auslaufen am 31. Oktober zurückgezogen werden. Über 600 Aufständische wurden noch abgeführt, aber am 3. November brach in Kiel die Revolution aus, die Matrosen bemächtigsten sich der Schiffe, am 4. November fiel Kiel in ihre Hände. Von der Reichsregierung wurde der sozialdemokratische Reichstagsabgeordnete Noske zur Beilegung des Aufstandes entsandt. Er versuchte, die Anführer unter sozialdemokratischer Führung zur Ordnung zurückzubringen. In den folgenden Tagen griff die Bewegung auf Hamburg, Lübeck, Bremen, Hannover, Köln, Braunschweig und Leipzig über. Am 7. November wurde nach einer Massenversammlung der Sozialdemokraten in München die Republik ausgerufen. Am 9. November folgte Berlin. Zur Rettung des Reiches vor dem Bolschewismus übertrug Prinz Max von Baden dem Sozialdemokraten Ebert am 9. November die Reichskanzlerschaft. Die Umwälzung hatte sich fast ohne jeden Widerstand vollzogen. Umsonst hatte der deutsche Generalstab schon im Jahre 1916 mitten in einer Abwehrschlacht einen umfangreichen Schlacht- und Mobilisierungsplan für den Fall einer Revolution ausgearbeitet und in seine streng vertraulichen Mitteilungen an die Offiziere aufgenommen. Als eine für besonders zuverlässig gehaltene Division den Befehl erhielt, den Rücken des Großen Hauptquartiers gegen die von Köln bis Aachen vorgedrungenen Aufständischen zu decken, kündigte diese Division ihren Offizieren den Gehorsam und marschierte nach Hause. Daraufhin bezeichnete General Groener im Großen deutschen Hauptquartier den Plan eines militärischen Vormarsches gegen die aufständische Heimat als aussichtslos. Hindenburg und die übrigen Generale bis auf von Plassen und v. d. Schulenburg schlossen sich dieser Meinung an. In Berlin wurde der Sieg der Revolution dadurch entschieden, daß die eigens zur Niederschlagung eines Aufstandes zusammengezogenen Truppen versagten. Die für besonders zuverlässig geltenden Naumburger Jäger stellten sich den sozialdemokratischen Führern zur Verfügung. Scheidemann und Wels waren am frühen Morgen des 9. November in die Kasernen gegangen und hatten die Soldaten für das Volk gewonnen. Das Offizierskorps fügte sich überall der Übermacht. Niemand wollte noch für den Krieg sterben. Das alte System fiel wie ein wurmstichiger Apfel vom Baum.

Das Ziel der Matrosenmeuterei war Friede und sofortiger Waffenstillstand, Friede um jeden Preis. Die seelischen, körperlichen und wirtschaftlichen Kräfte des deutschen Volkes waren erschöpft. Der entsetzliche Hunger der Kriegsjahre hatte die Nerven zerrieben. Wieder stand ein Winter ohne Kohlen, ohne zureichende Kleidung vor der Tür. Eine verheerende Grippeseuche hatte die Menschen ergriffen und warf die geschwächten Körper nieder. Wovon man in den Arbeitervierteln der Großstädte überhaupt noch lebte, war schon zum Rätsel geworden. Immer mehr fraß sich im Volk die Überzeugung ein, daß die furchtbaren Blutopfer dieses Krieges umsonst gebracht waren. Als der Dichter Richard Dehmel im »Vorwärts« Freiwillige zur Rettung des Vaterlandes aufrief, stellte sich Käthe Kollwitz wie eine schützende Mutter vor die eben zum Militärdienst eingezogene kaum 18jährige Jugend: »Saatfrüchte sollen nicht vermahlen werden. Es ist genug gestorben worden!«

Die alten Mächte hatten es nicht verstanden, rechtzeitig den Frieden zu bringen. Nun verzweifelte man an ihnen, nun wurden sie einfach weggefegt. Der Friede wurde ohne sie und gegen sie gemacht. Die Sozialdemokratie hatte sich nach einigem Zögern entschlossen, sich an die Spitze der Volksbewegung für sofortigen Frieden zu stellen. Deshalb wurde sie jetzt zur Staatsführung berufen. Ihr wandten nun Hoffnung und Vertrauen selbst jene zu, die bisher in ihr nur den inneren Feind erblickt hatten. In dem jähen Stimmungsumschwung dieser Kreise lag eine ungeheuerliche Gefahr. Sie kamen zur Sozialdemokratie nicht aus besserer Erkenntnis, sie klammerten sich an sie wie an den Strohhalm, an die letzte Hoffnung, die Rettung des Vaterlandes vor dem Untergang in Schmach und Schande versprach. Wurde diese Hoffnung betrogen, so mußte die Stimmung wieder ins Gegenteil umschlagen. Die altgewohnten bürgerlichen Anschauungen würden wieder zu ihrem Recht kommen, Beschämung und Haß über den Augenblick der Schwäche würden furchtbar sein. Man würde wieder verachten und verpönen, was man in plötzlicher Gefühlsaufwallung und in höchster Herzensnot angebetet hatte, man würde reumütig zu den früheren Göttern zurückkehren und die als Verräter brandmarken, denen es gelungen war, sie vorübergehend vom Thron zu stoßen.

Mit unheimlicher Sehergabe hatte das Zentralorgan der deutschen Sozialdemokratie, der »Vorwärts«, die Folgen eines schimpflichen Friedens im Oktober 1918 vorausgesagt: »Das Ergebnis des Kampfes gegen einen Revanchepatriotismus wird in hohem Grade von der Gestaltung des kommenden Friedens abhängen. Unser Kampf wird vor allem aussichtslos sein, wenn schließlich statt des Rechtes die Gewalt den Frieden diktieren sollte. Ja, schließlich wäre eine Gestaltung des Friedens denkbar, die selbst aus Sozialdemokraten Patrioten macht... Ein Volk wie das deutsche kann man nicht auf die Dauer zum Sklaven der Weltmächte machen, auch die härtesten Fesseln werden schließlich gesprengt. Durch Gewalt läßt sich kein dauernd gesicherter Friede erreichen, sondern nur durch Recht und Vernunft.« Und wieder: »Die deutschen Arbeiter haben den Frieden mit Frankreich schon lange vor dem Kriege gewollt. Sie waren zu schwach, ihn zu erhalten, sie werden künftig in einem demokratischen Deutschland die Kraft dazu besitzen, wenn nicht der französische Nationalismus seinem deutschen Gesinnungsbruder und Widerpart noch einmal in den Sattel hilft.« Aber die Sieger waren trunken vor Übermut, die Furchtbarkeit der Waffenstillstandsbedingungen übertraf alle Erwartungen. Von Deutschland wurde insbesondere die sofortige Räumung Belgiens, Frankreichs, Elsaß-Lothringens binnen 14 Tagen, die Räumung des linken Rheinufers innerhalb von 25 Tagen, die Errichtung einer neutralen Zone auf dem rechten Rheinufer, Abgabe von 5000 Kanonen, 30 000 Maschinengewehren, 3000 Minenwerfern, 100 U-Booten, 8 leichten Kreuzern, 6 großen Kampfschiffen, 5000 Lokomotiven und 15 000 Eisenbahnwagen verlangt. Die Hungerblockade blieb bestehen, die feindlichen Kriegsgefangenen mußten ohne Gegenseitigkeit zurückgegeben werden. In vertraulichen Verhandlungen wurden nur einige Milderungen, insbesondere die Zusage von Lebensmittelzufuhren nach Gutdünken der Entente erreicht. Der Waffenstillstand wurde von den deutschen Unterhändlern am 11. November unterzeichnet, nachdem sich die Oberste Heeresleitung damit einverstanden, ja, bereit erklärt hatte, ihn notfalls selbst zu unterzeichnen. Die deutschen Bevollmächtigten erklärten, daß die Durchführung dieses Abkommens das deutsche Volk in Anarchie und Hungersnot stürzen müsse. Am 10. November erließ das Ministerium des bayerischen Volksstaates an die Regierungen und Völker Amerikas, Frankreichs, Englands und Italiens eine flammende Kundgebung gegen die entsetzlichen Bedingungen, die alle Hoffnungen der Revolution zerstörten und die Vernichtung des Volkes bedeuteten. Die Rücksichtslosigkeit der Sieger fiel wie ein Reif auf die junge Republik. Bis zuletzt hatten auch viele Sozialdemokraten gehofft, daß man das deutsche Volk nicht für die Fehler seiner früheren Beherrscher büßen lassen würde. Man glaubte, daß das Gewissen der Menschheit seine Kraft gegen die »imperialistischen Barbaren an der Spitze der Ententestaaten« beweisen werde, ja man sagte »mit ziemlicher Sicherheit den baldigen Sturz Clemenceaus und Lloyd Georges, der Gegner des gerechter denkenden Wilson« voraus. Aber schon die nächsten Tage schienen den Anhängern des alten Systems recht zu geben, die davor gewarnt hatten, die Waffen niederzulegen, weil ein waffenloses Volk noch nie Gerechtigkeit oder Milde bei den Siegern gefunden habe. Die Verblendung der Kriegsgegner Deutschlands gab ihnen die erwünschte Gelegenheit, sich als bestätigte Wahrsager aufzuspielen. In dieser neuen Rolle suchten sie die der Eroberungspolitiker, der Hetzer zum unbeschränkten Unterseebootkrieg, der Verhinderer jeder Wahlrechtsreform, in der sie gestern mit Schande und Spott von der Bühne gegangen waren, vergessen zu machen. Das von ihnen verschuldete Unglück der Nation benützten sie als Hebel zur Wiedererlangung ihrer verlorenen politischen Macht. Bereits in diesen Wochen begannen sie Geschichte zu fälschen, das vollständige Versagen der früheren Herren von Deutschland zu leugnen und dem deutschen Volk die Verantwortung für den Zusammenbruch in die Schuhe zu schieben. Der Haß der Alldeutschen gegen die Sozialdemokratie brach wieder ungezügelt hervor. Noch im August 1918 hatten der Verband zur Bekämpfung der Sozialdemokratie und der Bund der Kaisertreuen, wie Prinz Max von Baden am 15. August 1918 an den Kaiser schrieb, die Entfesselung des Bürgerkriegs gegen die Sozialdemokratie verlangt. Der Prinz hatte das als Staatsverbrechen und Torheit bezeichnet und es ein Unglück genannt, das solche Bünde nicht verhindert werden konnten. In den Reichstagssitzungen vom 22. bis 24. Oktober 1918 hatte es der Führer der Deutsch-Konservativen, Graf Westarp, nicht unterlassen können, das Waffenstillstandsangebot als die erste Tat der Mehrheitsregierung zu bezeichnen, obwohl er den Anteil der Obersten Heeresleitung daran genau kannte. Bei einer Unterredung, die der Reichskanzler Prinz Max von Baden am 28. Oktober 1918 mit den Generalen Mudra und Gallwitz hatte, stellte sich heraus, daß Hindenburg und Ludendorff die Generale über ihre Schuld am Waffenstillstandsangebot gar nicht unterrichtet hatten. Die Schuld an den Folgen dieses der Reichsregierung von der Heeresleitung abgepreßten Schrittes hatte Ludendorff Ende Oktober bereits auf die Reichsregierung abzuwälzen gesucht. Gegen die Beschränkung der kaiserlichen Kommandogewalt hatte der konservative Redner Graefe im Reichstag mit der Meuterei der Heeresleitung gedroht. In der Wochenschau der »Kreuz-Zeitung« lehnte es Graf Westarp schon am 13. Oktober für seine Partei ab, sich für die Politik der Reichsregierungen des Krieges verantwortlich machen zu lassen. Er stellte für alle, »die dem Kriegs- und Friedenswillen von Volk und Heer schwer geschadet haben«, den »Tag der Abrechnung« in Aussicht.

Am 20. Oktober hatte der »Vorwärts« geschrieben: »Wir stehen gegen eine gewaltige Übermacht. Wir kämpfen keinen Augenblick länger, als wir müssen, und wir kämpfen nicht um den Sieg, sondern um einen Frieden, der nicht den Keim neuer Kriege in sich trägt. Deutschland soll — das ist unser fester Wille als Sozialdemokraten — seine Kriegsflagge für immer streichen, ohne sie das letzte Mal siegreich heimgebracht zu haben. Das ist eine schwere moralische Belastungsprobe für jedes Volk, und jene, die sie bis zur Unmöglichkeit des Gelingens steigern wollen, nehmen eine schwere Verantwortung auf sich.« Diese Sätze sollten später das Beweisstück für die Gegenrevolution werden, daß die Deutsche Sozialdemokratie im Weltkrieg den Sieg Deutschlands nicht gewollt, sondern bewußt die Niederlage herbeigeführt habe. Im Oktober und November 1918 wagte man es allerdings noch nicht, diese Verleumdung auszusprechen. Damals kannte man noch den Zusammenhang, aus dem die Sätze herausgerissen sind, aus einem Hilferuf an die Sozialisten der feindlichen Länder, in dem es außerdem heißt: »Wir sind in den Kampf gegangen, nicht aus Haß gegen euch, nicht aus stumpfem Gehorsam vor den Machthabern, sondern aus ehrlicher Sorge um unser Volk, deren Berechtigung ihr jetzt aus den rachesprühenden Artikeln euerer Chauvinistenpresse erkennen dürft ... Wehrlos kann kein Frieden uns machen, Sicherheit gibt auch dem Sieger nur ein Frieden, der alle entwaffnet und aus Feinden Freunde macht. Aber eine Gefahr auch für ihn ist ein Frieden, in den ein Volk heimkehrt, um in der blutigen Geschichte der Vergangenheit zu lesen, daß die Besiegten von heute die Sieger von morgen sind.« Aber auch im Oktober 1918 galt bei den ganz Unbelehrbaren schon der Wille zum Verständigungsfrieden ohne Eroberungen und Entschädigungen noch als Verbrechen. So forderte nach einem Bericht des »Vorwärts« vom 4. November 1918 der

»Bund der Kaisertreuen« in einer Versammlung vor dem eisernen Bismarck am Reichstag die Fortsetzung des Krieges, den Kampf des Volkes gegen den kommenden Waffenstillstand bis zum Tod und die Vertreibung der »Judenregierung« Erzberger–Scheidemann. Eine fanatische Rednerin verlangte unter tosendem Beifall, Scheidemann und Erzberger müßten gehenkt werden, den vaterlandslosen Gesellen müßten die kaisertreuen konservativen Elemente mit der Waffe in der Hand entgegentreten, Rufe ertönten, die Juden müsse man ausrotten. Das war bereits die Sprache der Aufforderung zu Gewalttätigkeiten und der Judenhetze, die später in den Versammlungen der Nationalsozialisten den Ton angab. Das feinere Gift bereiteten die Konservativen. Kurz vor der Revolution bezeichnete die »Deutsche Tageszeitung« den Verzicht der Sozialdemokratie auf einen aussichtslosen Verzweiflungskampf als »Verrat«. In der Wochenschau vom 10. November, am Tag nach der Revolution, wagte Graf Westarp in der »Kreuz-Zeitung« zu schreiben: Das alte ruhmbedeckte preußische und deutsche Heer, die Flotte, der Stolz und Liebling des Volkes, liegen mit beschmutztem Ehrenkleid am Boden. Erst die Geschichte wird die Schuld derjenigen ganz ermessen, mit der diejenigen belastet sind, die die Verantwortung für diesen Ausgang tragen. Durch Parteisucht verblendet, haben die Sozialdemokraten um ihrer eigenen Herrschaft willen das Land dem Feinde preisgegeben.« Das war der Vorwurf des Dolchstoßes, wenn das Wort auch in diesen Tagen noch nicht erfunden war. Das war der erste Ton einer neuen Weise, in der künftig im deutschen Volk politische Meinungsverschiedenheiten ausgetragen werden sollten. Das politische Verhalten wurde in das Gebiet des Moralischen gerückt. Der politische Gegner, das war nicht mehr der Mann der geringeren Vertrautheit mit den politischen Tatsachen, der schlechteren Meinung, der ungenügenden Beweisgründe, nein, er wurde zum Menschen der schlechteren Gesinnung, er wurde Verbrecher und Lump. Das Ringen um die politische Entscheidung wurde aus der Sphäre des Zivilprozesses in die des Strafprozesses gezogen, der eine warf sich zum Ankläger auf, der andere wurde zum Angeklagten gestempelt. So wurden die politischen Gegensätze zu jener Erbitterung gesteigert, daß der Endkampf um die politische Macht kein anderes Ergebnis mehr haben konnte als den politischen Tod des Besiegten. Dadurch, daß in der demokratischen Republik die Vertrauensmänner politischer Parteien die Staatsmacht ausüben, wurde der Staat selbst in den wilden Kampf der Leidenschaften verstrickt. Die geltende Staatsverfassung wurde das »System«, dem der Kampf seiner Gegner bis zum äußersten galt. Selbst ein starker Staat hätte diese Art der Bekämpfung seiner grundlegenden Einrichtungen nicht auf die Dauer ertragen. Ein schwaches Staatssystem aber hätte erst recht des Schutzes gegen diesen Mißbrauch der Freiheit bedurft. Die aus der Revolution hervorgegangene Republik aber stand auf so schwachen Füßen, daß sie sich erst mit einem Schutzpanzer bewehrte, als ihrem Leib bereits die tödliche Wunde geschlagen war. Die Hauptursache dieser Schwäche aber lag in der Uneinigkeit der Klasse, die innere Trägerin des neuen Staatsgedankens war, der deutschen Arbeiterschaft.

Die Folgen der Bruderkämpfe

Die Mehrheitssozialisten hatten die Revolution nicht gewollt. Sie waren in den letzten Wochen vor dem Zusammenbruch zu starkem politischen Einfluß in der Reichsregierung gelangt. Die Hauptpunkte ihres innenpolitischen Programms, vor allem die Demokratisierung des Staatswesens, war zum Teil schon durchgeführt oder in Angriff genommen. In den Ländern stand überall die Gleichschaltung mit den neuen politischen Einrichtungen des Reiches, insbesondere auch die Ernennung von Sozialdemokraten zu Länderministern unmittelbar bevor oder war — wie in Sachsen — schon teilweise durchgeführt. Die Zusammenarbeit mit den linksgerichteten bürgerlichen Parteien, Zentrum und Freisinnigen, seit 1917 hatte sich im allgemeinen bewährt. Politisch war deshalb durch eine Revolution nichts mehr zu gewinnen. Die führenden Männer der Sozialdemokratie waren gegen gewaltsame Maßnahmen eingestellt. In München hatte der sozialdemokratische Führer Erhard Auer der Regierung gegenüber die Garantie dafür übernommen, daß die Riesenversammlung auf der Theresienwiese ohne Störung verlaufen werde. Als in den Abendstunden die kleine Gruppe der Anhänger Eisners die Kasernen erstürmte und zur Revolution überging, glaubte Auer mit 500 Mann die Revolution verhindern zu können. Sie waren nicht mehr aufzutreiben. Auf alle Fälle stellte Auer am Tag nach der Revolution in der sozialdemokratischen Zeitung fest, daß die Umwälzung ohne Zutun der Mehrheitssozialdemokraten vor sich gegangen war. In Berlin antwortete Ebert auf die Frage des Reichskanzlers, ob er auf dessen Seite gegen die soziale Revolution stehe, wenn er den Kaiser zur Abdankung veranlassen könne: »Wenn der Kaiser nicht abdankt, dann ist die soziale Revolution unvermeidlich. Ich aber will sie nicht, ich hasse sie wie die Sünde.« Als Scheidemann eigenmächtig die Republik ausrief, bedachte ihn Ebert mit den heftigsten Vorwürfen. Noch am 9. November kündigte Prinz Max von Baden die Einsetzung einer Regentschaft an und seine Absicht, dem Regenten die Ernennung Eberts zum Reichskanzler und die Ausschreibung von Wahlen zu einer verfassunggebenden Nationalversammlung zwecks Feststellung der künftigen Staatsform zu empfehlen. Am Nachmittag wurde Ebert vom letzten kaiserlichen Kabinett die Wahrnehmung der Geschäfte des Reichskanzlers vorbehaltlich der gesetzlichen Genehmigung übertragen. In dieser Eigenschaft forderte er Behörden und Beamte zur Weiterarbeit auf und kündigte die Nationalversammlung an, in deren Hände die Regierung die Machtbefugnisse zurücklegen werde. So bekam die Revolution der Sozialdemokratie einen Rest von Gesetzmäßigkeit als Angebinde mit. Das Streben, durch die Nationalversammlung alsbald wieder zu gesetzmäßigen Zuständen zu kommen, stand im Vordergrund der sozialdemokratischen Politik. Diese Haltung war ihr auch durch die außenpolitischen Ereignisse aufgedrängt. Die Entente lehnte es auch nach der Revolution entschieden ab, die Arbeiter- und Soldatenräte des Reiches anzuerkennen. Die feindlichen Regierungen schienen entschlossen, nur mit einer von der Mehrheit des Volkes getragenen Regierung Frieden zu schließen. Das Schicksal des Reiches, für das Ebert im Krieg zwei Söhne verloren hatte, ging der Sozialdemokratie über die Rücksichten auf das Wohl der Partei. Um des Reiches willen war sie in ein Kabinett der nationalen Verteidigung eingetreten, hatte sie den drohenden Zusammenbruch zu verhindern gesucht. In den gefährlichen Wochen zwischen dem Angebot und dem Abschluß des Waffenstillstandes hatte sie unter Hinweis auf das russische Gegenbeispiel verlangt, Zucht und Ordnung bis zum letzten zu halten, damit man nicht einem gegnerischen Imperialismus zu Hilfe komme.

Der Bestand des Reiches aber erschien der Mehrheitssozialdemokratie nach der Revolution am meisten gefährdet durch die bolschewistische Agitation. »Der Bolschewismus ist eine größere Gefahr als die Entente«, hatte Scheidemann anfangs November im Reichskabinett erklärt. Einige Tage darauf gab er das feierliche Versprechen ab: »Meine Partei wird dafür sorgen, daß Deutschland vom Bolschewismus verschont bleibt.« Dieses Versprechen wurde gehalten. Der Mehrheitssozialdemokratie schien bei einer auch nur teilweisen Bolschewisierung des Reiches die Besetzung oder Zersprengung Deutschlands gewiß. Die Hoffnung auf eine bolschewistische Zersetzung der Ententetruppen war eitel und trügerisch. Jedenfalls die Amerikaner, die zum großen Teil unverbraucht waren und in der Stärke von über einer Million Mann an der deutschen Grenze standen, waren sicher gegen die bolschewistische Ansteckung gefeit. Ein Bündnis mit Rußland kam bei dem Zustand der bolschewistischen Truppen nicht ernstlich in Betracht. So kam der Sozialdemokratie alles darauf an, den Bolschewismus, in dem sie den Keim der Gegenrevolution sah, nicht aufkommen zu lassen.

Auf dem gleichen Standpunkt standen auch die Gewerkschaften. Sie schienen noch gemäßigter als die Partei. Mitten in den Tagen der Revolution, am 14. November, schlossen sie sich mit dem deutschen Unternehmertum zu einer Arbeitsgemeinschaft zusammen. In der Vereinbarung war die Gewährung von Koalitionsfreiheit an die Arbeiter, Anerkennung der Gewerkschaften als berufene Vertreter der Arbeiterschaft und der Angestelltenschaft, das Verbot der Unterstützung der Werkvereine durch Unternehmer, gemeinsame Verwaltung der Arbeitsnachweise, Einführung von Kollektivverträgen und Einigungsämtern, Arbeiterausschüsse für alle Betriebe mit 50 Arbeitern und darüber, 8-Stundentag und ein paritätischer Zentralausschuß der beiderseitigen Verbände zur Durchführung der Vereinbarungen vorgesehen. Der Vertrag wurde durch den Rat der Volksbeauftragten veröffentlicht, er sieht nicht nach Diktatur des Proletariats, sondern nur nach Gleichberechtigung der beiden sozialen Gruppen der Arbeitgeber und der Arbeitnehmer aus. Durch die Spartakistenaufstände nach der Revolution wurden jedoch die Mehrheitssozialdemokraten wieder dem Bürgertum und den Generalen des alten Feldheeres in die Arme getrieben.

In der höchsten Not wurde von den Volksbeauftragten der in Kiel bewährte Noske zum Oberbefehlshaber mit unumschränkten Vollmachten ernannt. Er wandte sich an den alten Generalstab und die Offiziere des alten Feldheeres und zog noch nicht demobilisierte Truppenteile heran. Die Oberste Heeresleitung hatte durch einen Brief Hindenburgs an Ebert vom 8. Dezember 1918 sich angeboten, die Regierung rückhaltlos zu unterstützen. Hindenburg hatte mit Ebert sich zur Rettung des Volkes vor dem drohenden Zusammenbruch verbündet. Nun wurden Freikorps gebildet, die damals noch zum größten Teil aus Sozialdemokraten bestanden. Am 11. und 12. Januar wurden unter Einsatz von Geschützen und Minenwerfern die Zeitungsgebäude und das Polizeipräsidium in Berlin erobert und die Aufständischen in blutigen Kämpfen niedergeworfen. Am 15. Januar wurden Liebknecht und Rosa Luxemburg in Berlin verhaftet und von Offizieren ermordet. Die Freveltat rief politische Streiks und

Spartakistenaufstände in großen Teilen des Reiches hervor. Anfangs Februar kam es zu äußerst blutigen Kämpfen bei der Niederwerfung der Räterepublik Bremen durch die Division Gerstenberg. Am 28. Februar wurde Halle von Regierungstruppen unter General Maercker nach heftigen Kämpfen besetzt. In ganz Mitteldeutschland wurde eine Stadt nach der anderen durch Regierungstruppen eingenommen. Anfangs März erklärten die Kommunisten in Berlin den Generalstreik und forderten abermals zum Sturz der Regierung auf. Daraufhin wurde über Berlin der Belagerungszustand verhängt und auf Noske die vollziehende Gewalt übertragen. Teile der republikanischen Soldatenwehr und der Volksmarinedivision gingen zu den Aufständischen über. Die Stadt wurde wiederum durch Regierungstruppen und Freikops erobert und gesäubert. Noske gab damals den Befehl aus, daß jede Person, die mit der Waffe in der Hand gegen Regierungstruppen kämpfend getroffen werde, sofort zu erschießen sei. In der Folge wurden auch zahlreiche Unschuldige, darunter 31 Matrosen der ehemaligen Volksmarinedivision, von den erbitterten Freikorps erschossen. Mehr als 1200 Tote waren die Opfer der Kämpfe. In das aufständische Ruhrgebiet rückten Ende März Truppen des Generals Watter ein, der ausbrechende Generalstreik wurde vom Reichskommissar Carl Severing zum Abschluß gebracht. Mitte April wurde Braunschweig von Truppen des Generals Maercker erobert, die dortige USP-Regierung abgesetzt, der Arbeiterrat aufgelöst. In München wurde der bayerische Ministerpräsident Kurt Eisner am 21. Februar von dem monarchistischen Offizier Graf von Arco-Valley ermordet. Daraufhin wurde sein Gegner in der bayerischen Regierung, der Mehrheitssozialist Erhard Auer, im Landtag von einem Mitglied des revolutionären Arbeiterrates niedergeschossen und schwer verletzt, der Landtag durch Schüsse auseinandergesprengt. Die einsetzenden schweren Unruhen führten schließlich am 7. April zur Ausrufung der bayerischen Räterepublik. Sie wurde anfänglich von linksstehenden Mitgliedern der USP, später ausschließlich von Kommunisten beherrscht. Die vom Bayerischen Landtag gewählte Regierung Hoffmann verlegte ihren Sitz nach Bamberg und rief die Hilfe des Reiches an. Württembergische und preußische Truppen eroberten Südbayern zurück und drangen am 1. und 2. Mai unter schweren Straßenkämpfen in München ein. Die Erschießung zehn bürgerlicher Geiseln durch Rotgardisten stachelte die Regierungstruppen zu wilden Ausschreitungen an, denen zahlreiche Gefangene und Unschuldige zum Opfer fielen. Die Zahl der Toten betrug gegen 1100. Am 11. Mai wurde noch Leipzig, am 1. Juli Hamburg ohne Blutvergießen von Regierungstruppen in Besitz genommen. Damit waren die Bruderkämpfe innerhalb der Arbeiterschaft für das Jahr 1919 abgeschlossen. Das weltgeschichtlich bedeutsame Ereignis der Bruderkämpfe des Jahres 1919 war die Fernhaltung des Bolschewismus von deutschem Land. Aber dieser Sieg des demokratischen Sozialismus war nur durch sein Bündnis mit dem Bürgertum, insbesondere mit dem alten monarchistisch gesinnten Offizierskorps des Weltkrieges möglich geworden. Der Anteil von Arbeiterschaft und Bürgertum an dem Sieg war verschieden. Die Sozialdemokratie hatte vor allem die politische Leitung gestellt. Noske war aber bei der Niederwerfung der spartakistischen Aufstände auf die aus Offizieren und Mannschaften des alten Heeres gebildete vorläufige Reichswehr und insbesondere auf Freikorps angewiesen. Sie setzten sich immer mehr aus ehemaligen Offizieren, Studenten und sogar Schülern der höheren Lehranstalten zusammen. Die sozialdemokratische Arbeiterschaft blieb ihnen später fern. So konnte es nicht ausbleiben, daß sich das Bürgertum den Löwenanteil an der Unterdrückung des Bolschewismus in Deutschland zuschrieb. Karl Kautsky schrieb bereits am 13. Januar 1919: »Die bürgerlichen Elemente und die Herren Offiziere fühlen sich wieder. Die Gefahr der Gegenrevolution wird nun zu einer realen. Leider ist sie heraufbeschworen worden gerade durch die Politik der Spartakisten, die auszogen, sie zu bekämpfen. Durch den für das Bürgertum günstigen Ausfall der Wahlen zur Nationalversammlung war sein Selbstvertrauen wiederhergestellt. Mit der Freude über seine Selbstbehauptung kam allmählich der Wille, die verlorene Machtfülle wieder zurückzugewinnen. Aus dem Haß gegen den Bolschewismus entstand bald der Widerwille gegen die durch die Revolution neugeschaffene Staatsordnung überhaupt.«

Schon bei der Heimkehr des Feldheeres hatten sich einzelne Truppenteile geweigert, sich in die neuen Verhältnisse zu fügen. Vielerorts waren von Offizieren rote Fahnen und rote Abzeichen heruntergerissen, Soldatenräte abgesetzt, Reden gegen »die landesverräterische Haltung der Heimat« gehalten und zur Vernichtung der Revolution, zur Verjagung der Arbeiter- und Soldatenräte aufgefordert worden. Gelegentlich ging es bei solchen Vorfällen nicht ohne wilde Schießereien, nicht ohne Tote und Verwundete ab. Im allgemeinen mußte sich die gegenrevolutionäre Bewegung in der ersten Zeit der Republik noch unter der Decke bewegen. Sie trat unter der Maske von Schützern der rechtsstehenden Sozialdemokraten gegen den Bolschewismus auf. So fädelten in Berlin einige junge Herren des Auswärtigen Amtes, ein Graf Matuschka, ein Herr von Rheinbaben und ein Freiherr von Stumm den Putsch vom 6. Dezember 1918 ein. Mit dem Geld des Freiherrn von Stumm, der damals den Nachrichtendienst leitete, sicherten sie sich Soldaten und Studenten und schickten den Heerhaufen vor die Reichskanzlei. Dort wurde Ebert zum Präsidenten ausgerufen. Als er dankend ablehnte, zogen die Verschwörer zum Herrenhaus und nahmen dort den Berliner Vollzugsrat der Arbeiter- und Soldatenräte fest. Der gleiche Herr von Stumm hatte auch Geld zur Bildung einer bewaffneten Studentenwehr hergegeben, die Beziehungen zu einer deutsch-völkischen Beamtenvereinigung besaß.

In München war um die Jahreswende durch einen Oberstleutnant Haack, der in Verbindung mit dem alldeutschen Verleger Lehmann, dem späteren nationalsozialistischen Landtagsabgeordneten Dr. Buttmann und Offiziers- und Studentenkreisen stand, eine förmliche Verschwörung gegen den unabhängigen Ministerpräsidenten Eisner vorbereitet worden. Die Leute waren mit Waffen aller Art reichlich versehen und hatten auch Verbindung mit dem bayerischen Innenminister Erhard Auer, einem scharfen Gegner Eisners, aufgenommen. Die Sache wurde noch rechtzeitig entdeckt, in der vorläufigen Bayerischen Nationalversammlung zur Sprache gebracht, aber vertuscht. Am 19. Februar 1919 zog ein Haufe bayerischer Matrosen unter Führung eines gewissen Lotter, der schon in der vorläufigen Bayerischen Nationalversammlung als Lobredner Auters gegen Eisner aufgetreten war, nach Besetzung des Bahnhofs und anderer öffentlicher Gebäude vor den Landtag, um Eisner zu stürzen und Auer zum Ministerpräsidenten zu machen. In der mehrheitssozialistischen »Münchener Post« war am Tag vorher der Rücktritt Eisners gefordert worden. Auer lehnte wie Ebert das angebotene Amt ab. Zwei Tage später wurde Eisner auf dem Weg zum Landtag von dem Grafen Arco niedergeschossen und damit eine Reihe politischer Morde in Deutschland eröffnet. Eisner hatte sich durch sein Auftreten gegen den Landtag und für die Räte besonders verhaßt gemacht. Die Hintergründe der ruchlosen Tat sind nicht aufgedeckt, sondern im Strafverfahren gegen den Mörder sorgfältig verdeckt worden. Eine Tochter Auers hat dem verwundeten Mörder in der Klinik einen Rosenstrauß überreicht. Daraus wurde – zu Unrecht – ein Zusammenhang zwischen Auer und der Mordtat hergeleitet.

Der Judenhaß wurde in den ersten Wochen nach der Revolution in Berlin durch anonyme Flugblätter aufs eifrigste geschürt. Am 11. Dezember 1918 waren in Berlin bereits an öffentlichen Plätzen und auf der Straßenbahn eine Anzahl Juden und judenähnliche Personen tätlich angegriffen worden. Der Vollzugsrat der Berliner Arbeiter- und Soldatenräte sah sich veranlaßt, eine eigene Bekanntmachung gegen die zunehmende Judenhetze herauszugeben. Nach Niederwerfung der bayerischen Räterepublik, in der einige Juden — wie Leviné, Wadler, Toller, Mühsam und andere — eine hervorragende Rolle gespielt hatten, nahm der Judenhaß in Bayern bedrohliche Formen an. Die Ausschreitungen der Räterepublikaner in Bayern haben überhaupt den besten Nährboden für die hier aufkeimende Gegenrevolution abgegeben. Das Bürgertum konnte es nie und nimmer vergessen, daß durch die von den Kommunisten veranlaßte Beschlagnahme der Bankguthaben an seine heiligsten Güter gerührt worden war. Monatelang hing gegen den Urheber dieser Maßnahme, einen Bankbeamten namens Männer, ein Steckbrief an den Münchner Plakatsäulen.

In und nach den Kämpfen des Frühjahrs 1919 wandelte sich die Furcht des Bürgertums vor dem Bolschewismus bereits in Gegnerschaft gegen die gesamte freie Arbeiterbewegung und gegen die Vorzugsstellung der Sozialdemokratie im neuen Staat um. Die Regierungstruppen wurden nicht nur als Befreier von der spartakistischen Schreckensherrschaft, sondern auch als Gegner der Novemberrepublik stürmisch begrüßt. Während in München noch die Kanonen gegen die Aufständischen donnerten, spielten Militärkapellen vor der Universität bereits wieder die alte flotte Marschmusik. Von den Schlössern und öffentlichen Gebäuden wurden die roten Fahnen heruntergerissen und durch schwarz-weiß-rote ersetzt. Manche Militärbefehlshaber erlaubten sich gegen sozialdemokratische Behörden eine anmaßende Sprache; Zeitungen, die gegen die Erschießung Unschuldiger zu schreiben wagten, wurden verwarnt. In Kundgebungen des »Nationalverbandes Deutscher Offiziere« wurden dem Kaiser und Ludendorff Huldigungen dargebracht.

Die Justiz wartete mit ausgesprochenen Haß- und Klassenurteilen auf. Nicht nur Führer, sondern auch Mitläufer der spartakistischen Aufstände, wurden mit dem Tode oder mit barbarischen Zuchthausstrafen bestraft, Requirierung aufständischer Truppen als räuberische Erpressung geahndet. Dagegen war die Strafverfolgung der Angehörigen von Regierungstruppen außerordentlich erschwert. Es gab Untersuchungsrichter, die den Mördern unschuldiger Juden Vorschub leisteten, wenn sie sich nicht gar weigerten, die Voruntersuchung einzuleiten, »weil man nicht genug Kommunisten totschlagen könne«. Nicht selten verschwanden die Strafakten bei einem der Freikorps oder sie wurden ohne Zeugenvernehmungen wieder zurückgesandt.

Es war, als ob man in Wolle griffe. Das Gefühl für Recht und Unrecht und für die Heiligkeit des Menschenlebens war in den wilden Kämpfen verlorengegangen.

Noch war der Widerstand des Bürgertums gegen die Novemberrepublik mehr gefühlsmäßig, er setzte sich noch nicht in Ziele und Taten um. In den ersten Wochen nach dem Umsturz hatten sich die angesehensten Männer des öffentlichen Lebens aus dem bürgerlichen Lager den neuen Machthabern, selbst dem verhaßten »Landesverräter« Eisner, feierlich zur Verfügung und auf den Boden der jeweils neuesten Tatsachen gestellt. Die von den Sozialdemokraten in Aussicht genommene Einberufung einer verfassunggebenden Nationalversammlung wurde zur Hoffnung und immer stärker erhobenen Forderung des Bürgertums. Als man sah, daß die neuen Männer keine blutigen Jakobiner waren, sondern ihre demokratischen Grundsätze gegenüber jedermann durchsetzten, gingen die krummen Rücken wieder hoch. Überall wurden die Sozialdemokraten aufs heftigste angegriffen, weil sie nicht innerhalb weniger Wochen für vollkommene Ruhe und Ordnung sorgen konnten. In Bayern wagten anfangs Dezember 1918 sämtliche bürgerlichen Parteien an die Regierung die öffentliche Anfrage zu richten, ob sie die Ordnung wolle oder die Anarchie. Ähnliche schwerste Vorwürfe wurden insbesondere auch der Regierung der Volksbeauftragten gemacht. Im Rheinland wurde am 4. Dezember 1918 in Riesenversammlungen des Zentrums die baldige Ausrufung einer rheinisch-westfälischen Republik beschlossen, »in der Erkenntnis der völligen Unmöglichkeit, in Berlin eine geordnete Regierung zu schaffen«. In Bayern lautete das erste Programm der von Dr. Heim gegründeten Bayerischen Volkspartei: »Wir haben es satt, für die Zukunft von Berlin regiert zu werden. ... Bayern den Bayern!« Der Rat der Volksbeauftragten mußte sich nachdrücklich gegen solche Bestrebungen wenden, die in ihren Auswirkungen die Einheit des Reiches gefährdeten. Am heftigsten wurden die Arbeiter- und Soldatenräte in bürgerlichen Zeitungen angegriffen. Man vergaß, daß ohne sie eine geordnete Heimführung des Feldheeres und die Rettung großer Heeresbestände nicht möglich gewesen wäre, verallgemeinerte die Vergehen oder Ungeschicklichkeiten einzelner und beunruhigte die Öffentlichkeit durch die Behauptung, daß Milliardenwerte von ihnen verschleudert worden seien und daß ihr Unterhalt gewaltige Summen verschlinge. Die Abneigung des Auslandes gegen die »bolschewistischen Arbeiter- und Soldatenräte« wurde geschickt zur Forderung nach Beschleunigung der Wahlen ausgenützt. Unter dem Vorgeben, daß die Kriegsgegner Deutschlands mit der Regierung der Volksbeauftragten nicht verhandeln würden, wurde der Versuch unternommen, einzelne Parlamente zusammentreten zu lassen.

Die Ankündigung der Sozialisierung und die Einsetzung einer besonderen Sozialisierungskommission war dem Bürgertum besonders arg in die Glieder gefahren. Auf Veranlassung des alten Hansabundführers Rießer wurden nach einer von über tausend Vertretern wirtschaftlicher Organisationen besuchten Versammlung in Berlin am 19. November 1918 im ganzen Reiche zur Vertretung der politischen und wirtschaftlichen Rechte des Bürgertums eigene Bürgerräte in bewußtem Gegensatz zu den Arbeiter-, Soldaten- und Bauernräten gegründet. Sie stellten sich anfangs recht zahm, wollten nur für Abwägung der verschiedenen Interessen gegeneinander wirken, die Regierung unterstützen und ihr die Kräfte des Bürgertums vertrauensvoll zuführen.

Mitte November 1918 war eine demokratische Partei gegründet worden. Sie schloß sich eng an die Forderungen der Sozialdemokratie an und verlangte republikanische Staatsform, Gesetzmäßigkeit, ja sogar Sozialisierung monopolistisch entwickelter Wirtschaftsgebiete, besonderen Schutz des Kleinhandels und Handwerks und soziale Politik. Im Gegensatz zu diesem Programm bekämpfte einer ihrer hervorragendsten Führer, Dernburg, in Berliner Versammlungen die Sozialisierung und verlangte: »Weg mit diesem System!« Im Wahlkampf verstand es die neue Partei vorzüglich, den Bolschewistenschreck des Bürgertums gegen die gesamte Arbeiterschaft auszuschlachten. Die aus rechtsstehenden Freisinnigen und Nationalliberalen gegründete Deutsche Volkspartei unter Führung Dr. Stresemanns stand in bewußtem Gegensatz zur Sozialdemokratie mit dem Ziel, die sozialdemokratische Vorherrschaft zu brechen. Die aus Konservativen, Freikonservativen, Christlich-Sozialen und deutschvölkischen Splittern hervorgegangene Deutschnationale Partei wagte es — mit Ausnahme des alten Kammerherrn von Oldenburg und Januschau — noch nicht, sich wieder zur Monarchie zu bekennen. Sie erklärte sich bereit, auf dem Boden jener Staatsform mitzuarbeiten, in der Recht und Ordnung herrschen, ja, sie zeigte sich gewillt, die gemeinwirtschaftliche Betriebsform in Genossenschaft, Gesellschaft, Staat und Gemeinde bei den dafür geeigneten Betrieben zu fördern. Dagegen wurde Schutz des Privateigentums gegenüber den geplanten Eingriffen der Sozialdemokratie verlangt. Die Deutsche Vaterlandspartei löste sich am 10. Dezember 1918 auf. Das Zentrum benannte sich vorübergehend in Christlich-Demokratische

Partei um und betonte die grundsätzliche Gegnerschaft zur Sozialdemokratie. In Bayern war die schon am 12. November in Regensburg gegründete Bayerische Volkspartei als Sammelpartei des Bürgertums gegen die Sozialdemokratie, Bollwerk Bayerns gegen Berliner Zentralismus und Vertreterin des Katholizismus gedacht. Sie wandte sich insbesonders auch gegen die »unfähige, dabei hartnäckige und brutale Berliner Regierungskunst«.

Die wiedererstandenen und verjüngten Parteien des Bürgertums errangen bei den Wahlen zur Deutschen Nationalversammlung am 19. Januar den Sieg. Sie bekamen 236 Abgeordnetensitze, die sozialdemokratische Partei 163, die Unabhängigen 22 zugeteilt.

So war der Sieg der Sozialdemokratie über den Bolschewismus teuer erkauft. Die Bruderkämpfe innerhalb der sozialdemokratischen Arbeiterschaft hatten die Wahlniederlage der Revolutionsparteien herbeigeführt. Die zahlenmäßige Überlegenheit der Arbeiterklasse über das Bürgertum hatte sich wider Erwarten nicht politisch ausgewirkt. Die Frauen, denen die Sozialdemokratie erst das Stimmrecht verschafft hatte, wählten zum größten Teil die bürgerlichen Parteien. Damit waren die weitausgreifenden Pläne zur Umgestaltung der Wirtschaftsordnung, insbesondere nach Vergesellschaftung der Bodenschätze und Kraftquellen vorläufig zu Fall gebracht. Nicht einmal die Enteignung des ostelbischen Großgrundbesitzes und damit die Nachholung der bürgerlichen Revolution von 1789 für Deutschland konnte mehr ins Werk gesetzt werden. Trotz aller feierlichen Erklärungen für Vergesellschaftung »geeigneter Betriebe« vor den Wahlen ging nach diesen dem Bürgertum die Heiligkeit des Privateigentums über alles. So ließ man dem Feudaladel die durch jahrhundertelangen Raub von Bauernland errungene wirtschaftliche Macht und setzte ihn damit in Stand, auch die politische zurückzuerobern. Nach dem Wahlausfall vom 19. Januar war an einen Zusammenschluß der beiden sozialdemokratischen Parteien vorerst nicht mehr zu denken. In Weimar legten die Volksbeauftragten die Macht, die sie von der Revolution empfangen hatten, in die Hand der Nationalversammlung. Der Zentralrat der Arbeiter- und Soldatenräte folgte diesem Beispiel. Ebert wurde zum vorläufigen Präsidenten des Reiches gewählt und eine Reichsregierung aus Zentrum, Demokraten und Mehrheitssozialisten zusammengesetzt. Dagegen bekannte sich die USP auf ihrem 2. Parteitag im März 1919 zur Diktatur des Proletariats und zum Rätesystem. Mitten durch die deutsche Arbeiterklasse hindurch lief jetzt ein tiefer Graben, und dieser Graben war mit Blut gefüllt. Er konnte in der Folge von einzelnen Gruppen noch übersprungen, aber er konnte nicht mehr ausgefüllt werden. Die Zerreißung der deutschen Arbeiterschaft war nunmehr endgültig geworden. Wenn das Bürgertum jetzt noch nicht die letzten Folgerungen aus dieser Tatsache zog, so geschah das, weil die Sozialdemokraten insbesondere zur Meisterung der großen außenpolitischen Schwierigkeiten vorerst noch benötigt wurden. Man glaubte, daß durch Bildung einer rein bürgerlichen Koalitionsregierung die Sozialisten zusammengehen und die Revolution fortsetzen würden, daß aber auch das Ausland in einer solchen Regierung der Rechten keine Garantie für einen künftigen Rechtsfrieden sehen könnte. Die Gründe, die im Oktober 1918 für die Hereinnahme der Sozialdemokraten in die Regierung gesprochen hatten, galten also fort, sie waren noch gewichtiger geworden. Nach dem 19. Januar war der staatsrechtliche Zustand Deutschlands im wesentlichen wieder in der Lage, in der er sich in den letzten Wochen vor der Revolution befand. Die sozialen Errungenschaften der Revolution hätte man bei jeder Neuwahl nach dem verlorenen Krieg auf parlamentarischem Wege erreichen können. So war die große Revolution des deutschen Proletariats vergebens gewesen.

Die Ordnungen von Versailles und von Weimar

Das Verhängnis des deutschen Volkes war es, daß ihm der verlorene Weltkrieg zwei neue Ordnungen auf einmal gab: eine äußere, den Vertrag von Versailles, und eine innere, die Verfassung von Weimar. Die deutsche Revolution von 1918 und die aus ihr hervorgegangene Neuordnung sind ebenso die Frucht des verlorenen Weltkriegs wie die deutsche Gegenrevolution. Die Revolution war der Matrosen- und Soldatenaufstand gegen einen endlosen Krieg. Die Gegenrevolution ist geworden, gewachsen und schließlich zum Siege geschritten als Empörung gegen einen unterträglich scheinenden Frieden. Durch die Revolution wurden nicht nur die Träger der Kriegspolitik, sondern das ganze kaiserliche Staatssystem beseitigt. Die Gegenrevolution riß die Erfüllungspolitiker in den Abgrund und nahm das verhaßte System der Weimarer Republik, die Volksherrschaft und den Parlamentarismus in die Tiefe mit. Revolution und Volkserhebung hielten nicht, was sich das Volk von ihnen versprochen hatte. Sie brachten den Frieden, einen wirklichen Frieden nicht.

Das Vertragswerk von Versailles war nur das Werkzeug zur Fortsetzung des Krieges mit anderen Mitteln. Der Friedensvertrag wurde eine Art höhere Ordnung, in die das gesamte wirtschaftliche Leben der Nation eingefügt wurde — zu dem alleinigen Zweck, die Ausbeutung zum Nutzen der Sieger möglichst ertragreich zu gestalten. Das war nicht der Friede der 14 Punkte Wilsons, der mit der Note des amerikanischen Staatssekretärs Lansing vom 3. November 1918 feierlich zur Rechtsgrundlage der Friedensverhandlungen geworden war. Im Vertrauen auf die Heiligkeit der Verträge hatte Deutschland damals die Waffen niedergelegt und die unerhört harten Waffenstillstandsbedingungen angenommen. Jetzt sah es sich in seinem Vertrauen getäuscht, den Vorfriedensvertrag von den Siegermächten schnöde gebrochen und damit die zwischenstaatliche Ordnung für alle Zukunft erschüttert, Gewalt an die Stelle des Rechtes gesetzt.

Im November 1918 war der übergroße Teil des deutschen Volkes zu einer endgültigen Verständigung mit Frankreich bereit. Die Stunde, den mehr als tausendjährigen Hader der beiden großen Völker endgültig zu begraben, schien günstiger als nie zuvor. Deutschland war gesonnen, die deutschsprechende Bevölkerung von Elsaß-Lothringen aus dem deutschen Staatsverband zu entlassen, wie es 1648 auf Schweizer und Holländer verzichtet hatte. Hätte man die Elsässer und Lothringer über ihr staatliches Schicksal selbst entscheiden lassen, von Deutschland wäre das Ergebnis einer solchen Abstimmung für immer anerkannt worden. Aber die deutsche Friedenshand wurde von Frankreich nicht ergriffen. In dem von schwersten Kriegsleiden heimgesuchten Frankreich gewannen die Gefühle der Rache und der Furcht die Oberhand über das Gebot der klaren Vernunft. Der augenblickliche Vorteil lockte, die Versuchung war groß und die notwendige Tat der Großmut unterblieb. Man glaubte, sich gegen Deutschland ein für allemal sichern zu müssen. Schwere Fesseln hielt man für sicherer als aufrichtige Verständigung. So trat man Deutschland in den Staub. Man schnitt ihm die Lebensmöglichkeiten für die Zukunft ab. Man wollte einen unerfüllbaren Vertrag, um aus der Nichterfüllung das Recht zur Vernichtung herzuleiten. Man mißhandelte in unseliger Verblendung sogar die Ehre eines alten Soldatenvolkes, bis der kriegerische Geist der Nation, den man doch haßte und fürchtete, wieder den Gräbern des Weltkriegs entstieg und aufs neue umzugehen begann. Indem man dem deutschen Volk die Gegenwart verdarb und die Zukunft verderben wollte, trieb man es in eine stolzere Vergangenheit zurück. Dadurch, daß man zu Unrecht und Gewalt griff, bereitete man künftige Gewalttaten des zunächst Überwältigten vor. Ein Volk von 60 Millionen konnte man zunächst wohl quälen und plündern, aber man konnte es nicht körperlich vernichten, man konnte ihm den Glauben und die Hoffnung auf Wiederauferstehung nicht rauben. So gebar das Unrecht von Versailles das Unrecht der Gegenrevolution. Die Kette der Gewalttaten und des Unrechts aber war damit nicht abgerissen.

Am 7. Mai 1919 wurden der deutschen Friedensdelegation im Hotel Trianon-Palast zu Versailles die Friedensbedingungen überreicht. Zur Anbringung schriftlicher deutscher Bemerkungen wurde eine Frist von 15 Tagen eingeräumt. Öffentliche Friedensverhandlungen, wie sie Wilson im ersten seiner Punkte vorgesehen hatte, fanden nicht statt. Die Friedensbedingungen waren von den Siegermächten in geheimen Verhandlungen auf der Grundlage früherer geheimer Verträge fertiggestellt worden. Wilson gab den französischen und englischen Forderungen Punkt für Punkt nach. So stand der Entwurf des Friedensvertrags mit dem versprochenen Rechtsfrieden in denkbar schärfstem Widerspruch.

Die zugesagte Gleichheit der Handelsbeziehungen war nicht gewahrt. Wechselseitige Garantien waren abredewidrig nicht vorgesehen, Deutschland mußte sich einseitig zur Abrüstung verpflichten. Von dem versprochenen Ausgleich der Kolonialansprüche war keine Rede, Deutschland wurde einfach seiner früheren Kolonien beraubt. Die Pflicht Deutschlands zur Wiederherstellung der verwüsteten Gebiete war über die Vereinbarungen vom 3. November 1918 hinaus maßlos ausgedehnt. Deutschland wurde insbesondere verpflichtet, die Zivilbevölkerung der Siegermächte auch außerhalb der von Deutschland und seinen Verbündeten zeitweilig besetzten Gebiete zu entschädigen, Ersatz für die Kriegsbeschädigten- und Hinterbliebenenfürsorge, für Unterstützung der Familien der Heeresangehörigen und Kriegsgefangenen der alliierten Mächte und für alle Schäden an Eigentum, gleichgültig wo es gelegen, zu leisten. Im Gegensatz zu den 14 Punkten Wilsons wurden Danzig und Memel vom Reich losgerissen, der Polnische Korridor geschaffen, Eupen-Malmedy zu Belgien geschlagen, das Saargebiet auf 15 Jahre vom Reich abgesondert. Diesen Vertragsbrüchen reihten sich die übrigen Bedingungen würdig an. Elsaß-Lothringen, die preußischen Provinzen Posen und Westpreußen mußten abgetreten werden. Über das künftige staatliche Schicksal von Eupen-Malmedy, Niederschleswig, des südlichen Teils von Ostpreußen, von Oberschlesien und Saargebiet sollten Volksabstimmungen entschieden. Der Anschluß Österreichs an das

Deutsche Reich wurde verboten. Die deutsche Heeresstärke wurde auf 100 000 Mann festgesetzt, der Besitz schwerer Kriegswaffen untersagt, die Schleifung von Festungen und die Auslieferung des größten Teils der Flotte auferlegt. Luftstreitkräfte zu unterhalten, wurde untersagt, die allgemeine Wehrpflicht abgeschafft. Die Entwaffnung Deutschlands sollte durch Militärkommissionen der Alliierten überwacht werden. Bis 1. Mai 1921 waren 20 Milliarden in Gold zu bezahlen, die Festsetzung der ganzen Wiedergutmachungssumme war für später vorbehalten. Fast die ganze Handelsflotte sollte ausgeliefert, Maschinen, Werkzeuge, Tiere, Kohle, Chemikalien mußten in größten Mengen abgegeben werden. Nach diesem Vertrag verlor Deutschland den fünften Teil seiner gesamten Ernte an Getreide und Kartoffeln, fast Dreiviertel seiner Eisenerzförderung, mehr als Dreifünftel seiner Zinkproduktion, dazu die Saarkohle und die Kalifelder des Elsaß. Mit Recht erklärten die wirtschaftlichen Sachverständigen den Vertrag für unerfüllbar. Am unerträglichsten aber erschienen die Punkte, in denen die Sieger dem deutschen Volk an die Ehre griffen. Deutschland sollte sich als Alleinschuldiger am Weltkrieg erklären und aus diesem Grund die grundsätzliche Pflicht zur Wiedergutmachung aller Kriegsschäden anerkennen. Es sollte alle Personen an die Feinde ausliefern, die nach deren Meinung sich gegen die Gesetze und Gebräuche des Krieges vergangen hätten, und es sollte als unwürdig aus dem Völkerbund ausgeschlossen sein, bis es nach einer entsprechenden Probezeit den guten Willen bewiesen hätte, seine internationalen Verpflichtungen, insbesondere die aus dem Friedensvertrag, zu erfüllen.

Gegen dieses Zerrbild des versprochenen Rechts- und Verständigungsfriedens bäumte sich das ganze deutsche Volk einmütig und augenblicklich auf. Reichspräsident und Reichsregierung stellten in einem Aufruf vom 8. Mai die Unvereinbarkeit des angebotenen Vertrags mit der völkerrechtlichen Abmachung vom 3. November 1918 fest. Von den Regierungen der Länder wurde eine Trauerwoche angeordnet. Am 12. Mai beschloß die sozialdemokratische Reichstagsfraktion, in der Nationalversammlung erklären zu lassen, daß die Friedensbedingungen unannehmbar seien. Am gleichen Tag fand in der Berliner Universität die Kundgebung der Nationalversammlung gegen den Gewaltfrieden statt. Ministerpräsident Scheidemann bezeichnete hier den Vertrag als den schauerlichsten und mörderischsten Hexenhammer, mit dem einem großen Volk das Bekenntnis der eigenen Unwürdigkeit, die Zustimmung zu erbarmungsloser Zerstückelung, das Einverständnis mit der Versklavung abgepreßt werden solle. Unter stürmischem Beifall des Hauses erklärte er: »Welche Hand müßte nicht verdorren, die sich und uns in diese Fesseln legt. Dieser Vertrag ist nach Auffassung der Reichsregierung unannehmbar.« Im Auftrage sämtlicher deutscher Freistaaten schloß sich der preußische Ministerpräsident Hirsch dem Protest mit den Worten an: »Lieber tot als Sklav'!« Die Vertreter aller Parteien gaben leidenschaftliche Erklärungen gegen die Friedensbedingungen ab. Die sozialdemokratische Partei sprach sich noch auf ihrem Parteitag am 16. Juni in einer Entschließung einstimmig gegen den Gewaltfrieden aus. Schon erließ die Oberste Heeresleitung am 21. Mai eine Rundfrage an die ihr untergebenen Stellen, wie die Bevölkerung zu einer etwaigen Wiederaufnahme des Krieges stehe. Als sich die Reichsregierung diese Einmischung in eine rein politische Angelegenheit verbat, erwiderte die Oberste Heeresleitung, sie sei mit Kundgebungen überschüttet worden, aus denen der Eindruck entstehen konnte, als ob Volk und Heer auch gegen den Willen der Reichsregierung den Kampf aufnehmen würden, und habe sich deshalb ein ungefärbtes Bild über die Lage schaffen müssen. So drohte jetzt der deutschen Regierung im Gegensatz zum November 1918 eine Meuterei des Heeres für den Fall der Nichtfortsetzung des Krieges.

Umsonst bemühte sich die deutsche Friedensdelegation im Versailles mit größter Entschlossenheit und Gründlichkeit, von den Siegermächten Milderungen zu erreichen. Allein die Sieger blieben unerbittlich und unerschütterlich. Clemenceau lehnte jede Erörterung der grundsätzlichen Bedingungen ab. Auf die Bemerkungen der deutschen Friedensdelegation wurde lediglich die sofortige Freilassung der Kriegsgefangenen, eine Höhe der Heeresstärke von 200 000 Mann auf die Dauer von drei Monaten und das Versprechen zugestanden, die Wiedergutmachungssumme innerhalb vier Monaten nach Unterzeichnung des Vertrags bekanntzugeben. Zur Entscheidung über Annahme oder Ablehnung des Vertrags wurde am 16. Juni 1919 eine Frist von einer Woche gesetzt und nach fruchtlosem Ablauf die Wiederaufnahme der Feindseligkeiten in Aussicht gestellt.

Je näher die endgültige Entscheidung rückte, um so furchtbarer wurde bei der Reichsregierung und den Fraktionen der Nationalversammlung die Sorge um Deutschlands künftiges Schicksal. Die Meinungsverschiedenheiten gingen quer durch alle Parteien. Ein Teil der Abgeordneten kam zu dem heroischen Entschluß, es äußersten Falles auf den vorübergehenden Untergang des Reichs ankommen zu lassen, ein anderer Teil hielt die Drohungen der Entente mit dem Einmarsch nur für ein gemeines Mittel zur Erpressung der Unterschrift, eine immer größer werdende Mehrheit fürchtete, mit der Verweigerung der Unterschrift die Grundlage der 14 Punkte Wilsons zu verlieren, und sah deshalb in diesem Falle, der den Franzosen freie Hand am Rhein gebe, die Zerstörung des Reiches als sicher an, wollte jedoch wenigstens dieses Äußerste verhüten. Heute steht fest, daß die Heere der Alliierten Befehl zum weiteren Vormarsch erhalten hatten und daß die Entente gewillt war, die Fühlungnahme eines »gewissen Dr. Heim aus Bayern« mit dem französischen General Desticker, die in Luxemburg stattgefunden hatte, weiterzuverfolgen und möglicherweise die Zerreißung Deutschlands herbeizuführen. Mag aber auch außenpolitisch die Geschichte den Unterzeichnern des Friedensvertrages recht gegeben haben, in der Innenpolitik haben sie der deutschen Republik die gefährliche Wunde beigebracht, die nicht mehr zugeheilt ist. Der größere Teil der Schuld trifft die Regierung. In der größten Lebensfrage des deutschen Volkes in sich uneins und zerspalten, konnte sie weder dem Volk noch der Volksvertretung Führerin sein. Unter dem Einfluß Erzbergers, der auch in dieser unheilvollen Lage noch einen rosigen Ausweg sah, beantragte schließlich das Zentrum am 20. Juni, der Entente neue Gegenvorschläge zu unterbreiten, in denen die Erklärung der Alleinschuld Deutschlands am Weltkrieg und die Auslieferung der Kriegsverbrecher abgelehnt, die Milderung der unerfüllbaren wirtschaftlichen Bedingungen dagegen späteren Verhandlungen überlassen wurde. Das Ministerium Scheidemann verlangte jetzt eine Erklärung der Regierungsparteien für diesen Antrag des Zentrums und im Falle seiner Ablehnung durch die Entente die Nichtunterzeichnung des Vertrags. Aber dafür fand sich keine Mehrheit mehr. Darauf trat das Ministerium Scheidemann zurück. Außenminister Graf Brockdorf-Rantzau begründete den Rücktritt folgendermaßen: »Die Verhandlungen in Weimar haben mich überzeugt, daß Gründe der inneren Politik, besonders die überwiegende Auffassung von dem seelischen Zustand unseres schwergeprüften Volkes, es für die Regierung unmöglich erscheinen lassen, den Einsatz zu wagen, ohne den ich mein Spiel nicht gewinnen kann.«

Am 21. Juni wurde aus Sozialdemokraten und Zentrum die Regierung Bauer gebildet. Die Demokraten hatten durch die Drohung mit Fraktionsausschluß die Teilnahme eines der ihrigen an dieser Regierung verhindert. Die neue Regierung fand am 22. Juni in der Nationalversammlung eine Mehrheit von 99 Stimmen, die sich mit der Unterzeichnung des Friedensvertrages durch die Reichsregierung einverstanden erklärte. Am gleichen Tag teilte der deutsche Gesandte

Haniel den alliierten Mächten mit, die deutsche Regierung sei bereit, den Friedensvertrag zu unterzeichnen, ohne jedoch damit anzuerkennen, daß das deutsche Volk der Urheber des Krieges sei, und ohne eine Verpflichtung zur Auslieferung der sogenannten Kriegsverbrecher zu übernehmen. Clemenceau blieb jedoch hartnäckig auf der Forderung bestehen, daß Deutschland innerhalb der noch verbliebenen Frist von 24 Stunden den Vertrag in seiner Gesamtheit bedingungslos unterzeichne. Ein deutsches Ersuchen um Fristverlängerung wurde schroff abgelehnt. Abermals wurde die Nationalversammlung in größter Eile zusammengerufen. Noch einmal wurden alle Möglichkeiten erwogen. Wiederum brachen die Fraktionen auseinander. In der Zentrumsfraktion teilte Wehrminister Noske mit, daß die Offiziere der Reichswehr im Falle der Annahme des Friedens geschlossen ihre Tätigkeit einstellen würden. Im friedlichen Weimar hatten Soldaten unter Führung eines Offiziers versucht, nächtlicherweile in das Schloß einzudringen und Erzberger einen Denkzettel zu verabreichen. In der Sozialdemokratie neigte eine Mehrheit wieder der Ablehnung zu. Das Ergebnis einer nochmaligen Abstimmung über Annahme oder Ablehnung in der Nationalversammlung war nunmehr äußerst unsicher geworden. In der Besprechung der Parteiführer mit der Regierung im Berliner Schloß, die am 23. Juni mittags stattfand, war zunächst alles ratlos. Die Regierung wollte zurücktreten und die Gegner der Unterzeichnung ein Kabinett bilden lassen. Allein die USP hatte durch Haase schon früher erklärt, daß sie die Unterzeichnung des Vertrags jenen Parteien überlassen werde, die jahrelang die Kriegspolitik der kaiserlichen Regierungen unterstützt hätten. Der Vertreter der Deutschnationalen, Graf Posadowsky, teilte jetzt den Beschluß seiner Fraktion mit, die Übernahme der Regierung nur in Erwägung zu ziehen, wenn den Deutschnationalen von der Mehrheit der Nationalversammlung das Vertrauen ausgesprochen würde und eine tragfähige Mehrheit in der Nationalversammlung gesichert sei. Die demokratische Fraktion weigerte sich, an einer Regierung teilzunehmen, in der die Sozialdemokratie nicht vertreten sei, und war äußerstenfalls und unter Vorbehalt bereit, mit *allen* anderen Parteien der Nationalversammlung ein Kabinett der Nichtunterzeichnung zu bilden. Regierung und Regierungsparteien zogen sich in dieser allgemeinen Verwirrung zu Sonderberatungen zurück. Die im Verhandlungsraum verbliebenen Parteiführer sprachen unter sich mit gedämpfter Stimme wie in einem Sterbehaus. Da schlug der deutsche Volksparteiler Dr. Heinze vor, man solle in der Nationalversammlung um eine neue sachliche Abstimmung über Annahme oder Ablehnung, die vielleicht mit einem Sieg der Neinsager geendet hätte, dadurch herumkommen, daß die Regierung auf Grund der tags zuvor erteilten Vollmacht unterzeichne, die allerdings nur mit den Einschränkungen in der Schuld- und in der Auslieferungsfrage erteilt worden war. Man solle die Regierung wissen lassen, daß man ihr aus der Benützung der Vollmacht keinen Strick drehen würde. Auf diesen Vorschlag gingen die Neinsager ein. Dr. Heinze wurde ersucht, der Regierung mitzuteilen, daß die Fraktionsführer der USP, der Demokraten, Deutschnationalen und der Deutschen Volkspartei eine solche Lösung für möglich hielten. Die Regierung Bauer griff sofort nach dem rettenden Strohhalm und erklärte sich bereit, den gezeigten Ausweg zu beschreiten. Sie wünschte aber, daß dann alle Parteien gemeinsam einen Aufruf an das Heer erließen, um dieses zur Erfüllung seiner Pflicht aufzufordern. Ferner verlangte sie ein ausdrückliches Anerkenntnis der Parteien, daß die Regierung und die sie unterstützenden Parteien aus vaterländischer Gesinnung handelten. In dieser Frage behielten sich nur die deutschnationalen Parteiführer die Entscheidung ihrer Fraktion vor. In der Sitzung der Nationalversammlung sprach sich dann eine Mehrheit gegen die Stimmen der Deutschnationalen, der Deutschen Volkspartei, eines Teiles des Zentrums und der Demokraten für die Auffassung der Regierung aus, daß sie auf Grund der Vollmacht vom Vortag berechtigt bleibe, den Friedensvertrag zu unterzeichnen. Demokraten und Deutsche Volkspartei erklärten auch, anzuerkennen, daß die Regierung aus vaterländischen Gründen unterzeichne. Die Deutschnationalen gaben nur zu, daß jedes Mitglied der Nationalversammlung seine eigene Stellung selbstverständlich nach bestem Wissen und Gewissen einnehme. Obwohl das nicht die von der Regierung ursprünglich geforderte Erklärung war, glaubte sie über die Einschränkung hinwegsehen zu sollen. Wenige Stunden vor Ablauf der Frist ließ sie »der übermächtigen Gewalt weichend und ohne damit ihre Auffassung über die unerhörte Ungerechtigkeit der Friedensbedingungen aufzugeben«, ihre Bereitwilligkeit zur bedingungslosen Unterzeichnung erklären. Sie fand am 28. Juni in Versailles durch die Reichsminister Hermann Müller und Dr. Bell statt. Damit war der Vertrag von Versailles die höhere Ordnung des deutschen Volkes geworden, nach der es nun leben oder sterben sollte. Die Einführung der neuen Ordnung begann damit, daß am 21. Juni die in der Bucht von Scapa Flow internierte deutsche Kriegsflotte von der Besatzung versenkt wurde und am 23. Juni abends in Berlin Soldaten der Freikorps die erbeuteten französischen Fahnen von 1870/1871, die nach dem Friedensvertrag an

Frankreich hätten zurückgegeben werden müssen, vor dem Denkmal Friedrichs des Großen verbrannten. So handelten die Gegner der Unterzeichnung des Vertrages von Versailles, denen nach den hellseherischen Worten Scheidemanns die Zukunft gehörte.

Die innerpolitische Gegenwart wurde vorerst durch die Ordnung von Weimar bestimmt. Sie suchte verspätet die Wünsche und Sehnsüchte des deutschen Bürgertums von 1848 zu erfüllen und wies mit einem Arm in sozialdemokratisches Zukunftsland.

An der Gestaltung der Verfassung von Weimar arbeiteten alle Parteien, auch die Deutschnationalen, sachlich mit. Sie wurde in der Nationalversammlung am 31. Juli mit 262 Stimmen der Mehrheitssozialisten, des Zentrums und der Demokraten gegen 75 Stimmen der Deutschnationalen, der Deutschen Volkspartei, der unabhängigen Sozialdemokraten, des Bayerischen Bauernbundes und des Dr. Heim von der Bayerischen Volkspartei angenommen. Von den Bayern wurde sie wegen Beseitigung der Länderrechte, von der USP wegen des Mangels an sozialistischem Inhalt beanstandet. Die Deutsche Volkspartei verurteilte den angeblich übertriebenen Parlamentarismus und brandmarkte den Farbenwechsel als ehrlos und würdelos. Die Deutschnationalen rügten die republikanische Staatsform, die dem deutschen Wesen fremd sei, die mangelnde Hegemonie der Regierung, die nur aus Parteikompromissen zustande käme, die zu geringe Macht des Reichspräsidenten, der als bloßes Schaustück bezeichnet wurde. Seltsam mutet ihre Forderung an, in der Verfassung zum Ausdruck zu bringen, daß Nächstenliebe und soziale Gesinnung höher stehe als Herrenmoral und Übermenschentum, als geniales Verbrechertum und Raubtiermoral der blonden Bestie.

Die Verfassung von Weimar hat die staatsrechtliche Entwicklung, die mit den Änderungen der Bismarckschen Reichsverfassung im Oktober 1918 eingesetzt hatte, vollendet, aber eigentlich nur durch die Abschaffung der kaiserlichen Spitze weitergeführt. Ihre Bedeutung liegt in ihrer geschichtlichen Bestimmung als Grabstein der Novemberrevolution. Sie legte noch einmal den bürgerlichen Rechtsstaat als Ordnung des deutschen Volkes fest.

Unter den süddeutschen Staaten hat vor allem Bayern den Verlust seiner garantierten Sonderrechte nicht verschmerzt, in zahllosen Denkschriften die Wiederherstellung des bismarckschen Bundesstaates gefordert und mehr als einmal die Einheit des Reiches in Frage gestellt. Die Gegensätze zwischen Reich und Ländern waren naturgemäß am schärfsten, wenn Reichsregierung und Landesregierung verschiedenen politischen Gruppen entstammten. Während sich anfänglich die Gegenrevolution auf einzelne Länder stützte und von ihnen aus das Reich bedrohte, waren es zuletzt einzelne Länder, die der im Reich herrschenden Reaktion verzweifelt Widerstand leisteten. Die von den Ländern ursprünglich bekämpfte Weimarer Verfassung ist zuletzt von ihnen allein verteidigt worden.

Aber für ihre Verteidigung hatte die Verfassung schlecht gesorgt. Wohl konnte sie nur durch eine Zweidrittel-Mehrheit der Volksvertretung oder durch die Mehrheit der stimmberechtigten Staatsbürger geändert werden. An einen ausreichenden Schutz der Verfassung und ihrer Einrichtungen gegen Verunglimpfung oder gewaltsame Zerstörung wurde ursprünglich nicht gedacht. Man kam nicht auf den Gedanken, daß jemand den Wert der neugewonnenen staatsbürgerlichen Freiheit bezweifeln oder das Volk zur Vernichtung seines eigenen Selbstbestimmungsrechtes gewinnen könne. Man übersah, daß die Freiheit des einzelnen in der Freiheit aller ihre notwendige Grenze hat. So gewährte man Freiheit, die Freiheit überhaupt zu vernichten, man ließ nach den demokratischen Spielregeln auch Falschspieler mitspielen, die darauf ausgingen, das Spiel nach dem gelungenen Betrug für immer zu beenden. Im Namen der Freiheit überließ man Verbrechern den Strick, an dem sie die Freiheit henken konnten. Im Namen der Freiheit gestattete man unter dem Schutz der Abgeordnetenimmunität die Aufforderung zum Bürgerkrieg und Hochverrat. Im Namen der Freiheit sah man untätig der Waffenansammlung und militärischen Bandenbildung zu. Im Namen der Freiheit ließ man das Reich schänden und den Staat des notwendigen Schutzes berauben, bis er in Trümmer sank. Dabei hatten sich schon während der letzten Beratungen der Verfassung bedrohliche Anzeichen gezeigt. In der Berliner Tagung der Deutschnationalen vom Juli 1919 sprach man bereits von der »gottverfluchten, ruchlosen Republik«. Ein Redner rühmte sich, daß die Partei von einer Gegenrevolution abgesehen habe, obwohl sie möglich gewesen wäre, als der Westen Deutschlands von Waffen starrte. In der Sitzung der Nationalversammlung vom 25. Juli 1919 erhob der Deutschnationale, später Deutschvölkische, von Graefe die ungeheuere Anklage gegen die Revolution, daß sie dem kämpfenden Heer in den Rücken gefallen sei. Er beschuldigte die verantwortlichen Männer der damaligen deutschen Regierung, unter dem Schleier und unter der Maske des Waffenstillstandes Deutschlands Waffen restlos dem Feind ausgeliefert zu haben. Er sprach von einem Gaukelspiel des Waffenstillstandes und erklärte, die Handlungen des Ministers Erzberger rechtfertigten zwar nicht die Behauptung, daß er im feindlichen Sold gestanden habe, Erzbergers Handlungen seien aber im Erfolg so gewesen, als ob er in feindlichem Sold stünde. Der Sozialdemokratie warf er vor, die Niederlage Deutschlands gewollt zu haben. Die Zustände in der Revolutionsregierung wurden von ihm als himmelschreiend bezeichnet, er redete von einer Regierung der Unfähigkeit und Machtlosigkeit und sehnte sich zurück nach den geordneten Zuständen des alten Systems. Mit Recht erwiderte ihm Reichsminister Erzberger, daß ein halbes Jahr früher kein Deutschnationaler eine solche Rede gehalten hätte. Er enthüllte rücksichtslos die Schuld der Reichsregierung Michaelis an der Verhinderung des Papstfriedens im Sommer 1917 und rang damit den deutschnationalen Vorstoß nieder. Aber an wirksame Vorkehrungen gegen die Wiederholung deutschnationaler Beschimpfungen und Geschichtslügen dachte man nicht. Man setzte nur einen Untersuchungsausschuß über die Ursachen des Zusammenbruchs ein.

In den Beratungen der Nationalversammlung im Herbst 1919 ging die deutschnationale Hetze weiter. Am 29. Oktober 1919 fiel zum ersten Male der Zwischenruf von rechts: »Die Front wurde von hinten erdolcht.« Die neuen Steuern, die der Reichsfinanzminister Erzberger forderte, fachten die Wut der besitzenden Kreise gegen ihn aufs äußerste an. Vor allem der Abgeordnete Hugenberg, der ehemalige Kruppdirektor, scheute in den Verhandlungen der Nationalversammlung im August und Dezember 1919 vor keiner Anklage und Beschimpfung gegen Erzberger zurück. Er beschuldigte ihn nicht nur, den Kriegsverlust mit herbeigeführt und den Waffenstillstand verdorben und unsägliches Elend über unser Volk gebracht zu haben, sondern jetzt auch noch die Wirtschaft zugrunde zu richten. Am 9. Dezember 1919 rief er ihm in der Nationalversammlung zu: »Wenn doch einmal das deutsche Volk an die Kette internationaler Wirtschaftssklaverei gelegt werden soll, dann möge es doch lieber offen und ehrlich geschehen, dann lassen Sie den Feind doch lieber gleich das Ruhrgebiet besetzen!« Als auf diese Worte ein Sturm der Entrüstung losbrach, mußte die Sitzung unterbrochen werden. Aber Hugenberg setzte nachher die Anklagen fort. Er sprach von einer korrupten öffentlichen Verwaltung, warf der Regierung vor, das Schiebertum zu begünstigen und zu fördern, und schleuderte der Sozialdemokratie den Vorwurf entgegen, sie verkaufe deutsche Arbeitskräfte in fremdländische Sklaverei. Zuletzt gab er das Stichwort aus: »Ich habe Herrn Erzberger seit langem für einen Landesverräter gehalten.«

Die Hetzreden der Deutschnationalen im Parlament wurden durch die Schmähartikel ihrer Presse weit übertroffen. Schon vor Unterzeichnung des Vertrages von Versailles hatte das deutschnationale Parteisekretariat ein Rundschreiben erlassen: »Die Bekanntgabe der Friedensbedingungen hat niederschmetternd auf alle Deutschen gewirkt. Diese Staatsaktion muß von uns unbedingt agitatorisch ausgenutzt werden.« Nach Leistung der Unterschrift wurden die Mitglieder der Reichsregierung in deutschnationalen Zeitungen als Statthalter der Entente, Landvögte der Alliierten und Verbrechergesindel beschimpft. In der »Deutschen Tageszeitung« ließ der Generallandschaftsdirektor Kapp eine Schrift drucken, in der die Soldaten der Wehrmacht aufgefordert wurden, den Treueeid zu verweigern. Der Reichspräsident Ebert wurde darin besonders angegriffen, weil er im Mai gegen die Annahme des Friedensvertrages gewesen war und dann seine Haltung geändert hatte: »Wie lange«, hieß es in der Sudelschrift, »soll die Nation ein Staatsoberhaupt ertragen, das sich in den stärksten Worten vor aller Welt als ehrlos bezeichnet hat? Wie lange sollen Soldaten einem Menschen Gehorsam schwören, der sich selbst als ehrlos bezeichnet hat? Wie kann sich jemand, der einen Funken Ehrgefühl hat, zum Minister ernennen lassen von einem Menschen, der sich selbst als ehrlos und würdelos bezeichnet hat?« Am schlimmsten aber trieb es der anonyme Parlamentsberichterstatter »A« der »Täglichen Rundschau«, dessen Aufsätze später zu einem Buch vereinigt ins Land gingen. Er nannte den ersten Reichspräsidenten »Friedrich den Vorläufigen, Zoll um Zoll ein Napoleon, dritter natürlich...«, seine ehemaligen Freunde bei den Unabhängigen behaupten, sein Sitzfleisch sei das Dauerhafteste an ihm. Wenn er einmal sitze, da gebe es gleich eine Dynastie. »Er war revolutionär schon in den Windeln, das gegebene Reichsoberhaupt schon als Brotwagenfahrer, Kneipenwirt, Gerichtssaalreporter... Ebert hat den Horizont einer Käseglocke. Unser Präsident kann nie uferlos werden. Für die Entente ist er eine komische Figur«. Anläßlich der Vereidigung Eberts auf die Reichsverfassung schrieb der deutschnationale Mann: »Ein Eid gilt jetzt keinen Sechser. Man fragt sich im stillen, was länger halten wird, der Schwur oder die Verfassung. Ehe der gallische Hahn dreimal kräht, hat Friedrich Ebert seinen Eid gebrochen.« In dunklen Andeutungen schrieb er von »Fressalien aus dem Weimarer Schloß«, von denen, die im Schloß zu Weimar eine fürstliche Hofhaltung führen, deren Menüs ganz in den Rahmen der Kriegsgewinnler passen, die ihr Schlaraffenland von Offizieren des alten kaiserlichen Heeres bewachen lassen. Das parlamentarische System sei eine siegreiche Korruption, eine Hochschule der Feigheit, die parlamentarische Regierung mit ihrer Plattheit und Trägheit verwirtschafte alle nationalen Güter, ruiniere unser Vaterland und betreibe den Ausverkauf Deutschlands. Es komme zwar vor, daß ein erfolgreicher Schwindler sich durchsetze, aber die rote Regierung taumle von Mißerfolg zu Mißerfolg.

»Wir haben Minister, die zu dumm sind, Aktenstücke zu lesen«, die Regierung wird mit dem dummen August im Zirkus verglichen. Die Nationalversammlung, »dieser Philistertee«, dieses »Parlament der Schwächlinge« habe das Deutsche Reich auf Abbruch an den Feind verkauft. Die Abgeordneten sind die »politischen Einbrecher und Erbschleicher vom 9. November«, die »Volksverräter vom 22. Juni«, die »Seelenverkäufer des deutschen Volkes«, »die unfaßbar feige Schar der Verräter«. »Sozialdemokratie und Zentrum sind die Schergen der Entente, schwarze Raben und rothalsige Aasgeier, die Reichsverderber von Anbeginn. Die Sozialdemokratie ist bereit, für ein Pfund schlechten chinesischen Specks, mit dem die Entente ihre Schwarzen füttert, das Deutsche Reich hinzuopfern, Millionen Deutscher zu verkaufen.« »Scheidemann, der oberste unter den Komödianten des Novembers.« »Erzberger setzt den Ausverkauf Deutschlands fort, hat uns noch stets hereingelegt, hat einen förmlichen Haß gegen alles Aufrechte, verscharrt das deutsche Volk eiligst wie eine Pestleiche, ist Fronvogt der Entente, singt am Abend des Schandfriedens von Versailles feuchtfröhlich in den Weimarer Sommer hinaus, der Reichsschaumschläger, Erzverderber des Reiches, der den Sieg sabotiert hat. Scheidemann gehört vor das Reichsgericht in Leipzig, das die Todesstrafe über Landesverräter fällen kann. Ganze Generationen können in harter Fron nicht wieder erarbeiten, was Erzberger verschleudert hat. Wir fragen die Regierung, die noch immer dieselbe Bank mit ihm teilt, wann sie diesen Mann der irdischen Gerechtigkeit auszuliefern gedenkt. Die Landesjäger waren schon drauf und dran, Erzberger zu hängen, und es ist gar nicht ausgeschlossen, daß irgendein Fanatiker einmal den Versuch mit mehr Erfolg wiederholt. Wen dann die Menge als Urheber des namenlosen Elends ansieht, der wird einst totgeschlagen wie ein toller Hund. Das wissen Erzberger, Scheidemann und Genossen, diese Siegverderber, Kriegsverlängerer, Friedensvernichter. Sie kämpfen um ihr Leben, die Wahrheit muß von ihnen totgeschlagen werden, sonst ist ihr Leben keinen Pfifferling mehr wert.«

Das war bereits die unverhüllte Mordhetze der Rechten gegen republikanische Regierungsmänner, die in nicht ferner Zeit ihre traurigen Früchte trug. So begann die Rechte nach den Worten jenes Berichterstatters der »Täglichen Rundschau«, den Teufel der Massenumschmeichelung zu überteufeln, die Scheu vor der Demagogie zu überwinden und die Demokratie mit »ihren eigenen Waffen zu schlagen«. In dieser Katzenmusik durfte selbstverständlich die Judenhetze nicht fehlen. Ein Ausschuß für Volksaufklärung, die deutsche Erneuerungsgemeinde, der deutschvölkische Bund und der Reichshammerbund verbreiteten in Eisenbahnzügen und Kasernen massenhaft Flugblätter gegen die Juden. Bei der Ausforschung der Täter und Urheber versagte die Polizei. Nach der Darstellung des Wehrministers Noske in der Sitzung der Nationalversammlung vom 29. Oktober 1919 schilderte der Antisemit Kunze einen neuen Ritualmord und bot den Judenfeinden seine Knüppel zur »Verteidigung« an. Bedenklicher war aber, daß Ludendorff, der General des Weltkriegs, die Republik an ihrer schwächsten Stelle anzugreifen begann. Unter Ausnutzung der fast abgöttischen Verehrung, die er in manchen Kreisen der Wehrmacht genoß, behauptete er, daß die junge Reichswehr von den Regierungsparteien Verständnis und Liebe von vornherein nicht zu erwarten habe. Man habe der Reichswehr absichtlich das Wasser abgegraben, die Soldaten schlecht gelohnt, gekleidet und verpflegt, zum Teil mangelhaft untergebracht. Manneszucht und Ehrbegriff werde unterbunden. Der Dienst werde lax betrieben, wenigstens an vielen Stellen. Im Hauptausschuß der Nationalversammlung mußte sogar der deutschnationale Abgeordnete von Graefe zugeben, daß das nicht wahr sei, was Ludendorff schrieb.

Man hatte nun eine Reichsverfassung verabschiedet, die der Volksvertretung und der Reichsregierung die Staatsmacht in die Hand gab, aber die wirklichen Machtverhältnisse hatten sich bereits erheblich verschoben. Das Heer, das Rückgrat jeder staatlichen Macht, hatte nach der Unterzeichnung des Friedensvertrages das Vertrauen zur Reichsregierung verloren. In jenen Tagen bereits forderten Truppen im Osten, daß »die jetzige Strohpuppenregierung ersetzt werde durch eine Regierung von Männern, die deutsch denken, fühlen und handeln«. Die Nationalversammlung und Noske mußten Aufrufe an das Heer erlassen, um den Zerfall der Truppe zu verhindern. Trotzdem schied eine größere Anzahl von Heerführern aus, auch Hindenburg und Groener nahmen den Abschied. Die Oberste Heeresleitung wurde aufgelöst. Der Oberbefehl über die gesamte Wehrmacht wurde durch Verordnung des Reichspräsidenten auf den Reichswehrminister übertragen. Neue Schwierigkeiten entstanden durch die im Friedensvertrag vorgesehene Herabsetzung der deutschen Heeresstärke auf 100 000 Mann und insbesondere durch die Vorgänge im Baltikum. Die Entente hatte im Dezember 1918 der deutschen Regierung die

Rückbeförderung deutscher Truppen aus den baltischen Staaten untersagt. Später wurden zum Schutze Lettlands und Kurlands gegen die bolschewistischen Truppen Freiwillige geworben, eine »Eiserne Division« aufgebaut, die in hartnäckigen Kämpfen die russischen Truppen wieder aus dem Lande schlug. In Kurland wurde den deutschen Soldaten von der einheimischen Regierung das Recht der Einbürgerung versprochen und Land zur Ansiedlung in Aussicht gestellt. Ganze Abteilungen von Soldaten nahmen Boden in Besitz und wollten ein lebendiger Wall deutscher Siedler gegen den Bolschewismus sein. Russische Zaristen unter Führung des Obersten Bermondt-Awaloff wollten das Unternehmen weitertreiben und mit Hilfe deutscher Soldaten und angeworbener russischer Kriegsgefangener das Sowjetsystem stürzen. Die deutsche Regierung aber wurde nach Unterzeichnung des Friedensvertrags von der Entente gezwungen, die Baltikumtruppen nach Deutschland zurückzuführen. Die Baltikumer weigerten sich zunächst, den Befehlen der deutschen Regierung zu gehorchen. Die Armee Bermondt-Awaloffs griff Riga an, darauf verhängten die Alliierten über deutsche Schiffe die Sperre für die Ostsee wegen Bildung einer deutsch-russischen Regierung Bermondt-Awaloffs in Kurland. Der deutsche Befehlshaber der Baltikumtruppen, General von der Goltz, wurde darauf abberufen. Die deutsche Regierung beschloß, daß alle Baltikumer, die nicht bis zum 11. November die deutsche Grenze überschritten hätten, als fahnenflüchtig erklärt werden und die deutsche Staatsangehörigkeit wowie alle Versorgungsansprüche verlieren sollten. Zunächst trotzte die Mehrzahl der Truppen den deutschen Befehlen, bis das Heer Bermondts aus Mangel an Mitteln zusammenbrach. Erst hernach unterwarfen sich die Baltikumer, ertrotzten aber für sich und ihre Führer, insbesondere den Major Bischoff, Straffreiheit. Sie wurden in Arbeitsgenossenschaften zusammengefaßt und zum großen Teil auf die ostelbischen Rittergüter verteilt. Ihre Waffen behielten sie bei sich. Die deutschnationale Presse hatte ihnen monatelang vorgespiegelt, daß sie von der Reichsregierung verkauft und verraten worden seien. Nun standen sie bereit als Kampftruppe der Gegenrevolution.

Der Verein ehemaliger Angehöriger der Eisernen Division gab eine Anweisung heraus, in der es hieß, daß die ehemaligen Soldaten als Landarbeiter nur eine Gastrolle geben und daß sie sich aber hüten müßten, die alten politischen Ziele, die ihnen vorschwebten, in der Öffentlichkeit zu betonen. Bewaffnet bis an die Zähne, ergriffen sie mit Schmährufen auf die Regierung und Hochrufen auf den Kaiser und ständigem Absingen des »Heil Dir im Siegerkranz«

von den Dörfern und kleinen Städten des Ostens Besitz. Hab und Gut war vor ihnen nicht sicher. Das Vieh auf der Weide wurde abgeschlachtet, es wurde geraubt und geplündert. Mit aufgepflanzten schwarz-weiß-roten Fähnlein saßen die Offiziere mit ihren Frauen in den Wirtschaften umher, hielten Reden gegen die Regierung und drohten, die sozialdemokratischen Druckereien zu stürmen. Im Osten waren seit langem auch die zuverlässigen Mitglieder des Landbundes insgeheim bewaffnet worden. Man hatte große Mengen von Waffen unter der Bezeichnung von landwirtschaftlichen Maschinen und Spaten insbesondere nach Pommern verschoben. Dadurch wurde zunächst ein Druck auf die landwirtschaftlichen Arbeiter ausgeübt, die nach der Revolution das »Verbrechen« begangen hatten, sich auch ein menschenwürdiges Dasein zu erkämpfen. In großem Umfang wurden besonders die Vertrauensleute des freigewerkschaftlichen Landarbeiterverbandes entlassen und durch Baltikumer ersetzt. Wie man in der Zeit der Gegenreformation Dragoner in die Dörfer legte, um sie wieder katholisch zu machen, wurden jetzt die Gutsarbeiter durch die Besatzungen der Baltikumer wieder zum Gehorsam gegenüber ihren adeligen Herren zurückgeführt. Diese Wiederherstellung der alten Verhältnisse steigerte das Selbstgefühl der Junkerkaste gewaltig. Bald meldete sie bei der Reichsregierung ihre politischen Forderungen an.

Der Kapp-Putsch

Zu Beginn des Jahres 1920 stellte die Rechtspresse in Deutschland mit einem Schlage drei bestimmte politische Forderungen heraus: sofortige Wahlen zum ersten verfassungsmäßigen Reichstag, Durchführung der Wahl des Reichspräsidenten durch das Volk, wie es in der Weimarer Verfassung vorgesehen war, Leitung der obersten Reichsbehörden durch fachlich vorgebildete Minister. Die Nationalversammlung habe mit der Verabschiedung der Verfassung von Weimar ihre Daseinsberechtigung verloren. Ihre Auflösung werde nur verzögert, um den bei Neuwahlen sicheren Ruck nach rechts zu verhindern. In der »Kreuz-Zeitung« ging Graf Westarp so weit, den Beschlüssen der Nationalversammlung fürderhin die Rechtswirksamkeit abzusprechen. Der Abgeordnete der Deutschen Volkspartei, Dr. Maretzky, kündigte in öffentlicher Versammlung an, die Nationalversammlung würde mit Gewalt auseinandergesprengt werden, wenn die Neuwahlen zum Reichstag über das Frühjahr hinüber verschoben würden. Zur größten Erbitterung der Rechtskreise lehnte jedoch die Nationalversammlung am 9. März den Antrag der Deutschen Volkspartei und der Deutschnationalen, die Nationalversammlung möge sich vom 1. Mai 1920 ab für aufgelöst erklären, mit den Stimmen der Regierungsparteien ab. Der Reichsinnenminister stellte nur in Aussicht, daß die Wahlen im Herbst stattfinden könnten.

Für den Fall einer Präsidentenwahl rechneten die Rechtskreise bestimmt mit einer Niederlage Eberts, der von der Nationalversammlung mit dem höchsten Reichsamt nur vorläufig betraut worden war. Sie wußten, daß er die Stimmen der gegen das System »Noske« verhetzten linksradikalen Arbeiterschaft nicht erhalten würde, und hofften deshalb einen Mann der Rechten durchs Ziel zu bringen. Als »parteilosen« Kandidaten hatten sie bereits Generalfeldmarschall von Hindenburg in Vorschlag gebracht. Er sollte nach der Absicht des Obersten Bauer, des Hauptmachers im Ludendorffkreis, den Platzhalter für die spätere Monarchie abgeben. Auch die Sozialdemokratie würde sich, so sagte man, damit abfinden müssen. Das Schlagwort von der Unfähigkeit der Parteiminister, die in ihr Amt kein Fachwissen mitbrächten, war in weiten Volkskreisen gang und gäbe geworden. Die Ministerialbürokratie, die sich zurückgesetzt fühlte, war für die Verbreitung der nötigen Beweise besorgt. Damals konnten böse Witze noch ein System erschüttern.

Verheerend für das Ansehen der parlamentarischen Demokratie wurde der Erzberger-Prozeß, der am 19. Januar 1920 vor dem Landgericht Berlin I Moabit begann. Wegen Beleidigung Erzbergers war der frühere kaiserliche Staatssekretär Helfferich, einer der bedeutendsten deutschnationalen Führer, angeklagt. Er hatte Erzberger unter anderem beschuldigt, im Widerspruch zu seiner späteren Politik des Verständigungsfriedens noch im September 1914 die Annexion der britischen Kanalinseln deshalb gefordert zu haben, weil sich an der gegenüberliegenden normannischen Küste Erzfelder des Thyssen-Konzerns befanden, dem Erzberger damals angehörte. Erzberger sollte dann als Abgeordneter sich um die Zuweisung von Teilen des Erzbekkens von Briey an den Thyssen-Konzern bemüht haben. Er sollte in Prozessen zwischen dem Reichsfiskus und einer Tiefbaufirma als Schiedsrichter zugunsten der Firma das Recht gebeugt haben und dann in ihren Aufsichtsrat eingetreten sein. Schließlich wurde die gesamte politische Tätigkeit Erzbergers als unehrenhaft und verlogen verdächtigt und der Nachweis dafür angetreten, daß Erzberger wirklich der Reichsverderber sei. Der Beleidigungsprozeß, in dem Erzberger als Nebenkläger und vereidigter Zeuge auftrat und oft in die Enge getrieben wurde, hielt wochenlang die deutsche Öffentlichkeit in größter Spannung und Aufregung. Die deutschnationale Presse schlachtete alle Unfälle des verhaßten Ministers weidlich aus. Helfferich wurde am 12. März wegen übler Nachrede und Beleidigung zu 300 Mark und zur Tragung der sämtlichen Kosten verurteilt. Das Gericht erklärte aber in den Gründen zuungunsten Erzbergers den Nachweis der politischen Geschäftemacherei, der Unwahrheit, der Unanständigkeit und der politischen Tätigkeit zum Nachteil Deutschlands im wesentlichen als erbracht, nur die Rechtsbeugung sei nicht erwiesen. Erzberger war in Wirklichkeit gerichtet und trat sofort von seinem Amt zurück. Während des Prozesses, am 26. Januar 1920, gab der frühere Fähnrich Oltwig von Hirschfeld auf Erzberger, als er das Gerichtsgebäude verließ, Revolverschüsse ab. Eine Kugel prallte an der Uhrkette ab, die andere verwundete ihn leicht an der Schulter. Der Täter gab bei der Vernehmung an, daß Erzberger ein Schädling sei und beseitigt werden müsse. Der Gedanke zur Tat sei ihm durch die Prozeßberichte gekommen, die er täglich in den Rechtszeitungen gelesen habe. Die Broschüre Helfferichs hatte er in Besitz. Er wurde später nur wegen gefährlicher Körperverletzung zu 1 Jahr 6 Monaten Gefängnis verurteilt. Die Rechtspresse bemühte sich kaum, ihre Freude über den Anschlag zu verbergen. Er war die Frucht der maßlosen Hetze, die seit Jahr und Tag betrieben worden war. Noch kürzlich hatte die Rechtspresse den Minister einen »Schmutzian« genannt. Man hatte einen Vorfall geschildert, wie in einer Erzberger-Versammlung ein rechtsstehender Mann dem Minister einen Strick gezeigt habe, und von einer »verständlichen Geste« geschrieben. Nach einem Bericht hatte der deutschnationale Abgeordnete Dr. Bang in der Berliner Ortsgruppe des »Alldeutschen Verbandes« den Reichsfinanzminister Erzberger als den unseligsten Menschen gebrandmarkt, den der Zorn Gottes dem gefallenen deutschen Volk als Zuchtrute auf den Leib gebunden, als die fleischgewordene Sünde, die uns das Unglück gebracht habe. In der »Täglichen Rundschau« vom 23. Januar 1920 war Erzberger als kugelrund, aber nicht als kugelfest bezeichnet worden. Die Rechtspresse hatte noch darüber gehöhnt, daß die beiden Geheimpolizisten, die Erzbergers »speckglänzende Körperlichkeit vor Überfällen schützen sollten«, vom Vorsitzenden aus dem Gerichtssaal gewiesen worden waren. Erzberger sollte schon am 14. November 1919 in einer Versammlung »erledigt« werden. Er war aber gewarnt worden und nicht hingegangen. Die Versammlung wurde damals von bewaffneten

Baltikumern und Offizieren gesprengt. Jetzt, nach dem wieder nicht voll gelungenen Anschlag, machte die Rechtspresse aus ihrem Bedauern, daß Erzberger nicht getötet worden war, kein Hehl. Der Täter machte ihr einen »sympathischen Eindruck«. Die »Rheinisch-Westfälische Zeitung«, das Blatt der Schwerindustrie, höhnte, daß es »nur ein Fettschuß« gewesen sei. Der deutschnationale »Arnswalder Anzeiger« schilderte unter der Überschrift »Wir wollen nicht heucheln« die Enttäuschung auf allen Gesichtern, weil für das Leben des Ministers nichts zu befürchten sei. Man schwindelte sogar von einem Steigen des Mark-Kurses im Ausland auf die Kunde von dem Anschlag hin. Einige Wochen später forderte in einer Tagung des Bundes der Landwirte ein Redner unter stürmischem Beifall, daß Erzberger gehenkt werden müsse. Die Freude über die politische Erledigung dieses Mannes, den man für den Linkskurs des Zentrums verantwortlich machte, ging dann in den Wogen des Kapp-Putsches unter.

Die Erzbergerhetze war nur ein Ausschnitt aus der allgemeinen Agitation gegen die »Juden- und Bolschewikenregierung«, wie sie besonders seit der Reichsfinanzreform immer stärker ins Bürgertum drang. Zuerst im Norden wurde jetzt auch die Rassenlehre zur Waffe im politischen Kampf geschmiedet. In einer Versammlung des »Ausschusses für Volksaufklärung« in Tempelhof beschimpfte der Redner, ein Volksschullehrer, den jüdischen Gott Jehova als Schieber und Lump und behauptete, »der blonde, blauäugige, geradnasige Jesus habe den Haß gegen die Juden gepredigt«. Der Antisemit Wulle lehrte in seiner »Deutschen Zeitung« die neueste Weisheit, daß an dem rassenlosen Rom das germanische Blut zugrunde gegangen sei. Der Weltkrieg sei nur die Fortsetzung des Vernichtungskampfes der niederen Rassen gegen die germanischen Hochrassen gewesen. Aber auch die Deutschnationale Partei gab als Flugblatt jetzt Bilderbogen heraus, die an politischer Verlogenheit alles bisher Dagewesene in den Schatten stellten. Sie stellte Bilder gegeneinander, eine Mutter, die froh im Kreise ihrer Kinder sitzt — und ein deutsches Mädchen, das von drei Schwarzen vergewaltigt wird. Die Überschrift des einen lautete: »Als Wilhelm II. am Rhein regierte«, die des anderen »Als Friedrich Ebert am Rhein regierte«. Das Bild »Als Ludendorff Krieg führte« zeigte zwei Soldaten, die mit Lust dem Schützengrabenkrieg oblagen, das Gegenbild »Als Erzberger Frieden schloß« stellte dar, wie ein französischer Aufseher deutsche Kriegsgefangene mißhandelte. »Als die Junker auf dem Lande herrschten« heimste ein Bauer eine große goldene Ernte ein, im Gegenbild »Als Spartakus auf dem Lande plünderte« rang der ausgeraubte Bauer verzweifelt die Hände. Diese Bilderbogen wurden von den Vorsitzenden der Deutschnationalen Partei an die sämtlichen Landräte der Bezirke versandt mit dem Ersuchen, sie in den öffentlichen Gebäuden durch die Amts- und Gemeindevorsteher als Sendung des Landratsamtes auszuhängen. Auf den Universitäten nahmen die antisemitischen und nationalistischen Ausschreitungen zu. In Berlin wurde sogar Professor Einstein von seinen eigenen Studenten mit dem Ruf »Juden heraus!« empfangen. In die Vorlesung des Professors Nicolai drangen bewaffnete Studenten und Offiziere ein und beschimpften ihn wegen seines pazifistischen Verhaltens im Weltkrieg als Feigling, gemeinen Verräter und Lump. Der akademische Senat stellte sich auf die Seite der Studenten und erklärte Nicolai wegen seiner im Weltkrieg in der Schweiz erschienenen Schriften des akademischen Lehramts für unwürdig. In München wurde Professor Max Weber, der sich gegen die Mordtat des Grafen Arco an Eisner ausgesprochen haben soll, von den Studenten niedergebrüllt.

Die Studentenschaft stand damals in engen Beziehungen zur Wehrmacht der Republik: Zahlreiche Studenten waren Mitglieder der Freikorps gewesen. Die Zeitfreiwilligenregimenter bestanden aus Studenten, ein großer Teil der durch die Heeresverminderung ausgeschiedenen Offiziere suchte sich durch Hochschulstudium einen neuen Beruf. Die ehemaligen Offiziere vermeinten, besonderen Grund zur Unzufriedenheit zu haben. Sie waren nach dem Umsturz von 1918 vielfach unwürdig behandelt worden und hatten die Härte der Friedensbedingungen durch den Verlust ihres bisherigen Unterkommens zuerst am eigenen Leib verspürt. Die Stimmung der verabschiedeten Offiziere übertrug sich auf die Tausende ihrer Kameraden, die heute noch beim Heere standen, morgen infolge der Unnachgiebigkeit der Entente bereits abgebaut sein konnten. In den Kämpfen gegen die Spartakisten hatte das Offizierskorps sein Selbstgefühl wiedergefunden; es glaubte, sich durch den Einsatz des Lebens das Recht auf Vorzugsbehandlung erworben zu haben, und wollte jetzt den Frontkämpfern den gebührenden Anteil an der Leitung des Staates erringen. Wer täglich sein Leben aufs Spiel setzte, konnte und wollte es nicht verstehen, daß die Regierung die Wehrmacht des deutschen Volkes nicht auch gegen den äußeren Feind in die Waagschale warf. Der Zusammenbruch der Generale gegen Ende des Weltkriegs war ihm unbekannt, die deutschnationale Geschichtslegende vom Dolchstoß der Heimat und von der Schuld der Juden wurde unumstößlicher Glaubenssatz. Er hielt die Politik des ständigen Zurückweichens und Sichbeugens vor dem Ausland für Feigheit und Verrat.

Der Mann der Tat glaubte an die Macht der Gewalt, die neuen parlamentarischen Methoden der endlosen Beratungen und Verhandlungen stießen ihn ab. Ein starker Mann, ein Diktator würde spielend mit allen inneren und äußeren Schwierigkeiten fertig werden. Für dieses Amt wurde bald Ludendorff, bald Noske in Aussicht genommen. Viele dachten auch an die Wiederherstellung der Monarchie, erhofften sich aber von ihr die Rettung eines größeren Heeres und damit ihrer eigenen Existenz. Die Widerstände gegen eine gewaltsame Änderung des Systems wurden gering eingeschätzt. Die Offiziere neigten berufsmäßig dazu, die Stärke des Gegners nur nach der Zahl der ihm zur Verfügung stehenden Gewehre und Maschinengewehre zu beurteilen. So wuchs im Heer der Wille zur »kühnen rettenden Tat«, je mehr es der unwahrhaften Agitation der Deutschnationalen gegen die herrschenden Zustände erlag. Um die Jahreswende verlieh Admiral Meurer in Kiel den Gefühlen der Wehrmacht in einem Befehl der Ostseestreitkräfte folgenden bezeichnenden Ausdruck: »Seitdem des Deutschen Reiches Unterhändler Erzberger im November 1918 zum Erstaunen unserer Feinde die vernichtenden Waffenstillstandsbedingungen widerstandslos und bedingungslos angenommen hat, ist es mit dem Ansehen und der Kraft Deutschlands Schritt für Schritt über die Annahme des Schmachfriedens und der schamlosen Auslieferungsparagraphen abwärts gegangen bis zur völligen Selbstvernichtung.« Der Admiral mußte daraufhin seinen Abschied nehmen. Aber häufig wurden die aus politischen Gründen entlassenen Offiziere der Regierung die gefährlichsten Gegner. Aus Verärgerung und Betätigungsdrang, oft auch nur zum Gelderwerb, gründeten sie überall nationale Klubs und Verbände, die vielfach nichts anderes als Werbe- und Sammelstellen für den schon im Baltikum geplanten Militärputsch darstellten. Staatliche Gegenmaßnahmen gegen das Treiben dieser Vereinigungen und Verbände versagten nicht selten, weil maßgebende Leute der Polizei mit den Verschwörern im Bunde standen und sie immer rechtzeitig warnten. Das preußische Kommissariat für die öffentliche Sicherheit wurde überdies von einem erzreaktionären Deutschnationalen geleitet, der die schweren Gefahren für die Regierung aus seiner Einstellung heraus übersah.

Schon immer hatte das Offizierskorps eine besondere Kaste und Gesinnungsgemeinschaft gebildet. Die Leiter der nationalen Verbände hatten es deshalb leicht, vor allem ihre früheren Kameraden bei der Wehrmacht für ihre hochverräterischen Pläne zu gewinnen. Aber auch unter der Mannschaft konnte, da die Reichswehr damals noch unbeschränktes Vereins- und Versammlungsrecht besaß, erfolgreich gegen die »verjudete Regierung« geschürt und für die Monarchie geworben werden. Bald trugen ganze Truppenteile das antisemitische Hakenkreuz, das irgendwo im Baltikum aufgekommen war, am Stahlhelm aufgemalt. Der »Verband nationalgesinnter Soldaten« nahm nur »national- und deutschempfindende Elemente deutschrassiger Abstammung« auf. Er forderte ganz offen, daß die »jüdisch-sozialdemokratischen Volksbetrüger« zum Land hinausgejagt würden. Ende Februar wurde in Charlottenburg eine Versammlung des Pazifisten Helmut v. Gerlach von schwerbewaffneten Baltikumern unter Führung von Offizieren gesprengt. Der Redner mußte verwundet vom Platz getragen werden, die Soldaten brachten Hochrufe auf die Monarchie und Schmährufe auf die Regierung aus und erklärten, daß »Juden« in Deutschland überhaupt nicht mehr reden dürften. In Ostpreußen wurden sozialdemokratische Zwischenrufer in deutschnationalen Versammlungen von Soldaten mit Reitpeitschen bearbeitet. Im Hotel Adlon in Berlin wurden jüdisch aussehende französische Offiziere von einer nationalistischen Rotte der besseren Gesellschaft, unter hervorragender Beteiligung des Prinzen Joachim von Preußen, mit Sektgläsern beworfen und mit Fäusten verprügelt, weil sie beim Absingen des Deutschlandliedes sitzengeblieben waren. In Osnabrück schoß ein Soldat des Freikorps Lichterschlag den Vorsitzenden der Friedensgesellschaft nieder. Eine Eisner-Gedenkfeier in Passau wurde von Reichswehrsoldaten, die ein Leutnant anführte, unter Anwendung von Bajonetten, Schlagriemen, Reizgasbomben und Pistolenschüssen gesprengt, die Teilnehmer wurden mißhandelt. In Potsdam nahmen nicht nur die Baltikumer, sondern auch die Reichswehrabteilungen an einem Fackelzug zur Kaisergeburtstagsfeier teil. Dort wurde der »Vorwärts« in den Kasernen beschlagnahmt.

Seit längerer Zeit wurden in der Reichswehr die organisatorischen Vorbereitungen zu einem Rechtsputsch getroffen. Eine Hauptstelle der Verschwörung war der militärische Nachrichtendienst. Hier liefen die Mitteilungen über alle politischen Bestrebungen zusammen, von hier aus wurden Werber und Spitzel in alle politischen Parteien entsandt. Beim Kapp-Putsch stellte sich heraus, daß eine ganze Reihe von Vorsitzenden der kommunistischen Partei bezahlte Agenten der Nachrichtenabteilung waren. Offiziere des Nachrichtendienstes reisten im Land umher und faßten Volksschutzbünde, Studentenvereinigungen, insbesondere die Zeitfreiwilligen und zuverlässige Teile der Reichswehr zu Geheimbünden zusammen. In Süddeutschland hielten Reichswehroffiziere durch Beauftragte ständige Verbindung mit den Anhängern des Grafen Reventlow. Seit Herbst 1919 wurden von ehemaligen Offizieren die Unterschriften jener verabschiedeten Kameraden gesammelt, die sich für den Fall eines monarchistischen Putsches zur Verfügung stellten. Vorpatentierung und andere Vorteile wurden in Aussicht gestellt. In geheimen Rundschreiben an besondere Vertrauensleute in der Reichswehr wurden Auskünfte eingeholt, ob die Truppe unter allen Umständen in der Hand der Führung sei, ob sie eine unparteiische, bürgerliche Regierung der Arbeit, des Wiederaufbaus und der Ordnung unter oder auch ohne Beteiligung der Mehrheitssozialisten unterstützen würde. Eine besondere Geschäftigkeit entwickelten Oberst Bauer und Major Bischoff vom Ludendorffkreis. Sie suchten überall im Reich die »zuverlässigen« Reichswehroffiziere auf, stellten Werber an und warfen aus dunklen Quellen stammende Geldmittel aus. In Schlesien entfaltete namentlich Hauptmann Pabst von der Garde-Kavallerie-Division eine ähnliche Tätigkeit und hielt überall Offiziersbesprechungen ab. Schon stellte man für den Augenblick des großen Schlages auf dem Papier die künftigen Befehlshaber der alten Armeekorps auf und nahm die ersten erforderlichen Maßnahmen, wie Besetzung der wichtigsten Gebäude und Ämter, in Aussicht. Selbst die Mobilisierung der Bauernschaft wurde nicht vergessen. Besondere Vertrauensleute wurden beauftragt, zuverlässige Anhänger und Waffen zu sammeln. Zur Verschleierung der Putschabsichten wurde die Fahne des »Kampfes gegen den Bolschewismus« hinausgehängt, Geheimverbände wurden in antibolschewistische Ligen umgetauft. Der Putsch sollte bis spätestens 15. März, jedenfalls so rechtzeitig steigen, daß man der befürchteten Auflösung der Freikorps zuvorkäme. Unmittelbar vor Beginn sollten unbedingt »zuverlässige« Truppenteile, wie das Freikorps Lützow, nach Berlin verlegt werden. Die Zeitfreiwilligen erhielten Weisung, sich klarzuhalten und dem unter einem vereinbarten Stichwort ergehenden Gestellungsbefehl sofort zu folgen. In der Reichswehr waren bereits besondere Offizierskompanien zusammengestellt. Der auf die Verfassung geleistete Eid scherte die Verschwörer nicht. Einer der Eingeweihten, Oberst von Ledebour in Hamburg, hatte erklärt: »Wenn es sein muß, breche ich von 8—9 alle Eide, die ich von 7—8 Uhr geschworen habe.«

Der Putsch wurde schließlich durch zwei Männer der Rechten ausgelöst, den General von Lüttwitz und den Generallandschaftsdirektor Kapp. Der alte General von Lüttwitz war als einer der schneidigsten Gegner der Regierung, als einer der hemmungslosesten der politisierenden Generale bekannt. In der letzten Zeit machte er der

Regierung gegenüber besonders den Anwalt der Mannschaften und Offiziere, die nach dem Willen der Entente entlassen werden sollten. Eigensinnig verfocht er die Meinung, daß der Abbau schon deswegen untragbar sei, weil im Frühjahr Polen von den Russen angegriffen und überrannt würde und dann Deutschland schutzlos dem Bolschewismus ausgeliefert sei. Auftauchende Zweifel an seiner Verfassungstreue wußte er durch den Hinweis auf den von ihm geleisteten Eid zu zerstreuen. Er war als frommer Mann bekannt.

Generallandschaftsdirektor Kapp von Königsberg war im Krieg Mitbegründer der Deutschen Vaterlandspartei. Bereits im Juni 1919 suchte er den General von Below zum bewaffneten Widerstand gegen den Friedensschluß zu bestimmen. Als Below schließlich umschwenkte, beredete er Offiziere des VIII. Armeekorps in Danzig zum Vorgehen auf eigene Faust. Anfangs Juli 1919 wiegelte er Oberst Heye, den Chef des Stabes der Nordarmee, vergeblich zum bewaffneten Aufstand gegen die Reichsregierung auf. Seit Ende November 1919 stand er in Berlin fast in täglichem Verkehr mit Ludendorff. Er huldigte dem Grundsatz, wer die Truppe habe, besitze die Macht, wollte rücksichtslos durchgreifen, auch wenn es Blut kostete, und verdammte das parlamentarische System. Zuletzt war er Mitglied des Hauptvorstandes der Deutschnationalen Partei, die Republik hatte ihn versehentlich auch zum Vorsitzenden des ostpreußischen Heimatdienstes gemacht.

Den unmittelbaren Anlaß zum Putsch bildete die vom Reichswehrminister Noske verfügte Auflösung der beiden Marinebrigaden Ehrhardt und Löwenfeld, die dem General von Lüttwitz unterstanden. Die Auflösung sollte bis 10. März durchgeführt sein. General Lüttwitz aber erklärte am 2. März bei einer Besichtigung der Brigade Ehrhardt im Lager Döberitz bei Berlin, er werde am 4. März den Auflösungsbefehl nicht vollziehen. Dem Führer der Deutschnationalen, Hergt, und dem Vorsitzenden der Deutschen Volkspartei, Dr. Heinze, berichtete er über die Erregung der Truppen. Beide erklärten ein Vorgehen mit Waffengewalt für verbrecherischen Wahnsinn. Die Mitteilungen über die Gärung in der Reichswehr wurden in den nächsten Tagen so bedrohlich, daß die Deutschnationale Partei es am 8. März für geraten hielt, den preußischen Kommissar für die öffentliche Sicherheit, von Berger, durch ihren Hauptgeschäftsführer über die Stimmung der Truppen unterrichten zu lassen. Dieser zeigte sich anscheinend unterrichtet und gab beruhigende Erklärungen ab. Am 10. März wurde General von Lüttwitz vom Reichspräsidenten Ebert zur Aussprache empfangen. Zur Unterredung war der Reichswehrminister Noske zugezogen, Lüttwitz war von seinem Stabschef Generalmajor von Oldershausen und dem Kommandeur des Wehrkreises III, Generalleutnant von Oven, begleitet. Wiederum wandte sich Lüttwitz entschieden gegen eine weitere Herabminderung der Truppenstärke, dieses Mal auch mit der Begründung, daß man das Heer zur Vorbereitung des Revanchekrieges nicht abbauen, sondern ausbauen müsse. Unter Überschreitung seiner Befugnisse trug er für die Reichswehr eine Reihe politischer Forderungen vor: Sofortige Reichstagswahlen, Wahl des Reichspräsidenten durch das Volk, Besetzung bestimmter Ministerien mit Fachministern. Schließlich verlangte er, daß der Chef der Heeresleitung, General Reinhardt, durch den vor Monaten verabschiedeten General von Wriesberg ersetzt werde. Noske kanzelte den aufsässigen General in der an ihm gewohnten Weise ab, entzog ihm die Verfügung über die beiden Marinebrigaden und wies ihn entschieden in seine Schranken zurück. Die Forderungen wurden abgelehnt, vor jedem Auflehnungsversuch wurde nachdrücklich gewarnt. Der Reichspräsident erwartete, daß Lüttwitz am nächsten Tag um seinen Abschied einkommen werde. Da dies nicht geschah, wurde der General seines Dienstes enthoben. Am 9. März war Noske auch auf das geschäftige Treiben Kapps und des Hauptmanns Pabst in Berlin aufmerksam gemacht worden. Am 11. März gingen ihm weitere Warnungen zu. Nun wandte er sich unmittelbar an den Polizeipräsidenten, um Kapp, Pabst und den mit ihnen zusammenarbeitenden Schriftsteller Schnitzler festnehmen zu lassen. Die Polizei versagte, Kapp und Pabst konnten sich in Sicherheit bringen. Bei Schnitzler, der früher in der Pressestelle der Garde-Kavallerie-Schützendivision tätig gewesen war, wurde ein förmlicher Organisationsplan für die Durchführung eines Putsches gefunden. Die nach der Machtergreifung zu treffenden Maßnahmen, wie Aufruf an das Volk und die Truppen, Verständigung der fremden Regierungen, Sicherung gegen Widerstand, Unterdrückung eines Generalstreiks, Schutz der Eisenbahnen und lebenswichtigen Betriebe, Technische Nothilfe, Vorbereitung der Aktion in der bürgerlichen Presse usw., waren sorgfältig niedergelegt. Jetzt erließ Noske am 12. März vormittags Alarmbefehl an die Berliner Reichs- und Sicherheitswehr und ordnete die Verhaftung des Obersten Bauer und des Polizeihauptmanns von Kessel an. Am Abend schickte er den Chef der Marineleitung, Admiral von Trotha, ins Lager Döberitz zur Nachschau. Nach Rückkunft berichtete dieser, er habe alles ganz ruhig gefunden, die Truppen seien beim Abendspaziergang gewesen, Ehrhardt habe einen etwas gedrückten Eindruck gemacht. Wie sich später herausstellte, hatte der Admiral seinen Besuch im Lager vorher telegrafisch angekündigt. Einige Stunden später traf die Meldung ein, daß die Brigade Ehrhardt antrete. Auf diese Nachricht hin fuhren die Generale von Oldershausen und von Oven nach Döberitz. Sie brachten um Mitternacht ein Ultimatum des Kapitäns Ehrhardt ins Reichswehrministerium zurück. Es enthielt die deutschnationalen Forderungen nach baldiger Reichstagswahl, Präsidentenwahl durch das Volk, Berufung von Fachministern, außerdem war die Ersetzung Noskes durch einen General und volle Amnestie für alle Beteiligten verlangt. Die Antwort wollte Ehrhardt bis 7 Uhr morgens an der Siegessäule in Berlin entgegennehmen. Auf Noskes Aufforderung, die Reichswehr zum Kampf gegen die Aufrührer zu führen, erklärten sich nur sein Stabschef von Gilsa und General Reinhardt dazu bereit. Die anderen anwesenden Generale, von Seeckt, von Oldershausen, von Oven, Admiral Trotha, lehnten ein bewaffnetes Vorgehen mit der Begründung ab, daß Reichswehr nicht auf Reichswehr schießen würde, daß auch die Polizei nicht sicher sei, weil Polizeioffiziere auf dem Weg nach Döberitz gesehen worden seien und deshalb der Kampf mit einer schweren Niederlage der verfassungstreuen Truppe enden müsse. Nunmehr brach Noske, wie er schreibt, »mit einem Gefühl tiefen Ekels« die Besprechung ab und verständigte den Reichspräsidenten, der sofort das Reichskabinett berief. Als in der Kabinettsitzung die Mehrheit der Generale abermals die Aufnahme des Kampfes als zweckloses Blutvergießen bezeichnete, da der Sieg der Rebellen sicher sei, ließ Noske die zum Schutz des Regierungsviertels aufgebotenen Truppen abrücken. Auf Vorschlag des Vizekanzlers Schiffer beschloß sodann das Kabinett, um die Handlungsfreiheit zu behalten, Berlin sofort zu verlassen. Schiffer blieb auf eigenen Wunsch zurück. Die meisten anderen Minster begaben sich mit dem Reichspräsidenten vorerst nach Dresden, weil Noske raschestens Einfluß auf die außerhalb Berlins stehenden Truppen gewinnen wollte.

Am 13. März, morgens 6 Uhr, zog die Brigade Ehrhardt an General Ludendorff vorbei durchs Brandenburger Tor in Berlin ein. Eine Stunde später nahm Kapp in Begleitung des früheren Unterstaatssekretärs im Landwirtschaftsministerium, von Falkenhausen, und des früheren Berliner Polizeipräsidenten, von Jagow, Besitz von der Reichskanzlei. Der Vizekanzler wurde durch Drohung mit Waffengewalt gezwungen, das Gebäude zu verlassen. Oberst Bauer wurde zum Chef der Reichskanzlei ernannt. Im Reichsjustizministerium wurde Schiffer vom Militär in Schutzhaft genommen, gegen Mittag aber wieder auf freien Fuß gesetzt. Falkenhausen forderte die Beamten des Auswärtigen Amtes zur Fortführung der Geschäfte auf. Unterstaatssekretär von Haniel gab zur Antwort, daß sich das Auswärtige Amt an die Weisungen der Regierung Bauer gebunden halte. Das Reichswehrministerium wurde von General Lüttwitz übernommen. Die Generale Reinhardt, von Seeckt, von Oven und von Oldershausen verweigerten den Dienst, nur Admiral von Trotha stellte sich zur Verfügung. Die Oberleitung des »Nationalmilitärs« lag in der Hand Ludendorffs, der als einer der ersten in großer Uniform in der Reichskanzlei erschien und dann im Reichsmarineamt eine Art Hauptquartier aufschlug. Er suchte sofort in Fühlung mit den Vorständen der Sozialdemokratischen Partei und der Freien Gewerkschaften zu kommen. Bei ihnen glaubte er die »Männer mit den eisernen Nerven« zu finden, die er zum Erfolg des Putsches für nötig hielt. Auch Kapp wollte die preußischen sozialdemokratischen Minister Heine und Südekum zum Eintritt in seine Regierung bewegen, beide lehnten jedoch schroff ab. Nur der Berliner Polizeipräsident Ernst, ein Sozialdemokrat, erklärte sich nach Rücksprache mit seinem Vorgesetzten, dem Innenminister Heine, zur Weiterführung seines Amtes bereit. Das gesamte preußische Staatsministerium wurde in Schutzhaft genommen. Darauf drohten die Beamten des Eisenbahnministeriums, die Eisenbahnen stillzulegen, wenn der Eisenbahnminister Oeser nicht freigelassen würde. Oeser lehnte die Freilassung ab, wenn sie nicht auf alle Minister ausgedehnt würde. So wurden am Abend sämtliche preußischen Minister wieder in Freiheit gesetzt. Der Diktator suchte zunächst die Anerkennung der ausländischen Mächte zu gewinnen und sicherte dabei die Erfüllung des Friedensvertrages zu. Als Pressechef hatte er zunächst den deutschnationalen Reichstagsabgeordneten Pastor Traub und neben ihm den internationalen Abenteurer Trebitsch-Lincoln gewonnen. Sie überschütteten schon am ersten Tag die Öffentlichkeit mit Kundgebungen aller Art. Darin bezeichnete Kapp die Reichsregierung als beseitigt, die Nationalversammlung als aufgelöst. Als Reformprogramm wurde verkündet: Wiederherstellung der Finanzhoheit der Bundesstaaten, Erfüllung des Friedensvertrags, keine Reaktion, sondern freiheitliche Fortbildung des deutschen Staates, Wiederherstellung der Ordnung und der Heiligkeit des Rechts.

Die Deutschnationalen und die Deutsche Volkspartei nahmen den Putsch als vollzogene Tatsache hin.

In Norddeutschland traten die Reichswehrgenerale entweder offen an die Seite der Rebellen oder sie nahmen wenigstens eine zweideutige Haltung ein. Der Befehlshaber der Reichswehrbrigade IX,

General von Lettow-Vorbeck, nahm die Staatsregierung von Mecklenburg-Schwerin in Haft und bestimmte den deutschnationalen Abgeordneten von Wendthausen als Regierungskommissar. In Hamburg-Altona neigten Oberst von Wangenheim und Oberst Frhr. von Ledebour der Kapp-Regierung zu. Eine Regierung Kapp wurde auch in Breslau, Stettin und Königsberg anerkannt. Der Oberpräsident von Ostpreußen, der Sozialdemokrat Winnig, machte den Abfall von der rechtmäßigen Regierung mit. General von Watter, der Befehlshaber des Wehrkreiskommandos VI in Münster, lehnte die von ihm verlangte Stellungnahme für die verfassungsmäßige Reichsregierung trotzig ab. Die ihm unterstehenden Freikorps Lützow und Lichterschlag waren ohnehin in die Verschwörung eingeweiht. Die Admirale und Offiziere der Marinestation Nordsee schlugen sich unter Führung des Admirals von Levetzow ebenfalls auf die Seite Kapps. Sobald die Umwälzung im Reich bekannt wurde, wurden an vielen Orten die schwarz-weiß-roten Fahnen gehißt, die Reichswehrtruppen in Parade aufgestellt, die Arbeiterführer verhaftet. Nach einer Mitteilung im »Vorwärts« vom 24. März 1920 sperrte in Kottbus Major von Buchrucker sogar einige hundert Frauen und Kinder ein, ließ sie auf nassem Stroh schlafen und zwang sie, jeden Morgen unter Peitschenhieben »Heil Dir im Siegerkranz« zu singen. Am Halleschen Tor in Berlin wurde jeder Verhaftete verprügelt, Offiziere setzten die Zahl der Schläge fest und zählten mit. In Breslau wurden Gebäude und Maschinen der sozialdemokratischen Zeitung auf Geheiß der Reichswehr durch Handgranaten zerstört. Ähnlich verfuhr man in Brandenburg, in Leipzig wurde das sozialdemokratische Volkshaus von Reichswehr mit Granaten beschossen, dann gestürmt und in Brand gesteckt. In Pommern und Ostpreußen veranstalteten die Baltikumer förmliche Jagden auf Gewerkschaftsvertreter. Überall im Osten wurden Arbeiter mißhandelt, mit Gummiknüppeln zu Geständnissen gepreßt, einige ermordet. In Schlesien wurden auch Abgeordnete ins Gefängnis gesteckt.

Der Gegenstoß der regierungstreuen Parteien und Verbände setzte in Berlin am 13. März schon in den Morgenstunden ein. Bereits um 7 Uhr früh, als die hochverräterischen Offiziere eben an der Siegessäule standen, gab die sozialdemokratische Partei als erste die Anweisung zum Generalstreik heraus. Sie wurde mit der Unterschrift Eberts und der sozialdemokratischen Reichsminister veröffentlicht. Vormittags 11 Uhr beschloß der Bundesvorstand der Freien Gewerkschaften den Generalstreik. Der Streikbefehl wurde fast überall befolgt.

Die Reichsregierung erließ nach ihrer Ankunft in Dresden Kundgebungen an das deutsche Volk und an die Regierungen der Länder, sich um die verfassungsmäßige Regierung zu scharen und alle Beziehungen zu den Staatsstreichlern abzulehnen. Über das ganze Reich wurde der Belagerungszustand verhängt. Die Regierungsparteien veröffentlichten Aufrufe gegen den verbrecherischen, mit aller Kraft zu bekämpfenden Verfassungsbruch. Am Abend des 13. März war bereits sichtbar, das Württemberg, Baden und der Freistaat Sachsen der Reichsregierung die Treue hielten. Die Nationalversammlung wurde für 18. März nach Stuttgart einberufen.

Am Sonntag, 14. März, gab Kapp neue Aufrufe heraus. Er erklärte, ein monarchistischer Putsch sei nicht beabsichtigt, stellte baldige Reichstagswahl und baldige Beseitigung der Zwangswirtschaft in Aussicht und kündigte Schutz aller lebenswichtigen Betriebe und aller Arbeitswilligen an. General Lüttwitz verordnete Arbeitszwang für volkswirtschaftlich wichtige Betriebe und setzte außerordentliche Kriegsgerichte ein. Die Antwort der Gewerkschaften bestand in der Ausdehnung des Generalstreiks auch auf die lebenswichtigen Betriebe. An diesem Entscheidungstag gaben die Staatssekretäre des Reichs und Preußens die gemeinsame Erklärung ab, eine Regierung Kapp nicht anzuerkennen und nur im Dienste der rechtmäßigen Regierung weiterzuarbeiten. Dagegen weigerte sich General Maercker in Dresden, die Reichsregierung Bauer vorbehaltlos zu verteidigen, er bot sich nur als Vermittler zu Lüttwitz an. Schon bei der Ankunft der Reichsregierung in Dresden hatte er den telegrafischen Auftrag von Kapp erhalten, sie verhaften zu lassen, wagte es aber nicht, dieser Aufforderung nachzukommen. Die Reichsregierung traute ihm nicht mehr und reiste nach Stuttgart ab.

Mit Ausnahme des Verbandes der höheren Beamten sprachen sich alle Beamtenverbände für den Generalstreik aus. Am 15. März rückte Dr. Stresemann für die Deutsche Volkspartei in einer Pressekonferenz von der Kapprevolte ab. In Dortmund wirkte sein Parteifreund Dr. Vögler darauf hin, daß die Arbeitsgemeinschaft der rheinisch-westfälischen Industrie die Verbindung mit Kapp ablehnte. Das rheinisch-westfälische Kohlensyndikat weigerte sich, von Kapp Weisungen über Kohlenverteilung entgegenzunehmen. In Berlin zeigte sich bereits deutlich, daß die Eiserne Division zu schwach war, um die Millionenstadt in Schach zu halten. Den ganzen Tag mußten die Soldaten bald in der Mitte der Stadt, dann wieder in den Vororten umhermarschieren, um eine große Truppenmacht der Aufrührer vorzutäuschen.

In Stuttgart lehnte die Reichsregierung die Beratung der von General Maercker übergebenen Forderungen Kapps ab. Am 16. März wurde in nächtlichen Verhandlungen der Vertreter der Industrie und der Gewerkschaften mit dem General Seeckt dieser bewogen, den Oberbefehl über die Reichswehr, den er am Vorabend des Kapp-Putsches niedergelegt hatte, wieder zu übernehmen. Die Reichsregierung in Stuttgart stimmte dem zu. Darauf erklärte Kapp am 17. März, vormittags 11 Uhr, auf den Rat von führenden Mitgliedern der Rechtsparteien und der militärischen Leitung, auf eindringliche Vorstellungen der Führer der Rechtsparteien und auf mehr oder minder bestimmte Zusicherungen über eine spätere Amnestie seinen Rücktritt. Er verschleierte seinen Abgang mit der Erklärung der Notwendigkeit des einheitlichen Zusammenschlusses aller Kräfte gegen den Bolschewismus und mit der unwahren Behauptung, daß sich die Regierung Bauer entschlossen habe, die wesentlichen politischen Forderungen der Putschisten zu erfüllen. Auch Lüttwitz legte den Oberbefehl nieder und verbarg sich, Kapp floh in einem Flugzeug nach Schweden. Vizekanzler Schiffer teilte in einer amtlichen Erklärung den Rücktritt von Kapp und Lüttwitz und die Übereinstimmung führender Mitglieder der Regierungsparteien sowie der Deutschnationalen, der Deutschen Volkspartei über Durchführung von Reichstagswahlen im Juni, Wahl des Reichspräsidenten durch das Volk und alsbaldige Umbildung der Reichsregierung mit. General von Seeckt nahm den Kapitän Ehrhardt wieder in den Staatsdienst und stimmte der Einstellung der Baltikumer in die Brigade Ehrhardt zu. Ein solcher Abschluß des Putsches wurde der Lage in keiner Weise gerecht.

Der Abzug der Marinebrigade aus Berlin begann am Abend des 17. März. Dabei kam es wiederum zu Kämpfen mit der Bevölkerung. Schon vorher war das Rathaus erstürmt, 12 Offiziere waren erschlagen worden. Auch im übrigen Reich dauerten die Kämpfe mit den Rebellen an. Vielerorts wurden aufrührerische Offiziere von ihren eigenen Mannschaften festgesetzt. In Kiel wurde der Kappisten-Admiral von Levetzow verdrängt, in Hamburg trieb die republikanische Sicherheitswehr unter Major Mayr die meuternden Bahrenfelder Zeitfreiwilligen und die aus Stade anrückenden Baltikumer zu Paaren. In Mecklenburg behauptete die republikanische Sicherheitswehr des Obersten Lange und des Majors Müller-Brandenburg das Feld. In Mitteldeutschland hatten Vollzugsräte der Arbeiterschaft die umliegenden Landgebiete entwaffnet. Darauf rückten die Zeitfreiwilligen der Marburger Universität mit Blumen geschmückt zur Niederschlagung der Arbeiter aus, besetzten die Industrieorte, verhafteten die Vollzugsräte und schossen in Thale die Gefangenen mit Maschinengewehren nieder. Vorher mußten sie vaterländische Lieder singen, bis sie zusammenbrachen. Durch besondere Roheit zeichneten sich bei dieser Gelegenheit Medizin- und Theologiestudenten aus. Ins Ruhrgebiet ließ General von Watter das Freikorps Lichterschlag schon am 15. März einrücken. Vergebens protestierte Reichskommissar Severing gegen den Einmarsch. Die verfassungstreue Bevölkerung, auch Zentrumsleute und Demokraten, setzten sich bewaffnet zur Wehr. Sie sprengten die Kolonne Hasenclever bei Wetter an der Ruhr, die Kolonne Lange bei Herdecke auseinander. Am 17. und 18. März setzten sich die Truppen des Generals von Gillhausen im Wuppertal gegen die Sieger in Bewegung, wurden aber gleichfalls zurückgedrängt. Am 18. und 19. März nahm die Arbeiterschaft den Kampf gegen das Korps Lützow auf und schlug es ebenfalls zurück. Im Osten des Industriegebiets wurde eine Rote Armee gebildet, die sich der Städte Düsseldorf, Essen, Mülheim, Oberhausen und Elberfeld bemächtigte. Wo Reichswehr oder Sicherheitspolizei stand, wurde sie zum Rückzug gezwungen, Teile von ihr wurden auf das von den Engländern besetzte Gebiet gedrängt und dort entwaffnet. Für 23. März berief Reichskommissar Severing eine Konferenz mit den Vertretern der Arbeiterschaft nach Bielefeld ein. Es kam zu einer Vereinbarung, der zufolge innerhalb zehn Tagen die Waffen niedergelegt, Ortswehren aus der republikanischen Bevölkerung gebildet und keine Reichswehrtruppen einmarschieren sollten. Dieses Abkommen hätte den militärischen Sieg der Arbeiterschaft im Ruhrgebiet gekrönt, wenn es gehalten worden wäre.

In der Sitzung der Nationalversammlung in Stuttgart waren die Vertreter aller Parteien vom Kappunternehmen abgerückt. Gegen die Politik Noskes und der Reichswehr hatte Scheidemann die schärfsten Angriffe erhoben und gründliche Säuberung der Wehrmacht verlangt. Noske reichte sein Abschiedsgesuch ein. Das genügte den Vertretern der Arbeiterschaft nicht. Sie waren entschlossen, ihren Sieg auszunützen, um für alle Zukunft der Reaktion die Lust zu Putschen zu nehmen. Es kam zu langen erregten Verhandlungen zwischen den Regierungsparteien und den Gewerkschaften, die mit folgendem Abkommen schlossen: Die anwesenden Vertreter der Regierungsparteien werden dafür eintreten:

1. daß bei der bevorstehenden Neubildung der Regierungen im Reich und in Preußen die Personenfrage von den Parteien nach Verständigung mit den am Generalstreik beteiligten gewerkschaftlichen Organisationen der Arbeiter, Angestellten und Beamten gelöst und

diesen Organisationen ein entscheidender Einfluß auf die Neuregelung der wirtschafts- und sozialpolitischen Gesetze eingeräumt wird unter Wahrung der Rechte der Volksvertretung;

2. sofortige Entwaffnung und Bestrafung aller am Putsch oder Umsturz der verfassungsmäßigen Regierung Schuldigen sowie der Beamten, die sich ungesetzlichen Regierungen zur Verfügung gestellt haben;

3. gründliche Reinigung der gesamten öffentlichen Verwaltungen und Betriebsverwaltungen von gegenrevolutionären Persönlichkeiten, besonders solchen in leitenden Stellen, und ihren Ersatz durch zuverlässige Kräfte. Wiedereinstellung aller in öffentlichen Diensten aus politischen und gewerkschaftlichen Gründen gemaßregelten Organisationsvertreter;

4. schnellste Durchführung der Verwaltungsreform auf demokratischer Grundlage unter Mitbestimmung auch der wirtschaftlichen Organisationen der Arbeiter, Angestellten und Beamten;

5. sofortiger Ausbau der bestehenden und Schaffung neuer Sozialgesetze, die den Arbeitern, Angestellten und Beamten volle soziale und wirtschaftliche Gleichberechtigung gewährleisten. Schleunige Einführung eines einheitlichen Beamtenrechts;

6. sofortige Inangriffnahme der Sozialisierung der dafür reifen Wirtschaftszweige unter Zugrundelegung der Beschlüsse der Sozialisierungskommission, zu der Vertreter der Berufsverbände hinzuzuziehen sind. Die Einberufung der Sozialisierungskommission erfolgt sofort. Übernahme der Kohlen-Kali-Syndikate durch das Reich;

7. Auflösung aller der Verfassung nicht treugebliebenen konterrevolutionären militärischen Formationen und ihre Ersetzung durch Formationen aus den Kreisen der zuverlässigen republikanischen Bevölkerung, insbesondere der Organisationen der Arbeiter, Angestellten und Beamten ohne Zurücksetzung eines Standes. Bei dieser Reorganisation bleiben erworbene Rechtsansprüche treugebliebener Truppen und Sicherheitswehren unangetastet;

8. wirksame Erfassung, gegebenenfalls Enteignung der verfügbaren Lebensmittel und verstärkte Bekämpfung des Wuchers und Schiebertums in Land und Stadt. Sicherheit der Erfüllung der Ablieferungpflicht durch Gründung von Lieferungsverbänden und Verhängung fühlbarer Strafen bei böswilliger Verletzung der Verpflichtung. Das System der Zeitfreiwilligen muß beseitigt werden.

Auf Grund dieses Abkommens sollte der Generalstreik am 22. März abgebrochen werden. Allein Berlin glich immer noch einem Heerlager, in den Vororten, besonders in Köpenick, kam es zu Zusammenstößen zwischen der Reichswehr und den bewaffneten Arbeitern. Ein großer Teil der Arbeiter, insbesondere auch die USP, wollte deshalb den Kampf bis zur Vertreibung der Reichswehr fortsetzen. Nach neuen Verhandlungen sagte Reichskanzler Bauer schließlich die Zurückziehung der Truppen in Berlin auf die Spree-Linie, Aufhebung des Belagerungszustandes, Vereinbarung mit den gewerkschaftlichen Verbänden wegen Einreihung der Arbeiter in die Sicherheitswehren in Preußen zu. Die bewaffneten Arbeiter, insbesondere im Ruhrgebiet, sollten nicht angegriffen, die Standgerichte sofort beseitigt werden. Auf diese Zusicherungen hin wurde der Generalstreik am 23. März von den Gewerkschaften abgebrochen. Der Rücktritt Noskes wurde aber vom Reichspräsidenten erst nach energischen Vorstellungen des Gewerkschaftsführers Legien und des sozialdemokratischen Reichstagsabgeordneten Wels angenommen.

Die Freien Gewerkschaften standen auf der Höhe ihrer Macht. Zum ersten Mal war das Mittel des Generalstreiks mit durchschlagendem Erfolg angewandt worden. Die Solidarität der Werktätigen hatte über rohe bewaffnete Gewalt, über die Gestalten der Vergangenheit gesiegt. In der Stunde der Gefahr hatte sich die gesamte schaffende Bevölkerung über alle Parteigegensätze hinweg zum Schutz der demokratischen Freiheiten und der sozialen Errungenschaften der Revolution zusammengeschlossen. Die Früchte dieser Einigkeit zeigten sich sofort in dem Abkommen, das der Reichsregierung und den Parteien von den Gewerkschaften abgerungen worden war. Die Einigung der sozialdemokratischen Parteien unter Führung der Gewerkschaften war jetzt die nächste Aufgabe, und sie schien nicht mehr unlösbar zu sein. Eine Arbeiterregierung, die sich auf die ungeheure Mehrheit der deutschen Arbeitnehmer stützte, stand in Aussicht. Das Offizierskorps der alten kaiserlichen Armee, das zum großen Teil gemeutert hatte, konnte keine Schonung erwarten. Seine Ausmerzung aus der Wehrmacht des Reiches schien eine Selbstverständlichkeit. Was nach der Revolution von 1918 nicht gelungen war, die Schaffung eines in der Hauptsache aus organisierten Arbeitern zusammengesetzten Volksheeres, mußte nunmehr gelingen. Zum ersten Mal waren bewaffnete Arbeiter gegen Reichswehr siegreich gewesen, eine wohlorganisierte Arbeiterarmee war in kürzester Zeit aus dem Boden gestampft worden und hatte auch ohne Führung von Generalstäblern glänzende militärische Eigenschaften bewiesen. Noch einmal war in der Waage des Schicksals die Schale der Revolution niedergegangen, durch die Torheit der Gegner dem deutschen Proletariat noch einmal die große geschichtliche Stunde geschenkt. Das Bürgertum, das bei den Wahlen zur Nationalversammlung infolge der Uneinigkeit der Arbeiterklasse gesiegt hatte, schien das Spiel doch noch verloren zu haben. Schon schrieben die Zeitungen der Rechten von der neuen großen Gefahr, die das Bürgertum bedrohe, die Versöhnung der USP mit der Mehrheitssozialdemokratie. In der Tat bestand diese »Gefahr«. Eine Reihe einflußreicher Sozialdemokraten, Bernstein, Kautsky, Ströbel, leiteten in diesen Tagen den Einigungsfeldzug ein.

Aber auch die zweite geschichtliche Stunde des deutschen Proletariats wurde versäumt. Rechthaberei, kleinlicher Haß und Parteiengezänk erwiesen sich wiederum stärker als die politische Vernunft. Die Einigung der MSP und der USP sollte erst kommen in einem Zeitpunkt, da sie dem Bürgertum nicht mehr gefährlich war. Einer Arbeiterschaft, die nicht einmal durch den Kapp-Putsch belehrt und bekehrt werden konnte, die nach ihm wieder die gleiche Politik der Zerspaltung und Zerfleischung trieb wie vorher, war nicht zu helfen.

Die bessere Einsicht der Gewerkschaftsführung konnte sich bei den Parteien nicht durchsetzen. Umsonst bemühte sich Legien, eine reine Arbeiterregierung zustande zu bringen. Allein in der USP lehnte der Flügel Däumig eine Verständigung ab, und auch bei der KPD zeigte sich stärkerer Widerstand. Vom Zentrum und den Demokraten wurde eine reine Arbeiterregierung, die aus Unabhängigen, Sozialdemokraten und Vertretern der Christlichen und der Hirsch-Dunckerschen Gewerkschaften bestehen sollte, ebenfalls abgelehnt. Von einer Koalition mit den bürgerlichen Parteien wollte wieder die USP nichts wissen. Die Mehrheitssozialisten aber hatten Bedenken, gegen den Willen der bürgerlichen Mehrheit der Nationalversammlung eine Art gemäßigter Diktatur des Proletariats mitzumachen. Zudem teilte der Oberste Rat der Alliierten der deutschen Regierung seinen Beschluß mit, daß einer monarchistischen oder einer Räteregierung in Deutschland jede Zufuhr von Lebensmitteln und Rohstoffen gesperrt würde. Am 26. März kam nach dem Rücktritt der Regierung Bauer die Regierung Hermann Müller zustande, in der wieder die alten Koalitionsparteien vertreten waren. Das Reichswehrministerium war dem Demokraten Dr. Geßler anvertraut. In Preußen wurde die Regierung Braun ebenfalls aus Zentrum, Demokraten und Sozialdemokraten gebildet. Die USP blieb in scharfer Opposition.

Immerhin hatten die Gewerkschaften bei der Bildung der Regierung trotz aller Widerstände ihren Einfluß geltend gemacht. Aber die Ereignisse im Ruhrgebiet machten alles zunichte. Durch das Verhalten der Kommunisten wurde die Reichswehr, deren Schicksal bereits besiegelt schien, im letzten Augenblick gerettet. Die Rote Armee geriet immer mehr unter den Einfluß zweifelhafter Elemente, die einst bei den »Gelben« gestanden hatten und sich jetzt durch einen hemmungslosen Radikalismus hervortaten. Das Bielefelder Abkommen wurde nicht eingehalten, rote Truppen beschossen die Festung Wesel mit schwerem Geschütz. Am 26. März forderte eine Konferenz der Vollzugsräte in Hagen, daß die Waffen in den Händen der Arbeiterschaft bleiben und Arbeiterwehren geschaffen werden sollten. Zuchtlose Banden öffneten Gefängnisse, plünderten Läden, Lager und Haushaltungen, begingen Mordtaten, erpreßten bei Banken, Post und Stadthauptkassen den Sold für die Rote Armee. Die Reichsregierung ordnete daraufhin den Einmarsch von Reichswehr in die neutrale Zone an, richtete aber vorher noch an den Zentralrat für das rheinisch-westfälische Industriegebiet ein Ultimatum bis zum 30. März, mittags 12 Uhr, mit folgenden Forderungen: Uneingeschränkte Anerkennung der verfassungsmäßigen Staatsautorität, sofortige Auflösung der Roten Armee und völlige Entwaffnung der gesamten Bevölkerung durch den Inhaber der vollziehenden Gewalt. Die Ausführungsbestimmungen zum Ultimatum erließ General von Watter, der eben zwischen Kapp und Ebert gestanden hatte. Er verlangte bis 31. März, mittags 12 Uhr, die Auslieferung von 4 schweren und 100 leichten Geschützen, 200 Maschinengewehren, 16 Minenwerfern, 20 000 Gewehren, 4000 Schuß Artilleriemunition und 100 000 Schuß Infanteriemunition. Die Erfüllung dieser Forderungen war unmöglich. Die Reichsregierung sah das schließlich selbst ein und verlängerte die Frist um 48 Stunden. Während ihres Laufes kam am 1. April in Münster unter Leitung Severings mit den Vertretern der Gewerkschaften und der drei sozialistischen Parteien im Ruhrgebiet ein neues Abkommen auf folgender Grundlage zustande: Auflösung der Roten Armee und Abgabe der Waffen, Bildung von Ortsausschüssen und Ortswehren aus der republikanischen Bevölkerung, völlige Straffreiheit für alle an den Kämpfen beteiligten Arbeiter, Aufhebung des Ausnahmezustands, kein Einmarsch der Regierunggstruppen in das Industriegebiet, Prüfung des Verhaltens des Generals von Watter während der Putschtage, Auflösung aller der Verfassung nicht treugebliebenen militärischen Formationen. Auch diese Vereinbarung wurde von einem Teil der Roten Armee nicht eingehalten, auch

Teile der Reichswehr hielten sich aus Unkenntnis oder auch geflissentlich nicht daran. So wurde auf abziehende Arbeitergruppen von der Reichswehr Sperrfeuer gelegt. Am 2. April begann die Reichswehr den Einmarsch in das Industriegebiet. Nach schweren Kämpfen, die die Reichswehr allein rund 600 Tote und Verwundete kosteten, wurde es bis zur Ruhr besetzt. Bayerische Reichswehr nahm später auch noch Dortmund ein. Fast überall wurden Gefangene und Leute, die im Geruch des Bolschewismus oder Spartakismus standen, willkürlich, ohne jedes Urteil, zu Hunderten erschossen. Man holte sogar Verwundete aus den Krankenhäusern heraus, legte sie auf den Hof und schoß sie nieder. Außerordentliche Kriegsgerichte traten in Tätigkeit. Leute, die Truppen der Roten Armee auch nur verpflegt hatten, wurden durch vorgedruckte Urteile zu barbarischen Zuchthaus- und Gefängnisstrafen verurteilt. Die Kunde von dem »weißen Schrecken« erbitterte die Arbeiterschaft im ganzen Reich. Am 6. April forderten die Gewerkschaften und sozialistischen Parteien von der Reichsregierung die Zurückziehung der Reichswehr aus der neutralen Zone, die Ausübung der Ordnungsgewalt durch Ortswehren, Verhinderung des Einmarsches der Reichswehr in das Gebiet südlich der Ruhr, sofortige Bildung der Ortswehren auch außerhalb des neutralen Gebiets, Schutz der verfassungstreuen Mannschaften und Offiziere gegen Repressalien und Einstellung von Arbeitern in die Sicherheitswehren. Die Reichsregierung sagte die Erfüllung dieser Forderungen zu. In Preußen wurden die Einwohnerwehren am 8. April aufgelöst.

Infolge des Einsatzes der Reichswehr gegen die Kommunisten stand die tatsächliche Macht der neuen Regierung und vor allem des Reichswehrministers auf recht schwachen Füßen. Die Generale machten sich die Angst des Bürgertums vor dem Kommunismus zunutze, fühlten sich wieder stark und waren mit Erfolg bestrebt, die meuterischen Offiziere vor Strafe zu schützen. Kapitän Ehrhardt machte selbst im Reichswehrministerium seine Abschiedsbesuche, die Regierung konnte ihn nicht verhaften, sondern begnügte sich mit seinem Ehrenwort, daß er sich den Behörden zur Verfügung halte. Am 21. April erschien eine Abordnung der Marinebrigade beim Reichswehrminister und forderte von ihm unter Drohung die Zurücknahme des vom Oberreichsanwalt gegen Ehrhardt erlassenen Haftbefehls und seine Belassung an der Spitze seiner Truppe. Erst am 7. Mai floh Ehrhardt aus dem Munsterlager, nachdem er dem General Behrendt gehorsamst gemeldet hatte, daß er sich der Verhaftung entziehe. Öffentlich sprach er sein Bedauern aus, daß man die jüdischen Staatssekretäre versehentlich nicht habe erschießen lassen. Bei vielen Truppenteilen wurden nicht die Kappisten, sondern die Mannschaften und Unteroffiziere, die während des Kapp-Putsches ihre eidbrüchigen Offiziere verhaftet hatten, als »Meuterer« aus dem Heer entfernt. Nur ein kleiner Teil der Generale, die sich offen für Kapp erklärt hatten, schied aus der Reichswehr aus. In Berlin wurde die Bildung einer aus zuverlässigen republikanischen Offizieren und Mannschaften zusammengesetzten Brigade unter Führung des Generals Reinhardt in Aussicht genommen. Die Untersuchung gegen die Rebellen in der Reichswehr wurde vielfach durch kappistische Offiziere geführt. Sie setzten es durch, daß der größte Teil der festgenommenen Empörer alsbald wieder aus der Haft entlassen wurde. General von Seeckt selbst begann sein Amt als Oberbefehlshaber jetzt damit, daß er in Berlin Hunderte von Ostjuden durch Reichswehr zusammenfangen und in die Lager von Wünsdorf und Zossen in Schutzhaft bringen ließ. Während er mit solchen »Reinigungs«arbeiten voll beschäftigt war, suchten in den Räumen des Reichswehrministeriums Reichswehroffiziere im Dienstzimmer des Hauptmann von Viebahn eine neue Verschwörung einzuleiten. Sie hielten mit radikalen Arbeiterführern Zusammenkünfte ab und erklärten sich zum Zwecke des gemeinsamen Vorgehens gegen die Regierung sogar bereit, sich mit einer Diktatur des Proletariats abzufinden. Auch in Hamburg verhandelte der Kappisten-General von Lettow-Vorbeck mit den Nationalbolschewisten Lauffenberg und Wolfheim, ebenso hatte Major Bischoff nach dem Putsch Vertrauensleute zur radikalen Arbeiterschaft geschickt. In Pommern hatten sich 4000 Baltikumer auf der Insel Dänholm verschanzt und schlugen selbst dem Regierungspräsidenten den Zutritt zu ihrem befestigten Lager ab. Am bedenklichsten für die Regierung aber spitzten sich die Verhältnisse wieder im Ruhrgebiet zu. Dort verfügte jetzt General von Watter über die stärkste Truppenmacht, die in der Nachkriegszeit jemals einem General unterstanden war. Nach der Niederwerfung der kommunistischen Herrschaft trat an ihn die Versuchung heran, diese Heeresmacht gegen die Regierung in Bewegung zu setzen und so die Ziele der Kappisten doch noch durchzudrücken. Die Stimmung der Truppen war durch und durch reaktionär. Überall wurden von ihnen die Häuser der Juden mit Hakenkreuzen verschmiert und gedroht, daß innerhalb vier Wochen alle Juden am Galgen baumeln würden. Die Unterführer drängten Watter unablässig zu einer befreienden Tat. Geheime Verhandlungen und Besprechungen fanden statt. Die Gerüchte über den geplanten neuen militärischen Staatsstreich drangen auch zur Entente. Am 20. April kündigten die alliierten Mächte der deutschen Regierung an, daß beim Wiederausbruch von Unruhen die Lieferung von Lebensmitteln und Rohstoffen eingestellt würde. Nun hatte General von Watter nicht mehr den Mut, den großen Schlag gegen die Regierung zu wagen. Er trat als Oberbefehlshaber der im Ruhrgebiet versammelten Truppen zurück. Der Putsch unterblieb. Einige Freiwilligentruppen machten ihrer Empörung darüber in einer Weise Luft, daß sie sofort in ihre Heimatstandorte zurückbefördert werden mußten. Auch von den anderen Truppen wurde das Ruhrgebiet alsbald wieder geräumt, nachdem Frankreich zur »Sanktion« für die Verletzung des Versailler Vertrags vorübergehend die Städte. Frankfurt a. Main, Hanau, Homburg, Darmstadt und Dieburg besetzt hatte. Die Freikorps hatten sich nach dem Kapp-Putsch unter Führung eines Hauptmanns von Pfeffer zu einem »Frontbund« zusammengeschlossen, der angeblich nur wirtschaftliche Zwecke verfolgte, in Wirklichkeit aber hauptsächlich von ehemaligen Ehrhardt-Offizieren geleitet wurde und Politik gegen die Regierung trieb. Diese sah sich gezwungen, am 30. Mai die Freikorps aufzulösen und Widerstand gegen die Maßnahme mit Zuchthausstrafe zu bedrohen. Die Reichswehr wurde neu auf die verfassungsmäßige Regierung vereidigt. Sie wurde äußerlich entpolitisiert, indem man ihr das freie Vereins- und Versammlungsrecht und das Wahlrecht nahm. Aber die von den Gewerkschaften geforderte und von der Regierung zugesagte Zerschlagung der alten Reichswehr und ihr Neuaufbau unter hervorragender Beteiligung der organisierten Arbeiterschaft unterblieben. Die Säuberung von verfassungsfeindlichen Elementen wurde nur oberflächlich durchgeführt. Es blieben die politisierenden Generale, die zwar vorsichtiger wurden, aber insgeheim trieben sie weiterhin Politik auf eigene Faust. In Wirklichkeit stellten sie eine Art Nebenregierung dar, die in der Außen- und Innenpolitik eigene Schleichwege ging. Die Wiedergewinnung der alten Wehrmacht, die Wiederaufrüstung, das Spiel mit dem Gedanken eines Revanchekrieges waren die Leitgedanken. Wegen des Versailler Vertrags schirmten sich die Reichswehrpolitiker nach außen ab. Auf ihren verschlungenen unterirdischen Pfaden stießen sie auf nationale Verbände aller Art, die entweder die gleichen außenpolitischen Ziele verfolgten oder doch vorschützten, um die Unterstützung der Generale für ihre Innenpolitik zu gewinnen. Die Verbindung mit diesen Kreisen sicherte der Reichswehr die Förderung des Wehrgedankens in breiteren Volksschichten, namentlich unter der Jugend, sie schien ihr aber auch ein innerpolitischer Gewinn. Der Kapp-Putsch war militärisch glänzend vorbereitet, er war im wesentlichen nur daran gescheitert, daß das Volk nicht hinter den Bewaffneten stand. Die Verbände konnten mit der Zeit genügend Volk liefern, um einen neuen Versuch zur Errichtung der Diktatur aussichtsreicher erscheinen zu lassen. In der Tat hat die innige Verbindung zwischen Reichswehr und nationalistischen Verbänden schließlich den Sieg der Gegenrevolution gebracht. Es war die Schuld der Reichswehr, daß sie sich im Lauf der Entwicklung die Verbände über den Kopf wachsen ließ. Aber politische Beruhigung in Deutschland trat vorläufig noch nicht ein. Die Deutschnationalen hatten aus dem Kapp-Putsch nichts gelernt. Ihre Presse warf der Regierung vor, sie habe den für Mitte März angekündigten bolschewistischen Aufstand nicht hintertrieben und es nicht verstanden, die Marinebrigade Ehrhardt, die unter der Losung »gegen Verfassungsbruch und Bolschewismus« in Berlin eingerückt sei, in den Dienst der Ordnung zu stellen, sondern durch die Ausrufung des Generalstreiks das ganze deutsche Volk auf die Straße gehetzt. Dadurch seien dann die Unruhen entstanden. Das war genau das Gegenteil der geschichtlichen Wahrheit, aber zur Volksverhetzung taugte die Lüge besser. Im Wahlkampf wurden die sozialdemokratischen Minister von der Rechten als Analphabeten, Zuhälter, Kneipenwirte und Reisende in Spülklosetts beschimpft. Die »Tägliche Rundschau« bedauerte in diesen Tagen, daß Kapp die führenden Köpfe der Regierungsparteien nicht als Geiseln verhaftet und durch die Drohung mit ihrer Hinrichtung nicht jeden Widerstand gegen seine Maßnahme erstickt hatte. Daß diese Geistesverfassung nicht einzig dastand, bewies der neue Anschlag gegen Erzberger. Als er Mitte Mai in einer Wahlversammlung in Eßlingen sprach, wurde eine Handgranate in den Saal geworfen. Am 21. Mai wurde der Pazifist Paasche auf seinem Gut in der Neumark gelegentlich einer Haussuchung nach verdächtigen Schriften von den Grenzschutzsoldaten erschossen. Die Untat rüttelte nicht sonderlich auf.

Vor der Wahl hielten es selbst Demokraten und Zentrum für geboten, von der Sozialdemokratie wieder abzurücken. Die Abmachung mit den Gewerkschaften wurde jetzt getadelt und die »Nebenregierung« der Gewerkschaften verurteilt. In der preußischen Landesversammlung lehnten Zentrum und Demokraten die sozialdemokratischen Anträge, den 1. Mai als Staatsfeiertag zu begehen und für Bezahlung der Streiktage des Kapp-Putsches an die Arbeiterschaft zu sorgen, zusammen mit den Stimmen der Rechten ab.

Die Wahlen vom 6. Juni waren für die Rechtsparteien ein beträchtlicher Erfolg. Die Deutsche Volkspartei brachte es von 22 auf

62, die Deutschnationale Volkspartei von 42 auf 66 Abgeordnetensitze. Zentrum und Bayerische Volkspartei erhielten zusammen noch
85 von bisher 91, die Demokraten fielen von 74 auf 45 zurück, die
SPD von 165 auf 113, während die USP von 22 auf 81 stieg und
die KPD 2 Sitze errang. So war die bisherige Regierungskoalition
der Weimarer Parteien in die Minderheit geraten.

Die SPD hatte gehofft, infolge des gewaltigen Stimmungsauf-
schwungs in der Arbeiterschaft nach der Niederschlagung des Kapp-
Putsches bei den Wahlen gut abzuschneiden, und deshalb der Vor-
verlegung auf das Frühjahr zugestimmt. Aber einmal war durch den
Kapp-Putsch der Mißerfolg ihrer Koalitionspolitik für die Arbeiterschaft erst offenbar geworden, und die Ereignisse nach dem
Kapp-Putsch hatten sehr bald eine klägliche Ohnmacht der Koalitionsregierung gegenüber den militärischen Gewalten gezeigt. Verärgert hatte sich ein beträchtlicher Teil der Arbeiterschaft der radikalen USP zugewandt. Die Teile des Kleinbürgertums, die bei den
Wahlen zur Nationalversammlung sozialdemokratisch gewählt hatten, waren aus Angst vor dem Bolschewismus reumütig in den Schoß
der bürgerlichen Parteien zurückgekehrt. Dadurch war der Stimmen-
anteil der sozialdemokratischen Parteien von 46 auf 41 Prozent zu-
rückgegangen. Die sozialdemokratischen Parteien sahen sich in die
Verteidigung gedrängt.

Innerhalb des Bürgertums war ein deutlicher Ruck nach rechts eingetreten. Die freiheitlichen Schichten waren von dem Zickzackkurs
der Demokraten, die 1919 als Sammelpartei gegen den Bolschewismus entstanden waren, enttäuscht und wandten sich der Deutschen
Volkspartei zu, die den Kampf gegen den Bolschewismus in der
Nationalversammlung und im Wahlkampf tatkräftig geführt hatte.
Die Klassenscheidung hatte sich verschärft. Die nationalistische Strömung im deutschen Volk war stärker geworden. Durch Hereinnahme
der USP in die Weimarer Koalition wäre eine stete demokratische
Politik mit Ansätzen zur Sozialisierung einiger Wirtschaftszweige
noch möglich gewesen. Allein die USP lehnte nach Kautskys Wort
»leichtfertig« ab und verurteilte sich dadurch zur politischen Un-
fruchtbarkeit. Andererseits war die Mehrheitssozialdemokratie zu
einem Bündnis mit der Deutschen Volkspartei, zur großen Koalition, aus Furcht vor der Agitation der USP noch nicht reif. Auch gedachte sie, zunächst den bürgerlichen Parteien die Durchführung der
von der Entente verlangten Entwaffnung Deutschlands zu überlassen. Der von den Deutschnationalen erstrebte Bürgerblock scheiterte,
weil die außenpolitischen Bedenken der anderen Parteien gegen die

Deutschnationalen vor den Verhandlungen von Spa unüberwindlich waren und weil man nicht den Anschein erwecken wollte, gegen die Arbeiter zu regieren. Immerhin stimmten die Deutschnationalen nachher gegen ein Mißtrauensvotum. So kam es zu einem Minderheitenministerium Fehrenbach aus Zentrum, Demokraten und Deutscher Volkspartei, nachdem die Sozialdemokratie sich bereit erklärt hatte, eine abwartende Haltung einzunehmen. Das Programm dieser ersten bürgerlichen Regierung sah Wiederaufbau auf dem Boden der bestehenden republikanischen Staatsform, Bekämpfung aller Versuche einer gewaltsamen Umwälzung, Ablehnung einer Klassenherrschaft, eine Politik der Versöhnung und des Ausgleichs vor. Die Abhängigkeit der Reichsregierung von der Sozialdemokratie führte alsbald zur Gegensätzlichkeit mit der bayerischen Regierung, die seit dem Kapp-Putsch unter deutschnationalem Einfluß stand. Die bürgerlichen Parteien, die im Reiche zusammenstanden, hatten etwa den dritten Teil der Wähler hinter sich. Bedeutende Persönlichkeiten standen in ihren Reihen. Aber die größte Staatskunst mußte versagen, solange der französische Militarismus das deutsche Volk von Ultimatum zu Ultimatum, von Demütigung zu Demütigung und damit das freiheitliche deutsche Bürgertum in das Lager des wildesten Nationalismus trieb.

II. Vom Kapp-Putsch zum Hitlerputsch

Die Zeit der politischen Morde

Die Blütezeit des politischen Mordes in Deutschland währte im wesentlichen von 1919 bis 1923. Als Erscheinung des schwelenden Bürgerkriegs zwischen Selbstschutzverbänden flackerte er dann seit 1929 wieder stärker auf. Ein bewußt angewandtes Mittel der Politik ist er aber nach 1922 kaum mehr gewesen. Anfänglich hat es keine politische Partei gewagt, sich offen zu ihm zu bekennen. Wohl forderte eine zuchtlose Presse immer von neuem die »Beseitigung« politischer Schädlinge und schreckte auch vor offener Mordhetze nicht zurück. Nach vollbrachter Tat aber verbarg man mehr oder minder geschickt die Genugtuung, heuchelte nach außen Entrüstung in bürgerlicher Wohlanständigkeit und half heimlich den Mordbuben zur Flucht. Öffentliche Anerkennung oder gar Verherrlichung wurde den Mördern nur im engsten Kreise zuteil. Diesen Zaun des europäischen Sittengesetzes durchbrachen zuerst die in der Organisation Consul zusammengeschlossenen Ehrhardt-Leute, die in ihrer Zeitschrift »Wiking« die Schuld an politischen Morden der Allgemeinheit zuschrieben, die es zuließe, daß zweifelhafte Persönlichkeiten in den Besitz von Macht gelangten. Solange die Parteimoral und das öffentliche Gewissen versage, stellten politische Morde nichts als verständliche Notwehr dar. Später kündigten dann die Nationalsozialisten ihre Redner als »Fememörder« für Versammlungen an, und Hitler scheute sich zum Entsetzen seiner blaublütigen Freunde nicht, die Sache der Mörder von Potempa zu der seinigen zu machen. Von da ab wurde es Brauch, den Mord am politischen »Untermenschen« als Verdienst um Staat und Volk zu erklären. Auch für die öffentliche Beurteilung des Mordes war jetzt entscheidend, ob der ermordete Mensch »national« oder »international« gesinnt gewesen war.

Die politischen Morde des Zeitraums von 1919 bis 1923 zerfallen in drei Gruppen: willkürliche Tötungen im Bürgerkrieg, Beseitigung von Angebern oder Mitwissern geheimer Waffenlager und wohlvorbereitete Anschläge auf die Staatsmänner der deutschen Republik.

Bei der ersten Gruppe der willkürlichen Tötungen im Bürgerkrieg traten die Ausschreitungen der Linksradikalen gegenüber jenen der Regierungstruppen erheblich zurück. In der Novemberrevolution von 1918 sind nur wenige Verteidiger des alten Systems, die Widerstand leisteten, der Volkswut zum Opfer gefallen. Bei den Kommunistenaufständen der folgenden Jahre wurden auch nach Beendigung der Kampfhandlungen einzelne Regierungssoldaten und Polizeibeamte gelegentlich noch aus dem Hinterhalt erschossen oder von einer wütenden Volksmenge umgebracht. Folgenschwer war die Tötung von zwei Polizeibeamten in Lichtenberg im März 1919, die zu einer amtlichen Greuelmeldung über Erschießung von 57 Polizisten aufgebauscht wurde und den Befehl Noskes nach sich zog, daß jede Person, die mit der Waffe in der Hand gegen Regierungstruppen kämpfend angetroffen werde, sofort zu erschießen sei. In Dresden wurde am 12. April 1919 der sächsische Kriegsminister Neuring von Kriegsbeschädigten in die Elbe geworfen und durch Schüsse getötet. Auf die Nachricht von der Ermordung des bayerischen Ministerpräsidenten Eisner durch den Grafen Arco am 21. Februar 1919 drangen linksradikale Arbeiter in den Bayerischen Landtag ein, schossen den Zentrumsabgeordneten Osel und den Major von Jahreiß, der sich ihnen entgegenstellte, tot und verwundeten den Gegner Eisners, den Innenminister Erhard Auer, durch Pistolenschüsse schwer. Am letzten Tag der bayerischen Räterepublik, dem 30. April 1919, wurden im Luitpoldgymnasium in München als Gegenmaßnahme gegen die willkürliche Erschießung von roten Soldaten und Sanitärten in Starnberg sechs verhaftete Mitglieder der Thulegesellschaft, eines germanischen Ordens, darunter eine Gräfin Westarp, ferner ein gefangener Offizier und zwei Husaren der Regierungstruppen und ein wegen Plakatbeschädigung verhafteter Professor von Rotgardisten standrechtlich erschossen. Dieser Münchner »Geiselmord« hat wie kein anderer Mord in Deutschland der rechtsradikalen Bewegung zur Aufputschung des Bürgertums gedient. Während des Kapp-Putsches wurden von linksstehenden Arbeitern einige Gutsbesitzer erschossen, im Rathaus in Berlin-Schöneberg von der Volksmenge zwölf Offiziere erschlagen, am Wasserturm in Essen Gefangene von Rotgardisten grausam niedergemacht.

Von Regierungstruppen wurden am 11. Januar 1919 die unbewaffneten Parlamentäre der Spartakistenbesatzung im Vorwärts-Gebäude in Berlin auf Befehl des Majors von Stephani in der Dragonerkaserne erschossen, die Leichen ausgeraubt. Am 15. Januar 1919 wurden Rosa Luxemburg und Karl Liebknecht, die sich nach Niederwerfung des Aufstands verborgen hatten, in Wilhelmsdorf verhaftet und zum Stab der Gardekavallerie-Schützen-Division ins Edenhotel in Berlin gebracht. Nach ihrer Einvernahme sollten sie ins Moabiter Gefängnis geführt werden. Auf dem Weg dahin wurde im allseitigen Einverständnis der im Hotel einquartierten Offiziere Liebknecht im Tiergarten von dem Kapitänleutnant von Pflugk-Hartung ermordet, Rosa Luxemburg von dem Jäger Runge durch Schläge mit dem Gewehrkolben und einen Pistolenschuß des Leutnants Vogel getötet, ihre Leiche in den Landwehrkanal geworfen. Die feige Tat rief in der deutschen Arbeiterschaft eine ungeheuere Erregung hervor, zumal sie nie eine ausreichende Sühne fand. Schon bei der Niederschlagung der Januarunruhen wurde es verbrecherische Gepflogenheit von Regierungstruppen, wehrlose Gefangene »auf der Flucht« zu erschießen. Bei der Niederwerfung des Märzaufstandes in Berlin gab der Schußbefehl Noskes den Vorwand für jede willkürliche Ermordung von Gefangenen oder der als Spartakisten Angegebenen ab. Insbesondere wurden widerrechtlich auch Leute erschossen, in deren Wohnungen man irgendeine Waffe fand. Beonders empörend waren die Ermordung von wehrlosen Gefangenen im Lehrter Bahnhof, die Erschießung von drei unschuldigen, kaum 16 Jahre alten jungen Menschen in der Andreasschule in Berlin und die großen Matrosenmorde. Am 31. März waren die Reste der Volksmarinedivision auf Befehl des Obersten Reinhard durch Oberleutnant Marloh nach der Französischen Straße zu einem Löhnungsappell bestellt worden. Aus den etwa 300 versammelten Matrosen wurde jeder zehnte Mann herausgesucht und ihrer 31 auf dem Hof mit Maschinengewehren zusammengeschossen. Der Täter Marloh wurde Ende des Jahres freigesprochen. Von weiteren willkürlichen Erschießungen sind insbesondere noch die des Redakteurs der »Roten Fahne« Leo Jogiches am 10. März und die des ehemaligen Führers der Volksmarinedivision Dorrenbach am 17. Mai bekanntgeworden. In München wurde der Geiselmord schon von den einrückenden Regierungstruppen durch ein schauerliches Blutbad gesühnt. Allein nach amtlicher Angabe, die von der Wirklichkeit weit übertroffen ist, wurden 186 Menschen standrechtlich erschossen, 184 sind »verunglückt« d. h. sie wurden einfach erschlagen oder an die Wand gestellt. Den Philosophen Gustav Landauer mißhandelte zuerst ein adeliger Offizier mit der Reitpeitsche, dann streckten ihn sechs Soldaten durch Schüsse nieder und traten ihn mit den Stiefeln zu Tode. Ermordet wurde trotz Passierscheins der Mathematikprofessor Horn, der einmal das Verbrechen begangen hatte, in einer Bildungsveranstaltung der USP einen Vortrag zu halten. Maria Kling, die verwundete Spartakisten verbunden hatte, wurde nach Freisprechung durch das Standgericht von den Soldaten als Zielscheibe benützt. Man metzelte in Starnberg 20 gefangene Rotgardisten, in Gräfelfing 53 unbewaffnete Russen, 12 unschuldige Arbeiter von Perlach bei München, Mehrheitssozialdemokraten und Parteilose nieder. Die gehässige Anzeige eines Nachbarn wegen einer Mietstreitigkeit oder persönliche Feindschaft genügten — und das Opfer wurde von Soldaten auf die nächste Wiese geführt, ohne jede Untersuchung erschossen, die Leiche der Wertsachen beraubt. Am 6. Mai 1919 wurden 21 Mitglieder eines katholischen Gesellenvereins aus einer Besprechung über Theaterangelegenheiten heraus verhaftet, in einen Keller verschleppt, abgeschlachtet und ausgeraubt. Im Hofbräuhauskeller, im Schlacht- und Viehhof krachten noch tagelang nach der Einnahme Münchens die Salven der Erschießungskommandos. Man setzte rechtswidrig Feldgerichte zur Aburteilung der Gefangenen ein und hob sie nach einigen Tagen wieder auf, die unschuldig Erschossenen aber konnte man nicht mehr zum Leben erwecken. Als die sozialdemokratische Zeitung gegen diese Mordschande auftrat, wurde ihr das Verbot angedroht. So hielt der Oberbefehlshaber der Regierungstruppen, General von Oven, dem bayerischen Ministerpräsidenten Hoffmann das feierlich gegebene Versprechen, keine willkürlichen Erschießungen zu dulden. Nie hat die Münchner Arbeiterschaft die 1100 Toten vom Mai 1919 verwunden. Immer wieder fand die Agitation der Kommunisten Nahrung an der furchtbaren Erinnerung.

Beim Kapp-Putsch stachelten in Norddeutschland einzelne Gutsbesitzer die Freikorps zur Erschießung von streikenden Landarbeitern und Gewerkschaftsfunktionären an. Als in Gnoien die Arbeiterschaft eine Regierung Kapp nicht anerkennen wollte, rückten Demminer Ulanen ein, ermordeten den Vorsitzenden der USP, verhafteten 96 Arbeiter und schossen unterwegs in die Gefangenen hinein, von denen eine Anzahl getötet und verwundet wurde. In Breslau erschossen Leute des Freikorps Aulock den Schriftleiter Bernhard Schottländer von der »Schlesischen Arbeiter-Zeitung«, folterten eine Anzahl Arbeiter und ermordeten sie zum Teil. Die Ermordung der Arbeiter von Thale durch Marburger Zeitfreiwillige ist schon früher erwähnt. In Mecklenburg wurde die Stadt Waren, deren Bevölkerung den Abwehrstreik gegen Kapp beschlossen hatte, von der Reichswehr mit Geschützfeuer belegt, eine Anzahl von Bürgern getötet und verletzt. In Köpenick leisteten Arbeiter und Bürger einem Potsdamer Jägerregiment, das sie wegen des Hakenkreuzes am Stahlhelm für eine Kapp-Truppe hielten, unter Führung des USP-Stadt-verordneten Futron bewaffneten Widerstand. Als durch Rückfrage nach Berlin festgestellt war, daß die Potsdamer Jäger wieder zur Regierung Bauer—Ebert hielten, befahl Futron, die Waffen nieder-zulegen. Trotzdem wurde er vom Standgericht zum Tode verurteilt und erschossen. Am schlimmsten ging es nach dem Einmarsch der Reichswehr im Ruhrgebiet zu. Überall wurden die Leute, die auch nur im Geruch standen, Kommunisten zu sein, aus den Wohnungen geholt und erschossen, selbst unbewaffnete Frauen wurden nicht ge-schont. In Haltern flüchteten vierzehn Kanalarbeiter aus Angst vor der Schießerei in ein Haus und wurden darin samt dem Eigentümer von Reichswehr niedergemacht. Noch am 17. Mai, nachdem die Trup-pen längst abgezogen waren, holten Heereskriminalbeamte der Ma-rinebrigade Löwenfeld aus Bottrop zwei Bergleute und erschossen sie in der Nähe von Paderborn »auf der Flucht«. Auch im Ruhr-gebiet sproß aus dem Blut der unschuldig Ermordeten die Saat des Kommunismus hervor.

Bei der Niederschlagung des kommunistischen Aufstands in Mittel-deutschland vom März 1921 kamen auch noch vereinzelte willkürli-che Erschießungen durch die preußische Schutzpolizei vor. Sie reich-ten bei weitem aber nicht mehr an die Blutbäder des Jahres 1919 heran.

Die Ermordungen wegen angeblichen oder willkürlichen Waffenver-rats hingen mit der Entwaffnung Deutschlands nach den Bestimmun-gen des Versailler Vertrags zusammen. Zur Kontrolle der deutschen Entwaffnung entsandte die Entente eigene Militärkommissionen nach Deutschland, die jahrelang ihres Amtes walteten und durch ihre Machtbefugnisse, ihr Auftreten und die Art ihrer Tätigkeit das deut-sche Ehrgefühl aufs schärfste verletzten. Dazu kam, daß sich in den Jahren der wirtschaftlichen und seelischen Zerrüttung des deutschen Volkes genug Schieber und Lumpen fanden, die ihre Kenntnis von verborgenen Waffen um schnödes Geld an diese Ententekommissionen verrieten. Die Reichswehr war aus außen- und innenpolitischen Grün-den bemüht, so viel Waffen wie irgend möglich dem Zugriff der Entente zu entziehen. Man rechnete mit der entfernten Möglichkeit eines Revanchekriegs, ebenso wohl mit der Nähe eines kommunisti-schen Aufstandes, der mit den gesetzlichen Machtmitteln nicht hätte niedergeschlagen werden können. Für diese Fälle wurden Reserve-waffen angesammelt und Selbstschutzorganisationen aufrechterhalten, die im Bedarfsfall mit den Waffen ausgerüstet werden sollten. Die Aufgabe war nicht leicht. Unter dem Druck der alliierten Mächte

mußte das Reich ein Gesetz über die Entwaffnung der Bevölkerung
erlassen und die Selbstschutzverbände auflösen. Insgeheim aber dachten die Behörden nicht daran, diese erpreßten Gesetze völlig durchzuführen, sondern sie waren entschlossen, wenn immer es ohne großes
Ärgernis ginge, gegen sie zu verstoßen. Dieser versteckte Widerstand brachte es mit sich, daß Organisationen geschaffen werden mußten, die mit ausdrücklicher oder stillschweigender Duldung der Behörden die Entwaffnungsgesetze verletzten, die großen Waffenvor-
räte bargen und bei Gefahr des Verrats wieder verräumten. Zu-
meist waren es freiwillige Studenten und verabschiedete Offiziere,
die im engsten Zusammenwirken mit Reichswehrstellen und Polizeibehörden zu sogenannten »Erfassungskommandos« zusammengefaßt
wurden, die Waffenlager anzulegen und zu betreuen hatten. Es handelte sich um ganz gewaltige Mengen, Hunderttausende von Gewehren, Tausende von Maschinengewehren, Hunderte von Geschützen
und Minenwerfern, die so gerettet, in Schlössern und Klöstern versteckt und gelegentlich auch nach Tirol und Ungarn geschafft wurden. Daß sie auch für innenpolitische Zwecke bestimmt waren, be-
weist der Umstand, daß bei Waffenverkäufen an Private die Reichswehr es sich zur Aufgabe machte, sie nur an Rechtsverbände weiter-
zuveräußern. Häufig stellte die Reichswehr selbst aus irgendwelchen
Geheimmitteln die erforderlichen Leute zur pfleglichen Behandlung
der Waffenlager zur Verfügung. Während anfangs ein wilder
Schleichhandel mit Waffen blühte und die einzelnen Selbstschutzorganisationen sich gegenseitig die Waffenlager stahlen, bemühte sich
die Reichswehr später, zum Teil mit Erfolg, die geheimen Waffenlager sich selbst zu sichern und unter eigenem Verschluß zu halten.
Wurden irgendwo von einer Behörde Waffen beschlagnahmt, so teilte die Reichswehr selbst den Gerichten mit, daß es sich um ihre
geheimen Bestände handle. Freilich war diese Oberaufsicht noch sehr
fraglich, denn bei innerpolitischen Vorgängen händigten selbst Reichswehroffiziere die Schlüssel zu einem geheimen Waffenlager nicht selten einer befreundeten Selbstschutzorganisation aus. Die größten Anstrengungen waren naturgemäß erforderlich, um die geheimen Waffenlager gegen Verräter zu schützen. Man richtete bis in die Vorzimmer der Entente hin Überwachungsstellen ein, die häufig genug
Verräter, die glaubten vor einem Ententeoffizier zu stehen, abfingen
und wegen Landesverrats ins Zuchthaus brachten. Man bestach Leute,
die bei der Ententekommission als Dolmetscher usw. wirkten, mit
Geld, um sie zur Namhaftmachung von Verrätern zu veranlassen,
man fing die an die Ententekommission gerichteten Briefe ab und

öffnete sie auf der zuständigen Stelle der Polizei, und zuletzt griff man zum äußersten Mittel, zum Mord, um auf das zahlreiche Verrätergesindel abschreckend zu wirken. Die bekanntgewordenen Waffenverräter wurden unter irgendeinem Vorwand aufgesucht, beiseite geschafft und umgebracht. Es bildeten sich förmliche Mordorganisationen heraus, die ihre Handlungen damit rechtfertigten, daß die ordentlichen Strafgesetze zur Sühne und Abschreckung nicht ausreichend seien. Wenigstens in Bayern waren einzelne Behörden über diese Dinge im Bilde. Als dem Münchener Polizeipräsidenten Pöhner von dem Bestehen solcher Mordorganisationen berichtet wurde, meinte er seelenruhig, es wären ihrer noch viel zu wenig da. In seinen Kreisen wurden diese Fememorde als Selbsthilfe, ja als sittliches Recht verteidigt, und selbst ein Reichswehrgeneral von Epp erklärte sie für berechtigt, und zwar gleichviel, ob die Waffen an die Entente oder an linksradikale Kreise oder an die staatlichen Entwaffnungskommissare verraten worden waren. Für den letzteren Fall hatte man die Begründung bereit, daß die Verräter doch nicht wüßten, ob die Waffen dem Vaterland erhalten blieben. Die merkwürdige Lage des Staatsbürgers, der bei Meidung schwerer Strafe verpflichtet war, ein ihm bekanntes Waffenlager dem staatlichen Entwaffnungskommissar anzuzeigen, bei Erfüllung dieser Pflicht aber Gefahr lief, »von Rechts wegen« ermordet zu werden, kam den nationalen Kreisen nicht zum Bewußtsein. Für sie war es selbstverständlich, daß der wahrhaft nationale Mann gegen die Gesetze der »Judenrepublik« verstieß. Sogar Escherich, der gemäßigte Führer der bayerischen Einwohnerwehr und der Organisation Escherich (Orgesch), der Zusammenfassung der Einwohnerwehren, vertrat die Meinung, daß es besser sei, das Rechtsbewußtsein des Volkes als vaterländische Interessen — wie die Fememörder sie auffaßten — zu schädigen. Bei den bayerischen Fememordfällen ist die Mitwisserschaft der höchsten Staatsstellen am weitesten aufgeklärt. Sie verdienen deshalb eine eingehendere Darstellung.

Das erste bekanntgewordene Opfer der Fememorde in Bayern war ein Dienstmädchen Marie Sandmeier in München. Die Sandmeier war von ihrer Dienststelle auf Schloß Holzen in Oberbayern im Unfrieden weggekommen. Als sie Ende September 1920 auf der Stellensuche in München an den Plakatsäulen die Aufforderung des Entwaffnungskommissars zur Anmeldung von Waffenlagern las, beschloß sie, die Gewehre und Kanonen anzugeben, die sie im Schloß Holzen versteckt gesehen hatte. Im Irrtum über die Anmeldestelle geriet sie in die Plakatdruckerei und fiel dort einem Einwohnerwehrmann in die Hände, der sie sofort zu seinem Bezirksführer Zeller brachte. Der schrieb sich den Namen und Heimatort auf. Einige Tage später fragte im Heimatdorf des Mädchens ein Mann aus München nach dem Mädchen und erfuhr, daß es zum 1. Oktober in München an einen neuen Dienstplatz gekommen war. Am Abend des 5. Oktober 1920 sprach dort ein unbekannter Mann in der Waffenangelegenheit vor. Kurz darauf äußerte die Sandmeier, es sei ein Waffenkommissar dagewesen, sie müsse gleich fort. Darauf entfernte sie sich aus der Wohnung. Am Morgen des 6. Oktober wurde sie im Forstenrieder Park erdrosselt aufgefunden. An dem Baum über der Leiche war ein Zettel befestigt: »Du Schandweib hast verraten Dein Vaterland, Du bist gerichtet von schwarzer Hand.« Nach den polizeilichen Feststellungen war die Sandmeier in einem Kraftwagen der Landesleitung der Einwohnerwehr getötet worden, der am 5. Oktober dem Leiter der sogenannten Wirtschaftsabteilung der Einwohnerwehr, Oberleutnant Braun, der in Wirklichkeit die Waffensachen besorgte, überlassen worden war und am 6. Oktober mit Urin beschmutzt zurückgebracht wurde. Der Gerichtsarzt bezeugte, daß die Sandmeier im Todeskampf Urin von sich gelassen hatte. Die Gruppe von Studenten und Offizieren, die am Abend des 5. Oktobers den Kraftwagen benützt hatte, wurde der Polizei bekannt. Einer der mutmaßlichen Täter, der Leutnant Schweikart, floh nach der Tat mit Hilfe eines auf Weisung der politischen Polizei in München ausgestellten Passes ins Ausland. Der juristische Berater der Einwohnerwehr, ein Rechtsanwalt Dr. Gademann, drohte im Verlauf der Untersuchung dem Staatsanwalt, wenn die Strafsache weitergeführt werde, dann würden Leute der Regierung Kahr hineingezogen werden. Er bezeichnete als Mitwisser den damaligen bayerischen Justizminister Dr. Roth. Zu einer Gerichtsverhandlung gegen die Mörder ist es nie gekommen.

Im nächsten Fememordfall Dobner bleib es beim Versuch. Der Reichswehrsoldat Dobner in München sollte nach Angabe des Polizeispitzels Pracher, der als Dolmetscher im Dienst der Ententekommission stand, gleichzeitig aber gegen Geld der bayerischen Polizei die Angeber von Waffenlagern bei der Kommission verriet, der Ententekommission von einem auf Schloß Mirskofen bei Landshut befindlichen Waffenlager Mitteilung gemacht haben. Zur angeblichen Feststellung des Waffenlagers wurde Dobner am Abend des 20. Oktober 1920 in einen Kraftwagen gelockt. Auf der Fahrt nach Mirskofen fielen die Begleiter Dobners mit Totschlägern über ihn her, bis er keinen Laut mehr von sich gab. Er war aber doch noch bei Bewußtsein und steckte, als ihm die Mordbuben vorsichtshalber einen Strick um den Hals zogen, einen Finger zwischen Strick und Hals, biß in der Dunkelheit den Strick durch, sprang plötzlich aus dem fahrenden Wagen und gelangte blutüberströmt nach München zurück. Als Pracher von dem Ausgang der Sache erfuhr, bekam er es mit der Angst zu tun und wandte sich an den Landtagsabgeordneten der USP Gareis, dem er mitteilte, daß der Mordversuch an Dobner mit Hilfe der Politischen Polizei unternommen worden sei. Auf Verlangen rief er den Vertrauten des Polizeipräsidenten Pöhner, den Inspektor Glaser von der Politischen Polizei, unter einer Geheimnummer an, bemerkte in einem wörtlich aufgenommenen Gespräch, daß er Dobner inzwischen beiseite geräumt habe und erhielt auf sein Verlangen den Schutz des Polizeiinspektors ausdrücklich zugesichert. Darauf wurde auf Antrag der Mehrheitssozialdemokraten und Unabhängigen im Bayerischen Landtag ein Untersuchungsausschuß eingesetzt zur Feststellung, ob sich eine Organisation zur gewaltsamen Beseitigung von Menschen gebildet habe. Eine Reihe von Zeugen, darunter auch Dobner und Pracher, wurden vernommen, und anfänglich zeigten sich auch die Abgeordneten der bürgerlichen Parteien aufs äußerste empört über den Vorfall. Darauf gab die Bayerische Regierung am 29. Oktober 1920 im Landtag eine Erklärung ab, in der der Spieß umgedreht wurde, Dobner ohne jeden tatsächlichen Anhaltspunkt als mordverdächtig bezeichnet war. Jetzt rückte der Führer der Bayerischen Volkspartei, der Abgeordnete Dr. Held, auffälligerweise von dem bisherigen Ergebnis der Untersuchung ab und machte den Ausschuß durch Zurückziehung aller bürgerlichen Abgeordneten arbeitsunfähig. Den Versuch der sozialdemokratischen Abgeordneten, das wertvolle Ergebnis der Zeugenvernehmungen in der Vollsitzung des Landtags zu erörtern, schnitt der Landtagspräsident unter Berufung auf die Würde des Parlaments ab. Im Strafverfahren wurden die Täter nicht wegen Mordversuchs, sondern nur wegen gefährlicher Körperverletzung und Bedrohung zu 150,— und 100,— M. Geldstrafe verurteilt. Das Gericht stellte die beteiligten Studenten als unbedingt glaubwürdig, Dobner trotz seines Zeugeneides als unglaubwürdig hin. Er wurde wegen Meineidverdachts in Untersuchungshaft genommen, mußte aber später freigegeben werden. Pracher trat in die Dienste der Saarregierung, ließ sich aber durch gefälschte Papiere nach Bayern zurücklocken und wurde hier wegen Landesverrats mit 14 Jahren Zuchthaus bestraft.

Am meisten aber sind bayerische Justizbehörden durch den Fall Hartung belastet. Der Kellner Hartung, der als Spitzel von Rechtsorganisationen unter den Kommunisten tätig war, kam am 10. Februar 1921 mit einer Empfehlung des Leiters der Einwohnerwehr in Halle nach München zum Leiter der Wirtschaftsabteilung der bayerischen Einwohnerwehr, Oberleutnant Braun. Er sollte von ihm bei einem Arbeitskommando untergebracht werden, erhielt Zutritt zu nationalen Kreisen und Kenntnis von Waffenlagern und anderen Geheimnissen. Als er am 2. März wieder einmal Geld von Braun forderte, aber abgewiesen wurde, drohte er: »Ich weiß sehr viel, fürchten Sie nichts?« Braun wies ihm auf diese erpresserische Drohung hin die Tür. Am Nachmittag des 3. März 1921 erzählte Hartung in einem Münchner Kaffeehaus, daß er am Abend eine Kraftwagenfahrt unternehmen werde, um ein Waffenlager zu räumen. Am 4. März wurde seine Leiche, von elf Pistolenschüssen durchbohrt, mit Pflastersteinen beschwert, in der Zusam bei Zusmarshausen gefunden. Die Polizei stellte fest, daß in der Nacht ein Kraftwagen des Wehrkreiskommandos durch Zusmarshausen gefahren war. Als Teilnehmer der Fahrt wurden die Leutnante Neunzert und Berchtold, die schon in die Sandmeiersache verwickelt waren, die Studenten Bally und Schwesinger und der Rittmeister a. D. Beurer aus Zusmarshausen festgestellt. Man fand bei ihnen Pistolen, aus denen die Schüsse auf Hartung abgegeben sein konnten. Die Pflastersteine stammten aus einem Münchner Kasernenhof, in dem am Abend des 3. März der Kraftwagen gestanden war. Die Täter leugneten, schützten eine in Waffenangelegenheiten unternommene Fahrt nach Ulm vor und gaben an, am 4. März mit der Eisenbahn von Ulm über Augsburg nach München zurückgefahren zu sein. Am 5. März wurde auf dem Eisenbahngeleise zwischen Augsburg und München die Ledermappe des Hartung mit seiner blutigen, von Schüssen durchlöcherten Mütze gefunden. Infolge dieser dringenden Verdachtsgründe wollte die Politische Abteilung der Polizei München am 11. März die Täter verhaften. Da griff der Polizeipräsident Pöhner ein und übertrug die weitere Behandlung des Falls der Mordabteilung der Polizei. Diese fing die Untersuchung von vorn an und arbeitete mit dem zuständigen Augsburger Staatsanwalt Krieck aufs engste zusammen. Es stellte sich heraus, daß die Studenten auf der Politischen Polizei an Stelle des wirklichen Kraftwagenlenkers Berchtold, der schon im Fall Sandmeier der Mittäterschaft verdächtig erschien, einen anderen als Mitfahrer angegeben hatten. Die Sache war nun nach übereinstimmender Auffassung der Untersuchungsführer völlig aufgeklärt, sie stellten am 13. März die Haftbefehle aus. Allerdings hatten die Täter inzwischen das Weite gesucht. Mittlerweile hatten der juristische Berater der Einwohnerwehr, Dr. Gademann, und der Stabschef der Landesleitung, Oberstleutnant Kriebel, mit dem deutschnationalen Justizminister Dr. Roth und seinem persönlichen Referenten Stauffer in der Mordangelegenheit Unterredungen gehabt. Angeblich bezogen sie sich nur auf die Frage, wie es möglich sei, auf die Waffenangelegenheiten der Einwohnerwehr Rücksicht zu nehmen. Das Ergebnis der Besprechungen war, daß man die Augsburger Staatsanwälte zur Berichterstattung ins Justizministerium kommen ließ. Am 14. März mittags holte Dr. Gademann den Staatsanwalt Krieck und seinen Vorgesetzten, den geschäftsleitenden Staatsanwalt Kraus von Augsburg, in einem Kraftwagen der Einwohnerwehr ab. Im Justizministerium ließ sich in Vertretung des Justizministers Dr. Roth der damalige Oberregierungsrat Gürtner von beiden Staatsanwälten die Sach- und Rechtslage des Mordfalles schildern. Irgendeine Anweisung gab er nach übereinstimmender Aussage der Beteiligten nicht. Nach der Unterredung aber begab sich Staatsanwalt Krieck in die Polizeidirektion, hob dort ohne Angabe von Gründen die Haftbefehle auf und ordnete die Rückgabe der beschlagnahmten Pistolen an. Der Leiter der Mordabteilung der Polizei, Regierungsrat von Merz, verwahrte sich aufs entschiedenste gegen die unbegreifliche Maßnahme, legte gegen die offensichtliche Begünstigung der Mörder schriftlich Verwahrung ein und nahm einen diesbezüglichen Aktenvermerk erst auf dienstlichen Befehl zurück. Ob die beiden Staatsanwälte wegen der angeordneten Berichterstattung im Ministerium überängstlich geworden waren oder aus Liebedienerei gegen Pflicht und Gewissen handelten oder gar zu ihrem Tun von gewisser Seite bestimmt wurden, ist nicht bekanntgeworden. Eigentümlich mutet es an, daß der Staatsanwalt Krieck nach einem Jahr die Mordverdächtigen als Zeugen eidlich vernehmen ließ. Oberleutnant Braun war inzwischen nach Ungarn geflüchtet. Schwesinger war in seine Heimat ins Saargebiet zurückgekehrt, Neunzert wurde nach Aufhebung der bayerischen Volksgerichte von einem Münchner Schwurgericht unter Hervorhebung der erheblichen gegen ihn vorliegenden Verdachtsgründe mangels hinreichenden Beweises freigesprochen.

Wie bereits erwähnt, hatte sich der bayerische USP-Abgeordnete Gareis bei der Behandlung der Dobner-Sache im Landtag besonders hervorgetan. Seine späteren Reden im Parlament über die geheimen Waffenlager der Einwohnerwehr wurden ihm von den »Nationalen« als offener Landesverrat ausgelegt. Immer deutlicher prangerte ihn die Rechtspresse an, und anfangs Juni 1921 forderte der »Miesbacher Anzeiger«, man solle Gareis erschlagen wie einen tollen Hund. Am 10. Juni 1921 wurde er nachts auf dem Heimweg von einer Versammlung vor dem Haus, in dem er wohnte, durch Pistolenschüsse niedergestreckt. Die Münchner Polizei bemühte sich, den Mordverdacht auf den Begleiter, einen Parteigenossen, abzulenken, der sich einige Augenblicke vor der Tat von Gareis verabschiedet hatte und den Mörder noch davonlaufen sah. In den Münchner Einwohnerwehrkreisen wurde das Verbrechen mit unverhohlener Genugtuung aufgenommen. Auch die Polizei konnte keinen Zweifel darüber haben, daß der Mörder in Rechtskreisen zu suchen war. Am 11. Juni lief bei ihr ein Brief ein mit folgendem Inhalt: »Ich habe ihn selber verprügelt und dem Gareis das Licht ausgeblasen, weil ich sie für Verräter halte. Der nächste der drankommt, ist der Auer. Solange setze ich die Sache fort, bis USP und MSP zu gemeinsamer Sache aufgeputscht sind. Strengen Sie sich nicht an, mich werden Sie nicht erwischen. Gruß Janus.« Am 12. Oktober 1921 wurde wegen Verdachts der Ermordung des Abgeordneten Gareis in Tirol der Leutnant Schwesinger verhaftet. Seine Schriftzüge stimmten mit jenen des Briefes vom 11. Juni völlig überein. Im Besitz von Schwesinger fand man einen vom ungarischen Konsulat in München ausgestellten Paß auf den Namen Janos Schmidt, zu dem ihm nach seiner Angabe der Polizeiinspektor Glaser verholfen hatte. Der Paß trug ein echtes, vom österreichischen Generalkonsulat in München am 8. Juni 1921 ausgestelltes Einreisevisum nach Österreich und dahinter einen gefälschten Stempel der österreichischen Grenzstelle in Kufstein, der ebenfalls das Datum vom 8. Juni trug. Die Fälschung sollte dem Nachweis dienen, daß der Paßinhaber am 10. Juni, am Tage des Gareismordes, nicht mehr in München gewesen sei. Am 22. Dezember 1922 wurde Leutnant Schwesinger aus der Untersuchungshaft entlassen, ohne daß es zu einer Gerichtsverhandlung gegen ihn gekommen war.

Wie es im Brief vom 11. Juni 1921 hieß, sollte als nächster Auer an die Reihe kommen. Er hatte sich durch die Aufdeckung der Treibereien der »nationalen« Selbstschutzverbände bei diesen sehr verhaßt gemacht. Am 25. Oktober 1921 gegen Mitternacht befand sich der demalige Münchner Führer der Sozialdemokratie mit mehreren Parteifreunden von einer Vorstandssitzung auf dem Heimweg. Als er am südlichen Friedhof vorüberkam, wurden mehrere Schüsse abgefeuert. Auer ging in Deckung und schoß aus seiner Pistole zurück, bis die Täter die Flucht ergriffen. Die von dem Feuerüberfall benachrichtigte Polizei verhielt sich recht lässig, so daß die Übeltäter Zeit genug hatten, auf einer Leiter über die Mauer des versperrten Friedhofs zu flüchten. Sie sind nie bekanntgeworden.

Der nächste bekanntgewordene Fememord in Bayern traf das Mitglied einer Rechtsorganisation. Am 19. Februar 1923 wurde in München der Student Baur, Mitglied des »Blücherbundes«, von einem Studenten und Mitglied des gleichen Bundes, Zwengauer, ermordet, die Leiche in die Isar geworfen. Baur hatte sich durch Redereien über einen von ihm beabsichtigten Anschlag auf das Leben Scheidemanns verdächtig gemacht. Seine Absicht war dem Reichskommissariat für die öffentliche Ordnung rechtzeitig mitgeteilt worden. Da in jener Zeit Geheimvorgänge innerhalb des Blücherbundes tagtäglich in der sozialdemokratischen Zeitung standen, mag vielleicht Baur in den Verdacht eines Lockspitzels gekommen sein. Der Mörder wurde zu Zuchthaus verurteilt, konnte jedoch wie so viele »nationale« Übeltäter entfliehen. Der Spitzel, der Baurs Vorhaben gegen Scheidemann aufgedeckt hatte, wurde vom Münchner Volksgericht wegen Verabredung des Mordes zu 8 Monaten Gefängnis verurteilt.

Der letzte bayerische Fememord fällt in die schlimmste Leidenszeit der Pfalz. Im November 1923 waren separatistische Banden aus dem Rheinland auch in die bayerische Pfalz vorgedrungen und hatten hier, trotz Widerstandes der Bevölkerung, mit Hilfe der Franzosen eine Reihe von Städten besetzt. Am 12. November rief der Landwirt Heinz aus Orbis in Speyer die »Pfälzische Republik im Verband der Rheinischen Republik« aus und spielte in Speyer den Präsidenten einer autonomen Regierung. Am 9. Januar 1924 überfiel ihn eine Gruppe nationalistischer Studenten aus dem rechtsrheinischen Bayern im Hotel Wittelsbacher Hof in Speyer und schoß ihn nebst seinen Begleitern nieder. Die Täter gelangten auf Kähnen über den Rhein zurück, sie haben sich später offen zu dem Mord bekannt. Bayerische Regierungsstellen waren vorher von der Mordabsicht unterrichtet.

Die Fememorde der in den Jahren 1920/1921 in Oberschlesien gegen die Polen kämpfenden Verbände »Roßbach« und »Bund Oberland« hingen mit der Furcht vor Waffenverrat zusammen. In den Satzungen des Bundes Oberland hieß es ausdrücklich, »Verräter und Wortbrüchige verfallen der Feme«. Die Verbände hatten in Oberschlesien eigene Roll- oder Wurfkommandos gebildet, denen die Beseitigung von Verrätern oblag. Auch Unschuldige wurden auf bloßen Verdacht hin in die Wälder gelockt und auf rohe und hinterlistige Weise umgebracht. Aber auch der Besitzer des Hotels »Deutsches Haus« in Krappitz, bei dem während der Besatzungszeit die franzö-

sische Intendantur untergebracht gewesen war, wurde auf Befehl des
Freikorps Oberland in den Wald geführt und erschossen. Grauen-
hafte Einzelheiten wurden insbesondere im großen Stettiner Feme-
prozeß enthüllt, der am 5. Mai 1928 mit der Verurteilung des
Münchner Leutnants Heines zu 15 Jahren Zuchthaus schloß. Ähnlich
in Ursache und Durchführung sind die Fememordfälle, die aus der
sogenannten »Schwarzen Reichswehr« bekanntgeworden sind. Nach
dem Einmarsch der Franzosen ins Ruhrgebiet im Frühjahr 1923 bereitete sich die Reichswehr heimlich auf eine kriegerische Auseinandersetzung vor. Bei allen Wehrkreiskommandos wurden unter militärischer und technischer Leitung der Reichswehr sogenannte Arbeitskommandos oder Erfassungsabteilungen errichtet, die unter dem Namen »Schwarze Reichswehr« zusammengefaßt worden waren. Diese
Formationen betrachteten sich bereits als im Krieg befindlich, ihre
Mannschaften und Offiziere wurden auf die Kriegsartikel vereidigt
und mußten schwören, über die Formation nichts zu verraten und
den Vorgesetzten Treue und Gehorsam zu leisten. Die Schwarze
Reichswehr wurde in aller Heimlichkeit aufgezogen, ihre Leiter miß-
trauten der preußischen Polizei sowohl wie insbesondere dem preußischen Innenminister Severing, der durch ein Abkommen mit dem
Reichswehrministerium vom 31. März 1923 die Auflösung aller
Selbstschutzverbände erreicht hatte. Die Schwarze Reichswehr übte
unter Duldung der Reichswehrstellen auch eine eigene Gerichtsbar-
keit aus. Mitglieder, die sich des Verrats der Formation oder der
Waffen verdächtig gemacht hatten, wurden heimlich ermordet. Ge-
legentlich nahmen Offiziere, Unteroffiziere und Mannschaften an der
Durchführung eines solchen Fememordes teil. Mindestens im Falle
Pannier ist festgestellt, daß ein Unschuldiger getötet wurde, der nur
das »Verbrechen« begangen hatte, ohne ausdrückliche Erlaubnis der
Truppe seine Angehörigen in Berlin zu besuchen. Bei der späteren
Aburteilung der Fememörder durch die ordentlichen Gerichte wurde
von den Verteidigern mit Nachdruck der Rechtsgedanke von einem
Notwehrrecht des Staates entwickelt, dessen Ausübung jedem belie-
bigen Staatsbürger gestattet sei. Er wurde damals noch überwiegend
abgelehnt.

Eine bedeutsame Rolle hat das vermeintliche Recht auf Selbsthilfe gegen politische Schädlinge vor allem bei der Organisation Consul gespielt. Diese Geheimorganisation ist aus der Brigade des Kor-
vettenkapitäns Ehrhardt hervorgegangen, der innerhalb der Organisation den Decknamen Consul trug. Die Brigade hatte nach dem

Kapp-Putsch in Bayern Gastrecht erhalten und war hier als »Arbeitskommando« untergekommen. Die Offiziere schlossen sich zu dem Geheimbund O. C. zusammen, der über ganz Deutschland sich erstreckte und eine Oberleitung in München besaß. Die O. C. trieb unter der Decke hohe Politik und wurde ein Sammelbecken für alle Bestrebungen gegen den Bestand der demokratischen Republik. Sie übernahm insbesondere die Aufgabe, republikanische Staatsmänner gewaltsam zu beseitigen, um die Republik führerlos zu machen, die Arbeiterschaft durch politische Morde zu Gewalttätigkeiten zu reizen und dann mit Hilfe der Reichswehr die Militärdiktatur zu errichten. Ehrhardt selbst wollte, wie sein Deckname andeutete, der kommende Diktator sein. Das erste Opfer der Mordorganisation wurde Erzberger, der schon vor dem Kapp-Putsch nur durch Zufall dem Tod entgangen war. Die politische Hetze war gegen ihn unentwegt weitergegangen. Selbst im Reichstag hatte der deutschnationale Abgeordnete von Graefe am 4. Mai 1921 es als die besondere Aufgabe des Strafverfahrens gegen Erzberger bezeichnet, festzustellen, ob von den Summen, die er für die Kirche und politische Zwecke verwaltete, wie man teilweise in der Öffentlichkeit annehme, etwas in seinen Taschen geblieben sei.

Im Juli 1921 hatte Erzberger seine Rückkehr ins öffentliche Leben, aus dem er sich nach dem Helfferich-Prozeß zurückgezogen hatte, für den Herbst in Aussicht gestellt. Meineidsanzeige und Untersuchung wegen Steuerhinterziehung gegen ihn waren zusammengebrochen. Gleichwohl warnten ihn die Vorstände der Zentrumspartei, die Gegner seiner politischen Gedankengänge waren, ernstlich vor seinem Entschluß. Kaum war von Erzbergers Absicht etwas in die Öffentlichkeit gedrungen, ging sofort wieder die politische Hetze gegen ihn an. Am 17. August schrieb der »Miesbacher Anzeiger« in einem Aufsatz »Wirth und Lump«: »In der Presse taucht hartnäckig die Meldung immer wieder auf: Der Erzberger kommt, der Wirth ist besonders tätig für sein Wiederauftauchen. In der Schule des Biberacher Lumpen sind keine Männer herangewachsen. Die große Mehrheit des deutschen Volkes ist überzeugt, daß Erzberger ein bestochener Lump ist. Es gibt keinen Menschen in Deutschland, der die Wiederkunft dieses Schurken nicht als das größte Unglück in soviel Unglück betrachten würde. Der feistgefressene Lump, Urbild der schmutzigen Käuflichkeit. Niemand hat den Mut zu sagen, daß wir uns immer noch keinen ehrlosen Lumpen aufzwingen lassen«. Eine Woche später, am 26. August, wurde Erzberger auf dem Kniebis bei Griesbach im badischen Schwarzwald auf einem Spaziergang von zwei

Männern, die ihm seit Tagen aufgelauert hatten, überfallen und durch 12 Revolverschüsse getötet, sein Begleiter, der Zentrumsabgeordnete Diez, schwer verwundet. Als Täter wurden von der badischen Polizei alsbald die Mitglieder der O. C., Schulz und Tillesen aus München, festgestellt. Anstatt sie sofort zu verhaften, lud sie die Münchner Polizei schriftlich zu einer Vernehmung vor, so daß sie gemütlich abreisen konnten, bevor die badische Polizei in München eingetroffen war. Sie wurden später in Ungarn ermittelt, aber nicht ausgeliefert. In München konnte nur der Kapitänleutnant Manfred von Killinger, der ebenso wie Schulz und Tillesen der Oberleitung der O. C. angehörte, unter dem Verdacht verhaftet werden, den Tätern schon vor der Tat Beistand für die Zeit nach der Tat zugesagt zu haben. Die badische Polizei deckte erstmals die gefährliche O. C. auf. Der »Berliner Lokalanzeiger« brachte die Nachricht mit den Worten: »Jedes andere Volk würde solchen Verschwörern unbegrenztes Verständnis entgegenbringen.« Die »Pommersche Tagespost«, die führende Zeitung der Deutschnationalen in Pommern, begrüßte den Mord »mit einem gewissen Gefühl der Befreiung: Du wirst dem Lande nicht mehr schaden.« Der »Reichsbote« aber schrieb: »Durch Erzbergers Tod ist Deutschland vor einem Bürgerkrieg bewahrt worden.«

Bei der republikanischen Bevölkerung des Reiches aber rief die Kunde von der Ermordung Erzbergers ungeheure Aufregung und Entrüstung hervor. Die beiden sozialdemokratischen Parteien und die Gewerkschaften forderten von der Regierung die Anwendung aller staatlichen Mittel zur Bekämpfung der rechtsbolschewistischen Mordhetze. Die Reichsregierung erließ eine auf Art. 48 der Reichsverfassung gegründete Ausnahmeverordnung, in der das Verbot von Zeitungen und Zeitschriften bei Aufforderung zu Gewalttaten gegen Vertreter der republikanischen Staatsform, zu gewaltsamer Änderung oder Beseitigung der Verfassung, zum Ungehorsam gegen Gesetze oder Verordnungen oder bei Verherrlichung solcher Taten oder bei Verächtlichmachung verfassungsmäßiger Einrichtungen und Staatsorgane vorgesehen war. Ebenso konnten Vereinigungen, Versammlungen und Kundgebungen verboten werden, wenn die Besorgnis begründet war, daß in ihnen gleichartige Tendenzen zum Ausdruck kamen. Infolge des Widerstandes Bayerns wurde diese Verordnung bereits am 28. September durch eine mildere ersetzt und auch diese am 23. Dezember auf Verlangen des Reichstags wieder aufgehoben. Diese Lässigkeit in der Bekämpfung der Hetze gegen die Republik rächte sich schon in sehr kurzer Zeit.

Seit Jahren war der Sozialdemokrat Scheidemann in der Rechtspresse aufs übelste beschimpft und verleumdet worden. Sogar gegen
gekaufte Zeugen und gefälschte Urkunden, durch die er der schlimmsten Vergehen überführt werden sollte, mußte er sich in zahlreichen
Prozessen zur Wehr setzen. Man zieh ihn der Bestechlichkeit und
Begünstigung und streute wider besseres Wissen Gerüchte über seine
erworbenen Reichtümer, Schlösser und Villen aus. Als Scheidemann in
Kassel das Amt des Oberbürgermeisters übernahm, begrüßte ihn ein
deutschnationales Blatt mit den Worten: »Wir werden diesen Menschen
jeden Tag an den Pranger stellen.« Das Haus, in dem er wohnte, wurde
besudelt, mit groben Verleumdungen bemalt. Als er einmal mit seinen
Angehörigen von einer Reise zurückkehrte, fand er seine Wohnung so
vernagelt, daß er im Hotel nächtigen mußte. Während eines Aufent-
halts in Bad Kissingen wure er öffentlich dermaßen belästigt, daß er
gar nicht mehr zum Kurbrunnen ging. Schmutz- und Drohbriefe kamen
ihm täglich zu. Am 4. Juni 1922, dem ersten Pfingstfeiertag, wurde
im einsamen Habichtswald bei Wilhelmshöhe, wo Scheidemann mit
Tochter und Enkelin spazierenging, ein Überfall mit Blausäure auf
ihn verübt. Hinter einem Baum sprang plötzlich ein Mann hervor
und spritzte aus einer Röhrenspritze Scheidemann Blausäure ins Gesicht. Sie wirkte sofort, jedoch nicht tödlich, weil sie nicht die Schleim-
häute traf und von dem Schnurrbart abgehalten wurde. Aber Arme,
Beine und Hände verkrampften sich sofort, im Umsinken gab Scheidemann aus seiner Pistole noch zwei Schüsse ab. Darauf ergriffen der
Mordbube und sein Gefährte, der mit dem Revolver, um nachzuhel-
fen, hinter einem Baum bereitgestanden war, die Flucht. Scheidemann
war nur bewußtlos geworden und erholte sich bald wieder. Die Täter
Hustert und Oehlschläger gehörten der O. C. und dem »Deutschvölkischen Schutz- und Trutzbund« an. Sie wurden am 6. Dezember
1921 zu zehn Jahren Zuchthaus verurteilt. Die Rechtspresse aber
suchte den Vorfall ins Lächerliche zu ziehen. Die »Deutsche Tageszeitung« hatte die Meldung mit der Überschrift »Attentat mit der
Klistierspritze« usw. gebracht. Sie wies darauf hin, daß der Vorfall
neben der im wesentlichen komischen Seite, dem Attentat, auch eine
ernste habe, denn »hätte Scheidemann den dummen Jungen, der ihn
bespritzte, erschossen, so hätte er einen Totschlag auf dem Gewissen
für eine Angelegenheit, die wahrscheinlich nicht mehr als eine Tracht
Prügel oder ein paar Maulschellen verdient«. Andere Rechtszeitungen
hielten sich darüber auf, daß Scheidemann offenbar einen Waffen-
schein besitze. Die »Kreuz-Zeitung« schrieb: »Scheidemann wird also
wieder zu einer großen politischen Nummer. Glück muß der Mensch

haben.« Die deutschnationale »Schlesische Tagespost« bezeichnete Scheidemann gar als Revolverhelden, behauptete, er hüte das Zimmer nur, um sich interessant zu machen, und habe in eine Spaziergruppe von über 100 Menschen blindlings hineingeschossen. Mit diesen Schießübungen auf harmlose Bürger stelle sich Scheidemann auf die Stufe seines röteren kommunistischen Genossen Hölz.

Die Verlogenheit und Roheit dieser Äußerungen kann nicht entschuldigt werden durch die schlimme außenpolitische Lage, in der sich damals das deutsche Volk befand. Es litt unsäglich unter den Auswirkungen der von den Siegermächten durch das Londoner Ultimatum und die Drohung mit dem Einmarsch ins Ruhrgebiet erzwungenen Erfüllungspolitik. Deutschland sollte von der auf 132 Milliarden Goldmark festgesetzten Reparationsschuld jedes Jahr zwei Milliarden Goldmark, außerdem 26 Prozent vom Werte seiner Ausfuhr zahlen. Um diese Lasten zu tragen, hätte Deutschland seine Ausfuhr vom Jahre 1920 um das 5$^{1}/_{2}$fache steigern müssen, was offenbar ganz unmöglich war. Schon die Aufbringung der ersten Goldmilliarde hatte die deutsche Währung zerrüttet, den Kurs des Dollars in kurzer Zeit von 60 M auf über 300 M hinaufgetrieben. Gewaltige Vermehrung des Papiernotenumlaufs und schlimmste Teuerung waren die Folge. Nun ging die Regierung daran, zum Zwecke der Erfüllung des Londoner Ultimatums die Sachwerte zu erfassen. Zugunsten eines zu bildenden Reparationsfonds sollten 20 Prozent des ländlichen und städtischen Grundbesitzes, der gewerblichen und kaufmännischen Unternehmungen aller Art enteignet und eine Hypothek in dieser Höhe an die Reparationsgläubiger abgetreten werden. Ein anderer Plan ging dahin, die Leistungen des Reiches für Reparationszwecke durch eine Kredithilfe zu ermöglichen, die von Industrie und Gewerbe dem Reich gewährt werden sollte. Jeder einzelne Gewerbetreibende hätte mit seinem ganzen Vermögen für die Reparationsforderungen haftbar gemacht werden können. Das Ausland lehnte Kredit für Reparationszwecke unter Führung der Bank von England ab. Das Londoner Ultimatum war unerfüllbar, und jeder Versuch, es zu erfüllen, konnte nur dem Zweck dienen, die Reparationsgläubiger zuletzt von der Unerfüllbarkeit zu überzeugen. Der Weg zu diesem Ziel aber war mit der Vernichtung des deutschen Mittelstandes, mit Not und Elend des ganzen deutschen Volkes gepflastert. Die Erfüllungspolitiker mußten diesen Weg gehen, weil kein anderer übrigblieb. Im Gegensatz dazu verlangten die Deutschnationalen, mit der Erfüllungspolitik Schluß zu machen und aus den daraus entstehenden Folgen sich etwas »entwickeln« zu lassen. Was sie darunter verstanden, sprachen sie nicht aus, sie dachten wohl an den Krieg. Vorläufig begnügten sie sich, die Erfüllungspolitiker nach allen Regeln ihrer demagogischen Kunst als Vaterlandsverräter zu brandmarken. Am heftigsten wurde der Kampf geführt gegen den Außenminister Rathenau. Er war zuerst Gegner der Annahme des Londoner Ultimatums, hatte aber dann im Reichstag nach seiner Ernennung zum Minister erklärt: »Ich halte die Forderungen nur für erfüllbar, wenn wir entschlossen sind, uns in tiefe Not zu begeben, darauf kommt es an. Zwischen Nichterfüllen und Erfüllen liegt der Faktor der Not. Es gibt keine absolute Unerfüllbarkeit, denn es handelt sich lediglich darum, wie tief man ein Volk in Not geraten lassen darf.« Diese allzu akademische Betrachtung der Reparationsfrage wurde von der Rechten mit einer wilden Hetze beantwortet. In den »Konservativen Monats-Heften« schrieb der deutschnationale Reichstagsabgeordnete von Henning drohend, Rathenau habe durch Abschluß des Rapallo-Vertrags mit den Russen die Deutschen verletzt, und dies werde gesühnt werden. Der deutschnationale Reichstagsabgeordnete Wulle schrieb in seinem »Deutschen Tageblatt«, die Regierung sei in Wirklichkeit nur eine vom Deutschen Reich zwar bezahlte Angestellte der Entente, die deren Forderungen einfach zu erfüllen habe, sonst werde sie einfach brotlos gemacht. Die Landsknechte der Nationalen Verbände aber sangen: »Nieder mit dem Dr. Wirth, schlagt auf seinen Schädel, daß er klirrt«; »Knallt ab den Walther Rathenau, die gottverdammte Judensau.« Die »Reichsflagge«, eine deutschnationale Zeitung in Hamburg, setzte einen Preis von 500 M für eine Demokratenhymne aus, die also beginnen sollte: »Gott erhalte Ebert, Wirth und Scheidemann, Erzberger hat er schon erhalten.« In München hatte die Leitung der O. C. einem Besucher seelenruhig eröffnet, daß daß beste Mittel zur Förderung der Monarchie die Beseitigung linksgerichteter Führer sei, nach Erzberger kämen Scheidemann und Rathenau in Betracht. In Frankfurt am Main entwickelte der Bruder des Erzbergermörders Tillesen einem neugeworbenen Agenten der O. C. das politische Programm des Geheimbundes, das Ziel sei Monarchie ohne Wilhelm II., das beste Mittel dazu die Herausforderung der Arbeiterschaft zum Generalstreik. Er zeigte auf das Bild seines Bruders und sagte: »Mein Brüderchen hat das erste Schwein gekillt«. Am 23. Juni 1922 griff der deutschnationale Führer Helfferich im Reichstag die Regierung wegen der Erfüllungspolitik in einer ungewöhnlich scharfen Rede an und äußerte, eine Regierung, die ohne Ermächtigung des Reichstags wesentliche Bestandteile der deutschen Souveränität veräußere, gehöre vor den Staatsgerichtshof.

Am Tag darauf wurde Minister Rathenau, als er sich im Kraftwagen von seiner Wohnung im Grunewald ins Amt fahren ließ, von einem anderen Kraftwagen überholt und durch Schüsse aus einer Maschinenpistole und eine Handgranate getötet. Die Mörder Erwin Kern und Hermann Fischer sowie der Lenker des Kraftwagens, Ernst Techow, gehörten der O. C. an. Die Maschinenpistole stammte von dem Sekretär Ilsemann des Deutschvölkischen Schutz- und Trutzbundes in Schwerin, den Kraftwagen hatten die Industriellen Küchenmeister aus Freiberg in Sachsen, ebenfalls Mitglieder des Deutschvölkischen Schutz- und Trutzbundes, zur Verfügung gestellt. Die erste Anregung zur Mordtat hatte ein 17jähriger Gymnasiast Stubenrauch gegeben, im einzelnen hatte den Mordplan der angebliche Leutnant Wilhelm Günther ausgearbeitet, der Mitglied des »Bundes der Aufrechten«, des »Deutschbundes«, des »Deutschen Offiziersbundes« und des »Deutschnationalen Jugendbundes« war und mit Ludendorff, Jagow und Oberst Bauer in Briefwechsel stand. Der erst 16jährige Gymnasiast Hans Gerd Techow war ebenfalls in den Mordplan eingeweiht. Nach einer aufregenden Verfolgung durch die Polizei erschossen sich die Haupttäter Kern und Fischer am 18. Juli auf der Burg Saaleck. Dort haben ihnen die Nationalsozialisten nach der Machtergreifung einen Denkstein gesetzt. Die übrigen Beteiligten wurden zu schweren Zuchthaus- und Gefängnisstrafen verurteilt.

Als der Reichskanzler Wirth im Steuerausschuß des Reichstags von der Freveltat Mitteilung machte, entstand eine ungeheure Erregung, Helfferich wurde von den Abgeordneten der Linken beschimpft und bedroht. Die Reichsregierung erließ einen Aufruf an das deutsche Volk und bezeichnete die feige Mordtat als ein Glied in der Kette wohlvorbereiteter Anschläge auf die Republik. In der Vollversammlung des Reichstags hielt Dr. Wirth eine flammende Anklagerede gegen die politische Verhetzung durch die Rechtskreise in den letzten Jahren und schloß mit den Worten: »Da steht der Feind, der sein Gift in die Wunden eines Volkes einträufelt, und darüber ist kein Zweifel, dieser Feind steht rechts.« Tief erschüttert mußte Stresemann bekennen, daß er bisher die Behauptungen über das Vorhandensein von Mordorganisationen als Hirngespinst angesehen habe, jetzt aber diese Meinung nicht mehr aufrecht erhalten könne. Am 26. .uni erließ die Reichsregierung eine auf Art. 48 RV. gegründete Verordnung zum Schutze der Republik. Danach mußten auf Ersuchen des Reichsministeriums des Innern Versammlungen und Kundgebungen, die zur gesetzwidrigen Beseitigung der republikanischen Regierung des

Reiches oder eines Landes oder zu Gewalttaten gegen Regierungsmitglieder aufreizen könnten, verboten werden. Die öffentliche Verherrlichung oder Begünstigung von Gewalttaten, die Aufreizung zu solchen, die Beschimpfung der republikanischen Staatsform oder der Reichsfarben oder die Zugehörigkeit zu einer Verbindung mit dem Zweck, die republikanische Staatsform zu untergraben, wurden mit Gefängnis und Geldstrafen bedroht. In den folgenden Tagen wurde eine Reihe von Rechtsverbänden, wie der »Alldeutsche Verband« und der »Stahlhelm«, für aufgelöst erklärt. Augenblicklich rückten alle Parteien von der nichtswürdigen Mordtat ab. Noch einmal, zum letzten Male bäumte sich die deutsche Arbeiterschaft gegen ihre politischen Gegner in Massen auf. Überall im Reich wurde ein halbtägiger Proteststreik mit Riesendemonstrationen durchgeführt. Allein in Berlin nahmen über 700 000 Menschen an einer musterhaft durchgeführten Kundgebung im Westen teil. Die Spitzenorganisationen der Gewerkschaften forderten Verbot und strenge Bestrafung jeder monarchistischen und antirepublikanischen Agitation in Wort, Bild und Schrift, Säuberung der Regierungsstellen einschließlich der Gerichte und der Reichswehr von antirepublikanischen Elementen, Einsetzung eines außerordentlichen Gerichtshofs in Berlin zur Aburteilung des politischen Verbrechertums, Schaffung einer Vollzugsgewalt des Reiches, insbesondere einer Reichskriminalpolizei. Sie gelobten, vor keinem Widerstand zurückzuweichen, um diese Forderungen durchzusetzen.

Aber hinter den Gewerkschaften stand nicht mehr wie nach dem Kapp-Putsch der geschlossene Wille des deutschen Proletariats. Die Kommunisten lehnten eine Einheitsfront zur Erzwingung der gewerkschaftlichen Forderungen ab. Sie waren durch Zuzug aus der unabhängigen Partei erheblich stärker geworden und hofften, in Bälde die Führung der deutschen Arbeiterbewegung an sich zu reißen. Deshalb wollten sie nicht in einem »Einheitsbrei« aufgehen und schlugen eigene Wege ein. Bei den großen Demonstrationen der Arbeiterschaft wurden von ihnen Flugblätter mit heftigen Angriffen gegen die sozialdemokratischen Parteien verteilt. So lauerte hinter einem Generalstreik oder gar einem Kampf mit den Waffen die Furcht vor einem politischen Bruderkrieg oder der bolschewistischen Räterepublik mit dem schließlichen Sieg der Reaktion.

Das Bürgertum aber war nicht mehr gewillt, eine Nebenregierung der Gewerkschaften zu dulden. Wieder hatte der Aufmarsch der Arbeiter in ganz Deutschland zu schweren Ausschreitungen gegen rechtsstehende Teile des Volkes geführt. In Darmstadt wurde sogar die

Geschäftsstelle der Deutschen Volkspartei von einer wütenden Menge
gestürmt, die Abgeordneten Dingeldey und Dr. Osann schwer miß-
handelt. In Kassel, in Zwickau und an vielen anderen Orten hatte es
Tote gegeben. Bleiche Bolschewistenfurcht beschlich wieder die Reihen
des Bürgertums. Im Zentrum setzte sich immer mehr der nationale
Flügel unter Führung Stegerwalds durch, der sich auf die agrarischen
Kreise und Teile der christlichen Gewerkschaften stützte. Zentrum und
Demokraten lehnten den von der Sozialdemokratie vorgeschlagenen
Eintritt der unabhängigen Sozialdemokraten in die Reichsregierung
ab. Die von der demokratischen und der Zentrumspartei eingeleiteten Verhandlungen zur Erweiterung der Regierungsbasis durch die
Deutsche Volkspartei führten ebensowenig zum Ziel. Die Sozialdemokratie hielt daran fest, daß der Schutz der Republik in ihrer gefährlichen Lage nur einer entschieden republikanischen Partei anvertraut
werden könne. Die Deutsche Volkspartei gehörte nicht dazu. Sie wollte nach ihren eigenen Erklärungen an die Deutschnationalen nur die
Schrittmacherin einer neuen nationalen Politik in Deutschland werden. Als sich nun Mehrheitssozialdemokraten und USP im Reichstag
zu einer Arbeitsgemeinschaft zusammenschlossen, beantworteten
Zentrum, Demokraten und Deutsche Volkspartei diesen Schritt mit
der Gründung einer bürgerlichen Arbeitsgemeinschaft. Trotzdem kam
doch noch ein wirksames Gesetz zum Schutz der Republik zustande.
Es sah für die Zugehörigkeit zu einer geheimen Mordorganisation
die Todesstrafe, für Gewalttaten gegen die Republik schwere Freiheitsstrafen und die Errichtung eines Staatsgerichtshofs vor, der sich
aus zuverlässigen Republikanern zusammensetzen sollte. Am 18. Juli
wurde es im Reichstag mit verfassungsändernder Mehrheit gegen die
Stimmen der Deutschnationalen, der Bayerischen Volkspartei, des
Bayerischen Bauernbundes, einiger Mitglieder der Deutschen Volkspartei und der Kommunisten angenommen. Die Kommunisten sahen
voraus, daß sich das Gesetz zuletzt ausschließlich gegen sie und nicht
gegen die Rechte wenden würde. Sie hatten übrigens die Gründung
der Arbeitsgemeinschaft als schweren und hinterlistigen Schlag gegen
die Arbeiterklasse gebrandmarkt. Die Spitzenverbände der Gewerkschaften stellten resigniert fest, daß vorläufig nicht mehr zu erreichen
war, und stellten den Kampf um ihre viel weitergehenden Forderungen ein. So war an der Uneinigkeit der Arbeiterklasse und dem
Widerstand des Bürgertums die letzte Möglichkeit gescheitert, die Republik nachhaltig und für immer gegen ihre Todfeinde zu sichern. Die
Vereinigung der beiden sozialdemokratischen Parteien im Herbst
1922 kam um Jahre zu spät. Sie konnte an der zunehmenden poli-

tischen Einflußlosigkeit der deutschen Arbeiterklasse nichts mehr ändern.

Infolge des Verhaltens des Zentrums und der Demokraten gegenüber der Sozialdemokratie hatten sich die Deutschnationalen sehr rasch wieder von ihrem ersten Schrecken erholt. Bereits während der Beratung des Republikschutzgesetzes hielt ihr Mitglied Bazille aus Württemberg eine aufreizende Rede, in der er von einem sogenannten Gesetz der sogenannten Deutschen Republik sprach und die Verherrlichung des politischen Meuchelmordes im Alten Testament nachweisen wollte.

Als im Herbst die bürgerliche Arbeitsgemeinschaft abermals Verhandlungen über die Aufnahme der Deutschen Volkspartei in die Reichsregierung erzwang und die Sozialdemokratie »die große Koalition« wegen der Weigerung der Deutschen Volkspartei, die Mark zu stabilisieren, wiederum ablehnte, fiel das Ministerium Wirth. An der Spitze des neuen Kabinetts stand der Generaldirektor der Hamburg-Amerika-Linie, Dr. Cuno, an die Stelle der Sozialdemokratie trat die Bayerische Volkspartei. Demgegenüber war es ein schwacher Trost, daß durch Beschluß aller Parteien gegen die Stimmen der Deutschnationalen und Kommunisten die Amtsdauer des Reichspräsidenten Ebert bis 25. Juli 1925 verlängert worden war.

Immerhin gab es unter dem Eindruck des Rathenaumordes Auseinandersetzungen in der Deutschnationalen Partei. Der Abgeordnete Henning wurde wegen seiner radikalen deutsch-völkischen Betätigung ausgeschlossen, v. Graefe und Wulle schlossen sich ihm an. Sie bildeten die Vorläufer der Nationalsozialisten im Parlament. Wegen des Widerstandes seiner Fraktion gegen das Republikschutzgesetz trat der deutschnationale Jurist Dr. Düringer zur Deutschen Volkspartei über. Während aber in Norddeutschland die Rechtskreise sich vorerst dem Republikschutzgesetz fügten und die Auflösung einer Reihe nationalistischer Verbände außerordentlich ruhig hinnahmen, fühlte sich Bayern, die zweite Heimat der O. C. und der Tummel- und Sammelplatz aller Republikgegner, durch das Republikschutzgesetz in seinen Zuständigkeitsrechten verletzt und leistete erbitterten Widerstand.

Ordnungszelle Bayern

Bayern wurde das Schicksal der deutschen Republik. Diese Rolle ist ihm nicht von ungefähr zugefallen. Die Gegner der Ordnung von Weimar fanden in Bayern einen wohlvorbereiteten Boden vor, in den nur die Saat zu senken war. Geographische Lage und Geschichte wiesen dem bayerischen Stamm eine Sonderstellung zu. Die bayerische Donau ist der einzige deutsche Strom, der nicht nach Deutschland hinein, sondern aus ihm hinaus nach Osten fließt. Aber die Aufgabe, Vermittler der deutschen Kultur nach dem Osten zu sein, wurde nur einer Minderheit des bayerischen Stammes zuteil. Gerade zur Schwächung des Stammesherzogtums Bayern wurde die Grenzmark Österreich früh losgetrennt, das eigentliche Bayern auf sich selbst beschränkt und dadurch zu unfruchtbarer Auflehnung gegen dieses Schicksal verurteilt. Kein deutscher Stamm hat mit solcher Zähigkeit und mit solchem Mißerfolg um selbständige politische Geltung und Gestaltung gerungen. Fränkische und sächsische Kaiser, Luxemburger und Habsburger haben Bayern immer wieder gedemütigt und niedergeworfen. Früh schon nahm es gegen seine deutschen Bedränger die Hilfe des Auslands an. Vor dem Untergang als Staat wurde es durch Friedrich den Großen gerettet. Seine Anreicherung mit fränkischen und schwäbischen Landesteilen verdankt es Napoleon. Im 19. Jahrhundert ist der Versuch Bayerns, neben Österreich und Preußen die Rolle einer dritten Großmacht zu spielen, gescheitert. Es mußte sich unter die Vorherrschaft Preußens begeben, bedang sich aber wichtige Sonderrechte aus. Im letzten Jahrzehnt vor dem Weltkrieg schien seine Verschmelzung mit Preußen-Deutschland vollendet. Die lange Dauer und die unerhörten Blutopfer des Krieges riefen zuletzt wieder eine reichsfeindliche Stimmung hervor. Selbst der erste republikanische Ministerpräsident Eisner hat ihr Rechnung getragen. Bayerns Sonderstellung lag auch in wirtschaftlichen Verhältnissen und Stammeseigenheiten begründet. Südbayern blieb im Zeitalter des Industriekapitalismus, was es immer gewesen war, ein Land des mittleren Bauerntums. Die Ansiedlung von Industrie wurde aus parteipolitischen Gründen verhindert. Man wollte keine roten Flecken in den schwarzen Wahlkreisen. Die Städte in Altbayern blieben klein und waren fast nur Märkte für die Bauernschaft. Die Abhängigkeit vom bäuerlichen Hinterland fesselte sie ans fürstliche Territorium, verhinderte die Reichsunmittelbarkeit, wie sie in Schwaben und Franken gedieh. Der bayerische Bauer ist nie staatsfromm, sondern höchstens untertänig gewesen, er hat den Beamten immer nur als Kostgänger und lästigen Steuerboten betrachtet. Die Zwangswirtschaft in der Kriegs- und Nachkriegszeit brachte ihn außer Rand und Band. Eine bolsche- wistische Herrschaft vollends, die ihm als organisierter Mord und Brand und Kirchenraub geschildert wurde, mußte bei der Einödshof- siedlung als ärgster der Greuel erscheinen. Durch die Ereignisse wäh- rend der bayerischen Räterepublik wurde die Bolschewistenfurcht der Bauern und Bürger genährt. Verschmitzte Politiker verstanden es, das übrige Reich, besonders Berlin, als bolschewistisch verseucht und jede Maßnahme des Reiches, besonders auf steuerlichem Gebiet, als verkappten Bolschewismus hinzustellen. Das war besonders leicht bei einer Bevölkerung, die mißtrauisch gegen jede Neuerung und gewöhnt war, weniger mit dem Verstand zu prüfen, als sich den Wallungen des Gefühls zu überlassen. Sie hatte nicht die Gabe, das Unvermeid- liche mit Spott zu tragen, sondern sie schimpfte über alles in tiefem Groll. Ehrfurcht vor irgendwelchen Gewalten, vielleicht von der Geistlichkeit abgesehen, kannte sie nicht. Politisch war sie wenig be- gabt. Ihre meisten Politiker hat sie von auswärts bezogen und sich von ihnen nicht selten mißbrauchen lassen. Wer ihr nach dem Munde redete, wer am meisten schimpfen konnte, riß sie gewöhnlich mit. Solche Eigentümlichkeiten erklären es, daß diese vielleicht am stärk- sten freiheitlich und demokratisch eingestellte Bevölkerung des Deut- schen Reiches am meisten zum Untergang der deutschen Demokratie beigetragen hat.

Die reichs- und republikfeindliche Haltung Bayerns seit 1920 be- ruhte auf zwei politischen Strömungen, die mineinander um die Herr- schaft rangen. Die eine strebte eine größere Selbständigkeit Bayerns innerhalb des Deutschen Reiches und die Wittelsbacher Monarchie, er- forderlichenfalls sogar die vorübergehende Trennung Bayerns vom Reich an. Die andere war ein kräftiger Ableger der norddeutschen schwarz-weiß-roten, vor allem der militärischen Reaktion. Die weiß-blaue Richtung kündigte sich schon am Schluß des Weltkriegs an. Damals, im Herbst 1918, weigerte sich das bayerische Zentrum unter Führung Dr. Heims, einer Entschließung über die bedingungs- lose Treue Bayerns zum Reich zuzustimmen. Nach der Revolution schlug der Zentrumsabgeordnete Osel dem Ministerpräsidenten Eisner vor, einen Sonderfrieden mit Frankreich abzuschließen und mit sei- ner Erlaubnis zusammen mit Tirol und anderen Teilen Österreichs einen selbständigen bayerischen Staat außerhalb des Deutschen Reichs zu gründen. Ähnliche Gedanken, nur nicht in so bestimmter Form, sprach im Dezember 1918 auch der Bauernführer Dr. Heim, der

Gründer der Bayerischen Volkspartei, aus. Er verfocht insbesondere die Forderung, für den Fall einer Bolschewisierung des deutschen Nordens Bayern vom Reich abzukapseln und vorübergehend als selbständigen bürgerlichen Rechtsstaat einzurichten. Solche Bestrebungen lagen durchaus im Sinn der französischen Politik. In dem Vorentwurf eines Friedensvertrags, den der französische Botschafter Jusserand in Washington dem amerikanischen Präsidenten im November 1918 überreichte, findet sich der Satz: »Wir [die alliierten Mächte] sind daran interessiert, den Föderalismus zu begünstigen und die Kundgebungen deutscher Uneinigkeit zu fördern.« So wurde Dr. Heim, der im Frühjahr 1919 in der angemaßten Rolle eines bayerischen Außenministers mit dem französischen General Desticker in Luxemburg verhandelte, von den alliierten Mächten nicht etwa zurückgewiesen, sondern seine Anregungen wurden sogar dem Hohen Rat unterbreitet und von diesem für den Fall der Nichtannahme des Versailler Vertrags durch Deutschland zurückgestellt. Dr. Heim hat aber auch später mit den Franzosen und mit den rheinischen Separatisten noch Verhandlungen geführt. Er stimmte in der Nationalversammlung gegen die Weimarer Verfassung und setzte auf dem Landesparteitag der Bayerischen Volkspartei vom 9. Januar 1920 die Trennung von der Zentrumspartei durch. Auf seinen Antrag gab sich die Bayerische Volkspartei in Bamberg ein neues Programm, in dem für Bayern insbesondere das Recht gefordert war, mit auswärtigen Staaten Verträge abzuschließen und seine Staatsform nach Gutdünken zu bestimmen, d. h. die Monarchie in Bayern wieder einzuführen. Durch die Verwirklichung des ersten Programmpunkts wäre der staatsrechtliche Zustand des Deutschen Reiches wieder in die Zeit nach dem Dreißigjährigen Krieg zurückversetzt worden. Das Bamberger Programm kam offensichtlich französischen Wünschen entgegen. Nach einem Ausspruch des französischen Ministerpräsidenten Millerand in der französischen Kammer wünschte Frankreich in Deustchland keine preußische Hegemonie, deren Triumph beinahe das Totengeläute der Zivilisation und der Ruin Deutschlands gewesen wäre. Aus diesem Grund hat die französische Regierung unter Berufung auf den Versailler Vertrag, aber in Gegensatz zu den Bestimmungen der Weimarer Verfassung nach München einen eigenen französischen Gesandten geschickt. Nicht nur in Verschwörerkreisen, sondern auch in der Presse der Bayerischen Volkspartei wurden auch in den Jahren 1921/1922 noch die wirtschaftlichen und politischen Möglichkeiten erörtert, Bayern unter dem wirtschaftlichen Protektorat der Entente, insbesondere durch Kohlen- und Zuckerlieferungen aus der Tschechoslowakei, als unabhängigen Staat zu begründen. Wenn diese Pläne nie verwirklicht worden sind, so hat der Umstand dazu beigetragen, daß der Vatikan in dem Streit zwischen dem Unitaristen Erzberger und dem Separatisten Dr. Heim auf die Seite Erzbergers getreten ist.

Die schwarz-weiß-rote Richtung innerhalb der bayerischen Reaktion wollte von Bayern aus und mit Bayern das Reich in die Zange nehmen. Sie erlangte in Bayern erst größeren Einfluß, als hier im Gegensatz zum übrigen Reich der Kapp—Putsch teilweise erfolgreich war. Bis zum 13. März 1920 regierte in Bayern ein von der Bayerischen Volkspartei, der Sozialdemokratie und den Demokraten gebildetes Koalitionsministerium. Ministerpräsident war der pfälzische sozialdemokratische Lehrer Hoffmann, beim politischen Katholizismus besonders verhaßt wegen seiner freiheitlichen Kulturpolitik. Die Stellung der bayerischen Sozialdemokratie in der Regierung war seit der Niederwerfung der Räterepublik erschüttert. Bürgertum und Militär hätten am liebsten schon im Mai 1919 mit den Ergebnissen der Revolution reinen Tisch gemacht und die Sozialdemokratie mit Gewalt aus der Regierung verdrängt. Sie blieb noch, aber sie wurde in zunehmendem Maße zur Einflußlosigkeit verurteilt. Die wichtigsten Staatsämter waren immer noch mit reaktionären monarchistischen Beamten besetzt. Der sozialdemokratische Innenminister Endreß vertraute ihnen blindlings und schenkte den ständigen Warnungen seiner Münchner Parteifreunde kein Gehör. Trotz ihrer Beschwörungen hatte er den wichtigen Posten des Münchner Polizeipräsidenten mit dem durch und durch reaktionären monarchistischen Scharfmacher Pöhner besetzt. Unter seiner Duldung entwickelte sich die bayerische Einwohnerwehr aus einer harmlosen bürgerlichen Selbstschutztruppe zu einer militärisch aufgezogenen staatsgefährdenden Organisation. Er ließ es geschehen, daß der ehrgeizige Forstmeister Escherich von Isen die örtlichen Wehren zu Gauverbänden zusammenschloß und ihnen in der Landesleitung eine selbständige Spitze gab. Er stimmte zu, daß diese Wehr, die bis dahin den örtlichen Staatsbehörden unterstanden war, sich als eigener Verein auftat und die staatlichen Unterstützungen zum Ausbau ihres militärischen Machtapparats, zur Anstellung zahlreicher Offiziere benützte. Schon damals wurden von ihr Waffen auf Vorrat gehamstert. Auf dem Höhepunkt ihrer Macht zählte sie über $^1/_2$ Million Gewehre, Tausende von Maschinengewehren und Hunderte von Geschützen. Die Mitglieder gehörten überwiegend der Bauernschaft und dem Kleinbürgertum an. Unabhängige sozialdemokratische Arbeiter wurden grundsätzlich ferngehalten, Mehrheitssozialdemokraten mit Mißtrauen betrachtet. Besaß in einer Einwohnerwehrgruppe die organisierte Arbeiterschaft die Mehrheit, so wurde die Gruppe unter Vorwänden aufgelöst. Die Einwohnerwehr sollte politisch neutral und nur eine Organisation zum Schutze der verfassungsmäßigen Regierung sein. Schon bei der ersten Probe, beim Kapp—Putsch, versagte sie.

Einige Tage vor dem 13. März 1920 wurden dem bayerischen Innenminister Endreß Mitteilungen über verdächtige Vorbereitungen bei der Einwohnerwehr gemacht. Der kleine bayerische Noske, der als Mitglied der fränkischen Sozialdemokratie auf die Münchner auf Grund alter Eifersüchteleien und wegen der Münchner Räteregierung ohnehin schlecht zu sprechen war, schlug die Warnungen in den Wind. Als am 13. März früh die ersten Meldungen über die Vorgänge in Berlin eintrafen, machte sich in Teilen der bayerischen Reichswehr Unruhe bemerkbar. Einer der reaktionärsten Offiziere, Hauptmann Röhm, ließ bei seinem Truppenteil sofort die schwarz-weiß-rote Fahne hissen, die Einwohnerwehr wurde aufgerufen, die Zeitfreiwilligen rückten ein. Die bayerische Regierung erließ aber zusammen mit dem Oberbefehlshaber der bayerischen Reichswehr, General von Möhl, eine scharfe Bekanntmachung, in der gegen jede Verfassungswidrigkeit nachdrücklich Stellung genommen und Treue zur verfassungsmäßigen Reichsregierung angekündigt war. Eine solche Haltung Bayerns paßte den reaktionären Treibern bei der Reichswehr nicht in den Kram. Sie bemerkten, daß für den 14. März von der bayerischen Regierung eine große Versammlung der USP im Zirkus Krone, in der Abgeordneter Curt Geyer aus Sachsen sprechen sollte, genehmigt worden war. Dieser Umstand mußte ihnen dazu dienen, die Gefahr eines bolschewistischen Aufstandes heraufzubeschwören und dadurch die Erregung zu steigern. Am Abend des 13. März entsandten die verschiedenen Truppenverbände, insbesondere die Zeitfreiwilligen, eine Abordnung zur Landesleitung der Einwohnerwehr und ersuchten sie, ihre Forderung, daß General Möhl die vollziehende Gewalt in Bayern übernehme, wirksam zu unterstützen. Escherich holte sich die Erlaubnis des Präsidenten der oberbayerischen Kreisregierung, Herrn von Kahr. Dieser alte monarchistische Beamte, ein verschlagener und ehrgeiziger, aber wenig entschlußkräftiger Mann, hatte in den letzten Monaten hinter dem Rücken seines sozialdemokratischen Innenministers in Studentenkreisen eifrig für die Wiederherstellung der bayerischen Monarchie gewirkt und nähere Beziehungen auch zum Bauerndoktor Heim angeknüpft. Ohne Bedenken stimmte er jetzt dem geplanten Schritt zu, ebenso wie der Polizeipräsident Pöhner, der ebenfalls um Unterstützung angegangen worden war. Kahr, Escherich mit seinem Stabschef, Oberstleutnant Kriebel und Pöhner begaben sich nunmehr als Führer der Truppenabordnungen zum General von Möhl. Dieser erklärte sich bereit, den Ministerpräsidenten um die Übertragung der vollziehenden Gewalt zu ersuchen. Er ging an der Spitze der Abordnung ins Außenministerium und verlangte von dem überraschten Ministerpräsidenten Hoffmann die Übertragung der Vollzugsgewalt, widrigenfalls er angesichts der Erregung der Truppen für die Sicherheit, ja für das Leben der Minister nicht mehr garantieren könne. Das Vorzimmer war mit schwerbewaffneten Zeitfreiwilligen überfüllt, die eine drohende Sprache führten und zur raschen Entscheidung drängten. Hoffmann berief den Ministerrat zusammen, er wollte der Gewalt nicht weichen, sondern sich lieber ein paar Tage verhaften lassen, bis der Putsch zusammengebrochen sei. Aber er blieb mit seiner Meinung allein, auch die sozialdemokratischen Minister ließen ihn im Ministerrat im Stich. Sie wollten ein Blutbad vermeiden und stimmten dem Vorschlag des demokratischen Justizministers Dr. Müller-Meiningen zu, den Forderungen der Zeitfreiwilligen durch Übertragung der Vollzugsgewalt für München an General Möhl unter Ernennung Kahrs zu seinem Zivilkommissar entgegenzukommen. Darauf trat Hoffmann als Ministerpräsident zurück, die übrigen Minister schlossen sich nach langen Verhandlungen diesem Schritt an. Der Ausgang dieses Ministerrats ist das Verhängnis für die weitere politische Entwicklung Bayerns geworden. Mit ihm schied die bayerische Sozialdemokratie für immer aus der Regierung aus und überließ den Feinden der Demokratie und der Arbeiterschaft freiwillig das Feld. Damit erbrachte sie dem Bürgertum den Beweis, daß ohne, ja sogar gegen die Sozialdemokratie regiert werden könne. Sie ermöglichte der Bayerischen Volkspartei das verwerfliche Doppelspiel, sich in Bayern mit der äußersten Rechten, im Reich mit der bürgerlichen Mitte zusammenzutun. Sie wurde mitschuldig daran, daß Bayern in den Mittelpunkt der deutschen Politik rückte und zum Sammel- und Aufmarschgelände der gesamtdeutschen Reaktion werden konnte. Neben der unheilvollen französischen Außenpolitik hat nichts so sehr zum Sturz der deutschen Republik beigetragen wie die bayerische Sonderpolitik. Bayern wurde der »Ordnungsstaat«, auf den die ganze deutsche Reaktion mit Neid blickte, die Ordnungszelle, in der jede Verunglimpfung des Weimarer Systems gestattet war, das gelobte Land der Deutschnationalen und der Vorhimmel des Dritten Reichs.

Nach Rücktritt der Regierung Hoffmann wurde Bayern einige Ta-

ge von den Zeitfreiwilligen beherrscht. Erst am 16. März wählte der
Landtag infolge der jämmerlichen und folgenschweren Haltung der
bayerischen Demokraten mit einer einzigen Stimme Mehrheit den
Ministerpräsidenten Kahr. Dr. Heim, in dessen Einvernehmen Kahr
in diesen Tagen gehandelt hatte, wurde von den Zeitfreiwilligen
wegen seiner französischen Neigungen abgelehnt. Die Einwohnerwehr
hatte sich in dem Streit zwischen Regierung und Zeitfreiwilligen einfach neutral erklärt. Die sozialsitischen Parteien hatten den Generalstreik ausgerufen, er wurde am 17. März abgebrochen. Die erste Regierung Kahr stellte sich nach dem verlorenen Kapp-Putsch als Ministerium der Verfassung vor. Als Folge der Neuwahlen im Juni, die
auch der bayerischen Sozialdemokratie eine schwere Niederlage brachten, kam eine Regierung Kahr zustande, in der ein Deutschnationaler, Dr. Roth, das Justizministerium erhielt. Das Dreigestirn Kahr,
Roth und Pöhner leuchtete fortan über allen dunklen Wegen der
bayerischen Sonderpolitik. Diese Männer und ihre Gehilfen haben in
den nächsten Jahren des Unheils alle die Ursachen mitgeschaffen, die
schließlich den Untergang der Demokratie herbeiführen mußten. Sie
haben durch die Verschleierung der Fememorde das Rechtsgewissen
getötet, durch die Züchtung bewaffneter militärischer Verbände den
Grund zum Bandenstaat gelegt und durch Duldung der rohesten Beschimpfungen des politischen Gegners und der gemeinsten politischen
Gewalttaten der politischen Freiheit den Todesstoß versetzt. Die bürgerliche Presse Bayerns stand ihnen mit wenigen Ausnahmen dienst-
willig bei. Außer der vom Hugenbergkonzern beherrschten »Münchner Zeitung«, die besonders vom Kleinbürgertum und von der Arbeiterschaft gelesen wurde, haben sich bei der Vergiftung der öffentlichen Meinung der damalige Hauptschriftleiter der »Münchner Neuesten Nachrichten«, der später gründlich bekehrte Dr. Gerlich, und die
»Süddeutschen Monatshefte« mit ihrem Herausgeber, Professor Cossmann, hervorgetan. Der eine hat das Schlagwort vom »bösen Marxismus« geprägt und die freie Arbeiterbewegung jahrelang böswillig
besudelt und verleumdet, der letztere hat sogar der Dolchstoßlüge ein
wissenschaftliches Mäntelchen umzuhängen versucht. Das Ergebnis
ihrer volksverhetzenden Tätigkeit ist schließlich nicht dem Bürgertum,
sondern den wildesten Schreiern im antimarxistischen Lager, den Nationalsozialisten, zugute gekommen.

Die Deutschnationalen in Bayern legten es besonders darauf an,
das Land in immer stärkeren Gegensatz zum Reich zu bringen. Was
im Reich verboten war, wurde in Bayern erlaubt. Die Kapp-Putschisten
richteten sich samt ihren Organisationen häuslich in Bayern ein.

Ludendorff, später auch Tirpitz, nahmen in München ihren Sitz. Jagow, Pabst, Ehrhardt und andere steckbrieflich verfolgte politische Übeltäter gingen bei bayerischen Behörden, insbesondere in der Münchner Polizeidirektion, unangefochten aus und ein. Der Polizeipräsident Pöhner stellte den politischen Verschwörern falsche Pässe aus. Ihre Organisationen wurden in Arbeitskommandos zusammengefaßt und selbst in staatlichen Werkstätten, wie jenen der Landespolizei, zur Beschäftigung herangezogen. Unter kaufmännischen Decknamen, wie »Torfgesellschaft Alpenland«, »Holzverwertungsgesellschaft«, »Wirtschaftsaufbau« usw., wurde ihre unterirdische politische Tätigkeit erlaubt. Die Offiziere der Marinebrigaden konnten sich unbekümmert zum Geheimbund O. C. zusammenschließen. Die führenden Kappisten hielten Zusammenkünfte ab und wurden auf den Schlössern des Oberlandes durch bewaffnete Mannschaften vor Überraschungen geschützt. Die im Reich aufgelösten Freikorps, wie »Oberland«, bestanden in Bayern unter dem Namen von »Bünden« fort. Alle diese Organisationen arbeiteten aufs engste mit der bayerischen Reichswehr zusammen. Wie hier die Strömung war, zeigt die Tatsache, daß jenen Soldaten, die beim Kapp-Putsch zur verfassungsmäßigen Reichsregierung gestanden hatten, im Militärpaß der Vermerk angebracht wurde: »Führung sehr gut, außer in den Kapp-Tagen«. Aber alle diese Verbände steckten sich politische Ziele weit über Bayern hinaus. Escherich gründete als Spitzenorganisation aller Selbstschutzverbände des ganzen Reichs die Orgesch und richtete überall Ortsverbände, Kreisleitungen, Povinzialleitungen, Landes— und Gruppenleitungen für sie ein. Sein Stellvertreter, der Geometer Kanzler aus Rosenheim, der eigentliche Gründer der bayerischen Einwohnerwehr, wurde Oberbefehlshaber der Orka, die nach Tirol hinübergriff und mit Hilfe der Brigade Ehrhardt den Anschluß Österreichs an Bayern mit Gewalt durchsetzen wollte. Große Waffensendungen gingen in die Tiroler Klöster und Schlösser, bis nach Ungarn hinunter wurden Waffen verschoben und mit ungarischen Verbänden Beziehungen angeknüpft. In den Verbänden traten mehr und mehr die reaktionären preußischen Offiziere, meist mit Adelsnamen, hervor, die sich in Bayern angesiedelt hatten und jetzt als »Urbayern« die bayerischen Bauern gegen Berlin aufhetzten zur Verteidigung bayerischer Eigenart.

Seit der Räterepublik wurde Bayern mit dem Ausnahmezustand regiert. Am meisten hatten die sozialistischen Parteien darunter zu leiden, selbst Betriebsräteversammlungen wurden genehmigungspflichtig gemacht. Die Schutzhaft wurde ausschließlich über Linksstehende, sogar über Frauen verhängt. Ostjuden und linksstehende Arbeiter fremder Staatsangehörigkeit wurden, auch wenn sie in Bayern geboren waren, rücksichtslos ausgewiesen. Der Fremdenverkehr war aufs äußerste erschwert. Für die Einreise nach Bayern wurde eine besondere bayerische Genehmigung eingeführt, Fremde wurden nachts aus den Betten geholt, auf die Polizei geschleppt und, wenn sie die besondere bayerische Einreiseerlaubnis nicht besaßen, erbarmungslos eingesperrt. Die meisten politischen Straftaten kamen vor besondere Volksgerichte, deren Rechtsgültigkeit heftig umstritten war. Das Verfahren vor ihnen war von den Förmlichkeiten des ordentlichen Strafverfahrens befreit, Eröffnung des Hauptverfahrens fand nicht statt, ein Rechtsmittel gegen das Urteil war nicht gegeben, Todesurteile waren innerhalb 24 Stunden zu vollstrecken. Es war mit zwei Berufsrichtern und drei Laien besetzt, sie wurden nicht ausgelost, sondern ernannt. Die bayerischen Volksgerichte sind durch die barbarischen Urteile gegen Linksstehende und die zahlreichen Fehlsprüche berüchtigt geworden. Auf Verlangen der bedeutendsten Rechtslehrer hat die Reichsregierung später durch ein eigenes Gesetz die Wiederaufnahme des Verfahrens gegen Urteile der bayerischen Volksgerichte eingeführt.

Unter Duldung der bayerischen Regierung erlaubte sich die reaktionäre Presse eine Sprache gegen Reich und Verfassung, die bis dahin unerhört war. Sie pflegte nur noch von einer »Judenrepublik«, »Schieber- und Gaunerrepublik«, »Banknotenfälscherrepublik«, von einem »Regierungsbordell in Berlin« zu schreiben. Die Mitglieder der Reichsregierung wurden als »internationale Lumpen«, als »Reichsverbrecher«, die »Berliner Regierungsbeschnittenen«, der Reichskanzler als »Quasselkanzler« beschimpft, Erzberger als »politische Erzhure von Buttenhausen« bezeichnet, der Reichswehrminister Geßler des »langen Noske putzhadernglitschiger Nachfolger« genannt. Ein Aufsatz beginnt mit den Worten:»Der Reichswirth, nicht der Schnapsler Ebert, sondern der Reichskanzler Wirth ... « Einmal kündigte man eine nationale Revolution folgendermaßen an: »Ochsenfiesel gibt es grad gnua, das Messerwetzen wird net guat zu verhindern sein, wenn Säue gestochen werden, hat sich bei uns alleweil schon alles gefreut.« Der »Miesbacher Anzeiger« erließ einen »Funkspruch an alle Sau- und Regierungsjuden an der Panke, Piese, Dosse und an der dreckigen Spree: Unser gesamtes Volk verachtet Euch und Eure Gesetze, es soll nur so ein Jude kommen und uns entwaffnen wollen – den schlagen wir, daß er in keinen Sarg mehr hineinpaßt.« Die Ankündigung des Reiches über notwendige Maßnahmen gegen Bayern wird mit folgenden Worten begrüßt: »Wir tun Euch kund und zu wissen, daß für Eure Machtsprüche Bayern kein Geltungsgebiet ist. Unser gesamtes Volk verachtet Euch und Eure Befehle und Eure Gesetze. In unserem Lande ist Euer schwarz—rot—gelber Weimarer Putzhader, Euer demokratischer Schadenfetzen nicht in Geltung. Wollt Ihr's darauf ankommen lassen, dann kommt nur selber herunter und hernach werden wir ja sehen, ob uns die beschnittenen Eunuchen der Entente Gewalt antun können.« Die zahlreichen politischen Mordtaten in Bayern werden in diesen unsäglich rohen Worten gerühmt: »Wir pfeifen auf Paragraphen. In München haben wir mit der Hinrichtung Eisners und der Prügelstrafe gegen Magnus Hirschfeld den Beweis geliefert, daß es uns nicht an Temperament fehlt und daß die Berliner dankbar anerkennen müssen, daß wir ihnen den Landauer durchgetan haben. Immerhin war das nur das Vorspiel zu größeren Kuren, die wir uns für den Fall gelobt haben, daß sich die Beschnittenen noch einmal mausig machen. Dann geht's aus dem Vollen.« Dem Führer der USP, Breitscheid, wird angedroht, daß kein Galgen hoch genug sein kann, »wo Du Kreatur von Mensch baumeln wirst. Desgleichen wird es dem Juden Bernstein ergehen«. Es ist in Bayern nicht nur bei Worten geblieben. Politische Versammlungen von Demokraten und Pazifisten wurden mit Waffengewalt gesprengt. Linksgerichtete Politiker wie der Münchner Rechtsanwalt Alwin Sänger wurden auf der Straße verprügelt, Auer und Johannes Timm, der Vorsitzende der sozialdemokratischen Landtagsfraktion, am Leben bedroht und verfolgt, Juden auf der Straße mißhandelt, die Synagoge wurde mit Hakenkreuzen verschmiert. Die zahlreichen politischen Morde sind im vorigen Abschnitt erwähnt. Der »Badische Staatsanzeiger« schrieb über das München der Kahr und Pöhner, daß ein nicht unerheblicher Bruchteil der Bevölkerung eine Roheit des Fühlens und Denkens an den Tag lege, »daß die Aschantineger im Vergleich damit als Zivilisationsträger erscheinen müssen«.

Zum ersten schweren Zusammenstoß zwischen Bayern und Reich kam es wegen der Auflösung und Entwaffnung der Einwohnerwehr. Die interalliierte Kontrollkommission hatte schon am 12. März 1920 die Auflösung der Einwohnerwehren in Deutschland bis 10. April 1920 gefordert. Infolge der Kapp—Wirren wurden die Länder erst am 8. April ersucht, die Ausführung des Verlangens der Entente in die Wege zu leiten. Während man sich in den meisten deutschen Ländern notgezwungen fügte, kam es in Bayern zu erheblichem Widerstand. Das Reich suchte zunächst Bayern zu Hilfe zu kommen. In einer deutschen Note vom 17. April wurde ausdrücklich der militärische Charakter der Einwohnerwehren bestritten. Allein in der Antwort vom 23. Juni blieb die Entente auf ihrer Forderung bestehen, und in der Konferenz von Spa wurde die Entwaffnung aller Selbstschutzverbände unter der Drohung der sofortigen Besetzung des Ruhrgebiets verlangt. Die Bemühungen Bayerns, durch englische Vermittlung eine Sonderbehandlung der bayerischen Einwohnerwehren zu erreichen, hatten keinen Erfolg. Trotzdem wollte der bayerische Ministerpräsident Kahr stehen und fallen mit der Einwohnerwehr. Er besaß nicht einmal die staatsmännische Klugheit, wenigstens die bewaffneten Aufzüge der Wehren zu verhindern. So ließ er beim Oktoberfest 1920 auf dem Königsplatz in München an die 60 000 Einwohnerwehrleute mit Gewehren aufmarschieren und sie schwören, sich nie und nimmer auflösen zu lassen. Diese Kundgebung brachte die Staatsmänner der Entente erst recht gegen Deutschland auf. Vergebens teilte die Reichsregierung am 9. Dezember 1920 der Entente mit, daß die bayerische Einwohnerwehr erst nach genügender Entwaffnung der linksradikalen staatsfeindlichen Elemente abgerüstet werden könne. Die interalliierte Konferenz von Paris drohte am 29. Januar 1921 für den Fall der Nichtdurchführung der Entwaffnungsbestimmungen wiederum die Besetzung weiterer deutscher Gebiete durch alliierte Truppen an. Wiederum fanden langwierige Verhandlungen zwischen Reich und Bayern über die Entwaffnung der Einwohnerwehren statt. Auf einer großen Einwohnerwehrkundgebung in Kempten wurde eine Entschließung gefaßt, daß Hunderttausende von entschlossenen Männern nicht gewillt seien, sich unterkriegen zu lassen. Escherich erklärte, daß er der Gewalt nicht weichen werde, und verlangte von jedermann, sich fester an ihn zu schließen. Er rühmte sich, daß die Einwohnerwehr stark genug sei, um jeder bayerischen Regierung ihren Willen aufzuzwingen. Auf das in der Presse verzeichnete Gerücht, daß allenfalls preußische Sicherheitspolizei die Entwaffnung in Bayern durchführen würde, erwiderte er, er empfehle jedermann, der in solcher Absicht bayerischen Boden betrete, vorher sein Testament zu machen. Im bayerischen Landtag lehnte Ministerpräsident von Kahr jede Mitwirkung der bayerischen Regierung an der Entwaffnung und Auflösung der Einwohnerwehr ab und nahm die Männer in Schutz, die sich nicht entwaffnen ließen. Das Reich lief jetzt Gefahr, die bayerische Hartnäckigkeit ausbaden zu müssen. Am 12. März 1921 wurde im Reichsrat dem Gesetz über das Verbot aller Selbstschutzorganisationen gegen die bayerischen Stimmen zugestimmt. Im April wurde Vizekanzler Dr. Heinze nach München entsandt, um den Standpunkt der Reichsregierung in der Ent-

waffnungsfrage im bayerischen Ministerrat selbst darzulegen. Aber
der bayerische Ministerpräsident ließ ihn aus verfassungsrechtlichen
Gründen nicht zur Sitzung des Ministerrats zu und teilte ihm nur den
Beschluß des Ministerrats mit, daß die bayerische Einwohnerwehr zur
Zeit nicht entwaffnet werden könne. Nun mußte sich das Reich wohl
oder übel zu entscheidendem Vorgehen entschließen.

Es kam zu einem scharfen Notenwechsel. Der »Miesbacher Anzeiger«
schrieb damals zu einer Verlautbarung der Reichsregierung: »Der Stil
der Note deutet auf einen Ostjuden, der Inhalt auf einen Hunds-
fott. Mit derlei Material gibt man sich nicht ab. In den Papierkorb
mit der Berliner Note! Dem neuen Kommissar möchten wir raten,
daß er auf seiner Reise nach Bayern einen Zinksarg mitnimmt, er
wird ihn dringend benötigen.« Kurz vorher waren Münchner Offiziere an die kommunistische Partei herangetreten mit dem Anerbie-
ten, gemeinsame Sache gegen die Entente zu machen. Es fanden gemeinsame Kundgebungen von linksradikalen Arbeitern und rechtsradikalen Studenten statt, und selbst ein Teil der bürgerlichen Presse
spielte mit nationalbolschewistischen Gedankengängen. Die damals
angebahnten Beziehungen zwischen der äußersten Rechten und Linken wirkten sich später in der Unterstützung der kommunistischen
»Neuen Zeitung« in München mit einigen hunderttausend Mark durch
den Bund »Oberland« aus. Aber am 4. Juni 1921 veröffentlichte der
bayerische Landeskommissar für die Entwaffnung der Zivilbevölkerung einen Aufruf zur Ablieferung der Waffen der Einwohnerwehr.
Kahr, der sich auf Vorschuß als Mann der Tat hatte feiern lassen,
war vor der äußersten Entscheidung zurückgeschreckt. Dem stärkeren
Gegner gegenüber kam er mit Doppelzüngigkeit und Schlitzohrig-
keit nicht durch. Zum Attila fehlte ihm nicht die leibliche Ähnlich-
keit, wohl aber die geistige und militärische Macht. So fiel die bayerische Einwohnerwehr, Kahr aber fiel nicht mit, sondern blieb. Der
Führer der Bayerischen Volkspartei im Landtag, Dr. Held, hatte im
Einverständnis mit den anderen bürgerlichen Koalitionsparteien die
freiwillige Auflösung der Einwohnerwehr nahegelegt, um die Regierung Kahr am Ruder zu erhalten. Auch Escherich verlor seinen
Ruhm als starker Mann und trat seitdem politisch in den Hintergrund. Die Einwohnerwehr lieferte einen kleinen Teil der Waffen ab,
den größeren versteckte sie. Sie löste sich auf, um sich in Bezirksver-
einen wieder zu vereinigen. Der Hauptteil schloß sich im Bund »Bayern und Reich« zusammen, an dessen Spitze der Sanitätsrat Dr. Pittinger aus Regensburg trat. Er gehörte schon zufolge seiner nachbar-
lichen Verbundenheit mit Dr. Heim dem weiß-blauen Lager an. Nur

einige Gaue der ehemaligen Einwohnerwehr blieben Escherich treu, sein Stabschef Kriebel räumte erbittert über die »schmähliche Kapitulation« Kahrs das Feld. Der USP—Abgeordnete Gareis hatte über die Einwohnerwehr gesiegt, aber er mußte den Sieg mit seinem Leben bezahlen. Der Haß gegen Reich und Republik in Bayern kannte in diesen Tagen keine Grenzen mehr.

Bald gab sich Gelegenheit, einen neuen Streit mit dem Reich vom Zaun zu brechen. Nach der Ermordung Erzbergers lehnte Bayern die damals erlassene Verordnung des Reichspräsidenten zur Bekämpfung der politischen Verhetzung ab. Diese Haltung wurde überall im Reich als Begünstigung der Mörder ausgelegt. Sie waren aus Bayern gekommen, Bekannte von Pöhner und Dr. Heim, und nach dem Mord nach München zurückgekehrt, wo sich die Zentrale der Mörderorganisation befand. Im Tod wurde Erzberger damals noch begeifert und verhöhnt. Die nationalsozialistische Partei schlug eine Meldung an: »Erzberger ist leider tot, Wirth und Rathenau leben noch.« Sie berief eine Volksversammlung ein zu dem Vortrag: »Matthias von Buttenheim, sein Werk und sein Geist.« Das Reich aber war jetzt endlich gewillt, in Bayern nach dem Rechten zu sehen und nicht mehr zu dulden, daß in Bayern aufs schärfste gegen die Linke regiert wurde, während die Rechte für ihre Hetze gegen Reich und Demokratie volle Freiheit besaß. Es verlangte deshalb die Durchführung der Reichsverordnung auch in Bayern und die Aufhebung des bayerischen Ausnahmezustandes, der nunmehr seit über zwei Jahren in Geltung war. Diesmal schien eine bewaffnete Auseinandersetzung unvermeidlich, die bewaffneten Organisationen machten sich zum Losschlagen bereit. Ministerpräsident Kahr ließ die Dinge treiben, brach seinen Sommerurlaub nicht ab, sondern sah der Entwicklung stillvergnügt aus der Ferne zu. Dieses Mal wollte er im trüben fischen, nicht wie beim Kapp-Putsch in der vorderen Reihe sein. Da rief ihn ein Telegramm des bayerischen Landtagspräsidenten in den politischen Alltag zurück. Der Landtagsausschuß war eiligst zusammengetreten, die Bayerische Volkspartei hatte keine Lust, sich noch tiefer in politische Abenteuer verstricken zu lassen. Schließlich war Erzberger auch nicht Marxist, sondern ein treuer Sohn seiner Kirche gewesen, der in Rom in großem Ansehen gestanden hatte. So schlug der Fraktionsführer der Bayerischen Volkspartei in dem neuen Streit mit dem Reich einen Ausweg vor. Das Reich sollte die durch die letzte Verordnung angeblich verletzte bayerische Polizeihoheit wiederherstellen. Dafür sollte Bayern den Ausnahmezustand aufheben. Eine bayerische Abordnung verhandelte auf dieser Grundlage in Berlin. Die Regierung Kahr—

Roth aber steifte den Nacken, sie verlangte den Zusatz, daß der Ausnahmezustand nur aufgehoben werden solle, »sobald die Verhältnisse es gestatten«. Der Landtagsausschuß lehnte diesen Zusatz ab. Darauf erklärten Kahr und Dr. Roth ihren Rücktritt, am 12. September schlossen sich die übrigen Minister an. Die Herrschaft der Deutschnationalen, die vor ihren Karren die Bayerische Volkspartei und sogar die Demokraten gespannt hatten, war vorläufig zu Ende. Im Reich atmete man auf. Unter Führung des neuen Ministerpräsidenten Graf Lerchenfeld kam eine bürgerliche Koalition zwischen Bayerischer Volkspartei, Bauernbund und Demokraten zustande. Ihre erste Tat war die Versöhnung mit dem Reich. Der Reichspräsident erließ am 28. September eine den bayerischen Wünschen entsprechende neue Verordnung, dafür hob Bayern den Ausnahmezustand mit Wirkung vom 15. Oktober 1921 auf. Der Münchner Polizeipräsident Pöhner nahm seinen Abschied und kam als Richter an das höchste bayerische Gericht. So traten die Schuldigen vom Schauplatz ab, die Spuren ihrer unheilvollen Tätigkeit aber waren nicht mehr zu verwischen. Die Giftschwaden der politischen Verhetzung, die schwer über dem Land lagen, hätte nur ein Sturm wegfegen können; das zahme Lüftchen, das Lerchenfeld nach dem Willen der Bayerischen Volkspartei fächeln durfte, kam dagegen nicht auf.

Der Tod des letzten bayerischen Königs Ludwig III. schien zunächst der weiß—blauen Richtung ein Zeichen zu sein. In einer öffentlichen Erklärung nahm der Kronprinz Rupprecht alle ererbten Ansprüche und Rechte seines verstorbenen Vaters für sich in Anspruch. Man erwartete allgemein, daß er sich am Beisetzungstag, dem 5. November 1921, die Königskrone aufs Haupt setzen werde. Das wäre freilich ohne Trennung Bayerns vom Reich kaum durchführbar gewesen. Allein solche Möglichkeiten wurden in jenen Jahren oft erörtert. Der Führer des Bundes »Bayern und Reich«, Sanitätsrat Dr. Pittinger, hatte erklärt, er werde nicht davor zurückschrecken, Bayern unter dem Protektorat der Entente vorübergehend vom Reich zu trennen. In der Presse der Bayerischen Volkspartei wurden für diesen Fall gewisse wirtschaftliche Möglichkeiten, wie Versorgung Bayerns mit Kohle, Zucker und Getreide aus der Tschechoslowakei, erörtert. Die Marinebrigade Ehrhardts hatte einen Flaggenwechsel von Schwarzweiß-rot zu Weiß-blau vollzogen. Sie rechtfertigte ihre Schwenkung damit, daß sie lieber unter Weiß-blau leben, als unter dem Weimarer System kaputtgehen wolle. Gerade von ihr wurden zum 5. November 1921 Vorkehrungen getroffen. Auf die bayerische Reichswehr glaubte man sich verlassen zu können. Aber gerade darin hatte man sich verrechnet, im bayerischen Offizierskorps war man zwar königstreu, aber auch reichstreu gesinnt. Als die Gerüchte über einen geplanten Königsputsch sich verdichteten, sprach eine Abordnung von Reichswehroffizieren der Münchner Garnison beim Oberbefehlshaber der bayerischen Reichswehr, General Möhl, vor und erklärte, daß sich das Offizierskorps auf keinen Fall zu etwas gebrauchen lasse, was gegen den Diensteid sei. Damit war der Putsch erledigt. Einige Verbände hielten vorsorglich Bereitschaft, einige »Marxisten« wurden auf der Straße von ergrimmten Königstreuen durchgeprügelt, Rupprecht von Wittelsbach aber verhielt sich still. In der Folgezeit nahm er eifrig an Regimentsfeiern teil, nahm Paraden der Reichswehr ab und hörte die von Reichswehrmusikkapellen gespielte Königshymne an. Staatsbehörden, Bürgermeister und weißgekleidete Schulmädchen mit Edelweiß- und Alpenrosensträußchen empfingen ihn, wenn er in den Dörfern und Städten des Landes Einzug hielt. In Studenten- und Beamtenversammlungen rief Kahr, der wieder Regierungspräsident von Oberbayern geworden war, begeistert aus, es sei seine Hoffnung, einmal rufen zu können: »Vivat Rupertus rex.« Der monarchistische Erguß eines republikanischen Beamten, der ebenso wie Pöhner erklärt hatte, daß er sich an den auf die republikanische Verfassung geleisteten Eid nicht gebunden halte, wurde im Landtag vom Innenminister gedeckt.

Aber auch die schwarz-weiß-roten Verbände setzten ihr Treiben unbekümmert fort. Auch die Regierung Lerchenfeld wagte es nicht, mit ihnen zu brechen. Sie wollte sie für den Fall bolschewistischer Unruhen, vor denen man eine krankhafte Furcht hatte, zur Unterstützung der staatlichen Machtmittel bereithalten, duldete deshalb ihre geheimen Zusammenkünfte und Waffenschiebungen und konnte so auch den Ausschreitungen dieser Leute nicht mit dem erforderlichen Nachdruck entgegentreten. Sie war in ihren Entschließungen nicht frei; kaum hatte sie einen Anlauf zur Säuberung des öffentlichen Lebens unternommen, wich sie auf Drohungen der Verbände wieder zurück. Als im Frühjahr 1922 der bayerische Innenminister im Landtag ein Wort von der beabsichtigten Ausweisung des Österreichers Hitler verlauten ließ, setzte ein derartiger Proteststurm der »vaterländischen« Organisationen ein, daß er die Maßnahme wieder unterließ. Gegen den Besuch Eberts im Juni 1922 hatten die »vaterländischen« Verbände in einer öffentlichen Verlautbarung eine unverschämte Verwahrung eingelegt. In München wurde der Reichspräsident von dem vaterländischen Pöbel mit Johlen, Pfeifen und roten Badehosen begrüßt. Raub und Verbrennung von Reichsflaggen, Verleumdung und Bedrohung sozialdemokratischer Politiker, nächtliche Handgranatenüberfälle auf sozialdemokratische Zeitungen waren an der Tagesordnung. Nicht einmal mit der O. C. war nach der Ermordung Erzbergers aufgeräumt worden. Politische Mordtaten wurden weiterhin von Bayern aus vorbereitet. Der Anstifter des Überfalls auf Maximilian Harden, den Mordbuben am 3. Juli 1922 in Berlin mit einer schweren Eisenstange niederschlugen, Vorsitzender der deutschvölkischen Organisation in Ostfriesland, Grenz, hatte Anfang März 1922 aus München die Aufforderung erhalten, zwei junge tatenfrohe Männer zu suchen, die bereit seien, für ihr Vaterland alles zu tun. Im Fortgang des Briefwechsels wurde den angeworbenen Attentätern 25 000 M Handgeld übersandt, ein erheblich höherer Betrag nach vollbrachter Tat und Anstellung im bayerischen Staatsdienst zugesichert. Das zeigt, welch unheimlicher Einfluß den unterirdischen Mordorganisationen in Bayern auch unter der Regierung Lerchenfeld zu Gebote stand.

Nach dem Rathenau-Mord kam es dann auch wieder zu dem unvermeidlichen Kampf mit dem Reich. Gegen die Verordnung zum Schutze der Republik wandte sich Bayern sofort aufs schärfste mit der Behauptung, daß in die Rechte der Länder eingegriffen sei. Während das übrige Deutschland vor Wut und Empörung über die Freveltat aufschrie, verschanzte sich Bayern hinter spitzfindigen Fragen der Zuständigkeit. Am 24. Juli stülpte es seinen zahlreichen Rechtsverletzungen durch eine in der Verfassungsgeschichte einzig dastehende Tat die Krone auf. Das neue Republikschutzgesetz wurde mit der Begründung, daß es in Bayern die öffentliche Sicherheit und Ordnung störe, durch eine bayerische Verordnung einfach außer Kraft gesetzt. Der verfassungsrechtliche Grundsatz, daß Reichsrecht dem Landesrecht vorgeht, war damit für Bayern ins Gegenteil verkehrt. Gegenüber den Vorschriften des neuen Gesetzes berief sich Bayern auf die Weimarer Verfassung, obwohl das Republikschutzgesetz mit verfassungsändernder Mehrheit beschlossen worden war. Den bayerischen Demokraten wurde diese Haltung der Landtagsmehrheit nun doch zu bunt. Sie schieden aus der Regierung aus. Dafür sprangen abermals die Deutschnationalen ein, zum Justizminister wurde ihr gewiegtester und weitherzigster Mann, der Oberregierungsrat Gürtner, ernannt. Die Reichsregierung erklärte am 26. Juli die bayerische Verordnung gegen das Republikschutzgesetz für verfassungswidrig und nichtig. Am 28. Juli drohte der Reichspräsident in einem Schreiben an den bayerischen Ministerpräsidenten die Reichsexekutive an. Graf Lerchenfeld erklärte sich am 3. August zu den angebotenen Verhandlungen bereit. Er stellte sich zunächst auf den nach der Weimarer Verfassung unhaltbaren Standpunkt, daß die Hoheitsrechte der Länder ohne ihre Zustimmung nicht eingeschränkt werden dürften. Die Verhandlungen fanden vom 9. bis 11. August in Berlin unter dem Vorsitz der Reichspräsidenten statt. Die bayerische Regierung erklärte sich schließlich bereit, ihre Notverordnung gegen das Republikschutzgesetz zurückzunehmen, dafür sollte in den Ausführungsbestimmungen zum Republikschutzgesetz die Zuständigkeit der örtlichen bayerischen Behörden möglichst geschont und in Zukunft die Zuständigkeit des Reichs auf Kosten der Länder nicht mehr ausgedehnt werden. Allein die bayerischen Regierungsparteien lehnten am 17. August die Vereinbarung ab. Nun fanden unter Beteiligung des neuen deutschnationalen Justizministers abermals Verhandlungen in Berlin statt. Das Reich gestand noch die Errichtung eines eigenen bayerischen Senats beim Staatsgerichtshof zum Schutz der Republik, die eines besonderen bayerischen Referats beim Oberreichsanwalt in Leipzig sowie die Mitwirkung der bayerischen Staatsanwälte bei Überweisungen von Strafsachen an den Staatsgerichtshof zu. Dieses Abkommen wurde schließlich vom Bayerischen Landtag genehmigt, die bayerische Notverordnung außer Kraft gesetzt.

Aber in der Zwischenzeit hatte Bayern wieder einmal vor einem Putsch gestanden. Die künstlich aufgepeitschte Empörung gegen das »Revolutionstribunal«, den Staatsgerichtshof, und die Furcht vor dem Ende der republikanischen Hetze in Bayern spornte die nationalen Verbände an, ihr Bollwerk Bayern mit den letzten Mitteln zu verteidigen. In gewaltigen Kundgebungen auf dem Königsplatz in München machte sich der bayerische Volkszorn gegen den Norden Luft. Die Ausschreitungen kommunistischer Gruppen nach dem Rathenaumord lieferten den Anlaß zu dem feierlichen Schwur der Versammlungen, Bayern unter allen Umständen gegen den Bolschewismus zu schützen. Die Bewegung griff auf die bayerische Reichswehr über, Besprechungen der höheren Offiziere fanden statt. Man plante, mit Gewalt eine neue Reichsregierung einzusetzen, die Schluß machte mit der mörderischen Erfüllungspolitik. Der bayerische Landeskommandant sollte sich zu diesem Zweck mit dem Chef der Heeresleitung, General von Seeckt, in Verbindung setzen. General von Epp trug den Plan der Verschworenen dem Landeskommandanten vor. Dieser entsandte den verwegensten der schwarz-weiß-roten Reaktionäre in der bayerischen Reichswehr, den Hauptmann Röhm, nach Regensburg zu Dr. Heim. Aber der alte Bauerndoktor blieb sich selber treu. Er gehörte zu den Politikern, die immer eifrig im Dunkeln weben, ohne daß jemals ein

Tuch ans Tageslicht kommt. So gab er sich nach der Darstellung Röhms als Sphinx und wich einer Entscheidung aus. In Bayern aber wurde in größter Eile mobilisiert. Überall aus dem Oberland, besonders aus dem Chiemgau, rückten die Burschen in die Kasernen der Reichswehr und Landespolizei ein. Sanitätsrat Pittinger hatte mit seinem Bund »Bayern und Reich« die Organisierung des Putsches in die Hand genommen. Ein gewaltiger Aufmarsch bewaffneter Scharen auf dem Königsplatz sollte das Zeichen zum Losschlagen sein. Die Reichswehr, die sich auf dem Truppenübungsplatz in Grafenwöhr befand, konnte damit vor vollendete Tatsachen gestellt werden. Von dem beabsichtigten Putsch wurden die mit den Verbänden befreundeten Reichswehroffiziere, insbesondere General Epp, der Landeskommandant von Möhl und der Festungskommandant von Ingolstadt, Oberstleutnant Hofmann, ins Bild gesetzt. Zur allgemeinen Überraschung fiel Pittinger im letzten Augenblick wieder um. Statt auf den Königsplatz wurden die Verbände in den Münchner Kindlkeller gerufen, die Revolution wurde im Bier erstickt. Dr. Heim hatte sich als vorsichtiger Mann über die Haltung des Auslandes vergewissert. Der Botschafter einer Großmacht hatte ihm rundweg erklärt, daß die Entente nicht einmal der gewaltsamen Beseitigung der Regierung Lerchenfeld ruhig zusehen würde. Das hatte ernüchternd gewirkt und Pittinger zum Rückzug veranlaßt. Die Enttäuschung über die verhinderte Revolution bekam der unschuldige Graf Lerchenfeld zu spüren. Die »nationalen Männer« forschten im Privatleben seiner Gattin, und der Ministerpräsident stürzte über das Nachthemd seiner Frau.

Sein Nachfolger Dr. Knilling hatte sich vor Übernahme des Amtes der Zustimmung der »nationalen Verbände« versichert. Er wurde innerhalb der Regierung mit dem deutschnationalen Justizminister Gegenspieler gegen den Innenminister Schweyer, der mit zunehmender Besorgnis das Treiben der vaterländischen Bünde und die dem Bayerischen Staat daraus erwachsenden Gefahren sah. Aber während die schwarz-weiß-roten Verbände sich immer mehr festigten und allen Bemühungen, sie in die Staatsordnung einzufügen, mit Erfolg widerstanden, überlieferte sich die weiß–blaue Richtung der bayerischen Justiz. Der Wiking–Bund und der von dem Bund »Oberland« abgesplitterte »Blücher–Bund« hatten sich mit dem französischen Kohlenkommissar Richert eingelassen, der ihnen reichlich Geldmittel zufließen ließ und sie zu einem Putsch gegen die Reichsregierung ermutigte. Sogar fransösische Geschütze sollten ihnen zur Verfügung gestellt werden. Der Putsch sollte der französischen Armee den

Vorwand liefern, die Mainlinie zu besetzen und dadurch Süddeutschland von Preußen zu trennen. Bayern sollte ein selbständiger Staat unter fransösischem Schutz werden. Bereits hatten Wikingbund und Blücherbund starke Streitkräfte bei München zusammengezogen und sich Waffenlager anderer Organisationen zunutze gemacht. Da deckte ein früherer Reichswehroffizier, der sich in den Kreis eingeschlichen hatte, die Verschwörung auf. Richert konnte fliehen, die Führer der Verbände redeten sich heraus. Nur die untergeordneten Landesverräter kamen vor Gericht. Der Münchner Rechtsrat Kühles, dem ein »Franzose von hinten lieber war als ein Preuße von vorne«, erschoß sich, der Apotheker Machhaus, der auch Schriftleiter des »Völkischen Beobachters« gewesen war, hängte sich im Untersuchungsgefängnis auf. Der harmlose Kunstschriftsteller Georg Fuchs bekam die Rache der deutschnationalen Justiz zu fühlen, er wurde zu zwölf Jahren Zuchthaus verurteilt. Die Behauptung, daß Kronprinz Rupprecht von Bayern und zahlreiche Generale und hohe Beamte in die Sache verwickelt seien, wurde ihm nicht geglaubt. Nach diesem Mißerfolg gab Frankreich den Versuch, das Deutsche Reich durch Unterstützung des bayerischen Separatismus zu zerreißen, endgültig auf. Die schwarz-weiß-rote Reaktion in Bayern beherrschte nunmehr unbestritten das Feld. Was von ihren schärfsten Parteigängern zu erwarten war, zeigten die Worte, die Ende November 1922 die Zeitung »Heimatland«, das Blatt der früheren Einwohnerwehr, schrieb: »Wir müssen den Terror in unserem Vaterland mit denselben Mitteln und Waffen brechen wie Mussolini in Italien. Wir müssen die Hochburgen der roten Reaktion mit stürmender Hand nehmen und die Giftbuben, von denen aus sich täglich die Jauche des Judengiftes in unser betörtes Volk ergießt, in Flammen aufgehen lassen. In Trümmer weiter mit den Parlamenten, diesen Schwatzbuden der Revolution, diesen Kuhhandelsstellen, wo die heiligsten Rechte des Volkes schamlos verhökert werden.« In diesem Geist und in dieser Art wirkte damals in Deutschland bereits die Organisation Hitlers, die nationalsozialistische Partei.

Der Aufstieg der nationalsozialistischen Bewegung

Die Verteidiger der Demokratie in der deutschen Republik bedienten sich in der Hauptsache der überkommenen Organisationsform der politischen Parteien als Gesinnungs- und Kampfgemeinschaften und behielten als Fechtboden nach altem Brauch die Tribüne der Parlamente bei. Der Wahlkampf war ihnen das große Ringen um die Seele des Volkes. In anderen Zeiten begnügte man sich mit Parteiversammlungen zur Berichterstattung über wichtige Vorgänge im Parlament und mit der Presse, die ihre Leser über die Tagesereignisse auf dem laufenden hielt. Die Politik trug noch ein Feiertagsgewand, sie war nicht Alltagsgeschäft, sondern wurde von den meisten Staatsbürgern als Liebhaberei oder Beruf einiger weniger betrachtet. Für die Gegenrevolutionäre dagegen war die große Deutschnationale Partei nur ein schützendes parlamentarisches Dach, der große Schild, hinter dem sich geschäftiges Tun und Treiben der verschiedenartigsten rechtsradikalen Organisationen verbarg. Da gab es feudale und andere Klubs, die scheinbar rein gesellschaftliche Einrichtungen, in Wirklichkeit politische Zirkel mit gewichtigen Nah- und Fernzielen waren. Da waren Vereine bürgerlichen Rechts, wie der »Alldeutsche Verband« des Justizrats Claß, der seit 1919 die Wiederaufrichtung des Kaisertums und die Befreiung vom Versailler Vertrag durch Errichtung der »legalen« Diktatur betrieb und mehr als einmal die Grenzen des Hochverrats streifte. Da waren organisatorische Gebilde gleich der deutschvölkischen Freiheitspartei und andere antisemitische Gesellschaften und Vereine, die politische Augenblicksziele wie bewaffneten Aufstand und Revanchekrieg gegen Frankreich verfochten, sich deshalb stark im Flusse befanden und mehr Bewegungen als festgefügte Körperschaften darstellten. Zu ihnen traten ganz neue Erscheinungen des politischen Lebens, wie Selbstschutzverbände, Jugendbünde und militärische Geheimverbände, hinzu. Zahlreiche Verbände und rechtsstehende Zeitungen standen unter der Oberherrschaft der Hugenbergzentrale. Ihr Einfluß geht aus der auf Seite 129 stehenden Darstellung hervor.

Immer mehr verlor das Bürgertum den Geschmack an den im grellen Schein des Tages arbeitenden Parteien, in denen es so nüchtern, vernünftig und langweilig zuging und die Zahl, die Statistik, die gegebene Tatsache herrschten. Da holte es sich Trost und Hoffnung auf bessere Zeiten viel lieber in einer der geheimen Gesellschaften, in denen der Tatmensch den ausschweifendsten Wünschen Erfüllung ver-

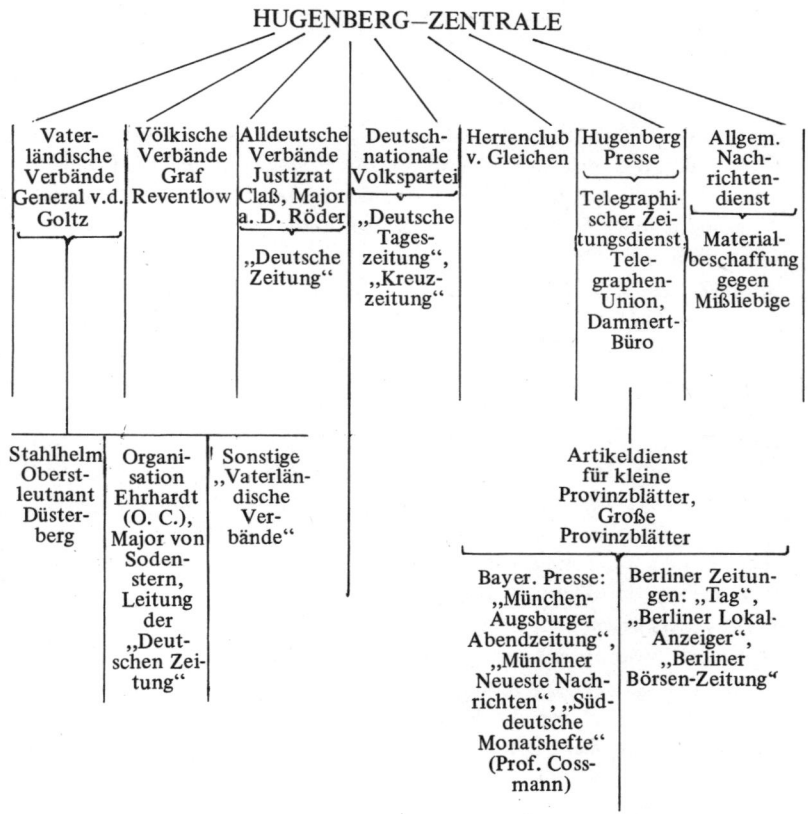

HUGENBERG–ZENTRALE

hieß, die Herrschaft der Zahl durch die Überlegenheit der Waffen zu brechen versprach, Politik als die Kunst, das Unmögliche zu verwirklichen, feierte.

Die Selbstschutzverbände gingen aus meist spontan entstandenen Abwehrorganisationen des Bürgertums gegen den kommunistischen Terror hervor. Sie setzten sich den Schutz der Person und des Eigentums, von Haus, Hof und Heimat und Pflege der »vaterländischen«, in der Praxis der »antimarxistischen« Gesinnung zum Ziel. Während nämlich in den Anfängen dieser Selbstschutzbewegung auch noch Sozialdemokraten als Mitglieder aufgenommen wurden, ekelte man sie später durch alle möglichen Mittel hinaus. Alle diese Einwohnerwehren und Ortswehren waren reichlich mit Waffen versehen, aber gleichwohl militärisch von geringem Wert. Abgesehen von den ehemaligen Offizieren und Unteroffizieren setzten sie sich vielfach aus älteren Heimkriegern, Geschäftsleuten, Beamten und Akademikern oder aus ungeschulten jungen Leuten zusammen. Eine Ausnahme machte der im November 1918 von dem Mineralwasserfabrikanten Seldte als »Bund der Frontsoldaten« gegründete »Stahlhelm«. Er bildete anfänglich nur den Grundstock der Magdeburger Einwohnerwehr, breitete sich aber dann als Verein politisch rechtsstehender Kriegsteilnehmer rasch über Norddeutschland aus. Bald wurde er eine rein militärische Organisation mit gründlicher Ausbildung und straffer Manneszucht, eine Art zweites Aufgebot der Reichswehr, mit der er in engster Fühlung und Zusammenarbeit stand. Die Führung betonte die parteipolitische Neutralität der Vereinigung, tatsächlich war sie zwar nicht organisatorisch, aber geistig und weltanschaulich ein Anhängsel der Deutschnationalen Partei, wenn auch deren parlamentarische Taktik nicht immer gebilligt wurde. Mit seinen echt preußischen Eigenschaften der militärischen Denkweise, des blinden Gehorsams und Pflichtbewußtseins hätte der Stahlhelm in der Hand einer überlegenen politischen Führung ein hervorragendes politisches Werkzeug sein können. Aber solche Führer erstanden dem Stahlhelm weder aus den Reihen der Deutschnationalen, noch stellte er sie selbst in der Person des bescheidenen Kleinbürgers Seldte oder des begabteren, aber noch unschöpferischeren Oberstleutnants Duesterberg. So wurde in ihm nur ein großer organisatorischer Aufwand nutzlos vertan. Am politischen Kampf um die Seele der Jugend, der in der Nachkriegszeit wegen des Wahlrechts der 20jährigen mit besonderer Stärke geführt wurde, beteiligten sich neben den politischen Parteien auch Kirche und Staat. Das Ziel des Staates war dabei mehr die Schaffung von Wehrkraftverbänden, die trotz der Bestimmungen des Versailler Vertrags eine gewisse Wehrhaftmachung des Volkes ermöglichen sollte. Aber auch in den vom Staat geförderten Organisationen stand die parteipolitische Neutralität nur auf dem Papier, die Pflege der »vaterländischen Gesinnung« war fast immer eine Erziehung zur Gegnerschaft gegen die demokratische Republik. Die Bemühungen der Linksparteien um die Gewinnung der proletarischen Jugend wurden durch die Zersplitterung der freien Arbeiterschaft äußerst erschwert. Der Hang der Jugend zur Unbedingtheit und Kompromißlosigkeit in allen Lebensäußerungen vertrug sich schlecht mit der ausgleichenden und vermittelnden Rolle, die der Sozialdemokratie im Staat von Weimar zugefallen war. So schlug sich die proletarische Jugend mit der Zeit immer mehr auf die Seite der kommunistischen Partei. Die nationalistischen Parteien, denen in den ersten Jahren der Republik

nach den Erlebnissen der Kriegsteilnehmergeneration der Kampf um
die Wiedergewinnung ihrer alten Vorrechte zunächst wenig aussichts-
reich erschien, setzten alle Kräfte zur Gewinnung der heranwachsenden Jugend an. Ihr Erfolg war groß. Der Deutschnationale Jugendbund soll schon im Jahr 1921 über 70 000 Mitglieder gezählt haben.
Daneben bestand noch der »Großdeutsche Jugendbund«, der »Kyff-
häuserbund«, »Jungsturm«, »Jung-Stahlhelm«, »Werwolf«, »Bis-
marckbund«, bis nach 1927 die Hitlerjugend in den Vordergrund
trat. Die demokratische Republik schritt gegen die nationalistische Erziehung und Verhetzung an Volksschulen, Mittelschulen und besonders an den Hochschulen nicht ein. Auf diese Weise konnten schon junge Gymnasiasten in Mordorganisationen eine Rolle spielen, und
Störungen des Unterrichts linksstehender oder jüdischer Hochschul-
professoren, politische Schlägereien und andere Ausschreitungen an
den Universitäten waren an der Tagesordnung. Die Hochschulen wurden Keimzellen der Gegenrevolution, zahlreiche ihrer Führer gingen
aus ihnen hervor. Von den militärischen Geheimverbänden nächst dem
»Stahlhelm«, der in seiner späteren Entwicklung hierher zu zählen
ist, wurden politisch bedeutsam die Organisationen des Korvettenka-
pitäns Ehrhardt, der »Jungdeutsche Orden« und der »Bund Oberland«. Die »Organisation Consul«, der »Wikingbund«, der »Neu-
deutsche Bund« sind alle aus der Brigade Ehrhardt hervorgegangen,
die nach dem Kapp-Putsch ihren Sitz nach Bayern verlegte und von
hier aus das Reich mit einem Netz von Gruppen überzog. Das Ziel
der Ehrhardt-Organisationen blieb unverändert die gewaltsame Beseitigung der demokratischen Republik und die Einsetzung einer militärischen Diktatur. Aus Industriekreisen flossen Ehrhardt erhebliche
Mittel zu, er dachte sogar an die Gründung einer eigenen Bank. Am
30. November 1922 wurde Ehrhardt von einem Richter des Reichsgerichts bei einer Vernehmung erkannt und verhaftet, aber vor der gegen ihn anberaumten Gerichtsverhandlung am 13. Juli 1923 aus dem
Leipziger Untersuchungsgefängnis befreit. Seine Freundin, die Prinzessin Hohenlohe-Öhringen, wurde vom Staatsgerichtshof in Leipzig am 24. Juli 1923 wegen Begünstigung des Hochverrats und Mein-
eids mit sechs Monaten Gefängnis bestraft. Ehrhardt hielt sich nach
seiner abermaligen Flucht zunächst in Tirol auf, wurde dann im
Herbst 1923 von Kahr zurückgeholt und mit der Aufstellung des
bayerischen Grenzschutzes gegen Sachsen und Thüringen betraut. Da
es ihm aber vor allem um den Marsch gegen Berlin zu tun war, suchte
er anfangs November 1923 Fühlung mit Hitler, kam aber mit ihm zu
keiner Einigung. Nach seiner Verheiratung mit der Prinzessin Hohen-

lohe hörte er auf, in der Gegenrevolution eine wichtige Rolle zu spielen. Seine Organisationen gingen großenteils in den nationalsozialistischen Sturmabteilungen auf.

Der »Jungdeutsche Orden« entstand aus der Offizierskompanie Kassel, zu der Oberleutnant Mahraun Ende 1918 ehemalige Offiziere des Infanterieregiments 83 zusammengefaßt hatte. Die Gruppe organisierte sich nach Art des Deutschritter-Ordens des Mittelalters mit Hochmeister und Balleien. Sie vertrat eine romantisch-nationale Richtung in der Politik, strebte insbesondere die Herbeiführung der wahren Volksgemeinschaft und des Volksstaates auf der Grundlage einer dem deutschen Wesen entsprechenden Volksherrschaft an. Als militärischer Kampfverband mit erheblichen Waffenvorräten stand er bis 1924 im Lager der Gegenrevolution. Später entwickelte er sich nach links, lehnte insbesondere eine Parteidiktatur im Sinne Hitlers ab und schloß sich schließlich mit den Resten der Demokratischen Partei und anderen Gruppen zur Staatspartei zusammen. Zuletzt nahm ihn das nationalsozialistische Sammelbecken auf.

Der »Bund Oberland« mit dem Sitz in München ging aus dem Freikorps »Oberland« hervor. Seine militärische Schlagkraft und sein Besitz an Waffen, selbst an schwerer Artillerie, sowie seine Geldmittel waren zeitweise bedeutend. Er zeichnete sich in den Kämpfen um Oberschlesien aus und knüpfte später Beziehungen mit österreichischen Selbstschutzorganisationen an. Früh schon wurde er durch seine Femeeinrichtungen bekannt. Er unterhielt auch Beziehungen zu kommunistischen Führern, unterstützte sie mit Geldmitteln und suchte sie im Sinne des Nationalbolschewismus zu beeinflussen. Bei besserer Führung hätte er in Südbayern eine Art »Stahlhelm« werden können. Allein seine Offiziere waren vielfach zuchtlos und ließen sich in abenteuerliche Unternehmungen ein. So wurde der Hauptmann Dr. Fritz Römer wegen einer Verabredung, sich durch einen räuberischen Überfall auf einen nach Oberammergau fahrenden Fremdenverkehrs-Omnibus Geld zu verschaffen, zu fünf Monaten Gefängnis verurteilt. Führerstreitigkeiten sprengten später den »Bund Oberland« auseinander. Nach dem Hitlerputsch spielte er keine besondere Rolle mehr und landete zuletzt nach langem Widerstreben bei Hitlers SA. In der deutschen Innenpolitik wurden weder die Selbstschutzverbände noch einer der genannten militärischen Geheimverbände ausschlaggebend. Die Selbstschutzverbände beschränkten sich von vorn herein auf die Verteidigung. Ihre Mitglieder waren größtenteils Nutznießer der bestehenden Gesellschaftsordnung, vorsichtige Bürgerwehrgardisten, aber keine Parteisoldaten, die mit Einsatz ihres Lebens kämpfen wollten für ein Reich, das erst erobert werden sollte. Die militärischen Geheimverbände wollten größtenteils nur Hilfs- und Ersatztruppe der Reichswehr sein, ihre Hauptsorge galt der deutschen Außenpolitik. Das sture Unterordnungsverhältnis gegenüber der Reichswehr nahm ihren Führern die Freiheit des Handelns in innerpolitischen Fragen. Sie standen immer bereit, wurden aber nie eingesetzt. Soldaten sind gut als Werkzeuge, als Mittel der Politik, aber auch siegreiche militärische Organisationen können noch nicht ohne weiteres regieren. Das hatte der Kapp-Putsch ein für allemal deutlich gezeigt. Die Gegenrevolution konnte die Staatsmacht nur erringen, wenn es ihr gelang, die Demokratie auch auf dem politischen Kampffeld zu schlagen.

Daß dies allein den Nationalsozialisten gelang, ist nicht ausschließlich geschichtlicher Zufall. Der Nationalsozialismus verband aufs glücklichste das Wesen einer politischen Partei mit dem einer militärischen Geheimorganisation. Der doppelte Aufbau der Bewegung in Parteimitglieder und Parteisoldaten war in ihr bis ins einzelne durchgeführt. Die Vereinigung der Doppelreihe in einer gemeinsamen Spitze verhinderte, daß die militärische Organisation Selbstzweck wurde und allzu deutlich, wie es sich beim Stahlhelm und beim Reichsbanner zeigte, mit der politischen Leitung in Wettbewerb trat. Mit der Partei ließ sich auf dem Boden der Verfassung um die Volksgunst werben, die militärische Truppe stand für alle Fälle zum Einsatz im Machtkampf bereit. So konnte man je nach der Zeiten Gunst den Fechtboden wechseln, bald die eine, bald die andere Seite der Bewegung hervorkehren.

Der Nationalsozialismus ist keine Erfindung Hitlers, der »Führer« hat ihm in Deutschland nur das entscheidende organisatorische Gepräge gegeben. Das Geistesgut, Antisemitismus, großdeutscher Gedanke und soziales Empfinden, stammt aus dem alten Österreich. Die Rassenlehre Chamberlains hat das ihrige dazu getan. Der Ständestaat ist dem Universalismus des Wiener Professors Othmar Spann entnommen. Das Führerprinzip, der totalitäre Machtstaat und das äußerliche Gepräge der nationalsozialistischen Bewegung sind Mussolini nachgemacht. Das alles zischte und brodelte in einem greulichen Hexenkessel durcheinander, und die Götter mochten wissen, wie das fertige Gebräu schließlich aussehen und munden würde. Aber die geistigen Grundlagen sind der nationalsozialsitischen Bewegung nie die Hauptsache gewesen. Ganz im Gegensatz zum deutschen Wesen wurde die Lehre nie um ihrer selbst willen vertreten, sie war immer nur Mittel zur Erringung politischer Macht. Gerade darum ist sie stets unklar, vieldeutig, dehnbar, anpassungsfähig und mundgerecht für alle gehalten und folglich als Allheilmittel für alle Nöte und Schäden der Zeit angepriesen worden.

Nicht einmal der Name der Bewegung ist reichsdeutschen Ursprungs. Um 1890 gründeten die alldeutschen Abgeordneten Wolf und Schönerer in Österreich eine »Deutsche Arbeiterpartei«. Ein Nachfahre von ihr ist die im Jahr 1918 in Mähren von Rudolf Jung geschaffene »nationalsozialistische deutsche Arbeiterpartei«. Die organisatorische Zelle der deutschen Partei gleichen Namens ist aber »Der freie Arbeitsausschuß für einen guten Frieden«, der am 7. März 1918 in München von dem Schlosser Anton Drexler mit einigen seiner Kollegen ins Leben gerufen wurde. Er trat erst im Oktober 1918 durch eine Versammlung ins Licht der Öffentlichkeit. Drexler und seine Freunde unterschieden sich anfänglich von ihren Arbeitskameraden durch einen kräftigen Antisemitismus und ein stärkeres Vertrauen auf die Oberste Heeresleitung, als es in Arbeiterkreisen damals noch üblich war. Nach dem Zusammenbruch vom November 1918 gründete Drexler in bewußter Ablehnung der sozialdemokratischen Revolution am 5. Januar 1919 zusammen mit einem Journalisten Harrer eine zunächst aus 40 Mitgliedern bestehende »Deutsche Arbeiterpartei«. In einem zur Einführung der neuen Partei geschriebenen Flugblatt bezeichnete Drexler die Freien Gewerkschaften als Schutztruppe des unproduktiven Börsen- und Leihkapitals und Schrittmacher der Weltherrschaft des Judentums. Er wandte sich gegen den Klassenkampf und den »Klassengrößenwahn« der Arbeiterschaft und forderte Anerkennung der gleichwertigen Arbeit der Bauern und Bürger, der Forscher, Künstler und Techniker. Solche Gedanken lagen damals in der Luft. Das Bürgertum war noch nicht gewillt, den Sozialismus grundsätzlich zu bekämpfen, wollte aber in der Neuordnung der Dinge, die man damals von der Sozialdemokratie erwartete, nicht minderen Rechtes sein. Wurde doch aus dieser Einstellung bürgerlicher Kreise heraus damals in München eine sozialdemokratische Bürgerpartei gegründet, die bei den Wahlen zum Bayerischen Landtag einen Achtungserfolg errang. Die nach der Revolution plötzlich erwachte Leidenschaft der Bevölkerung für politische Dinge kam auch der »Deutschen Arbeiterpartei« zugute. Sie drang durch die Veranstaltung von Sprechabenden, auf denen politische Tagesfragen von Anhängern der verschiedensten Parteirichtungen erörtert werden durften, in weite Kreise ein. Nach der Niederwerfung der Münchener Räterepublik lenkte sie das Augenmerk der Nachrichtenstelle der Reichswehr auf sich, die damals aus Furcht vor einem neuen bolschewistischen Aufstand in alle

Parteien und Organisationen Spitzel entsandte und sowohl die Mannschaften der Freikorps wie auch die Zivilbevölkerung durch eigens bestellte Redner im »vaterländischen« Sinn bearbeiten ließ. Auf diese Weise fanden den Weg zur »Deutschen Arbeiterpartei« der Erfinder der Brechung der Zinsknechtschaft, Gottfried Feder, der in der Presseabteilung der Reichswehr beschäftigte Hermann Esser, der vorher bei den unabhängigen Sozialdemokraten in Kempten eine Gastrolle gegeben hatte, und besonders auch der Reichswehrhauptmann Röhm, der im Lauf der Zeit eine ganze Anzahl von Kameraden und Untergebenen mit sich zog. Von der Nachrichtenabteilung der Reichswehr wurde auch der Gefreite Hitler am 2. Juli 1919 als politischer Verbindungsmann in die »Deutsche Arbeiterpartei« entsandt. Er versuchte sich zuerst als Redner in den Sprechabenden, fiel durch seinen fanatischen Antisemitismus auf und wurde bald mit der Leitung der Propagandaabteilung betraut. Gegen seinen Willen nahm die Gruppe zu Anfang des Jahres 1920 den Namen »Nationalsozialistische Deutsche Arbeiterpartei« an. Er wollte vom Sozialismus nichts wissen, während Drexler klar erkannte, daß man nach 1918 nur mit diesem Schlüssel den Weg zum Herzen des Arbeiters fand. Am 24. Februar 1920 trat die Partei mit einem neuen, im Jahre 1926 dann für unabänderlich erklärten Programm hervor. Erst im Juli 1921 gelang es Hitler, der am 1. April 1920 aus der Reichswehr ausgetreten und dann Wanderredner des »Deutschvölkischen Schutz- und Trutzbundes« gewesen war, gegen den erbitterten Widerstand Drexlers und des Nürnberger antisemitischen Agitators Streicher, der ihm kurz zuvor die Deutsche Soziale Partei zugeführt hatte, erster Vorsitzender der Partei mit unbeschränkten Vollmachten zu werden. Einmal im Besitz der Macht und der für die Partei fließenden Geldquellen, baute er seine Stellung nach dem Muster Mussolinis zur unbeschränkten Führerdiktatur aus. Auf der Strecke seines Aufstiegs zum absoluten Herrscher blieben die bewährtesten und verdientesten Männer der Bewegung: Anton Drexler, Gregor Strasser und Hauptmann Röhm.

Hitler ist als Sohn eines kleinen österreichischen Zollbeamten im Jahre 1889 in Braunau am Inn geboren. Die Schulbehörde hebt seine auffallende Vorliebe für Indianergeschichten hervor. Tatsächlich ist Karl May sein Lieblingsschriftsteller geblieben. Den Besuch der Bürgerschule mußte Hitler wegen ungenügender Fortschritte aufgeben. In Wien bildete er sich zum Bauzeichner aus, schloß aber seine Studien nicht ab. Um Geld zu verdienen, arbeitete er als Anstreicher und auf dem Bau. Aber die proletarischen Verhältnisse behagten ihm nicht, er wollte Künstler werden, bald Maler, bald Architekt. Da er sich als etwas Besseres, zu Höherem geboren fühlte, trat er entgegen aller Übung der Arbeitergewerkschaft nicht bei. Darob verachteten und verfolgten ihn seine Arbeitskollegen und brachten ihn um sein Brot. Seine Jugendliebe soll ihm ein reicher Jude weggekauft haben. Auf dieses Wiener Erlebnis geht sein Haß gegen Judentum und Marxismus zurück. Als die Zeit seiner Militärpflicht herannahte, begab er sich aus alldeutschem Haß gegen die Habsburger nach München und brachte sich dort als Malergehilfe durch. Bei Kriegsausbruch meldete er sich freiwillig als angeblicher Kunstmaler bei dem Regiment List, das fast ausschließlich aus Akademikern zusammengesetzt war. Den Krieg machte er mehr beim Regimentsstab als im Schützengraben mit. Seine militärischen Vorgesetzten schildern ihn als Soldaten mit schlapper Haltung, der aber mit echt österreichischer Wurstigkeit die gefährlichsten Meldegängerdienste tat. Gegen Ende des Krieges kam er angeblich wegen einer Gasvergiftung in das Reservelazarett Pasewalk. Nach dem Krankenbericht wurde er am 13. November 1918 wieder kriegsverwendungsfähig geschrieben, er klagte damals nur noch über Brennen der Bindehaut. Selbst aber hat er sich in krankhafter Übertreibung für diese Zeit zum »blinden Krüppel« gedichtet. Nach seiner Entlassung zu seinem Truppenteil in München gehörte er zur Gattung der ewig politisierenden Kasernenbewohner, die sich im bürgerlichen Leben nicht mehr zurechtfanden und deshalb die Sorge und Verlegenheit der Behörden wurden. Ehemalige Kameraden Hitlers haben unwidersprochen behauptet, daß er nach dem Umsturz im Sinne der Mehrheitssozialdemokratie tätig gewesen sei. Nach der Räterepublik fand er durch die Reichswehr ein neues Tätigkeitsfeld in der Politik. Er machte sie schließlich zu seinem Beruf.

Wie Ignatius von Loyola wurde Hitler für die große Welt von vornehmen Frauen, Baroninnen und Gattinnen von Industriellen, Frau Landes, Baronin von Seidlitz, Frau Bechstein geb. Capito, Frau Ernst Hanfstaengl, entdeckt. Sie fütterten ihn an ihren Tischen durch, sie opferten ihm und seiner Zeitung, dem »Völkischen Beobachter«, ihre Sparbüchsen und das Geld ihrer Männer, sie steckten ihm Kunstgegenstände von größtem Wert zu, sie erschlossen ihm die ergiebigen Beziehungen und die laufenden Unterstützungen der Schwerindustrie. Jede seiner Versammlungsreden wurde durch die schrillen Schreie berückter, verzückter und beglückter Frauen eingerahmt. Aber mehr als Worte hat er zum Dank nie gegeben. Er blieb unbeweibt, Frau und Kind hätten ihn gehindert, volle 24 Stunden des Tages ein großer Mann zu sein. So konnte er, wenn er fremde Kinder streichelte, mit jeder Miene versichern, daß er nur dem Volke lebe und ihm sogar sein Familienglück geopfert habe. Nachdem man seine schöne Nichte, nach einem Streit mit ihm, erschossen auffand, erfuhr man, daß er sich der geistigen Getränke, des Pfeffers und des Fleisches enthielt. Nur das Geld liebte er über alle Maßen. Es ist in seiner großen politischen Laufbahn sein süßer Schatz und ein Geheimnis geblieben, das er mit keinem anderen teilte.

Das ganze Wesen Hitlers hat der Münchener Rassenforscher Professor von Gruber in die Worte gefaßt: »Gesicht und Kopf schlechte Rasse, Mischling, niedere fliehende Stirn, unschöne Nase, breite Backenknochen, kleine Augen, dunkles Haar. Eine kleine Bürste von Schnurrbart, nur so breit wie die Nase, gibt dem Gesicht etwas besonders Herausforderndes. Gesichtsausdruck nicht der eines in voller Selbstbeherrschung Gebietenden, sondern der eines wahnwitzig Erregten, ständiges Zucken der Gesichtsmuskeln, am Schluß Ausdruck beglückten Selbstgefühls.«

Nein, Hitler ist keine selbstsichere Siegfriedgestalt, kein blonder strahlender Held, er ist nur eine verunglückte Mischung südöstlichen Einschlags, ein schwächlicher Wortwüstling und furchtsamer, abenteuerlicher Schwärmer, das Geschöpf einer flüchtigen Laune des Glücks. Er weiß, daß er keinen festen Boden unter den Füßen hat, daß er ein Spielball der Mächtigeren ist. Plumpen Schmeichlern ist er ganz hingegeben, sie können ihn nach Belieben kneten und biegen und als Werkzeug benützen, ohne daß er es merkt. Von diesem Gegensatz zwischen Wunsch und Wirklichkeit, zwischen Schein und Sein, kommt seine linkische Haltung, sein unsteter Blick, seine Unsicherheit und Unterwürfigkeit, kommt aber auch wieder seine Überspanntheit und sein unerträglicher Größenwahn, dessentwegen ihn schon 1921 alte Freunde verließen. Entrüstet lehnt er es ab, in einer Sache, die er zu verstehen glaubt, bescheiden zu sein. Man soll ihn nur ruhig regieren lassen. Sein Programm wird sich dann schon von selbst einstellen. Bei Gott, nie hat er nach einem Ministerposten gestrebt, weil er eines großen Mannes nicht für würdig hielt, seinen Namen der Geschichte nur als Minister überliefern zu wollen. Schon 1923 stellte er sich mit Gambetta und Mussolini gleich, er nimmt ausgesprochene Messiasallüren an, beteuert immer wieder, daß er den Beruf zur Rettung Deutschlands in sich fühlt, und zieht eine Reihe von Parallelen mit Napoleon, insbesonders mit dem Zug des Kaisers von der Insel Elba gegen Paris. Seine nächsten Mitarbeiter, selbst ein Ludendorff, sollen neben ihm nicht das mindeste zu sagen haben, wie auch Napoleon sich bei der Bildung seines Direktoriums nur mit unbedeutenden Männern umgeben hat. In den zweifelhaften Gestalten seiner Umgebung schafft er sich Herolde seines künftigen Ruhms. Sie feiern ihn schon als Mussolini, bevor er noch zum Marsch nach Berlin angetreten ist. Er will der Nation die Tat schenken, zugleich Überwinder der »jüdischen Weltherrschaft« und Zerbrecher des Marxismus, er will Bahnbrecher einer mindestens tausendjährigen geschichtlichen Entwicklung sein. Als Übermensch setzt er sich über alle Vorschriften und Gesetze hinweg, denn sein Wille ist oberstes Gesetz. Er bildet sich ein, der oberste Gerichtsherr des Deutschen Reiches zu sein, und läßt seine besten Freunde von gestern ohne gerichtliches Urteil erschießen. Alles, was er sagt und tut, gehörte der Geschichte an.

Das Maß, die Krone aller menschlichen Tugenden, ist ihm versagt. Er kennt nur Himmel und Hölle, Verzückung oder Verzweiflung, nur Lumpen und Helden, Anbeter oder Feinde, Engel oder Verbrecher. »Unbändig«, »fanatisch«, »unduldsam« sind Lieblingsworte von ihm. Er schreit, kreischt, brüllt und heult wie ein wildes Tier, er braust beim geringsten Anlaß auf und tobt dann wie ein Irrsinniger los, wirft und schlägt zusammen, was ihm unter die Hände kommt. Sein Reichtum an Schimpfwörtern ist unerschöpflich. Die Weinkrämpfe hat er Bismarck abgelauscht. Er macht sie meisterhaft nach, nur erholt er sich von ihnen zu rasch. Besonders vornehm dünkt ihn die Anrufung Gottes, wie sie in den Thronreden der Herrscher üblich ist. Doch übertrumpft er seine Vorbilder, indem er im Ton des winselnden Mönches die letzten Worte des protestantischen Vaterunser mitsamt dem jüdischen »Amen« hervorstößt. Dann aber folgen auf Wutausbrüche wieder Wochen lahmer Entschlußlosigkeit, Teilnahmslosigkeit und Niedergeschlagenheit, nicht selten verbunden mit schaurigem Verfolgungswahn. Jede Frage spitzt sich bei ihm auf Sein oder Nichtsein zu. Immer droht er die äußersten und letzten Folgerungen an. Er will siegen oder tot sein, die Tat durchführen oder sich aufhängen, er hat für den Fall der Ablehnung seines Vorschlags für sich und seine Verhandlungsgegner bereits die Kugeln bestimmt. Wenn ihn alle verlassen, will er allein die Sturmfahne tragen und auf ihr sterben. Das Hakenkreuzbanner soll sein Leichentuch werden, wenn ihn der Kampf das nächste Mal niederstreckt. Die Sucht, zu übertreiben und zu übersteigern, verführt ihn zu einer seltenen Verlogenheit. Im Feuer der Leidenschaft beschwört er alles und jedes, wie es ihm gerade in seine Rede paßt. Seine feige Flucht vor der Feldherrnhalle lügt er nach Jahren in die Rettung eines Knaben aus dem feindlichen Feuer um. Seine Lüge vom blinden Krüppel reiht sich würdig an die Goebbelslüge von den Peitschenhieben in belgischen Gefängnissen an. In einer seiner vor Gericht beeidigten Aussagen weist ihm die Polizeidirektion München mühelos zwei Dutzend Verstöße gegen die geschichtliche Wahrheit nach. Mit Hand aufs Herz gibt er unaufgefordert Ehrenwort um Ehrenwort, um sie hernach bedenkenlos zu brechen, wenn es sein politischer Vorteil erheischt. Macht man ihm dabei Vorwürfe, bittet er mit Tränen um Verzeihung und beruft sich auf des Vaterlandes Not. Bis zum äußersten verlangt er von anderen Treue und Hingabe, nur nicht von sich. So ist alles an ihm überspannt und übersprudelt, aufgeblasen und aufgetürmt, unwahrscheinlich und unwahr, verzogen und verzerrt, zur gräßlichen Fratze entstellt.

Nächst seinem Größenwahn sind Haß und Vergeltungstrieb am stärksten entwickelt. Er läßt es ein ganzes Volk büßen, daß er kein großer Künstler geworden ist. Marxisten und Juden, die ihm seine Jugend vergällt haben, verfolgt er mit glühendem Haß. Die Juden bringen ihn besonders wegen ihrer sexuellen Erfolge zur Raserei, unermüdlich klagt er sie als Schänder deutschen Weibtums und Wesens an. Mit einem Wahnwitz, der sonst nur bei Renegaten vorkommt, hält er an den Märchen von den Weisen von Zion und von der jüdischen Weltherrschaft fest. Zum dritten Todfeind des deutschen Volkes hat er Frankreich erklärt. Diesem Land will er Gottes Geißel werden, an ihm will er blutig rächen, was es den Deutschen seit Jahrhunderten angetan hat. Für Frankreich kennt er keine Gnade und keine Verständigung; unerbittlich und unversöhnlich rief er zum Entscheidungskampf mit dem Ziel seiner Vernichtung auf.

Aber Hitlers Haß ist nicht an bestimmte Gegenstände gebunden. Sein ganzes Wesen, das Milde und Verzeihung nicht kennt, ist mit Haß, wie eine Gewitterwolke mit Blitzen, geladen. Als sein erster Vorstoß zur Staatsmacht mit der Niederlage endet, schilt er auch die Deutschen als dummes und charakterloses Volk, dem die Peitsche gebühre. In der Tat trägt er, wie sein Freund Streicher, stets eine Nilpferdpeitsche in der Hand. In die Gestalt Sullas, des Blutsäufers, und seine Proskriptionen ist er krankhaft verliebt. Auch er will bis an die Knie im Blut waten, Köpfe rollen lassen, Galgen aufgerichtet, mindestens 10 000 Novemberverbrecher abgeurteilt und hingerichtet sehen. Jahrelang schreit er nach dem Nationaltribunal zur Aburteilung der Novemberverbrecher, mit Behagen malt er die Empfindungen seiner Todfeinde aus, wenn sie der Strick am Halse kitzelt, unermüdlich fordert er zur Abrechnung mit den Marxisten, zu ihrer Zerschmetterung, Vernichtung und Vertilgung auf. Wenn der Geist der Rache über ihn kommt, brüllt er in den Versammlungen wie ein Ungeheuer auf, und die teuflische Lust am Quälen und Schinden seiner Opfer schnaubt und quillt ihm in tiefen Gurgellauten aus der Kehle herauf.

Ein sattes Lächeln der Befriedigung breitet sich über seine Züge, wenn dann aus seinen Zuhörern heraus der Ruf: »Aufhängen, aufhängen!« erschallt. Der Geruch der Mörder zieht ihn an. Heines, Klapproth, Hustert, Schulz und andere liebt er in seiner Nähe, die Mörder von Potempa feiert er als seine Kameraden, und am 30. Juni 1934 schwelgt er in Blut. Zur Steierung seiner eigenen Wut und der Entrüstung und Mordlust seiner Anhänger lügt er sich und ihnen vor, daß er jahrelang unschuldig verfolgt, mißhandelt und bestraft worden sei. Als er eine Gefängnisstrafe wegen Versammlungssprengung antreten muß, vergleicht er sich mit Christus, der vor 2000 Jahren auch unschuldig gemartert wurde. In Wirklichkeit haben die Gerichte ihm zuliebe nicht nur einmal das Recht gebeugt. Geist ist einem Hitler fremd, er versteht ihn nicht und haßt ihn deshalb, er will nur Leidenschaft, Überschwang, überwältigende Naturkraft sein. Seine Vorstellungswelt ist ungeordnet, sein Weltbild kraus, seine Ausdrucksweise nicht selten gewunden, barbarisch entstellt, dann wieder platt und nichtssagend, ein seltsamer Wort- und Bildungssalat, der nur schlechte Gaumen entzückt. Stundenlang redet er in ungeheurem Wortschwall darauf los, peitscht sich in Lieblingsvorstellungen, ausschweifende Träume, in Schweiß und Aufregung hinein. Dann ist es unmöglich, den politischen Nachtwandler zu unterbrechen, dann prallt jeder vernünftige Einwand wirkungslos ab. Er betet nur zum Gott der Gewalt. Pazifist zu sein, erscheint ihm Verbrechen, Gesinnungs— und Charakterlosigkeit, wie er auch Humanität für eine Mischung von Dummheit, Feigheit und Einbildung hält. Man hat ihn als Machiavellisten gescholten. Das ist für den geistvollen italienischen Staatsmann eine Beleidigung.

Seine politischen Vorstellungen und Rezepte sind von erbarmungswürdiger Einfachheit. Er hat sich einige Formeln zurechtgemacht, mit denen er die verwickeltsten Fragen zu lösen glaubt. Die Rasse ist ihm der Schlüssel zur Weltgeschichte, der Staat hat nur die Aufgabe, für die Erhaltung und Pflege der Rasse zu sorgen; dem Volk bester Rasse, den Deutschen, gehört die Weltherrschaft. Sie wird ihm nur von Minderrassigen, von Juden, Marxisten und Franzosen streitig gemacht. Mit der Vernichtung dieser Feinde bricht für das deutsche Volk der Tag der großen Freiheit an. Die Wirtschaft hat der Politik untertänig zu sein. Zwischen Sozialismus und Kapitalismus besteht nur ein Schreibtischunterschied. Man braucht es nur Mussolini nachzumachen, um die Wirtschaft in schönste Ordnung zu bringen. Wie kann man verwickeln und verwirren, was so selbstverständlich, so furchtbar einfach ist. Nur die Parteien und Parlamente sind an dem heillosen Durcheinander schuld. Auf seinem politischen Weg bedarf das deutsche Volk nur des großen Führers, und dieser Führer ist er. Sein Wille wirkt die notwendigen Wunder, vor ihm tun sich alle verschlossenen Türen auf. Deutschland ist groß, und Adolf Hitler ist sein Prophet. Er wird alle Fragen, wenn es sein muß, mit dem Schwerte lösen.

Das Volk ist ihm nur Harfe, der allein der große Meister Zaubertöne entlockt. Aber er weiß die verschiedenen Saiten zu schätzen, die unteren sind ihm gerade zur Begleitung recht. Im Grunde verachtet er das niedere Volk, dem er schmeicheln muß, weil er es braucht, das ihn sogar zwingt, besonders wichtige Reden vor dem Spiegel einzuüben. Die Masse schilt er als nicht denkfähig, nicht tüchtig, auf keinen Fall aber begnadet. Die Arbeiter sind letzten Endes nur begierig auf Brot und Spiele und von Natur dazu bestimmt, von Leuten besserer Rasse rücksichtslos beherrscht zu werden. Die bessere Rasse, nach der er sich sehnt, die feinen Leute, denen er nicht entstammt, haben es Hitler angetan. Der größte Schmerz seines Lebens ist es, nicht Offizier, sondern nur Gefreiter gewesen zu sein. Die Welt der glänzenden Uniformen nimmt ihn ein, er wird nicht müde, für seine braune Privatarmee Kinkerlitzchen auszudenken und zu verordnen. Aber er hat nicht den nüchternen deutschen, sondern einen fremdländischen südöstlichen Geschmack. Seine Bandenführer laufen wie Offiziere eines Negerstaates umher.

Hitlers politische Propaganda ist ungeistig, roh, ganz und gar auf Äußerlichkeiten abgestellt. Er lehrt, daß man der menschlichen Dummheit alles bieten kann und mit der größten Lüge die besten Geschäfte macht. Die Rede des Politikers soll der Aufnahmefähigkeit des Einfältigsten aller Zuhörer angepaßt werden. Je öfter man eine Behauptung wiederholt, um so leichter wird sie geglaubt. Die Propaganda hat auf keinen Fall der Wahrheit zu dienen, soweit sie dem Gegner günstig ist, sondern bewußt einseitig zu sein. Die Staatsbürger wollen nicht belehrt, sondern unterhalten und begeistert sein. Aufzüge, Abzeichen und Fahnen, das Hakenkreuzsymbol, feierliche Schwüre und Treue bis in den Tod, dunkle Morddrohungen für Verrat, schreiende Riesenplakate, Massenversammlungen mit Musik und Gesang, Uniformen rütteln die träge Masse auf. Augen und Ohren müssen gefesselt, befriedigt, betäubt, die alleinseligmachende politische Wahrheit muß fanatisch eingehämmert werden. Immer umfassender muß die Propaganda werden, Tausende von Teilnehmern an den Veranstaltungen genügen nicht mehr, Hunderttausende, Millionen müssen aufmarschieren, das ganze Deutschland muß aufgepeitscht, ergriffen und mitgerissen sein. Der Gegner darf in nichts und in keinem Maße recht haben, er muß der Bösewicht, der Widersacher, der leibhaftige Teufel sein. Er muß als Volkspest und Auswurf bekämpft, seine Versammlungen müssen gesprengt, seine Anhänger niedergeschlagen werden. Die Herrschaft über die Straße ist die Voraussetzung zur Eroberung der politischen Macht. Es darf keine Ruhe und keine Rast mehr geben in Deutschland, bis der letzte Gegner Hitlers bekehrt oder vernichtet ist. Dann erst kann er seiner Sache sicher sein, die eben nicht auf Erkenntnisse, Wahrheiten, Überzeugungen oder Tatsachen gegründet, sondern eine durch das Mittel der Propaganda erzeugte künstliche Mache ist.

Allerdings sprach die von Hitler durchgeführte Vereinfachung und Vergröberung aller politischen Fragen dem Zeitgeist zu. Besonders die deutsche Nachkriegsjugend war des trockenen Tons in Staat und Wirtschaft herzlich satt geworden. Die beklagenswerte Lage des Vaterlands stimmte mit ihren politischen Sehnsüchten und Wünschen nicht überein. So flüchtete sie in die glänzenden Zeiten der Vergangenheit und machte für das außen- und innenpolitische Elend das »System« und die herrschenden Parteien verantwortlich. Statt langweilige Erörterungen und Streitigkeiten über politische Alltagsfragen anzuhören, setzte sie sich lieber zu Füßen des wortgewaltigen Propheten, der die Wiederherstellung der alten deutschen Größe und Herrlichkeit durch Zaubermittel, durch Wille und Waffen versprach. Sie wollte leben und lehnte es deshalb ab, für die Sünden der Väter zu büßen und das Bleigewicht einer unvorstellbar hohen Kriegsentschädigung durch die Jahrzehnte zu schleppen. Sie glaubte an das Wunderbare auch in der Politik. Eben legte man dem Irrationalen, den Kräften des Gefühls und der Seele wieder größere Bedeutung bei. Der europäische Geist war müde geworden, er verleugnete sich selbst und erwartete von Blut und Boden neue Säfte und Heilung für alle Schäden der Zeit. Natur und Sport, Tanz und frühe Liebe fraßen die Stunden, die vormals der Gewinnung von Wissen gewidmet waren. Aus dem Unvermögen, die ungeheuer angewachsenen Magazine der Wissenschaft zu bewältigen, machte die Jugend eine Tugend und sprach dem Wissen die Daseinsberechtigung ab. Dafür wurde die hohe Intuition auf den Schild erhoben, der politische Wunderglaube genährt, auf die Wirkung der Todesstrahlen in künftigen Kriegen vertraut, oder man fiel gar, wie Ludendorff in seinen alten Tagen, auf vaterländisch aufgezäumte Goldmacher herein. So ging der politische Aufstieg der Nationalsozialisten mit dem Zustrom der Jungwähler Hand in Hand.

Es war wirklich nicht das Programm der Nationalsozialisten, das ihnen die Wähler in Scharen herbeizog. Allerdings war dieses Programm so reichhaltig und vielgestaltig, daß es jedem Staatsbürger etwas zu bieten schien. Die Forderung nach einem Großdeutschland, nach Zusammenfassung aller Deutschen in Europa zu einem Einheitsreich wies über Bismarck hinaus und war ein politischer Wunsch, in dem sich die meisten Deutschen einig sind. Die verlangte Ausstoßung der Juden aus der Staatsbürgerschaft kam dem Neidgefühl weiter Schichten des Bürgertums entgegen, die seit Jahrzehnten das Eindringen der Juden in die Ärzteschaft, Rechtsanwaltschaft, in die Literatur, das Theaterwesen, in die Universitäten und seit 1918 in die Ministerien Preußens und des Reiches und ihre bedeutsame Rolle in der Geldwirtschaft mit steigendem Unbehagen gesehen hatten. Der angekündigte Kampf gegen Parlamente und Parteibuchbeamtentum war besonders dem Berufsbeamtentum ein Ohrenschmaus. Die Brechung der Zinsknechtschaft, das Kern- und Herzstück des Programms, machte den Nationalsozialismus besonders bei den verschuldeten Bauern und Hotelwirten beliebt. Dem Arbeiter war Gewinnbeteiligung an den Betrieben, dem Mittelstand die Beseitigung der verhaßten Warenhäuser und Konsumvereine zugesagt. Der Satz, »daß Gemeinnutz vor Eigennutz gehe«, der als Stein des Weisen gepriesen wurde und unter dem man sich alles und nichts vorstellen kann, war des allgemeinen Beifalls gewiß. Das alles wurde nicht aus langatmigen wissenschaftlichen Grundanschauungen heraus entwickelt, war nicht in irgendein schwieriges System gebracht, sondern hing fröhlich wie ein Leckerbissen am Weihnachtsbaum – und jeder konnte sich den seinen für den Tag der großen Bescherung heraussuchen.

Wie das Programm eine Sammlung gangbarer Wünsche war, so wurde die Partei ein Sammelbecken aller Enttäuschten. Selbst der Führer umgibt sich mit Leuten, die irgendwie brüchig sind. In seinen Anfängen steht ihm am nächsten sein »Jüngling« Esser, ein Schreier und Krakeler, »ein Lump«, wie ihn Hitler selbst beschimpft, aber einer, den er vorzüglich brauchen kann. Sein erfolgreicher Nachfolger in der Gunst Hitlers ist der undurchsichtige Rudolf Heß, Auslandsstudent, Privatsekretär, verschlagen, grausam, hinterlistig, mit dem unheimlichen Lächeln der ägyptischen Sphinx. Da ist Duzfreund Röhm, ein tapferer Mann, ein rauher Kämpfer, aber streitsüchtig wie ein Weib, ein homosexueller Lüstling und Wüstling, ein wilder Genießer, der das Heute feiert, weil ihn morgen der Teufel holen kann. Da ist der Volksschullehrer Streicher, der sadistische Judenschreck, der jeden sexuellen Dreck in Gold verwandelt, ein Abschaum des Lebenswandels und der Gesinnung, der aber als Wisser tiefer Geheimnisse von Hitler gestützt und gehalten und für den Tag der großen Judenpogrome und der Schreckensherrschaft aufgespart wird. Da ist Göring, der eitle selbstgefällige Morphinist und Gewaltmensch, der nach Blut wie ein Kind nach der Milch schreit, ein Bruder Neros schon dem Äußeren nach. Da ist Mephisto Goebbels, der Klumpfuß und finstere Bolschewik, der begabte, aber verlogene Kaffeehausliterat, der bei den Jesuiten in die Schule gegangen ist und alle und alles verrät. Da ist Himmler, der mißratene Professorssohn, ein Tunichtgut, der später als Anführer der Tscheka des Dritten Reiches seine unheimliche Begabung für Verbrechen erweist. Da sind die baltischen Flüchtlinge, die in Außenpolitik machen, zäh und unverdrossen die Karten mischen und den Führer zum Ritt nach östlichen Ländern ermuntern, die ihnen wieder die verlorenen Rittergüter bringen sollen. Da sind noch Hunderte der Wurmstichigen, Ehrgeizigen, der Machtsüchtigen, die nichts wollen als fette Posten, Macht über Menschen, Luxuskraftwagen, Mätressen und Geld. Das ist der neue Führeradel, der einzig und allein nach dem Willen des Führers in der Tiefe aufgelesen und als Stand der Hochrassigen eingerichtet wird. Auf ihrer Gefolgschaftstreue, ihrer wirtschaftlichen Abhängigkeit von dem Führer beruht Hitlers ganze Macht.

Sie ist nicht auf Volksgunst gegründet. Er hat schon einmal nach dem mißglückten Putsch von 1923 erfahren, was von der Zuneigung der Menge zu halten ist. Sie feierte ihn, solange sie erwarten konnte, von ihm Erfüllung ihrer Wünsche zu erlangen. Damals, als er mit der Politik anfing, kamen die vielen, denen die Sozialdemokratie nicht revolutionär genug gewesen war, die jetzt von ihm den gründlichen Umbruch und Umsturz erhofften. Da kamen die Angestellten, die Stehkragenproletarier, die sich mit den gewöhnlichen Arbeitern nicht an einen Tisch setzen wollten und einen Sozialismus für bessere Herren verlangten. Dann strömten die Revolutionsgeschädigten herbei, Fürsten, höhere Beamte, verschuldete Offiziere, die Ehren, Vorrechte oder nur Aussichten verloren hatten und die Wiederherstellung der früheren Zustände ersehnten. Es kamen die Nationalisten, die schwer an der Schande des Vaterlands trugen und denen Hitlers Rachereden gegen Frankreich wie Musik in den Ohren klangen. Es kam die akademische Jugend, die sich in Staat und Wirtschaft durch ältere und tüchtigere Leute von allen Posten ausgeschlossen und einer postenlosen Zukunft preisgegeben sah. Eine besonders starke Truppe stellte der bürgerliche Mittelstand. Seine Mitglieder waren durch die Inflation um Sparvermögen und Betriebskapital betrogen worden und nun entweder zu alt, um von vorn anzufangen, und auf kärgliche Wohlfahrtsunterstützungen angewiesen oder durch den immer fühlbarer werdenden Wettbewerb der großen Kaufhäuser und der Konsumvereine am geschäftlichen Wiederaufstieg gehindert. Sie machten ihrer Erbitterung durch einen wilden politischen Radikalismus Luft, den der Nationalsozialismus durch sein mittelständisches Programm wohl zu schüren verstand. In ihrem Gefolge kamen zu Hitler alle Schuldner und Bankrotteure in Stadt und Land, die sich nur noch von einer neuen Umwälzung ihre Rettung vor wirtschaftlichem Zusammenbruch und bürgerlicher Unehre versprachen. Es kamen die ewigen Arbeitslosen, die keinen Ausweg mehr wußten, keine Aussicht mehr hatten, jemals wieder Arbeit zu erlangen. Es kam der Abschaum der Großstädte, der durch den Geruch von Blut und Raub um Hitler angezogen ward. Es kam das Geschmeiß der Rucksackrevolutionäre vom Zuhälter bis zum Politiker, das immer auf fette Bissen lauert, wenn der Grund aufgerührt wird. Dann kamen die Wirtschaftsführer, die eine ausgezeichnete Gelegenheit sahen, den Sozialismus durch falsche Propheten zu meucheln und den Arbeitern die Errungenschaften der Revolution zu entreißen, sie in Staat und Wirtschaft wieder unmündig, zu Knechten zu machen. So mannigfach und unvereinbar diese Wünsche und Hoffnungen waren, alle die Enttäuschten und Gescheiterten, die Erbitterten und Verzweifelten waren einig in ihrem Haß gegen das herrschende Weimarer System. Hitler und die Seinen verstanden es meisterhaft, die Minderwertigkeitsgefühle, die Regungen des Hasses und die wilden Wünsche der Rache in revolutionäre Glut zu verwandeln. Die Geschichte hat kaum ein Beispiel, daß so leidenschaftlicher Haß einen immer größeren Teil der Bevölkerung eines Landes — nicht etwa gegen blutige Tyrannen, sondern gegen schlecht und recht regierende Spießbürger ergriff.

Der militärische Machtapparat und der Stoßtrupp dieser gegenrevolutionären Masse wurden die nationalsozialistischen Sturmabteilungen (SA) als Versammlungsschutz. Sie sollten nach der Absicht Hitlers und Röhms der »Sturmbock der Bewegung«, »Vorschule für den kommenden Freiheitskampf im Innern« sein. Ihre Aufgabe war die »Propaganda der Tat«. Ursprünglich mit Riemen oder Peitschen, später mit Stahlruten, Gummiknütteln und Pistolen bewaffnet, warfen sie in Parteiversammlungen Zwischenrufer hinaus, sprengten gegnerische Versammlungen, Theatervorstellungen oder mißliebige wissenschaftliche Vorträge, schlugen Juden in öffentlichen Gaststätten und auf der Straße nieder, forderten durch Aufmärsche besonders in

Arbeitervierteln die politischen Gegner zu Schlägereien heraus, drangen bei Umzügen mit Übermacht in Arbeiterwohnungen ein, verprügelten die Insassen, durchfuhren in bewaffneten Banden auf Lastwagen oder in Sonderzügen das ganze Land und riefen überall Straßenschlachten mit Toten und Verwundeten hervor. Selbstverständlich wären sie wegen solcher Handlungen von der Polizei unterdrückt worden, hätten sie sich nicht eine Rückversicherung bei der Reichswehr verschafft. Ihr gegenüber verpflichteten sie sich, den Wehrgedanken zu pflegen und bei kommunistischen Unruhen als Reserve zur Verfügung zu stehen. Durch Hauptmann Röhm wurden zahlreiche Offiziere und Mannschaften der Reichswehr und der Landespolizei den SA-Abteilungen als Mitglieder zugeführt. Das alles geschah unter wohlwollender Förderung der höchsten Reichswehrführer, insbesondere des Generals Epp. Dieser verschaffte Hitler auf Betreiben Röhms für den »Völkischen Beobachter« sogar ein Darlehen von 60 000 Mark. Offiziere der Ehrhardt-Brigade bildeten die SA-Abteilungen im Kriegshandwerk aus, durch Hitler wurden ganze Waffenlager für sie angekauft. Gleich anderen militärischen Geheimorganisationen wurden sie so immer mehr der Schirmherrschaft der Reichswehr unterstellt. Dafür hielt diese immer ihre schützende Hand über sie, wenn die bayerischen Polizeibehörden sich aufrafften, wegen der zunehmenden Ausschreitungen gegen sie vorzugehen. Das war eine kluge Arbeitsteilung: Der Gefreite Hitler, der Mann aus dem Volk, zog durch seine wilden Hetzereien gegen die demokratische Republik die Massen an seine Bewegung heran, der Reichswehrhauptmann Röhm erfaßte die heranströmende Jugend für den militärischen Machtapparat und rüstete sie zum Kampf gegen den äußeren und inneren Feind. In den SA-Abteilungen wurde der »preußische Sozialismus« im Sinne Friedrichs des Großen, die »Frontgesinnung« gepflegt. Klassenunterschiede scheinen verschwunden. Jeder Mann steht an dem Platz, auf den er von der Führung gestellt ist, der Student geht neben dem Arbeiter, der Handlungsgehilfe neben dem Bauernknecht. Der Gedanke der Hingabe an den Dienst für das Vaterland, der gemeinsamen Pflichterfüllung und des Gehorsams genüber dem Befehl eint Führer und Mann. Soziale Gesinnung wird gepflegt, der brave Hauptmann, der sich um die Nöte seiner Untergebenen kümmert, kommt häufig vor. Der Führer wird von einer höheren Macht bestimmt, die nun einmal da ist und der sich alles zu unterwerfen hat. Nur Juden und Marxisten können daran schuld sein, daß sich diese einfache und nützliche Ordnung der Dinge nicht auch in der Wirtschaft und im Staate durchsetzen läßt.

Die Aufrechterhaltung des militärischen Machtapparats kostete sehr viel Geld. Die Hitleroffiziere wollten ständig gelohnt sein, die zahllosen Propagandafahrten der SA-Leute auf der Eisenbahn und mit Lastwagen, die Tagegelder und Unterstützungen für die Mannschaften verschlangen große Summen. Für solchen Aufwand reichten weder die außerordentlichen Zuwendungen reicher Parteimitglieder noch die Spenden der Gönnerinnen Hitlers aus. Es mußten neue und größere Geldquellen erschlossen werden. Dieser Aufgabe nahm sich mit dem größten Eifer und Erfolg der Führer selbst an. Er verstand es ausgezeichnet, überall, im In- und Ausland, ganz erhebliche Mittel zu beschaffen, aus denen er seinen Unterhalt und die Kosten der Bewegung bestritt. Über Herkunft und Verwendung der Gelder gab er zum Verdruß seiner Parteifreunde niemandem Rechenschaft. Als Besitzer des Pateischatzes hatte er bald eine ungeheure Macht, die er bei Parteistreitigkeiten geschickt in die Waagschale warf und dadurch letzten Endes den Ausschlag gab. Mit der fortschreitenden Inflation wurde der Besitz ausländischer Geldsorten für die Bewegung von größter Wichtigkeit. Hitler sandte eigene Schatzgräber, wie Dr. Gansser, in die Schweiz, die den reichen Industriellen vor dem drohenden Bolschewismus und dem römischen Jesuitismus in Deutschland angst machten und sie zur Hergabe größerer Summen gewannen. Ebenso wurde in Holland, in der Tschechoslowakei, in Finnland, in Amerika verfahren, und selbst aus Südafrika gingen Spenden ein. Nach der von dem englischen Politiker Morel dem bayerischen Generalstaatskommissar von Kahr mitgeteilten Behauptung französischer Kabinettsmitglieder sollen der Hitlerbewegung sogar aus Frankreich beträchtliche Geldmittel zugeleitet worden sein. Auch die faschistische Regierung Italiens und der amerikanische Automobilkönig Ford werden als Geldgeber genannt. In Deutschland wurde Hitler anfangs besonders von württembergischen und Berliner Industriellen sowie vom bayerischen Industriellenverband unterstützt. Später erschlossen sich ihm die Mittel Thyssens und anderer Industriemagnaten des rheinisch-westfälischen Industriegebiets, die Geldquellen des Bankgewaltigen Stauß und die berühmte »Bundeslade« Hugenbergs. Von Zeit zu Zeit unternahm Hitler förmliche Beutezüge, bei denen er den Wirtschaftsführern Deutschlands sein Wirtschaftsprogramm zum besten gab. Die Gebieter über Kohle und Eisen gaben, weil Hitler ihnen als der einzige Mann erschien, der fähig sei, »die Arbeiter aus den Klauen des Marxismus zu retten«. Sie sahen in den Errungenschaften der Revolution wie in der verfassungsrechtlichen Sicherung des Koalitionsrechts und der Anerkennung der Gewerkschaften, der

Arbeitslosenversicherung, dem gesetzlichen Achtstundentag, den Tarifverträgen und dem Betriebsräterecht, den höheren Löhnen, dem ständigen Ausbau der Sozialversicherung eine schwere Beeinträchtigung ihres Machtbewußtseins und ihres Profits. Die Nationalsozialisten schienen ihnen als Gegner des Klassenkampfes, als Spaltpilz der Arbeiterschaft geeignet, die Rolle der gelben Werkvereine zu übernehmen, die sie im November 1918 in den Vereinbarungen mit den Gewerkschaften hatten fallenlassen. Sie hofften, nach dem Sieg des Nationalsozialismus ihr Geld mit Zinsen und Zinseszinsen zurückzuerhalten, und sie haben sich zunächst nicht getäuscht. So verriet Hitler den deutschen Arbeiter um Geld an das Unternehmertum. Seine schmutzigen Geschäfte mit der Industrie waren der Öffentlichkeit längst bekanntgeworden, aber die Enthüllungen darüber haben seinen Aufstieg nicht mehr zu verhindern vermocht. Der Glaube an ihn hat sich schließlich stärker als alle Tatsachen erwiesen.

Trotzdem hätte der Nationalsozialismus für die demokratische Republik keine tödliche Gefahr werden können, wenn die Behörden ihn von Anfang an nach den bestehenden Gesetzen behandelt hätten. Das ist nicht geschehen. Der Oberamtmann der Polizeidirektion München, Dr. Frick, der spätere Reichsinnenminister, hat darüber im Hitlerprozeß folgendes ausgesagt: »Pöhner und ich erkannten, daß diese Bewegung der Nationalsozialisten, die damals noch klein war — es wäre ein leichtes gewesen, sie damals noch zu unterdrücken, 1919 und 1920 —, nicht unterdrückt werden dürfe. Wir taten das bewußt nicht, weil wir in ihr den Keim einer Erneuerung Deutschlands sahen, weil wir von Anfang an die Überzeugung hatten, daß diese Bewegung geeignet wäre, in der marxistisch verseuchten Arbeiterschaft festen Fuß zu fassen und sie ins nationale Lager zurückzuführen. Deshalb hielten wir unsere schützende Hand über die nationalsozialistische Arbeiterpartei und Herrn Hitler.« Aus dieser Einstellung heraus haben die Leiter der Münchener Polizeidirektion jahrelang Anzeigen gegen Nationalsozialisten unterdrückt, Untersuchungen gegen sie im Sand verlaufen lassen, die aufreizendste Hetze gegen republikanische Staatsmänner erlaubt, von Nationalsozialisten begangene politische Verbrechen nicht verfolgt. Auch bürgerliche Parteien, nicht nur die Deutschnationalen, sondern auch die Bayerische Volkspartei, begünstigten bis 1923 das Treiben der Nationalsozialisten, weil sie in ihnen vor allem die Gegner der Sozialdemokraten sahen und die »wertvollen Teile« der neuen Arbeiterpartei für die vaterländische Bewegung gewinnen wollten. Noch gegen Ende 1922 feierte ein Redner der Bayerischen Volkspartei im Bayerischen Landtag die

Nationalsozialisten als »Sehnsucht der Jugend« und hob ihre »wahrhaft vaterländische Gesinnung« hervor. Als sich die Sozialdemokraten über die Ausschreitungen der bewaffneten Horden beschwerten,
wurde ihnen von der gleichen Seite höhnisch erwidert, die Nationalsozialisten machten gegenüber den Sozialdemokraten nur von ihrer
körperlichen Überlegenheit Gebrauch. Anträge der Sozialdemokraten
auf Auflösung aller bewaffneten Organisationen wurden wiederholt
abgelehnt. Aber bald zeigte sich, daß die Nationalsozialisten bereits
auch für die Bayerische Volkspartei und den bayerischen Staat eine
erhebliche Gefahr geworden waren.

Der Machtbereich Hitlers beschränkte sich zu Beginn des Jahres
1923 noch auf Bayern und Teile von Württemberg. In den übrigen
Teilen des Reichs wurden die rechtsradikalen Gruppen von den
Männern der Deutschvölkischen Freiheitspartei, Graefe, Wulle, Henning, Graf Reventlow geführt. Erheblichen Einfluß bekamen im Norden auch wieder die Alldeutschen unter Justizrat Claß. Die militärischen Geheimverbände waren in der Hauptsache der geheimen
Oberleitung Ludendorffs unterstellt.

Mit dem Einbruch der Franzosen und Belgier ins Ruhrgebiet am
11. Januar 1923 entstand in Deutschland eine starke nationalistische
Welle, die den Nationalsozialisten außerordentlich zugute kam. Zunächst kam allerdings im ganzen Reich eine Art Burgfrieden zwischen
den Parteien zustande, und es machte auch auf rechtsstehende Kreise großen Eindruck, daß im Abwehrkampf an der Ruhr die sozialdemokratischen und kommunistischen Arbeiter in vorderster Front
gegen die Franzosen standen. Nur Hitler gab seinen Haß gegen
die »Marxisten« keinen Augenblick auf. Schon am 12. Januar gab
er in einer Riesenversammlung in München seine Losung zu den
außenpolitischen Ereignissen aus: »Nicht nieder mit den Franzosen
muß es heißen, sondern nieder mit den Novemberverbrechern!« Darüber kam er bald in Gegensatz zu der Regierung, die mit Recht
erkannte, daß ohne den deutschen Arbeiter und ohne die parlamentarische Unterstützung der Sozialdemokratie der passive Widerstand
gegen die Franzosen an der Ruhr nicht durchzuführen war. Für
den 27. Januar berief Hitler nach München einen nationalsozialistischen Parteitag mit großer Fahnenweihe ein. Wie immer zog er die
Sache prahlerisch auf. Zwölf Massenversammlungen sollten stattfinden, die SA in Stärke von 5000 Mann durch die Stadt marschieren
und einige Tage lang das Stadtbild beherrschen. Nach den Ausschreitungen der nationalsozialistischen Banden in Coburg, das im
Oktober 1922 von einem nationalsozialistischen Sturmregiment aus

München förmlich erobert worden war, fürchtete die bayerische Regierung, daß Hitler die Veranstaltung zu einem Putsch benützen, die öffentlichen Gebäude besetzen und die Macht an sich reißen würde. Sie verbot deshalb den geplanten Massenaufmarsch der SA und einen Teil der Versammlungen. Hitler sah sich um das große Schauspiel gebracht, das er der Welt geben wollte, und schäumte auf. Er drohte dem Münchener Polizeipräsidenten, daß er ohne Rücksicht auf das Verbot auf jeden Fall marschieren werde. Gleichviel, ob die Polizei schieße oder nicht, der staatlichen Gewalt werde er seinerseits Gewalt entgegensetzen. Darauf verhängte die bayerische Regierung mit der Begründung, daß Hitler den Boden des Rechts verlassen habe, über das rechtsrheinische Bayern den Ausnahmezustand. Jetzt griff zu Hitlers Gunsten durch Röhm und Epp die bayerische Reichswehr ein. Die beiden Gönner vermittelten Hitler eine Unterredung mit dem neuen Landeskommandanten General von Lossow, in der Hitler demütig eine reibungslose Durchführung seiner Veranstaltung versprach. General Lossow schickte Röhm zu dem Regierungspräsidenten von Oberbayern, v. Kahr, und dieser setzte den Ausgleich bei der bayerischen Regierung durch. Hitler bekam sein Schauspiel, die Ordnung wurde nicht gestört. Der Ausnahmezustand wurde am 5. 2. wieder aufgehoben. Ohne die Vermittlung der Reichswehr hätte sich damals das Schicksal Hitlers entschieden.

Die Reichswehr aber hatte damals schon die Verwendung der SA Hitlers für »vaterländische Zwecke« ins Auge gefaßt. Während sich die Reichsregierung an der Ruhr auf den passiven Widerstand beschränkte und nicht einmal die diplomatischen Beziehungen mit Frankreich abbrach, verlangten die nationalsozialistischen Kreise in Deutschland immer schärfer die Zerreißung des Versailler Vertrages und den Übergang zum offenen Krieg. Von den militärischen Geheimverbänden und wilden Stoßtrupps wurden Brückensprengungen und andere Racheakte im neubesetzten Gebiet vorbereitet und durchgeführt. Auch die Reichswehr richtete sich insgeheim für den Kriegsfall ein und traf insbesondere Vorbereitungen zur Verstärkung der Heeresmacht. Unter dem Stichwort »Frühjahrsübung 1923« wurde von ihr eine Reihe organisatorischer Maßnahmen getroffen. Da man die allgemeine Wehrpflicht nicht einführen konnte und eine offene Werbung von Kriegsfreiwilligen scheute, griff man auf die Bestände der militärischen Geheimverbände und sonstiger »vaterländischer« Organisationen zurück. Die früheren Offiziere, alte gediente Soldaten und militärisch noch nicht ausgebildete jugendliche Mitglieder der Verbände wurden zu militärischen Übungen eingezogen. Sie fanden in den Kasernen und auf den Truppenübungsplätzen der Reichswehr statt. Die militärische Ausbildung erstreckte sich auf den Gebrauch der wichtigsten Kampfmittel, insbesondere Gewehr, Maschinengewehr, Geschütz und die einfacheren Gefechtsformen und Aufgaben. Wegen der Gefahr eines vorzeitigen Verrats der Absichten der Reichswehr wurde anfangs in kleinen und kleinsten Verbänden geübt. Vom April ab wurden in München durch Hauptmann Röhm aber auch Nachtübungen, Geländeübungen und Manöver unter Beteiligung von Tausenden von Mitgliedern der Verbände und der Reichswehr, daran anschließend große militärische Paraden abgehalten. Alle zur Ausbildung bei der Reichswehr zugelassenen Personen mußten sich schriftlich verpflichten, im Bedarfsfall dem Ruf des Ausbildungstruppenteils oder einer anderen Truppe der Reichswehr ohne Vorbehalt Folge zu leisten, über die Tatsache ihrer Ausbildung strengstes Stillschweigen zu bewahren und sich als aufgerufene Soldaten den geltenden militärischen Pflichten und Strafgesetzen zu unterwerfen. Für die Kosten der Ausbildung wurden Reichswehrmittel zur Verfügung gestellt, die Waffen der Verbände von der Reichswehr in Pflege und für den Kriegsfall in Verschluß genommen. Das war vielfach nur durch Vereinbarungen zu erreichen, in denen sich die Reichswehr verpflichtete, im Einverständnis mit den verantwortlichen Reichs- und Landesstellen die Waffen den Verbänden wieder auszuhändigen, wenn sie von diesen benötigt würden. So bereitete die Reichswehr im Frühjahr 1923 im Zusammenwirken mit den militärischen Geheimverbänden in aller Heimlichkeit die Mobilmachung vor, während der Reichswehrminister Geßler im Reichstag einen Krieg gegen Frankreich als verrückt und als Verbrechen am deutschen Volk brandmarkte und der Chef der Heeresleitung, General von Seeckt, mit dem preußischen Innenminister Severing ein Abkommen über die Auflösung aller militärischen Geheimorganisationen traf und den Angehörigen der Reichswehr die Zugehörigkeit zu »vaterländischen« Verbänden verbot.

Als Gegenleistung für die Bereitwilligkeit der Verbände, ihre Mitglieder für den Kriegsfall ausbilden zu lassen, räumte man den Verbänden größere Bewegungsfreiheit in der Innenpolitik ein. Hitler und Röhm gedachten das zu einer Abrechnung mit den »Novemberverbrechern« zu benützen. Allein die offensichtliche Vaterlandsliebe sozialdemokratischer Arbeiter und Funktionäre, die wegen ihrer Treue zu Deutschland in den besetzten Gebieten zu Hunderten in die französischen Gefängnisse wanderten, verdarben ihnen die bisherige Agitation. Es bestand Gefahr, daß in weiten bürgerlichen Kreisen bis in die Reihen der Deutschnationalen hinein die Sprüche

Hitlers von den »marxistischen Landesverrätern« nicht mehr geglaubt wurden. Deshalb mußte die »innere Reinigung« so rasch wie möglich durchgeführt werden. Immer leidenschaftlicher tat Hitler in seinen Versammlungen und im »Völkischen Beobachter« den passiven Widerstand an der Ruhr als »Schwindel«, als »Leimrute des jüdischen Marxismus«, als »Patriotismus auf Bezahlung« ab. Unermüdlich forderte er zum Aufhängen der Novemberverbrecher auf. In einer seiner Verlautbarungen hieß es: »In all dem Geflunker und Geschwätz von Einheitsfront haben wir nicht zu vergessen, daß sich zwischen uns und die Volksbetrüger, Arbeiterverführer und bürgerlichen Parteiverbrecher 2 Millionen Tote schieben. Die Beseitigung der Führer wäre nicht Bürgerkrieg, sondern ein gerechtes Strafgericht, denn wir müssen endlich einmal einen Unterschied zwischen Staatsbürgern und Schweinehunden machen. Wir können keine Führer dulden, die Hochverräter sind, keinen Präsidenten, der selbst Hochverräter ist. Die Antwort auf Essen wäre Aufhängen aller Volksverräter innerhalb des Reichstags.« Die von der Reichsregierung zur Finanzierung des Ruhrkampfs ausgeschriebene Anleihe bezeichnete er als »Anleihe-Schwindel« und forderte zu ihrer Boykottierung auf. In den Versammlungen ermunterte er seine Anhänger, sich Notizbücher anzulegen und darin die Namen der »immunen Lumpen«, die Wohnungen der Juden und der November- und Erfüllungsverbrecher aufzuzeichnen, damit am Tage des Sieges entsprechend Rache genommen werden könne. Auch vor Kardinälen und Konsistorialräten dürfe im Kampf nicht haltgemacht werden. Die Auffassung Hitlers wurde damals von den meisten Rechtsverbänden nicht geteilt. Angesichts der Gefahr von außen setzte sich auf einer Tagung der vaterländischen Verbände am 26. Februar 1923 in Berlin sogar Ludendorff, allerdings nicht ohne Widerspruch, für innenpolitischen Waffenstillstand und Unterstützung der Regierung Cuno durch die vaterländischen Verbände ein. Der Chef der Heeresleitung, General von Seeckt, mit dem Hitler eine mehrstündige Aussprache hatte, lehnte die »innere Reinigung« ab. Auch der Reichskanzler Cuno, dessen Begleiter im Februar 1923 im Geschäftszimmer des Hauptmanns Röhm von Hitler bearbeitet wurden, wollte nichts vom Bürgerkrieg wissen. Hitler rächte sich, indem er nunmehr den Reichskanzler in Versammlungen und Presse aufs heftigste angriff. Er sprach trotz des Republikschutzgesetzes von »Bedienten und Kanaillen in der Reichsregierung«, von dem »politischen Zugeher und politisierenden Kaufmann Cuno« und verstieg sich zu der Beschimpfung: »Wir werden vom Auswurf des Volkes regiert.«

Bei einem Teil der vaterländischen Organisationen in Bayern dagegen fand Hitler mit seiner Bürgerkriegshetze volles Gehör. Er hatte anfangs Februar 1923 seine SA mit dem »Bund Oberland«, der »Reichsflagge« der Reichswehroffiziere Heiß und Röhm, den vaterländischen Verbänden Münchens und einer Organisation »Unterland«, die von Pittingers Organisation »Bayern und Reich« abgesplittert war, zu einer Arbeitsgemeinschaft der Kampfverbände zusammengeschlossen. Ihre politische Leitung wurde von dem früheren bayerischen Justizminister Dr. Roth, die militärische von dem früheren Stabschef der bayerischen Einwohnerwehr, Oberstleutnant Kriebel, übernommen. Unter dem Einfluß Hitlers geriet diese Arbeitsgemeinschaft bald in offenen Gegensatz zu der bayerischen Regierungspolitik. Sie forderte von der bayerischen Regierung unter immer stärkeren Drohungen die Verhinderung mißliebiger Versammlungen und Vorträge, den Nichtvollzug von Haftbefehlen des Reichsstaatsgerichtshofs gegen vaterländische Männer, die Aufhebung des Republikschutzgesetzes für das bayerische Gebiet. Die Lage der bayerischen Regierung gegenüber diesen Verbänden war schwierig, weil sie einen Teil von ihnen als »Notpolizei« verpflichtet hatte, die bei inneren Unruhen zur Unterstützung der Polizei und Reichswehr herangezogen werden sollte. Außerhalb Münchens waren von den Behörden sogar Nationalsozialisten in die Notpolizei aufgenommen worden. Der bayerische Innenminister Dr. Schweyer merkte immer mehr, daß man den Bock zum Gärtner gemacht hatte. Er suchte die Schwierigkeiten dadurch zu meistern, daß er von den Verbänden eine ausdrückliche Verpflichtung auf die bayerische Staatsregierung verlangte. Diese unterschrieben aber nur eine Verpflichtung für den Fall der Mobilmachung gegen den äußeren Feind. Während der Verhandlungen über diesen Gegenstand kam es zwischen der Regierung und den Kampfverbänden wegen der sozialdemokratischen Maifeier vom 1. Mai 1923 zu einem ernsten Zusammenstoß.

Die Münchner Freien Gewerkschaften hatten für den 1. Mai um die Bewilligung des üblichen Festzugs nachgesucht, wie er schon in den Zeiten der Monarchie gestattet war. Die Kampfverbände aber wollten es auf eine Kraftprobe ankommen lassen und verlangten für dieses Jahr ein Verbot der Maifeier, weil sie eine Herausforderung der vaterländisch gesinnten Bevölkerung sei. Zur Verschärfung der Lage führten sie im Stadtteil Neuhausen einen Zusammenstoß der SA mit einer sozialdemokratischen Sicherheitsabteilung herbei, bei dem scharf geschossen und gefechtsmäßig gestürmt wurde. Der bayerische Innenminister verbot schließlich den geplanten großen Umzug durch die Stadt, hielt aber die Erlaubnis für die Feier auf der Theresienwiese selbst aufrecht. Auf Betreiben Hitlers und des Stabschefs der SA, Hauptmann Göring, gaben sich aber die Kampfverbände mit dem Teilerfolg nicht zufrieden, sondern beschlossen, die Maifeier mit Waffengewalt zu verhindern. Der 1. Mai sollte in München der Tag der »Abrechnung mit den Novemberverbrechern« sein. Hitler hoffte allen Ernstes, daß die Staatsgewalt einem solchen Schauspiel untätig zusehen werde. Die zur Notpolizei verpflichteten Verbände hatten wiederholt erklärt, daß sie sich nicht gegen Rechts verwenden lassen würden, und auch General Lossow hatte versichert, die Reichswehr würde niemals rote Fahnen gegen nationale Verbände schützen. So forderte Hitler mit seinen Führern vom Landeskommandanten am 30. April zur Vornahme der inneren Reinigung ganz offen die Herausgabe der illegalen Waffen, die sich im Gewahrsam der Reichswehr befanden. Zur großen Verblüffung Hitlers lehnte der General dieses Ansinnen ab, und empört über solchen »Wortbruch« lief Hitler aus der Sitzung weg. Trotzdem gab er seinen Plan nicht auf. Er rief für den nächsten Tag seine Sturmabteilungen durch Decktelegramme aus ganz Bayern zusammen und befahl für seine Formationen Generalalarm mit roten Zetteln, wie er längst für den »Tag der Abrechnung« vorgesehen war. Der militärische Führer der Kampfverbände, Generalstäbler Kriebel, gab an die ihm unterstellten militärischen Verbände für den 1. Mai einen schriftlichen Befehl hinaus, die Züge der Arbeiter an ihren Sammelplätzen in den verschiedenen Stadtteilen mit leichten und schweren Waffen anzugreifen und zu zerstreuen, auch für die erforderlichen Ärzte und Sanitäter Vorsorge zu treffen und für den Notfall eine Reserve bereitzustellen. Nach dem amtlichen Bericht des Münchener Polizeipräsidenten sollten die Arbeiter in den einzelnen Straßen und Stadtvierteln abgesperrt und von den Kampfverbänden wie tolle Hunde niedergeschossen werden. Im Lauf des 30. April versuchten die Führer der Kampfverbände noch wiederholt, die bayerische Staatsregierung durch die Androhung eines Blutbades zur Verhängung des Ausnahmezustandes und damit zum Verbot der Maifeiern zu zwingen. Besonders aufgeregt benahm sich Hauptmann Göring, der immer wieder versicherte, daß unter allen Umständen geschossen würde. Als die Regierung fest blieb, verbreitete Hitler durch Flugblätter, die er selbst verfaßte, die Lüge, daß für den 1. Mai ein großer marxistischer Putsch geplant sei, und forderte Frauen und Kinder auf, die Straßen zu meiden. Auch in der Provinz wurden die Mitglieder der Verbände durch die falsche Nachricht von geplanten marxistischen Überfällen für den 1. Mai zu den Waffen gerufen. Am Nachmittag setzten sich aus ganz Bayern und Württemberg die aufgerufenen Sturmabteilungen gegen München mit Waffen aller Art, sogar mit einem Geschütz, in Bewegung. Die Bayerische Staatsregierung rief ihrerseits aus den nächsten Garnisonsstädten Reichswehr und Landespolizei zum Schutz der Hauptstadt herbei. Am Abend erklärten die Zeitfreiwilligen der Studentenschaft auf Betreiben des Universitätsrektors, daß sie eine Beteiligung an dem von Hitler geplanten Unternehmen ablehnen müßten, ihr Führer Oberst von Lenz trat von seiner Stelle zurück. Durch den Ausfall dieses starken Verbandes wurde Kriebels Operationsplan empfindlich gestört. Gegen Mitternacht stellte sich heraus, daß auch die Mitglieder der vaterländischen Verbände in München »aus ihren Löchern nicht herauszubringen« waren.

Die von auswärts herangeschafften Waffen der Verbände reichten zu einem ernsthaften Unternehmen nicht aus. Das zwang Hitler und Kriebel zu einer Umstellung. Die Truppen der Kampfverbände wurden im Lauf der Nacht auf das Oberwiesenfeld, den großen Truppenübungsplatz der Reichswehr nächst den Kasernen, geführt. Beim Morgengrauen drangen die Sturmabteilungen unter Mißbrauch ihrer Ausweise in die Kasernen ein und holten sich aus den Geräteschuppen Waffen: Gewehre, Maschinengewehre, Minenwerfer, Geschütze und einen Panzerwagen heraus. Unter dem Einfluß des Hauptmanns Röhm ließ das die Reichswehr anfänglich ruhig geschehen. Erst als höhere Stabsoffiziere dazukamen, wurde dem Hauptmann Göring, der im Schmuck seines Pour le mérite auftrat, die Herausgabe weiterer Geschütze verweigert und seinen Truppen der Zugang zu den Kasernen durch Drahthindernisse versperrt. Inzwischen sperrten die Heerhaufen Hitlers die Anmarschstraßen von der Stadt her durch schußfertige leichte und schwere Maschinengewehre ab und schwärmten in Schützenlinien aus. Kriebel hatte im Ringhotel eine eigene Befehlsstelle errichtet und leitete von da aus die Bewegungen der Kampfverbände. In seiner Begleitung befand sich der frühere bayerische Justizminister Dr. Roth. Die Führung der auf dem Oberwiesenfeld versammelten Truppen übernahm später Hitler selbst. Die Maifeier der Gewerkschaften fand unter Beteiligung von fast 40 000 Menschen am Vormittag auf der kaum eine halbe Stunde entfernten Theresienwiese statt. Ein Zusammenstoß der feindlichen Gruppen hätte zu einem fürchterlichen Blutbad geführt. Deshalb wurden gegen 9 Uhr die Zugänge zur Stadt durch Reichswehr und Landespolizei abgesperrt und die Hitlertruppen auf dem Oberwiesenfeld langsam eingekreist. Die Regierungstruppen hatten

Befehl, beim geringsten Widerstand von der Schußwaffe Gebrauch zu machen. Der Befehl wurde Hitler von einem Reichswehroffizier alsbald hinterbracht. Unter diesen Umständen blieb ihm nichts übrig, als zu verhandeln. Man behandelte ihn glimpflich und gewährte seinen Leuten freien Abzug unter der Bedingung, daß sie die Waffen wieder an die Aufbewahrungsorte zurückbrachten. Nach der Entwaffnung zogen die Sturmabteilungen in kleineren Zügen in die Stadt und machten ihrem Unmut durch Überfälle auf heimkehrende Arbeiter und Zerreißung roter Fahnen Luft. In den Abendversammlungen der Nationalsozialisten verfluchte Esser, der Jüngling Hitlers, die bayerische Regierung, daß sie den Tag nicht dazu benützt habe, dem Marxismus den Todesstoß zu versetzen.

Hitler hatte eine entscheidende Niederlage erlitten. Dieses Mal hatte er sich auch gegen die Strafgesetze zum Schutz der öffentlichen Ordnung verfehlt und konnte jetzt mühelos unschädlich gemacht werden. Der Wille dazu war bei der großen Mehrheit des bayerischen Landtags und einem Teil der bayerischen Minister vorhanden, die wegen Bildung bewaffneter Haufen schärfste Anwendung des Gesetzes gegen Hitler verlangten, nicht aber bei der bayerischen Justiz. Wohl wurde das Strafverfahren auf Verlangen des Landtags in Gang gesetzt, und in wenigen Wochen war die Sache zur Anklageerhebung vor dem Volksgericht reif. Die Durchführung des Verfahrens war auch aus politischen Gründen geboten, denn bei den Vernehmungen hatten die Führer der Kampfverbände Auffassungen vertreten, die sich keine Staatsregierung gefallenlassen konnte. Sie hatten sich für befugt erklärt, auch gegen den Willen der Regierung bewaffnete Verbände aufzustellen, wenn es der nationale Bestand des Vaterlandes erfordere, und der bestehenden Regierung die Rechtmäßigkeit ihres Bestandes abgesprochen. Solche Anschauungen lieferten den Staat der Willkür zuchtloser Bandenführer aus. Allein die allgemein erwartete Gerichtsverhandlung unterblieb. Wiederholt erkundigte sich im Lauf des Sommers der Innenminister nach dem Stand des Verfahrens, erhielt aber vom Justizministerium jedesmal die falsche Auskunft, daß es noch nicht anklagereif sei. In Wirklichkeit hatte der bayerische Justizminister Gürtner im Einvernehmen mit seinen Ministerialbeamten das Verfahren selbstherrlich auf die lange Bank geschoben, dem Staatsanwalt verboten, ohne besondere Weisung des Justizministers die Anklage zu erheben. Diese Handlungsweise stellte einen schweren Eingriff in ein schwebendes Strafverfahren dar und war nach der bayerischen Verfassung ausdrücklich untersagt. Zu seiner Rechtfertigung hat später der bayerische Justizminister in einem Untersuchungsausschuß des bayerischen Landtags eine Reihe von Gründen hervorgebracht: Durch eine Gerichtsverhandlung wäre die öffentliche Sicherheit belastet worden, wären die Meinungsverschiedenheiten innerhalb des Ministerrats über die Bühne eines öffentlichen Gerichtssaales gegangen und die Abmachungen zwischen Reichswehr und militärischen Verbänden aufgedeckt worden. Hitler habe über die Rechtmäßigkeit seines Vorgehens am 1. Mai auf diese geheimen Abmachungen über die Vorbereitung der Mobilmachung gegen Frankreich in einer Denkschrift Bezug genommen und mit ihrer Veröffentlichung in der Presse gedroht. Diese Art der Verteidigung hätte nach Auffassung des Staatsanwalts im Sommer 1923 geradezu landesverräterisch gewirkt. Gegenüber diesem allerdings schwerwiegenden Gesichtspunkt hob der bayerische Innenminister im Untersuchungsausschuß hervor, daß man eine Veröffentlichung der Denkschrift in der Presse durch polizeiliche Machtmittel verhindern und Hitler wegen Androhung des Landesverrats hätte in Haft nehmen können. Das Recht sei die Grundlage der Staaten, hätte deshalb auch gegen Hitler angewendet werden müssen. Durch eine Aburteilung Hitlers wegen seiner Straftat am 1. Mai 1923 wäre auch die bayerische Staatskatastrophe vom Herbst 1923 vermieden worden. So aber habe man Hitler Zeit gelassen, in aller Ruhe den Putsch gegen den Staat vorzubereiten. Indem die Justiz vor Hitlers Drohungen zurückgewichen sei, habe sie seine Meinung verstärkt, daß er als vermeintlicher Vaterlandsretter über den Gesetzen stehe und deshalb nach Belieben über sie hinweggehen könne, wenn es ihm aus irgendwelchen vaterländischen Gründen geboten erscheine. Es war bezeichnend, daß die Grundsätze des gleichen Rechts für alle dem Minister für die bayerische Justiz von dem bayerischen Innenminister entgegengehalten werden mußten. Das Strafverfahren gegen Hitler wegen der Vorfälle am 1. Mai 1923 wurde nach dem Hitlerputsch auf Veranlassung des bayerischen Justizministeriums wegen Geringfügigkeit eingestellt. So wurde damals schon der Grund gelegt zu der später rechtens gewordenen Auffassung, daß der Wille des Führers das höchste Gesetz im Staate sei. Das Recht ist sohin in Deutschland durch die Justiz umgebracht worden.

Der Plan Hitlers für den 1. Mai 1923 blieb das unabänderliche Programm, das er auch in den Folgejahren immer wieder vertrat und das er in seinem Buch »Mein Kampf« endgültig festgelegt hat. Die Vernichtung der sozialdemokratischen Arbeiterschaft war ihm die Voraussetzung für die Verwirklichung seines großen außenpolitischen Ziels, der kriegerischen Auseinandersetzung mit Frankreich, weil die

deutschen Arbeiterführer sich für einen solchen Krieg nicht gewinnen
ließen. Durch die Ermordung der Führer sollte die marxistische Arbeiterschaft für den hemmungslosen Nationalismus sturmreif gemacht
werden. Die Niedermetzelung von Zehntausenden friedlicher Staatsbürger um eines vaterländischen Zweckes willen schien ihm Recht und
Pflicht zugleich. Damals, im Jahre 1923, schreckte noch ein großer
Teil des Bürgertums vor einer solchen Blut- und Schreckenspolitik
zurück. Rechtsbewußtsein und Kulturgewissen des übergroßen Teiles
des deutschen Volks lehnten die Anwendung der von Hitler empfoh-
lenen Mittel der inneren Reinigung ab. Die regierenden Männer des
Bürgertums bekannten sich noch überwiegend zu den Grundsätzen
des bürgerlichen Rechtsstaats und waren auch um »vaterländischer
Ziele« willen nicht bereit, sie preiszugeben. Aber auch die Wehrmacht, deren höchste Befehlshaber wenig vom Geist des Rechts und
der Menschlichkeit geleitet waren, dachten damals noch nicht daran,
einer Schreckensherrschaft Hitlers den Schild abzugeben. Gegen ihren
Willen war nicht Politik zu machen, das hatte der 1. Mai 1923 auch
dem größenwahnsinnigen Hitler deutlich gezeigt. Wollte der Führer
zu seinem Ziel kommen, so mußte er vorerst die Wehrmacht gewinnen. Da dies dem Gefreiten Hitler nicht ohne weiteres möglich war,
bediente er sich nunmehr eines Größeren, das Generals Ludendorff.
Mit ihm sollte und mußte der große Wurf gelingen.

Kahrunternehmen und Hitlerputsch

Deutschlands Ruhrkampf des Jahres 1923 ging zunächst aus wie ein
zweiter verlorener Krieg. Der einzigartige Versuch, die wirtschaftliche Ausbeutung eines von fremder Truppenmacht besetzten Kohlen-
und Eisengebiets durch Arbeitsverweigerung der gesamten einheimischen Bevölkerung zu verhindern, hatte schließlich keinen Erfolg.
Schuld an dem frühen Zusammenbruch trug nicht zuletzt der Umstand, daß dieser vom Reich bezahlte Generalstreik einer ganzen Provinz unzulänglich finanziert worden war. Wie im Weltkrieg scheute
man vor unmittelbaren Kriegssteuern zurück und beschaffte die erforderlichen Mittel durch Vermehrung des Notenumlaufs, bis die
Währung in der papierenen Sintflut ertrank.

Der deutschnationale Vorschlag, das besetzte Gebiet versacken zu
lassen, nämlich die Verpflegung ihrer Bevölkerung und die Wieder-

instandsetzung ihres Wirtschaftslebens der Obsorge Frankreichs und Belgiens anheimzustellen, hätte den politischen Verlust dieser Provinzen bedeutet. So entschloß sich die Regierung Stresemann, die am 13. August 1923 unter dem Druck der bereits zum Generalstreik entschlossenen Volksmassen die völlig erfolglos gebliebene Regierung Cuno abgelöst hatte, den passiven Widerstand abzubrechen und damit den Ruhrkampf zu beenden. Er hatte Deutschland ins Mark getroffen. 123 Menschen waren getötet, 11 zum Tode verurteilt, davon einer (Schlageter) erschossen, zahllose verurteilt, über 100 000 von Haus und Hof vertrieben worden. Ein Schaden von mindestens 3½ bis 4 Milliarden Goldmark war für die deutsche Volkswirtschaft entstanden.

In der Regierung Stresemann war die große Koalition verwirklicht, sie reichte von der Deutschen Volkspartei bis zur Sozialdemokratie. So kamen die Sozialdemokraten abermals dazu, einen unglücklich verlaufenen »Krieg« zu beenden, und wie im Jahr 1919 erscholl jetzt wiederum das Geschrei vom marxistischen Landesverrat. Dabei hatten sich sämtliche Parteien mit Ausnahme der Deutschnationalen und sämtliche Ministerpräsidenten der Länder mit dem bedingungslosen Abbruch des passiven Widerstandes einverstanden erklärt. Nur der bayerische hatte noch besonders verlangt, daß infolge des rechtswidrigen Einmarsches der Franzosen ins Ruhrgebiet der Versailler Vertrag von der Reichsregierung als nicht mehr rechtsverbindlich behandelt werde. Allein die deutschnationale Presse war sofort mit der Behauptung zur Hand, daß eben die Widerstandskraft der Bevölkerung durch den Marxismus und die große Koalition untergraben worden sei. Die »Rheinisch-Westfälische Zeitung«, das Blatt der Schwerindustrie, verlangte die Anklageerhebung gegen Stresemann vor dem Staatsgerichtshof. Andere Rechtszeitungen schrieben, daß die Regierung mehr Vertrauen zum Ausland als zum eigenen Volke besitze. Stresemanns Politik wurde mit der niederträchtigen Lüge erklärt, daß sein Schwiegervater an einer tschechoslowakischen Waffenfabrik beteiligt und Stresemann selbst als Aufsichtsrat tschechischer Gesellschaften an dem Steigen der französischen und tschechischen Währung persönlich interessiert sei. Deutschnationale Aufrufe verlangten, das Volk solle sich auf die Stunde einer starken nationalen Regierung vorbereiten. Sie werde mit stärkerem Willen, »komme, was da kommen mag«, den Weg der Rettung gehen.

Der Abbruch des passiven Widerstandes wurde von der Reichsregierung am 26. September erklärt. Unmittelbar darauf brach in Norddeutschland ein Putsch der »Schwarzen Reichswehr«, der seit

1922 mit Zustimmung des Reichswehrministeriums errichteten und Reichswehrbehörden unterstellten, aber vom Landbund bezahlten Arbeitskommandos aus. Sie waren seit langem über die ihnen gestellten Aufgaben, die Erfassung und Betreuung von Heeresgeräten, hinausgegangen und hatten offensichtlich verfassungswidrige Bestrebungen verfolgt. Die Vereinbarung des Reichswehrministeriums mit dem preußischen Innenminister Severing vom 30. Juni 1923, daß mit der Verwahrung von Heeresgeräten keine verfassungsfeindlichen Personen betraut, daß Freiwillige nicht ausgebildet und Zivilpersonen nicht listenmäßig erfaßt werden sollten, wurde bei der Aufstellung der 18 000 Mann starken Schwarzen Reichswehr nicht eingehalten. Die Schwarze Reichswehr war wie die Reichswehr militärisch eingekleidet und von ihr kaum zu unterscheiden. Offiziere und Mannschaften stammten großenteils aus dem von der preußischen Regierung verbotenen Heimatbund, der heimlich weiterbestand und mit der Reichswehr zusammenarbeitete. Die Kreisleitungen des Bundes waren die Bezirkskommandos, mit deren Hilfe die Truppen der Schwarzen Reichswehr einberufen wurden. Jetzt schlugen die Verschwörer los. Sie besetzten die Zitadelle Spandau und drohten offen mit Gewalt. Sie hatten von allem Anfang an die Absicht, die außenpolitische Not Deutschlands für ihre innenpolitischen Zwecke zu nutzen. Auch Berlin war von den Gruppen der Verschwörer von allen Seiten umstellt, selbst vor dem Palais des Reichspräsidenten waren Mitglieder der Schwarzen Reichswehr auf Wache aufgezogen. Aber in Berlin kam das Unternehmen wegen des Abfalls der politischen Drahtzieher nicht zur Entfaltung. Dagegen brach am 1. Oktober in Küstrin der Aufstand aus. Major Buchrucker suchte mit Truppen der Schwarzen Reichswehr die Festung zu überrumpeln, drang aber nur in die Altstadt vor. Die Reichswehrgarnisonen setzten sich zur Wehr, es kam zu einem schweren Feuergefecht, bei dem die Aufständischen Tote und Verwundete hatten und schließlich überwältigt wurden. Schon hatten die Verschwörer durch eine Nachrichtenagentur Siegesmeldungen verbreiten lassen, in denen von einem Anschluß der Reichswehr an die Revolte die Rede war. Buchrucker wurde gefangen und von einem außerordentlichen Kriegsgericht zu zehn Jahren Festung verurteilt. Wochenlang blieb aber die militärische Lage im Norden noch äußerst gespannt. Aus Spandau konnte man die Putschisten nur durch Verhandlungen herausbringen. Man mußte ihnen freien Abzug zusichern, der von Severing auf Ersuchen der Reichswehr zugestanden wurde. Anfang November versuchten einzelne Geheimorganisationen an der Wasserkante wie Neideland, Oldersung mit der falschen Losung, daß schwere kommunistische Unruhen ausgebrochen seien, abermals zu marschieren, um Ebert aus Berlin hinauszuhauen. Ähnliche Vorgänge spielten sich in Schlesien ab. Alle diese Revolten blieben schon in den ersten Anfängen stecken.

Während so im Norden alle Versuche, die Reichswehr in einen Putsch gegen die verfassungsmäßige Regierung hineinzuziehen, scheiterten, hatten ähnliche Bestrebungen in Bayern teilweise Erfolg. Dort hatte man bis in die Reihen der Bayerischen Volkspartei hinein die Bildung einer Regierung der Großen Koalition mit äußerstem Unbehagen aufgenommen und strebte als Gegengewicht die Sammlung aller »antimarxistischen« Kräfte an. Der Unmut des Landeskommandanten General von Lossow über die Ausschreitungen der Kampfverbände am 1. Mai 1923 war bald verraucht. Er brauchte die Leute zur Verstärkung der Reichswehr und nahm deshalb ihre militärische Ausbildung wieder auf. Auf Wunsch des bayerischen Kronprinzen suchte er sogar einen Ausgleich zwischen den Kampfverbänden und der von der Bayerischen Volkspartei begünstigten Pittinger-Organisation »Bayern und Reich« herbeizuführen. An die Spitze aller Verbände sollte ein Direktorium aus Militärs unter Ausschaltung aller zivilen Politiker treten. Von den drei Mitgliedern des Direktoriums sollte eines von den Kampfverbänden, das andere von »Bayern und Reich« gestellt werden, das dritte sollte neutral sein. Ludendorff erklärte das Triumvirat für ein ausgezeichnetes Mittel, den Kampfverbänden gebührenden Einfluß im Staat zu sichern.

Der Befehlshaber der Schwarzen Reichswehr, Major Buchrucker, drängte bei den Verhandlungen mit den Vertretern der »vaterländischen Organisationen«, die am 17. und 18. September in den Räumen der Deutschvölkischen Freiheitspartei in Berlin stattfanden, zum gewaltsamen Vorgehen. In der Nacht vom 29. auf 30. September sollte mit Hilfe der 18 Divisionen Schwarzer Reichswehr ein großer Putsch durchgeführt werden. Major Buchrucker sollte das Regierungsviertel durch Schwarze Reichswehr besetzen, die Reichsleitung festnehmen und die im Reich mit gefälschten Gestellungsbefehlen der Reichswehr vorbereitete Heeresverstärkung erzwingen. Die Führer des Heimatbundes und deutschnationale Reichstagsabgeordnete und Landtagsabgeordnete waren in den Plan eingeweiht. Diese Kreise bekamen es aber im letzten Augenblick mit der Angst zu tun, und das Unternehmen mußte abgeblasen werden. Nun hatte der preußische Innenminister schon im Sommer 1921 beim Reichswehrministerium Vorstellungen wegen der Schwarzen Reichswehr erhoben und sich schließlich an den Reichspräsidenten gewandt. Dieser ordnete die schnelle Auflösung der zusammengezogenen Truppen an. General Seeckt war auch nicht willfährig, er hatte den Freischarenführer Roßbach, der ihn für einen Putsch gewinnen wollte, ebenso unzweideutig abgewiesen wie schon früher Mittelspersonen Ludendorffs, die wegen Bildung einer Schwarzen Reichswehr bei ihm vorstellig geworden waren.

So kam der Plan nicht zur Ausführung. Die Kampfverbände hatten den Verhandlungsgegner von Anfang an zu betrügen versucht, indem sie als »Neutralen« eine insgeheim ihnen nahestehende Persönlichkeit vorschlagen wollten.

Daneben wurden im Sommer Besprechungen über die Bildung eines Direktoriums Kahr-Hitler-Pöhner unter Oberleitung Kahrs gepflogen. Für diesen Gedanken setzte sich besonders Justizrat Claß vom Alldeutschen Verband ein, der nach den Maitagen mit Pöhner in Verbindung getreten war. Er ließ in seiner Presse den Traum eines wittelsbachischen Direktoriums in Deutschland behandeln. Nach der Einsetzung des Direktoriums sollte sofort der Steuerstreik gegenüber dem Reich erklärt und eine eigene bayerische Guldenwährung eingeführt werden. Aber diese bayerische Lösung der deutschen Frage, mit deren Grundzügen sich Kronprinz Rupprecht einverstanden erklärt hatte, war nun ganz und gar nicht nach dem Geschmack des Preußen Ludendorff. Er benutzte die gewaltige Herrschau des »Deutschen Tags« in Nürnberg vom 2. September, zu dem mehr als 100 000 Gegenrevolutionäre aus ganz Deutschland aufmarschiert waren, um für das Herrschergeschlecht der Hohenzollern eine Lanze zu brechen. Auch Pöhner war zwar Monarchist, aber ihn interessierte vor allem das Schicksal Deutschlands, Bayern war ihm nach seinen eigenen Worten wurst. Ebenso schloß sich Hitler als Bewunderer Preußens den Anschauungen Ludendorffs an, außerdem sagte ihm sein Gefühl ganz richtig, daß in einer bayerischen Monarchie seine Rolle als Retter bald ausgespielt wäre. Die Schwarz-Weiß-Roten fürchteten auch aus einem gesonderten Vorgehen Bayerns seine Trennung vom Reich. Wieder einmal erklärten Mitte September die Vereinigten Vaterländischen Verbände Bayerns in einer öffentlichen Kundgebung, daß sich Bayern vom Reich loslösen müsse, wenn der Norden Deutschlands der Bolschewisierung anheimfalle. Darauf ließ sich Hindenburg, der damals zur Erholung in Bayern weilte, den Vorsitzenden der Verbände, Professor Bauer, kommen und legte ihm dar, daß Bayern sich auf keinen Fall, auch nicht vorübergehend, vom Reich trennen dürfe. Das stimmte durchaus mit den Auffassungen der von Ludendorff geführten Kampfverbände überein.

Im September 1923 entspann sich nun zwischen dem mehr weiß-blau gefärbten und den schwarz-weiß-roten militärischen Organisationen in Bayern ein familiärer Wettlauf um die Macht. An militärischer Kampfkraft waren unzweifelhaft die Schwarz-weiß-roten überlegen. Nach dem »Deutschen Tag« in Nürnberg hatten sich Nationalsozialisten, »Bund Oberland« und die zum großen Teil aus Offizieren der Reichswehr und der Landespolizei bestehende »Reichsflagge« des Nürnberger Hauptmanns Heiß zu einem »Deutschen Kampfbund« zusammengeschlossen. Der eigentliche militärische Führer im Hintergrund war Ludendorff, gegen dessen Willen auch bei den norddeutschen Verbänden nichts geschah. Die politische Führung aber hatte Hauptmann Röhm nach wochenlangen Bemühungen seinem Freund Hitler verschafft. Am 25. September wurde dieses Ereignis der Öffentlichkeit mitgeteilt. Gleichzeitig kündigte Hitler die Abhaltung von 14 öffentlichen Versammlungen in München an. Der Berater Hitlers und Ludendorffs, der Balte Scheubner-Richter, rechnete damit, daß aus ihnen heraus sich ein Putsch entwickeln könnte, zum mindesten wollte man die Neubesetzung des Innenministeriums und des Münchener Polizeipräsidiums durch Roth und Pöhner und die Ernennung des letzteren zum Generalstaatskommissar erzwingen. Die Lage war gespannt. Am 22. September hatte der »Bund Oberland« von München aus eine Strafexpedition gegen die sozialdemokratischen Arbeiter am Walchenseekraftwerk in die Wege geleitet. Allein die Eisenbahner hatten sich geweigert, die schwerbewaffneten Horden zu befördern. Daraufhin hatten diese im Südviertel Münchens ganze Straßenviertel abgesperrt, Häuser durchsucht und eine wilde Schießerei entfesselt. Zur größten Überraschung des Kampfbundes verhängte nun die bayerische Regierung am 26. September 1923 den Ausnahmezustand, setzte den Präsidenten der Regierung von Oberbayern, von Kahr, zum Generalstaatskommissar ein und betraute ihn mit der vollziehenden Gewalt. Dieser ungewöhnliche Schritt veranlaßte den Reichspräsidenten, wenige Stunden später den Ausnahmezustand über das ganze Reich zu verhängen und den Reichswehrminister mit der Vollzugsgewalt für das ganze Reich zu betrauen. Von Rechts wegen wäre damit das Amt des Herrn Kahr als bayerischer Generalstaatskommissar erledigt gewesen. Die Länder waren nach der Weimarer Verfassung zu Maßnahmen nach Art. 48 nur insoweit und insolange berechtigt, als nicht das Reich von sich aus Maßnahmen der Diktaturgewalt traf. Allein der Reichspräsident verzichtete zunächst darauf, die klare Rechtslage gegenüber Bayern hervorzukehren. Offentsichtlich wollte man sich nach all den übrigen

Schwierigkeiten nicht wieder einen Streit mit Bayern auf den Hals laden. So blieb Kahr im Amt, und General von Lossow unterstellte sich ihm bedingungslos als bayerischer Landeskommandant. Als Befehlshaber der 7. Division war aber General von Lossow auch Organ der vom Reichswehrminister ausgeübten Reichsdiktatur. Aus dieser Doppelrolle sollten ihm alsbald die größten Schwierigkeiten erwachsen. Zunächst hatte der bayerische Generalstaatskommissar allerdings die größte Mühe, den drohenden Hitlerputsch zu verhindern. Er verbot sofort die von Hitler angekündigten Massenversammlungen. Der nationalsozialistische Führer war über die Einrichtung eines Generalstaatskommissariats, durch die er ins Hintertreffen gekommen war, aufs äußerste empört. Er wollte sofort mit seiner bewaffneten Macht losschlagen. Es bedurfte nachdrücklicher Hinweise des Hauptmanns Röhm auf die noch ungenügenden militärischen Machtmittel des Kampfbundes, um einen blutigen Zusammenstoß zu verhindern. Röhm schied um diese Zeit aus der Reichswehr aus, um sich ganz der politischen Arbeit zu widmen. Er hatte wegen seines Verhaltens am 1. Mai vom Reichswehrministerium dienstliche Unannehmlichkeiten gehabt, wenn es auch dem General Lossow geglückt war, seine Verabschiedung zu verhindern. Außerdem war zwischen ihm und dem General von Epp wieder einmal eine Entfremdung eingetreten, die ihm den Dienst bei der Reichswehr verleidete. Der Chef der Heeresleitung war nicht gesonnen, die Reichswehr in so innige Verbindung mit den Geheimverbänden oder gar in eine Abhängigkeit von ihnen kommen zu lassen, wie es den Absichten Röhms entsprach. Auf die Dauer konnte er sich gegen Berlin nicht durchsetzen, zumal sich General von Lossow nach den Erfahrungen vom 1. Mai 1923 strenger an die Weisungen des Reichswehrministeriums hielt. So hatte Röhm schließlich den kürzeren gezogen und widmete sich jetzt mit größtem Eifer dem Aufbau einer illegalen militärischen Macht. Hitler mußte seinem Rat folgen und fügte sich zähneknirschend der Diktatur Kahrs. In ohnmächtiger Wut ließ er verlautbaren, daß bei den gegenwärtigen Zeitläuften der Inhaber einer Diktaturgewalt für deren Nichtgebrauch oder Mißbrauch mit dem Kopfe zu büßen habe.

Kahr war es aber nicht um Kampf, sondern um Sammlung aller »vaterländischen« Kräfte unter seiner Führung zu tun. Deshalb suchte er die Gunst Hitlers durch eine Marxistenverfolgung nach dessen Geschmack zu gewinnen. Er löste die Sicherheits- und Selbstschutzverbände der KPD und der vereinigten sozialistischen Parteien auf, bedrohte Streiks und Aussperrungen, ferner die Mißhandlung, Beleidigung, Bedrohung und wirtschaftliche Schädigung von Beamten und Arbeitnehmern wegen ihrer vaterländischen Gesinnung oder ihrer Arbeitswilligkeit mit Zuchthausstrafe und stellte damit für Bayern den im Jahr 1918 aufgehobenen verhaßten §153 der Gewerbeordnung wieder her. Unter Bruch der Reichsverfassung setzte er das Republikschutzgesetz für Bayern außer Kraft, untersagte den Behörden die Durchführung der vom Staatsgerichtshof in Leipzig erlassenen Haftbefehle gegen den Hauptmann Heiß, der in Augsburg vor 2000 Menschen zu Gewalttaten gegen die Reichsregierung aufgefordert hatte, gegen Ehrhardt, gegen den ein Verfahren wegen Hochverrats und Verleitung der Prinzessin Hohenlohe zum Meineid schwebte, und gegen den Freischarenführer Roßbach. Die Ostjuden wurden aus Bayern ausgewiesen, sozialdemokratische Zeitungen, zuletzt sogar die demokratische norddeutsche Presse in Bayern verboten. Schließlich trat Kahr mit den Führern der völkischen Verbände in Einigungsverhandlungen ein. Zunächst gelang es ihm, die Organisation »Reichsflagge« des Hauptmanns Heiß in Nürnberg zu spalten. Heiß schied anfangs Oktober 1923 mit dem größten Teil seines Verbandes aus dem Kampfbund aus und stellte sich bedingungslos hinter Kahr. In Südbayern rettete Röhm nur einige Ortsgruppen für Hitler und schloß sie unter seinem eigenen Oberbefehl zur »Reichskriegsflagge« zusammen. Auch die Organisation Ehrhardt erklärte sich für Kahr, der von Anfang an auch über Pittingers Organisation »Bayern und Reich« gebot. Die Haltung der Verbände ging nicht zuletzt auf den Einfluß des bayerischen Kronprinzen Rupprecht zurück. Mit seiner ausdrücklichen Zustimmnug war Kahr zum Generalstaatskommissar gemacht worden. Am 27. September gab dann der Kronprinz den Vorsitzenden der bayerischen Offiziersverbände den Wunsch und Befehl kund, die ehemaligen königlich-bayerischen Offiziere möchten sich »eingedenk ihres Fahneneides« rückhaltlos hinter Kahr stellen. Die meisten Offiziere kamen dem Befehl nach. Nur die Offiziere des Kampfbundes erklärten unter Führung Kriebels, diesem Wunsch nicht folgen zu können, und beantragten die Einleitung eines ehrengerichtlichen Verfahrens gegen sich. Auf ihrer Seite stand als Widerpart des bayerischen Kronprinzen der General Ludendorff. In einer Aussprache zwischen den beiden Männern, die auf Veranlassung Hindenburgs am 22. September zustande gekommen war, hatte Ludendorff mit Leidenschaft den Gedanken eines bewaffneten Vormarsches der militärischen Verbände gegen Berlin von Bayern aus vertreten, war aber von dem bayerischen Kronprinzen mit Nachdruck auf die Wahrscheinlichkeit eines Widerstandes der norddeutschen Reichswehr schon an der bayerischen Grenze und die Gefahr eines Einmarsches der Tschechen und Franzosen hingewiesen worden. Das war den ganzen Herbst 1923 der Kernpunkt der Meinungsverschiedenheiten zwischen Hitler-Ludendorff und Lossow-Kahr. Sie waren sich einig im Ziel der Errichtung einer vaterländischen Diktatur im Reich, aber während Kahr und seine Anhänger der Meinung waren, daß sich diese Diktatur unter dem Druck der Heeresleitung in Berlin entwickeln müsse, wollten Ludendorff und Hitler, wie übrigens auch Kapitän Ehrhardt, in Bayern eine Nationalarmee sammeln und mit ihr den Marsch nach Berlin antreten. Ein anderer Unterschied in der Auffassung bestand noch darin, daß Kahr und Kronprinz Rupprecht das Hauptgewicht auf die Beherrschung Bayerns legten, während der Richtung Ludendorff-Hitler nach einem Ausspruch Pöhners Bayern »wurst« war und es ihnen nur darauf ankam, die deutsche Frage zu lösen. So blieb die Aussprache zwischen den beiden ehemaligen Heerführern ergebnislos und hatte eine dauernde Entfremdung zwischen ihnen zur Folge. Der bayerische Generalstaatskommissar scheint den Gegensatz der beiden Richtungen nicht von Anfang an mit der erforderlichen Klarheit gesehen und, wie es seine Art war, zwischen den verschiedenen Möglichkeiten unentschlossen hin und her geschwankt zu haben. Das geht aus seinen Besprechungen mit dem früheren Polizeipräsidenten Pöhner hervor. Dieser war mit Kahr seit 1921 infolge des damaligen Rücktritts der Regierung zerfallen, wollte sich aber jetzt auf ausdrücklichen Wunsch des Kronprinzen dem Generalstaatskommissar zur Verfügung stellen. Die Aussprache zwischen Kahr und Pöhner fand am 30. September in Anwesenheit des Kapitäns Ehrhardt statt, der eben von Kahr aus Tirol zur Verwendung im bayerischen Grenzschutz zurückgerufen worden war. Pöhner erklärte sich bereit, sich zum Stellvertreter Kahrs ernennen zu lassen. Der Plan scheiterte zunächst daran, daß Kahr vom Gesamtministerium zur Ernennung eines Stellvertreters nicht ermächtigt worden war. So schlug Pöhner eine Verwendung als Zivilkommissar in Sachsen und Thüringen vor, »wenn es jetzt im Norden losgehe und aufgeräumt werden müsse«. Verfassungsrechtliche Bedenken gegen dieses Angebot hatte Pöhner nicht. Er war mit Kahr längst übereingekommen, den auf die Weimarer Verfassung geleisteten Beamteneid als Scheineid und unverbindlich zu betrachten. Allein diese untergeordnete Stellung neben einem Reichswehrgeneral befriedigte Pöhners Ansprüche nicht. Er schlug sich auf die Seite Hitlers, der dem ehrgeizigen Mann einen höheren Posten zugedacht hatte. Die Verordnung des Gesamtministeriums vom 6. Oktober

1923, die Kahr ermächtigte, einen Stellvertreter zu ernennen, erlangte so für Pöhner keine praktische Bedeutung mehr. Der Hintergedanke, in Bayern die Voraussetzungen zu einem Vormarsch nach Norden zu schaffen, schwebte Kahr auch noch bei der Einrichtung des bayerischen Grenzschutzes an der sächsisch-thüringischen Grenze vor. Mit der Einrichtung dieses Grenzschutzes wurde Kapitänleutnant Ehrhardt betraut. Da gegen ihn noch der Haftbefehl des Reichsstaatsgerichtshofs zu Recht bestand, wurde er von dem Oberbefehlshaber der bayerischen Landespolizei zum »Schutz gegen Mißgriffe« der Behörden mit einem eigenen Ausweis versehen. Zur Durchführung des Grenzschutzes zog er neben der Landespolizei die Organisationen »Bund Wiking«, »Frankenland«, »Jungdeutscher Orden«, »Blücherbund« und »Reichsflagge«, an der tschechischen Grenze und bei Aschaffenburg — also zum Schutz gegen tschechische und französische Truppen — auch Reichswehr heran. Der Grenzschutz sollte eine Abwehrorganisation gegen Übergriffe proletarischer Hundertschaften aus Sachsen-Thüringen, gleichzeitig aber die Sicherung für den in Aussicht genommenen Aufmarsch gegen Halle-Berlin sein. Die Aufmarschräume und die Vormarschstufen bis Berlin wurden genau festgelegt. Im Zeitfreiwilligenkorps wurden Planübungen auf dem Stadtplan von Berlin abgehalten. Die zum Grenzschutz aufgerufenen Verbände wurden von der Landespolizei bewaffnet. Der »Bund Oberland« schaffte sogar seine schwere Artillerie aus dem bayerischen Gebirge ins nördliche Grenzgebiet. Für die Kosten kam der bayerische Staat ohne Wissen und Billigung des Bayerischen Landtags auf. Daneben wurde bei den Industrieverbänden kräftig geschnorrt. Ehrhardt gelang es, von den Nürnberger Industriellen allein einen Betrag von 20 000 Dollar für die vaterländischen Zwecke Kahrs herauszuholen. In wenigen Wochen standen 10 000 Mann an der bayerischen Grenze zum Vormarsch bereit. Aus den benachbarten norddeutschen Universitäten eilten die Studenten zum Waffendienst gegen die Republik herbei. Aber Kahr zögerte immer wieder, und es war schließlich ein Wunder, daß die Verbände nicht aus eigenem Entschluß den Vormarsch begannen. Kurz vor dem Hitlerputsch setzte Kapitän Ehrhardt als Termin für den Vormarsch seiner Brigade nach Sachsen-Thüringen den 15. November fest. Als Kahr davon erfuhr, ließ er Ehrhardt zunächst durch Admiral Tirpitz wegen der Gefahr eines Zusammenstoßes mit der norddeutschen Reichswehr warnen und teilte dann Ehrhardt persönlich mit, daß der Vormarsch aus bestimmten Gründen unterbleiben müsse. Der Grund war, daß sich Kahr, Lossow und der Befehlshaber der bayerischen Landespo-

lizei Seisser nunmehr endgültig für die Errichtung der Diktaturregierung in Berlin selbst entschieden hatten. Der Widerspruch des
Reichsinnenministers gegen die Truppenansammlungen an der bayerischen Nordgrenze übte auf die Entschließungen der bayerischen Ge-
walthaber wohl wenig Einfluß aus. Ehrhardt war über die schwan-
kende Haltung Kahrs sehr empört, er kam sich, wie er sagte, »be-
schissen« vor und knüpfte mit Hitler Verhandlungen an. Sie scheiterten daran, daß Ehrhardt im Hitlerunternehmen nicht die ihm
seiner Meinung nach gebührende Rolle bekam. Anfangs November
hatten seine Truppen in Nordbayern seine Ausrufung zum deutschen
Diktator verlangt.

Die Gefahr eines Zusammenstoßes der bayerischen Grenzschutz-
truppe mit der Reichswehr war seit dem Einmarsch großer, durch
Zeitfreiwillige und Stahlhelmleute verstärkte Reichswehrkräfte in
Sachsen und Thüringen unmittelbar gegeben. Der Reichswehrminister
Geßler hat diesen Einmarsch später als vorsorgliche Maßnahme gegen die bayerischen Truppenansammlungen an der sächsisch-thüringischen Grenze hingestellt. Die Reichswehr wollte angeblich einen allenfalls möglichen Kampf in Mitteldeutschland aufnehmen, weil sie
von da aus ganz Deutschland beherrschte und bei einem Einmarsch
in Bayern nicht Kommunisten im Rücken haben wollte. In Wirklichkeit hat die Reichsregierung bis zum Hitlerputsch an eine Reichsexekutive gegen Bayern nie gedacht. Die Reichswehr mußte in Sachsen und Thüringen einmarschieren, weil in diesen Ländern anfangs
Oktober 1923 Kommunisten in die Regierung eingetreten waren,
um gemeinsam mit den Sozialdemokraten gegen die von Bayern her
drohende putschistische Gefahr zu arbeiten. Die in Sachsen und Thüringen aufgebauten proletarischen Hundertschaften flößten dem
Reichspräsidenten und den bürgerlichen Mitgliedern der Reichsregierung mehr Furcht ein als die bayerische Reaktion. Diese Furcht war
freilich nicht unbegründet. Die Kommunisten bereiteten im Herbst
1923 in ganz Deutschland Erhebungen ihrer Anhänger vor. In Hamburg wurde am 22. Oktober auf Befehl des Reichstagsabgeordneten
Remmele, der Mitglied der kommunistischen Zentrale war, der allgemeine Aufstand begonnen. Remmele versicherte, daß ein russischer
Dampfer mit Waffen und Mannschaften von Reval her unterwegs
sei, und drohte Feiglingen die Feme an. Zwei Tage lang kämpften
die kommunistischen Proletarier in den Straßen Hamburgs mit ver-
zweifeltem Mut, stürmten Polizeiwachen und bauten Barrikaden, bis
der Befehl der Zentrale zum Abbruch des Kampfes kam. Er kostete
die Kommunisten 61 Tote und 267 Verwundete, während die Po-

lizei 17 Tote und 45 Verwundete verlor. Auch in Sachsen und Thüringen hatten die Kommunisten nur zu dem Zweck Regierungsämter übernommen, um unter Ausnützung der Staatsgewalt ihre Anhänger zu bewaffnen und die proletarischen Hundertschaften nach dem Muster des alten Heeres zu einer schlagkräftigen Truppe auszubauen. Mitteldeutschland sollte die kommunistische Hausmacht, ein fester Block gegen den bayerischen und preußischen »Faschismus« werden, während gleichzeitig die Kommunistische Partei im ganzen Reich einen Aufstand entfesseln sollte. Die Reichsregierung kam aber den kommunistischen Plänen zuvor. Bereits am 13. Oktober löste General Müller, Befehlshaber des Wehrkreises IV und Inhaber der vollziehenden Gewalt im Freistaat Sachsen, die proletarischen Hundertschaften auf. In der Folge griff der sächsische Ministerpräsident, der Sozialdemokrat Dr. Zeigner, im sächsischen Landtag die Reichswehr aufs schärfste an. Er machte aufsehenerregende Enthüllungen über die Umtriebe der Schwarzen Reichswehr auch in Sachsen und warf der Reichsregierung mit Rücksicht auf ihre schmähliche Haltung gegenüber Bayern Parteilichkeit vor. Die »nationale« Rechtspresse bezeichnete seine Rede als offenen Landesverrat, Bayern brach sogar die diplomatischen Beziehungen zu Sachsen ab. Die Reichswehr war über die Aufdeckung ihrer Geheimnisse aufs äußerste erbittert und ging nun gegen Zeigner ohne Rücksicht auf Gesetz und Verfassung vor. In Leipzig, Dresden, Meißen und Pirna rückten norddeutsche Truppen ein, und am 27. Oktober wurde die sächsische Regierung, nachdem sie eine Aufforderung der Reichsregierung zum Rücktritt abgelehnt hatte, von dem ernannten Reichskommissar Dr. Heintze, dem früheren Justizminister, einfach abgesetzt, die Ministerien wurden von Reichswehr besetzt. In verschiedenen Teilen Sachsens, besonders in Freiberg, kam er zu wilden Schießereien der Reichswehr, zu Mißhandlungen und Verfolgungen der republikanischen Bevölkerung. Da griff der sozialdemokratische Parteivorstand vermittelnd ein. Auf Beschluß der sächsischen sozialdemokratischen Landtagsfraktion erklärte Zeigner seinen Rücktritt, an seiner Stelle wurde am 31. Oktober der Sozialdemokrat Fellisch vom sächsischen Landtag zum Ministerpräsidenten gewählt. Auch in Thüringen rückte Reichswehr ein, die kommunistischen Minister wurden dort ebenfalls zum Rücktritt gezwungen. Das einseitige Vorgehen gegen Sachsen und Thüringen war für die Sozialdemokratie als Koalitionspartei in der Reichsregierung unerträglich und führte zum Bruch mit dem Reichskanzler Stresemann. Am 31. Oktober beschloß die Sozialdemokratie, in der Koalition nur zu bleiben, wenn der militärische Ausnahmezustand aufgehoben, das Verhalten Bayerns als Verfassungsbruch behandelt, die Aufrechterhaltung der Ruhe und Ordnung der Polizei übertragen, die Reichswehr nur auf Anforderung der Zivilbehörden zu polizeilichen Zwecken herangezogen und die Mitglieder der Rechtsverbände in der Reichswehr entlassen würden. Da Stresemann diese Forderungen ablehnte, traten die sozialdemokratischen Minister aus der Reichsregierung aus. Der sozialdemokratische Finanzminister Dr. Hilferding war bei einer von der Deutschen Volkspartei verlangten Umbildung der Reichsregierung schon anfangs Oktober ausgeschaltet worden. So erntete die Erfolge der opferreichen Politik des Herbstes 1923, die Früchte des außenpolitischen Fortschritts, den Ruhm der Stabilisierung der Währung und des Wiederaufbaus der Wirtschaft wieder ein bürgerliches Kabinett. Auch bei der Bereinigung der bayerischen Frage wirkte die Sozialdemokratie nicht mehr mit.

Wie unschwer vorauszusehen war, hatte sich aus der Doppelstellung des bayerischen Landeskommandanten als Vollzugsorgan des Reichswehrministeriums und des bayerischen Generalstaatskommissars ein neuer Streit zwischen Bayern und Reich entwickelt. Am 27. September 1923 wies der Reichswehrminister den Befehlshaber der bayerischen Division an, den »Völkischen Beobachter« wegen schwerer beleidigender Angriffe auf den Chef der Heeresleitung, General von Seeckt, und den Reichsaußenminister Stresemann zu verbieten. General von Lossow gab den Befehl an den bayerischen Generalstaatskommissar weiter. Dieser weigerte sich, das Verbot des nationalsozialistischen Blattes auszusprechen. Wiederholte telegrafische Mahnungen des Reichswehrministers an General von Lossow blieben ohne Erfolg. Der bayerische Landeskommandant erklärte den Befehl aus politischen Gründen nicht für durchführbar, weil Kahr in den vaterländischen Kreisen Bayerns nicht neue Spaltungen hervorrufen wolle. General von Lossow stellte also seine Pflichten als Vollzugsorgan des bayerischen Generalstaatskommissars höher als den Gehorsam gegenüber dem ihm unmittelbar vorgesetzten Reichswehrministerium. Der Politiker hatte in ihm über den Soldaten gesiegt. Die Folge war, daß der Chef der Heeresleitung, General von Seeckt, dem Befehlshaber der 7. Reichswehrdivision in einer Verfügung vom 9. Oktober Verstoß gegen die militärische Unterordnung und bewußten Ungehorsam vorwarf und seinen Rücktritt forderte. Die bayerische Regierung aber stellte sich hinter General von Lossow und hielt an ihm als dem bayerischen Landeskommandanten fest. Darauf wurde General von Lossow am 20. Oktober vom Reichswehrminister Geßler seines Dienstes enthoben und der bayerische General Kreß von Kressenstein zu seinem Nachfolger ernannt. Geßler war entschlossen, Bayern erforderlichenfalls vom Eisenbahn-, Post- und Telegrafenverkehr abzusperren und die Zuweisungen des Reichsfinanzministeriums an Bayern einzustellen.

Aber Bayern hatte unter der Herrschaft Kahrs längst den Boden des Rechts und der Verfassung verlassen. Als Ende September 1923 die Reichsbank den Goldbestand ihrer Filiale Nürnberg nach Berlin überführen wollte, hatte das Kahr durch bayerische Landespolizei verhindert. Die bayerischen Finanzämter durften auf Befehl Kahrs keine Steuern mehr nach Berlin abführen. Kahr hatte auch versucht, die Beamten der Reichseisenbahnverwaltung zu veranlassen, in dienstlichen Angelegenheiten nur den Weisungen der in Bayern befindlichen Dienststellen zu folgen. Noch am 20. Oktober vollzog Bayern offen den Bruch mit Berlin. Der Stellvertreter des Generalstaatskommissars, Baron von und zu Aufseß, teilte dieses Ereignis am gleichen Tag einer Studentenversammlung in München in einer Rede mit, die von unerhörten Angriffen gegen die Reichsregierung strotzte. Er sprach davon, Berlin sei »verebert und versaut«, es heiße jetzt »auf nach Berlin!« Er nannte den Reichspräsidenten einen Matratzeningenieur, erklärte, die Erzbergermörder könnten in Bayern ruhig ihrem Beruf nachgehen, man würde sie niemals ausliefern, und entflammte die Begeisterung seiner Zuhörer mit der Behauptung, Bayern habe sich wieder seine Bahn-, Post- und Finanzhoheit genommen, in Norddeutschland warte man nur darauf, daß Bayern losschlage, und der Befehlshaber der an die bayerische Nordgrenze verlegten württembergischen Reichswehr habe die Versicherung abgegeben, daß er gegen bayerische Reichswehr nicht vorgehen werde. Er forderte auf, sich bereitzuhalten, wenn in den nächsten Tagen der Aufruf zu den Waffen an alle zum großen Befreiungskampf ergehe, der nur kurze Zeit andauern werde. In der Tat ließ es Bayern dieses Mal nicht bei den gewohnten Sprüchen bewenden. Die bayerische Regierung nahm in der angemaßten Rolle einer »Treuhänderin des deutschen Volkes« den bayerischen Teil der Reichswehr für sich in Pflicht, setzte General von Lossow ihrerseits als bayerischen Landeskommandanten ein und betraute ihn mit der Weiterführung der bayerischen Division. In einem Aufruf vom 20. Oktober bezeichnete es der Generalstaatskommissar als Bayerns heilige Pflicht, »in dieser Stunde eine Hochburg des bedrängten Deutschtums zu sein«. Die bayerische Reichswehr wurde am 22. Oktober in ihren Standorten auf die bayerische Regierung verpflichtet. Eine

Anzahl von Offizieren hatte Widerspruch erhoben, wurde aber durch die Erklärung beruhigt, daß es sich nicht um eine separatistische bayerische, sondern um eine großdeutsche Sache handle. Nur wenige Offiziere preußischer Herkunft, wie der Befehlshaber der Infanterieschule in München, wiesen das Ansinnen der bayerischen Regierung zurück. Die Reichsregierung brandmarkte das Vorgehen als offenen Verfassungsbruch, und General von Seeckt erklärte die Befolgung der Forderung der bayerischen Regierung als Eidbruch und militärische Meuterei. Die Verbreitung dieser Kundgebungen der Reichsstellen in Bayern wurde aber durch den Generalstaatskommissar verhindert. Der Reichsrat stellte sich am 24. Oktober in dem Streit zwischen Bayern und Reich einstimmig auf den Standpunkt der Reichsregierung. Aber die bayerische Regierung und ihr Generalstaatskommissar wichen nicht mehr zurück, Kahr lehnte sogar irgendwelche Verhandlungen mit der Regierung Stresemann ab. Die Deutschnationalen bliesen das Feuer an, sie erklärten, ein Nachgeben Bayerns würde nicht die Rettung, sondern die Zerstörung des Reiches bedeuten, schleuniger Ersatz der marxistisch gebundenen Regierung Stresemann durch eine Nationaldiktatur sei geboten. Bayern habe den Rubikon überschritten, und es führe keine Brücke mehr auf das andere Ufer. Darum sei es Pflicht aller nationalen Kräfte im Reich, an die Seite Bayerns zu treten und so das deutsche Schicksal in schwarz-weiß-rotem Sinn zu erfüllen. Der deutschnationale bayerische Justizminister Gürtner führte den Gegensatz zwischen Bayern und Reich mit vollem Recht auf den Tag zurück, »an dem in Bayern unter der Auswirkung des Kapp-Putsches die Revolution mit ihren Nachwirkungen liquidiert worden sei«, und stellte fest, »daß diese seit vier Jahren schleichende Krise durch keinerlei Verträge und keinerlei Verständigung mehr beseitigt werden könne«.

In der Tat hatte Bayern längst die Brücken der friedlichen Verständigung abgebrochen und sich auf die Austragung des Gegensatzes mit Waffengewalt vorbereitet. Bereits seit dem Sommer 1923 unterhielt Kahr enge Fühlung mit norddeutschen aktivistischen Kreisen, insbesondere mit der Richtung des Generals Below, dem Führer der vaterländischen Verbände im Norden, und dem alldeutschen Justizrat Claß. Die norddeutschen Verbände waren sich Anfang September in Berlin über die Notwendigkeit der Errichtung einer Nationaldiktatur im Reich einig geworden. Man hatte auch den Chef der Heeresleitung, General Seeckt, ins Vertrauen gezogen, der hatte aber zunächst dankend abgelehnt. Seeckt wies auch die wiederholten Forderungen des Stahlhelms, er solle selbst an die Spitze eines Direktoriums treten und Graf Kanitz zum Ernährungsdirektor, Stresemann zum Außendirektor ernennen, entschieden zurück. Dem alldeutschen Führer Claß erklärte er, daß er auch gegen rechts bis zum letzten Mann und zur letzten Patrone schießen lassen werde. Trotzdem gaben die nationalen Kreise den Gedanken des Direktoriums nicht auf. Das nationale Direktorium sollte durch illegalen Druck auf den Reichspräsidenten und die Reichsregierung errichtet werden und mit diktatorischen Vollmachten ohne Reichstag regieren. Als weitere Kandidaten für das Direktorium wurden besonders der Stinnesdirektor Minoux, der ostpreußische Junker Freiherr von Gayl, Graf Beer vom Landbund, Kruppdirektor und späterer Botschafter in den USA Wiedfeldt genannt. Ludendorff hatte auf Befragen den vorgeschlagenen Weg als positive Lösung bezeichnet. Ununterbrochen kamen nun Vertreter der norddeutschen Verbände nach München und verhandelten mit Ludendorff, General von Lossow und dem bayerischen Generalstaatskommissar. Minoux entwickelte persönlich sein Programm, es wurde aber wegen der von ihm vorgesehenen Beteiligung von Juden durch General Ludendorff schroff abgelehnt. Vom Stahlhelm kamen Graf Helldorf und Oberstleutnant Duesterberg. Mehrmals erschien in München der Führer der Völkischen, Graefe, er machte zuletzt beim Hitlerputsch den Marsch zur Feldherrnhalle mit. Es kamen Graf von der Goltz, Reichsarbeitsminister Brauns, Abgesandte des Landbundes und am 5. November im geheimen Auftrag Stresemanns der Admiral Scheer, der die bayerischen Regierungsstellen durch Zusicherungen über die Rückgewährung der früheren bayerischen Reservatrechte zum Frieden mit dem Reich umstimmen sollte. Aber die Verhandlungen mit den norddeutschen Kreisen zogen sich in die Länge. Man stritt sich darüber, wer die Lawine in Bewegung setzen sollte, München oder Berlin. Das Hauptbedenken Kahrs und Lossows gegen den von vielen norddeutschen Verbänden gewünschten Vormarsch gegen Berlin war die ungewisse Haltung der norddeutschen Reichswehr, von der man einen Widerstand gegen vorrückende bayerische Truppen für möglich hielt. Die Meldungen des geheimen Nachrichtendienstes, den General Lossow zur Ausforschung der Stimmung bei der Reichswehr in Sachsen und Thüringen und zur Auskundschaftung von Truppentransporten, militärischen Telefon- und Telegrafenleitungen, Kabel- und Funkstationen sowie von Sabotageobjekten eingerichtet hatte, widersprachen sich. Allgemein hielt man einen Einsatz der außerbayerischen Reichswehr gegen Bayern für unmöglich. Dagegen gingen die Meinungen darüber, ob die in Mitteldeutschland aufgestellte Reichswehr gegen vorrückende bayerische Truppenteile schießen werde oder nicht, weit auseinander. Anfangs November wurde der Befehlshaber der bayerischen Landespolizei, Oberst von Seisser, von Kahr nach Berlin geschickt, um die Bildung des Direktoriums in Fluß zu bringen. Er klopfte dabei auch beim Chef der Heeresleitung, General von Seeckt, wegen einer etwaigen Beteiligung an dem Direktorium auf den Busch. Seeckt hielt wie immer zurück und bemerkte kurz, das Tempo der Umbildung der Regierung müsse man schließlich ihm überlassen. Seisser verhandelte auch mit dem Landbund und suchte, einen »führenden Landwirt« für das Direktorium zu gewinnen. Nach einer späteren Aussage des Generalstaatskommissars von Kahr war auch der bayerische Gesandte von Preger im Sinne eines Direktoriums tätig geworden. Am 6. November kam endlich eine endgültige Vereinbarung mit den norddeutschen Kreisen zustande. Danach sollte Kahr selbst an leitender Stelle in das Direktorium in Berlin eintreten, Ludendorff dagegen stellte man aus außenpolitischen Gründen vorläufig in die Ecke, er sollte erst später Oberbefehlshaber der gegen Frankreich aufzustellenden Nationalarmee werden. Niemand aber dachte daran, Hitler an eine leitende Stelle zu bringen. Für den Fall, daß Seeckt sich auf die Dauer unzugänglich zeigen würde, sollte er mit Gewalt beseitigt und durch General Behrendt, den Befehlshaber des Gruppenkommandos I in Berlin, ersetzt werden. Die von Lossow geführte bayerische Reichswehr sollte für das neue Direktorium den »Polizeiknüttel« abgeben und etwaigen Widerstand im Reich im Keim ersticken.

Die bayerische Reichswehr war für eine solche Aufgabe seit Wochen wohl vorbereitet. Die erforderlichen Anordnungen waren vom Wehrkreiskommando VII in München durch den Geheimbefehl Ia Nr. 800/23 unter dem Stichwort »Herbstübung 1923« seit 26. Oktober getroffen worden. Danach wurde die bayerische Reichswehr durch Aufnahme von Mitgliedern vaterländischer Verbände auf die dreifache Stärke gebracht. Ein Reiterkorps, ein Fliegerkorps wurden gebildet. Die Führer der Verbände waren im Wehrkreiskommando in München bereits am 24. Oktober in die Sache eingeweiht, Feldgeschütze, leichte Haubitzen und schwere Batterien herangeholt. Eine Reihe von Spezialkursen für Maschinengewehre, Minenwerfer und Nachrichtendienst wurde eingerichtet. Die Ausbildung der Mannschaften wurde mit Nachdruck betrieben. Zur Leitung der Vorarbeiten wurden eigene »Arbeitsstäbe« errichtet. Die Truppenkommandos wurden angewiesen, mit den Ortsgruppen der militärischen Geheimverbände sofort die Verbindung aufzunehmen. Die ärztliche Untersuchung der Freiwilligen wurde angeordnet. Innerhalb dreimal 24 Stunden vom Aufstellungstag ab sollte die Truppe marschbereit sein. Den Freiwilligen wurden Gebühren und Versorgung wie Reichswehrangehörigen zugesichert. Die Deckung des Pferdebedarfs wurde in die Wege geleitet. Alle diese Maßnahmen erfolgten im engsten Einvernehmen mit dem bayerischen Generalstaatskommissar und mit der bayerischen Staatsregierung. Für die Kosten der Mobilisierung kam der bayerische Finanzminister auf. Waffenlager und Schießstände zur Ausbildung stellte die Reichswehr den Verbänden zur Verfügung. Überall wurden die Mitglieder der Verbände bereits in die Kasernen einberufen und auf General von Lossow vereidigt. Als erster Aufstellungstag wurde der 15. November bestimmt, die Mobilmachung mußte demnach am 18. November durchgeführt sein. Vor Berlin wurden diese kriegerischen Vorbereitungen sorgfältig geheimgehalten.

Die Schlußsitzung mit den norddeutschen Verschwörern vor Beginn der Aktion sollte am 9. oder 10. November in München stattfinden. Am 8. November hielt es General von Lossow nochmals für notwendig, zur größten Eile zu drängen. Er drohte dem Grafen Helldorf, der ihn an diesem Tag aufsuchte, wenn in Berlin lauter Eunuchen und Kastraten seien, zu feige, um einen Entschluß zu fassen, dann könne Deutschland von Bayern aus auch nicht gerettet werden. Hätte der Norden keinen Willen zum Leben, so müßte das doch schließlich zu einer Art bayerischer Separation führen. Den von Graf Helldorf gewünschten Vormarsch der bayerischen Reichswehr nach Berlin lehnte General von Lossow nochmals in schärfster Form ab. In Pommern wurde inzwischen von den Deutschnationalen ganz offen für eine Diktatur Kahr Stimmung gemacht. »Pommern steht eisenfest zu Kahr« konnte man in diesen Tagen in der »Pommerschen Tagespost« lesen.

Die Vereinbarung mit den »nationalen« Kreisen im Norden veranlaßte Kahr, Lossow und Seisser, auch gegenüber der Richtung Hitler-Ludendorff eine entschiedenere Haltung einzunehmen. Am 6. November wurden die sämtlichen vaterländischen Verbände von Kahr und Lossow zu einer Sitzung zusammenberufen und über die neue Lage aufgeklärt. Er wies insbesondere auf die Notwendigkeit der Beteiligung der norddeutschen Reichswehr und das geplante Direktorium hin und stellte mit aller Deutlichkeit fest, daß der Befehl zur Tat nur von ihm ausgehen könne. Lossow warnte namentlich vor einem eigenmächtigen Putsch und erklärte, daß er gegen solche unverantwortliche Unternehmungen mit militärischen Machtmitteln einschreiten werde. Ein Abenteuer mache er nicht mit, wohl aber jeden Staatsstreich, der 51 Prozent Wahrscheinlichkeit habe. Am 7. November ließ General von Lossow die Reichswehrkommandeure aus ganz Bayern zu sich nach München kommen. Er ordnete in der Besprechung die höchste Bereitschaft für die Reichswehr an und warnte vor einer geplanten Reichsdiktatur Hitler-Ludendorff. Diesen Unsinn mache er nicht mit. Für den Fall, daß Hitler vorzeitig losschlage, müsse sich die bayerische Reichswehr gegen ihn stellen.

Die Warnung vor einem Sonderunternehmen der Gruppe Ludendorff war wohl angebracht. Die beiden wollten im Gegensatz zu Kahr, Lossow und Seisser die Rechtsdiktatur in München errichten und von hier ins Reich weitertragen. An einen Widerstand der Reichswehr wollte Ludendorff nicht glauben. Er redete sich und anderen vor, daß eher der Himmel einfalle, als daß Reichswehr auf den großen General des Weltkriegs schießen werde. Hitler war sich bewußt, daß er den General Ludendorff unbedingt brauchte, um die Reichswehr zu gewinnen. Die SA-Führer waren auf einer Tagung in Müchen am 23. Oktober über die Pläne der politischen Führer ins Bild gesetzt worden. Gleichzeitig mit der Ausrufung der nationalen Diktatur in München sollte ein Aufruf zur Bildung einer Nationalarmee gegen Frankreich erlassen werden. Den Kern dieses Heeres sollten die Truppen des Kampfbundes (SA, »Bund Oberland« und »Reichskriegsflagge«) bilden, alle anderen vaterländischen Verbände sollten verboten und aufgelöst werden. Hauptmann Göring ordnete insbesondere noch an, daß bei der Machtergreifung mit schärfsten Mitteln vorgegangen werde und jeder Führer sich jetzt schon die Leute aussuche, deren Beseitigung notwendig sei. Mindestens einer müsse überall bei Erlaß des Aufrufs zur Abschreckung erschossen werden. Trotzdem wurde die Machtergreifung bis ins einzelnste vorbereitet. Pläne zur Besetzung von Orten, Eisenbahnlinien, Zeitungsgebäuden, Telefon- und Telegrafenämtern in München wurden hergestellt. Die auswärtigen Führer wurden mit genauen Anweisungen über ihre Aufgaben beim Ausbruch des Putsches versehen. Listen über jene Beamten, die bei den Behörden verhaftet werden sollten, wurden angelegt. Ein nationalsozialistischer Richter am bayerischen Obersten Landesgericht, von der Pfordten, entwarf eine neue Verfassung, die sich an die italienischen Verhältnisse unter dem Faschismus anlehnte und zehn Jahre nach ihrem Entstehen von den Nationalsozialisten zum Teil verwirklicht worden ist. Nach dieser Verfassung sollten in Reich, Ländern und Gemeinden alle parlamentarischen Körperschaften aufgelöst, die Selbstverwaltung der

Gemeinden und Gemeindeverbände sollte aufgehoben, die gesamte Staatsgewalt mit Ausnahme der Rechtsprechung durch Landesverweser und diesen unterstellte Amtsverweser ausgeübt werden. Aufhebung der Pressefreiheit und Auflösung aller Parteien, Arbeitgeberverbände und Gewerkschaften waren vorgesehen. Aussperrungen und Streiks waren mit dem Tode bedroht. Pateibuchbeamte und politisch unzuverlässige Beamte sollten nach freiem Ermessen unter Aufhebung jedes Rechtsanspruchs entlassen werden können. Jüdische Beamte waren auf Wartegeld zu setzen, das gesamte bewegliche und unbewegliche Vermögen der Angehörigen des jüdischen Volkes war zu beschlagnahmen. Sämtliche Grundrechte der Verfassung wurden für aufgehoben erklärt. Besondere Standgerichte waren zu bilden, gegen deren Urteile kein Rechtsmittel möglich war. Auch Sammellager waren bereits in Aussicht genommen. Für alle Handlungen und Unternehmungen, die auch nur geeignet waren, den Bestand der Staatsordnung zu erschüttern und zu gefährden, war Todesstrafe bestimmt. Diese Strafe war als einzige Strafart in rund 30 weiteren Fällen angedroht. Das war die Verfassung für eine Blut- und Willkürherrschaft, wie sie bis dahin in deutschen Landen noch nicht erdacht worden war.

Die Putschvorbereitungen Hitlers griffen sogar über Deutschland hinaus. Mit dem ungarischen Führer des Bundes der Rassenschützler, Ulain, schloß er einen förmlichen Staatsvertrag, in dem er versprach, ihn nach dem Gelingen des Hitlerputsches in München mit Truppen des Kampfbundes zu unterstützen, während Ulain dafür Lieferung von Getreide und Vieh nach Bayern versprach. Ungarn und Bayern sicherten sich die Grenzen, die vor dem Krieg bestanden. Das bedeutete die Preisgabe des österreichischen Burgenlandes. Die Verschwörung wurde aber in Ungarn noch vor ihrem Ausbruch entdeckt. In Bayern schienen die Machtmittel des Staates gegen eine gewaltsame Umwälzung gegenüber einer Diktatur Hitler-Ludendorff längst stumpf geworden zu sein. Reichswehr und Polizei waren mit Anhängern Hitlers und Ludendorffs durchsetzt. Besonders Röhm hatte darin einen Anhang, auf den er sich unbedingt verlassen konnte. Die Infanterieschule war von Roßbach, der seit seiner Entlassung aus der Untersuchungshaft Mitte Oktober wieder in München weilte, für den völkischen Gedanken gewonnen. Selbst Ludendorff hatte es nicht verschmäht, junge Offiziere der Infanterieschule zu sich zu Gast zu laden, sie in politische Gespräche zu verwickeln und für die Lehren Hitlers zu begeistern. Besonders machte er scharf gegen die angebliche weiß-blaue Gefahr und die bayerische Monarchie. Hitler

klärte die Kriegsschüler in Versammlungen des Oberleutnants Roßbach dahin auf, die beste Art ihren Eid zu halten sei, ihn zu brechen. Am 6. November erfuhr Ludendorff durch den Major Vogts,
der als Abgesandter der norddeutschen Kampfverbände in München
weilte, von den Plänen Kahrs und Lossows über die Errichtung einer Reichsdiktatur in Berlin, in der ihm zunächst nur eine sehr
untergeordnete Rolle zugedacht war. Er lehnte diese Zumutung sofort entschieden ab und erklärte, er wolle, wenn er überhaupt mit-
tue, dann schon die erste Stelle einnehmen und alle Macht auf sich
vereinigen. Das war deutlich genug, und Major Vogts beeilte sich,
diese Stellungnahme Ludendorffs dem Genral Lossow zu melden.
Man war also gegenseitig völlig im Bild. Nun entschlossen sich Hitler und Ludendorff, auf eigene Faust loszuschlagen, schon um bei
der Verteilung der Reichsämter nicht ins Hintertreffen zu kommen.
Allerdings, ein unangenehmes Hindernis bestand. Die beiden Männer
hatten den Inhabern der Staatsgewalt gewisse Ehrenwörter gegeben.
Hitler hatte sich gegenüber dem bayerischen Innenminister ehren-
wörtlich verpflichtet, keinen Putsch zu machen, und die gleiche Versicherung auch dem Obersten Seisser gegeben. Ebenso hatte sich Ludendorff Ende Oktober dem Chef der Landespolizei gegenüber in
Gegenwart des Generals von Lossow durch Ehrenwort gebunden,
nichts gegen die Staatsgewalt zu unternehmen, ohne vorher Seisser
zu verständigen. Hitler entschloß sich, sein Ehrenwort zu opfern, General Ludendorff wagte es wenigstens nicht, es offen zu brechen.
Am 7. November nahm Kriebel als Befehlshaber der Streitkräfte des
Kampfbundes in einem Erlaß zu den Warnungen Kahrs und Lossows
vom Vortag in der Weise Stellung, daß er feierlich erklärte, er
werde sich mit der gesamten militärischen Macht des Kampfbundes
an die Seite jenes Verbandes stellen, gegen den Reichswehr oder
Landespolizei mit Waffengewalt aufgeboten werde. Dieses Rundschreiben sandte er an die hinter Kahr stehenden Organisationen.
Dieser Erlaß Kriebels kam ungefähr einer Kriegserklärung gleich.
Trotzdem wurde der Urheber nicht hinter Schloß und Riegel gesetzt. So konnten die Verschwörer in aller Ruhe ihren Putschplan
entwerfen. Ursprünglich war beabsichtigt, in der Nacht vom 10. auf
11. November eine großangelegte Nachtübung des Kampfbundes zu
veranstalten, beim Morgengrauen einzumarschieren, die Regierung zu
beseitigen und Kahr, Lossow und Seisser zur Übernahme der für
sie bestimmten Ämter zu veranlassen. Da ließ Kahr für den Abend
des 8. November eine große Versammlung von Würdenträgern der
vaterländischen Verbände ankündigen, in der er feierlich die Losung

vom Ende des Marxismus ausgeben wollte. Nun fielen Hitler seine Indianergeschichten ein, und er entwarf einen neuen abenteuerlichen Plan. Eifrigst wurden Waffen an die Truppen des Kampfbundes ausgegeben, Gestellungsbefehle an die übrigen ausgebildeten Leute für den Abend des 8. November verschickt. Ludendorff vergewisserte sich, daß General Lossow und die wichtigsten Minister an der Veranstaltung im Bürgerbräukeller teilnahmen. Die Mitglieder der »Reichskriegsflagge« und zahlreiche Gäste aus der Landespolizei und Reichswehr wurden von Röhm zu einem kameradschaftlichen Abend in den Löwenbräukeller bestellt. Auf diese Weise wollte man die Kasernen von Verteidigern entblößen, der »Bund Oberland« hatte Auftrag, sich zuerst ihrer zu bemächtigen und dann die öffentlichen Gebäude, insbesondere auch den Hauptbahnhof zu besetzen. In der Polizeidirektion sollte Dr. Frick auf die verabredete Mitteilung warten und dann sofort Anordnungen treffen, um die Polizei in die Hand zu bekommen.

Den Hauptstreich führte Hitler selbst im Bürgerbräukeller aus. Gegen 9 Uhr abends fuhren einige hundert schwerbewaffnete Nationalsozialisten vor dem Bierkeller vor, drängten die Polizeibeamten beiseite und besetzten die Eingänge zum Saal. Darauf stürzte Hitler mit einigen Leuten in den dichtgefüllten Versammlungsraum, schleuderte ein Bierglas zu Boden, schrie: »Die nationale Revolution ist ausgebrochen«, und stürmte, gefolgt von einigen Bewaffneten, zum Platz des Redners vor. Der Generalstaatskommissar hatte jäh die Verlesung seiner schönen Rede unterbrochen und trat bleich beiseite, als Hitler auf das Podium sprang. Der Führer, der an diesem Abend vollkommen den Eindruck eines Geisteskranken machte, feuerte einen Schuß gegen die Decke ab und brüllte in den Saal: »Die nationale Revolution ist ausgebrochen. Der Saal ist von 600 Schwerbewaffneten umstellt. Niemand darf den Saal verlassen. Wenn nicht sofort Ruhe wird, werde ich ein Maschinengewehr auf die Galerie bringen lassen. Die Kasernen der Reichswehr sind besetzt. Reichswehr und Landespolizei marschieren unter Hakenkreuzfahnen heran.« Während die Versammlung erstarrt war, ließ er Kahr, Seisser und Lossow von Bewaffneten in ein Nebenzimmer geleiten. Dort redete er die Gefangenen an: »Niemand verläßt das Zimmer ohne meine Erlaubnis. Die Reichsregierung ist bereits gebildet, die bayerische Regierung abgesetzt. Bayern wird das Sprungbrett für die Reichsregierung, in Bayern muß ein Landesverweser sein. Pöhner wird Ministerpräsident mit diktatorischen Vollmachten, Kahr Landesverweser, Reichsregierung Hitler, nationale Armee Ludendorff, Seisser Reichspolizeiminister.« Als die drei Opfer des Überfalls schwiegen, schrie Hitler los: »Ich weiß, daß es den Herren schwerfällt. Ich will Ihnen nur erleichtern, den Absprung zu finden. Jeder von Ihnen muß den Platz einnehmen, auf den er gestellt ist. Tut er das nicht, so hat er keine Daseinsberechtigung. Sie müssen einfach mit mir kämpfen, mit mir siegen oder sterben, wenn die Sache schiefgeht. Vier Schüsse habe ich in meiner Pistole, drei für meine Mitarbeiter, wenn sie mich verlassen, die letzte Kugel für mich. Entweder bin ich morgen Sieger oder tot.« Die Drohung war unmißverständlich, trotzdem erklärte Kahr, Leben oder Sterben sei für ihn bedeutungslos. Seisser warf nunmehr Hitler vor, daß er sein Ehrenwort gebrochen habe, keinen Putsch zu machen. »Verzeihen Sie mir«, flehte Hitler, »ich habe im Interesse des Vaterlandes so handeln müssen.« Er wurde in den Saal abgerufen, wo inzwischen größte Unruhe und Empörung über den erpresserischen Überfall entstanden war. Die drei Machthaber wurden derweilen von SA-Leuten bewacht, sie durften kein Wort miteinander reden. Im Saal hatte Hauptmann Göring die Versammelten vergebens zur Ruhe gemahnt, sie sollten sich an ihr Freibier halten. Hitler erkannte sofort die gefährliche Lage und griff zu einer List. Er log seinen Zuhörern vor, daß er sich mit Kahr, Lossow und Seisser geeinigt habe, und erklärte dann: »Bis zum Ende der Abrechnung mit den Novemberverbrechern, die heute Deutschland zugrunde richten, übernehme die Leitung der provisorischen Nationalregierung ich, Ludendorff übernimmt die Leitung der deutschnationalen Armee, Lossow soll Reichswehrminister, Seisser Reichspolizeiminister werden. Aufgabe der provisorischen deutschnationalen Regierung ist, den Vormarsch anzutreten gegen das Sündenbabel Berlin.« So gelang es ihm, die Stimmung der Versammlung völlig zu wenden, bald jubelten ihm alle zu, Offiziere und Zivilisten umarmten sich vor Freude über die frohe Botschaft, die endliche Ankündigung des Marsches gegen Berlin. Inzwischen traf General Ludendorff, den Scheubner-Richter aus seiner Wohnung herbeigeholt hatte, im Bürgerbräukeller ein. Er hatte noch am Nachmittag mit Lossow und Seisser im Generalstaatskommissariat verhandelt, die Einheitlichkeit des Zieles mit ihnen festgestellt und unter Hinweis auf die Notlage der Truppen des Kampfbundes auf beschleunigte Entscheidung gedrängt. Jetzt begab sich Ludendorff mit Hitler in das Nebenzimmer, in dem Kahr, Lossow und Seisser noch immer verstimmt und unentschlossen saßen, und erklärte ihnen: »Ich bin ebenso überrascht wie sie. Aber es handelt sich um eine große völkische Sache, ich kann den Herren nur raten, mitzumachen und in meine Hand einzuschlagen.« Das entsprach nicht ganz der Wahrheit. Ludendorff war in den Putschplan eingeweiht, aber mit Rücksicht auf das Ehrenwort, das er Seisser erst kürzlich gegeben hatte, nicht in den Bürgerbräukeller gegangen. Seine Überraschung bestand höchstens darin, daß er bisher sich selbst die Stellung des Diktators zugedacht hatte, die nunmehr Hitler in Anspruch nahm. Der konnte vor Aufregung nicht an sich halten und schrie: »Es gibt kein Zurück mehr, die Sache ist schon geschichtliches Ereignis geworden.« General Lossow faßte sich zuerst und schlug mit einem kurzen »Gut« in die hingestreckte Rechte Ludendorffs ein. Aber Kahr wehrte sich noch und warf ein, er sei doch eigentlich Monarchist. Eifrig versicherte nun Hitler, gerade an dem Königtum müsse ein großes Unrecht gutgemacht werden, er selbst werde nach Berchtesgaden zu dem Kronprinzen Rupprecht fahren. Jetzt sträubte sich Kahr nicht länger, und als letzter stimmte auch Seisser zu. Kahr und Lossow an der Hand, stellte sich Hitler jetzt der Versammlung vor und hob wieder zu reden an: »Ich will jetzt erfüllen, was ich mir heute vor fünf Jahren als blinder Krüppel im Lazarett gelobte: nicht zu ruhen und zu rasten, bis die Novemberverbrecher zu Boden geworfen sind, bis auf den Trümmern des heutigen jammervollen Deutschlands wieder auferstanden sein wird ein Deutschland der Macht und Größe, der Freiheit und der Herrlichkeit, Amen.« Ludendorff führte in einer kurzen Ansprache aus, daß er sich der deutschnationalen Regierung kraft eigenen Rechtes zur Verfügung stelle. Wie er im Strafprozeß später erläuterte, wollte er damit sagen, daß er nicht Gefolgsmann Hitlers sei. Der ihm zugefallenen Rolle als Befehlshaber der deutschnationalen Armee gedachte der General mit der Anspielung, man wolle nunmehr die schwarz-weiß-roten Fahnen siegreich über den Rhein tragen. Kahr bekräftigte vor der Versammlung noch einmal seine Bereitschaft, die Leitung Bayerns als Statthalter der Monarchie zu übernehmen. Die Beifallsstürme wiederholten sich, und in großer Begeisterung ging man schließlich auseinander. Die im Saal anwesenden bayerischen Minister und der Kabinettschef des Kronprinzen Rupprecht, ein Graf Soden, waren inzwischen von Hitlersoldaten verhaftet worden. Sie wurden im Lauf des Abends in das Landhaus des alldeutschen Verlegers Lehmann verbracht und nach dem Zusammenbruch der Revolte freigelassen. Nur der bayerische Innenminister Dr. Schweyer und der Bauernbund-Minister Wutzlhofer wurden von dem Leutnant Heß, dem späteren Reichsminister, auf einem Kraftwagen ins Gebirge verschleppt und auf der Fahrt durch die Wälder ständig dadurch in Todesangst versetzt, daß die

Hitlerleute immer wieder geeignete Bäume zum Aufhängen der Minister heraussuchten. Mehr tot als lebendig brachte man sie am übernächsten Tag wieder nach München zurück, und Heß bedauerte ausdrücklich, daß seine Leute die Gefangenen nicht noch länger festgehalten hätten.

Nach der Ausrufung der Nationalrevolution in der Stadt wurde von den nationalsozialistischen Sturmabteilungen zunächst überall Rache an den Marxisten und Juden genommen. Unter Führung von Polizeibeamten drang eine Horde von SA-Leuten auf ausdrücklichen Befehl Hitlers und Kriebels in das Gebäude der sozialdemokratischen Zeitung, der »Münchener Post« ein, schlug alles Erreichbare kurz und klein, zertrümmerte Türfüllungen und Schränke und verbrannte Akten und Bücher, stahl Schreibmaschinen, Vervielfältigungsapparate und Habseligkeiten der Angestellten. An die 400 Fensterscheiben gingen in Scherben. Eine andere Abteilung wollte den sozialdemokratischen Abgeordneten Auer in seiner Wohnung verhaften, mißhandelte seine weißhaarige Frau und nahm den Schwiegersohn als Gefangenen mit. Im Lauf der Nacht und am anderen Tag wurde eine große Anzahl jüdischer Geiseln durch Abteilungen der Nationalsozialisten und des »Bundes Oberland« wahllos nach dem Adreßbuch aus den Wohnungen geholt und in den Bürgerbräukeller gesperrt.

Das Wehrkreiskommando fiel in die Hand des Hauptmanns Röhm. Er war im Löwenbräukeller von dem gelungenen Putsch im Bürgerbräukeller benachrichtigt worden und mit Abteilungen der »Reichskriegsflagge« und der Einwohnerwehr auf einen Befehl Ludendorffs vor das Gebäude des ehemaligen Kriegsministeriums gezogen. Die Reichswehrwache wurde überredet, den Weg freizugeben, die im Gebäude befindlichen Offiziere wurden gefangengesetzt.

Dagegen war die Überrumpelung der Kasernen mißglückt. Die Abteilungen des »Bundes Oberland«, die in der Pionierkaserne übten, benahmen sich so verdächtig, daß ein Oberleutnant das Bataillon alarmierte. Mit einem Unteroffizier und sechs Mann entwaffnete er sodann an die 400 feldmarschmäßig ausgerüstete Oberländer samt ihrem Anführer. In der Kaserne des Infanterie-Regiments 19 waren zahlreiche Nationalsozialisten erschienen, für die von auswärts ankommende Lastwagen mit Waffen abgeladen wurden. Dort alarmierte ein Oberfähnrich, die Bewaffnung wurde verhindert und die Hitlerleute mußten die Kaserne verlassen. So kam auch der Auftrag des »Bundes Oberland«, den Hauptbahnhof zu besetzen, nicht zur Durchführung. Als Hitler von den Vorgängen in den Kasernen Kunde erhielt, wollte er gleich mit Kanonen »hineinfetzen« lassen, besann sich aber dann und hoffte, daß General Lossow die Sache rasch in Ordnung bringen werde. Er ließ für die neue Nationalregierung Räume im Gebäude der Bauernkammer beschlagnahmen. Dort richtete sich Gottfried Feder häuslich ein und erließ seine Bekanntmachung, nach der das gesamte Geld- und Kreditwesen unter Staatsaufsicht gestellt und jede Veränderung und Verschiebung von Vermögensbeständen bestraft werden sollte. Er selbst hatte am Spätnachmittag seine Wertpapiere bei einer Münchener Bank noch abzuheben versucht.

Von der Reichswehr fiel nur die Infanterieschule Hitler und Ludendorff zu. Roßbach ließ die Infanterieschüler auf Befehl Ludendorffs antreten und führte sie in geschlossenem Zug zum Bürgerbräukeller. Ludendorff schritt die Reihen ab und befahl der Infanterieschule hernach, das Gebäude des Generalstaatskommissariats zu besetzen. Die Landespolizei, die sich darin befand, weigerte sich jedoch, abzuziehen. Bevor es zu einem Zusammenstoß kam, zog Ludendorff den Befehl wieder zurück. Am nächsten Morgen vereidigte Hitler die Infanterieschule im Bürgerbräukeller auf Ludendorff.

In der Polizeidirektion hatte Dr. Frick die Alarmierung der Polizei auf die Nachricht von den Vorgängen im Bürgerbräukeller hintertrieben. Nach dem Eintreffen Pöhners erklärte er sich zur Übernahme des Polizeipräsidentenpostens bereit. Vor Mitternacht begaben sich die beiden zu Kahr in das Gebäude der Regierung von Oberbayern. Kahr äußerte nochmals seinen Unmut über die Art des Vorgehens Hitlers, fand sich aber schließlich damit ab und erklärte, daß er ein Kreistelegramm hinausgegeben habe, wonach er im Besitz der politischen Macht sei. Zur Kabinettsbildung lud er Pöhner für den nächsten Vormittag ein. Frick und Pöhner gaben sodann um Mitternacht noch Weisungen an die Presse heraus. Pöhner setzte durch eine Bekanntmachung ein Nationaltribunal ein, dessen Urteile binnen drei Stunden vollstreckt werden sollten. In einem anderen Erlaß wurden die »führenden Schufte des Verrats vom 9. November 1918 für vogelfrei« erklärt.

Inzwischen hatte sich jedoch bereits der Umschwung vollzogen. Vereinbarungsgemäß war der Reichswehrminister von seinem Parteifreund, dem Nürnberger Oberbürgermeister Luppe, von dem Putsch in München verständigt worden. Der Chef der Heeresleitung ordnete sofort die Reichsexekution gegen Bayern an. Er wurde durch einen Erlaß des Reichspräsidenten noch in der Nacht mit der Vollzugsgewalt im ganzen Reich betraut. Kleinere Aufstände, die im Zusammenhang mit dem Hitlerputsch in Schlesien und an der Wasserkante ausbrachen, wurden von ihm rasch unterdrückt. Seeckts entschlossene Haltung wurde noch in der Nacht bei der 7. Division in München bekannt. Dort waren aber bereits selbständige Vorkehrungen gegen den Hitlerputsch getroffen worden. Auf dem Generalstaatskommissariat hatte ein diensttuender Beamter, Freiherr von Freyberg, auf die Mitteilung von den Vorgängen im Bürgerbräukeller sofort Landespolizei und Reichswehr alarmiert. General Danner hatte den Oberbefehl übernommen und die ersten notwendigen Abwehrmaßnahmen angeordnet. Die auswärtigen Garnisonen wurden in Kenntnis gesetzt und zum Marsch nach München befohlen. Der bayerische Unterrichtsminister Dr. Matt, der nicht an der Versammlung im Bürgerbräukeller teilgenommen hatte, vergewisserte sich über Kahrs Einstellung durch Anruf beim Generalkommissariat. Da er den Eindruck gewann, daß Kahr »schweren Herzens« die Hitlersache mitmachen wollte, rief er ein Häuflein getreuer Mitglieder der Bayerischen Volkspartei in einer Privatwohnung zusammen, gab einen auf die bayerische Volksseele berechneten saftigen Aufruf gegen den Preußen Ludendorff hinaus und verlegte den Sitz der Bayerischen Landesregierung nach Regensburg.

Als General Lossow mit Seisser um Mitternacht im Gebäude der Stadtkommandantur eintraf, meldete ihm General Ruith schon im Hausflur, daß die Truppen der Standorte bereits gegen die Hitlerbewegung alarmiert seien. General Danner empfing dann den Oberbefehlshaber Lossow mit der bezeichnenden Frage: »Exzellenz, das im Bürgerbräukeller war doch alles nur Bluff?« Er hat später vor Gericht ausgesagt, daß er den Putsch auch gegen den Willen des Generals Lossow niedergeschlagen hätte. So sah sich General Lossow vor vollendete Tatsachen gestellt. Seine tiefe Empörung über den hinterhältigen Überfall erleichterte ihm den Bruch des Ehrenworts, das er Ludendorff gegeben hatte. Er erklärte sich mit den getroffenen Maßnahmen einverstanden. Auch Seisser fiel sofort um. Die Stadtkommandantur wurde geräumt, die Generale zogen sich in die Kaserne des 19. Infanterie-Regiments zurück. Dorthin wurden auch Kahr und Seisser bestellt. Das Kasernenviertel wurde in Verteidigungszustand gesetzt. Gegen halb 3 Uhr früh gaben Kahr, Lossow und Seisser einen Funkspruch an alle bayerischen Behörden hinaus, daß sie den Hitlerputsch ablehnten und daß ihre im Bürgerbräukeller mit Waffengewalt erpreßte Stellungnahme nichtig sei. In einem sofort verbreiteten Aufruf wurde Hitlers Tat als »Trug und Wortbruch ehrgeiziger Gesellen« gebrandmarkt. die Zeitungen wurden von

Kahr unter Androhung der Todesstrafe für die verantwortlichen Schriftleiter angewiesen, nichts über den Hitlerputsch zu bringen. In dem allgemeinen Wirrwarr wurde dieser Befehl jedoch nicht ernstgenommen und deshalb nicht durchgeführt. Dagegen gelang es nach Mitternacht, das Polizeigebäude in die Hand zu bekommen. Der neue Polizeipräsident Dr. Frick wurde von Beamten, die ihn eben noch zu seiner Beförderung beglückwünscht hatten, verhaftet. Kleinere nationalsozialistische Putschversuche in Augsburg, Nürnberg und Regensburg wurden von Reichswehrabteilungen noch im Lauf der Nacht unterdrückt.

Ein großes Glück für Lossow und Kahr war es in dieser Nacht, daß sich Ehrhardt mit Hitler nicht verständigt hatte, andernfalls wäre die Lage in Nordbayern für den Generalstaatskommissar bedenklich geworden. So hatte er nach seiner Rückkehr in das Regierungsgebäude den Ehrhardt-Verbänden Weisung gegeben, zum Zweck des Aufmarsches gegen Thüringen, Weimar und Berlin mobil zu machen. Der Kapitänleutnant Kautter schlug ihm als Vertreter Ehrhardts vor, eine Proklamation hinauszugeben, daß er als Statthalter die Regierung in Bayern übernommen habe, daß die Verfassung von Weimar aufgehoben, Bayern aber weiter reichstreu sei. Hierzu erbat sich Kahr Bedenkzeit, nahm inzwischen die Glükwünsche des italienischen Gesandten zum Umsturz entgegen und gab erst nach seiner Übersiedlung in die Reichswehrkaserne am Morgen des 9. November Bescheid, daß er gegen den Hitlerputsch sei.

Im Wehrkreiskommando warteten inzwischen Hitler und Ludendorff stundenlang auf General Lossow, nach Mitternacht gesellte sich Pöhner zu ihnen. Hitler bekam es schließlich mit der Angst zu tun und äußerte: »Gehts durch, ist es gut, gehts nicht durch, hängen wir uns auf.« Dann veranlaßte er Pöhner, der plötzlich von Frick keine Nachrichten mehr bekam, mit einem Zug Einwohnerwehr vor das Polizeigebäude zu ziehen, um diesen wichtigen Stützpunkt im Inneren der Stadt zu besetzen. Aber Pöhner und der Anführer der Truppen wurden unter der Türschwelle verhaftet, die Einwohnerwehrleute kamen unverrichteter Dinge zurück. Hierauf zogen sich der General des Weltkriegs und sein Gefreiter in den Bürgerbräukeller zurück. Gegen Morgen wurden sie durch Reichswehroffiziere zweifelsfrei über den Treubruch Kahrs, Lossows und Seissers unterrichtet. Nun richtete man sich zur Verteidigung ein. Das rechte hochgelegene Isarufer wurde mit Geschützen bespickt, die Isarbrücken durch schwere Maschinengewehre gesichert. Aus ganz Südbayern trafen in den Morgenstunden die Truppen des Kampfbundes ein. Um sie zu löhnen, ließ Hitler bei den Banknotendruckereien unter Androhung von Waffengewalt 28 000 Billionen Goldmark erpressen. Von Ingolstadt holte Ludendorff den ihm ergebenen Reichswehroberst Hofmann herbei. Er kam, aber ohne seine Garnison. Ein nochmaliger schwächlicher Versuch, das Polizeigebäude durch den Stoßtrupp Hitler zu erobern, blieb schon in den ersten Anfängen stecken. Nun entschloß man sich, auf Hitlers Vorschlag einen großen Propagandazug durch die Stadt zu unternehmen, der die Bevölkerung mitreißen und die Reichswehr entwaffnen sollte. Unbewehrt wollte Ludendorff den Offizieren Lossow und Seisser gegenübertreten und durch die Macht seiner geschichtlichen Persönlichkeit die Gewehrläufe zum Sinken bringen. Er glaubte felsenfest an dieses Wunder, er war im innersten überzeugt, daß Reichswehr nimmer auf den größten Heerführer des Weltkriegs schießen werde. Hitler war seiner Natur nach ängstlicher und ließ für alle Fälle schwere und leichte Maschinengewehre im Zug mitführen. Ursprünglich wollte er sich gegen die Waffen der Reichswehr auch durch Geiseln sichern. Eine Horde Nationalsozialisten war in den Vormittagsstunden in das Münchner Rathaus eingedrungen und hatte den greisen Bürgermeister und die sozialdemokratischen Stadträte weggeschleppt. Diese sollten nun in den Zug eingestellt, auf Görings ausdrücklichen Befehl sollte ihnen beim ersten Schuß der Reichswehr das Schädeldach mit dem Gewehrkolben eingeschlagen werden. Die Drohung, sämtliche Geiseln der Nationalsozialisten erschießen zu lassen, hat Göring an diesem Tag auch gegenüber den Offizieren der Landespolizei an den Isarbrücken gebraucht. Aber zu Hitlers Mißvergnügen schied Ludendorff die Geiseln aus dem Zuge aus. Sie wurden durch ein Erschießungskommando in die Wälder im Osten Münchens verschleppt. Aber ein städtischer Beamter fuhr im Kraftwagen nach und kam dann gerade dazu, als die Stadträte auf einer Waldwiese sich ihrer Oberkleider entledigen mußten. Er rettete sie durch die Kriegslist, daß ohne die persönliche Unterschrift des Bürgermeisters die Arbeitslosenunterstützungen nicht ausbezahlt werden könnten, und machte Mitteilung von der Wendung der Dinge, die inzwischen in München eingetreten war. Die SA-Leute dachten an das Schicksal der erschossenen Geiselmörder von 1919, warfen ihre Uniformen weg, zogen die Oberröcke der Stadträte an und verschwanden einzeln im Tann.

Es ging schon gegen Mittag, als sich der nationalsozialistische Propagandazug vom Bürgerbräukeller gegen die Innenstadt in Bewegung setzte. Voran schritten die Führer in geschlossener Reihe, einige hatten Pistolen in der Hand. An der Isarbrücke stellte sich ein kleiner Zug Landespolizei entgegen. Auf ein Hornsignal stürzten sich bewaffnete Nationalsozialisten auf ihn und schlugen ihn auseinander. Die Polizeibeamten wurden entwaffnet und mit Faustschlägen mißhandelt. Den Ausgang von der engen Residenzstraße zum weiten Odeonsplatz hatte abermals eine Abteilung Polizei mit Maschinengewehren und Panzerwagen gesperrt. Hier wurde Ludendorffs großartiger Plan zunichte. Als der erste Schuß gefallen war, eröffnete die Landespolizei ein verheerendes Feuer gegen den Zug, und im Augenblick lagen Dutzende von Toten und Verwundeten am Boden. Zwar wurde das Feuer von den Nationalsozialisten sofort erwidert, aber der Zug löste sich in wilder Flucht auf. Als Opfer des Tages blieben hier drei Polizeibeamte und 14 Nationalsozialisten tot liegen, unter ihnen Scheubner-Richter, der Sekretär Ludendorffs, und der Oberstlandesgerichtsrat von der Pfordten. Sein blutiger Verfassungsentwurf in der Manteltasche wurde mit seinem eigenen Blut getränkt. Ludendorff aber, der Stürmer von Lüttich, der Meister der Kriegskunst im Weltkrieg, wurde schmählich gefangen. Er war außer sich vor Empörung, beleidigte die Offiziere der Landespolizei und schwur, nie mehr eine deutsche Offiziersuniform zu tragen. An diesem Tag sank sein Kriegsruhm und sein Ansehen als politischer Führer dahin. Das große Wunder war nicht geschehen, der Glanz fiel von seinem großen Namen, und der Held stand als entblätterte Eiche da. Nie hat Ludendorff diesen schwarzen Tag überwunden, er wurde immer mehr ein wunderlicher Kläffer und eine tragikomische Figur. Hitler warf sich bei den ersten Schüssen zu Boden und renkte sich dabei die Schulter aus. Nach Beendigung des Feuerstoßes wurde er von einem nationalsozialistischen Arzt aufgelesen, in einem Kraftwagen in das Landhaus der ihm befreundeten Frau Hanfstaengl nach Uffing am Staffelsee gebracht und dort nach einigen Tagen verhaftet. Sein Stabschef Göring rettete sich nach Garmisch, wurde dort verhaftet, aber gegen Ehrenwort auf freien Fuß gelassen, und flüchtete unter Bruch dieses Wortes nach Österreich, später nach Italien und Schweden. Esser und zahlreiche Unterführer brachten sich nach Salzburg in Sicherheit, andere wurden in Schutzhaft genommen. Am tapfersten hielt sich der alte Haudegen Röhm. Er ergab sich mit der Besatzung des Kriegsministeriums nach Verlust von zwei Toten der Reichswehr auf Ludendorffs ausdrücklichen Befehl. Zahlreiche Mannschaften und Offiziere der Reichswehr hatten sich geweigert, gegen den alten Kriegskameraden vorzugehen. Die Truppen des Kampfbundes hatten sich erst auf dem rechten Isarufer gesammelt und warteten dort auf den Führer. Man erwog, sich nach Rosenheim ins Gebirge zurückzuziehen und dort weiteren Widerstand zu versuchen. Als sich kein Führer mehr blicken ließ, ging alles auseinander. Die Studentenkompanien zerschlugen die Gewehre und stimmten kommunistische Lieder an. In der Stadt aber dauerten die Ansammlungen der über Kahrs Wortbruch und die »grüne Schmach«, die Landespolizei, empörten Volksmassen noch tagelang. Der Generalstaatskommissar mußte sich hinter Panzerwagen und Stacheldraht flüchten und schließlich sein Amt zur Verfügung stellen. Vergebens hatte er durch das Verbot sämtlicher sozialdemokratischer Zeitungen nach dem 9. November noch einmal die Gunst der »vaterländischen« Kreise zu erringen gesucht. Diese alten Freunde verlangten von ihm noch nach dem 9. November in törichter Verblendung das Unmögliche, die Auflösung der Sozialdemokratischen Partei, die Aufhebung der Verfassung von Weimar, die Erklärung der nationalen Diktatur im Reich und den schon sagenhaft gewordenen Marsch nach Berlin. Allein durch das Scheitern des Hitlerputsches war auch Kahrs eigenes Unternehmen zerstört. Sein Plan war übrigens am Nachmittag des 8. November an die Sozialdemokraten verraten und am nächsten Morgen durch einen Reichstagsabgeordneten dem Reichspräsidenten Ebert unterbreitet worden. Das gab die Möglichkeit, sich auch gegen Überraschungen der Rechtskreise um den als Nachfolger Seeckts in Aussicht genommenen General Behrendt zu schützen. Der bayerische Landeskommandant General Lossow mußte seinen Abschied nehmen, die bayerische Reichswehr wurde in den Verband des Reichsheeres zurückgeführt.

Der Kapp-Putsch der Reichswehr war an der Unentschlossenheit der Generale und an dem Widerstand des Proletariats gescheitert. Das durch Uneinigkeit geschwächte Proletariat spielte bei der Niederwerfung des Hitlerputsches keine Rolle mehr. Die Republik wurde nur noch durch die Uneinigkeit ihrer Gegner gerettet. Jeder der Putschisten, Justizrat Claß, Ehrhardt, Kahr, Hitler, Ludendorff wollte der vom Schicksal auserwählte Diktator sein. Nachdrücklich aber zeigte sich beim Hitlerputsch, daß gegen oder ohne die Reichswehr kein politisches Unternehmen in Deutschland zum Erfolg zu führen war. Man hat unter den Ursachen für den Fehlschlag des Hitlerputsches die Verfassungstreue Seeckts in den Vordergrund gestellt. Diese Verfassungstreue des Chefs der Heeresleitung in der schwersten Stunde der Republik seit dem Kapp-Putsch ist aber nicht nur Tugend, sondern auch Selbstzweck der Reichswehr gewesen. In einem Erlaß vom 4. November 1923 an alle Regimentskommandeure hat das General Seeckt selbst ganz deutlich herausgestellt. Er sprach sich darin gegen jeden Putsch aus und verlangte die Entfernung aller Putschisten aus dem Heer. Die Arbeit zum Wohle der Nation, meinte er, könne nur auf dem Boden von Gesetz und Verfassung möglich und erfolgreich sein. Nur eine Reichswehr, die in sich einig und im militärischen Gehorsam verbleibe, sei unüberwindlich und der stärkste Faktor im Staat. Sie müsse deshalb den Bürgerkrieg, in dem auch sie zerrieben würde, verhindern. Diese Gedankengänge Seeckts sind der unverrückbare Grundsatz der Reichswehrpolitik geblieben. Die Reichswehr wurde unter dem Schein der politischen Neutralität die ausschlaggebende Macht in der Republik, die geheimnisvolle Hand, die im Hintergrund der politischen Bühne die Drähte zog, neue Spieler an das Licht der Rampe hervorholte oder abgespielte Tagesgrößen in die Versenkung warf. Je mehr der deutsche Parlamentarismus an seinen inneren Widersprüchen, an den Wunden der immer schärferen Klassenkämpfe dahinsiechte, um so stärker wirkte die Reichswehr als der eherne Fels in der Erscheinungen Flucht. Auf sie richteten sich die Hoffnungen und Befürchtungen der verfassungstreuen Republikaner ebenso wie jene der Gegenrevolution. Je mehr die Kräfte der einzig wirklich verfassungstreuen Partei, der deutschen Sozialdemokratie, unter der wütenden Bekämpfung der Kommunisten dahinschwanden, um so ausschließlicher hielt die Reichswehr das Schicksal der Deutschen Republik in der Hand. Aus dieser Schlüsselstellung der Reichswehr zog nach dem 9. November 1923 auch die nationalsozialistische Bewegung die allein richtige Folgerung. Hitler erkannte, daß die demokratische Republik nicht im ersten Anlauf und nicht gegen die Inhaber der Staatsmacht zu erobern war. Um die Demokratie zugrunde zu richten, mußte man sich der Mittel der Demokratie bedienen. Man mußte »legal« werden, in die Breite wachsen und sogar auf den Boden der verlästerten Schwatzbuden, der Parlamente, gehen und fechten lernen. Das war ein langer und gefährlicher Weg zur Eroberung der politischen Macht. Schweren Herzens schlug ihn Hitler schließlich ein, weil ihm kein anderer übrigblieb. Aber die Schwäche und Blindheit der deutschen Demokratie gegen ihre geschworenen Feinde war das glückhafte Seil, an dem er sich aus dem Abgrund langsam wieder in die Höhe zog.

Wie beim Kapp-Putsch blieb anfänglich der Sieg der Republikaner über die Gegenrevolution im November 1923 nur ein halber Sieg. Die Schößlinge der gewaltsamen Erhebung wurden nicht mit Stumpf und Stiel abgebrannt, sie wurden kaum notdürftig gestutzt. Mächtige Gönner nahmen sich der erfolglosen Revolutionäre an. Bereits am Morgen des 9. November hatte Hitler seinen Vertrauten, den

Fememörder Neunzert, zum Kronprinzen Rupprecht nach Berchtesgaden geschickt und um dessen Vermittlung gebeten. Die Botschaft kam zu spät, das Unglück am Odeonsplatz war geschehen. Immerhin versuchte Rupprecht seinen Statthalter Kahr zu bestimmten, daß gegen Hitler, wenn er sich bei Kahr entschuldige, kein Strafverfahren durchgeführt werde. Aber Kahr, Lossow und Seisser weigerten sich, auf dieses Ansinnen einzugehen. Auch der Aufruf des Kronprinzen, die feindlichen Brüder möchten sich über den offenen Gräbern die Hand zur Versöhnung reichen, verhallte ungehört. Ludendorff witterte hinter dem Umfall Kahrs vom 9. November kirchlichen Einfluß und setzte zu einem lächerlichen Feldzug gegen den Ultramontanismus an. In seinem Verlauf überwarf er sich auch mit dem bayerischen Kronprinzen und riß das bayerische Offizierskorps in einen königstreuen und einen völkischen Flügel auseinander.

Einen ungeahnten Erfolg brachte den Gegenrevolutionären dagegen die bayerische Justiz. Man leitete die Strafverfahren gegen die Hochverräter rechtswidrig nicht vor dem Staatsgerichtshof, sondern vor dem bayerischen Volksgericht ein. Unter dem Schutz eines pflichtvergessenen Vorsitzenden konnten die Staatsverbrecher sechs Wochen lang ihre wilden Agitationsreden halten und Gericht und Staatsgewalt mit Hohn und Spott überschütten. Am 1. April 1924 wurden dann Hitler, Weber, Kriebel und Pöhner wegen Hochverrats zu fünf Jahren Festung und 200 RM Geldstrafe, Röhm, Pernet, Wagner und Frick wegen Beihilfe zum Hochverrat zu je 1 Jahr 3 Monaten Festung verurteilt. Sämtlichen Hochverrätern wurde vom Volksgericht alsbald Bewährungsfrist in Aussicht gestellt. Die Beschwerde des Staatsanwalts gegen diese unerhörte Begünstigung von Staatsverbrechern wurde auf Veranlassung des bayerischen Justizministers Gürtner zurückgezogen, so daß Hitler nach kaum einjähriger, übrigens außerordentlich angenehmer Festungshaft wieder in Freiheit kam. Ludendorff wurde vom Volksgericht mit der schmählichen Begründung freigesprochen, er sei am 8. November von den Ereignissen so ergriffen gewesen, daß er nichts von dem Hochverrat merkte, der um ihn her vor sich ging. Die zwingende Vorschrift des Republikschutzgesetzes, daß wegen Hochverrats verurteilte Nichtdeutsche auszuweisen seien, wurde auf Hitler nicht angewendet. Dieser Rechtsbruch wurde auch durch die Verwaltungsbehörden nicht mehr gutgemacht. Als im Sommer 1924 der bayerische Ministerpräsident Dr. Held nach längeren Kämpfen die Zustimmung des hitlerfreundlichen Justizministers zur Ausweisung des Führers auf dem Verwaltungswege erlangt hatte, war es zu spät. Die Österreicher waren gewarnt,

zogen eine alte Verordnung aus dem Jahr 1854 hervor, die Landes-
kindern, die in einem ausländischen Heer gedient hatten, die österreichische Staatsangehörigkeit absprach, und lehnten die Aufnahme
Hitlers ab. Ihn einfach an eine andere Grenze des Deutschen Reiches
zu stellen, wie es sonst mit Staatenlosen tagtäglich geschah, besaß
man nicht die erforderliche Rücksichtslosigkeit. Vielleicht schmeichelte
es auch dem bayerischen Ministerpräsidenten Dr. Held, daß der Napoleon von 1923 nach seiner Entlassung aus der Festungshaft demütig zu ihm kam, seine Verfehlung bekannte und bereute und
sich der Bayerischen Volkspartei zum gemeinsamen Kampf gegen den
Marxismus anbot. Man stellte ihn für alle Fälle in die Ecke, vielleicht konnte man ihn eines Tages als Besen gebrauchen. So blieb
Hitler seinem Wahlvaterland erhalten und konnte mit dem Aufbau
seiner Partei von neuem beginnen. Nie in der Gerichtsgeschichte hat
der Rechtsbruch eines Gerichts für Staat und Volk eine so verhängnisvolle politische Auswirkung gehabt wie der, den sich das Münchener
Volksgericht mit seinem Vorsitzenden Neithardt am 1. April 1924
zuschulden kommen ließ. In dankbarer Anerkennung seiner Verdienste um das Dritte Reich wurde er nach der nationalsozialistischen
Machtergreifung zum Präsidenten des Oberlandesgerichts München
befördert.

III Vom parlamentarischen zum autoritären System

Die Zähmung der Deutschnationalen

Im Frühjahr 1924 war es für den Weitblickenden klar, daß die demokratische Republik die tödlichen Gefahren der Inflation und einer nationalsozialistischen Revolution glücklich überstanden hatte und langsam ihrer Genesung entgegenging. Bei den Volksmassen dagegen zitterte die Erinnerung an die ausgestandenen Leiden und Nöte noch heftig nach, und die schwierige Gegenwart ließ den helleren Anblick der Zukunft übersehen. Löhne und Gehälter waren auf einen kläglichen Stand gedrückt, Betriebskapital war nur zu märchenhaftem Zinsfuß zu haben, Massenarbeitslosigkeit, die man in den Jahren der Scheinblüte nicht gekannt hatte, breitete sich plötzlich aus. So standen die Frühjahrswahlen überwiegend noch im Schatten der Herbstvorgänge von 1923; die Wähler drückten mehr aus, was sie an der alten Volksvertretung zu tadeln hatten, als was sie von der neuen erhofften. Besonders über die Sozialdemokratie, deren Versuch mit der großen Koalition so völlig gescheitert war, wurde strenges Gericht gehalten. Sie fiel von 171 Sitzen, über die sie zuletzt im Reichstag noch verfügt hatte, auf 100 zurück, während die Kommunisten von 17 auf 62 stiegen. Aber auch die bürgerlichen Parteien der Mitte verloren. Die Deutsche Volkspartei zählte noch 44 gegenüber vormals 66, die Demokraten noch 28 gegenüber 39, das Zentrum 65 gegenüber 68, die Bayerische Volkspartei 16 gegenüber bisher 20 Abgeordnete. Dagegen wurden 96 Deutschnationale und 10 ihnen zugehörige Vertreter der Landliste statt der bisherigen 65 und 32 Deutschvölkische statt der bisherigen drei gewählt.

Die Nationalsozialisten hatten die Frühjahrswahlkämpfe nicht unter ihrem Namen führen können, ihre Partei war am 9. November 1923 verboten worden. Als Ersatz hatte der Balte Rosenberg, den Hitler nach seiner Verhaftung zu seinem bevollmächtigten Vertreter bestimmt hatte, zunächst die »Großdeutsche Volksgemeinschaft« gegründet. Ludendorff dagegen wollte die Nationalsozialisten in die »Deutschvölkische Freiheitspartei« des Herrn von Graefe überführen, konnte aber den Widerstand Hitlers gegen die Verschmelzung nicht überwinden. Eigensinnig sprach sich Hitler auch gegen eine Beteiligung an den Parlamentswahlen aus. Er fürchtete ständig, ausgeschaltet zu werden und nach seiner Haftentlassung alle maßgebenden Stellen besetzt vorzufinden. Allein seine nichtinhaftierten Parteigenossen kümmerten sich nicht um seine Befehle, sondern nützten den günstigen Wind aus. Sie gründeten am 7. Januar 1924 in Bamberg einen »Völkischen Block in Bayern«, in dem sich mehr völkische Männer, wie Pöhner, als frühere Nationalsozialisten zusammenfanden. Der Erfolg gab ihnen recht. Bei den bayerischen Landtagswahlen vom 6. April 1924 eroberte die völkische Gruppe mit einem Schlag 25 Abgeordnetensitze, mehr als ein Fünftel der gesamten Abgeordnetenzahl. In München wurden die Nationalsozialisten die stärkste Partei, ihre Stimmenzahl wurde hier von ihnen später erst wieder am 31. Juli 1932 erreicht. Die große Schau des Hitlerprozesses hatte glänzend gewirkt. Tag für Tag waren die Berichte mit den Agitationsreden der nationalsozialistischen Führer und ihre Anklagen gegen den im Volke verhaßt gewordenen ehemaligen Generalstaatskommissar in die Massen gedrungen. Das Rechtsgefühl des Volkes vertrug es nicht, daß die Hochverräter um Hitler gefaßt und verurteilt wurden, während Kahr, Lossow und Seisser, die des Hochverrats und überdies des Treubruchs gegenüber ihren Verbündeten überführt schienen, als Zeugen auftreten konnten. Diese schreiende Ungerechtigkeit wurde zur wichtigsten politischen Tagesfrage, alles andere trat ihr gegenüber zurück. Bei diesen Wahlen zeigte sich zum erstenmal die Gefährlichkeit der nationalsozialistischen Propaganda, die Massenstimmungen aufwühlte und Menschen, die ihnen erlagen, trunken, besinnungslos und allen Erwägungen der Vernunft und des Verstandes unzugänglich machte. Man erlebte, wie das deutsche Volk, das bisher als nüchtern, vernünftig, eigenbrötlerisch und Ausbrüchen zuchtloser und schamloser Leidenschaften abhold galt, unter den furchtbaren Erlebnissen des Krieges und der Inflation ein ausgezeichnetes Objekt ansteckenden Massenwahns geworden war. Dieses Mal allerdings ging die Krankheit ebenso schnell, wie sie auftauchte, vorüber.

Der Gegensatz zwischen Ludendorff und Hitler trat nach den Wahlen immer stärker hervor, und dieser Führerstreit wirkte lähmend auf die Bewegung zurück. Nach den Maiwahlen ordnete Ludendorff die Vereinigung der Nationalsozialisten und der Völkischen in einer Einheitspartei an. Die oberste Führung sollte geteilt, in Süddeutschland Hitler übertragen werden. Aber Hitler konnte es so wenig ertragen, jemand neben sich wie über sich zu haben. Er wi-

derrief alle seine Vollmachten und legte für die Dauer seiner Haft
die Führung der nationalsozialistischen Bewegung nieder. Nun übernahm Ludendorff die Führung der neugegründeten »Nationalsozialistischen Freiheitspartei« und berief Hitlers bisherigen Unterführer,
den Apotheker Gregor Strasser von Landshut in Niederbayern, als
Vertreter der bisherigen nationalsozialistischen Arbeiterpartei neben
sich. Hitlers nächste Freunde, Streicher und Esser, widersetzten sich
dieser Regelung. Esser war, als es nicht mehr gefährlich erschien, aus
seinem Zufluchtsort Salzburg zurückgekehrt und hatte sich anfangs
Juli 1924 zum Führer der »Großdeutschen Volksgemeinschaft« wählen lassen. Nun wollte er ebenso wie Streicher die oberste Führung
Hitler erhalten. Dieser sollte im Oktober freikommen, als plötzlich
ein Betriebsunfall eintrat. Mit der Wiederaufstellung der SA hatte
Hitler von der Festungshaft aus seinen Freund, den Hauptmann
Röhm, beauftragt. Auf Weisung Ludendorffs gründete er mit Hitlers Einverständnis eine neue Wehrorganisation, den »Frontbann«,
an dessen Spitze er selber trat. Er war gerade eifrig bemüht, der
bayerischen Regierung die Ungefährlichkeit und Harmlosigkeit dieser
Truppe nachzuweisen, als der bayerische Innenminister zugriff, die
Führer der Organisation verhaften ließ und ihnen ein Verfahren
wegen Geheimbündelei vor dem Staatsgerichtshof zum Schutze der
Republik an den Hals hängte, das später, wie üblich, im Sand ver-
lief. Auch Hitler kam mit unter die Räder und wurde dann erst
am 17. Dezember 1924 aus der Festungsanstalt Landsberg entlassen.
Er war mit allem unzufrieden, was in der Zwischenzeit geschehen
war. Die völkische Landtagsfraktion hatte es nicht verstanden, entweder in die Regierung einzutreten oder eine rücksichtslose Opposition zu bilden, sie war zwischen beiden Polen Hitlers hin und her
geschwankt und damit bald politisch bedeutungslos geworden. Hitler
aber wollte gerade Bayern zu einem nationalsozialistischen Stützpunkt ausbauen und von Bayern aus, wie 1923, zur Eroberung des
Reiches ansetzen. In dem überwiegend katholischen Bayern aber
stand ihm Ludendorff, der sich in einen fanatischen Haß gegen Rom
hineingesteigert und den evangelischen Bund öffentlich zum Kampf
gegen die katholische Kirche aufgefordert hatte, hindernd im Weg.
So mußten die Einigungsversuche des guten Röhm, der Ludendorff
zum Schirmherrn und Hitler zum Führer und Träger der nationalsozialistischen Bewegung machen wollte, notwendig scheitern. Hitler
und Pöhner sagten sich von Ludendorff los. Ludendorff, Graefe und
Gregor Strasser legten darauf am 13. Februar 1925 die Reichsführer-
schaft der nationalsozialistischen Freiheitspartei nieder. Dieser Schritt

hat sich, wenn er auch nicht von politischem Instinkt, sondern von der Führereifersucht eingegeben war, als richtig erwiesen. Der General des Weltkrieges schied, nachdem er sich bei den Reichspräsidentenwahlen von 1925 mit seinen kaum 200 000 Stimmen eine vernichtende Niederlage geholt hatte, aus dem politischen Leben und wurde als Sprachrohr seiner zweiten Frau Mathilde von Kemnitz immer mehr eine lächerliche Figur.

Hitler begann die nationalsozialistische Partei, deren Verbot von der bayerischen Regierung aufgehoben wurde, aus kleinsten Anfängen wieder neu aufzubauen. Seine ersten Schritte mißlangen. Als er in seiner ersten Versammlung nach seiner Haftentlassung in München versteckt die bayerische Regierung angriff und erklärte, daß der Feind über unsere Leichen gehen müsse oder wir gehen über die seinen, bestrafte ihn die bayerische Regierung mit einem Redeverbot. Im April 1925 wurde dann sein Kampfgenosse Pöhner das Opfer eines Kraftwagenunfalls. Trotzdem ließ sich Hitler nicht entmutigen, sondern führte zunächst den Kampf gegen seine Nebenbuhler, die Männer der Völkischen Freiheitspartei, durch. Mit ihm hielten es außer Esser und Streicher die bayerischen Reichstagsabgeordneten Dr. Feder und Dr. Frick. Nach einer Umfrage bei den völkischen Kreisverbänden Bayerns trat ihnen Gregor Strasser im März 1925 bei. Die Völkischen wurden von den Gefolgsleuten Hitlers in Bayern wütend bekämpft. Die Versammlungen Graefes und Reventlows in München wurden von den Nationalsozialisten unter Hitlers persönlicher Führung gesprengt. Zwischen Hitler und Röhm kam es ebenfalls zum Bruch. Röhm wollte die SA in seinen 20 000 Mann starken Frontbann einbauen, dem er selbst als militärischer Führer vorstand. Hitler dagegen verlangte die Herrschaft über SA und Frontbann ausschließlich für sich. Darauf legte Röhm die Leitung der Wehrorganisationen nieder, zog sich aus der Politik zurück und ging später in bolivianischen Dienst. Die Zeit der Landsknechte und der Putsche war zunächst vorüber.

Die Nationalsozialisten hatten es bei den Wahlen vom 7. Dezember 1924 zu spüren bekommen, daß in Deutschland seit einem Jahr ein gründlicher Wandel eingetreten war. Sie hatten eine vernichtende Wahlniederlage erlitten und es im ganzen Reich zusammen mit den Völkischen nur noch auf 14 Abgeordnetensitze gebracht. Die braune Flut hatte sich bei der Besserung der wirtschaftlichen und außenpolitischen Lage schnell wieder verlaufen. Nach fünf Jahren versteckter Kriegspolitik gegen Deutschland schien es endlich Friede zu werden. Auf Betreiben Englands und der Vereinigten Staaten lenkte auch Frankreich ein und kam von dem Plan der endgültigen Vernichtung des Deutschen Reiches mit den Waffen des Versailler Vertrages langsam ab. Die wirtschaftlichen Möglichkeiten Deutschlands zur Zahlung von Reparationen wurden durch Sachverständige abgeschätzt und im Dawesplan niedergelegt. So bekam die deutsche Außenpolitik endlich einen halbwegs sicheren Boden. Durch die Einführung der Rentenmark war eine feste Währung entstanden. Die Wirtschaft konnte wieder auf längere Sicht arbeiten. Die hohen Zinssätze gingen bei dem gewaltigen Zustrom ausländischen Kapitals allmählich zurück. Jetzt ging die deutsche Industrie planmäßig daran, ihren Produktionsmittelapparat zu erneuern und nach dem Muster der amerikanischen Wirtschaft eine großzügige Rationalisierung durchzuführen. Damit ging auch die Arbeitslosigkeit zurück, Handel und Wandel begannen aufs neue zu blühen, die Zukunft schien wieder verheißungsvoll. Ein bürgerliches Jahrfünft der Mittelmäßigkeit, des zähen Fortschritts und der Geldherrrschaft zog herauf. Die Änderung in dem wirtschaftlichen und seelischen Zustand des deutschen Volks spiegelt sich in den Wahlen vom 7. Dezember 1924 wider: die extremen Parteien wurden zurückgedrängt, Sozialdemokratie und bürgerliche Mitte hielten sich. Während die Kommunisten von 62 auf 45 zurückgingen, stieg die Sozialdemokratie von 100 auf 131, die Deutsche Volkspartei von 44 auf 51, das Zentrum von 65 auf 69, die Bayerische Volkspartei von 16 auf 19, und sogar die Demokraten nahmen von 28 auf 32 zu. Die Deutschnationalen wurden mit 111 Abgeordnetensitzen die ausschlaggebende Rechtspartei. Die bürgerlichen Parteien der Mitte wünschten nicht, sie in der Opposition noch stärker wachsen zu lassen. Andererseits wollten die Deutschnationalen selbst die Gelegenheit benützen, die Sozialdemokratie aus der Macht zu verdrängen. So wurde der Versuch unternommen, die im Grunde monarchistische und antidemokratische Deutschnationale Partei zu einer staatsfrommen Mithelferin in der demokratischen Republik zu erziehen.

Der erste Versuch nach den Maiwahlen war noch nicht ganz gelungen. Damals hatten die Deutschnationalen vergebens verlangt, daß sie als stärkste Partei mit der Bildung der neuen Regierung betraut würden. Die bürgerlichen Parteien der Mitte, die damals die Regierung bildeten, sahen sich aber vor und verlangten von den Deutschnationalen vorerst eine klare, unzweideutige Stellungnahme zum Dawesgutachten. Dieser Frage nach dem außenpolitischen Glaubensbekenntnis wichen die Deutschnationalen mit dem Vorschlag aus, zuerst die Personenfrage zu klären und zu diesem Zweck den Großadmiral Tirpitz, den sie in den Reichstag gewählt hatten, mit der Bildung einer neuen Regierung zu beauftragen. Vorsichtigerweise hatten sie sich auch darüber vergewissert, daß gegen die Person ihres Vertrauensmannes nicht Bedenken einer ausländischen Macht vorlägen. Aber die anderen bürgerlichen Parteien waren mißtrauisch geworden durch die in der deutschnationalen Presse verkündete Forderung eines völligen Wechsels in der deutschen Außen- und Innenpolitik. Auch Stresemann wurde als untragbar erklärt. Zudem sollte ein dicker Trennungsstrich gegen die Sozialdemokratie gezogen und diese auch aus der preußischen Regierung und Verwaltung entfernt werden. Dabei war die parteiamtliche Haltung der Deutschnationalen Volkspartei zum Sachverständigengutachten nicht zu erfahren. Das war nun freilich kein Wunder, denn gerade darüber gingen bei den Deutschnationalen die Meinungen weit auseinander. Ihr früherer Führer Helfferich hatte sich kurz vor seinem Tod bei dem großen Eisenbahnunglück von Bellinzona im April 1925 aufs schärfste dagegen gewendet, daß das deutsche Volk abermals den Fluch der Unterzeichnung unerfüllbarer Verpflichtungen auf sich nehme und wiederum die Sünde wider den Geist der nationalen Selbstbehauptung auf sich lade. Admiral von Tirpitz hatte das Sachverständigengutachten sogar als Schwertstoß in das Herz des deutschen Volkes bezeichnet. Dr. Bang hatte von einer »Entehrungs- und Vernichtungsurkunde« geschrieben. Auf der anderen Seite erkannte Professor Hoetzsch wenigstens an, daß sich die Sachverständigen bemüht hätten, die wirtschaftliche Einsicht walten zu lassen und grundsätzlich auf die deutsche Leistungsfähigkeit Rücksicht zu nehmen. Er meinte, man müsse eben Opfer bringen, weil man sich dem ehernen Gesetz, das dem Unterlegenen eines Krieges solche Opfer auferlege, einfach nicht entziehen könne. Graf Westarp und Hergt wollten dem Sachverständigengutachten nicht von vornherein ein rundes »Unannehmbar« entgegenstellen, sondern Verhandlungen darüber pflegen. Bei solcher Zersplitterung der Meinungen über die wichtigste außenpolitische Entscheidung der nächsten deutschen Regierung mußten die Koalitionsverhandlungen ergebnislos abgebrochen werden, und es kam die Minderheitsregierung Marx auf der alten Grundlage zustande. Damit war allerdings noch keine verfassungsmäßige Mehrheit für die Dawesgesetze gewonnen. Die Deutsche Volkspartei sicherte daher den Deutschnationalen in einem Brief vom 28. August 1924 zu, daß sie für den Fall der Zustimmung der Deutschnationalen mit allen Mitteln für eine der Bedeutung der Deutschnationalen Volkspartei entsprechende Beteiligung an der Reichsregierung sorgen werde. Ebenso wiederholten einflußreiche Abgeordnete des Zentrums in diesen Tagen das frühere Versprechen der Zentrumsfraktion, bei Annahme der Dawesgesetze durch die Deutschnationalen ihnen eine entsprechende Vertretung in der Reichsregierung zu sichern. So geschah es, daß der Fraktionsvorsitzende der Deutschnationalen Volkspartei, Hergt, vor Beginn der Abstimmungen das geschlossene »Nein« seiner Fraktion mit dem Lutherwort ankündigte: »Hier stehe ich, ich kann nicht anders«, während bei der Abstimmung selbst die deutschnationale Fraktion auseinanderfiel. Von ihren 106 Mitgliedern stimmten 48, darunter Tirpitz, für die verfassungsändernden Gesetze mit Ja und verschafften ihnen dadurch die erforderliche Zweidrittelmehrheit.

Die neuen Verhandlungen mit den Deutschnationalen im September und Oktober 1924 führten wieder nicht zum Ziel. Der Zentrumsführer Marx schlug zunächst eine Regierung der Volksgemeinschaft von den Deutschnationalen bis zu den Sozialdemokraten vor. Die beiden Flügelparteien lehnten, wie vorauszusehen war, dankend ab. Die Deutsche Volkspartei bestand nun auf Erweiterung der Regierung nach rechts, während die Demokraten unter Hinweis auf die Zwiespaltigkeit der Deutschnationalen von einer solchen Koalition nichts wissen wollten. So kam nichts zustande, und die Parteien der bürgerlichen Mitte schlugen unter Hinweis auf den Stimmungsumschwung im deutschen Volk seit den Maiwahlen die Auflösung des Reichstags vor.

Auch nach den Dezemberwahlen hielt die Deutsche Volkspartei an ihrer Forderung, die Regierung nach rechts zu erweitern, hartnäckig fest. Sie lehnte sowohl eine Regierung der großen Koalition wie eine Minderheitsregierung unbedingt ab, und auch die Sozialdemokraten erklärten jetzt, daß sie eine Minderheitsregierung mit allen parlamentarischen Mitteln bekämpfen würden. Zentrum und Demokraten, die bisher einer Zuziehung der Deutschnationalen widerstrebt hatten, sahen sich zum Nachgeben gezwungen. Für den Eintritt in die Regierung stellte aber das Zentrum den Deutschnationalen eine Reihe schwerer Bedingungen, insbesondere Beibehaltung der außenpolitischen Linie Stresemanns, feierliches Bekenntnis zur Reichsverfassung und zu den Farben Schwarz-Rot-Gold und anständiges Verhalten gegenüber dem sozialdemokratischen Reichspräsidenten. Diese letzte Bedingung war dadurch veranlaßt, daß damals die deutschnationale Presse Ebert wegen des gehässigen Magdeburger Gerichtsurteils über den Januarstreik 1918 aufs schmählichste beschimpft und dem Kommunisten Hölz gleichgestellt hatte. Allein die Deutschnationalen nah-

men diese Bedingungen an und traten in die Reichsregierung Luther
ein. Aus ihrer Mitte wurde Herr von Schlieven zum Finanzminister,
Graf Kanitz zum Ernährungsminister, Dr. Neuhaus zum Wirtschaftsminister und Schiele zum Innenminister ernannt. Die Demokraten
lehnten eine Beteiligung ab, ihr Mitglied, Reichswehrminister Geßler,
blieb als Fachminister im Kabinett. Bei der Besprechung der Regierungserklärung brachte das Zentrum seine ernste Sorge um die weitere Gestaltung der Geschicke des Reichs zum Ausdruck und erklärte,
in dem Kabinett Luther nur eine Notlösung zu erblicken. In Preußen
versperrte es den Deutschnationalen den Zutritt zur Regierungsbank.
Dort blieb in all den Jahren trotz aller Schwierigkeiten, die namentlich von der Deutschen Volkspartei gemacht wurden, die schwarz-rote
Koalition. Preußen wurde zum Bollwerk der demokratischen Republik ausgebaut. In seiner Verwaltung wurden die adeligen Reaktionäre immer mehr durch Republikaner ersetzt, eine der Regierung
ergebene Polizei geschaffen und den Treibereien der Republikgegner
entschieden entgegengetreten. Während die Reichspolitik von verschiedenen Strömungen getrieben wurde und oft ins Schwanken kam,
zeichnete sich die preußische Regierungspolitik in all diesen Jahren
durch Festigkeit, Zähigkeit und Gleichmäßigkeit aus. So wurde die
Preußenkoalition für alle Republikgegner die uneinnehmbare Trutz-
burg, die sie immer wieder mit vergeblicher Wut berannten, für die
Sozialdemokratie aber ein kostbares Unterpfand für den Bestand des
demokratischen Systems im Reich. Die Rücksicht auf die Koalition
mit dem Zentrum in Preußen legte deshalb der sozialdemokratischen
Politik im Reich immer wieder Zugeständnisse und Opfer auf. Um
die Verbindung mit dem Zentrum in Preußen nicht zu lösen, mußte
sie in der Opposition im Reich mit gedämpftem Trommelklang marschieren. Das nahm ihrer Agitation die Kraft und den Schwung, mit
denen sie ihre früheren Siege erfochten hatte. Das Bündnis mit dem
preußischen Zentrum legte der Sozialdemokratie aber auch Schranken
in der Kulturpolitik auf und machte ihr viele fortschrittliche Männer,
namentlich in der Lehrerschaft und unter den Intellektuellen abspen-
stig. Von ihnen wandten sich mit der Zeit viele Frei- und Schwarm-
geister den in Norddeutschland als Romfeinde auftretenden Nationalsozialisten zu.

Die Beteiligung an der Regierung Luther brachte den Deutschnationalen zunächst viel Verdruß und wenig Glück. Sie wurden insbesondere mit der Aufwertungsgesetzgebung belastet, die bei den
beschränkten Mitteln des Reiches die Hoffnung der Sparer bei weitem nicht erfüllen konnte. Dagegen bescherte ihnen und allen Geg-

nern der Demokratie die Neuwahl des Reichspräsidenten nach dem frühen Tod Eberts einen großen und in den Endergebnissen verhängnisvollen Erfolg.

Für die Neuwahl schlossen sich die Deutschnationalen, die Deutsche Volkspartei und die Wirtschaftliche Vereinigung unter dem Vorsitz des Präsidenten des Reichsbürgerrates, von Loebell, zu einem Reichsausschuß zusammen. Er hob den Oberbürgermeister Jarres von Duisburg auf den Schild. Die Sozialdemokraten stellten den preußischen Ministerpräsidenten Braun, das Zentrum Marx, die Bayerische Volkspartei den Ministerpräsidenten Dr. Held, die Kommunisten Thälmann und die Völkischen Ludendorff auf. Bei der Wahl vom 29. März 1925 erhielt keiner der Anwärter die erforderliche Mehrheit der abgegebenen Stimmen. Jarres hatte es nur auf 10,8 Millionen Stimmen gebracht. Als sich nunmehr Zentrum, Sozialdemokraten und Demokraten für den zweiten Wahlgang auf die Kandidatur Marx einigten, war die Kandidatur Jarres aussichtslos geworden. Da wurde auf Betreiben der Deutschnationalen und des bayerischen Bauernführers Dr. Heim der alte Generalfeldmarschall Hindenburg bewogen, sich zur Wahl zu stellen. Im Wahlgang vom 26. April siegte Hindenburg mit 14,6 Millionen Stimmen über Marx, der nur 13,7 Millionen Stimmen erhielt. Den Ausschlag gaben nebst den Stimmen der katholischen Bayerischen Volkspartei, die weisungsgemäß zum größten Teil für den Protestanten Hindenburg abgegeben wurden, die 1,9 Millionen Stimmen der Kommunisten, die auf die völlig sinnlose Kandidatur Thälmanns entfallen waren.

Zum erstenmal seit der Revolution von 1918 hatten die vereinigten Gegner der Volksherrschaft einen entscheidenden Sieg errungen. Er erfüllte die schwarz-weiß-roten Gegenrevolutionäre mit den größten Hoffnungen und Erwartungen. Nun würde alles gut werden, meinten die Harmloseren, da Hindenburg, der Retter, wie man ihn im Wahlkampf angepriesen hatte, an die Spitze des Staates gekommen sei. Der Einzug des Generalfeldmarschalls in Berlin glich dem Triumphzug eines römischen Feldherrn. Ein Heer von Mitgliedern der Kriegervereine, des Stahlhelms und aller »vaterländischen« Verbände hatte sich in alten Uniformen unter einem Wald von schwarz-weiß-roten Fahnen zur Begrüßung aufgestellt. Das Schaugepränge und der Glanz der alten kaiserlichen Zeit schien für einen Tag aus dem Grab der Geschichte auferstanden zu sein. In der Einbildungskraft der begeisterten Patrioten leuchtete die versunkene Kaiserkrone wieder auf. In der Tat sahen viele in Hindenburg nur den Vorläufer und Wiederhersteller der Monarchie. Man erwartete von ihm, daß er demnächst alle deutschen Stammesbrüder wieder einreihen werde in die alten sieggewohnten Regimenter und Divisionen, um dem Reich die verlorenen Gebiete zurückzugewinnen. Aber auch die nüchtern gebliebenen Republikfeinde erwarteten von ihm die große Wende, die Liquidierung der Revolution und ihres Kindes, der verhaßten Demokratie. Bald kam aus den Reihen der Deutschnationalen und des Stahlhelms der Ruf: »Mehr Macht dem Reichspräsidenten!«, die Forderung nach einer gründlichen Verfassungsreform. Der Reichspräsident sollte die Möglichkeit bekommen, die Reichsminister unabhängig von Parlamentsmehrheiten zu berufen und zu entlassen und gegen Beschlüsse des Reichstags Einspruch einzulegen. Auch sollte er gleichzeitig preußischer Staatspräsident werden, die Ämter des Reichskanzlers und des preußischen Ministerpräsidenten sollten in einer Hand vereinigt werden.

Aber die ersten Jahre der Präsidentschaft Hindenburgs brachten seinen Wählern eine furchtbare Enttäuschung. Ein Reif auf die Begeisterung fiel bereits, als der Generalfeldmarschall des kaiserlichen Heeres in die Hand des sozialdemokratischen Reichstagspräsidenten Löbe den Eid auf die Weimarer Verfassung und die schwarz-rot-goldene Fahne schwor. Als er aber in den Händen republikanischer Reichskanzler biegsam wie Wachs zu werden schien und allen außenpolitischen und innenpolitischen »Verbrechern« der republikanischen »Volksverräter« seine Billigung gab, verwandelte sich die Enttäuschung in Wut. Viele seiner früheren Anhänger beschimpften Hindenburg jetzt als »Judenknecht«, und die Völkischen schrieben von ihm, daß mit zunehmendem Alter das Slawisch-knechtische seiner Rasse die Oberhand über den nordischen Bestandteil gewonnen habe. Die kaltschnäuzigen Rechtspolitiker aber gaben sich nicht allzulange schädlichen und nutzlosen Gefühlswallungen hin. Sie erspähten die schwache Stelle des alten Mannes und fanden, daß er durch seine nächste Umgebung, ostelbische Junker und alte Regimentskameraden, vor allem aber durch seinen Sohn und Adjutanten Oskar von Hindenburg am besten zu beeinflussen war. Diese Berater suchten sie, wie es die deutschnationale Presse schon um das Jahr 1927 vorschlug, für ihre gegenrevolutionären Machenschaften zu gewinnen und sich dienstbar zu machen, und sie hatten schließlich Erfolg. Dann aber zeigte sich, daß der Geschichtsschreiber Ursache hat, nicht nur über ein Volk, dessen König ein Kind ist, wehe zu rufen, sondern auch über ein Volk, das sein Schicksal einem altersschwachen Greis anvertraut.

Die erste Rechtsregierung Luther zerbrach an dem Widerstand der Deutschnationalen Volkspartei gegen Stresemanns Außenpolitik. Die

Deutschnationalen waren schon im Sommer 1925 schwer verstimmt über das deutsche Angebot eines Sicherheitspaktes an Frankreich, das ohne ihr Wissen gemacht worden war. Auf ihr Verlangen mußte dann Stresemann eine Reihe von Vorbehalten für ein solches Sicherheitsabkommen verkünden. Aber der Vertrag von Locarno entsprach ihren Wünschen und parteipolitischen Bedürfnissen nicht, sie traten wegen des darin enthaltenen deutschen Verzichts auf Elsaß-Lothringen am 25. Oktober 1925 aus der Reichsregierung aus. Bei dieser Entscheidung spielte die Furcht der Deutschnationalen vor der hemmungslosen nationalsozialistischen Agitation der völkischen Nachbarn mit. Im bayerischen Landtag forderte damals der spätere nationalsozialistische Innenminister Adolf Wagner dazu auf, Stresemann über den Haufen zu schießen. Der »Völkische Beobachter« aber schrieb aus dem gleichen Geist: »Ein Mensch, der an Stresemanns Stelle für Frankreich etwas ähnliches wie den Locarno-Vertrag unterschrieben hätte, wäre nach seiner Rückkehr nach Paris wie ein Hund erschlagen worden.« Von dieser nationalen Welle, die damals durch Teile des deutschen Volkes ging, mußten sich die Deutschnationalen mittragen lassen, wenn sie nicht auf der Sandbank der Realpolitik scheitern wollten. Sie schwammen mit Begeisterung mit und ließen ihren Parteitag vom November 1925 in das Lied »Siegreich wollen wir Frankreich schlagen« ausklingen. Eine Partei, die an der Dolchstoßlüge und der Legende vom unbesiegten deutschen Heer festhielt, konnte sich schwer entschließen, »freiwillig«, wie es im Locarno-Vertrag geschah, auf deutsches Land zu verzichten. Ihr mußte eine Politik der ehrlichen Versöhnung und Verständigung und des Verzichts auf kriegerische Abenteuer, die auf der militärischen Niederlage Deutschlands im Weltkrieg fußte und daraus die unausweichlichen Folgerungen zog, ein Greuel sein. Die nationalsozialistische Bewegung in Deutschland, die in diesen Jahren vor allem die Jugend erfaßte, wurde aus drei Hauptwurzeln genährt: der Behauptung, daß der militärische Zusammenbruch vom November 1918 die Folge marxistischer Zersetzung und Verhetzung des unbesiegbaren deutschen Feldheeres gewesen sei, dem Gefühl der Erbitterung über den Bruch der Versprechungen Wilsons und das ganze Unrecht des Versailler Vertrages und dem Bekenntnis zur Machtpolitik, mit dem die Ablehnung des Rechtsgedankens als Grundlage des Zusammenlebens der Völker verbunden war. Zwischen Vertretern der Machtpolitik und Vertretern der Rechts- und Verständigungspolitik gab es auf die Dauer keine ehrliche Zusammenarbeit. Wer die Macht als Gottheit anbetet, kann eine fremde Macht fürchten und sich ihr beugen, bis er glaubt, daß sein Gott der stärkere ist. Er wird aber niemals dem Recht göttliche Ehren erweisen. So haben gerade die gegensätzlichen Auffassungen über die Außenpolitik das deutsche Volk in zwei Richtungen zerrissen, zwischen denen es im geistigen Raum keine Einigung gab. Die Erbitterung, mit der gerade auf diesem Gebiet zwischen der Rechten und Linken in Deutschland bis zu deren Vernichtung gekämpft wurde, erklärt sich daraus, daß es um die letzten grundsätzlichen Fragen des Nebeneinanderlebens der Rassen und Völker und damit um die Gestaltung der künftigen Geschichte der Menschheit ging.

Der Austritt der Deutschnationalen aus der Reichsregierung zeigte wieder das ganze Regierungselend der deutschen Republik auf. Jede Partei hielt hartnäckig an ihren Forderungen fest und sträubte sich gegen Festlegungen, die bei den nächsten Wahlen verderblich sein konnten. Der Reichspräsident ersuchte um Bildung einer Regierung der großen Koalition. Der bisherige Reichskanzler Luther wurde von Zentrum und Demokraten als ungeeignet abgelehnt. Der Zentrumsführer Fehrenbach weigerte sich, die Regierung zusammenzustellen. Der Demokrat Koch, der darauf mit der Regierungsbildung betraut wurde, stellte umfangreiche Richtlinien auf, die von den Sozialdemokraten als nicht weitgehend genug bezeichnet wurden. Die Sozialdemokratie forderte insbesondere die gesetzliche Festlegung des Achtstundentags, die Erweiterung der Erwerbslosenfürsorge und eine weitgehende gesetzliche Einschränkung der Fürstenabfindungen. Dafür war die Deutsche Volkspartei nicht zu haben. So kam es Ende Januar 1926 zu einer Minderheitsregierung Luther aus Zentrum, Deutscher Volkspartei und Demokraten, weil Deutschland nach einem Wort Luthers »schließlich irgendwie regiert werden mußte«. Sie lebte von der Gnade der Sozialdemokratie. Von den Völkischen wurde sie im Reichstag als »Regierung der Henkersknechte gegen das eigene Volk« beschimpft. Das bewies, zu welcher Siedehitze die nationalen Leidenschaften wegen des Vertrags von Locarno aufgeputscht waren.

Die Unsicherheit der Regierungsverhältnisse um die Jahreswende gab den Gegnern der Demokratie die erwünschte Gelegenheit, neue Pläne zur Errichtung einer Militärdiktatur zu spinnen. Sie wurden von der preußischen Polizei erst im Mai 1926 aufgedeckt. Es stellte sich heraus, daß die alldeutschen Kreise um Claß bereits ernsthafte Vorbereitungen getroffen hatten, eine Diktaturregierung auf die Beine zu stellen. Als ihr Fürsprecher bei der Reichswehr wurde der schon im Herbst 1923 als Mitwisser Buchruckers verdächtige Major Schleicher im Reichswehrministerium bekannt. Er hatte für die Vorbereitung einer reinen Militärherrschaft bei den einzelnen Wehrkreiskommandos theoretisch Besprechungen abhalten lassen. Claß war bereits in die Einzelheiten eingegangen. Er hatte den deutschnationalen Führer Hugenberg als Reichsdiktator, einen mit ihm vertrauten Industriellen Wagner aus Bad Kreuth in Bayern als Innenminister, den Lübecker Oberbürgermeister Dr. Neumann, der im Hugenberg–Konzern als Aufsichtsrat saß, als Finanzminister, den Landwirtschaftsführer von Lünink als Wirtschaftsminister und den Reichswehrgeneral Möhl als Wehrminister in Aussicht genommen. Claß hatte auch 15 Generale, darunter neun ehemalige Heerführer, veranlaßt, dem Reichspräsidenten eine »Interpellation« zu überreichen, in der er beschworen wurde, die Pläne der Alldeutschen sich zu eigen zu machen. Zum Sohn Hindenburgs schickte Claß den General Dommes mit einem ausführlichen Gutachten über die staatsrechtliche Form, in der der Staatsstreich, den Claß als das ursprünglichste Notwehrrecht jedes Staates pries, durchgeführt werden sollte. Dem Reichspräsidenten war zugemutet, bei einer Regierungskrise eine Regierung der »sachlichen Arbeit« aus Persönlichkeiten einzuberufen, die in seinem Sinn die Lage zu meistern verstünden. Der Reichstag, der sein Mißtrauen ausspreche, sollte erforderlichenfalls mehrmals hintereinander aufgelöst wreden. Um Zwischenfällen, insbesondere Wahlunruhen vorzubeugen, solle der Reichspräsident einer geeigneten Persönlichkeit die gesamte Vollzugsgewalt übertragen, die über die Zusammensetzung der Reichsregierung allein zu bestimmen und erforderlichenfalls sogar die Wahlen überhaupt nicht anzusetzen hätte. Die erforderliche Unruhe sollte, wenn nötig, durch die Wirtschaftsführer künstlich, vor allem durch Massenentlassungen von Industriearbeitern erzeugt werden. Nach der Niederschlagung eines Aufstands sollte dann die parlamentarische Demokratie überhaupt beseitigt werden. Zur Durchführung dieser Pläne waren bereits bestimmte Vorbereitungen getroffen. Die »vaterländischen« Organisationen sollten schon bei Potsdam zusammengezogen und in die Reichswehr eingegliedert werden. Ein Oberst von Luck, Führer der Wehrorganisation des Bundes »Olympia«, der die Fortsetzung des von der preußischen Regierung aufgelösten Schutzregiments Berlin darstellte, hatte die erforderlichen Vorbereitungen mit den Reichswehrstellen getroffen. In Reichswehrkreisen rechnete man damit, daß die Polen irgendwelche Unruhen in Deutschland zu einem Angriff auf ostdeutsche Gebiete ausnutzen könnten. Aus diesem Grund war man im Osten, besonders in Pommern, vorsichtshalber an die Aufstellung illegaler Formationen herangegangen. Kapitän Ehrhardt wollte dem Vernehmen nach mit 200 000—300 000 Mann den Marsch von Döberitz nach Berlin wiederholen. In den Führerbesprechungen war davon die Rede, die Sache, wenn Hindenburg nicht mittun wolle, allein zu machen. In der Tat hatte Hindenburg die Anregungen der Generale abgelehnt. Das letzte Wort in der Angelegenheit, die größtes Aufsehen erregte, hatte die deutsche Justiz. Sie versagte, wie es nach so vielen Vorgängen kaum anders zu erwarten war. Zwar war Justizrat Claß kein unbeschriebenes Blatt. Er hatte den General Seeckt nach dessen Aussage im Thälmann-Gründel-Prozeß veranlassen wollen, Machtbefugnisse für sich in Anspruch zu nehmen, die sich mit den Vorschriften der Verfassung nicht mehr in Einklang bringen ließen. Trotzdem wurde jetzt das gegen ihn eingeleitete Hochverratsverfahren schließlich mit der Begründung eingestellt, daß er die von ihm erwogenen Maßnahmen für vereinbar mit Art. 48 der RV gehalten habe. Bei dieser Einstellung der Justiz braucht man sich nicht zu wundern, daß die Gedankengänge des Herrn Claß im Jahr 1932 wieder aufgenommen und schließlich mit entsprechenden zeitgemäßen Änderungen in die Tat umgesetzt wurden.

Im Sommer 1926 erschien das parlamentarische Regierungssystem so stark gefestigt, daß man von den hochverräterischen Vorbereitungen der alldeutschen Kreise um Claß nicht allzuviel Aufhebens machte. Nur die Rechtspresse beschwerte sich bitter über die Belästigung ehrenwerter und angesehener Männer der Schwerindustrie, bei denen die preußische Polizei, allerdings ergebnislos, Haussuchungen durchgeführt hatte. Die deutsche Öffentlichkeit war stark durch andere innerpolitische Vorgänge, insbesondere die Fürstenabfindung, in Anspruch genommen. Auch war die Regierung Luther über dem Versuch, bei deutschen Gesandten und Konsularbehörden, außereuropäischen Plätzen und in europäischen Seehäfen die schwarzweißrote Handelsflagge mit der schwarzrotgoldenen Gösch statt der verfassungsmäßigen Reichsflagge einzuschmuggeln, im Mai 1926 gestürzt worden. Sie wurde infolge der Weigerung der Deutschen Volkspartei, die große Koalition zu begründen, durch eine Minderheitsregierung Marx ersetzt. Die Sozialdemokratie unterstützte weiterhin die Außenpolitik Stresemanns, besonders die Bestrebungen zum Eintritt Deutschlands in den Völkerbund. Ein Teil der deutschen Industrieführer hielt es damals für wünschenswert, die erträgliche Zusammenarbeit mit den Gewerkschaften auch wieder auf das politische Gebiet zu übertragen. Anfangs September 1926 sprach sich der stellvertretende Vorsitzende des Reichsverbandes der Deutschen Industrie, Dr. Silverberg, auf einer Tagung in Dresden für Heranziehung der Sozialdemokratie zur verantwortlichen Mitarbeit im Staate unter Ablehnung aller Extreme zur Rechten und Linken aus. Allerdings rückten Vertreter der rheinischen Schwerindustrie wie Fritz Thyssen und Generaldirektor Reusch auf einer Tagung des Langnamevereins in Düsseldorf von dieser Äußerung ab. Allein auch die Sozialdemokratie hielt es jetzt für zweckmäßig, wieder in die Regierung zu kommen. In der Reichswehr hatten sich wieder Erscheinungen gezeigt, die eine Linksschwenkung der Regierungspolitik wünschenswert machten. So war General Seeckt trotz seiner Verdienste vom Jahre 1923 im Oktober 1926 vom Reichswehrminister Geßler zum Rücktritt gezwungen worden, weil er ohne Vorwissen des Ministers die Teilnahme des ältesten Sohnes des deutschen Kronprinzen an Reichswehrübungen gestattet hatte. Er war durch Generalleutnant Heye, einen Freund des mächtigen Majors Schleicher im Reichswehrministerium, ersetzt worden. Im Dezember verlangte die Sozialdemokratie von der bürgerlichen Mitte endlich eine klare Entscheidung über die künftige Gestaltung der Reichsregierung. Die Regierungsparteien erklärten sich grundsätzlich zu einer Umbildung der Regierung bereit. Die Dinge schienen in Fluß zu kommen, als die Sozialdemokratie in plötzlich erwachtem Kraftgefühl zu einem Schlag ausholte, der nicht nur die große Koalition zunichte machte, sondern darüber hinaus durch Herausforderung der Reichswehr dem demokratischen Staatsgedanken eine tiefe Wunde schlug. Als Vorbedingung für den Eintritt in die Verhandlungen über die Regierungsumbildung verlangte die Sozialdemokratie plötzlich den Rücktritt der Regierung Marx. Sie war es müde, der Regierung als Nothilfe zu dienen, ohne an der Vorbereitung und Gestaltung der Regierungsgeschäfte verantwortlich beteiligt zu sein. Der Rücktritt der bisherigen Reichsregierung sollte aber auch eine Sicherheit gegen die üblichen Verzögerungen und Störungen der Verhandlungen über die Bildung einer neuen Regierung darstellen. Die Regierungsparteien lehnten aber das sozialdemokratische Verlangen mit der Begründung ab, daß bei einer längeren Dauer der Verhandlungen nur eine in der Freiheit der Entschlüsse politisch stark gehemmte geschäftsführende Regierung vorhanden sei. Die Sozialdemokratie aber wollte sich nicht mehr hinhalten lassen. Sie beschloß deshalb, die Regierung durch ein Mißtrauensvotum zu Fall zu bringen. Den Anlaß boten die Umtriebe in der Reichswehr auf außenpolitischem Gebiet, wie sie eben gerade durch einen Aufsatz in der englischen Zeitung »Manchester Guardian« bekanntgeworden waren. Am 16. Dezember 1926 deckte der sozialdemokratische Abgeordnete Scheidemann in einer heftigen Anklagerede schonungslos die Seitensprünge einer Nebenregierung der Reichswehr auf, durch die Stresemanns Friedenspolitik ständig unterwühlt, gestört und durchkreuzt wurde. Das Bild, das er von den Eigenmächtigkeiten der Reichswehrgenerale entwarf, war für die deutsche Öffentlichkeit und namentlich für die republikanische Arbeiterschaft anstößig genug. Die Reichswehr hatte trotz der schlimmen Erfahrungen des Jahres 1923 ihre Beziehungen zu illegalen Rechtsverbänden nicht aufgegeben. Eine große Anzahl von Wehrorganisationen, wie »Stahlhelm«, »Werwolf«, »Jungdeutscher Orden« und andere, beschäftigten sich mit militärischer Ausbildung und hatten für diese Zwecke Schießplätze der Reichswehr zur Verfügung. Der Wikingbund wurde sogar nach den Reichswehrvorschriften im Infanteriegewehr, Maschinengewehr, im Handgranatenwerfen und im modernen Gefecht, Flieger-, Tank- und Gaskampf unterrichtet. In vielen Fällen machten die Mitglieder der Verbände förmliche Ausbildungskurse bei der Reichswehr durch. Der »Bund für Freiheit und Recht« stellte eine Zusammenfassung aller »Sportverbände« dar und gab den Rahmen für gewisse Mobilmachungspläne der Reichswehr ab. Den Mitgliedern dieses Bundes wurde bei der Ausbildung gesagt, daß sie ihren Eid auf die Reichswehr geleistet hätten, für etwaigen Verrat wurde ihnen mit Feme gedroht. Die Mittel für die Ausbildung von Freiwilligen und die Betreuung der illegalen Waffen wurden der Reichswehr aus Kreisen des Landbundes und der Großindustrie nach einem regelrechten Umlageverfahren für die einzelnen Landesteile zur Verfügung gestellt. Mit Hilfe dieser Mittel richtete die Reichswehr auch in früheren Bezirkskommandos ähnliche Stellen ein und stellte ehemalige Offiziere auf Dienstvertrag an. Ebenso wurden daraus die »Sportlehrer« bezahlt, die sich mit der Ausbildung der Freiwilligen zu befassen hatten. Selbst aktive Reichswehroffiziere wurden als »Sportlehrer« verwendet. Eine besonders enge Verbindung bestand zwischen der Organisation Consul des Kapitäns Ehrhardt und der Marinestation in Kiel. Dort war zwischen O. C. und Marinebehörden für die Zusammenarbeit bei einem etwaigen Putsch ein förmlicher Vertrag abgeschlossen worden. Die Marine hatte darin insbesondere die Finanzierung der O. C. und ihre Ausrüstung mit Maschinengewehren übernommen. Die erforderlichen Geldmittel hatte sich die Marine aus dem Verkauf optischer und nautischer Instrumente an das Ausland beschafft. Der Heeresersatz wurde von der Reichswehr nur den vaterländischen Verbänden entnommen. Demokraten und Sozialdemokraten kamen wegen der pazifistischen Einstellung dieser Parteien für die Reichswehr grundsätzlich nicht in Betracht. So bestand das Reichsheer immer mehr aus Leuten, die dem bestehenden Staatssystem feindlich oder doch gleichgültig gegenüberstanden.

Die Reichswehr aber hatte endlich die Entwaffnungsbestimmungen des Versailler Vertrages seit Jahren zu umgehen gewußt. Eine eigene Sondergruppe (S. G.) von Offizieren des Reichswehrministeriums hatte mit den deutschen Junkerswerken Verträge über die Errichtung von Flugzeugfabriken und den Bau von Flugzeugen in Sowjetrußland abgeschlossen. Danach übernahm das Reich die Garantie für Geschäftsverluste und stellte von vornherein das erforderliche Betriebskapital in Höhe von zunächst 21 Millionen Goldmark zur Verfügung. Beim Abschluß der Verträge zwischen den Junkerswerken und der Sowjetregierung wirkten Reichswehroffiziere im Auftrag des Reichswehrministeriums mit. Die Verträge wurden vom Rat der Volkskommissare genehmigt. Der Sondergruppe stand für geheime Rüstungen jährlich ein Betrag von rund 70 Millionen Goldmark zur Verfügung. Nach dem Vertrag mit den Junkerswerken sollten jährlich 300 Flugzeuge hergestellt und davon vier Fünftel der deutschen Regierung überlassen werden. Der Chef der russischen Luftflotte war zu den erforderlichen Besprechungen persönlich nach Berlin gekommen. In Berlin waren zur Verschleierung der notwendigen Geldgeschäfte getarnte Sonderkontos errichtet und zur Einrichtung einer deutschen Rüstungsindustrie in Rußland eine »Gesellschaft zur Förderung gewerblicher Unternehmungen« (Gefu) gegründet worden. Sie wurde später in »Wirtschaftskontor« (Wiko) umgetauft. Die Verträge mit russischen Regierungsstellen wurden mit falschen Namen unterschrieben, deutsche Reichswehroffiziere reisten mit falschen Pässen nach Rußland. Von der Gefu wurde für die deutsche Reichswehr in Trozk im Gouvernement Samara unter Beteiligung der Hamburger chemischen Fabrik Stolzenberg eine Fabrik zur Erzeugung von Giftgasen und zur Füllung von Gasgranaten errichtet. Die fertigen Gasgranaten wurden über Stettin nach Deutschland eingeführt. Die Betriebe in Rußland waren von Reichswehroffizieren ständig überwacht, die dort verwendeten deutschen Arbeiter wurden zu strengster Verschwiegenheit verpflichtet.

Wie das Reichswehrministerium später im Auswärtigen Ausschuß des Reichstags zugab, entsprachen die Enthüllungen Scheidemanns vollauf den Tatsachen. Die in Rußland bestellten Gasgranaten waren noch in den Jahren 1925 und 1926 geliefert worden.

Der Eindruck der Rede Scheidemanns auf die bürgerlichen Parteien war ganz anders, als sich die Sozialdemokratie vorgestellt hatte. Im Reichstag drückte der Reichskanzler Marx sein tiefstes Bedauern darüber aus. Der Zentrumsabgeordnete Dr. Wirth, ein treuer Republikaner, sprach von einem schwarzen Tag in der parlamentarischen

Geschichte des deutschen Volkes. Die Deutschnationalen und Völkischen aber schrien über Landesverrat. Es stellte sich heraus, daß Rechts- und Linkspolitiker von den geheimen Rüstungen der Reichswehr unterrichtet waren und sie stillschweigend gedeckt hatten. Die Sozialdemokratie hatte nach den ersten Veröffentlichungen im »Manchester Guardian« vom Reichswehrminister eine Untersuchung der Vorgänge verlangt und zugesagt erhalten. Trotzdem hatte Scheidemann die Dinge in öffentlicher Reichstagssitzung behandelt. Das war nicht ganz in Ordnung, und so wurde das Tischtuch zwischen Sozialdemokratie und Reichswehr zerschnitten. Als der sozialdemokratische Abgeordnete Künstler im Kampf gegen die Kommunisten die Enthüllungen über die Giftgasfabrik Trozk fortsetzte, fragte das Reichswehrministerium beim Oberreichsanwalt an, ob er gegen Künstler nicht ein Verfahren wegen Landesverrats eröffne. In Fragen der Landesverteidigung kümmerten sich die im Machtstaatgedanken erzogenen Reichswehrgenerale nicht um Verträge oder irgendwelche Gebote der politischen Moral. Höher als alle rechtlichen und sittlichen Erwägungen stand ihnen auf militärischem Gebiet der Erfolg. Wie Preußen nach 1806 die Entwaffnungsgebote Napoleons erfolgreich umgangen hatte, so sollte auch der Versailler Vertrag, wenn immer möglich, durchlöchert werden. Das erforderte nach ihrer Meinung das Recht der nationalen Selbstbehauptung und Notwehr, das die Mißachtung unterschriebener Verträge nicht nur zum Recht, sondern zur Pflicht jedes wahrhaft nationalen Mannes machte. Wer dagegen verstieß, galt in ihren Augen als Landesverräter, als verächtlicher Gehilfe der feindlichen Macht. So rissen die Enthüllungen über die deutschen geheimen Rüstungen in Rußland zwischen der Reichswehrgeneralität und den Sozialdemokraten, die feierlich unterschriebene Verträge auch halten wollten, eine Kluft auf, die in der Folgezeit kaum mehr zu überbrücken war.

Die Gegnerschaft der Reichswehrgenerale verhinderte sofort die große Koalition. Nach der Rede Scheidemanns erließ die Deutsche Volkspartei eine öffentliche Erklärung, daß für sie nunmehr ein Bündnis mit der Sozialdemokratie nicht mehr tragbar sei. Ähnliche Äußerungen kehrten in der Folge in den Reden aller bürgerlichen Abgeordneten wieder. Die Deutschnationalen witterten Morgenluft. Sie hatten zwar am Sturz der Regierung Marx durch die Zustimmung zum sozialdemokratischen Mißtrauensantrag selbst mitgewirkt. Jetzt aber griff zu ihren Gunsten Reichspräsident Hindenburg ein. Er verlangte in einem Schreiben an den Zentrumsführer Marx die Bildung einer Regierung auf der Grundlage einer Mehrheit der bürgerlichen

Parteien des Reichstags mit tunlichster Beschleunigung, da die Bildung einer Reichstagsmehrheit unter Einschluß der Linken zur Zeit wenigstens nicht möglich sei. Die neue Regierung solle die besondere Pflicht haben, in gleicher Weise wie andere Staatsnotwendigkeiten auch die berechtigten Interessen der breiten Arbeitermassen zu wahren. Das Zentrum machte die neue Rechtsschwenkung anfänglich nur schweren Herzens mit. Die Deutschnationalen wurden auf ein Arbeitsprogramm verpflichtet, in dem insbesondere die Fortsetzung der Locarno-Politik, loyale Mitarbeit im Völkerbund, Fortführung der bisherigen Außenpolitik, Schutz der Republik vor Verleumdungen und Angriffen, Sicherheit der Anerkennung ihrer Symbole und die Ergreifung geeigneter Maßnahmen gegen verfassungsfeindliche Organisationen vorgesehen waren. Trotz dieser Sicherheiten lehnten die Demokraten die Beteiligung an einer Rechtsregierung ab. Ihr Mitglied Geßler blieb als Fachminister im Kabinett. Die Deutschnationalen aber griffen mit beiden Händen zu. Sie erhielten das Justiz-, Innen- und Verkehrsministerium, Reichskanzler blieb Marx, Außenminister Stresemann. Bei der Besprechung der Regierungserklärung waren die Deutschnationalen unvorsichtig genug, ihre letzten Wünsche und Hoffnungen zu offenbaren. Ihr Redner Graf Westarp rühmte es als das besondere Verdienst seiner Partei, daß sie das Zentrum von der Sozialdemokratie losgelöst habe, und verlangte rundweg die Gleichschaltung der preußischen Landesregierung. Dafür war das Zentrum nicht zu haben. Es wollte beim Spiel mit zwei Bällen bleiben. Der Zentrumsabgeordnete von Guérard hob deshalb die erfolgreiche Arbeit hervor, die von Sozialdemokratie und Zentrum zusammen in schwerster Zeit zur Rettung des Vaterlandes geleistet worden sei. Das Verlangen der Deutschnationalen, die Preußenkoalition zu zerschlagen, lehnte er entschieden ab und wies darauf hin, daß die in Preußen und Baden bestehenden Regierungen erfolgreich zum Heile dieser Länder gewirkt hätten. Er ermahnte die Deutschnationalen eindringlich, der Verächtlichmachung der Farben Schwarz-Rot-Gold durch ihre Redner und ihre Presse Einhalt zu tun. Schließlich legte er die Deutschnationalen noch einmal auf die von ihnen eingegangenen Verpflichtungen zur Außenpolitik von Locarno und Genf und zum unbedingten Schutz der Weimarer Verfassung in ihrer Gesamtheit fest. Die Deutschnationalen mußten die Berechtigung seiner Darlegungen öffentlich anerkennen. An diesem Tag beugten sie sich zähneknirschend unter das schwarzrotgoldene Joch. Ihre Entwicklung zur Verfassungspartei wurde im Mai 1927 noch einmal aller Welt offenbar, als sie der Verlängerung des Republikschutzgesetzes samt dem berüchtigten Kaiserparagraphen, der unter bestimmten Voraussetzungen Wilhelm II. die Rückkehr nach Deutschland verwehrte, zustimmen mußten. Selbst im eigenen Lager wurden jetzt Stimmen laut, ob nicht die Grenze der Zugeständnisse an das verhaßte Weimarer System überschritten und nicht schon die Verleugnung der Grundsätze und damit die Verlumpung begonnen habe. Ihren parteipolitischen Vorteil in der Rechtskoalition suchten die Deutschnationalen zunächst durch Ersetzung linksgerichteter Reichsbeamter durch eigene Parteimitglieder und durch höhere Zölle und eine Osthilfe für die Landwirtschaft. Auf sozialpolitischem Gebiet konnten sie die Fortführung der von der Sozialdemokratie seit 1918 eingeschlagenen fortschrittlichen Richtung nicht hindern. Das große Werk der Arbeitslosenversicherung und das Arbeitsgerichtsgesetz wurden unter der Rechtsregierung zum Abschluß gebracht. Auch der Sturz des Reichswehrministers im Januar 1928 brachte den Deutschnationalen nicht die erwartete Machterweiterung. Geßler stürzte über die »Phöbus«-Angelegenheit. Die Reichsmarine hatte aus dem Verkauf von ehemaligem Kriegsmaterial Millionen von Mark zur freien Verfügung. Mit solchen Mitteln führte der Leiter der Seetransportabteilung des Reichswehrministeriums, Kapitän Lohmann, umfangreiche Geschäfte durch. Er erwarb Aktien des Berliner Bankvereins, kaufte Häuser, wickelte Spargeschäfte ab und beteiligte sich auch an der Phöbus-Film-AG., »um die nationale Einstellung der Gesellschaft sicherzustellen«. Das Phöbusgeschäft schloß mit einem Verlust von 25 Millionen Mark für das Reichswehrministerium ab. Eine der Bürgschaftsverpflichtungen für dieses Unternehmen war auch vom Reichswehrminister Geßler gegengezeichnet worden. Als die Phöbussache ans Licht der Öffentlichkeit kam, trat Geßler von seinem Amt zurück. Zu seinem Nachfolger wurde der General Groener ernannt, der in der ersten Zeit der Republik schon einmal Reichsverkehrsminister gewesen war. Vergebens hatten die Deutschnationalen und Völkischen seine Ernennung unter Hinweis auf die Rolle, die er im November 1918 bei der Flucht des Kaisers nach Holland gespielt hatte, zu hintertreiben versucht.

Die Rechtsregierung Marx brach im Februar 1928 infolge des Scheiterns des Reichsschulgesetzes auseinander. Die Deutsche Volkspartei lehnte es damals ab, die Staatsschule grundsätzlich den Bekenntnissen auszuliefern, wie es sowohl den Absichten des Zentrums wie auch der Deutschnationalen entsprach. Die Regierung trat aber erst nach den Wahlen zurück.

Der Versuch der Deutschnationalen, durch Beteiligung an der

Reichsregierung die demokratische Republik von innen heraus zu erobern und dadurch die Restauration der Monarchie vorzubereiten, war völlig mißglückt. Es war gerade umgekehrt gegangen, die Deutschnationalen hatten der Weimarer Republik ihren Zoll gezahlt und bei ihren Anhängern im Land viel Ansehen verloren. Im zehnten Jahr der Republik schien es, als müßten die Hoffnungen auf eine Beseitigung des durch die Revolution von 1918 geschaffenen Staatssystems endgültig begraben werden. Unerschüttert stand in Preußen die sozialdemokratische Vorherrschaft, Bayern hatte sich in die Ordnung von Weimar gefügt und den rechtsradikalen Treibereien ein Ende gemacht, von der Reichswehr war vorerst keine »Tat« zu erwarten. Als stärkste republikanische Partei hielt die Sozialdemokratie mit ihren Millionen Mitgliedern die schwarz-rot-goldene Fahne hoch, aber auch im Bürgertum, insbesondere bei der Jugend des Zentrums und der Deutschen Volkspartei, bildete sich eine republikanische Gesinnung heraus. Die Gewerkschaften, sowohl die Freien wie die Christlichen, mit ihrer Millionenzahl von Mitgliedern waren überzeugte Anhänger der demokratischen Republik, in der es ihnen gelungen war, den Arbeiter zum gleichberechtigten Staatsbürger zu machen, seine Versorgung für alle Wechselfälle des Lebens zu sichern und die Löhne allmählich auf eine erträgliche Höhe zu steigern. Auch in der Angestelltenschaft nahmen die linksgerichteten Organisationen einen bedeutsamen Aufschwung. Die Übermacht der Wehrverbände über die Republik war gebrochen, die Republik war keine Form ohne Inhalt mehr, sie hatte Millionen abwehrbereiter Verteidiger erhalten.

Der monarchische Gedanke war namentlich durch den Feldzug der Sozialdemokratie gegen die Fürstenabfindung, die stärkste Propagandawelle, die jemals über das deutsche Volk hinweggegangen war, ins Herz getroffen worden. Er gab dem deutschen Volk einen Geschichtsunterricht, in dem die Versäumnisse von Jahrhunderten mit einem Schlag nachgeholt wurden. Zum erstenmal wurde den Staatsbürgern die Wahrheit über die Zeit des fürstlichen Absolutismus mit der Knechtung und Schindung der Untertanen durch armselige Wesen, die sich gottähnlich und erhaben dünkten über alle Gesetze der Zucht und Pflicht und der Menschlichkeit, vor Augen geführt und die rührselige und verlogene Schulgeschichte entlarvt. Obwohl der Kampf in der Hauptsache von der Arbeiterschaft geführt wurde, erstreckten sich seine Wirkungen tief ins Bürgertum hinein. Auch in den Kreisen der kleinen, durch die Inflation betrogenen Sparer war man über die Begehrlichkeit der ehemaligen Landesfürsten ehrlich empört. Man konnte es nicht fassen, daß deutsche Gerichte ausländischen Prinzessinnen und anderen Fürstlichkeiten, die während des Weltkriegs auf der Seite der Gegner Deutschlands gestanden hatten oder sich für ihre »Rechtsansprüche« gar auf den Versailler Vertrag beriefen, riesige Abfindungen zuerkannt hatten. Man wehrte sich gegen die Zumutung, ehemalige Beischläferinnen irgendeines alten Serenissimus, die für Stunden der Liebe mit schönen Renten belohnt worden waren, aus allgemeinen Steuermitteln fürstlich zu unterhalten. Man nahm daran Anstoß, daß Wilhelm II. zu seinem Reichtum aus preußischem Staatsbesitz noch Dutzende von Schlössern, 300 000 Morgen Land, Vermögenswerte von insgesamt 183 Millionen Goldmark bekommen sollte. Eine Rechtsprechung, die den Verfall aller Kapitalien durch die Geldentwertung für rechtens erklärt hatte, jetzt aber allein die Fürsten ungeschoren durch Krieg und Inflation lassen wollte, ging auch dem Staatsfrömmsten nicht ein. Wäre durch den kommunistischen Antrag zum Volksbegehren, der von den Sozialdemokraten trotz besserer Einsicht mitunterzeichnet wurde, den Fürsten nicht »das letzte Hemd« abgesprochen worden, so hätten sich die bürgerlichen Parteien schwer getan, ihre Anhänger von der Wahlurne fernzuhalten. So machte es ihnen die Fassung dieses Antrags möglich, die grundsätzliche Frage des Privateigentums aufzuwerfen und die Gefahr einer allgemeinen Enteignung der Besitzenden an die Wand zu malen. Dem Reichsbürgerrat gelang es dann auch, vom Reichspräsidenten eine Äußerung herauszulocken, in der das Volksbegehren als bedenklicher Verstoß gegen das Gefüge des Rechtsstaates gebrandmarkt war. Nunmehr wurde die Beteiligung an dem Volksentscheid vom 20. Juli 1926 von den bürgerlichen Parteien als schlimmster Bolschewismus hingestellt, auf dem Lande, namentlich im Osten, vielfach mit Dienstentlassung bedroht. Trotzdem gaben für den Gesetzentwurf über Enteignung der Fürstenvermögen zwar nicht die erforderlichen 20 Millionen, die Hälfte der Abstimmungsberechtigten, aber doch 15 1/2 Millionen Wähler ihre Stimme ab, während die Stimmenzahl für Sozialdemokraten und Kommunisten zusammen bei den Reichstagswahlen vom 7. Dezember 1924 nur 10 1/2 Millionen betrug. Zahlreiche bürgerliche Wähler hatten also die Weisung ihrer Parteien, der Wahl fernzubleiben, nicht befolgt. Das war für die unentwegten Anhänger der Monarchie eine schwere Enttäuschung, sie standen im Begriff, eine Sekte zu werden.

In diesen Jahren nahm aber auch die republikanische Abwehrbewegung einen starken Aufschwung. Zur Verteidigung der Republik gegen gewaltsame Angriffe und zur Erziehung der Jugend zum republikanischen Gedanken hatte der sozialdemokratische Oberpräsident Hörsing in Magdeburg im Februar 1924 auf Veranlassung der sozialdemokratischen Parteileitung das »Reichsbanner Schwarz-Rot-Gold« gegründet. Die Organisation hatte Vorläufer in den Sicherheitsabteilungen der Sozialdemokratischen Partei, die um die Jahreswende 1922/23 in Südbayern, und dem sozialdemokratischen Ordnungsdienst, der im Sommer 1923 in Franken zum Saalschutz gegen nationalsozialistische Versammlungssprengungen aufgestellt worden waren. Auch die Demokraten hatten gelegentlich solche Vereinigungen wie »Reichsadler« und ähnliche gebildet. Das »Reichsbanner« bezeichnete sich als überparteilich, verlangte nur Bekenntnis zur republikanischen Verfassung und hatte in Norddeutschland auch zahlreiche Mitglieder aus den Reihen des Zentrums und der bürgerlichen Demokraten. Die Überparteilichkeit bildete einen Vorzug, solange das Zentrum nicht an Rechtsorganisationen beteiligt war. In diesem Fall aber kam es gelegentlich zu schweren Meinungsverschiedenheiten und Reibereien. Mit der Zeit entwickelte sich das »Reichsbanner« zu einem Millionenheer, das in seinen jüngeren Jahrgängen körperlich und geistig beste deutsche Jugend enthielt und allmählich die Aufmerksamkeit von Reichswehrstellen, aber auch die erbitterte Feindschaft des »Stahlhelm« und der Nationalsozialisten auf sich zog. Immer häufiger wurden die Überfälle auf kleine Reichsbannergruppen, die durch Propagandafahrten aufs Land auch die bäuerliche Jugend für die Republik gewinnen wollten. Einer der schändlichsten in diesem Zeitraum war der von Ahrendsdorf bei Berlin, wobei fanatisierte Werwolfleute heimtückisch einem Lastwagen voll Reichsbannerleuten nachschossen und eine Anzahl von ihnen töteten und verletzten. Dieses Verbrechen fand wenigstens seine gerichtliche Sühne, während sonst bei Schlägereien häufig nur die beteiligten Reichsbannerleute angeklagt wurden und die rechtsradikalen Friedensstörer als Zeugen auftraten. Hätte es die Reichsbannerführung verstanden, gleich den Rechtsverbänden, Fühlung mit der Reichswehr zu finden und sich zur militärischen Ausbildung zur Verfügung zu stellen, so hätten vielleicht die Reichswehrgenerale in den entscheidenden Jahren 1931 und 1932 nicht einseitig hinter den Rechtsverbänden gestanden. So aber blieb die Organisation tauglich für den Versammlungsschutz, zur Verteidigung der Republik mit der Waffe in der Hand fehlten ihr die militärischen Voraussetzungen und die Waffenlager, über die »Stahlhelm« und die nationalsozialistischen Sturmabteilungen verfügten.

Die nationalsozialistische Partei begann sich seit 1925 wieder langsam aus ihrer Lähmung und Erstarrung zu erholen. Das Schwergewicht ihrer Agitation wurde entgegen dem ursprünglichen Plan Hitlers von Bayern auf Norddeutschland verlegt. Im Norden baute vor allem Gregor Strasser unter zielbewußter Ausnutzung seiner Vorteile als Parlamentarier, insbesondere der »großen Fahrkarte«, nationalsozialistische Organisationen auf. Besonders große Erfolge erzielte er in Schleswig-Holstein und im Ruhrgebiet. Auf seinen zahllosen Fahrten entdeckte er auch den kleinen Geschäftsführer des Gaues Rheinland-Nord, den Schriftsteller Doktor der Philosophie Josef Goebbels und machte ihn zum Schriftleiter der Monatsschrift »Nationalsozialistischer Führerbrief« in Berlin. Strassers Macht war so groß, daß er im November 1925 die norddeutschen Gaue der Nationalsozialistischen Partei zu einer Sondergruppe zusammenfaßte und ihnen auf einer Tagung in Hannover ein eigenes Programm gab, das sich in manchen Punkten, besonders in der freundlichen Einstellung zu Sowjetrußland und der Forderung nach wirtschaftlicher Selbstversorgung Deutschlands (Autarkie), von Hitlers politischen Gedankengängen unterschied. Hitlers Hausmacht war damals kleiner, er stützte sich auf Bayern und Sachsen, wo ihm der Fabrikant Mutschmann die Kassen und Beziehungen der Industriellen erschloß, und auf Thüringen, wo Hitlers damaliger Freund Artur Dinter über eine Landtagsfraktion von drei Mann gebot. So begann Hitler, seinen Freund Strasser zu fürchten, und sann auf ein Mittel, ihn kaltzustellen. Die Gelegenheit dazu bot sich ihm auf einer nationalsozialistischen Führertagung in Bamberg im Februar 1926, die von norddeutschen Gauen wegen fehlender Geldmittel nur schwach beschickt war, während Hitler als Gebieter über die Parteikasse mit einer Überzahl von Anhängern anrücken konnte. Über die Frage der Fürstenabfindung kam es zum Streit. Strasser setzte sich als »Sozialist« für den kommunistischen Antrag ein, während Hitler das Volksbegehren mit Rücksicht auf seine hohen Gönner verwarf. Strasser unterlag, weil ihn sein Günstling Goebbels in der entscheidenden Stunde verließ und zu Hitler überlief. Nun wurde Gregor Strasser geduckt, die Vereinigung der norddeutschen Gaue wurde von Hitler aufgelöst. In einer neuen Parteisitzung vom Mai 1926 sicherte sich dann Hitler alle Macht, insbesondere auch das Recht, alle Gauführer selbst zu ernennen. Strasser suchte sich durch Gründung des »Kampf-Verlages« in Berlin, der bald fünf nationalsozialistische Zeitungen herausgab, eine wirtschaftliche Grundlage zu schaffen. Hitler mußte den unermüdlichen Agitator auch zum Reichspropagandaleiter ernennen. Allein er setzte ihm auch seinen neuen Freund Dr. Goebbels vor die Nase, der nach Auflösung der Gaue Potsdam und Berlin einen neuen Gau Brandenburg zur selbständigen propagandistischen Bearbeitung erhielt. In Berlin begann Dr. Goebbels, das Lumpenproletariat gegen Sozialdemokraten und Kommunisten zu sammeln. Er schuf die berüchtigte Schlägerkolonne, zum großen Teil vorbestrafte »Untermenschen«, die sich bald einen Namen machte. Die große Schlägerei von Lichterfelde veranlaßte das Berliner Polizeipräsidium, die Nationalsozialistische Partei für Berlin auf längere Zeit zu verbieten. Dr. Goebbels aber bereitete in seiner Zeitung »Der Angriff«, die er zuerst als Wochenblatt herausgab, die revolutionäre Erhebung seiner Anhänger vor.

Im Frühjahr 1927 lächelte dem nationalsozialistischen Führer auch in Bayern wieder das Glück. Für die Aufhebung des gegen ihn erlassenen Redeverbots hatte sich im Reichstag kein geringerer als der sozialdemokratische Reichstagspräsident Löbe eingesetzt. Er meinte, man solle doch einem österreichischen Deutschen, der im Weltkrieg vier Jahre für Deutschland sein Leben aufs Spiel gesetzt habe, den Zutritt zum deutschen Staatsverband nicht verwehren. Ein vorbeugendes Redeverbot gegen Hitler sei höchst ungerecht, denn man könne ihn, wenn er zu Gewalttätigkeiten aufreize, nachher vor Gericht stellen und abstrafen lassen. Diese Äußerung war für einen Anhänger des Anschlusses Deutsch-Österreichs und einen unentwegten Demokraten folgerichtig, nur war Hitler, der wegen Hochverrats Bestrafte, nicht der Mann, sich den Spielregeln der Demokratie zu fügen, und die deutschen Gerichte waren nicht gewillt, mit ihm zu verfahren, wie man mit gewöhnlichen Übeltätern verfuhr. Dafür lagen zahlreiche Beweise vor. Aber der bayerische Innenminister wollte nicht päpstlicher sein als der Papst und hob im März 1927 das Redeverbot gegen Hitler auf gegen die Zusicherung, daß die nationalsozialistische Partei keine gesetzwidrigen Ziele verfolgen, auch keine gesetzwidrigen Mittel anwenden, sondern bei der Einrichtung und Verwendung der SA oder ähnlicher Hilfsorganisationen nicht gegen das Gesetz verstoßen, sie auch nicht mit militärischen Dingen oder der Ausübung polizeilicher Befugnisse betrauen würde. Mit Versprechungen hatte Hitler nie gekargt, und so kam auch diese Vereinbarung zustande. Die Aufgabe der Wiederaufrichtung der SA wurde dem vormaligen Frontbannführer Pfeffer von Salomon übertragen. Dazu wurden nach dem Muster des früheren Stoßtrupps Hitler, der eine Leibgarde zum persönlichen Schutz Hitlers gewesen war, aus zuverlässigsten und verwegensten SA-Leuten eigene Schutzstaffeln, SS, geschaffen, denen außer dem Schutz der Führer eine besondere Propagandatätigkeit oblag. Aus Rechtskreisen wandten sich Hitler damals der völkische Graf Reventlow, der preußische Abgeordnete Kube und kurz vor den Wahlen der bayerische General von Epp, der frühere Beschützer Röhms, zu, der in der Bayerischen Volkspartei eine Gastrolle gegeben hatte, aber von ihr nicht seiner vermeintlichen Bedeutung entsprechend gewürdigt worden war. Vor den Maiwahlen des Jahres 1928 stand das Gerippe der nationalsozialistischen Organisationen wieder festgefügt da. Das Fleisch, die Masse der Anhänger, fehlte noch. Äußere Anlässe, die Millionen Unzufriedener an die Seite Hitlers getrieben hätten, waren noch nicht gekommen. Es war wie beim Beginn eines Volksfestes vor einer Jahrmarktsbude: das Gezelt stand, die grellen Bilder lockten und die Ausrufer schrien sich heiser. Aber nur der eine oder andere Zuhörer schlich sich in die Zauberbude hinein. Die große Menge blieb noch nüchtern und sah sich vorerst den Ulk nur von außen an. Sie war noch nicht in Stimmung gekommen.

Youngplan und Weltwirtschaftskrise

Die Wahlen vom 20. Mai 1928 brachten der Sozialdemokratie den von ihr erwarteten Sieg. Ihre Abgeordnetensitze im Reichstag wuchsen von 131 auf 153 an, während die Nationalsozialisten von 14 auf 12, die Deutschnationalen samt Landbund von 111 auf 87 sanken; allerdings nahmen auch die Kommunisten von 45 auf 54 zu. In Preußen ging die schwarz-rote Koalition erheblich gestärkt aus den Wahlen hervor.

Im Reich beanspruchte die Sozialdemokratie die Führung bei der Regierungsbildung, und Hermann Müller-Franken wurde auch mit der Zusammenstellung einer Regierung der großen Koalition beauftragt. Nach mühsamen Verhandlungen wurde den Parteien der großen Koalition eine Regierung der Persönlichkeiten ohne Bindung ihrer Fraktionen entnommen. Erst Mitte April 1929 kam es dann, als die Parteien sich über den Haushalt 1929 geeinigt hatten, zur Bildung einer Regierung der großen Koalition, wieder ohne koalitionsmäßige Bindung, aber mit drei Zentrumsministern, darunter Dr. Wirth. Die Bemühungen der Deutschen Volkspartei, auch in Preußen in die Regierung zu kommen, scheiterten endgültig erst im Januar des nächsten Jahres. Die Verstimmung darüber hat die Deutsche Volkspartei nicht mehr überwunden.

Zunächst gelang es Stresemann, die widerstrebenden Parteien für die Lösung der großen außenpolitischen Aufgaben zusammenzuhalten. In der heiklen Abrüstungsfrage, die der Reichskanzler Herrmann Müller auf der Tagung des Völkerbundes im September 1928 aufgriff und dabei von einem doppelten Gesicht der internationalen Politik sprach, erlitt Deutschland eine Niederlage. Frankreich war vorerst nicht zu bewegen, auf diesem Gebiet die Dinge in rascheren Fluß zu bringen. Dagegen hatten die Reparationsagenten in einem Zwischenbericht vom Juni 1928 die endgültige Festsetzung der deutschen Reparationsverpflichtungen durch ein Abkommen zwischen Deutschland und den Gläubigermächten empfohlen. Die Regierung Hermann Müller nahm diese Anregung auf, und bei den Genfer Besprechungen im September 1928 wurde eine Vereinbarung erzielt, die Verhandlungen über eine vollständige und endgültige Regelung der Reparationsfrage und über eine vorzeitige Räumung der Rheinlande von der fremden Besatzung alsbald zu beginnen. Der »Neue Plan«, nach dem Vorsitzenden der Konferenz, Owen Young, auch Youngplan genannt, wurde am 7. Juni 1929 von den Sachverständigen in Paris unterzeichnet. Er bot gegenüber dem Dawesplan von 1924 dem Deutschen Reich erhebliche Verbesserungen.

Allerdings wurde das Ergebnis der Beratungen der Sachverständigen von den Politikern auf der Mächtekonferenz im Haag wieder einigermaßen verschlechtert. Diese »Verfälschung« des Youngplans veranlaßte den Reichsbankpräsidenten Dr. Schacht im Dezember 1929, der Reichsregierung in einer an sie gerichteten Denkschrift durchaus ungerechtfertigte Vorwürfe zu machen und auf der Haager Schlußkonferenz im Januar 1930 die im Youngplan vorgesehene Beteiligung der Deutschen Reichsbank an der neu zu errichtenden Bank für internationale Zahlungen in Basel zu verweigern. Die Beteiligung der Deutschen Reichsbank sollte deshalb gegen den Willen ihres Präsidenten durch Gesetz sichergestellt werden. Das Schlußprotokoll der Haager Konferenz und der »Neue Plan« wurden daraufhin am 20. Januar 1930 unterzeichnet. Am 11. März 1930 wurden die Young-Gesetze im Reichstag mit 263 Stimmen der Regierungsparteien gegen 174 Stimmen der Deutschnationalen, Völkischen, Kommunisten und eines Teils der Bayerischen Volkspartei bei 25 Stimmenthaltungen angenommen. Am 13. März 1930 unterzeichnete Reichspräsident Hindenburg, der von den Rechtskreisen bestürmt worden war, seine Unterschrift zu verweigern, die vom Reichstag und Reichsrat beschlossenen Gesetze. Er hob in einer Kundgebung seine schweren Sorgen und Bedenken gegen die Gesetze hervor; von der Möglichkeit, zurückzutreten oder die Gesetze dem Volksentscheid zu unterstellen, machte er aber keinen Gebrauch. Der Reichsbankpräsident Dr. Schacht mußte am 7. März 1930 wegen seines eigenmächtigen Verhaltens im Haag zurücktreten. Er hatte einst der Demokratischen Partei angehört, wurde aber nachher einer der gehässigsten Gegner der Demokratie und stellte sich schon um 1930 den Nationalsozialisten zur Verfügung.

Seine Seitensprünge und Quertreibereien der letzten Monate standen offensichtlich mit den politischen Angriffen der deutschen Rechtskreise gegen den Youngplan bereits in innerem Zusammenhang. Der große Propagandafeldzug war geistig und finanziell geleitet von dem deutschnationalen Reichstagsabgeordneten Hugenberg. Er hatte den Sprung vom Vortragenden Rat im preußischen Finanzministerium zum Krupp-Direktor gemacht und sich in dem nach ihm benannten Konzern eine beherrschende Stellung, besonders im Zeitungswesen und Film, geschaffen. Durch seine Geldmacht gebot er unumschränkt über Presse und Organisation seiner Partei. Seinem ganzen Wesen nach war er die Verkörperung des beschränkten, sturen und gewalttätigen Scharfmachers und Reaktionärs. Die »Nationalliberale Korrespondenz« bezeichnete ihn einmal als unehrlichen Fechter, als Kämpfer mit unsauberen Waffen, der vernichten will, was er haßt. Er haßte aber bis zum letzten Tag seiner politischen Laufbahn die deutsche Sozialdemokratie, das demokratisch-parlamentarische System. Schon in den Anfängen der Republik hatte er sich durch verlogene Hetze, besonders gegen Erzberger, hervorgetan. Nach der Wahlniederlage der Deutschnationalen vom Mai 1928 trat er wieder in den Vordergrund. Jetzt sah er in der steigenden wirtschaftlichen Not nur ein Mittel, den Rechts-Putsch vorzubereiten. Das Schicksal aber bestimmte ihn dazu, nicht nur der Totengräber der Demokratie, sondern auch seiner eigenen Partei zu werden.

Am 9. Dezember 1928 wurde er zum Vorsitzenden der Deutschnationalen Partei mit diktatorischen Vollmachten gewählt. Gleichzeitig erhielt er für die gesamte Parteiverwaltung die alleinige Zuständigkeit. Den Parteivorstand besetzte er sofort mit sicheren Anhängern, wie dem Alldeutschen Oberfinanzrat Bang, dem ehemaligen Syndikus Dr. Quaatz, dem baltischen Baron Freytag-Loringhoven, dem bayerischen Justizminister Gürtner, dem Bergwerksdirektor Leopold, lauter bewährten Todfeinden der parlamentarischen Demokratie. Im Januar 1929 nahm er in München die Fühlung mit den Nationalsozialisten auf, um durch sie in einem »Deutschen Volksverlag« die alten Ladenhüter aus der Zeit des »Lügenverbandes gegen die Sozialdemokratie« vor dem Weltkrieg wieder herausbringen zu lassen. Ende März 1929 richtete er an einflußreiche Persönlichkeiten der Vereinigten Staaten von Amerika ein später in der Presse veröffentlichtes Schreiben, in dem er die Behauptung über zunehmenden deutschen Wohlstand und deutsche Zahlungsfähigkeit als größte Lüge bezeichnete, die Gefahr einer raschen Bolschewisierung Deutschlands hervorhob und seine Partei dem Ausland gegenüber als einziges Bollwerk gegen das Chaos herausstrich. Mit Recht bezeichnete die Reichsregierung diesen Brief als Verstoß gegen den deutschen Kredit und als einen Versuch, das Ausland zur Einmischung in die deutsche Innenpolitik zu veranlassen. Einen Erfolg hatte diese Brandmarkung des deutschnationalen Parteiführers natürlich nicht.

Gestützt auf die Zustimmung der Schwerindustrie, die den Youngplan für eine politische, nicht aber für eine wirtschaftliche Lösung der Reparationsfrage hielt und deshalb ablehnte, gründete dann Hugenberg im Juli 1929 zusammen mit dem »Stahlhelm«, den Nationalsozialisten und kleineren Rechtsparteien einen »Reichsausschuß« zum Zweck der Durchführung eines Volksbegehrens gegen die Annahme des Youngplans. Aus diesem Ausschuß ging als Grundlage des Volksbegehrens ein von dem nationalsozialistischen Reichstagsabgeordneten Dr. Frick abgefaßter Gesetzentwurf gegen die Versklavung des deutschen Volkes hervor. Er enthielt für die Reichsregierung die Verpflichtung, das Anerkenntnis der deutschen Schuld am Weltkrieg des Art. 231 des Versailler Vertrags zu widerrufen — was bisher von jeder deutschen Regierung geschehen war —, auf unverzügliche und bedingungslose Räumung des besetzten Gebiets hinzuwirken und keinerlei auf dem Kriegsschuldanerkenntnis beruhende neue Lasten und Verpflichtungen, insbesondere nicht die des Youngplans zu übernehmen. In einem berüchtigten § 4 war deutschen Reichskanzlern, Reichsministern sowie Bevollmächtigten des Deutschen Reiches und damit auch dem Reichspräsidenten, die derartige Verpflichtungsverträge unterzeichneten, Zuchthausstrafe wegen Landesverrats angedroht. Der Propagandafeldzug für dieses Volksbegehren wurde mit einem bis dahin in Deutschland unerhörten Aufwand politischer und finanzieller Mittel durchgeführt. Seine besondere Schärfe lag darin, daß man ihn wie einen großen öffentlichen Anklageprozeß gegen die Reichsregierung und die hinter ihr stehenden Parteien aufzog. Die Befürworter des Youngplans, die leitenden Männer des Staates, wurden samt und sonders als vom Ausland gekaufte Halunken hingestellt, die gegen schnöden Judaslohn das deutsche Volk und vor allem die Jugend auf Menschenalter hinaus in Schuldknechtschaft verkauften.

Dadurch wurden die politischen Leidenschaften bis zur Siedehitze aufgeputscht und der Staat in seinen Grundfesten erschüttert. Man schreckte vor keiner Lüge und Verleumdung zurück. So war einer der gemeinsten Tricks die Unterschlagung der Tatsache, daß im Falle der Ablehnung des Youngplans der für das Deutsche Reich viel ungünstigere Dawesplan mit seinen ungleich größeren Verpflichtungen in Kraft bleiben würde. Oder man verfuhr wie ein Hypothekenschuldner, der seine Kapitalschuld durch Zusammenzählung der jährlichen Zinsen und Tilgungsquoten bis zur Tilgung der Schuldsumme errechnen wollte; man reihte die 59 Jahreszahlungen aneinander und kam so zu einer angeblichen Schuldsumme, die höher als die Reparationsschuld von 132 Milliarden Goldmark des Londoner Ultimatums war. Von der Rheinlandräumung als Preis der endgültigen Reparationsregelung wurde geschwiegen. Eine Stelle im Gutachten der Sachverständigen, an der von der Finanzierung deutscher Unternehmungen in den unentwickelten Ländern die Rede war, wurde mit wahrhaft teuflischer Kunst in eine Verpflichtung des Reiches umgelogen, deutsche Arbeiter als Sklaven für überseeische Unternehmungen zur Verfügung zu stellen. Besonders die Sprache der Nationalsozialisten in Presse und Versammlungen überstieg jedes selbst von ihnen bisher gewohnte unerträgliche Maß. Immer wurde angekündigt, daß Minister und Parteiführer, die sich für die Annahme des Youngplans einsetzten, als Volksverräter vor den Staatsgerichtshof des Dritten Reiches gestellt würden. Die Politik der Reichsregierung wurde ungestraft als feige, nichtswürdige Erfüllungspolitik geschmäht. Hitler selbst bezeichnete alle Deutschen, die nicht das Volksbegehren unterschrieben, als Volks- und Landesverräter. Der Nationalsozialist Graf Reventlow schrieb, daß Hindenburg den Youngplan ebenso billige wie alles, was Stresemann bisher an politischen Verbrechen gegen das deutsche Volk begangen habe, der Reichspräsident treibe eine unbedingt verderbliche und landesverräterische Politik, und es sei infolgedessen vollkommen gleichgültig, ob ein Mann mit seinen Eigenschaften und seiner Vergangenheit durch ein gegen den Landesverrat gerichtetes Gesetz mit getroffen werde. Selbst deutschnationale Redner wie Dr. Quaatz scheuten sich nicht zu behaupten, die Linke stehe mit Frankreich im Bunde.

Mit zynischer Offenheit gestanden einzelne Mitglieder des Reichsausschusses, daß ihnen der Kampf gegen den Youngplan nur Mittel zum Zweck sei, daß es ihnen vor allem auf die politischen Nebenwirkungen des Propagandafeldzuges gegen den Youngplan, auf die Verächtlichmachung des Staates von Weimar und seiner Vertreter ankäme. Hugenberg erklärte in einer Rede in Kassel, er wolle insbesondere den Mittelparteien die Zusammenarbeit mit der Sozialdemokratie vergällen. Das Volksbegehren gegen den Youngplan sollte nur das Vorspiel kommender noch größerer Aktionen gegen das demokratisch-parlamentarische System sein. Dem Volk sollte durch diesen ersten Haß- und Lügenfeldzug die Überzeugung beigebracht werden, daß die Männer der Linken in Deutschland keine Menschen seien, mit denen man irgendwie verhandeln oder auf einer mittleren Linie zusammenkommen könne, sondern die hassenswertesten Verderber Deutschlands und seiner Zukunft, die mit Stumpf und Stiel ausgerottet werden müßten. Diese Wirkung wurde dann auch besonders bei der politisch wenig unterrichteten heranwachsenden »nationalen« Jugend erreicht. Freilich trat noch eine politische Folge der Zusammenarbeit Hugenbergs mit Hitler im Reichsausschuß ein, die nicht von ihm, aber von anderen Rechtspolitikern vorausgesehen wurde. Durch Hugenbergs Unterstützung wurde der außerhalb Bayerns wegen seines Bierputsches von 1923 viel verlachte Hitler in Deutschland wieder eine Macht. Arm in Arm mit Hitler trat der Führer der damals noch mächtigen und einflußreichen Deutschnationalen Partei im Zirkus Krone in München auf und führte so den »Zwergfürsten« über 12 Reichstagssitze als gleichberechtigt in das politische Leben ein. Der »sture Bock« merkte nichts davon, daß Hitler jetzt die Deutschnationalen vor seinen eigenen Karren spannte und den Wagen seinen eigenen Zielen zuzulenken begann. Hugenberg hatte er sich einmal in den Kopf gesetzt, das deutsche Volk durch verlogene Propagandafeldzüge dumm und damit für den politischen Umschwung reif zu machen. In der Kunst, das Volk über die harten Tatsachen der Erde hinwegzutäuschen und in die trügerische Welt politischer Luftspiegelungen und Wahnbilder emporzuschwingen, mußten politische Gaukler einem Mann und einer Partei überlegen sein, deren Wesen nüchterne Selbstsucht und kühler Geschäftsgeist war. Ein Volk, das zum Genuß politischer Rauschmittel verführt wurde, konnte und wollte sich ihrer nicht mehr entwöhnen. Es war den Zauberern und Rauschgifthändlern hörig geworden. Die große Rechnung, politische Wunderapostel als Geschäftsreisende der deutschnationalen Firma benutzen zu können, war deshalb falsch. Ein Rechtspolitiker, der Deutsche Volksparteiler von Kardorff, rief in diesen Tagen im Reichstag dem deutschnationalen Diktator Hugenberg zu: »Wenn erst einmal die Saat aufgegangen ist auf dem Acker, den Sie mit so viel Sorgfalt bestellt haben, wenn erst die Nationalsozialisten die Stärkeren sein werden, dann beneide ich Sie nicht

um den Fußtritt, den sie Ihnen geben werden.« Aber Hugenberg
war und blieb mit Blindheit geschlagen, weil ihn die Götter verderben wollten.

Die Abwehr der Reichsregierung und der republikanischen Parteien
gegen den Hetz- und Lügenfeldzug der Väter des Volksbegehrens
beschränkte sich auf sachliche Richtigstellungen. Dabei wurden in der
vergleichenden Darstellung mit dem Dawesplan die Vorteile des
Youngplans wohl in lebhafteren Farben geschildert, als es richtig
und notwendig war. Der Reichspräsident erklärte, daß er den § 4
des Volksbegehrens als einen unsachlichen und persönlichen Angriff
bedauere und verurteile. Die Reichsregierung begnügte sich mit einem
auch von führenden Männern der Wirtschaft unterzeichneten Aufruf, dessen wesentlicher Inhalt besagte, das deutsche Volk habe jetzt
zwischen Vernunft und Unsinn zu wählen. Man hätte besser gesagt, zur Wahl stehe Wahrheit und Lüge, weil dieses Volksbegehren
wider besseres Wissen eingeleitet war. Es war eine verhängnisvolle
Täuschung, die Hintermänner des Volksbegehrens nur als Narren
einzuschätzen und zu behandeln. Diese Geringschätzung war gegenüber dem staatsgefährlichen Treiben der Volksaufwiegelung und Volksverhetzung, wie es bei der Propaganda für dieses Volksbegehren zutage getreten war, nicht am Platze. Aber es war schon weniger Unter-
schätzung der Gegner, die demokratische Republik befand sich bereits in einem Zustand der lähmenden Schwäche, die ihre Gegner
zu immer wütenderen und gehässigeren Angriffen ermunterte. Trotzdem siegte bei den Volksmassen noch einmal die politische Einsicht
und parteipolitische Zucht. Für das Volksbegehren gegen den Youngplan zeichneten sich 4 135 300 Wähler, nur 0,2 Prozent mehr als
die gesetzlich erforderliche Zahl, ein. In seiner Verärgerung ließ Hugenberg in seiner Presse etwas von einer »Retuschierung« des Er-
gebnisses verlauten. Das »Freiheitsgesetz« mußte dem Reichstag vorgelegt werden. Er lehnte es am 30. November 1929 mit 318 gegen
82, den § 4 gegen nur 60 Stimmen ab. Beim Volksentscheid vom 22.
Dezember 1929 wurden von Hugenberg und Hitler für das »Freiheitsgesetz« nur 5,8 Millionen Stimmen oder 13,8 Prozent der
Stimmberechtigten aufgebracht. Der »Reichsausschuß« hatte eine emp-
findliche Niederlage erlitten. Doch hatte Hugenberg auch Erfolge zu
buchen. Sein außenpolitischer Erfolg bestand darin, daß die Franzosen jetzt Sicherheiten forderten für den Fall, daß Hugenberg einmal
zur Regierung komme und den Youngplan zerreiße. Sein innerpolitischer Erfolg war die Zertrümmerung seiner eigenen Partei. An
der Abstimmung über den § 4 des »Freiheitsgesetzes« hatte sich

eine große Anzahl deutschnationaler Abgeordneter, wie Hergt, Schiele, v. Keudell, nicht beteiligt. Nachher traten 12 Abgeordnete, darunter ·Treviranus, aus der Deutschnationalen Volkspartei aus. Am 4. Dezember 1929 legte Graf Westarp den Vorsitz in der Reichstagsfraktion nieder, der gefügigere Studienrat Dr. Oberfohren wurde von Hugenberg zum Nachfolger ernannt. Hitler aber machte den Deutschnationalen und dem »Stahlhelm« den Vorwurf, daß sie beim Volksbegehren und Volksentscheid ihre Pflicht nicht erfüllt hätten. Entgegen der deutschnationalen Halbheit und Zersplitterung erschien er den Gegenrevolutionären aller Richtungen immer mehr als der einzige Mann, der zielbewußt auf das Ganze ging.

Er brauchte nach dem Mißerfolg des Volksentscheids gegen den Youngplan die Fahrt nicht abzustoppen, ihm wehte weiter ein günstiger Wind. Die große Weltwirtschaftskrise zog herauf. Die Todfeinde der demokratischen Republik bekamen eine prachtvolle Gelegenheit, ihre furchtbaren Auswirkungen auf die Witschaft als Folge des Youngplans und der Unfähigkeit des herrschenden Systems hinzustellen.

In der Landwirtschaft war die Krise schon seit 1927 da. Gute Welternten und wachsende einheimische Ernten hatten die Preise für alle landwirtschaftlichen Erzeugnisse gedrückt. Die deutsche Landwirtschaft wurde doppelt getroffen, weil sie von vornherein überlastet war. Der Index für Agrarprodukte stand nach der Inflation auf 107, der für Industriewaren aber blieb ständig auf 142, so daß der Landwirt als Käufer von Industriewaren im größten Nachteil war. Nach dem Verlust des Betriebskapitals durch die Inflation hatte sich die Landwirtschaft die notwendigen Betriebsmittel vielfach zu dem märchenhaften Zinsfuß des Frühjahrs 1924 beschafft. Im Osten waren dazu die Kredite noch vielfach leichtfertig aufgenommen und nutzlos vergeudet worden. Mit der Verminderung der Einnahmen brachen jetzt die Betriebe unter der Zinslast zusammen. Die Krise der Landwirtschaft wirkte sich rasch in eine Verschlechterung des Binnenmarktes der Industriewaren aus.

Der Anstoß der großen Weltwirtschaftskrise kam aus den Vereinigten Staaten von Amerika. Dort brach an einem schwarzen Börsenfreitag, dem 24. Oktober 1929, das Kartenhaus der durch Spekulation auf ewige Wirtschaftsblüte wolkenkratzerhaft gestiegenen Industriewerte zusammen. Der Verlauf der Krise zeigte bald, daß man es nicht mit einer der üblichen industriellen Krisen, sondern mit einer Krise des Wirtschaftssystems zu tun hatte. Der Weltkrieg hatte dem Kapitalismus verheerende Wunden geschlagen. Die alten Absatzmärkte für die Waren der Industrieländer, die unentwickelten

Länder, bestanden nicht mehr. Europas Anteil am Welthandel ging von zwei Dritteln auf die Hälfte zurück. Rußland und China waren, das eine wegen seiner Sonderwirtschaft, das andere wegen innerer Wirren, als Käufer auf dem Weltmarkt nahezu völlig weggefallen. In Japan, Indien, Südamerika und vielen anderen Agrarländern hatten sich während des Weltkriegs einheimische Industrien entwickelt. Durch die rasenden Fortschritte der Technik wurden bei der Gütererzeugung nicht nur immer mehr menschliche Hände durch eiserne Hände, durch Maschinen, ersetzt, sondern auch die Möglichkeit der Herstellung unendlicher Mengen Güter geschaffen. Da aber im kapitalistischen Wirtschaftsystem die Kaufkraft nicht im gleichen Maßstab wie die Gütervermehrung stieg und die Völker durch den Weltkrieg verarmt waren, auch der Verteilungsapparat für die Produktion übersetzt und somit kostspielig war, stockte plötzlich der Absatz, die Produktion wurde eingeschränkt, ungeheure Gütermengen wurden, um Preisstürze zu verhindern, vernichtet. Die Zahl der Arbeitslosen schwoll lawinenartig an, Handel und Wandel siechten dahin.

Deutschland wurde von der Krise in besonderem Maße getroffen. Die deutsche Wirtschaft hatte nach der Inflation ausländische Anleihen im schließlichen Gesamtbetrag von über 25 Milliarden Reichsmark aufgenommen. Das Geld wurde vor allem zur Erneuerung und Modernisierung des Maschinenapparats in der Großindustrie, zur Durchführung der Rationalisierung, aber auch vielfach zu unergiebigen Zwecken, insbesondere auch zur Aufbringung der Reparationszahlungen ohne Gegenleistung verwendet. Die Rationalisierung hatte in der Produktionsmittelindustrie eine Scheinblüte, eine Überbeschäftigung zur Folge, die dem normalen Bedarf nicht entsprach. Mit der Beendigung der überstürzt durchgeführten Rationalisierung trat hier ein Rückschlag ein, der bald auch in die Verbrauchsgüterindustrie übergriff. Der Einbruch der Weltwirtschaftskrise in den Gläubigerländern hatte die Zurückziehung eines Teils der in Deutschland — fälschlich vielfach auf längere Sicht — angelegten kurzfristigen Kredite zur Folge. Das vermehrte die Schwierigkeiten in besonderem Maße. Während sodann in anderen Ländern die Wirtschaftskrise durch einen gewaltigen Preissturz, der die überfüllten Lager leerte, gemildert wurde, blieben in Deutschland, das nach der Inflation ohnehin einen viel zu hohen Stand der Preise beibehalten hatte, infolge der starken Kartellisierung der Wirtschaft die Preise hoch. Die Krise wurde dadurch verlängert und verschleppt. Schließlich wurden in Deutschland allein durch die überstürzte Rationalisierung 1½ Millionen Menschen außer Arbeit gesetzt, die anderwärts überhaupt nicht mehr oder doch nicht so rasch wieder untergebracht werden konnten.

Durch die Weltwirtschaftskrise wurden in Deutschland die Arbeiterorganisationen, die stärksten Stützen des demokratischen Staates, geschwächt, die Regierungsparteien durch die wachsenden Schwierigkeiten in den öffentlichen Haushalten um ihr politisches Ansehen gebracht, die Todfeinde der Republik aber aufs wirksamste gefördert und unterstützt. In Zeiten der Krise können die Gewerkschaften die in der Wirtschaftsblüte erstrittene Lohnhöhe nicht halten, weil ein Überangebot an Arbeitskräften besteht, die bereit sind, sich um jeden Preis zu verkaufen. Durch das Vorhandsein einer riesigen industriellen Reservearmee wird jeder Streik ein Wagnis und eine Gefahr. Überdies werden die Mittel der Gewerkschaften durch die Unterstützungen aufgezehrt, die sie ihren vielen arbeitslosen Mitgliedern satzungsgemäß zahlen müssen. Die Mitgliederzahl der Arbeiterorganisationen und ihre Presse geht zurück, dadurch wird ihr Einfluß auf die öffentliche Meinung herabgedrückt. Je mehr die Arbeitslosigkeit zunimmt und je länger sie dauert, um so deutlicher zerfällt die Arbeiterschaft in zwei große Klassen: in die Klasse jener, die noch Arbeit und Auskommen haben, und in die Klasse der Arbeitslosen, die auf kärgliche Unterstützungen angewiesen sind. Da Hunger, Elend und Hoffnungslosigkeit den Menschen in der Regel nicht zum Besseren, sondern zum Schlechteren wenden, greift nicht nur die allgemeine Unzufriedenheit, sondern auch der Haß und der Neid auf die Glücklicheren, die noch Arbeit haben, um sich. Ein Hetzer, der dann einmal vorschlägt, die Lose zu tauschen, den Arbeitslosen die Plätze der noch Beschäftigten einzuräumen, die Beschäftigten aber die Bitterkeit des Arbeitslosen kosten zu lassen, findet Beifall und Lob. Da aber das größte Elend, aus dem die menschliche Vernunft keinen Ausweg mehr findet, jeden Aber- und Wunderglauben nährt, wird der Arbeitslose leicht die Beute der Quacksalber und Wunderdoktoren, die ein Geheimrezept, ein Allheilmittel gegen alle Leiden und Nöte des Volkes zu besitzen behaupten. Die Nationalsozialisten rühmten sich, solche Geheimmittel gegen die Wirtschaftskrise zu haben, sie wollten aber erst nach Ergreifung der Macht mit ihnen herausrücken. Mit dem wachsenden Elend der Weltwirtschaftskrise stieg die Zahl ihrer wundersüchtigen Gläubigen an. Als man im Februar 1929 infolge des ungewöhnlich kalten Winters 2½ Millionen Arbeitslose in Deutschland zählte, wurden die Nationalsozialisten für viele eine Hoffnung, als dann im Juni 1930, mitten im Sommer, die Zahl der Arbeitslosen über 3 Millionen betrug, wurden die Nationalsozialisten eine Macht. Sie schürten aber nicht nur den aufkeimenden Klassenhaß der Arbeitslosen gegen die Beschäftigten, sie organisierten ihn auch. Massenhaft wurden die jungen Arbeitslosen in die nationalsozialistische SA eingestellt und zum Bürgerkrieg gedrillt. Vielfach wohnten und schliefen sie jetzt in eigenen Kasernen und erhielten eine kärgliche Verpflegung und Löhnung, die Hitler aus den Geldern der Großindustrie ihnen zukommen ließ. So sammelte sich ein braunes Heer rauher Kämpfer, die nichts mehr zu verlieren, aber alles zu gewinnen hatten. Das Dritte Reich wurde ihnen ein gelobtes Land, in den verlockendsten Farben ausgemalt, um ihre Beutegier und Eroberungslust anzustacheln.

Der Aufpeitschung aller Haß- und Rachegefühle der unter dem Wirtschaftselend leidenden Volksschichten aber diente ein neuer Propagandafeldzug der Nationalsozialisten und Deutschnationalen, der zur Auswertung der Weltwirtschaftskrise für den politischen Kampf um die Wende des Jahres 1929 begann und drei Jahre lang, bis zur nationalsozialistischen Machtergreifung mit größter Heftigkeit anhielt. Sein Inhalt war, daß die Wirtschaftskrise in Deutschland, vor allem das Riesenheer der Arbeitslosen und die Zerrüttung der öffentlichen Finanzwirtschaft nichts anderes als ein Fluch der politischen Sünden der »System«-Parteien, vor allem der Sozialdemokraten sei. Man leugnete die Mängel der kapitalistischen Wirtschaftsweise und sprach nur von einer Pleite des politischen Systems. Die Sozialdemokratie wurde beschuldigt, aus Deutschland einen organisierten Wohlfahrtsstaat gemacht zu haben, der die Selbstverantwortung erstickt und nur zahllose Nutznießer und Faulenzer großgezogen habe. Die Versuche der Reichsregierung, den öffentlichen Haushalt wieder in Ordnung zu bringen, wurden geschmäht als Verzweiflungsakt eines zum Pumpgenie gewordenen politischen Systems, die Sozialdemokratie wurde gelästert als Helfershelferin des internationalen Großkapitals. Man schrieb von einer Kreditunwürdigkeitserklärung der Reichsregierung, und im bayerischen Landtag warnte der Nationalsozialist Wagner, der spätere bayerische Innenminister, das Ausland, der Deutschen Republik noch Gelder zu leihen, weil das System bankrott geworden sei. Der deutschnationale Finanzverständige Dr. Bang beschuldigte das demokratische System, daß es die ersten fünf Jahre nach 1918 falsches Geld gedruckt und das deutsche Volk enteignet, dann sich durch Verhökerung der Hoheitsrechte des Reiches über Wasser gehalten habe und jetzt sich durch uneinlösbare Wechsel auf die Zukunft vor dem Untergang retten wolle.

Nun bot der unerfreuliche Zustand der Reichsfinanzen den Deutsch-nationalen und Nationalsozialisten allerdings ein günstiges Kampf-feld. Die Schuld daran lag aber nicht erst bei der Reichsregierung Hermann Müller, sondern bei der vorausgehenden Rechtskoalition. Sie hatte bereits einen Gesamtfehlbetrag von rund einer Milliarde Reichsmark hinterlassen. Im letzten Jahr vor der Wahl hatten sich die Regierungsparteien allzu freigebig gezeigt. Nun wirkte sich die Weltwirtschaftskrise in geminderten Einnahmen und erhöhten Aus-gaben für soziale Zwecke, namentlich für die Arbeitslosenversiche-rung aus. Bereits im Steuerjahr 1929 blieben die Einnahmen des Reiches um 75 Millionen Reichsmark hinter dem Voranschlag zurück. Andererseits mußte die Arbeitslosenversicherungsanstalt, die auf einer durchschnittlichen Zahl von nur 1,2 Millionen Arbeitslosen aufgebaut war, Darlehen des Reiches in Anspruch nehmen. In der Frage der Ordnung der Reichsfinanzen in der Krisenzeit kamen die Gegen-sätze zwischen Deutscher Volkspartei und den Sozialdemokraten, zwischen Kapital und Arbeit immer wieder zum Ausbruch und führ-ten schließlich die Sprengung der Koalition herbei. Die Sozialdemo-kraten forderten in Krisenzeiten eine verstärkte Tätigkeit des Staates zugunsten der notleidenden Staatsbürger, äußerstenfalls durch Be-lastung der Zukunft zur Rettung der Gegenwart. Sie verlangten ins-besondere die Erhaltung der Massenkaufkraft, Senkung der Preise, Arbeitsbeschaffung durch die öffentliche Hand, Beschaffung der hier-für notwendigen Mittel auf dem Wege des Kredits durch Vorgriffe in spätere Jahre, Sicherung der sozialen Leistungen, Sparsamkeit in den öffentlichen Ausgaben, ein Notopfer der Besitzenden und Fest-besoldeten, insbesondere Zuschläge zur Einkommen-, Vermögens- und Erbschaftssteuer in den höheren Stufen. Die Wirtschaftsführer der Deutschen Volkspartei aber sahen das Heil in einer Senkung der Unkosten, vor allem durch Abbau der Löhne und Gehälter, Senkung der Soziallasten und Steuern. Schon im Oktober 1929 stellte die Deut-sche Volkspartei den Antrag, die Unterstützungssätze in der Arbeitslo-senversicherung bis auf 13 RM in der Woche zu senken, die Arbeitslosen also, wie ein Zentrumsmann den Kapitalisten entgegenhielt, entweder dem Hungertod preiszugeben oder die Wohlfahrtseinrichtungen der Ge-meinden ungeheuer zu belasten. Die letzten Absichten der Scharf-macher in der Schwerindustrie liefen wohl darauf hinaus, die Ge-legenheit der Weltwirtschaftskrise zu einer Beseitigung der sozialen Einrichtungen der Republik, der verhaßten Errungenschaften der Re-volution zu benützen und die deutsche Arbeiterschaft wieder in die politische und wirtschaftliche Ohnmacht und Knechtschaft der früheren kapitalistischen Zeit zurückzuwerfen. Das war mit der Sozialdemokratie nicht zu erreichen, nur gegen sie. Deshalb unterstützte die Wirtschaft immer mehr eine Partei, die ihr nicht nur den Schutz des Privateigentums, sondern auch die Beseitigung der Gewerkschaften und der Sozialdemokratie und damit der stärksten Verteidiger sozialer Rechte versprach, die Nationalsozialisten. Selbstverständlich wurde die Vorliebe der Industrie für die Nationalsozialisten mit verlogenen nationalen Redensarten erklärt. Aber wie der Meister des Jungdeutschen Ordens, Mahraun, einmal der Öffentlichkeit mitteilte, hatte er im Allerheiligsten der nationalen Einheitsfront nur Geldleute und Vertreter der großen Trusts, Konzerne und Großbanken entdeckt.

So wurde der Kampf um die Sozialpolitik die Klippe, an der nicht nur die große Koalition, sondern zuletzt auch die demokratische Republik zerbrach. Im Reichshaushalt für 1929 sah der sozialdemokratische Reichsfinanzminister Hilferding infolge der erhöhten Ausgaben für Reparationszwecke Erhöhung von Verbrauchssteuern und einen zwanzigprozentigen Zuschlag zur Vermögenssteuer vor. Dabei waren die Forderungen der »Grünen Front« nach Steuererleichterungen und Staatshilfe zur Behebung der Notlage der Landwirtschaft noch nicht berücksichtigt. Die Deutsche Volkspartei aber lehnte Steuererhöhungen rundweg ab. Der Reichsbankpräsident Dr. Schacht verweigerte sogar die Mitwirkung der Reichsbank bei der Beschaffung eines notwendigen Kassenkredits, wenn nicht zur Schaffung eines Tilgungsfonds für den Abbau der schwebenden Schuld 500 Millionen neue Steuern bewilligt würden. Am 14. Dezember sprach die Deutsche Volkspartei in einer Entschließung aus, daß ihr Vertrauen in die Geschäftsführung des Reichsfinanzministeriums aufs schwerste erschüttert sei, und forderte Umgestaltung der Arbeitslosenversicherung durch Herabsetzung der Leistungen. Die Erhöhung der Arbeitslosenversicherungsbeiträge um 1/2 Prozent und die Tabaksteuervorlage sowie die Zollerhöhungen und die Schuldentilgungsvorlage wurden am 21. Dezember 1929 angenommen. Am gleichen Tag traten der Reichsfinanzminister Hilferding und Staatssekretär Popitz infolge der Quertreibereien des Reichsbankpräsidenten und der Deutschen Volkspartei zurück. Wie im Jahr 1923 war Hilferding in den Auseinandersetzungen zwischen der Sozialdemokratie und der Deutschen Volkspartei das erste Opfer geworden. Der Kampf um die Gestaltung des Reichshaushalts ging weiter. Anfangs März 1930 legte Reichspräsident Hindenburg der Deutschen Volkspartei nahe, einem Notopfer der Festbesoldeten zur Beseitigung des noch ungedeckten Fehlbetrags der Arbeitslosenversicherungsanstalt von 100 Millionen RM zuzustimmen. Die Deutsche Volkspartei aber lehnte jede Erhöhung der direkten Steuern ab. Sie sprach sich auch gegen die von ihrem Vertreter in der Reichsregierung mitbeschlossene Erhöhung des Arbeitslosenversicherungsbeitrags um ein weiteres ¹/₂ Prozent auf 4 Prozent aus. Wie ihr Fraktionsführer Dr. Scholz später gestand, hat sie den nun unvermeidlich gewordenen Bruch mit der Sozialdemokratie bewußt herbeigeführt. Das Zentrum und die Demokraten griffen vermittelnd ein und schlugen vor, die Reform der Arbeitslosenversicherung auf den Herbst zu verschieben. Die Sozialdemokratie aber hielt mit geringer Mehrheit an der Regierungsvorlage und damit an der Erhöhung des Arbeitslosenversicherungsbeitrags fest. Den Ausschlag gaben die Gewerkschaftsführer, die im Herbst eine Herabsetzung der Leistungen der Arbeitslosenversicherung befürchteten, wenn dem nicht durch eine rechtzeitige Erhöhung der Beiträge vorgebeugt sei. So trat die Regierung Hermann Müller am 27. März zurück. Bereits am 30. März wurde ein Minderheitsministerium Brüning gebildet, das vom Zentrum, der Deutschen Volkspartei, den Demokraten, der Bayerischen Volkspartei, der Wirtschaftspartei und den Volkskonservativen, allerdings ohne feste Bindung an die Fraktionen, getragen war. Der Reichspräsident hatte die Heranziehung der Deutschnationalen gefordert. Seinem Wunsch war durch die Ernennung der vormals deutschnationalen Abgeordneten Schiele und Treviranus einigermaßen entsprochen.

Die Haltung der Gerwerkschaftsführer in der entscheidenden Sitzung der sozialdemokratischen Reichstagsfraktion ist viel getadelt worden. Sie war tatsächlich der Ausgangspunkt der autoritären Staatsführung und in der Folge der Beseitigung des parlamentarischen Systems. Die Sozialdemokratie stand damals in einem Widerstreit zwischen ihren Pflichten als republikanische Staatspartei und als Kampfpartei der Arbeitnehmer gegen das Kapital. Die Gefahr, die für sie als Anhängerin eines Wirtschaftssystems der Zukunft in der Beteiligung an der Regierung eines von kapitalistisch eingestellten Parteien beherrschten Staatswesens lag, trat hier mit besonderer Deutlichkeit hervor. In der kapitalistischen Wirtschaft ist der besitzlose Arbeitnehmer den Wechselfällen von Aufstieg und Niedergang noch stärker ausgesetzt als der Unternehmer, der einen Rückhalt an seinem Privatvermögen hat. In Krisenzeiten kann deshalb der politische Einfluß von Arbeiterparteien, die an der Staatsmacht nur beteiligt sind, die Verschlechterung der sozialen Leistungen und die Herabsetzung der Löhne nicht verhindern, sondern nur mildern und verzögern. Es ist bezeichnend, daß auch die Minderheitsregierung der englischen Arbeiterpartei an der gleichen Klippe wie die deutsche Regierung Hermann Müller gescheitert ist. Gewiß war die Hinaufsetzung der Beiträge schon im Frühjahr sachlich geboten. Allein die deutsche Sozialdemokratie hat durch den Zwang der politischen Verhältnisse später ganz erhebliche Verschlechterungen der Sozialpolitik durch die Regierung Brüning gedeckt. Im Frühjahr 1930 handelte es sich aber noch nicht einmal um Zustimmung oder Deckung von sozialen Verschlechterungen, sondern um Hinausschiebung der entscheidenden Auseinandersetzungen auf den Herbst. Durch die Haltung der Gewerkschaftsführer ist die politische Krise, insbesondere der Untergang des parlamentarischen Systems ohne zwingende Not beschleunigt worden. Der Sozialdemokratischen Partei hat jedenfalls der Übergang in die Opposition, wie der Ausgang der Herbstwahlen 1930 bewies, keinen Vorteil mehr gebracht. Auch wenn man annimmt, daß die Wirtschaftsführer der Deutschen Volkspartei den Bruch früher oder später unvermeidlich gemacht hätten, war es staatspolitisch nicht klug, die politische Macht in einem Zeitpunkt aus der Hand zu geben, in dem man ihrer mehr als jemals bedurfte.

Freilich war auch die Freude des Zentrums an dem Bündnis mit der Sozialdemokratie nicht mehr groß. Das Zentrum hatte 1918/19 den Weg zur Republik nicht aus Neigung, sondern aus Gründen der politischen Vernunft mitgemacht. In Preußen trieb es außerdem noch eine politische Gegenstimmung gegen das altpreußische System der Kaiserzeit an die Seite der Sozialdemokratie. Dort war es nach Bismarcks Beispiel noch lange als »Reichsfeind« oder doch stiefmütterlich behandelt worden. Die höheren Ämter der Staatsverwaltung waren Katholiken gewöhnlich verschlossen geblieben. Mit Hilfe der Sozialdemokratie hatte es sich nun Gleichberechtigung verschafft und in der Personalpolitik die Zurücksetzungen der früheren Jahrzehnte wettgemacht. Die Sozialdemokraten hatten sogar an einem Konkordat des preußischen Staates mit dem Päpstlichen Stuhl mitgewirkt. Nie waren die Freiheiten der katholischen Kirche so groß gewesen wie unter der Weimarer Republik. Was das Zentrum von der Sozialdemokratie billig erwarten durfte, hatte es erhalten. Nun besann es sich auf den konservativen Grundzug seines Wesens. Manche Erscheinungen in der Sozialdemokratie, wie die Kinderfreundebewegung, der Einfluß der Freidenker, die vom Liberalismus stammende Haltung der Sozialdemokratie in der gesamten Kulturpolitik, besonders in der Schulpolitik, erfüllte es mit Beunruhigung. In der Innenpolitik war es mit dem beschleunigten Zeitmaß der Republikanisierung und

Demokratisierung aller Einrichtungen, wie es den Sozialdemokraten vorschwebte, nicht einverstanden. Es wollte mehr die Kräfte konservativen und christlichen Denkens, die vielfach bei der politischen Reaktion standen, für den Staat gewinnen. Das setzte die Zurückdrängung des politischen Einflusses der Sozialdemokratie voraus. In der Außenpolitik war das Zentrum mit Stresemann nicht mehr zufrieden. Angesichts des Ansteigens der nationalen Flut hätte es von ihm kräftigere nationale Töne erwartet. Dem Bruch mit ihm wurde es durch den plötzlichen Tod des Außenministers im Herbst 1929 enthoben. Seinem Nachfolger, dem Deutschen Volksparteiler Dr. Curtius, brachte es nicht viel Vertrauen entgegen. Bei der Abstimmung über den Youngplan hatte der Fraktionsführer des Zentrums in einer vielbeachteten Erklärung festgestellt, daß eine Sicherheit für Durchführbarkeit des Vertrags nicht übernommen werden könne, und noch deutlicher hatte der Redner des Zentrums, Dr. Brüning, hervorgehoben, daß der Vertrag nicht freiwillig, sondern nur unter dem Druck der ehemaligen Kriegsgegner Deutschlands angenommen werde. Das Zentrum war bedenklich geworden. Seine alten republikanischen Führer Gröber, Erzberger waren tot oder wie Wirth in den Hintergrund gedrängt. Die neuen Führer, Dr. Kaas und Dr. Brüning, hielten eine Rechtsschwenkung ihrer Partei für geboten. Der Prälat Dr. Kaas war ein kluger Wegbereiter und Vollstrecker der Politik des Vatikans. Dr. Brüning ging vom Staat her an die politischen Fragen heran. Die Lockerung des Staatsgefüges durch den parlamentarischen Zank der Parteien mußte dem Bewunderer der strengen hierarchischen Ordnung der katholischen Kirche widerstreben. Für eine Stärkung des Staatswillens gegenüber den Parteien schien es ihm höchste Zeit. Dazu konnte unter Dehnung der Verfassungsbestimmungen die Autorität des Reichspräsidenten gebraucht werden. Diese Einstellung zog ihn an die Seite der Partei, die für Autorität im Staatsleben eintrat. Das waren die Deutschnationalen. So wurde er sich mit Dr. Kaas einig, eine durchgreifende Reichs- und Finanzreform zusammen mit der Rechten durchzuführen. Die Macht des Reichspräsidenten und der Reichsregierung sollte auf Kosten des Reichstags gestärkt, Löhne und Gehälter sowie die Arbeitslosenbezüge sollten gesenkt werden. Die Landwirtschaft wollte man mit Hunderten von Millionen stützen. Bei den Deutschnationalen aber bildete die sture alldeutsche Einstellung Hugenbergs ein unüberwindliches Hindernis. Es gelang nicht, die stärkere Richtung Hugenbergs für die geplante konservative Staatsführung zu gewinnen, sondern nur einen kleinen Teil von ihr abzuspalten. Darin lag der schwere

Rechenfehler der Brüningpolitik, die entscheidende Ursache für ihren schließlichen Mißerfolg. Vorerst gelang es ihm noch, den Landbund gegen Hugenberg auszuspielen und so die Deutschnationalen zu binden.

Das Zentrum hat die Rechtsschwenkung vom Frühjahr 1930 schließlich mit seinem Untergang bezahlt. Die Urheber jener entscheidenden Abkehr von der Zentrumspolitik seit 1918 können sich nicht auf eine Zwangslage berufen. Sie haben freiwillig die Fahne der demokratischen Republik verlassen, obwohl es ihnen klar sein mußte, daß der Bestand der deutschen parlamentarischen Demokratie auf dem Bündnis oder doch dem politischen Einverständnis zwischen Zentrum und Sozialdemokratie beruhte. Bis dahin hatte sich das Zentrum auch in den Koalitionen mit den Deutschnationalen immer grundsätzlich zu dem Werk von Weimar bekannt. Erst jetzt begann man es Stück um Stück zu verleugnen. Mit der Sozialdemokratie hat Brüning auch die Lebensinteressen der christlichen Arbeiterschaft über Bord geworfen, aus deren Reihen er selbst hervorgegangen war. Die Parteiführer des Zentrums mögen von dem Bestreben geleitet gewesen sein, sich der sichtlich wachsenden reaktionären und nationalistischen Strömung im deutschen Volk rechtzeitig anzupassen und so ihrer Partei auch unter veränderten politischen Verhältnissen die herkömmliche Schlüsselstellung zu sichern. Für einen Kurswechsel war es in dem gefährlichen Malstrom der Weltwirtschaftskrise bereits zu spät. Hier konnte es nur noch einen letzten Versuch zur Rettung gemeinsam mit allen demokratischen Kräften des Volkes geben. Das Zentrum aber dachte an sich selbst zuerst und sprang aus dem schon leck gewordenen Schiff. Indes schützt das Schwimmen mit dem Strom nicht immer vor dem Versinken. Grundsatzlosigkeit rächt sich auch in der Politik. Diese bittere Lehre ist dem politischen Katholizismus, der sich zuletzt durch würdelose Anbiederung an den Nationalsozialismus, von dem sich das Zentrum im Sommer 1932 seine Eigenschaft als nationale Partei bestätigen ließ, zu erhalten suchte, nicht erspart geblieben.

Die Erfüllung der Forderungen der Landwirtschaft wurden dem Kabinett Brüning vom Reichspräsidenten als vordringlichste Aufgabe gestellt. Der Reichskanzler kündigte deshalb in seiner Regierungserklärung vom 1. April ein umfassendes und auch vor außergewöhnlichen Mitteln nicht zurückschreckendes Hilfsprogramm für die Landwirtschaft an. Der Landbund beschloß nun, von allen Vertretern des Landvolkes die Unterstützung der Regierung Brüning zu verlangen. Das zwang aufs erste auch Hugenberg zur Nachgiebigkeit. Er konnte sich nicht gut gegen eine Regierung wenden, die der Landwirtschaft nicht nur neue Zollerhöhungen, sondern auch Staatshilfen im Gesamtausmaß von über einer Milliarde RM verschaffte. So ließ er sich, wie die Kommunisten höhnten, mit Speckzoll fangen. In einer Rede, die auch von seinen engsten Freunden als peinlich empfungen wurde, suchte er seinen Umfall auf die Regierungsseite zu begründen, wurde aber nicht ernst genommen. Die Mißtrauensanträge der Sozialdemokraten und Kommunisten wurden so mit Hilfe der Deutschnationalen abgelehnt. Hitler machte seinen deutschnationalen Bundesgenossen die schwersten Vorwürfe und trat aus dem Reichsausschuß aus. Das veranlaßte den Führer der Deutschnationalen, schon nach wenigen Tagen wieder auf die andere Seite zu fallen. Bei der Abstimmung über das Agrar- und Finanzprogramm am 12. April 1930 befahl er seiner Fraktion, gegen die Regierungsvorlagen zu stimmen. Aber 36 deutschnationale Abgeordnete versagten ihm den Gehorsam und verhalfen so der Regierung mit einer geringen Mehrheit von sechs Stimmen zum Sieg. Nun sprach der deutschnationale Parteivorstand Ende April den widerspenstigen Abgeordneten seinen Tadel aus. Darauf richteten 28 Mitglieder der deutschnationalen Reichstagsfraktion, darunter Graf Westarp, an Hugenberg ein Schreiben, daß sie sich die Freiheit des Handelns vorbehielten. Aber schon nach wenigen Monaten bekam Hugenberg abermals Gelegenheit, seine Kunst in der Zertrümmerung seiner Partei zu beweisen. Ende Mai wurde im Reichshaushalt infolge der Auswirkungen der Wirtschaftskrise ein neuer Fehlbetrag von 700 Millionen RM sichtbar. Darauf beschloß die Regierung im Juli zur Bekämpfung der Arbeitslosigkeit und zur Deckung des Fehlbetrags ein umfassendes Programm mit einem Gesamtaufwand von 2 Milliarden RM. Zur Beschaffung dieses ungeheuren Bedarfs war insbesondere eine Erhöhung der Arbeitslosenversicherungsbeiträge von 3^{1}/$_{2}$ auf 4^{1}/$_{2}$ Prozent und eine Reichshilfe der Festbesoldeten vorgesehen. Die Reichstagsfraktion der Deutschen Volkspartei lehnte das Programm ab und zwang ihr Mitglied, den Finanzminister Dr. Moldenhauer, zum Rücktritt. Sie verlangte an Stelle neuer Steuern ein Gesetz zur Beseitigung der langfristigen Tarifverträge, um so einen allgemeinen Abbau der Löhne und Gehälter herbeizuführen. Zum Finanzminister wurde der Demokrat Dr. Dietrich ernannt.

Bei den Verhandlungen mit den Parteivertretern gelang es Brüning schließlich, die Zustimmung der Deutschen Volkspartei durch die von ihr längst geforderte Bürgersteuer für die Gemeinden zu erkaufen. Dagegen war es ihm nicht gelungen, eine Mehrheit zu gewinnen. Die Sozialdemokraten verlangten einen zehnprozentigen Zuschlag zur Einkommensteuer, stärkere Besteuerung der Tantiemengewinne und die Streichung der Bürgersteuer als Voraussetzung für den Eintritt in weitere Verhandlungen. Sie bekamen überhaupt keine Antwort mehr. Die Deutschnationalen forderten für die Unterstützung der Regierung ihre Umbildung in ein Rechtskabinett, eine klare »antimarxistische deutsche Freiheits- und Friedenspolitik«, Rechtsregierung in Preußen, Verschiebung der Abstimmung über die Deckungsvorlagen auf den Herbst, um Zeit für die Umbildung der Regierung zu gewinnen. Brüning ließ aber die Deutschnationalen wissen, daß eine sofortige Entscheidung zweckmäßig sei. Er glaubte den Sieg erzwingen, Macht durch Draufgängertum ersetzen zu können. Schon in seiner Regierungserklärung hatte er dem Reichstag mit dem Art. 48 RV. gedroht und wollte nun den Reichstag durch den Reichspräsidenten binden. Er hoffte auf die Zustimmung weiter Kreise im Volk, wenn er der zerfahrenen und unfähigen Parlamentsmißwirtschaft gegenüber einmal den Herrn und Meister hervorkehrte und sich auf Taten besann. Die Erbitterung der Wähler gegen das Parlament sollte den Regierungsparteien einen überwältigenden Sieg verschaffen. Als am 15. Juli 1930 das Deckungsprogramm mit den Stimmen des größten Teils der Deutschnationalen vom Reichstag abgelehnt wurde, setzte er es mit Hilfe des Art. 48 RV. in Kraft. Darauf beschloß der Reichstag am 18. Juli 1930 mit 236 gegen 221 Stimmen die Aufhebung der Notverordnungen. Jetzt löste der Reichspräsident den Reichstag auf und erließ die abgelehnten Verordnungen in etwas geänderter Form. Das war zum erstenmal seit dem Bestehen der Republik der offene Kampf zwischen Volksvertretung und Staatsoberhaupt. Vergebens hatte der Reichspräsident am 17. Juli den Deutschnationalen wegen seiner Bedenken gegen eine Auflösung des Reichstags mit dem Rücktritt gedroht.

Bei den bürgerlichen Parteien riß nach der Reichstagsauflösung Verwirrung und Panikstimmung ein. Aus der Deutschnationalen Partei traten 18 Abgeordnete mit Graf Westarp aus. Die Parteien der Mitte ängstigten sich vor der Wahl wie vor einem Gewitter und suchten ein gemeinsames schützendes Dach zu erreichen. Allein die Vereinigung der Deutschen Volkspartei mit den Demokraten mißlang, weil die Deutsche Volkspartei die verlangte Erklärung ablehnte, daß sie auf keinen Fall mit den Nationalsozialisten zusammengehen werde. Darauf schlossen sich die Demokraten mit dem Jungdeutschen Orden und der Volksnationalen Vereinigung zur »Staatspartei« zusammen. Bereits im Januar 1930 war der alte Demokrat von Payer wegen des Rechtskurses seiner württembergischen Partei-freunde aus ihr ausgetreten. Andere Demokraten, wie der tüchtige Erkelenz und Ludwig Bergstrasser gingen zur Sozialdemokratie. Die bürgerliche Mitte ging in Unordnung und ohne Vertrauen in die Wahlschlacht. Das Zentrum aber drohte der Sozialdemokratie mit der Sprengung der Preußenkoalition, wenn die Angriffe auf Brüning nicht aufhörten. Der »Vorwärts« konnte am 9. September 1930 auf eine Äußerung des Jesuitenpaters Muckermann hinweisen, daß es nach den Wahlen entweder ein arbeitsfähiges Parlament oder das letzte Parlament der Weimarer Zeit geben werde. Das war bereits das Spiel mit dem Staatsstreichgedanken, wie es in deutschnationalen Köpfen längst gang und gäbe war.

In der Tat waren die politischen und staatsrechtlichen Zustände durch die Einwirkungen der Wirtschaftskrise unerfreulich und unsicher geworden. Das System von Weimar schien ernstlich erschüttert. Die Reichsregierung, die nach dem Sinn und Zweck der Verfassung nur eine Treuhänderin der Volksvertretung sein sollte, hatte sich mit dem anderen im Volke wurzelnden höchsten Staatsorgan, dem Reichs-präsidenten, gegen die Volksvertretung verbündet. Der Art. 48 der RV., der nur ein Polizeiknüppel zur Wiederherstellung gestörter äußerer Ruhe und Ordnung sein sollte, wurde zum Herrscherstab der Regierungsgewalt. Dieses neue Regierungssystem war vielleicht noch keine deutsche Abart des Faschismus, wie es gescholten wurde, aber es war nur möglich durch eine gewaltsame Streckung der Ver-fassung, die schließlich zu ihrem offenen Bruch führen mußte. Die Volksvertretung war zur Magd und Dienerin der Regierung herab-gewürdigt. Sie mußte sich in ihre klägliche Rolle schicken, denn sie besaß keine handfeste Macht. Die gesamte Staatsmacht stand dem Reichspräsidenten zur Verfügung. Die Reichswehr war ihm ohnehin unterstellt, die Vollzugsgewalt im ganzen Reich konnte er nach Art. 48 durch einen Federstrich in die Hand bekommen. Noch bürgten die Persönlichkeiten des Kanzlers Brüning und des Reichswehrministers Groener dafür, daß der Verfassung nicht allzu offen und allzu viel Gewalt angetan wurde. Aber sie war geritzt, und ihren ersten Schnitt konnten weniger bedenkliche Nachfolger zur tödlichen Wunde erwei-tern.

Die Regelung des Verhältnisses zwischen Reich und Ländern in der Weimarer Verfassung wurde in zunehmendem Maße als un-zulänglich und nicht länger erträglich empfunden. Die Deutschnatio-nalen forderten immer stärker im Sinne der Bismarckschen Lösung die Ernennung des Reichspräsidenten zum preußischen Staatspräsidenten, die Vereinigung der Ämter des Reichskanzlers und des preußischen Ministerpräsidenten und die Umgestaltung des Reichsrats zum alten Bundesrat. Der Bund zur Erneuerung des Reiches unter Führung des früheren Reichskanzlers Luther strebte die Umwandlung Preußens in ein Reichsland an. Mehrere Länderkonferenzen fanden statt, auf denen die Anschauungen Preußens und Bayerns meist einander gegenüberstanden. Am 22. Juni 1930 beschloß der Verfassungsausschuß der Länderkonferenz, zwischen dem Reich und den Unterbehörden in Gestalt von neuzugliedernden Ländern leistungsfähige Verwaltungskörper zu schaffen. Bayern, Sachsen, Württemberg und Baden sollten von dieser Neuerung nicht berührt werden. Alle diese Erörterungen gingen auf eine Beseitigung der starken Stellung Preußens hinaus und dienten so den Bestrebungen der Deutschnationalen, das »marxistische« Bollwerk Preußen aus politischen Gründen in Trümmer zu legen. So wurde für die kommende Entwicklung wichtige Vorarbeit geleistet.

Aber auch der Reichspräsident, der noch vor wenigen Jahren feierlich verkündet hatte, nichts liege ihm ferner, als die durch die Verfassung bestimmten nationalen Farben zu beseitigen, der mit Hermann Müller und dem preußischen Ministerpräsidenten Braun in angenehmen Beziehungen gestanden hatte, begann gegen links schwieriger zu werden. Seine Umgebung, die von der Rechten gewonnen war, wagte sich stärker hervor. So wurde jetzt der Reichspräsident unter deutschnationalem Einfluß gegen die preußische Marxistenregierung scharfgemacht und ausgespielt. Das zeigte sich erstmals mit überraschender Deutlichkeit und Schroffheit im Stahlhelmkonflikt.

Der »Stahlhelm« hatte in seiner Haßbotschaft von Fürstenwalde dem demokratischen »System« den schärfsten Kampf angesagt. Das Bekenntnis lautete: »Wir hassen mit ganzer Seele den augenblicklichen Staatsaufbau, seine Form und seinen Inhalt, sein Werden und sein Wesen ... Indem wir offene und rücksichtslose Gegner des heutigen Systems sind, bekämpfen wir jene Gruppen, die einen Kompromiß mit dem System machen. Kampf dem System, das den Staat von heute regiert.« Das zielte auf die Deutsche Volkspartei, und die zögerte auch nicht, für ihre Abgeordneten die Mitgliedschaft beim »Stahlhelm« zu verbieten. Der »Stahlhelm« kündigte auch ein Volksbegehren auf Verfassungsänderung an, reichte es aber nicht ein. Dagegen beteiligte er sich im »Reichsausschuß« an Hugenbergs und Hitlers Seite hervorragend am Kampf gegen den Youngplan. Am 8. Oktober 1929 verbot der preußische Innenminister den »Stahlhelm«, »Jungstahlhelm« und »Scharnhorstbund« für Rheinland-Westfalen, weil dort von den genannten Organisationen militärische Übungen abgehalten worden seien. Das berührte unmittelbar auch den Reichspräsidenten, der Ehrenmitglied des »Stahlhelms« war. Als er nun an den Befreiungsfeiern im besetzten Gebiet teilnehmen sollte, lehnte er das plötzlich in einem groben Brief an den preußischen Ministerpräsidenten mit dem Stahlhelmverbot ab, das unberechtigt und dem Sinn des Gesetzes zuwiderlaufend und als ungleichmäßige Behandlung eines Volksteiles für ihn unerträglich sei. Der Brief erschien in der Presse und wurde von den Deutschnationalen mit größter Schadenfreude ausgewertet. Die preußische Regierung trat nun den Rückzug an und hob das Verbot nach einer Zusage der Stahlhelmleitung, daß keine Ausbildung im Waffenhandwerk mehr erfolge, widerstrebend auf. Hindenburg nahm dann seine Absage zurück.

Staatspolitisch nicht minder bedenklich waren die Versuche der Rechten, die Gegensätze zwischen der stärksten republikanischen Partei, der Sozialdemokratie, und der Reichswehr zu erhalten und zu verschärfen. Die Sozialdemokratie mußte sich auch unter Groener darüber beschweren, daß ihre Anhänger beim Heeresersatz grundsätzlich ausgeschaltet wurden. Ein illegales Feldjägerkorps, das mit der Reichswehr zusammenarbeitete, wurde erst im Dezember 1928 aufgelöst. Immer noch bestanden für die Ausbildung von Mitgliedern der Verbände für den Heeresdienst besondere Kreiskommandos, die mit eigenen Kreisoffizieren arbeiteten. Die Kosten wurden unter Mithilfe von Landwirtschaft und Industrie aus einem geheimen Fonds gedeckt. Als der sozialdemokratische Abgeordnete Künstler sich einmal nach einem Vertrag erkundigte, der über den Erwerb von Zündhütchen zwischen dem Reichswehrministerium und einer Privatfirma abgeschlossen sei, bezeichnete der Reichswehrminister solche Anfragen als Gipfel der Verantwortungslosigkeit und ordnete an, daß irgendwelche Anfragen des Abgeordneten Künstler überhaupt nicht mehr zu beantworten seien. Die Ablehnung der Mittel für den Panzerkreuzer A durch die Sozialdemokratie machte die Gegensätze nicht milder. Sie gab dazu eine hervorragende Gelegenheit. Die Gegensätze wurden noch verschärft durch die sich daran knüpfenden Erörterungen der Wehrfrage innerhalb der Sozialdemokratischen Partei. Eine Minderheit hatte unter Führung von Dr. Levi und Dr. Rosenfeld eine Broschüre zum Wehrproblem herausgegeben, in der sich folgende Sätze finden: »Solange die klassenlose Gesellschaft nicht erkämpft ist, gibt es kein Vaterland aller Volksgenossen, gibt es nur das Vaterland der Reichen, das die Armen mit Gut und Blut verteidigen sollen. Die deutsche Sozialdemokratie kämpft nicht für die

Selbstbestimmung des deutschen Volkes, sondern für die Befreiung des Proletariats. Die deutschen Proletarier haben die Verpflichtung, der Kapitalistenklasse das Instrument der Kriegsführung durch Geldverweigerung und sonstige geeignete politische Mittel zu nehmen. Der Vorwurf des Landesverrats ist nichts gegenüber einer Partei, die keine Pflichten gegenüber Land und Nation, die Pflichten lediglich gegenüber der Klasse des Proletariats hat.« Solche Äußerungen wurden von den Deutschnationalen mit Wonne benutzt, der ganzen Sozialdemokratischen Partei Wehrfeindlichkeit und Vaterlandsverrat vorzuwerfen und sie dadurch in den Augen der Reichswehrgenerale regierungsunfähig zu machen. Da Groener gegenüber der Linken im ganzen eine entgegenkommendere Haltung als sein Vorgänger einnahm, wurde er von den deutschnationalen Quertreibern als Liebling der Landesverräter angeschwärzt. Deutschnationale und Nationalsozialisten versäumten es auch nicht, die Rolle Groeners im November 1918, der damals dem Kaiser die Wahrheit gesagt hatte, daß die Truppen nicht mehr hinter ihm standen, der Öffentlichkeit immer wieder in Erinnerung zu bringen und ihn als einen Mitschuldigen an der Revolution zu bezeichnen. Wie sich herausstellte, war diese Hetze bei einem Teil der jungen Reichswehroffiziere nicht unbeachtet und nicht erfolglos geblieben.

Die Nationalsozialisten bemühten sich eben wieder lebhaft darum, die etwas verlorene Fühlung zur Reichswehr zurückzugewinnen. Die gesellschaftlichen Beziehungen zwischen den nationalsozialistischen Offizieren und ihren alten Kameraden in der Reichswehr waren überhaupt nie abgerissen. Durch Einladungen zu gesellschaftlichen und Partei-Veranstaltungen und durch eine betonte Wehrfreundlichkeit in der nationalsozialistischen Presse suchte man die Verbindung wieder enger zu knüpfen. Vorsichtig wurde allmählich angedeutet, daß Groener in der Reichswehr eine Kursänderung vornehmen, vielleicht einen ausgesprochenen Linkskurs einleiten würde. Derlei Ausstreuungen hatten bei einem Teil der jüngeren Reichswehroffiziere den von den Nationalsozialisten gewünschten Erfolg. Einige von ihnen knüpften insgeheim Beziehungen mit der nationalsozialistischen Parteileitung in München an. Sie wurden im Braunen Haus dort von ehemaligen Offizieren auch empfangen und mit Weisungen für die Bildung nationalsozialistischer Zellen innerhalb der Wehrmacht versehen. Man redete ihnen auch zu, innerhalb der Reichswehr die Meinung zu verbreiten, daß im Falle eines nationalsozialistischen Putsches gegen die Staatsgewalt von der Reichswehr auf Nationalsozialisten nicht geschossen werden dürfe. Der Reichswehr sollte ferner die Überzeugung beigebracht werden, daß der gegenwärtige unerfreuliche Zustand in der Reichspolitik nur durch einen gewaltsamen Umsturz der Nationalsozialisten gebessert werden könnte. Das war die Wiederaufnahme der Reichswehrpolitik, die Ludendorff und Hitler vor dem Putsch von 1923 betrieben hatten. Nur wollte sich jetzt die Nationalsozialistische Partei, um die Neutralität der Reichswehr bei einem neuen Putsch zu erreichen, nicht auf Wunder und Kriegsruhm eines Generals, sondern auf nationalsozialistische Zellen in der Reichswehr verlassen. Die ihnen nahestehende Zeitung »Das Landvolk« in Itzehoe hatte kurz nach dem Fall des alten Republikschutzgesetzes geschrieben: Der Schwur der Reichswehr auf die Verfassung sei nur ein unter gewissen Förmlichkeiten mit einer politischen Firma abgeschlossener Geschäftsvertrag, der außerdem mehrfach nicht eingehalten worden sei. Die Reichswehr solle doch den ganzen Satansspuk der Republik zum Teufel jagen!

Das Reichswehrministerium erhielt Kenntnis von den gefährlichen Zersetzungsversuchen und griff scharf ein. Die jungen Nazioffiziere Scheringer, Ludin und Wendt, die von Kameraden gemeldet worden waren, wurden in Ulm in Haft genommen und wegen Hochverrats angeklagt. Der Reichswehrminister sicherte in einem Erlaß an das Heer vom 6. März 1930 für erfolgreiche Abwehr radikaler Zersetzungsangriffe gegen die Wehrmacht Anerkennung und Belohnung zu. Um die gleiche Zeit aber fanden in Reichswehrgarnisonen Vorträge von Stabsoffizieren des Reichswehrministeriums statt, in denen auseinandergesetzt wurde, daß, wenn keine feste Regierung zustande komme, mit Art. 48 RV. regiert werden müsse.

Die Erhaltung der Verfassungstreue und Schlagkraft der Reichswehr erschien um so wichtiger, als angesichts der innenpolitischen Lage mit der Möglichkeit ihres Einsatzes gerechnet werden mußte. Die Ausschreitungen verfassungsfeindlicher Organisationen, besonders der Nationalsozialisten, hatten bedenklich überhand genommen. Eine maßlose Pressehetze bereitete die Stimmung für gewaltsame Auseinandersetzungen vor. Fast kein Tag verging, an dem nicht die Menge gegen Staatsform und Regierungen aufgepeitscht wurde. Die Pressefreiheit war vielfach zur Pressefrechheit geworden. Selbst die deutsche Arbeitgeberzeitung hatte bei der Besprechung eines Buches über Severings Tätigkeit beim Kapp-Putsch die aufreizende Frage gestellt, warum man den Minister damals nicht aufgeknüpft habe. In größeren Versammlungen, bei Aufmärschen und Umzügen floß regelmäßig Blut. Vielfach wurde der einschreitenden Polizei Widerstand geleistet. Bei solchen Anlässen wurden in Preußen im Jahre 1929 14 Polizeibeamte getötet, mehr als 300 verletzt. Als Ruhestörer traten immer mehr die Nationalsozialisten hervor. In Frankfurt stachen sie Reichsbannerleute nieder, in Röntgental bei Berlin verübten sie auf ein Reichsbannerlokal einen Feuerüberfall, dem ein Toter und mehrere Schwerverletzte zum Opfer fielen. Gelegentlich des nationalsozialistischen Parteitags in Nürnberg im August 1929 stürmten die Nationalsozialisten das Gewerkschaftshaus, mißhandelten den Wirt, zertrümmerten die ganze Einrichtung, überfielen politische Gegner auf der Straße, warfen Brandfackeln in Straßenbahnwagen und schlugen mit den Feuerbränden auf Frauen und Kinder los. Bei den Befreiungsfeiern wurden zahlreiche Reichsbannerleute von Stahlhelmern verletzt. Vielfach aber wagten es die Richter nicht mehr, gegen Nationalsozialisten die gebührenden Strafen zu verhängen, weil sie sich in den nationalsozialistischen Zeitungen »nicht durch den Kakao ziehen« lassen wollten. In seinem »Angriff« aber schmetterte Dr. Goebbels: »Pflanzt die Fahne des Aufruhrs und des Widerstandes auf, die Straße frei!«

In Schleswig-Holstein, Oldenburg, Hannover und Ostpreußen brach als Folge der wirtschaftlichen Not und der politischen Verhetzung der Bauernaufruhr los. An vielen Orten rotteten sich die Bauern unter der schwarzen Fahne, die an eine Sense genagelt war, gegen Finanzbeamte und Finanzämter zusammen, um Pfändungen wegen rückständiger Steuern zu vereiteln. Große Plakate wurden den Zügen vorangetragen: »Wehe den Städtern, wenn der Bauer marschiert.« Als Abwehrmaßnahme gegen Pfändungen wurde über ganze Städte der Einkaufsboykott von den Bauern verhängt. Schlag auf Schlag wurden zahlreiche Bombenattentate gegen Finanzämter und andere öffentliche Gebäude, sogar gegen den Reichstag, verübt. Die Täter blieben zuerst unbekannt und konnten erst viel später als Mitglieder der Landvolkbewegung ausfindig gemacht werden, die bereits dem Faschismus verfallen war. Unter solchen Vorzeichen trat das deutsche Volk zur Reichswahl vom 14. September 1930 an.

Der Septembersieg der Nationalsozialisten

Ein bedeutender Wahlerfolg der Nationalsozialisten wurde im Sommer 1930 allgemein erwartet. Schon die Gemeindewahlen in Preußen und Bayern gegen Ende des Jahres 1929 hatten eine beträchtliche Zunahme der nationalsozialistischen Stimmen gezeigt. Selbst in Berlin hatte die Partei ihre Stimmen verdoppeln können. Die aufrührerische Sprache der 12 Nationalsozialisten im Reichstag hatte Aufsehen erregt und bei vielen Mißvergnügten lebhafte Zustimmung gefunden. Einige ihrer Anträge, wie der auf Beschlagnahme des Vermögens der Börsenfürsten oder auf Bestrafung des Geschlechtsverkehrs zwischen Juden und Ariern mit Zuchthaus, hatten den Reiz der Neuheit für sich. Die Parlamentsberichte wurden für die große Menge wieder lesenswert. Da durfte im Reichstag der Staat von Weimar als System der Ehrlosigkeit geschmäht werden, in dem der Landesverrat Ehrenpflicht sei.

Die regierungsfeindlichen Zeitungen und ihre Leser waren begeistert über die Frechheiten der nationalsozialistischen Volksvertreter und nicht minder schadenfroh über die Hilflosigkeit der würdigen Hüter des parlamentarischen Systems. In weiten Kreisen des deutschen Volkes aber legte man die Duldsamkeit gegenüber den nationalsozialistischen Ausschreitungen bald nicht mehr als Schwäche, sondern als Schuldbewußtsein aus. Durch die ständige ungestrafte Wiederholung nahmen die verlogensten Behauptungen die Gestalt von Wahrheiten an. Die schwache Abwehr der unerhörten Vorwürfe erregten mit der Zeit auch bei nicht voreingenommenen Staatsbürgern Verdacht. Die neue Weise der Nationalsozialisten im Reichstag gab auch das Vorbild für ihre Versammlungsredner und Zeitungen ab. Selbst Hitler nannte den Reichstag einen Haufen von Zuhältern der Hochfinanz und des Großschiebertums, zu dem die Bürgerlichen ebenso wie die Kommunisten gehörten. Auch Hindenburg wurde in der nationalsozialistischen Presse nicht geschont. So schrieb sie im Frühjahr 1930: »Das hilflose Gestammel des Reichspräsidenten läßt uns kalt. Wir sehen den Tag kommen, an dem der Fluch eines ganzen Volkes über das Grab eines alten Mannes hinweghallt.« Nicht einmal den Toten ersparte man Schimpf und Hohn. Der Tod des sozialdemokratischen Reichstagsabgeordneten Dr. Levi wurde im nationalsozialisten »Stürmer« mit folgenden Worten gemeldet: »Der Fememordjude ist tot. Es war morgens um 5 Uhr, da machte Paul Levi, der an Grippe litt, einen Sprung aus seinem Fenster. Das

hielt seine Wirbelsäule nicht aus, sie brach auseinander, und das veranlaßte ihn, seinen Talmudgeist aufzugeben. Über die Ursache seines Todes ist man verschiedener Meinung. Die einen sagen, Paul
Levi hätte den eigenen Rassegeruch nicht mehr ertragen können, er
sei zum Fenster gestürzt, um frische Luft zu schöpfen, und dabei
sei er hinausgeflogen . . . Wir bedauern, daß der kommende
nationalsozialistische Staatsgerichtshof sich nicht mehr mit ihm befassen kann. Paul Levi wäre zweifellos an einen der höchsten Galgen
gehängt worden.« Ähnlich schrieb die nationalsozialistische Presse
zum Tod des Reichsaußenministers Stresemann: »Ein Aufatmen geht
durch das national denkende Deutschland, daß Stresemann nicht mehr
ist, daß Gott persönlich Erbarmen zeigte, ihn aus seiner fluchwür-
digen Tätigkeit jäh herauszureißen. Wir als Nationalsozialisten haben nur bedauert, daß es uns nicht mehr vergönnt war, den Volks-
verschacherer vor die Schranken des Staatsgerichtshofs zu schleppen,
um ihm die verdiente Lektion zu erteilen.«

Diese Leichenschändung schloß die Nationalsozialisten in Deutschland nicht aus der Gemeinschaft aller anständigen Menschen aus. Stresemann war der verdienteste Mann der Deutschen Volkspartei. Aber
in Thüringen überlieferten seine Anhänger im Frühjahr 1930 dem
von Hitler beauftragten Dr. Frick das Innen- und das Volksbildungs-
ministerium. Die Nationalsozialisten zählten im thüringischen Landtag unter 53 Abgeordneten nur sechs. Gleichwohl gab Dr. Frick den
Bürgerlichen den kräftigen Vorgeschmack einer nationalsozialistischen
Diktatur. Rücksichtslos und folgerichtig trieb er von allem Anfang
an einseitige nationalsozialistische Parteipolitik. In der ersten Ansprache vor seinen Beamten erklärte er, er beabsichtige nicht, den
verräterischen Geist der Jahre 1918/19, sondern den klassischen
Geist von Weimar zu pflegen. Darunter verstand er insbesondere
die Besetzung aller wichtigen Stellen mit Gefolgsleuten seiner Partei. Zwar gelang es ihm nicht, dem Privatdozenten Dr. Ruge eine
Professur zu verschaffen, der wegen Anstiftung zur Ermordung seines
Sekretärs Baur mit einem Jahr Gefängnis bestraft worden war.
Wohl aber setzte er die Errichtung eines Lehrstuhls für Günther,
den Verfasser der Rassenkunde, gegen den Widerstand der Universität Jena durch. Er hob das Verbot der nationalsozialistischen Schü-
lerbünde auf, ließ Mittelschüler an politischen Demonstrationen teilnehmen und setzte nationalsozialistische Polizeidirektoren ein, während linksstehende Beamte der Reihe nach abgebaut wurden. Zur
politischen Verhetzung der Schuljugend führte er Schulgebete ein, von
denen er selbst offen zugab, daß sie gegen art- und volksfremde

Kräfte gerichtet seien. In der Steuer- und Sozialpolitik aber kannte er keine Gnade für die Bedürfnisse der nationalsozialistischen Agitation. Er drückte die ungestaffelte Bürgersteuer, eine reine Kopfsteuer, durch, die anderwärts von seinen Parteigenossen als Negersteuer verlästert war. Er ließ das Schulgeld erhöhen und erzwang erhebliche Einsparungen im Wohlfahrtswesen und im Volksschulhaushalt. Von solchen Leistungen war nun freilich das reaktionäre Bürgertum wieder entzückt. Es rühmte den Nationalsozialisten nach, daß sie den Unterschied zwischen Opposition und Verantwortung durchaus begriffen.

Angesichts dieser Beweise der »Regierungsfähigkeit« der Nationalsozialisten hatte die Reichsregierung bei der Zurückweisung der verfassungswidrigen Übergriffe Dr. Fricks in den bürgerlichen Parteien keinen leichten Stand. Schon der Reichsinnenminister Severing mußte Vorstellungen wegen der Umgestaltung der thüringischen Polizei zu einer nationalsozialistischen Schutztruppe erheben. Er wurde von Dr. Frick erst einer Antwort gewürdigt, als er sich anschickte, die Reichszuschüsse für die Polizei vorübergehend zu sperren. Die Sperre wurde schließlich auch verhängt, aber von Severings Nachfolger, Dr. Wirth, wieder aufgehoben. Der neue Reichsinnenminister ließ sich mit Thüringen in langwierige und wenig erquickliche Vergleichsverhandlungen ein. Schließlich kamen die Gerichte der Reichsregierung zu Hilfe. Fricks Schulgebete wurden vom Staatsgerichtshof für das Deutsche Reich für verfassungswidrig erklärt, weil sie ein Bekenntnis zum Antisemitismus enthielten und Andersdenkende zu Volks- und Landesverrätern stempelten. Das Reichsgericht stellte fest, daß jenes thüringische Ermächtigungsgesetz, das einen wirklichen Beamtenabbau ermöglicht hatte, gegen die Reichsverfassung verstoße. Andere Verfügungen Dr. Fricks wurden vom thüringischen Oberverwaltungsgericht für ungültig erklärt. Der nationalsozialistische Minister stieß dafür dunkle Drohungen gegen die richterliche Unabhängigkeit aus. Als Reichsinnenminister Hitlers hat er ihr dann in der Tat ein Ende gemacht.

In anderen deutschen Ländern wurden die Nationalsozialisten seit 1929 das Zünglein an der Waage zwischen den bürgerlichen und den »marxistischen« Kräften im Parlament. Dadurch schlugen sie parteipolitische Vorteile für sich heraus. So tauschten sie in Mecklenburg für die Unterstützung der Regierung die Begnadigung der Fememörder ein. In Sachsen boten sie sich den Marxisten als Bundesgenossen an. Dort richtete der nationalsozialistische Landtagsabgeordnete von Mücke im ausdrücklichen Auftrag seiner Parteileitung die Anfrage an die sozialdemokratische und kommunistische Fraktion, unter welchen Bedingungen sie bereit seien, gemeinsam mit den Nationalsozialisten eine Regierung zu bilden, die gewisse Wünsche der Nationalsozialisten, insbesondere die Vermeidung jeder Ausnahmegesetzgebung und jeder Ausnahmebehandlung der Nationalsozialisten erfülle. Die Sozialdemokraten lehnten dieses Ansinnen, das nur den Zweck verfolgen konnte, die Sozialdemokraten als Streber nach Ministersesseln zu entlarven, mit Entrüstung ab. Darauf ließen die Nationalsozialisten ihren Parteigenossen von Mücke fallen und sicherten der bürgerlichen Regierung Brüning ihre Hilfe gegen die Marxisten zu. In der Kleinstadt Coburg war es den Nationalsozialisten sogar gelungen, mit der wirksamen Unterstützung des Coburgischen Herzoghauses eine Mehrheit bei den Gemeindewahlen zu erzielen. Sie hatten angefangen, ein Sammelbecken aller Unzufriedenen zu werden, und die fortschreitende Wirtschaftskrise vermehrte die Zahl der Unzufriedenen von Tag zu Tag. Gedankenlosigkeit, Unwissenheit und böser Wille verbündeten sich miteinander, um den Volksmassen die wahre Schuld am Wirtschaftselend zu verbergen. So maß sie der Deutsche, der seit Jahrhunderten gewöhnt war, sich von der Staatsleitung am Gängelband führen zu lassen, seiner Regierung zu. Die nationalsozialistische Agitation, die darauf ausging, dem deutschen Volk die Überzeugung von der Unfähigkeit und der Schuld des »Systems« einzuhämmern, brauchte also keine großen Widerstände zu überwinden. So fochten die Nationalsozialisten den Wahlkampf mit den größten Hoffnungen durch. Bereits verkündete Dr. Frick, daß sie bei einem Sieg am 14. September das Reichsinnenministerium und maßgebenden Einfluß auf das Reichswehrministerium verlangen würden.

Da kam es kurz vor dem Ende der Wahlschlacht zu einem ersten Zusammenstoß zwischen der militärischen und der zivilen Organisation der Nationalsozialistischen Partei. Wegen ungenügender Bezahlung traten Ende August 1930 plötzlich die Berliner Sturmabteilungen in Streik. Die SS erwies sich schon damals als zuverlässigste Truppe Hitlers. Sie schoß auf die Meuterer und verwundete einige schwer. Hitler unterbrach seine Wahlreise und brachte die Meuterer durch Tränen und Bewilligung ihrer Forderungen zum Gehorsam zurück. Der unbeliebte Oberste SA-Führer Pfeffer von Salomon wurde abgesetzt, Hitler selbst übernahm die oberste Führung der SA und holte sich seinen alten Freund Röhm als Stabschef aus Bolivien zurück. Der tiefgehende Riß innerhalb der Partei blieb damals ebenso unbeachtet wie das Zerwürfnss Hitlers mit Otto Strasser, der im Juli 1930 nach langen Auseinandersetzungen mit dem Führer aus der Partei ausgetreten war. Er hatte die Wendung der Partei zum entschiedenen Sozialismus gefordert, während Hitler sich für die Beibehaltung des kapitalistischen Systems entschied. So zeigten sich schon in den Jahren der ersten großen Erfolge der Partei die Risse, die später wiederholt das Gefüge der Partei hätten sprengen müssen, wenn es nicht der Zungenfertigkeit Hitlers gelungen wäre, sie immer wieder mit tönenden Worten zu verkleistern.

Führer Hugenberg hatte als Losung für die Wahl ausgegeben: »Macht mir den rechten Flügel stark!« Daraufhin forderten die ostpreußischen Junker den Grundadel auf, die Nationalsozialisten mit Geldmitteln zu unterstützen, weil die Not des Landvolkes unter Führung von Hindenburg, Graf Westarp und Schiele republikschutzgesetzwidrige Formen angenommen habe. Am Wahltag kamen dann die wirklichen Nutznießer der Politik Hugenbergs auf. Die Nationalsozialisten stiegen von 12 Abgeordnetensitze auf 107, während die Deutschnationale Volkspartei von 78 auf 44 fiel. Die Deutschen Volksparteiler sanken von 45 auf 30 Abgeordnetensitze, die Demokraten von 25 auf 14, die Sozialdemokraten von 153 auf 143 ab. Die Konservativen unter Graf Westarp brachten es auf 26, das Landvolk auf 26, der Christlich-Soziale Volksdienst auf 14 Abgeordnete, das Zentrum wuchs von 61 auf 68, die Bayerische Volkspartei von 17 auf 19, die Kommunistische Partei von 54 auf 77 an. Die bürgerliche Mitte hatte sich in kleine Grüppchen zersplittert, auf der Rechten hatten die Nationalsozialisten die Führung erobert, auf der Linken drängten die Kommunisten voran. Die große Zahl der neuen Wähler hatte sich den radikalsten Parteien zugewendet, die gemäßigteren Parteien, darunter auch die Sozialdemokratie, übten auf die Jugend keine Anziehungskraft mehr aus. Brüning hatte mit seiner Politik eine entscheidende Niederlage erlitten, sein Ruf an das Volk war mit einer Absage sondergleichen beantworte worden.

Der nationalsozialistische Wahlsieg rief im Inland und Ausland die größte Beunruhigung hervor. Die Kurse stürzten, eine wilde Kapitalflucht begann, und die ausländischen kurzfristigen Kredite wurden abgezogen. In wenigen Wochen verlor die Reichsbank an Geld und Devisen über 1 Milliarde Mark. Die nationalsozialistischen Sieger trugen selbst zur Vermehrung der Panik bei. In ihrer Presse erschienen plötzlich Alarmrufe wegen einer drohenden Inflation, Aufforderungen, das deutsche Volk solle sein Eigentum vor der Beschlagnahme seines Sparvermögens und vor der Zwangsverwaltung Deutschlands schützen. Solche Anzeigen lagen freilich im Sinne der

Katastrophentheorie Gregor Strassers, nach der nur die Katastrophe, der völlige Zusammenbruch des liberalen Systems, die Bahn frei mache für den nationalsozialistischen Aufbau. Die Gönner Hitlers in der Großindustrie waren davon wenig erbaut und forderten dem Führer beruhigende Erklärungen ab.

Nach dem 14. September richtete sich Hitler in Deutschland als Großmacht, als Staat neben dem Staat, als kommende Regierung ein. Von da an trat er besonders dem Ausland gegenüber als der künftige Beherrscher des Deutschen Reiches auf. Er veranstaltete Empfänge der Auslandspresse, gab Erklärungen über seine künftige Außenpolitik ab, schickte Vertreter zu diplomatischen Missionen ins Ausland und empfing Bevollmächtigte ausländischer politischer Organisationen, veröffentlichte ellenlange Manifeste, die bald Kriegserklärungen an die rechtmäßige Regierung, bald künftige Regierungsprogramme enthielten. Er baute in seiner Partei einen Verwaltungsapparat auf, der dem des Staates nachgebildet war, in dem alle Fragen der Staatsverwaltung von der Sozialpolitik bis zu den militärischen Angelegenheiten besonderen Sachwaltern zur Behandlung zugeteilt waren. Der parteiamtliche Teil des »Völkischen Beobachters« glich einem behördlichen Amtsblatt. Die rechtmäßigen Regierungen der Weimarer Republik sahen diesen Vorbereitungen zur Machtübernahme, dieser Aushöhlung des staatlichen Apparates ohnmächtig zu. Ihre offensichtliche Schwäche stärkte den Nationalsozialisten ebensosehr die Zuversicht auf den unaufhaltsamen Sieg, wie sie den Verteidigern der demokratischen Republik den Mut zur Gegenwehr nahm.

Auf Wunsch seiner Gönner aus der Wirtschaft gab Hitler Ende September dem Ausland beruhigende Versicherungen über seine außenpolitischen Absichten ab. Er erklärte feierlich, daß er als künftiger Führer Deutschlands nichts unterschreiben werde, was er nicht für durchführbar halte, aber alle unterschriebenen Verpflichtungen peinlichst erfüllen wolle. Er knüpfte auch Verbindungen mit Italien und mit dem englischen Zeitungsfürsten Rothermere an und ließ durch seinen neuen Mitarbeiter Dr. Schacht die nationalsozialistische Bewegung der amerikanischen Öffentlichkeit vorstellen. Selbst gegenüber dem verhaßten Frankreich verstand er sich zu einer freundlichen Geste, indem er dem Franzosen Hervé gegenüber, der ihm ein Militärbündnis anbot, nebst einigen Worten der Anerkennung einen Verzicht auf deutsche Aufrüstung aussprach. Das hatte freilich zur Folge, daß ihn der »Jungdeutsche Orden« des Verrats am deutschen Wehrwillen zieh.

Hitlers innenpolitische Stellung verstärkte sich, als er am 1. Oktober 1930 in Braunschweig infolge Stimmenzersplitterung der Kommunisten und Stimmenthaltung des einzigen Staatsparteilers im Landtag für die Regierung den Nationalsozialisten Dr. Franzen als Minister stellen konnte. Jetzt forderte insbesondere die Christlichnationale Bauern- und Landvolkspartei die Beteiligung der Nationalsozialisten an der Regierung im Reich. Dafür trat auch ein Teil der Presse der Deutschen Volkspartei ein, die erwartete, daß Hitler in der Außenpolitik einige Pflöcke zurückstecken und in der Innenpolitik sein wirres und widerspruchvolles Wirtschafts- und Finanzprogramm zurückstellen würde. Die Wirtschaftsführer aber erhofften durch ihn vor allem die Verschlechterung der Arbeitslosenversicherung durch Einführung der Arbeitsdienstpflicht. Hitler benützte die Gelegenheit des Leipziger Hochverratsprozesses gegen die Ulmer Reichswehroffiziere, um als Zeuge den Schleier vor seinen Absichten etwas zu lüften. Er schwor einerseits, daß er das Dritte Reich nur auf verfassungsmäßigem Wege errichten wolle, andererseits aber, daß nach dem »legalen« Sieg der Nationalsozialisten zur Sühne für den November 1918 Köpfe rollen würden. Wenig beachtet wurde damals seine Einstellung zur Außenpolitik. Hier bekannte er sich offen zu den Lehren Machiavellis. Er beschwor, daß die Nationalsozialisten nach der Machtergreifung die Deutschland von der Entente aufgezwungenen Verträge durchbrechen oder umgehen und gegen sie auch mit illegalen Mitteln vorgehen würde. Die Aussage Hitlers verursachte eine neue Börsenpanik; es gab neue Kursstürze an der Börse, und die Zurückziehung der ausländischen Guthaben nahm zu.

Anfangs Oktober wurde dann Hitler mit seinen Unterhändlern vom Reichskanzler Brüning zum erstenmal zur Besprechung der schwebenden politischen Fragen, insbesondere des Programms der Reichsregierung empfangen. Hitler ließ durchblicken, daß sich die Nationalsozialisten unter den von Dr. Frick bereits offen bekanntgegebenen Bedingungen, nämlich der Auslieferung des Reichsinnen- und des Reichswehrministeriums, an der Regierung beteiligen könnten. Allein der Reichspräsident entschloß sich auf Vorschlag des Reichskabinetts, in der deutschen Politik vorerst keine Änderungen eintreten zu lassen.

Am 14. Oktober 1930 traten dann die 107 nationalsozialistischen Abgeordneten in brauner Uniform geschlossen im Reichstag an. Gleichzeitig machten ihre Anhänger vor dem Gebäude einen Auflauf, und kleine SA-Gruppen schlugen in der Leipziger Straße planmäßig die Schaufenster jüdischer Geschäfte ein. Die ersten parlamentarischen Schritte der neuen Riesenfraktion mißlangen. Sie zeigten sofort die V'r'oindung der nationalsozialistischen Arbeiterpartei mit den dunklen Mächten des Finanz- und Industriekapitals. Die Deutsche Volkspartei hatte vor Reichstagseröffnung durch das Vorstandsmitglied der Deutschen Bank, Dr. von Stauß, die nationalsozialistischen Führer samt Hitler zu einem Frühstück laden lassen, um sie für die Wahl eines deutschen Volksparteilers zum Reistagspräsidenten zu gewinnen. In der Tat schlug dann der Nationalsozialist Dr. Frick im Reichstag an Stelle des »Marxisten und Kriegsdienstverweigerers Löbe,« der von der stärksten Fraktion benannt war, den Vorsitzenden der Deutschen Volkspartei, Dr. Scholz, als ersten Präsidenten vor. Aber in der Stichwahl siegte Löbe mit 269 gegen 207 Stimmen bei 77 Stimmenthaltungen der Kommunisten. Die Nationalsozialisten bekamen zu dem Schaden noch den Spott, als bekannt wurde, daß ihr Kandidat Dr. Scholz mit einer Jüdin verheiratet war.

Eine herbe Enttäuschung bereiteten die Nationalsozialisten ihren Freunden aus der Wirtschaft durch die demagogischen Anträge, die sie im Reichstag einreichten. Sie verlangen in ihnen die entschädigungslose Enteignung der gesamten Vermögen der »Bank- und Börsenfürsten« sowie der seit August 1914 zugezogenen Ostjuden, die Überführung aller Großbanken in Staatsbesitz, die Festsetzung eines Höchstzinssatzes von 5% einschließlich 1% Tilgungsquote durch den Staat, ein Verbot der Diskontierung von Wechseln, für die nicht der Nachweis des der Wechselbegebung zugrundeliegenden Warengeschäfts erbracht sei, das Verbot aller Termin- und Blankogeschäfte und des Handels mit Wertpapieren an der Börse, die Abschaffung aller Inhaberpapiere und endlich die Finanzierung des Baues von Wohnungen, Straßen, Kanälen, Kraftwerken, Krankenhäusern und Schulen durch Ausgabe zinsloser Darlehenskassenscheine. Alle diese Anträge wurden von den Fachleuten auch in der bürgerlichen Presse bös zerzaust. Man wies den Nationalsozialisten nach, daß in Deutschland bei Anwendung der nationalsozialistischen Rezepte seit 1924 bereits 6—8 Milliarden RM unverzinslicher Reichsdarlehenskassenscheine umlaufen würden und damit die Inflation im schönsten Gange wäre. Ihre Zinssenkungsanträge wurden als schwere Schädigung der kleinen Sparer und Rentner gebrandmarkt. Selbst die »nationale Rechte« drückte ihre Beunruhigung über solche »bolschewistische« Eingriffe in das Wirtschaftsleben aus. Man war zwar mit der von den Nationalsozialisten geforderten Entfernung der Juden aus dem deutschen Leben aus Geschäftsneid einverstanden, man billigte die von ihnen gewünschte allgemeine Nähr- und Arbeitspflicht, aber schon die Forderung der Nationalsozialisten nach wirtschaftlicher Autarkie im weitesten Ausmaß und nach einer Inlandswährung, die frei vom »Goldwahn« sein sollte, erschien vielen Wirtschaftsführern außerordentlich bedenklich. Die bürgerlichen Parteien der Mitte aber erfaßte das Grauen, und sie suchten schleunigst bei Brüning ihr Heil. Bei ihnen hatte dann der nationalsozialistische Redner Gregor Strasser, als er in seiner großen Programmrede die Sozialpolitik als Versorgungsinstitut von Zehntausenden sozialdemokratischer Faulenzer bezeichnete und die Arbeiter mit praktischen Sozialmaßnahmen auf den Tag vertröstete, da sie von der Zentralsonne einer neuen Staatsauffassung ausstrahlen würden, nur mehr einen Augenblickserfolg. Auch dieser wurde wieder zunichte, als sich herausstellte, daß die Nationalsozialisten sich an die Lehren Machiavellis nicht nur in der Außenpolitik, sondern auch in der Innenpolitik zu halten gedachten. Auf Vorhalt des sozialdemokratischen Redners Dr. Hoegner gab nämlich Gregor Strasser unumwunden zu, daß er diesem »System« gegenüber noch hundertmal sein Ehrenwort brechen werde und daß der Bruch des Ehrenwortes bei den Nationalsozialisten ein Mittel zu »politischen« Zwecken sei. Der einzige Erfolg der Nationalsozialisten in diesen Oktobersitzungen des Reichstags bestand schließlich darin, daß mit Hilfe der Kommunisten und fast aller bürgerlichen Parteien die Begnadigung der Fememörder, zu denen auch der neue Reichstagsabgeordnete Heines zählte, beschlossen wurde. Im übrigen wetteiferten die Nationalsozialisten mit den Kommunisten in dem heißen Bemühen, durch Geschrei und Gelächter, Sprechchöre, Rhabarbergemurmel, unflätigste Beschimpfungen und wilde Tumultszenen den Reichstag arbeitsunfähig zu machen, so daß auch Rechtszeitungen die Meinung ausdrücken mußten, daß dieser Haufen nie und nimmer Deutschland regieren dürfe.

Die parlamentarischen Niederlagen der Nationalsozialisten setzten sich in den Ausschußberatungen fort. Ihre wirtschaftspolitischen Anträge wurden von den Sachverständigen auch der bürgerlichen Parteien bös zerzaust. Auf Vorhalte über die finanziellen Folgen ihrer Forderungen wußten sie nur mit der Ausrede zu erwidern, daß es nicht ihre Aufgabe, sondern die der Regierung sei, auch den notwendigen Mitteln zu suchen. Auch in der Außenpolitik mußten sie Farbe bekennen. Während sie vor den Wahlen in ihren Versammlungen sich gebrüstet hatten, daß ein erwachendes Deutschland keinen Pfennig Reparationen mehr zahlen würde, mußten sie sich im Auswärtigen Ausschuß am 29. Oktober 1930 bei der Abstimmung über den kommunistischen Antrag, die Young-Zahlungen mit sofortiger Wirksamkeit einzustellen, auf Weisung Hitlers der Stimme enthalten. Im »Völkischen Beobachter« wurde nachher der kommunistische Antrag als »irrsinnig« bezeichnet. In der Dezembertagung des Reichstags unternahm dann die nationalsozialistische Fraktion den Versuch, ihre Geldgeber in der Schwerindustrie, die über die »bolschewistischen« Anträge vom Oktober ernstlich erzürnt waren, wieder zu versöhnen. Hitler hatte zu diesem Zweck seinen Parteigenossen besondere Richtlinien mit auf den Weg gegeben. Die heikle Aufgabe der Beruhigung der »Wirtschaft« fiel dem Redner der Zinsknechtschaft, Gottfried Feder, zu. Er schmeichelte in seiner Rede den Bankgewaltigen, indem er ein Loblied auf den ehrlichen Privatbankier sang und ihm besondere Pflege seitens des Dritten Reiches in Aussicht stellte. Er lehnte Gregor Strassers Autarkiewahn ab und zählte die im Inland nicht erhältlichen Rohstoffe auf, um die Gunst der Exportindustrie für eine nationalsozialistische Herrschaft zu gewinnen. Schließlich bemühte er sich, dem deutschen Volksparteiler Dingeldey die Bedenken auszureden, die dieser in der Öffentlichkeit gegen die nationalsozialistische Spielart des Marxismus geäußert hatte. Er legte ein grundsätzliches Bekenntnis zum Privateigentum ab und versicherte Herrn Dingeldey, daß er keine Ursache habe, den Nationalsozialisten irgendwie sozialdemokratische Tendenzen zu unterstellen. Die Rede übte mit ihrer feierlichen Abschwörung des Sozialismus auf die bürgerliche Welt die erwartete Wirkung aus. Im Reichstag verlangten die Vertreter des Landvolkes wiederum, die elementar aufsteigenden Kräfte von rechts an die Verantwortung zu binden. Auch der Vertreter der Wirtschaftspartei erklärte, Feders Ausführungen hätten gezeigt, daß Hitler dem kleinen Mann sein Eigentum lassen wolle. Der Versuch mit den Sozialdemokraten sei dem Mittelstand schlecht bekommen, jetzt wolle er es einmal mit den Nationalsozialisten versuchen, dann würde es vielleicht besser werden. Die Wirtschaftspartei hatte Ende November beschlossen, die Regierung Brüning wegen ihrer Anlehnung an die Sozialdemokratie nicht weiter zu unterstützen. Ihr Vertreter im Reichskabinett, Justizminister Bredt, hatte daraufhin seinen Rücktritt erklärt. Die Achtung der Männer der Wirtschaft vor dem neuerwachenden Verantwortungsgefühl der Nationalsozialisten stieg, als dann auch der nationalsozialistische Abgeordnete Sprenger die Erklärung abgab, an den der Sozialdemokratie entlehnten Antrag seiner Partei, die Höchstpensionen auf 12 000 RM zu beschränken und das Notopfer der Beamten zu staffeln, nur mit größter Vorsicht herangehen zu wollen.

Freilich, was die Nationalsozialisten durch solche Verbeugungen vor dem kapitalistischen Wirtschaftssystem beim Besitzbürgertum gewannen, mußte ihrer Werbekraft bei den kleinen Leuten von größtem Nachteil sein. Die Abschwörung alles marxistischen Teufelwerks durch Gottfried Feder »wurde auf der Linken mit größter Schadenfreude vermerkt«. Zu allem Überfluß stimmten dann die Nationalsozialisten am 9. Dezember 1930 auch noch gegen einen sozialdemokratischen Antrag, die Vermögen über 500 000 RM, Dividenden, sonstige Gewinne und Aufsichtsratantiemen und die Einkommen über 20 000 RM mit einer Sondersteuer von 20 Prozent zu belegen. Nunmehr schien die Abhängigkeit der Nationalsozialisten vom Großkapital schlagend bewiesen. Vergebens suchten sie sich hinter der Ausrede zu verschanzen, daß sie bei dieser Abstimmung als unerbittliche Gegner des Tributwahnsinns gehandelt hätten. Wären die politischen Kämpfe in Deutschland noch mit den Waffen des Geistes ausgefochten worden, so wären die Nationalsozialisten nach solchen Bloßstellungen im Urteil der großen Menge gerichtet gewesen. Im Reichstag suchten sie ihren Fehltritt dadurch wiedergutzumachen, daß sie entgegen der Haltung, die sie in den von ihnen beherrschten Ländern Thüringen und Braunschweig einnahmen, für die marxistischen Anträge zur Winterhilfe stimmten, die dem Reich eine Ausgabe von über einer Milliarde RM verursacht hätten. Das brachte sie nun wieder bei ihren bürgerlichen Gönnern in bolschewistischen Geruch. Dazu kamen die von Klassenhaß strotzenden Ausführungen des von den Kommunisten übergelaufenen nationalsozialistischen Abgeordneten Börger anläßlich des Alsdorfer Grubenunglücks gegen das Großkapital. So geriet auch die den Nationalsozialisten wohlwollend gesinnte bürgerliche Presse in helle Verzweiflung über ihre Ziellosigkeit und Doppelzüngigkeit. Um das Maß des Mißgeschicks voll zu machen, führten die Nationalsozialisten im Reichstag wieder einen wahren Hexensabbat auf, der alle abstieß, die sich noch einen Rest von Gefühl für Würde und Anstand bewahrt hatten. Das Wort Geßlers von den nationalkommunistischen Haufen schien hier in einem ganz anderen Sinn wahr geworden zu sein. Vergebens bemühte sich das Zentrum, die wilden Horden zu parlamentarischem Verhalten zu erziehen. Als der nationalsozialistische Abgeordnete Dr. Frank II den Ausspruch tat, daß die Zentrumspartei die Religion zu schmutzigen Geschäften mißbrauche, wurde er als Vorsitzender des Rechtsausschusses kurzerhand abgesetzt. Aber sehr bald zeigte sich, daß den Nationalsozialisten gegenüber alle gutgemeinten politischen Erziehungskünste versagten.

Sie liebten innerhalb und außerhalb des Parlaments das Aufsehen, den Lärm, die Roheit und die Gewalt. In Berlin sprengte Dr. Goebbels selbst die Vorführungen des Films »Im Westen nichts Neues« mit Knallfröschen, Stinkbomben und weißen Mäusen und erreichte so mit Hilfe des Reichswehrministeriums ein Verbot. Seine SA überfiel die Tanzveranstaltungen im Edenpalast, wobei es Tote und Verletzte gab. Im ganzen Reich dauerte der Kleinkrieg der meist bewaffneten nationalsozialistischen Abteilungen mit ihren marxistischen Gegnern an. In Thüringen und Braunschweig wurde die Staatsgewalt zur Unterdrückung des Reichsbanners eingesetzt. Dr. Frick forderte vom Reichsinnenminister für die Ortsgruppe Gera des Reichsbanners ein Verbot wegen Durchführung von militärischen Geländespielen und berief sich für diese Maßnahme öffentlich auf die Bestimmungen des Versailler Vertrages. Das trug ihm nicht nur eine Rüge des Reichsinnenministers, sondern auch der Rechtspresse ein, die ihm vorhielt, daß man nicht zugleich gegen und für den Versailler Vertrag sein könne. Das Reichswehrministerium beeilte sich, alles als völlig harmlos zu erklären, und das Verbot unterblieb.

Für das Jahr 1931 kündigte Dr. Goebbels in einer Kundgebung zu Ehren des verstorbenen Fememörders Fahlbusch »diesem Staat der Rechtlosigkeit« den Entscheidungskampf an. Dr. Frick erklärte Ende Januar, daß sich die Nationalsozialisten jetzt nicht mehr mit dem Reichswehr- und dem Reichsinnenministerium begnügen könnten, sondern Neuwahlen verlangen müßten. Die Zahl der Arbeitslosen war auf fast 5 Millionen gestiegen, und bei den kleineren Länderwahlen der letzten Zeit hatten die Nationalsozialisten überall Erfolge, teilweise die Verdoppelung ihrer Stimmen gegenüber der Reichstagswahl erreicht. Hugenberg gab als Kampfziel für das Jahr 1931 die Erzwingung von Neuwahlen in Preußen und die Vorbereitung der Reichspräsidentenwahl bekannt. Er warnte Hindenburg öffentlich vor einem drohenden Staatsstreich der Linken, dem die Reichswehr ebenso tatenlos wie das Feldheer im November 1918 gegenüberstehen würde. Das war schlimmste politische Brunnenvergiftung, für einen Umsturz von links her hatte der deutschnationale Führer nicht den geringsten Anhaltspunkt.

Für die Februartagung des Reichstags war von den Nationalsozialisten wieder dicke Luft angekündigt worden. Bereits in der ersten Sitzung vom 5. Februar 1931 zeigte sich, daß die Verbündeten der nationalen Opposition dieses Mal die Stellung Brünings von verschiedenen Seiten her berannten. Die Nationalsozialisten nahmen sich die Politik der Notverordnungen und das Zentrum vor. Ihr Hauptredner Dr. Goebbels forderte in seiner giftgeschwollenen Rede gegen Brüning, daß der schamlosen Bettgenossenschaft zwischen Zentrum und Marxismus ein Ende bereitet werden müsse. Die Nationalsozialisten beriefen sich sogar auf einen angeblichen Wunsch des Vatikans, das Zentrum solle sich von der Sozialdemokratie trennen und sich nach rechts hin orientieren. Die Deutschnationalen stießen wieder in die Umgebung des Reichspräsidenten vor. Sie verlangten mit stärkstem Nachdruck, daß die rote Fahne vom Staatsbau Friedrichs des Großen verschwinde. Sie sprachen von einer chinesischen Mauer, die um den Reichspräsidenten errichtet sei, über die hinweg aber eines Tages doch der Ruf des nationalen Deutschlands zu Hindenburg dringen würde. Mit besonderer Schärfe griffen sie einen der nächsten Vertrauten Hindenburgs, den Landvolkführer Gereke, an, der sich auf die Seite Brünings geschlagen hatte und ihm bei dem Reichspräsidenten die Stange hielt. Sie prangerten ihn als Mann mit der nationalistischen Vergangenheit und den marxistischen Busenfreundschaften, als Wanderer zwischen zwei Welten an.

Aber die Reichsregierung war dieses Mal nicht gesonnen, sich nur auf die Verteidigung zu beschränken. Sie hatte im Benehmen mit den hinter ihr stehenden Parteien einen großen Schlag vorbereitet, um die Arbeiten des Reichstags gegen die Ruhestörer zu schützen. Das war um so notwendiger, als Brüning dem sozialdemokratischen Führer Hermann Müller zugesichert hatte, daß der Reichshaushalt verfassungsgemäß vom Reichstag beraten würde. An eine sachgemäße Beratung war aber nicht zu denken, wenn der Reichstag weiterhin die Stätte der wildesten nationalsozialistischen Ausschreitungen blieb, wie es im Oktober und Dezember 1930 der Fall gewesen war. Zur Verbesserung der politischen Sitten wurden deshalb einschneidende Maßnahmen in Aussicht genommen: die Einbringung hemmungsloser Agitationsanträge sollte erschwert werden durch eine neue Vorschrift der Geschäftsordnung, in allen Anträgen, die Mehrausgaben verursachen, den Weg zur Erschließung der erforderlichen Neueinnahmen zu bezeichnen. Der Reichstagspräsident sollte ermächtigt werden, Anträgen und Anfragen beleidigenden Inhalts die Erlaubnis zur Drucklegung zu versagen. Die Einbringung nicht ernstgemeinter Vertrauensvoten, denen die Antragsteller selbst nicht zuzustimmen gedächten, sollte nicht mehr gestattet sein. Um den Mißbrauch der Immunität künftig zu verhüten, sollten Abgeordnete nicht mehr als verantwortliche Schriftleiter zeichnen dürfen. Diese Abänderung des Pressegesetzes war ein dringendes Bedürfnis geworden. Unter dem Schutz der Immunität eines Abgeordneten hatte die nationalsozialistische

Presse ungestraft die dümmsten Lügen und frechsten Verleumdungen über Mitglieder der Reichsregierung und politische Gegner verbreitet. Während es vordem jährlich nur wenige Fälle gewesen waren, in denen von Abgeordneten der Schutz der Immunität gegen laufende Strafverfahren in Anspruch genommen wurde, hatten sie sich seit dem 14. September 1930 unheimlich vermehrt. Im Februar 1931 lagen dem Reichstag 274 Gesuche vor, die Einstellung von Strafverfahren gegen Mitglieder der nationalsozialistischen Reichstagsfraktion zu beschließen. Einzelne Abgeordnete, wie Gregor Strasser und der Münchner Major Walter Buch, die als verantwortliche Schriftleiter für nationalsozialistische Zeitungen zeichneten, waren mit zwei bis drei Dutzend Fällen beteiligt. Auch die Kommunisten hatten es in der Ausnutzung der Immunität bereits ähnlich weit gebracht. Sollte der Reichstag nicht eine Zufluchtsstätte politischer Ehrabschneider werden, so mußte man diesem Unfug ein Ende bereiten.

Aber die Nationalsozialisten und Deutschnationalen setzten sich gegen die geplanten Maßnahmen, die ihnen die verlogene politische Agitation erschwerten, wütend zur Wehr. Ihre Redner überstürzten sich in Schmähungen und Drohungen gegenüber den Regierungsparteien. Der nationalsozialistische Rechtsanwalt Frank II aus München lehnte die Verantwortung vor der Geschichte ab, wenn nach Annahme solcher Anträge Millionen von Nationalsozialisten zur Waffe des Bürgerkriegs griffen. Er verteidigte es, daß die Nationalsozialistische Partei den Kampf gegen Persönlichkeiten in Regierungsstellen mit Beleidigungen und Verleumdungen führte, weil man ihnen nur in der Form der Beleidigung die wirkliche Würdigung ihrer Person ins Gesicht schleudern oder ihnen überhaupt nur mit übler Nachrede beikommen könne. Unter dem Beifall seiner Parteifreunde warf er den Mehrheitsparteien vor, daß sie gar nicht die Republik, sondern nur ihre persönlichen Vorteile in der Republik schützen wollten. Er beschimpfte die deutschen Regierungen als Vollzugsausschüsse des französisch-polnischen Welt- oder Leihkapitals, die sich mit Hilfe des Auslands bemühten, das deutsche Volk auszubeuten, sprachen von Gaukelspiel und heuchlerischem Benehmen der Regierungsparteien, die elf Jahre lang Gelegenheit gehabt hätten, das deutsche Volk zu betrügen und das auch gründlich besorgt hätten. Der Reichstagspräsident aber fand es in seiner unendlichen Langmut nicht für angebracht, die Flut dieses Unrats durch Wortentziehung zu unterbrechen. Die Nationalsozialisten hatten zuletzt jede Hemmung verloren, sie johlten, brüllten, tobten und schimpften, so daß zeitweise das Haus des deutschen Volkes in ein Irrenhaus verwandelt schien.

Aber am 10. Februar 1931 wurden dann die Anträge doch angenommen, und nun griff die nationale Opposition zu einem letzten verzweifelten Mittel. Sie bezeichnete die Beschlüsse des Reichstags als verfassungswidrig und zog aus dem Reichstag aus. Zuvor wurde noch die feierliche Erklärung abgegeben, daß in Zukunft alle Beschlüsse des Rumpfreichstags nichtig seien, und die Weltöffentlichkeit gewarnt, sie noch ernst zu nehmen. Der Deutschnationale Professor von Freytag-Loringhoven beschimpfte vor dem Abzug den Reichstag noch als Zwingburg der Feinde Deutschlands und wollte festgestellt wissen, daß die Große Koalition bisher alles getan habe, um Deutschland zugrunde zu richten. So wurde die Reichstagsmehrheit feierlich in vaterländische Acht und Bann getan. Eine Hintertür ließen sich die Auszügler noch offen: Sie gaben bekannt, daß sie in den Reichstag wieder zurückkehren würden, wenn sich die Möglichkeit biete, besonders tückische Anschläge der volksfeindlichen Mehrheit des Reichstags zu vereiteln. Eine Zeitlang dachten die Führer der nationalen Opposition daran, unter dem Schutz des Ministers Frick in Weimar einen Rumpfreichstag einzuberufen. Als aber der Reichsinnenminister Dr. Wirth für diesen Fall die Reichsexekutive gegen Thüringen androhte, wurde die Absicht fallengelassen. Dafür sollten jetzt riesige nationalsozialistische Versammlungswellen über das Volk hinweggehen.

Die Flucht der Nationalsozialisten aus dem Reichstag war das Eingeständnis ihrer Niederlagen, die sie seit Oktober 1930 ununterbrochen auf parlamentarischem Boden erlitten hatten. Im Rate der sachlichen Arbeit wurde die Phrase, die in Volksversammlungen Wunder wirkte, ausgelacht. Hier mußten klare Vorschläge gemacht und nüchterne Rechnungen aufgestellt, hier mußte Farbe bekannt werden. Die »marxistischen« Parteien hatten sich ein Vergnügen daraus gemacht, die nationalsozialistische Fraktion vor klare Entscheidungen zu stellen. Sie kam fortwährend in die Zwangslage, entweder ihre Geldgeber und Mitläufer aus dem Besitzbürgertum vor den Kopf zu stoßen, oder durch das Zusammengehen mit den kapitalistischen Parteien den Anhang in den unteren Volksschichten zu verlieren. Mit jeder Versammlung des Reichstags war ihre Entlarvung weiter fortgeschritten, sie standen in Gefahr, eine rein parlamentarische Partei zu werden und so zum Stillstand zu kommen, bevor der Endsieg in greifbarer Nähe war. Unter diesen Umständen entschlossen sie sich, von der gefährlichen sachlichen Mitarbeit sich zu drücken und ihr Tätigkeitsfeld in die Agitation zu verlegen, bis die erforderliche Mehrheit erreicht war. Die zurückgebliebenen Parteien rafften sich nicht dazu auf, ihren Volksvertretern, die sich ihrer verfassungsmäßigen Pflichten entzogen, die Eigenschaften von Abgeordneten abzuerkennen. Das wäre das einzige Mittel gewesen, der fahnenflüchtigen Nationalopposition das Spiel zu verderben.

Der Auszug der Rechten brachte auch die Regierung Brüning in nicht geringe Verlegenheit. Im Reichstag war nun eine künstliche Mehrheit von Sozialdemokraten und Kommunisten vorhanden. Die Rechtsopposition rechnete damit, daß nunmehr die Sozialdemokraten unter dem Druck der kommunistischen Agitation Anträgen zustimmen würden, für die Brüning die Verantwortung nicht übernehmen konnte. Dann wären sie gezwungen, wieder die nationale Rechte zu Hilfe zu rufen, und diese hätte dann ihr Ziel, die Auslieferung der Staatsmacht, erreicht. Diese Rechnung war freilich ohne die staatspolitische Klugheit der Sozialdemokratie aufgemacht. Die Sozialdemokraten hüteten sich ängstlich, ihre Macht zu mißbrauchen, übten in heiklen Dingen, wie bei der Abstimmung über Panzerkreuzer B, Stimmenthaltung, ließen bedenkliche Anträge zurückstellen und verließen sich äußerstenfalls auf den Reichsrat, der unter Führung Preußens gegen untragbare Reichstagsbeschlüsse seinen Einspruch einlegen würde. Diese Politik kostete die Sozialdemokraten viel Ansehen und Vertrauen im Volk, aber die Pläne der Rechten wurden an ihr vorläufig zuschanden.

Das Jahr 1931 schien überhaupt den Nationalsozialisten nicht zum Glück auszuschlagen. Die katholischen Bischöfe erklärten die kulturpolitischen Anschauungen des Nationalsozialismus für unvereinbar mit der katholischen Lehre und sprachen öffentliche Warnungen gegen die Neuheiden aus. Eine Reihe schwerer Bluttaten der SA nahm die öffentliche Meinung gegen die gewalttätige Bewegung ein. In der Neujahrsnacht hatten Berliner Nationalsozialisten ohne jeden Anlaß Reichsbannerleute niedergeschossen. Am 1. Februar wurden die kommunistischen Arbeiter Grünberg und Schirmer in Charlottenburg von Nationalsozialisten ermordet, in Netzbach bei Neuwied wurde ein Propagandazug des Reichsbanners von Nationalsozialisten überfallen, in Murnau am Staffelsee überfielen nationalsozialistische Sturmabteilungen eine sozialdemokratische Versammlung und riefen eine große Saalschlacht hervor, bei der das Blut in Strömen floß. In Hamburg schossen die Nationalsozialisten den marxistischen Bürgerschaftsabgeordneten Henning ohne jeden Anlaß in einem Autobus nieder, der nationalsozialistische Polizeibeamte Pohl verübte auf seinen Vorgesetzten, den Regierungsrat Lasally, bei einer dienstlichen Vernehmung ein Revolverattentat. In herausfordernder Weise übernahm

Hitler die Kosten der Verteidigung für die nationalsozialistischen Morde und schrieb die Schuld den politischen Gegnern zu. Die Zahl der politischen Morde seit einem Jahr hatte 300 erreicht. Immer mehr stellte sich heraus, daß auch im Nationalsozialismus Wesenszüge vorhanden waren, die das Bürgertum als »bolschewistisch« schalt. Wie flüssig die Grenzen zwischen der äußersten Rechten und Linken verliefen, wurde vielfach bemerkt, als Scheringer, einer der Ulmer Reichswehroffiziere, in einer aufsehenerregenden Erklärung sich von Hitler lossagte und zur KPD übertrat. Die Reichsregierung sah sich durch die ständigen Bluttaten gezwungen, Ende März 1931 eine Notverordnung gegen politische Ausschreitungen zu erlassen. Sie sah insbesondere die Anmeldepflicht für öffentliche politische Versammlungen und Propagandafahrten auf Lastwagen, strenge Strafen für unbefugte Führung von Schußwaffen und die Möglichkeit zu Zeitungsverboten bei Offenhaltung des Beschwerdeweges zum Reichsgericht vor. Nationalsozialisten und Deutschnationale schrien auf und bezeichneten die Notverordnung als Versuch, die nationale Opposition zu knebeln und zum Aufstand zu reizen. Entrüstet riefen sie den Schutz des Reichspräsidenten gegen die Verordnung an. Als sie damit keinen Erfolg hatten, richteten sie schwere Angriffe gegen das Oberhaupt des Reiches, und Dr. Frick forderte öffentlich den Rücktritt Hindenburgs, weil er das Vertrauen seiner Wähler von 1925 nicht mehr genieße. Die nationalsozialistische Reichstagsfraktion reichte einen entsprechenden Antrag ein.

Anfang April zeigte sich auch, wie berechtigt die allgemeine Furcht vor einem gewaltsamen Vorgehen der militärischen Streitkräfte der Nationalsozialisten war. Am 1. April erließ der Chef des Stabes der SA, Hauptmann Röhm, eine Verfügung, in der die Absetzung des obersten SA-Führer-Stellvertreters Ost, des Hauptmanns Stennes in Berlin, ausgesprochen war. Stennes, der auch mit Dr. Goebbels in Übereinstimmung gewesen war, hatte die gewaltsame Machtergreifung, eine Art Marsch nach Rom im Stile Mussolinis verlangt. Er hatte sich aufs schärfste gegen die Legalität Hitlers, die bürgerlichliberalistischen Tendenzen und die Entwicklung der Partei zum Parlamentarismus gewandt. Er wollte für die sozialen und revolutionären Ideen der Bewegung gegen die »Bürger« kämpfen. Als nun an seine Stelle kommissarisch der Fememörder Paul Schulz als Adjutant des Reichsorganisationsleiters Gregor Strasser und später Graf Helldorf mit der Führung der SA in Berlin-Brandenburg betraut wurden, beschuldigte er Hitler des Wortbruchs und setzte sich zur Wehr. Er besetzte mit seinen Anhängern das Berliner Gaubüro und erklärte Goebbels, der inzwischen die Sache verraten und sich zu Hitler geschlagen hatte, für abgesetzt. Nun erhielt Dr. Goebbels von Hitler den Auftrag, die Säuberung der Berliner SA durchzuführen. Stennes und seine Anhänger wurden aus der Partei ausgeschlossen, das Gaubüro wurde zurückerobert. Stennes gründete zusammen mit einigen Anhängern die »Unabhängige N. S. Kampfbewegung«. So war die zweite militärische Revolte innerhalb der nationalsozialistischen Bewegung rasch und gefahrlos erstickt. Hitler fürchtete um diese Zeit immer noch die Staatsgewalt und war namentlich wegen der Möglichkeit einer Reichsverweisung besorgt. Deshalb hielt er es für geraten, trotz aller politischen Rückschläge den Kurs der Legalität weiterzusteuern.

Aber die Nationalsozialistische Partei wurde weiter vom Mißgeschick verfolgt. Dr. Frick wurde in Thüringen endlich von der Deutschen Volkspartei gestürzt. Später trat in Braunschweig der nationalsozialistische Minister Dr. Franzen aus der Regierung und dann auch aus der Partei aus, weil er nicht länger Brünings Vollzugsorgan sein wollte. Er wurde durch den aus preußischen Diensten entlassenen Volksschullehrer Klagges ersetzt. Hitler selbst kam durch den plötzlichen Tod seiner Nichte, die in der Wohnung des Führers erschossen aufgefunden wurde, bös ins Gerede. Da sprang der deutschnationale Justizminister Bayerns für ihn ein und hielt die weitere Untersuchung über die näheren Umstände des Unglückfalles auf. Auch aus den Reihen der Reichswehr kam man aus wehrpolitischen Gründen der nationalsozialistischen Bewegung zu Hilfe. Viele Offiziere traten jetzt nach ihrem Ausscheiden aus der Reichswehr als militärische Führer in die Sturmabteilungen Hitlers ein. Die nationalsozialistischen Sturmtruppen wurden immer mehr als Kampforganisation der Gegenrevolution in Rechnung gestellt. So äußerte der Generalleutnant von Henning auf Schönhoff in einer Rede in Celle, daß sich gegen die 100 000 Mann Reichswehr im Bund mit 1 1/2 Millionen Stahlhelmern und 6 Millionen Nationalsozialisten kein Widerstand der Linken erheben werde. Nach der Befreiung Deutschlands würde auch die versunkene Kaiserkrone wieder gehoben werden. Der frühere General von Einem stellte in einem Zeitungsaufsatz die Forderung auf, Brüning solle durch seinen Rücktritt den Weg für einen Rechtsblock frei machen, er hätte sich von vornherein die Nationalsozialisten als Bundesgenossen suchen müssen. Da solche Äußerungen in der Öffentlichkeit das größte Aufsehen erregten, ersuchte der Chef der Heeresleitung in einem Erlaß vom 29. Januar 1931 aktive und frühere Generale, die gebotene Zurückhaltung auch nach der Verabschiedung vom Heeresdienst zu üben. Noch war es den Nationalsozialisten nicht gelungen, die Stellung des Reichswehrministers zu unterwühlen. Aber sie verdächtigten ihn jetzt, daß er den Heeresersatz nur aus den Reihen der Juden und Judengenossen, der Kriegsdienstverweigerer und Vaterlandsverräter nehme. Hinter seinem Rücken nahmen Offiziere des Reichswehrministeriums mit dem Stabschef der SA, Hauptmann Röhm, die alten freundschaftlichen Beziehungen wieder auf. Er wurde auch beim Chef des Ministeramtes, dem General Schleicher, vorgelassen. Das Reichswehrministerium gab Röhms Besuch im Mai 1931 öffentlich zu. Im Einvernehmen mit der Reichswehr bildete Röhm, wie 1923, die nationalsozialistischen Sturmabteilungen zur stillen Reserve der Reichswehr aus. Schleicher gab Röhm die Zusicherung, daß im Ernstfall die SA unter den Befehl von Reichswehroffizieren treten würde. Die Hitlerleute wurden jetzt wieder von Reichswehroffizieren ausgebildet, die Schießplätze, Truppenlager, Geräte und Waffen der Reichswehr standen ihnen wie ehemals zur Verfügung. Schon schrieben nationalsozialistische Zeitungen davon, daß die Reichswehr vor der Wahl stehe, sich entweder auf die Seite der nationalen Front zu stellen oder zwischen Nationalsozialismus und Marxismus zu geraten und dann innerhalb kürzester Frist zersetzt und dann zerrieben zu werden.

Auch in die Beamtenschaft des Reichs und der Länder drangen jetzt die Nationalsozialisten langsam ein. Waren es vordem nur Volksschullehrer und mittlere Finanz- und Forstbeamte, die sich ihnen angeschlossen hatten, so bekamen sie jetzt Anhänger bis in die Ministerien hinauf. Noch stellten sich die höchsten Disziplinargerichte trotz Hitlers Legalitätseiden auf den Standpunkt, daß die Nationalsozialistische Partei die Verfassung gewaltsam beseitigen wolle und deshalb die Zugehörigkeit zu ihr mit den Pflichten des Beamten nicht zu vereinbaren sei. Trotzdem gelang es den Nationalsozialisten, bei den Behörden geheime Zellen zu bilden und überall SA-Beobachter zu gewinnen, die den nationalsozialistischen Gauleitungen über alle bedeutsamen Vorgänge, besonders über Geheimerlasse, Einstellung der Beamten, insbesondere über Gegner des Nationalsozialismus, genauestens und regelmäßig Bericht erstatteten. Der Bruch des Dienstgeheimnisses, auch des Telefon- und Postgeheimnisses zugunsten der nationalsozialistischen Bewegung nahm überhand. Es kam sogar vor, daß nationalsozialistische Finanzbeamte öffentlich erklärten, sie würden bei der Eintreibung von Steuern absichtlich versagen, um die Republik zum Erliegen zu bringen. Diese verhaßte Republik von Weimar hatte zwar für die Beamten, insbesondere für Volksschul-

lehrer und Beamte des mittleren Dienstes gesorgt wie kein Staatssystem zuvor. Allein Dankbarkeit ist keine politische Tugend, und
eine revolutionäre Bewegung zieht immer Leute an, die glauben,
irgendwie zu kurz gekommen zu sein, und deshalb außer der Reihe
zu den höchsten Posten kommen wollen. Die Träger des Systems
aber waren sich um die Mitte des Jahres 1931 der drohenden Gefahren noch nicht bewußt. Sie unterschätzten den Vernichtungswillen
der nationalen Opposition ebenso, wie sie die aus der immer schlimmer werdenden wirtschaftlichen Lage sich ergebende Verzweiflungs-
stimmung weiter Volksteile verkannten.

Brünings Leidensweg

Die Sozialdemokraten waren als Gegner Brünings in die Wahlschlacht
vom 14. September 1930 gezogen. Nach dem Sieg der Nationalsozialisten warfen sie unter dem Zwang der neuen politischen Lage das
Steuer herum. Nunmehr richteten sie alle ihre Bemühungen darauf,
den Nationalsozialisten den Weg zur politischen Macht zu versperren.
So kamen sie zu ihrer sogenannten »Tolerierungspolitik«, der Politik des »kleineren Übels«, die ihr gebot, den Zentrumskanzler Brüning und den Reichspräsidenten Hindenburg zu ertragen, um nicht
unter die Geißel Hitlers zu kommen. Eine solche Politik mußte
zum Ziel führen, wenn die Ursachen für den Aufstieg der Nationalsozialisten zufällig und zeitbedingt, nicht durch eine gesetzmäßige
Entwicklung gegeben waren. Als Hauptursache des nationalsozialistischen Erfolgs wurde mit Recht die Weltwirtschaftskrise erkannt.
Nach den Gesetzen der kapitalistischen Wirtschaft aber mußte die
Krise in wenigen Jahren vorübergehen, der Tiefstand der Wirtschaft
von einem neuen Aufstieg abgelöst werden. So konnte man hoffen,
durch eine entsagungsvolle Politik an der Seite Brünings, die nur
von begrenzter Dauer sein durfte, auch die faschistische Gefahr zu
überwinden und nach einiger Zeit wieder die Freiheit des Handelns
zu gewinnen. Eine weitere Voraussetzung der Tolerierungspolitik
war, daß der Reichspräsident samt der Reichswehr entschlossen war,
an Brüning festzuhalten und Hitler unter keinen Umständen an die
Macht zu lassen. Beide Voraussetzungen haben sich schließlich als
falsch herausgestellt.
Mitten in diese wirtschaftlichen Zusammenbrüche fiel der Kampf

der nationalen Opposition um die Eroberung Preußens hinein. Für das Volksbegehren des Stahlhelms nach Auflösung des preußischen Landtags wurde knapp die erforderliche Stimmenzahl abgegeben. Für den Volksentscheid zogen die Rechtsparteien alle verfügbaren Kräfte heran. Sogar die Kommunisten ließen sich zur Teilnahme daran gegen die verhaßte Regierung Braun-Severing gewinnen. Industrielle Gruppen, wie der Langnamenverein, übten den größten Druck auf ihre Angestellten aus, den Volksentscheid gegen die schwarz-rote Koalition mitzumachen. Auf dem Land wurden alle wirtschaftlich Abhängigen durch Androhung von Nachteilen zur Abstimmung gepreßt. Gegner des Volksentscheids wurden als antinationale Elemente hingestellt, die keine Besserung der Wirtschaftslage wollten. Als der Terror unerträglich wurde, setzte sich die preußische Regierung zur Wehr und zwang auf Grund einer Reichsnotverordnung die Rechtspresse zum Abdruck einer Regierungskundgebung gegen den Volksentscheid. Aber auf Beschwerde der Rechtskreise stellte sich der Reichspräsident auf die Seite der Regierungsgegner und ersuchte die Reichsregierung um Änderung der Pressenotverordnung vom 17. Juli 1931. Seinem Wunsch wurde später auch Rechnung getragen. Gleichwohl gaben am 9. August 1931 nur 9,79 Millionen Wähler, rund 37 Prozent der Stimmberechtigten, ihre Stimme für die Auflösung des preußischen Landtags ab. Bei den Wahlen vom 14. September 1930 hatten die hinter dem Volksentscheid stehenden Parteien 12,2 Millionen Stimmen erhalten. Noch einmal also war der Ansturm der Rechten auf Preußen gescheitert, fester als je stand das rote Bollwerk da. Dieser Ausgang wirkte zunächst ernüchternd, die Nationalsozialisten verloren eine Zeitlang ihre drohende Sprache und redeten dem Zentrum gut zu, sich im Frieden von den Sozialdemokraten zu trennen. Dafür wuchs der Haß gegen die »Marxisten« bei den Hitlerleuten ins Ungemessene, und nach dem Eisenbahnunglück bei Jüterbog schämte sich Dr. Goebbels in seinem »Angriff« nicht, ohne jeden Anhaltspunkt aufs Geratewohl Mitglieder des Reichsbanners als Urheber des Anschlags zu verleumden.

Im Frühherbst aber hatten die Wühlereien der Rechten beim Reichspräsidenten zum erstenmal einen bedeutsamen Erfolg. Man hatte dem überzeugten Protestanten Hindenburg eingeredet, Brüning hätte zuviel Zentrumsleute in der Reichsregierung, das überwiegend protestantische Reich werde vom Katholizismus beherrscht. Das sollte abgestellt werden, außerdem erhielt Brüning den Auftrag, wiederum die Bildung eines reinen Rechtskabinetts zu versuchen. Brüning trat am 7. Oktober 1931 zurück und wurde sofort wieder mit der Neubildung der Regierung betraut. Er opferte den überzeugten Republikaner und Zentrumsmann Dr. Wirth und warf auch den Deutschen Volksparteiler, Außenminister Dr. Curtius, der den auf Widerspruch Frankreichs verunglückten Versuch unternommen hatte, eine Zollgemeinschaft zwischen Österreich und dem Deutschen Reich zu bilden, mit über Bord. Aber alle Bemühungen, mit der nationalen Opposition zu einer Verständigung zu kommen, schlugen fehl. Sie wollte die ganze Macht. Wie ungünstig die Stellung Brünings in weiten Kreisen damals schon beurteilt wurde, ließ sich daran ermessen, daß sich ihm die für Ministerposten in Aussicht genommenen Industrieführer Vögler und das Vorstandsmitglied der I. G. Farben, Dr. Schmitz, ja sogar Dr. Scholz, der frühere Vorsitzende der Deutschen Volkspartei, und Geßler versagten. Mit Mühe gelang es ihm, Professor Warmbold von der IG-Farben als Wirtschaftsminister zu gewinnen. Zum Justizminister wurde der bisherige Staatssekretär Joël ernannt, das Reichsinnenministerium und das Reichswehrministerium wurde Groener zur gemeinschaftlichen Leitung übertragen. Brüning selbst übernahm noch das Außenministerium. Im Herbst kam der Landvolkführer Schlange-Schöningen als Minister für Osthilfe dazu. Die neue Regierung sollte noch unabhängiger von den Parteien regieren, als es bisher geschehen war. Das neue Kabinett wurde von der Rechten als verschleierte Militärdiktatur unter Aufsicht des Zentrums verhöhnt. Es war kein gutes Zeichen, daß der Reichspräsident in diesen Tagen zum erstenmal den Führer der Nationalsozialistischen Partei, Hitler, zusammen mit Göring empfing.

Am 11. Oktober 1931 trat dann die gesamte Rechtsopposition in Bad Harzburg zu einer Tagung zusammen, um die letzten Vorbereitungen zur Eroberung der Staatsmacht in Preußen und im Reich zu treffen. Die äußere Aufmachung war glänzend, »Stahlhelm« und SA marschierten in riesigen Zügen auf, die Führer der Rechtsverbände, Hitler, Hugenberg, Seldte, v. d. Goltz, Justizrat Claß gaben sich mit Männern der Wirtschaft wie Graf Kalckreuth, Dr. Schacht, Poensgen, Schlenker und Ravené ein Stelldichein. Es war die große Heerschau der Gegenrevolution. Eine schwülstige Kundgebung wurde erlassen, in der das Bündnis der rechtsstehenden Parteien und Gruppen beschworen und jedem, der diese Front zersetzen sollte, die Verachtung angedroht war. Für die kommenden Unruhen wurde es feierlich abgelehnt, die heutige Regierung und das heutige System mit dem Einsatz nationalen Blutes zu schützen. Sofortige Neuwahlen, Rücktritt der Regierung Brüning, Aufhebung der Notverordnungen und Sperrung der Polizeikostenzuschüsse für Preußen wurden gefordert. In einer aufsehenerregenden Rede beschuldigte Dr. Schacht die Regierung Brüning fälschlich der Verschleierung der wirklichen Lage der Reichsbank und zerstörte damit den Rest von deutschem Kredit, der noch übriggeblieben war.

Aber die prunkvolle äußere Aufmachung täuschte nicht über die Unmöglichkeit einer wirklichen Einigung zwischen den Deutschnationalen und Nationalsozialisten hinweg. Hitler verlangte für den Fall der Bildung einer Rechtsregierung für seine Partei das Amt des Reichskanzlers, des preußischen Ministerpräsidenten, des preußischen Innenministers und des Reichswehrministers. Dieser Preis war selbst Hugenberg damals zu hoch. So kam es zu einer schweren Verstimmung unter den Bundesgenossen, und Hitler nahm, verärgert, an der Besichtigung des Stahlhelmaufmarsches nicht teil.

Trotzdem erschienen am 13. Oktober 1931 die Nationalsozialisten und Deutschnationalen im Reichstag, um die Regierung Brüning zu stürzen. Sie kamen hoffnungsvoll, denn auch die Deutsche Volkspartei hatte beschlossen, Brüning fallenzulassen. Aber die Wirtschaftspartei weigerte sich mitzumachen und legte die Gründe für ihre Haltung mit einer an Einfalt grenzenden Offenheit mitten im Reichstag dar. Danach hatte sich das Zentrum geweigert, eine Minderheitsregierung aus Nationalsozialisten, Deutschnationalen, Deutscher Volkspartei, Wirtschaftspartei und Landvolkpartei zu unterstützen. Auch die wirtschaftlichen Schwierigkeiten einer neuen Regierung waren der Wirtschaftspartei noch als zu groß vorgekommen. Sie fürchtete, daß an ihnen eine Rechtsregierung scheitern könnte und dann die Rechtsopposition für immer erledigt und der Weg für eine neue Linkswendung in Deutschland frei würde. Aus diesem Grund hatte sich die Wirtschaftspartei noch einmal für Brüning entschieden, gegen sein Versprechen, in der Politik der letzten zehn Jahre eine grundsätzliche Schwenkung einzuleiten. So wurde also der Zweck, zu dem die Rechtsopposition in den Reichstag zurückgekehrt war, nicht erreicht. Aber die Angriffe der Nationalopposition gegenüber Brüning waren nichtsdestoweniger von einer bis dahin unerhörten Heftigkeit. Ihre Redner prangerten die preußische Polizei als Machtinstrument der Sozialdemokratie an. Sie beschuldigten die Regierung Brüning, daß sie den bolschewistischen Versuchen zur Vernichtung der abendländischen Kultur keinen Widerstand leiste. Die Vereinigung des Reichswehr- und des Reichsinnenministeriums unter Groener wurde als verhängnisvolle Belastung der Reichswehr mit innerpolitischen Auseinandersetzungen, als Entfremdung von ihren eigentlichen wehrpolitischen Aufgaben bezeichnet. Die Deutschnationalen klagten Brüning an, daß er durch die fortgesetzten Notverordnungen das geschichtliche Ansehen Hindenburgs aufs Spiel gesetzt habe und fortwährend den Versuch mache, ihn irrezuführen. Die Brüningparteien hätten den Internationalismus zur Grundlage ihrer Politik gemacht. Es müsse endlich nicht nur ohne, sondern gegen die Sozialdemokratie regiert werden.

In der entscheidenden Abstimmung siegte Brüning wiederum mit einer Mehrheit von 25 Stimmen, die Deutsche Volkspartei und die Landvolkpartei waren auseinandergefallen. Der Wirtschaftspartei wurde dafür von den Nationalsozialisten nachgesagt, daß sie von Brüning gekauft worden sei.

Die Nationalsozialisten zogen in dieser Zeit von ihren politischen Absichten und Zielen die letzten Schleier hinweg. In einer Versammlung in Frankfurt a. O. erklärte Dr. Frick, die Nationalsozialisten würden innerhalb 24 Stunden nach der Machtergreifung, getreu dem italienischen Vorbild, den Marxismus mit Stumpf und Stiel ausrotten, wobei natürlich Zehntausende von marxistischen Funktionären zu Schaden kommen würden. Die blutigen Bilderbeilagen zu diesen Worten stellten die nationalsozialistischen Sturmtruppen dar. An einem jüdischen Feiertag im September boten die Nationalsozialisten in Berlin ganze Rotten der SA auf, die am Kurfürstendamm jüdisch aussehende Staatsbürger planmäßig überfielen und schwer mißhandelten. In Braunschweig duldete der nationalsozialistische Minister Klagges ein wahres Schreckensregiment der SA. Die Arbeiterviertel wurden überfallen, abgesperrt und nach politischen Gegnern durchsucht, in ganzen Straßenzügen die Fenster eingeschlagen und eingeschossen, sozialdemokratische Arbeiter niedergeschlagen und angeschossen, so daß es bei manchen Aufläufen zahlreiche Tote und Hunderte von Verletzten gab. In den übrigen Teilen des Reichs kamen ebenfalls zahllose Gewalttaten vor. Eine sozialdemokratische Denkschrift vom Herbst 1931 gab für die letzten zwei Jahre 1484 Gewalttaten der Nationalsozialisten mit 62 Toten und 3209 Verletzten, 42 Versammlungssprengungen, 26 Überfälle auf Volks-, Gewerkschafts- und Konsumvereinshäuser und eine große Anzahl von Friedhofsschändungen an. Im November 1931 wurden dann nach den Hessenwahlen von dem nationalsozialistischen Abgeordneten Dr. Schäfer, der Gewissensbisse bekommen hatte, die »Boxheimer Dokumente« aufgedeckt, in denen von den Nationalsozialisten nach ihrer Machtergreifung die unerhörtesten Verfassungsbrüche vorgesehen waren. Danach sollte nach der Niederschlagung eines angenommenen kommunistischen Aufstands die gesamte Staatsgewalt auf die SA übergehen.

Widerstand gegen ihre Anordnungen, Nichtablieferung von Waffen, Streiks und Sabotage, schwere Verstöße gegen alle Notverordnungen sollten mit dem Tode bestraft werden. Alle Lebensmittel waren ohne Entgelt an die SA abzuliefern, die für Weiterverteilung gegen Karten zu sorgen hatte. Der SA stand die Verfügung über das Privatvermögen jedes Staatsbürgers zu, es gab kein Privateinkommen mehr, für alle Staatsbürger vom 16. Lebensjahr ab war Arbeitsdienstpflicht eingeführt. Als Verfasser des Entwurfs bekannte sich der hessische Nationalsozialist Dr. Best. Hitler leugnete jede Kenntnis von solchen Plänen ab. Die Empörung über die geplanten Maßnahmen war im deutschen Volk ungeheuer. Da kam der Oberreichsanwalt Dr. Werner den Nationalsozialisten zu Hilfe und stellte vor Einleitung jeder Untersuchung in einer öffentlichen Erklärung den Tatbestand des Hochverrats im Hinblick auf den angenommenen Kommunistenputsch als höchst zweifelhaft hin. Er mußte sich von dem hessischen Innenminister Leuschner die Zurechtweisung gefallenlassen, daß der Zeitpunkt für eine rechtliche Würdigung des Falles vor seiner genauen Untersuchung verfrüht sei.

Die nationalsozialistischen Führer taten nichts, um den Eindruck der blutrünstigen »Boxheimer Dokumente« abzuschwächen. Gregor Strasser drohte in einer Versammlung in Brieg, daß nach dem Sieg seiner Partei die Breitscheid und Genossen zu Dreck geschlagen, eine weitere Anzahl von Marxisten gehenkt und die anderen eingesperrt würden. In Stuttgart kündigte er an, daß die Nationalsozialisten nach der Machtergreifung bis an die Knie im Blute stehen würden. Dieser Bürgerkriegshetze gegenüber raffte sich die Reichsregierung zu keinen entscheidenden Taten auf. In der Notverordnung vom 6. Oktober 1931 war zwar die Möglichkeit zur Schließung der Sammelstätten staatsfeindlicher Betätigung, also besonders der SA-Heime und SA-Kasernen vorgesehen. Davon wurde aber nur in Preußen vereinzelt Gebrauch gemacht. Die Notverordnung vom 8. Dezember 1931 enthielt dann Vorschriften gegen den Waffenmißbrauch, insbesondere die Erschwerung des Erwerbs von Schußwaffen, ein allgemeines Verbot von Uniformen und Abzeichen politischer Verbände und verstärkten Ehrenschutz für die im öffentlichen Leben stehenden Personen. Außerdem war ein allgemeiner Weihnachtsfriede durch das Verbot aller politischen Versammlungen und Aufzüge bis 3. Januar 1932 angeordnet. In einer Rundfunkansprache wandte sich der Reichskanzler am 8. Dezember 1931 insbesondere gegen die Drohungen und Rachepläne Hitlers und seiner Unterführer und stellte unter Anspielung auf Hitlers Eid fest, daß die Durchbrechung der legalen Schranken nach legaler Machtergreifung eben keine Legalität sei. Er redete von eiserner Energie und unerbittlicher Strenge gegenüber allen, die den verfassungsmäßigen Gewalten in den Arm fallen würden. Aber die nach diesen starken Worten erwarteten Taten gegen die Friedensstörer im Hitlerlager blieben aus. Damals hätte vielleicht nur noch das Verbot aller militärischen Verbände, die Verhaftung der staatsfeindlichen Führer und die rücksichtslose Säuberung des Staatsapparats von unzuverlässigen Beamten die Anhänger der Gegenrevolution zur Vernunft bringen können. Zu solchen Maßnahmen konnte sich die Reichsregierung Brüning nicht mehr durchringen. Selbst wenn sie die Macht dazu noch besessen hätte, besaß sie nicht mehr den Willen zur Macht. Sie bot nicht einmal mehr zu einer letzten Kraftanstrengung, zu einer Zusammenfassung aller zuverlässigen demokratischen Kräfte im Volk, die dem drohenden Umsturz die Stirn hätte bieten können, die Hand. Eben damals, um die Jahreswende, bildete sich innerhalb der freien Arbeiterschaft aus den Gruppen des Reichsbanners, der Freien Gewerkschaften und der Arbeitersportverbände zur Verteidigung der demokratischen Republik gegen den Faschismus eine »Eiserne Front«. Sie wurde von der Staatsmacht nicht genutzt, sondern eher mit Mißtrauen betrachtet. Selbst die Christlichen Gewerkschaften lehnten die Teilnahme ab. Brüning glaubte sich auf die Kräfte der Polizei und der Reichswehr und vor allem auf den Reichspräsidenten verlassen zu können. Er übersah, daß die bewaffneten Kräfte des Staates, besonders nach deutscher Überlieferung, keine eigene politische Macht darstellen, sondern nur Werkzeuge in der Hand einer ihnen übergeordneten politischen Führung sind. Die politische Führung stand aber im autoritären System, wie es Brüning mitgeschaffen hatte, längst nicht mehr dem Reichskanzler, sondern dem Reichspräsidenten zu. Durch ihn war der Reichskanzler zwar vom Reichstag und den hinter ihm stehenden Parteien unabhängig, aber er war dafür der Knecht des Reichspräsidenten geworden. Dem Eigenwillen dieses Staatsorgans konnte er nicht mehr den Mehrheitswillen der Volksvertretung entgegenhalten, weil der Reichstag durch seine eigene Schuld politisch ohnmächtig geworden war. Der Reichskanzler war dadurch nur vom Regen in die Traufe geraten. Die Umgebung des Reichspräsidenten aber stand schon damals kaum mehr im Lager der demokratischen Republik. Der Reichspräsident selbst war bedenklich geworden, als ihn im Dezember 1931 sogar die ostpreußische Landwirtschaftskammer aufforderte, durch seinen Rücktritt den Weg für die nationale Opposition freizumachen. Auch in der Wehrmacht und in der Beamtenschaft hatten sich staatsfeindliche Zellen gebildet. Ein großer Teil der Beamten war angesichts der offenbaren Schwäche der Staatsleitung gegenüber den Mächten des nationalsozialistischen Umsturzes bedenklich geworden. Sie scheuten mit Rücksicht auf das, was kommen konnte, immer mehr vor durchgreifenden Maßnahmen gegen die nationalsozialistischen Staatsverbrecher zurück. Deutlich zeichnete sich auf dem Hintergrund der politischen Gegenwart schon eine kommende Regierung der Nationalsozialisten ab, die schon jetzt ihre Vorbereitungen für den Tag der Machtübernahme traf. Ganz offen drohte der nationalsozialistische Abgeordnete Pastor Münchmeyer in seinen Versammlungen den überwachenden Polizeibeamten an, daß er sie im Dritten Reich besonders aufs Korn nehmen, daß man nach der Machtergreifung der Nationalsozialisten 20 000 Beamte entlassen werde. Hitler führte um diese Zeit in einem Brief aus, der Mann, der von der göttlichen Vorsehung zum Führer gewählt sei, werde sich sein Handeln niemals durch die lächerlichen Kompetenzgrenzen einer Verfassung vorschreiben lassen. So wagten es die Beamten aus Furcht vor künftiger Vergeltung vielfach nicht mehr, ihre Pflicht gegen die Umstürzler zu tun. Selbst der bayerische Innenminister mußte die Polizeibehörden zu schärferem Vorgehen gegen die nationalsozialistischen Treibereien ermuntern und ihnen mehr Mut und Schneid anempfehlen. Bei der Reichsregierung hatte man bereits den bestimmten Eindruck, daß sie gegenüber den staatsfeindlichen Kräften nicht mehr zum rücksichtslosen Kampf entschlossen war. Dieser Eindruck war richtig, Brüning war nicht gewillt, mit den äußersten Mitteln zu kämpfen, weil er in seinem künstlichen politischen Spiel auch die nationale Opposition in Rechnung gestellt hatte. Alles, was er gegen sie an Maßnahmen aufbrachte, störte ihn und wurde ihm von seinen Gegnern aufgezwungen. So glich die demokratichse Republik immer mehr einer belagerten Festung, in der die Vorräte von Tag zu Tag dahinschwanden und nur noch gelegentlich ein schwächlicher Ausfall versucht wurde.

Anfangs 1932 wurde der Grund für Brünings Zurückhaltung gegenüber der nationalen Opposition aller Welt offenbar. Am 6. und 7. Januar fanden Besprechungen zwischen Brüning und Groener auf der einen, Hitler auf der anderen Seite statt. Die Reichsregierung wollte die Rechtsparteien im Reichstag für die Verlängerung der Amtsdauer des Reichspräsidenten auf dem Wege der Verfassungsänderung gewinnen. Dadurch sollte ein für den alten Feldmarschall menschlich schwer tragbarer Wahlkampf, in dem seine alten Freunde gegen ihn stehen würden, vermieden werden. Brüning erniedrigte sich so weit, daß er den Führern der nationalen Opposition seinen Rücktritt anbot. Von Hitler gewann man bei seiner unterwürfigen Art zunächst den Eindruck, daß er dem Plan Brünings nicht abgeneigt sei. Das war freilich eine völlige Verkennung seines Ehrgeizes, es bedurfte der Überredungskunst Hugenbergs nicht, um ihn zur Ablehnung des Kanzlervorschlags zu bestimmen. Zunächst machten die Führer der »nationalen Opposition« für ihre Zustimmung zur Verfassungsänderung zur Bedingung, daß sie hernach zu Ministern ernannt würden. Aber Hindenburg hatte seinerseits die Annahme des Brüningschen Plans davon abhängig gemacht, daß alle Parteien zustimmten und man ihm keine politischen Bedingungen stellte. Er lehnte deshalb am 22. Januar 1932, erbost über die Bloßstellung seiner Person, eine weitere Erörterung der Angelegenheiten ab. Brüning hatte eine diplomatische Niederlage erlitten, und Hindenburg trug sie ihm nach. Die Führer der nationalen Opposition bemühten sich noch, die Verärgerung des Reichspräsidenten zu erhöhen. Da Brüning seinen Schritt mit außenpolitischen Rücksichten begründet hatte, die eine völlige Geschlossenheit des deutschen Volkes in der Präsidentschaftsfrage wünschenswert machten, hielt ihm Hugenberg in seiner öffentlichen Antwort entgegen, daß die außenpolitische Stellung Deutschlands am besten durch den Rücktritt der jetzigen Regierung gestärkt würde. Die Nationalsozialisten stießen in dasselbe Horn. Hitlers außenpolitischer Berater Rosenberg hatte nach der Rückkehr von einer politischen Reise aus England die Behauptung verbreitet, daß die Regierung Brüning von maßgebenden Vertretern ausländischer Regierungen nicht mehr als verhandlungsfähig angesehen werde, weil sie im Volk keine Mehrheit mehr habe.

So kam es zum Kampf um die Reichspräsidentschaft, bei dem Hindenburgs Gegner von 1925 nun für ihn waren und seine Wähler von damals jetzt auf der Gegenseite standen. Sofort bildeten sich unter dem Vorsitz des Berliner Oberbürgermeisters Hindenburg-Ausschüsse im ganzen Reich. Erhebliche Geldmittel wurden aufgebracht, Unterschriften für Hindenburgs Wiederwahl wurden gesammelt. Die Gegner traten verspätet und uneinig auf den Plan. Hugenberg schwankte zuerst zwischen den Kandidaturen des Großindustriellen Vögler und des Prinzen Oskar von Preußen hin und her. Die Nationalsozialisten aber tanzten aus der Reihe und schlugen Hitler als Kandidaten vor. Dafür waren damals noch die Deutschnationalen auf keinen Fall zu gewinnen. Hitler mußte sich aber vor Einreichung des Wahlvorschlags erst die deutsche Staatsangehörigkeit verschaffen. Gerade jetzt kam durch die Aussage thüringischer Ministerialbeamter auf, daß Hitler im Vorjahr von dem damaligen thüringischen Innenminister Dr. Frick zu diesem Zweck, hinter dem Rücken der übrigen Minister, zum Gendarmeriekommandanten von Hildburghausen ernannt worden war. Dr. Frick hatte Hitler die Anstellungsurkunde auf dem Gautag von Gera persönlich überreicht und sich von ihm eine Empfangsbestätigung aushändigen lassen. Zur großen Überraschung Dr. Fricks hatte Hitler dann im Leipziger Prozeß beschworen, daß er staatenlos sei. Dr. Frick hatte daraufhin die Empfangsbestätigung stillschweigend vernichtet. Ein Gelächter ging durch ganz Deutschland, als dieser Tatbestand bekannt wurde. Aber im nationalen Deutschland tötete Lächerlichkeit nicht. Vielmehr wurde Hitler jetzt mit Hilfe der Deutschnationalen in Braunschweig, nachdem sie ihn erst zum Professor machen wollten, nicht ohne Schwierigkeiten zum Regierungsrat ernannt und der braunschweigischen Gesandtschaft in Berlin zugeteilt. Es war eine Scheinanstellung wie die von Hildburghausen, aber die Reichsregierung legte dagegen keinen Widerspruch ein. Hitler wurde als Kandidat für die Reichspräsidentenwahl anerkannt.

Der »Stahlhelm« hatte ebenso wie der »Reichslandbund« und die vereinigten vaterländischen Verbände den Beitritt zum Hindenburg-Ausschuß abgelehnt. Der Landbundführer Graf Kalckreuth begründete seine Haltung damit, daß unter der Reichsregierung Brüning die Landwirtschaft noch mehr ausgeplündert worden sei als je zuvor. »Stahlhelm« und Deutschnationale entschuldigten sich damit, daß sie den Kampf gegen das »System« als ihre oberste Pflicht betrachteten und dahinter die Gefühle der Ehrerbietung gegenüber dem Sieger von Tannenberg zurücktreten lassen müßten. Sie stellten nach gemeinsamen Verhandlungen den Stahlhelmführer Duesterberg als Kandidaten auf. Von den Kommunisten wurde Thälmann als Zählkandidat benannt. Für Hindenburg traten insbesondere die bürgerlichen Parteien der Mitte und der politische Katholizismus ein. Nach der Ausrufung Hitlers zum Gegenkandidaten Hindenburgs blieb auch der Sozialdemokratie keine Wahl mehr. Sie brachte das staatspolitische Opfer, sich für den alten General Hindenburg zu entscheiden, um einen Sieg Hitlers zu verhindern, dessen Wahl damals vielleicht noch Bürgerkrieg und Zerfall des Reichs zur Folge gehabt hätte. Die Entscheidung war richtig, obgleich Hindenburg die in ihn gesetzten Erwartungen völlig enttäuscht hat. Die Wahl Hitlers hätte um ein Jahr früher den Zusammenbruch der Demokratie nach sich gezogen. Man durfte damals nicht den letzten Weg zur möglichen Rettung verrammeln.

Der Wahlkampf wurde mit größter Erbitterung geführt. Vor allem in den Reichstagssitzungen, die zur Vorbereitung der Präsidentenwahl einberufen wurden, kamen die Gegensätze wieder zum Austrag. Am 23. Februar 1932 warf Dr. Goebbels dem Reichspräsidenten vor, er habe das Gegenteil einer nationalen Politik betrieben und sich auf die Seite der Sozialdemokratie gestellt. Schließlich verstieg er sich mit einer Handbewegung zu den Sozialdemokraten zu der Äußerung, daß Hindenburg der Kandidat der Berliner Asphaltpresse und der Partei der Deserteure sei. Ein Sturm der Entrüstung fegte ihn von seinem Podiumssitz. Die Kriegsteilnehmer aller bürgerlichen Parteien mit Ausnahme der Deutschnationalen gaben eine Ehrenerklärung für die im Weltkrieg bewährte Vaterlandstreue der Sozialdemokraten ab. Reichswehrminister Groener trat aufs schärfste der Schmähung Hindenburgs durch Goebbels entgegen. Aber den Nationalsozialisten fiel es nicht ein, ihren hetzerischen Ton zu ändern. Ihr Redner Rosenberg warf dem Zentrum vor, es habe die Sozialdemokratie groß gemacht, um sie als Werkzeug der Erpressung gegenüber dem nationalen Deutschland benutzen zu können. Das Zentrum habe in Wirklichkeit die Stärkung Frankreichs und der Westmächte und die Schwächung Deutschlands zum Ziel. Das war offenbar die Wiederholung des Vorwurfs der Reichsfeindlichkeit, wie ihn Bismarck gegen das Zentrum erhoben hatte. Die Sache wurde nicht besser, als Brüning in höchster Erregung die Erklärung abgab, daß er im November 1918 an der Spitze der zur Niederwerfung der Revolution bestimmten Gruppe Winterfeldt gestanden habe. Das war die Preisgabe der Zentrumspolitik von 1918 und der Sozialdemokratie. Der Kanzler gab aus den Januarverhandlungen noch bekannt, daß die nationale Opposition als Preis für die Wiederwahl Hindenburgs die Auslieferung der gesamten Staatsmacht verlangt hatte. In der Erwiderung auf Brünings Anklagerede suchte Dr. Goebbels den Kanzler durch die Feststellung zu verdächtigen, daß sich während seiner Amtsdauer die Zahl der Kommunisten verdoppelt habe. Der Sozialdemokratie warf er unter Anführung der Aussprüche pazifistischer Mitglieder wieder Wehrfeindlichkeit vor. Die Kommunisten machten im Reichstag Mitteilung von einer Wahlbombe, die von den Nationalsozialisten vorbereitet worden war. Diese hatten einen kommunistischen Geheimbefehl angefertigt, demzufolge in der Nacht vom 12. auf 13. März 1932 ein Sturm der Kommunisten auf alle Polizeistationen und Kasernen ausgeführt, die nationalsozialistischen Parteigebäude in Brand gesteckt, Kirchen und Krankenhäuser gesprengt, Post- und Telegrafenämter und Funkstationen durch Sprechchöre besetzt, im Rundfunk die Sowjetrepublik ausgerufen und anschließend an die Revolution nach Leipzig ein Kongreß zur Regierungsbildung einberufen werden sollte. Die Nationalsozialisten hatten also schon bei der Reichspräsidentenwahl die Absicht, durch Meldungen über geplante kommunistische Gewalttaten das Bürgertum zu erschrecken und Panikstimmung hervorzurufen. Damals wurde dem Vorgang noch keine Beachtung geschenkt. Der Reichstag lehnte die Mißtrauensanträge gegen Brüning mit 289 gegen 264 Stimmen ab. Vor der wichtigen Abstimmung über die sozialdemokratischen Anträge auf Verstaatlichung der Bodenschätze zogen die Nationalsozialisten es vor, den Reichstag zu verlassen. Sie gaben die bündige Erklärung ab, daß sie sich an diesem Affentheater nicht länger beteiligen wollten. In den Tagen bis zur Wahl setzte sich dann der Reichskanzler Brüning überall im Reich in Riesenversammlungen für Hindenburg als geschichtliche Größe und Retter des Vaterlandes ein.

Bei der Wahl vom 13. März 1932 erhielt Duesterberg 2,55 Millionen, Thälmann 4,98 Millionen Stimmen, auf Hitler fielen 11,33 Millionen oder 30%, auf Hindenburg 18,65 Millionen oder 49,6%. Nun schlug Hugenberg unter Zurückstellung seiner früheren verfassungsrechtlichen »Bedenken« zur Ersparung eines zweiten Wahlgangs vor, Hindenburg durch ein verfassungsänderndes Reichsgesetz für gewählt zu erklären, dafür aber die Neuwahl des Reichstags durchzuführen. Die Reichsregierung ging auf diesen Vorschlag nicht ein. Darauf lehnten die Deutschnationalen und der »Stahlhelm« eine Beteiligung am zweiten Wahlgang ab. Der »Reichslandbund« und eine Reihe als reaktionär bekannter Persönlichkeiten, an ihrer Spitze der Herzog von Coburg, sprachen sich für Hitler aus. Auch der frühere deutsche Kronprinz ließ öffentlich erklären, daß er Hitler die Stimme geben werde. Am 10. April 1932 erhielt dann Hitler 13,4 Millionen oder 36,8% Stimmen, Hindenburg aber 19,55 Millionen oder 53%. Für Thälmann fielen noch 3,7 Millionen Stimmen ab. Das Ergebnis zeigte, daß Hitler aus den Reihen des »Stahlhelms« und der Deutschnationalen noch erheblichen Zuzug erhalten hatte. Trotzdem sahen sich die Nationalsozialisten in ihren Erwartungen schwer enttäuscht. Dazu war das Tischtuch zwischen Hugenberg und Hitler wieder einmal zerschnitten. Hugenberg warf den Nationalsozialisten mit Recht vor, daß sie die Abmachungen von Harzburg nicht eingehalten, sondern aus Selbstsucht die Einigkeit der nationalen Rechten zerstört hätten. Er erklärte ihnen, daß sie ihr Ziel einer Macht, wie sie bisher kein Kaiser und kein König in germanischen Landen jemals besessen hätte, niemals erreichen würden. Auch der »Stahlhelm« lehnte es damals noch mit Entrüstung ab, sich einer nationalsozialistischen Parteidiktatur zu unterwerfen. Auch in den Reihen der Nationalsozialisten begann es zu gären. Besonders Gregor Strasser fing an zu zweifeln, ob man ohne Zugeständnisse an die Deutschnationalen oder das Zentrum jemals zur Macht kommen werde.

Nach der Wahl vom 10. April bot Brüning dem Reichspräsidenten den Rücktritt der Reichsregierung an. Er wurde von Hindenburg mit der Erklärung abgelehnt, daß die Reichsregierung sein volles Vertrauen besitze. Nun holte Brüning endlich zu einem vernichtenden Schlag gegen die Nationalsozialisten aus. Er hatte schon in einer Rede vom 7. April mit Enthüllungen gedroht, nach denen man das »National« der Nationalsozialisten nur noch mit Gänsefüßchen schreiben würde. Am 11. April schleuderte dann der preußische Ministerpräsident Otto Braun die Beschuldigung gegen Hitler, daß er gedroht habe, im Falle einer kriegerischen Verwicklung seine SA von der Grenze zurückzuziehen. In der Tat hatte Hitler in einer Versammlung in Lauenburg in Pommern am 5. April gesagt, wenn man seiner Partei vorwerfe, daß sie sich einstweilen weigere, die deutschen Grenzen zu schützen, so müsse er allerdings sagen, daß er seine Kämpfer nicht dem System opfern wolle, er werde die Grenze erst dann schützen, wenn die Träger des gegenwärtigen Systems beseitigt seien. Das war die Erklärung des Streiks in der Landesverteidigung, aber in den Augen der Rechten war er gegen »marxistische Regierungen« erlaubt. Der Führer der vaterländischen Verbände von der Goltz deckte ihn mit den Worten: »Keine Hand soll sich erheben, wenn man uns von solcher Seite wünscht, keine Faust auch nur einen Finger krümmen im Dienste solchen Systems. Wir wollen nicht für ein Phantom sterben, den Rest der Eisernen Heimatfront überlassen.« Im bayerischen Landtag hatte der Nationalsozialist Wagner, der spätere bayerische Innenminister, wirtschaftlichen Landesverrat getrieben, indem er das Ausland feierlich warnte, dem Deutschland Brünings eine Anleihe zu geben, in dieses verfaulende bankrotte System noch einen Pfennig zu stecken, weil eine künftige nationalsozialistische Regierung nicht daran denken werde, solche Kredite zurückzuzahlen. Während man die Kriegsdienstverweigerung der Pazifisten als todeswürdigen Landesverrat brandmarkte, galt Kriegsdienstverweigerung gegenüber dem parlamentarisch-demokratischen System als erlaubt. So hatte der politische Haß alle Begriffe verwirrt, das oberste Gebot der staatlichen Selbstbehauptung gegen auswärtige Feinde zerschlagen.

Aber die Reichsregierung, die keinen Unterschied machen wollte zwischen dem Landesverrat von rechts und links, schritt am 13. April 1932 zu dem folgenschweren Verbot der nationalsozialistischen SA und SS. In der amtlichen Begründung wurde auf den Charakter dieser Organisationen als eines Privatheeres Bezug genommen. Hunderttausende von Männern seien bei unbedingter Befehlsgebundenheit zum Teil mit kasernenmäßiger Unterbringung in Aktionsgruppen gegliedert und träten wie militärische oder polizeiliche Mannschaften auf. Schon das bloße Vorhandensein einer solchen Organisation, die einen Staat im Staate bilde, sei eine Quelle steter Beunruhigung für die friedliche Bürgerschaft. Die Entwicklung führe zwangsläufig zu Zusammenstößen und letzten Endes zum Bürgerkrieg. Eine solche Organisation müßte die Nationalsozialistische Partei eines Tages unweigerlich in die Illegalität hineinreißen. Keine Regierung könne es dulden, daß irgendeine Partei den Versuch mache, einen Staat im Staate zu bilden und unter Umständen ihre Ziele mit Gewalt durchzusetzen. Das waren endlich die kraftvollen Worte, endlich die erlösende Tat, aber sie kamen zu spät.

Das Verbot war nicht zuletzt der Reichsregierung von den süddeutschen Regierungen abgerungen worden, die mit selbständigem Vorgehen gedroht hatten. Durch die Gewalttaten der nationalsozialistischen Sturmabteilungen in den letzten Monaten wäre es längst gerechtfertigt gewesen. So hatte die SA auf den Angeber der Boxheimer Dokumente, Dr. Schäfer, in Zwickau einen Mordanschlag verübt. In Bankau in Schlesien wurde der Landarbeiter Bassy von einer vertierten Horde Nationalsozialisten unter den Augen seiner Frau aufs grausamste ermordet. In Oppenheim sprengten die Nationalsozialisten Ende Februar 1932 das Landhaus des sozialdemokratischen Abgeordneten Steffen in die Luft. In Eckersdorf in Schlesien schlugen sie eine Zentrumsversammlung auseinander, mißhandelten auch den Ortspfarrer und verletzten zwei Arbeiter schwer. In Greifswald unternahm eine SA-Gruppe von 100 Mann einen Sturm auf die Greifswalder Volkszeitung. In Breslau wurde der Sozialdemokrat Hermann Günther von nationalsozialistischen Sturmzettelverteilern im eigenen Hause niedergeschossen. Bei Reinickendorf überfielen schwerbewaffnete Nationalsozialisten die meist von Kommunisten bewohnte Laubenkolonie Felseneck, dabei blieben zwei Menschen tot auf dem Platz. Am 13. März fiel eine Horde Nationalsozialisten in Hückeswagen über Kommunisten her, wobei drei Menschen ums Leben kamen. Hitler hatte in der letzten Zeit förmliche Tobsuchtsanfälle erlitten. In einer Versammlung in Weimar brüllte er,

Schaum vor dem Munde: »Man muß mich töten, wenn man mich von meinem Gegner losbringen will. Die Parteien des Systems haben an mir einen Feind, den sie niemals abschütteln können.« In der Dienstvorschrift der SA war ausdrücklich die Rede von blutiger Saalschlacht und davon, die Marxistenhaufen mit blutigen Schädeln auseinanderzujagen. Dr. Goebbels aber ließ sich in seinen Versammlungen ankündigen als der »Oberbandit von Berlin«.

Einige Tage vor der Reichspräsidentenwahl vom 13. März war der Reichsinnenminister auf höchst bedenkliche Vorbereitungen der Nationalsozialisten aufmerksam gemacht worden. Er forderte vom preußischen Innenminister sofort eine Untersuchung der Angelegenheit. Dieser führte sie aber wegen der Wahl erst am 15. März durch. Durch die Haussuchungen ergab sich ein völlig eindeutiges Bild der Maßnahmen, die von den Nationalsozialisten für eine gewaltsame Auseinandersetzung vorbereitet waren. Danach hatten am Wahltag sämtliche SA-Formationen auf Anordnung der Münchner Befehlsstellen in Bereitschaft gestanden. Es bestand der Plan, Berlin durch vorher herausgezogene SA-Einheiten, die sich mit der aus der Provinz herbeigezogenen SA vereinigen sollten, von allen Seiten einzuschließen. Überall, besonders in Schlesien, waren Vorbereitungen getroffen, die illegalen Waffenlager der Reichswehr durch die Sturmführer ausräumen zu lassen und die Waffen an die SA zu verteilen. An den Unterkunftsorten der SA sollten die Gemeindevorsteher und die örtlichen Polizeikräfte durch nationalsozialistische Sonderkommandos festgesetzt, Fernsprech-, Telegrafenanlagen besetzt und alle Zufahrtsstraßen durch Wachen gesichert werden. Über das ganze Reich war ein Relais-Dienst mit Motorfahrzeugen eingerichtet, um für die nationalsozialistische Reichsleitung die Verbindung mit wichtigen Stellen unter allen Umständen zu sichern. Die für den Ernstfall erlassenen Vorschriften sollten auf das Stichwort »Großmutter gestorben, Max« in Kraft treten. Ein aufgefundener Befehl handelte von der Beschaffung eiserner Rationen. Der Dienstanzug sollte bei der Alarmierung verdeckt mitgeführt werden. Die Stürme hatten sich für zwei Tage auszurüsten. In den verschiedensten Teilen des Reiches waren die Zusammenziehungen von SA-Einheiten und Transporte von Militärwaffen, Stahlhelmen und Munition festgestellt worden. Sammelbogen über alle öffentlichen Behörden, Generalpläne für Besetzung lebenswichtiger technischer Betriebe der einzelnen Städte, insbesondere der Elektrizitäts- und Gaswerke waren ausgegeben. Eine Anordnung lautete, zur Abschreckung streikender Arbeiter die Wasserleitungen mit Anilinfarben zu versetzen. Es stellte sich heraus, daß sämtliche Organe des Staates, der Polizei und der Reichswehr von eigenen SA-Nachrichtenwarten planmäßig bespitzelt worden waren. In einer Reihe von Städten, besonders auch in Berlin, wurden Aufstellungen über Stärke, Gliederung, Ausrüstung und Bewaffnung der Polizei vorgefunden. Durch Verletzung des Dienstgeheimnisses waren zahlreiche Geheimverfügungen der Ministerien in die Hand der Nationalsozialisten gefallen. Sogar der wenigen Personen bekannte Geheimschlüssel des Rundfunks der preußischen Polizei war den Nationalsozialisten verraten worden. Stärke, Standort und Bewaffnung des Bahnschutzes, die Standorte der Panzerzüge, der Standort der Bahnrundfunkanlagen, die Fernleitungen und Kabel der Post waren planmäßig ausgeforscht. Man fand ein vertrauliches Rundschreiben von Dr. Goebbels, wenn der Propagandasturm für die Reichspräsidentenwahl verpuffe, dann bliebe als einzige Waffe nur die SA und SS, die für alle Eventualfälle bereitstünden. Kurz vor dem Wahltag, am 10. März, war der Führer der pfälzischen SA und SS verhaftet worden, weil er aus einem Werk der IG-Farben in Ludwigshafen Sprengstoff gestohlen hatte. Über 30 fertige Bomben wurden in der Pfalz beschlagnahmt. In Berlin wurde am 9. März der Polizeileutnant Lange mit einem Polizeiwachtmeister und dessen Braut verhaftet, weil sie der nationalsozialistischen Gauleitung Pläne über Unterkünfte und Waffenlager der Polizei ausgeliefert hatten. Die bayerische Regierung gab bekannt, daß in Bayern die Nationalsozialisten ebenfalls alle Vorbereitungen getroffen hatten, um am 13. März die Macht zu ergreifen. Generalappelle waren abgehalten, Mannschaften waren vereidigt, Alarmbefehle erlassen und die gesamte SA und SS zusammengezogen worden. Für die einzelnen Posten der staatlichen und städtischen Verwaltungen waren überall bereits Nationalsozialisten benannt. Zur Tarnung der militärischen Vorbereitungen hatte der Stabschef der SA, Hauptmann Röhm, einige Tage vor dem 13. März dem Reichsinnenminister Groener mitteilen lassen, daß die SA am Wahltag zur Vermeidung von Zusammenstößen auf der Straße geschlossen in ihren Unterkünften zusammengehalten würde.

Die nationalsozialistischen Vorbereitungen für den 13. März hatten wohl den Zweck gehabt, im Falle der erwarteten Wahl Hitlers sich sofort der Staatsgewalt zu bemächtigen und jeden Widerstand im Keim zu ersticken. Die staatlichen Organe wären in eine sehr unangenehme Lage gekommen, denn als Reichspräsident hätte Hitler ganz »legal« mit der Gegenzeichnung eines rasch eingesetzten neuen Kanzlers die SA zur Wiederherstellung der Ordnung aufbieten können. Aus dem aufgefangenen geheimen Rundschreiben des

Dr. Goebbels geht aber hervor, daß man auch für den Fall der Niederlage Hitlers daran dachte, die SA zur Machteroberung einzusetzen. Vor diesem Weg scheint dann Hitler infolge des für ihn niederschmetternden Wahlausgangs zurückgeschreckt zu sein. Hitler hatte die Klugheit besessen, gegen die preußische Polizeiaktion vom 15. März 1932 Beschwerde beim Staatsgerichtshof einzureichen. Dieser baute Hitler eine goldene Brücke und ersparte ihm die Ablehnung seines Antrags durch einen Vergleich, in dem der Nationalsozialistischen Partei die bereits vollzogene Herausgabe der beschlagnahmten Mitgliederverzeichnisse noch einmal zugestanden wurde.

Das Verbot der SA und SS war den Nationalsozialisten infolge von Durchstechereien von Beamten vor seiner Veröffentlichung bekanntgeworden. Sie räumten alle irgendwie gefährlichen Beweisstücke und ihre Ausrüstung beiseite und lachten die zu spät erscheinenden Polizeibeamten aus. Die »nationale Opposition« aber holte, wieder brüderlich vereint, sofort zum Gegenschlag aus. Sie bemühte sich, dem Reichspräsidenten das Verbot als einseitige parteipolitische Maßnahme hinzustellen. Zu diesem Zweck richtete der Führer der preußischen Landtagsfraktion der NSDAP an den preußischen Ministerpräsidenten ein Schreiben, in dem die Auflösung des Reichsbanners gefordert war. Das Reichsbanner wurde darin als Kampforganisation der Linken zum Zwecke der gewaltsamen Auseinandersetzung im Bürgerkrieg bezeichnet, es wurden ihm Waffenlager angedichtet, nennenswerte Führer des Reichsbanners wurden als Kriegsdienstverweigerer, gegen die längst ein Verfahren wegen Landesverrats hätte eingeleitet werden müssen, hingestellt. Dem Reichspräsidenten selbst wurde zusammengetragenes und großenteils gefälschtes Material gegen das Reichsbanner in die Hand gespielt. Es enthielt fast nur einseitig gefärbte Berichte der Rechtspresse über Reichsbannerveranstaltungen, vielfach waren darin angebliche Ausführungen von Rednern wiedergegeben, die an den fraglichen Tagen gar nicht gesprochen hatten. Aber Hindenburg ließ sich täuschen und schrieb am 15. April dem Reichsinnenminister Groener einen unhöflichen, der Presse übergebenen Brief, in dem wegen der Pflicht des Reichspräsidenten zur überparteilichen Ausübung seines Amtes zur gleichmäßigen Anwendung der Gesetze für den Fall der Richtigkeit der ihm gemachten Angaben für das Reichsbanner die gleiche Behandlung, also ein Verbot gefordert war. Die erste Amtshandlung Hindenburgs nach seiner Wiederwahl war also eine Stellungnahme gegen die Organisation, deren Mitglieder unter Einsatz ihres Lebens die Abhaltung von Wahlversammlungen für ihn erst möglich gemacht hatten. Die Anhänger der demokratischen Republik sahen mit Schrecken, daß der Fels, auf den sie zuletzt noch gebaut hatten, schon im Zerbröckeln war. Ihre Gegner hatten sich in die letzte Stellung der Republik eingeschlichen. Die Übergabe durch Verrat konnte nicht mehr lange auf sich warten lassen.

Groener rechtfertigte seine Haltung in einem Zeitungsaufsatz, in dem er die falschen Behauptungen über das Reichsbanner richtigstellte und ein Verbot des Reichsbanners und Stahlhelms ablehnte, weil diese Verbände in bezug auf militärähnlichen Charakter und die Funktionsregelung mit der SA nicht zu vergleichen seien. Gleichzeitig kündigte er seine Absicht an, die gesamte deutsche Jugend in überparteilichen Sportorganisationen zusammenzufassen. Aber ein Teil der Länderregierungen, wie die von Braunschweig, Thüringen, Sachsen und den beiden Mecklenburg, forderten unter nationalsozialistischem oder deutschnationalem Einfluß nun erst recht für das Reichsbanner ein Verbot.

Während der Wahlkämpfe vor den Länderwahlen stellte sich dann heraus, daß das Verbot der SA vielfach nicht durchgeführt wurde, daß sie in der Form von Gesangvereinen, Kegelklubs und Sportvereinen weiterbestand und daß die Ausschreitungen der Nationalsozialisten trotz des Verbots weitergingen. In eine Versammlung Scheidemanns in Ludwigshafen warfen die Nationalsozialisten Bomben durch die Saalfenster hinein. In Danzig wurde die sozialdemokratische Stadtverordnete Gruhn von dem SS-Führer Rudjinski erschossen. In Ramsen bei Kaiserslautern schlug ein jugendlicher SA-Mann den Kriegsteilnehmer Aufschneider mit Knüppeln tot. In Glogau marschierten die Nationalsozialisten mit Spaten, Mistgabeln und Äxten bewaffnet auf den Marktplatz, im Zuge führten sei einen Handwagen mit zwei Schweinen mit, auf deren Rücken die Namen »Braun« und »Severing« mit roter Farbe aufgemalt waren. Die Polizei schritt dagegen nicht ein. In Baden-Baden wurden von einem SS-Führer gegen die Polizeiwache Bomben geworfen. Der nationalsozialistische Führer Ley schlug in betrunkenem Zustand in Köln den sozialdemokratischen Führer Wels und seinen Begleiter, den Polizeipräsidenten Bauknecht, mit Weinflaschen nieder. Die Verrohung des politischen Kampfes zeigte sich blitzartig, als die Mörder des Landarbeiters Bassy die Frau des Ermordeten, als sie als Zeugin den Gerichtssaal betrat, mit höhnischem Gelächter begrüßten. Der kommende Umsturz warf seine Schatten voraus und spülte viel Gelichter und verbrecherisches Gesindel an die Oberfläche empor.

Die Länderwahlen fanden am 24. April 1932 statt. Sie brachten den Nationalsozialisten fast überall einen überwältigenden Sieg. In Preußen errangen sie 8 Millionen Stimmen und wurden mit 162 Abgeordnetensitzen die weitaus stärkste Partei. Die Sozialdemokraten brachten nur mehr 4,6 Millionen Stimmen auf, die Kommunisten schwollen auf 2,8 Millionen an. In Bayern brachte es die Bayerische Volkspartei noch auf 45, die Nationalsozialisten auf 44 Sitze, die Sozialdemokratie verlor ein Drittel ihres früheren Bestandes. Auch in Württemberg rückten die Nationalsozialisten mit 23 Abgeordnetensitzen an die erste Stelle. Nur bei den Bürgerschaftswahlen in Hamburg war der Sieg der Nationalsozialisten nicht so überwältigend, dort blieben die Sozialdemokraten ihnen dicht auf den Fersen.

Durch diese Länderwahlen wurde das Zentrum überall die ausschlaggebende Partei. Es suchte jetzt, getreu der geschichtlichen Überlieferung, die es an kein bestimmtes politisches System band, den Anschluß nach rechts zu gewinnen. Selbstverständlich wollte es von der einzigartigen Machtstellung, die es in der demokratischen Republik erlangt hatte, soviel wie möglich für sich retten. Vorerst galt es, Zeit zu gewinnen. Brüning wollte vor Bereinigung der innerpolitischen Lage erst seine außenpolitischen Pläne zum guten Ende führen. Er befand sich in guter Fahrt und wollte, kurz vor dem Ziel, das Pferd nicht wechseln. Die Nationalsozialisten standen vor der schwierigsten Frage, ob sie mit dem Zentrum an die Macht kommen oder sich gegen das Zentrum und damit vorläufig gegen die Macht entscheiden sollten. Hitler tat, was er in ähnlichen Lagen immer mit Erfolg durchgeführt hatte: Er machte sich unsichtbar, wich den Unterhändlern des Zentrums aus und schob damit die Entscheidung auf die lange Bank. Innerlich war er stark gegen das Zentrum eingestellt und wußte sich dabei im Einverständnis mit dem großen Teil seiner Führerschaft. Gerade im protestantischen Norden war das Zentrum fast noch mehr verhaßt als die Sozialdemokratie, und die Erfolge des Nationalsozialismus waren hier gerade vielfach von der protestantischen Gegenstimmung gegen den übermächtigen Einfluß des Zentrums in der preußischen Kulturpolitik erwachsen. So blieb alles in der Schwebe. Die Regierung Braun in Preußen trat am 21. Mai zurück, aber nach der vom alten Landtag noch geänderten Geschäftsordnung war für die Wahl des neuen Ministerpräsidenten die Zustimmung der Mehrheit der anwesenden Mitglieder des Landtags erforderlich. Das setzte die Einigung mit dem Zentrum voraus. Vorläufig verhalf das Zentrum in den neugewählten Volksvertretungen den Nationalsozialisten, wenn sie die stärkste Fraktion bildeten, zu den Präsidentenposten im Parlament.

Im Reich aber forderten die Nationalsozialisten nach den Länderwahlen ungestüm die Auflösung des Reichstags und die Aufhebung des Verbots der SA und SS. Die Reichsregierung war weniger als je geneigt, darauf einzugehen. Sie wähnte sich noch fest im Sattel und baute auf das Vertrauen des Reichspräsidenten und ihre Verdienste um seine Wiederwahl. Aber die Großindustrie hatte eine Witterung für die kommenden Dinge, die Ratten verließen das sinkende Schiff. Am 6. Mai trat der Reichswirtschaftsminister Warmbold zurück. Als Grund wurde seine von der Mehrheit des Kabinetts abweichende Meinung in Wirtschaftsfragen mitgeteilt. Brüning versuchte vergeblich, den Reichskommissar Oberbürgermeister Goerdeler zur Übernahme des freigewordenen Amtes zu bewegen. Man gab dem Kabinett Brüning keine längere Lebensdauer mehr.

Beim Zusammentritt des Reichstags am 9. Mai spielten sich dann in rascher Folge die Ereignisse ab, die den Wühlmäusen Hitlers in der Umgebung des Reichspräsidenten den letzten Trumpf in die Hand spielten. Zunächst allerdings schien die Stimmung eines Teils der Nationalsozialisten nicht sehr zuversichtlich zu sein. Ihr erster Redner Gregor Strasser stand offenbar unter dem Eindruck der Niederlage Hitlers bei der Reichspräsidentenwahl. Er hielt eine wirtschaftliche Rede, die stark sozialdemokratisch gefärbt war und Vorschläge zur Überwindung der Wirtschaftskrise enthielt. Sie waren darauf abgestellt, die Befähigung der Nationalsozialisten zur praktischen Mitarbeit an den brennenden Tagesfragen vorzuzeigen. Dem sozialdemokratischen Theoretiker Hilferding fiel es nicht schwer, in einer glänzenden Rede das Brauchbare an Strassers Arbeitsbeschaffungsprogramm als »marxistisches« Gedankengut zu erweisen. Immerhin war in Strassers Rede schon eine gefährliche Spitze gegen Brüning enthalten. Er sprach davon, daß man bei der Siedlung in der Nordmark und im Osten nicht den Eindruck erwecken dürfte, als ob dabei konfessionelle Rücksichten eine Rolle spielten, und warnte vor diesem bedenklichen Spiel, das da und dort schon in die Tat umgesetzt sei. Nun hatte Brüning die Siedlungsfragen kürzlich dem katholischen Arbeitsminister Stegerwald übertragen, und in der Tat hatte man in rein protestantischen Gegenden katholische Kleinbauern geschlossen in Dörfern angesiedelt. So war der Pfeil Strassers auf den überzeugten Protestanten Hindenburg gerichtet, und er traf nur zu gut.

Den Hauptangriff gegen die Reichsregierung aber trug am 10. Juni der Fliegerhauptmann Göring vor. Er schalt das Verbot der SA als moralische Abrüstung des Freiheitswillens der Reichsregierung und bemühte sich, es als Forderung des Auslands, der Polen und Franzosen, verächtlich zu machen. Die gleiche Verdächtigung hatte ohne den Schatten eines Beweises bereits Hitler ausgesprochen. Göring rühmte die SA als schärfstes Instrument im Kampf gegen Versailles. Dann holte er zu einer Hetze gegen das Reichsbanner aus und behauptete, es sei wiederholt für den Versailler Vertrag eingetreten. Die Reichswehr verstehe es nicht, daß sich Minister Groener schützend vor eine pazifistische Organisation wie das Reichsbanner stelle. Unter wohlerwogener Abstellung auf die Empfindungen des Reichspräsidenten schloß Göring mit dem Hinweis auf die verzweifelte Lage Deutschlands im Jahr 1916, die damals den Einsatz neuer Männer, Hindenburg und Ludendorff, nötig gemacht habe. Ebenso müßten jetzt an Brünings Stelle neue Männer kommen, damit Deutschland leben könne.

Der Reichsinnenminister Groener setzte sich sofort zur Wehr. Der Inhalt seiner Rede war für die Nationalsozialisten vernichtend. Er hielt ihnen einen Geheimbefehl der SA vor, in dem es hieß, daß beim Einmarsch regulärer polnischer Truppen die SA abrücken solle, um dem Führer unbedingt seine SA zur Verfügung zu halten. Er nahm das Reichsbanner gegen die offenkundigen Verleumdungen in Schutz, es habe zu keiner Stunde eine Putschabsicht gehabt. Wohl aber sei die SA ein Privatheer geworden, ein Staat gegen den Staat, ein Mittel zum Umsturz und nach ihm zum Polizeiorgan bestimmt. Ohne die SA wären seit Jahren Ruhe und Ordnung im Staat. Die Vaterlandsliebe sei kein Vorrecht der Nationalsozialisten, sie habe in allen Parteien ihre Stätte, und es sei eine unerhörte Anmaßung der Nationalsozialistischen Partei, sie für sich allein in Anspruch zu nehmen.

Groeners Ausführungen wurden von den Nationalsozialisten mit wüstem Toben und Schreien begleitet, der General konnte sich in dem Höllenlärm kaum verständlich machen und deshalb, zumal er an Furunkulose erkrankt war, keinen rednerischen Erfolg erzielen. Dieses Mißgeschick nützten die Nationalsozialisten ungesäumt aus. Gregor Strasser beantragte die Unterbrechung der Sitzung, damit das Reichskabinett darüber entscheide, ob dieser Mann weiterhin die öffentliche Sicherheit gewährleisten und die Armee führen könne. Die Deutschnationalen schrien ihm zu, daß er eine Verteidigungsrede für das Reichsbanner gehalten habe. Sie schickten einen ihrer gehässigsten Redner, den Oberschlesier Dr. Kleiner vor. Er beteuerte mit gutgespieltem Bedauern, daß durch Groeners Auftreten das Ansehen der Reichswehr schwer gelitten habe. Das Verbot der SA würdigte er als Schlag gegen den Wehrwillen des deutschen Volkes, während die Reichsregierung Verbände unter besonderen Schutz stelle, die das Handwerk des Pazifismus und der Gottlosigkeit pflegten. Im Reichspräsidenten sei noch lebendig eine der Grundlagen des alten preußischen Staates: das Gefühl der Gerechtigkeit. Darum habe er den Brief an Groener wegen des Reichsbanners geschrieben. Er werde aber fortgesetzt falsch unterrichtet, denn das Reichsbanner habe seit seinem Bestehen jeden Deutschen bekämpft und jeden Franzosen verherrlicht. Groener stelle sich nur deshalb vor diese Organisation, weil er vor allem Demokrat und Parteimann sei. Ohne die Zusammenfassung aller wehrwilligen Menschen könnten die Gefahren im Osten nicht gemeistert werden. Minister Groener und das Kabinett Brüning seien eine nationale Gefahr. Sie müßten zusammen weg, besser heute als morgen.

Die »nationale Opposition« hatte also gegenüber dem Reichspräsidenten die Tonart geändert. Nach seiner Wiederwahl erkannte sie, daß die Beseitigung des »Systems« nur mit ihm, nicht gegen ihn durchzubringen sei. So suchte sie ihn an den Stellen zu packen, an denen er am empfindlichsten war: bei dem jedem Protestanten angeborenen Argwohn gegen römische, jesuitische Kniffe; bei der väterlichen Besorgnis für das Wohlergehen der ostelbischen Großlandwirtschaft; bei der tiefen Abneigung des alten Kriegers gegen Polen und Franzosen, Pazifisten und sonstige »Landesverräter«; bei seiner ängstlichen Behutsamkeit, die Reichswehr fern von innenpolitischem Zank als geschlossenes Gebilde für den kommenden Freiheitskampf nach außen zu erhalten; und bei dem Mißtrauen des Greises, falsch unterrichtet und beraten zu werden. So wurde das Gift in immer stärkeren Dosen gegeben, bis es endlich seine Wirkung tat.

In den Angriffen des deutschnationalen Redners gegen das Zentrum kam die Furcht vor einem schwarz-braunen Bündnis zum Ausdruck, durch das die Deutschnationalen geprellt worden wären. Er setzte das Zentrum als Partei der durch Priester beeinflußten Frauen herab und meinte, daß das Gesicht des Zentrums nicht anziehender geworden sei, seitdem es sich wachsenden Zuzugs aus dem Judentum erfreue. In diesen Hinweisen lag eine Warnung für die Nationalsozialisten, keine dummen Geschichten zu machen, die teuer bezahlt werden müßten.

Umgekehrt glaubte die Sozialdemokratie, dem Zentrum ein Bündnis mit den Nationalsozialisten verekeln zu müssen. Der sozialdemokratische Redner führte eine Äußerung der »Preußischen Zeitung« an, daß der Zentrumsführer Dr. Kaas das beste Pferd Frankreichs sei. Er verlas zahlreiche Stellen aus Rosenbergs Buch »Mythus des 20. Jahrhunderts«, in dem der Papst als Medizinmann beschimpft war. Als er zur Abschreckung des Zentrums schließlich auf die homosexuellen Liebesbriefe des Hauptmanns Röhm zu sprechen kam, gerieten die Nationalsozialisten in furchtbare Aufregung, und der Nationalsozialist Dr. Ley beschimpfte den Sozialdemokraten als ganz gemeinen Schweinehund.

Brüning hätte den Reichswehrminister aufs kräftigste unterstützen und den Landesverrat der Nationalsozialisten rücksichtslos brandmarken müssen. Aber er behielt die Pfeile im Köcher. Die Art der Angriffe der Nationalsozialisten und Deutschnationalen, ihre unverhüllte Bezugnahme auf die Stimmung der Reichswehr hätten ihm zeigen müssen, daß Gefahr im Verzug war. Aber er versäumte die Stunde, in der er seine Waffe zum letzten Male im Entscheidungskampf hätte verwenden können. Er begnügte sich damit, den Nationalsozialisten außenpolitische Lehren zu erteilen und die innenpolitische Auseinandersetzung mit dem Hinweis abzutun, daß er die letzten hundert Meter vor dem Ziel nicht die Ruhe verlieren möchte. Dieser Tag bewies, daß er ein weltfremder Dulder, aber kein hellhöriger Staatsmann war. Noch einmal, am 12. Mai 1932, wurden die Mißtrauensanträge der Nationalsozialisten, Deutschnationalen und Kommunisten gegen das gesamte Kabinett mit 287 gegen 257 Stimmen abgelehnt.

Dann aber kam es zum großen Krach. Mehrere gewalttätige nationalsozialistische Abgeordnete, darunter der Fememörder Heines, hatten im Erfrischungsraum des Reichstages den Journalisten Dr. Klotz, der von den Nationalsozialisten zu der Linken übergetreten war, überfallen und schwer verletzt. Der Reichstagspräsident Löbe wollte den Fall zunächst damit abtun, daß er die Täter der Polizei zur Vernehmung freigab. Aber mit dieser Erledigung der Angelegenheit waren die aufs höchste erregten Abgeordneten der Linken nicht zufrieden. Nach einem furchtbaren Tumult mußte die Sitzung unterbrochen werden. Bei ihrer Wiedereröffnung schloß der Präsident die vier beteiligten nationalsozialistischen Abgeordneten auf 30 Tage von den Verhandlungen aus. Die Erregung des Hauses stieg wieder aufs höchste, als bekannt wurde, daß die Nationalsozialisten der Frau des Verletzten durch den Fernsprecher mitgeteilt hatten, ihr Mann sei im Reichstag wegen ungebührlichen Benehmens zusammengeschlagen worden, sie möge seine Knochen abholen. Die ausgeschlossenen Nationalsozialisten weigerten sich, den Saal zu verlassen, die Sitzung mußte abermals unterbrochen werden. Aber die nationalsozialistische Fraktion blieb im Sitzungssaal und stellte sich schützend vor die vier

Übeltäter. Noch in Anwesenheit von Abgeordneten aller Parteien drang dann der Polizeivizepräsident Weiß mit einem Trupp Polizeibeamter ein und ließ die vier Nationalsozialisten unter wüstem Geschrei und Geschimpfe ihrer Parteifreunde festnehmen. Der Vorfall wurde von den Nationalsozialisten zu einer wüsten Judenhetze ausgenützt.

Noch am selben Tag suchte Groener um Enthebung von seinem Amt als Reichswehrminister nach, weil die Ausübung des politischen Amtes eines Reichsinnenministers mit dem überparteilichen Charakter der Reichswehr nicht vereinbar sei. Brüning suchte den General Schleicher im Reichswehrministerium zum Eintritt in seine Regierung zu bewegen. Aber Schleicher lehnte ein Ministeramt im Kabinett Brüning ab. Er hatte bereits seine Entschlüsse getroffen. Am 24. Mai reiste der Staatssekretär Meißner zum Reichspräsidenten auf das Gut Neudeck zur Berichterstattung. Gerüchte von einer Regierungskrise tauchten auf. Im preußischen Landtag kam es am 25. Mai zu einer schweren Schlägerei zwischen Kommunisten und Nationalsozialisten, eine Anzahl Abgeordneter, darunter der völlig unbeteiligte Sozialdemokrat Jürgensen, mußte besinnungslos aus dem Saal getragen werden. Die Kommunisten veranstalteten zum Protest im ganzen Reich Straßenkundgebungen, wobei es zu schweren Zusammenstößen mit der Polizei und den Nationalsozialisten kam. Noch am 28. Mai wies Brüning in einer Rede vor der ausländischen Presse die Gerüchte über eine Regierungskrise zurück und meinte, daß ihnen angesichts der großen außenpolitischen Fragen schon etwas Museumsgeruch anhafte. Am Sonntag, 29. Mai, erstattete dann der Reichskanzler dem Reichspräsidenten nach seiner Rückkehr nach Berlin Bericht über die von der Reichsregierung geplanten Maßnahmen in der Siedlungsfrage und zum Arbeitslosenproblem. Zu seiner Überraschung legte ihm der Reichspräsident bestimmte Fragen vor, die er auf Zettel aufgeschrieben hatte und auf die er immer wieder zurückkam. Die eine lautete, ob Brüning Bolschewisten im Reichskabinett habe. Jetzt erst gewann Brüning den Eindruck, daß ihm das Vertrauen Hindenburgs verlorengegangen sei. Er setzte sich mit den übrigen Ministern in Verbindung und stellte am anderen Tag den Reichspräsidenten vor die Entscheidung. Dieser ließ durchblicken, daß Brüning allenfalls als Außenminister in einem neuen Kabinett verbleiben könne. Das lehnte der Kanzler ab, und die Reichsregierung trat darauf am 30. Mai 1932 zurück.

Bereits am 1. Juni 1932 trat das neue »Kabinett der Barone« unter Führung des Herrn von Papen seine Herrschaft an. Reichsinnen-

minister war der ostpreußische Junker Freiherr von Gayl, Ernährungsminister der Regierungspräsident Freiherr von Braun, Reichsverkehrsminister der Freiherr von Eltz-Rübenach, Reichswirtschaftsminister wieder Professor Warmbold. Am 2. Juni wurde der vormals von Hilferding geförderte Graf Schwerin von Krosigk zum
Finanzminister und zum Reichsjustizminister der bayerische Justizminister Gürtner, ein Bekannter Papens aus dem Weltkrieg in Palä-
stina, ernannt. Zum erstenmal seit der Revolution befand sich in der
Reichsregierung kein Vertreter der Arbeiterschaft.

Die neue Reichsregierung gedachte zu ernten, was Brüning gesät
hatte. In der Außenpolitik stand das Ende der Reparationen bevor.
In mühseliger Arbeit war hier Brüning dem Ziel nahegekommen.
Er hatte am 20. November 1931 die Einberufung des beratenden
Sonderausschusses der Bank für internationale Zahlungen im Hinblick auf die fernere Unmöglichkeit des deutschen Transfers angeregt. Anfanf Januar 1932 hatte er dem englischen Botschafter in
Berlin mitgeteilt, daß Deutschland weder jetzt noch in Zukunft Reparationen zahlen könne. Im April 1932 hatte er dann in eingehenden Besprechungen auf der Genfer Konferenz die feste Zusage der
ausländischen Staatsmänner für eine endgültige Lösung des Repara-
tionsproblems erhalten, das Gerüst für die in Aussicht genommene
Konferenz von Lausanne aufgeführt. Die Einladungen zu ihr waren
von der britischen Regierung für den 16. Juni 1932 hinausgegeben
worden. So nahmen ihm buchstäblich hundert Meter vor dem Ziel
die neuen Männer den Siegespreis weg.

Auch in der Wirtschaftspolitik glaubte die neue Reichsregierung an
günstigen Wind. Eben hatten sich Anzeichen für eine Belebung der
Wirtschaft, für eine Überwindung des Tiefstands, einen kommenden
Aufstieg bemerkbar gemacht. Man wollte die günstige Zeit nicht ver-
säumen, um hernach dem deutschen Volk den Glauben beizubringen,
daß die Rettung aus dem Elend der Arbeitslosigkeit das Werk einer
nationalen Regierung gewesen sei.

IV Der Sieg der Gegenrevolution

Die politische Justiz

Unter politischer Justiz will hier die ungleichartige Behandlung von
Rechtsfällen politischen Einschlags verstanden sein, die in der Einstellung der Justizorgane zur Ordnung von Weimar, das ist zum demokratisch–parlamentarischen Staatssystem, und ihren Anhängern
oder Gegnern ihren Ursprung hat. Sie soll nur soweit untersucht werden, als sie für die Untergrabung dieses Systems und für den Sieg
seiner Feinde irgendwie ursächlich geworden ist.

Die Hauptträgerin der durch die Revolution von 1918 und die
Weimarer Verfassung geschaffene neue Staatsordnung war der vierte
Stand, die freie Arbeiterschaft, vertreten in der Hauptsache wirtschaftlich durch die Freien Gewerkschaften, politisch durch die Sozialdemokratie. Diese Arbeiterschaft war in der Vorkriegszeit wirtschaftlich zurückgesetzt, in Preußen infolge des Dreiklassenwahl-
rechts politisch entrechtet. Das neue Staatsideal im Inneren wurde
durch die Weimarer Verfassung die politische Gleichberechtigung aller
Staatsbürger, die Ersetzung der Vorherrschaft einer kleinen durch
Abstammung, Besitz oder Bildung bevorrechtigten Gesellschafts-
schicht durch die Herrschaft der Zahl, die Massendemokratie. Das
neue außenpolitische Ziel wurde das Selbstbestimmungsrecht, die Ersetzung des Machtgedankens durch die Ideale der wirtschaftlichen und
politischen Zusammenarbeit und die Versöhnung der Völker.

Die hohe Staatsbürokratie, insbesondere auch die Justizbürokratie, die in den Staat von Weimar unbesehen und ungesiebt übernommen wurde, war im Grunde ein Fremdkörper im demokratischen
Staat. Ihre Vertreter hingen zum größten Teil den Idealen an, die
mit dem Zusammenbruch der kaiserlichen Macht im November 1918
im Staat außer Geltung gekommen schienen: wirtschaftliche und politische Vorherrschaft der besitzenden Klassen, Obrigkeitsstaat und
militärischer Machtstaat. Die Justizbürokratie in Deutschland, der
die Ausübung der Rechtspflege übertragen war, entstammte fast ausschließlich dem Bürgertum. Aus der Arbeiterschaft, dem Kleinbauern-

tum und der unteren Beamtenschaft hatten sich nur wenige in ihre Kreise verirrt, und auch diese waren durch Erziehung, Heirat und gesellschaftliche Beziehungen in die Anschauungen ihrer Umgebung hineingewachsen. Das Bürgertum war aber durch die Revolution und nach ihr durch die Politik der Gewerkschaften und der Sozialdemokratie in seinen Vorrechten und Einkünften bedroht. Es nahm dagegen von Anfang an eine entschiedene Abwehrstellung ein. Unter der Gunst der Zeitverhältnisse, als die Zerreißung der Arbeiterschaft in verschiedene Parteien die Gewerkschaften und die Sozialdemokratie immer mehr um wirtschaftlichen und politischen Einfluß brachte, ging es zum Gegenangriff über, um die alte Vorherrschaft des Besitz— und Bildungsbürgertums in Staat und Wirtschaft wiederherzustellen. Diesen Weg aus der gepanzerten Abwehr zum rücksichtslosen Angriff ist die Justizbürokratie teils bewußt, teils unbewußt mitgegangen. Der Massendemokratie stand sie bei der dem gebildeten Menschen häufig eigenen Überheblichkeit ohnehin ablehnend gegenüber. Sie verachtete die große Menge, glaubte nicht an die Befähigung eines aus der Volksschule hervorgegangenen Arbeiterführers zum Ministeramt und noch weniger an die Ersprießlichkeit der Parlamentsherrschaft für Volk und Staat. Ihr staatspolitisches Streben erschöpfte sich häufig darin, an die wohlerworbenen Rechte der Beamtenschaft und vor allem des Richtertums, wie sie großzügig in der Verfassung gesichert waren, nicht rühren zu lassen. Überdies war ein Teil der höheren Justizbürokratie streng monarchistisch gesinnt und glaubte an die Wiederkehr des Kaisertums. Der Zwangsläufigkeit der neuen Außenpolitik stand die Justizbürokratie verständnislos gegenüber. Ein großer Teil der höheren Justizbeamten hatte dem Offizierskorps angehört. In ihnen wirkte die Erinnerung nach, daß Zugehörigkeit zur Sozialdemokratie oder die Billigung ihrer Forderungen ehemals den Ausschluß aus dem Offizierskorps und den Standesvereinen nach sich gezogen hatte. Sie sahen deshalb in den Sozialdemokraten vaterlandslose Gesellen, glaubten an die Dolchstoßlüge und erblickten in der schlimmen außenpolitischen Lage Deutschlands in der Nachkriegszeit nicht das Ergebnis des Kriegsverlustes, sondern der Verantwortungslosigkeit, wenn nicht gar der Verräterei der regierenden Männer.

So war das politische Bekenntnis des übergroßen Teils der Justizbürokratie im Norden wie im Süden des Reichs deutschnational. Im Rheinland hatte auch das Zentrum eine stärkere Anhängerschaft, Demokraten oder gar Sozialdemokraten waren eine Seltenheit. Der Nachwuchs, der von den Universitäten kam, gehörte überwiegend der völkischen Richtung an. Er setzte bei der innigen Beziehung zwischen den alten Herren und der Jugend in den Studentenkorps und Burschenschaften seine gegenrevolutionären Anschauungen in immer weiteren Kreisen der Justizbürokratie ab. So war es schließlich kein Wunder, daß in der Rechtsprechung der demokratischen Republik häufig nicht der Mund der Volksmehrheit, sondern einer verfassungsfeindlichen Minderheit sprach. Über die Pflicht zur Amtsausübung nach dem Willen des Gesetzes und der Volksmehrheit im Geist der neuen Rechts- und Staatsordnung siegte oft die persönliche Einstellung, die auch bei starkem Pflichtbewußtsein nicht immer zu überwinden war. Liebe und Haß sind die stärksten Triebkräfte menschlicher Handlungen, und die Befreiung von ihnen geht über der meisten Kraft. Das gilt besonders auch in politischen Dingen. So konnten sich die Justizorgane bei der Rechtsausübung nicht immer über ihre politische Wertung und ihren politischen Willen erheben. Sie brachten nicht das Gerechtigkeitsgefühl auf, um ihre persönliche Einstellung auszuschalten. Der Beweis, daß von der deutschen Justiz in der Zeit der demokratischen Republik je nach der politischen Einstellung des amtenden Justizorgans nach rechts und links vielfach mit verschiedenem Maß gemessen wurde, ist lückenlos erbracht. Politische Fehlurteile stiften mehr Schaden, als Dutzende richtiger Urteile wiedergutmachen können. Vielfach wuchsen sich die Urteile in politischen Dingen zur Bestrafung einer Gesinnung aus. Vielfach wurde die Justiz zu politischen Zwecken, zur Verächtlichmachung des Staates und seiner Organe, zur Ermunterung und Stärkung seiner Gegner mißbraucht.

Die politische Justiz der Nachkriegszeit trat bald stärker, bald schwächer hervor. Am stärksten wurde sie in politisch bewegten Zeiten bemerkt. Sie folgte den Schwankungen der Politik und den Stimmungen der politischen Kreise, denen die Justizbürokratie mit ihren Anschauungen am nächsten stand. Demgemäß zeigte die Justiz in der ersten Zeit nach der Revolution das Bestreben, sich auf den Boden der Tatsachen zu stellen und den Erfordernissen der Neuzeit sich nicht zu verschließen. Durch die Erlebnisse der Räte— und Spartakistenwirtschaft verfiel sie dem Bolschewistenschreck, von dem sie sich nicht mehr erholte. Unter dem Einfluß der antibolschewistischen Literatur und Presse blieb ihr die kommunistische Gedankenwelt verabscheuens- und hassenswert, in die sie sich nicht hineinversetzen konnte und wollte, für deren Anhänger es keinen menschlich anständigen Beweggrund, sondern nur verbrecherische Instinkte gab, die man mit allen Mitteln unterdrücken und austilgen mußte. Mit dem Erstarken der antimarxistischen und nationalistischen Welle in den Jahren 1920 bis 1924 kam die Justizbürokratie in ein ausgesprochen feindseliges Verhältnis zur parlamentarischen Demokratie, die schlimmsten Verstöße der politischen Justiz fallen in diese Zeit. Unter der Herrschaft der bürgerlichen Mitte und während der Annäherung der Deutschnationalen an den Staat von Weimar ebbte der Widerstand langsam ab. Als dann die Deutschnationalen ihren erbitterten Kampf um Preußen begannen und die nationalsozialsitische Bewegung ihren zweiten großen Aufstieg erlebte, geriet die Justiz wieder vielfach ins politische Fahrwasser und stellte sich abermals in Gegnerschaft zur parlamentarischen Demokratie. Doch wurde diese Erscheinung, namentlich in den süddeutschen Ländern, nicht mehr so allgemein, wie sie um 1923/1924 gewesen war. Die konservative Grundeinstellung der Justizbürokratie, die Abneigung gegen Erschütterungen des Staatsgefüges, die immer auch Recht und Gesetz in Mitleidenschaft ziehen, behielt auch jetzt wieder die Oberhand. So waren es nur wenige, die aus politischer Leidenschaft oder aus der Gier des Speckjägers heraus den Sieg der nationalsozialistischen Bewegung über den bürgerlichen Rechtsstaat von Weimar begrüßten.

Die Erscheinungen der politischen Justiz in der Nachkriegszeit sind mannigfach. Am meisten traten sie in Strafverfahren zutage. Das nimmt nicht wunder, denn abgesehen von Verwaltungsgerichtssachen oder der Tätigkeit der Staatsgerichtshöfe hängt kein anderer Zweig der Rechtspflege so eng mit dem Staat zusammen wie die Strafjustiz. Der Schutz der Rechtsgüter wie der Ehre, der körperlichen Unversehrtheit, der öffentlichen Ordnung und der Verfassung, der den Justizbehörden anvertraut ist, kann je nach politischer Einstellung sehr verschieden gehandhabt werden, und das ist auch geschehen.

So ist die Ehre der beiden Reichspräsidenten der demokratischen Republik, Ebert und Hindenburg, von den Justizorganen sehr unterschiedlich gewertet worden. Beleidigungen Eberts wurden von den Gerichten fast durchwegs mit lächerlich geringen Geldstrafen, meist 50 bis 100 Mark, bestraft. Der durch nichts begründete Vorwurf des Diebstahls gegenüber seiner Gattin wurde mit ganzen 500 Papiermark geahndet. Ein Leutnant, der Ebert und Noske Diebstahl nachgesagt hatte, kam bei der Strafkammer in Aurich mit 400 Mark Geldstrafe weg. Der verantwortliche Schriftleiter der »Roten Fahne« dagegen, der ein Schmähgedicht auf Hindenburg veröffentlicht hatte, wurde vom ersten Richter zu neun Monaten, vom Berufungsgericht immerhin zu vier Monaten Gefängnis verurteilt. Für die Verletzung der Ehre des Deutschen Volksparteilers Professor Kahl, dem nachgesagt worden war, daß eine Wohltätigkeitsorganisation, deren Vorstand er war, mit Titeln und Orden Schacher getrieben hätte, erschien dem

Richter wegen Kahls reicher Tätigkeit im öffentlichen Leben eine Sühne von drei Monaten Gefängnis angemessen. Eine beleidigende Äußerung über das Leben des Prinzen Heinrich von Reuß in der Etappe Gent wurde sogar mit sechs Monaten Gefängnis bestraft. Demgegenüber vergleiche man die Behandlung, die Eberts Ehre in dem großen Beleidigungsprozeß in Magdeburg erfuhr. Der verantwortliche Schriftleiter der »Mitteldeutschen Presse« in Staßfurt, Rothardt, hatte einen offenen Brief des Geldvermittlers Hitlers, Dr. Gansser, nachgedruckt, in dem Ebert aufgefordert wurde, sich von dem Verdacht des Landesverrats wegen seiner Rolle beim Berliner Munitionsarbeiterstreik vom Januar 1918 zu reinigen. Ebert stellte Klage, der Beleidigungsprozeß wurde groß aufgezogen, ein deutschnationaler Pfarrer Koch hatte sich emsig um Belastungszeugen gegen Ebert bemüht. Auf Grund der Beweisaufnahme mußte das Gericht feststellen, daß Ebert nur in die Streikleitung eingetreten war, um den Streik abzuwürgen und größeren Schaden für das deutsche Heer zu verhindern. Trotzdem führte es aus, daß Ebert Landesverrat im Strafrechtssinn begangen habe. Rothardt wurde von ihm nicht wegen übler Nachrede, sondern nur wegen einfacher Beleidigung zu drei Monaten Gefängnis verurteilt. Das Urteil, das offensichtlich politischen Zwecken dienen sollte, rief bis tief in die Kreise des Bürgertums hinein entrüsteten Widerspruch hervor. Die angesehensten Juristen Deutschlands bezeichneten es als Fehlurteil. Die Reichsregierung erließ am 24. Dezember 1924 eine Kundgebung für Ebert, in der auf Grund jahrelanger Zusammenarbeit mit ihm die Überzeugung ausgesprochen war, daß seine Tätigkeit stets dem Wohle des Vaterlandes gegolten habe. Schließlich hat auch das Reichsgericht durch Urteil vom 20. Oktober 1931 die Ehre Eberts wiederhergestellt, in dem es feststellte, daß er durch seinen Eintritt in die Streikleitung auch im juristischen Sinne sich nicht des Landesverrats schuldig gemacht habe.

Nächst Ebert waren besonders die preußischen Minister Braun, Severing und Grzesinski gezwungen, den Schutz ihrer Ehre vor den Gerichten zu suchen. Sie machten die gleichen Erfahrungen. Der Deutschnationale Elze, der Braun als »schamloser Judas Ischariot«, als »Abgrund von Gesinnungslosigkeit« beschimpft hatte, wurde vom Schöffengericht Halle wegen Wahrung berechtigter Interessen im Kampf gegen das Konkordat freigesprochen, obwohl aus der Form der Äußerungen die Absicht der Beleidigung ohne weiteres zu ersehen war. Ebenso wurde dem Nationalsozialisten Dr. Goebbels, der Braun »Korruption« vorgeworfen hatte, vom Schöffengericht Hannover am 13. August 1930 die Wahrung berechtigter Interessen zugebilligt. Der gegen Severing erhobene Vorwurf der »Käuflichkeit und Schiebung« wurde mit 200 Papiermark bestraft. Der verantwortliche Schriftleiter einer Zeitung, der Severing beschuldigt hatte, er habe Schlageter den Franzosen in die Hand gespielt, wurde trotz mißglückten Wahrheitsbeweises wegen Wahrung berechtigter Interessen freigesprochen. Mit derselben Begründung sprach das Berliner Große Schöffengericht einen Schriftleiter frei, der Severing »bodenlose Heuchelei« nachgesagt hatte. Die geringfügige Geldstrafe, die ein Breslauer Gericht gegen einen solchen Ehrabschneider aussprach, begründete es damit, »daß die Qualität der Minister heute nicht mehr so sei wie früher, denn heute könne jeder Handwerker Minister werden«. Die Breslauer Strafkammer fällte ein freisprechendes Urteil, weil die unter Anklage gestellte Behauptung, daß Severing bei der Auflösung des oberschlesischen Selbstschutzes »leichtfertig, ja gewissenlos arbeitete«, eine in politischen Kreisen bereits feststehende Meinung und die Wahrheit sei.

Der preußische Innenminister Grzesinski mußte sich über die Verleumdung, daß er der uneheliche Sohn eines Juden sei, von preußischen Gerichten mehr als ein dutzendmal als Zeuge vernehmen lassen. Vom Landgericht Berlin II wurde der nationalsozialistische Studienrat Löpelmann, der Grzesinski als »lächerlichen Bonzen« und »Judenbastard« beschimpft hatte, mit der Begründung freigesprochen, daß der Ausdruck nur als tatsächliche Feststellung der Abstammung gebraucht worden sei. Die Ferienstrafkammer des Landgerichts NeuRuppin erachtete den Ausdruck »Judenbastard« für nicht strafwürdig, weil in der Behauptung der jüdischen Abkunft nicht die Kundgebung einer Mißachtung erblickt werden könne.

Auch andere republikanische Staatsmänner wurden gegen Beleidigungen und Verleumdungen nur ungenügend geschützt. Ein antisemitischer Schriftsteller, der dem demokratischen Minister Gothein Käuflichkeit nachgesagt hatte, wurde mit 600 Papiermark, nach dem damaligen Geldwert etwa acht Goldpfennige, bestraft. Dagegen wurde z. B. der sozialdemokratische Schriftleiter Bergholz in Zeitz wegen Beleidigung des Stahlhelms mit einem Monat Gefängnis bestraft. Der Beleidiger des Reichswehrministers Geßler, der behauptet hatte, daß er unter jüdischem Einfluß stünde, wurde freigesprochen, weil die Demokratische Partei zum großen Teil aus Juden bestehe. Die deutschnationale »Magdeburger Zeitung« hatte geschrieben, daß die Regierung Marx-Stresemann bestochen sei, daß ihr jedes Nationalgefühl fehle und ihr Verhalten an Landesverrat grenze, sie gehöre vor den Staatsgerichtshof. Der verantwortliche Schriftleiter wurde von dem deutschnationalen Richter Bewersdorf in Magdeburg mit 100 Mark bestraft, weil die Grenze des Erlaubten in nicht allzu erheblichem Umfang überschritten sei. Wegen der Beschimpfung des toten Stresemann als »geistesarm« und Hilferdings als »Vernichter der Reichsfinanzen« wurde vom Schöffengericht Stargard ein Nationalsozialist zu drei Mark verurteilt. Im Gegensatz dazu wurden Beleidigungen Hitlers von den preußischen Gerichten mit gewöhnlich nicht unter 750 RM bestraft. Ein Mann, der den Reichskanzler Hermann Müller einen »Lumpen« nannte, »der das deutsche Volk an den Feindbund verraten habe«, bekam 140 Mark. In der Schmähschrift »Gefesselte Justiz« war dem Oberpräsidenten und früheren Wehrminister Noske vorgeworfen, er habe bei der Schleifung von Festungen sich Schiebungen zuschulden kommen lassen. Das Berufungsgericht sprach frei, weil die Absicht der Beleidigung nicht nachgewiesen werden könne, das Reichsgericht hob dieses Urteil auf. Das Gericht in Rothenburg bei Kassel sprach einen nationalsozialistischen Agitator frei, der die Verleumdung ausgesprochen hatte, der sozialdemokratische »Vorwärts« habe von dem Bankdirektor Jakob Goldschmidt 800 000 RM unter der Bedingung erhalten, nichts gegen die Juden zu schreiben. Das Gericht erklärte den Vorwurf als nicht ehrenkränkend, weil der Hauptschriftleiter des »Vorwärts« ein Jude sei. Ende August 1932 wurde vom Schöffengericht Charlottenburg der Nationalsozialist Dr. Goebbels freigesprochen, obwohl er die Mitglieder der Reichsregierung als »Verräter am Volk«, als »bezahlte Büttel der Weltfinanz« und als »Überläufer nach Frankreich« bezeichnet hatte. Für den Vorwurf des »zynischen Amtsmißbrauchs« gegenüber der preußischen Regierung hielt das Gericht Köslin eine Geldstrafe von 30 Mark für angemessen. Dafür wurde aber ein Frauenarzt in Lichterfelde, der einigen Reichswehrsoldaten mit Recht »zuchtloses Verhalten« vorgeworfen hatte, mit 1500 Mark bestraft. Im Beleidigungsprozeß Grzesinski gegen Duesterberg rechtfertigte der Landgerichtsdirektor Bühnemann die Geringfügigkeit der Geldstrafe mit der Erwägung, daß Duesterberg im Kampf gegen den Youngplan völlig recht gehabt habe, daß die preußische Regierung das Volksbegehren nach Auflösung des Landtags mit verfassungswidrigen Mitteln bekämpft habe und in der Zeit des Abbaus der Beamtengehälter hohe Geldstrafen nicht am Platze seinen. Trotz dieses mangelhaften Ehrenschutzes waren viele Vertreter des republikanisch-demokratischen Systems aus politischen Gründen, zur Unterbindung gefährlicher Agitationslügen der Gegner, gezwungen, immer wieder die Gerichte in Anspruch zu nehmen. Nicht alle konnten handeln wie der

Reichskanzler Marx, der nach einem Gerichtsurteil, in dem der Vorwurf, Marx und Stresemann hätten sich nur deshalb so für das Londoner Protokoll eingesetzt, weil jeder von ihnen vom Feindbund eine halbe Million Mark erhalten habe, nur mit einer lächerlich geringen Geldstrafe gesühnt wurde, am 17. März 1926 im Reichstag erklärte, er habe aus diesem Urteil die Folgerung gezogen und seither überhaupt keinen Strafantrag mehr gestellt.

Um so empfindlicher waren die Behörden und Gerichte gegenüber jeder Kritik von links. Der sozialdemokratische Schriftleiter Seeger, der geschrieben hatte, daß die Ermittlungen der »Nazipolizei« anläßlich der Ermordung eines Reichsbannerführers einseitig geführt worden seien, wurde für diese Beleidigung der Behörde zu vier Monaten Gefängnis verurteilt. Noch krasser ist der Fall des Schriftleiters des »Stettiner Volksboten«, des Sozialdemokraten Krahn. Er hatte das Urteil der Stettiner Strafkammer gegen den Nazistudenten Lohmann, der wegen Verächtlichmachung der Republik und gemeiner Beschimpfung preußischer Minister in erster Instanz mit sechs Monaten bestraft, beim Landgericht aber mit einer lächerlich geringen Geldstrafe davongekommen war, scharf kritisiert. Wegen Richterbeleidigung wurden ihm neun Monate Gefängnis aufgebrummt.

Die politische Einstellung der Justizorgane lugte aber auch noch in Urteilen hervor, die mehr auf konfessioneller Voreingenommenheit oder Rassenhaß zu beruhen schienen. Der Schriftleiter der volksdeutschen Zeitung »Vaterland« in Hamburg hatte den Münchener Kardinal Faulhaber, der wegen seiner Gegnerschaft zum Nationalsozialismus bei den Anhängern Hitlers besonders verhaßt war, als »verschlagenen Diplomaten«, als »Intriganten größten Ausmaßes«, als »Verräter an der vaterländischen Sache« beschimpft. Ein Hamburger Einzelrichter sprach den Angeklagten mit der Begründung frei, das Gericht sehe in dem Kampf der volksdeutschen Presse gegen außerdeutsche Einflüsse, also auch gegen die ultramontane Partei, die Wahrung der berechtigten Interessen aller Deutschen, die nicht zur katholischen Kirche gehörten. Das Berufungsgericht sprach dann eine Strafe von sechs Monaten aus. Die Juden waren wegen ihrer Rasse, ihres Anteils am Umsturz von 1918 und ihres Einflusses im neuen Staatswesen sehr häufig das Opfer der politischen Justiz. Der Führer des deutschvölkischen Jungsturms in Guhrau, der seine Jungen vor dem jüdischen Friedhof dreimal ausspucken ließ, wurde von der Anklage des Religionsvergehens mit der Begründung freigesprochen, daß er nicht die religiöse Gemeinschaft der Juden, sondern nur die jüdische Rasse habe treffen wollen. Gegen die Sänger des völkischen Liedes

»Judenblut muß fließen« wurde nicht einmal wegen groben Unfugs eingeschritten, während es beispielsweise vom Bayerischen Obersten Landesgericht als grober Unfug geahndet wurde, daß ein Sozialdemokrat gelegentlich einer Demonstration seine Umgebung auf den anwesenden Polizeipräsidenten Pöhner aufmerksam machte. Als der sozialdemokratische Wahlverein in Emden einen Ausflug nach dem antisemitischen Badeort Borkum machte und antisemitische Bademeister mit Hilfe bewaffneter Reichswehrsoldaten den Zug sprengten und die roten Fahnen zerfetzten, lehnte der Staatsanwalt in Aurich die Strafanzeige der Geschädigten und Verprügelten ab und teilte mit, daß er wegen Zurschaustellung der schwarz—rot—goldenen und roten Fahnen in dem antisemitischen Bad gegen die Teilnehmer des Ausflugs ein Strafverfahren wegen Erregung öffentlichen Ärgernisses eingeleitet habe. Das Reichsgericht hob am 22. Juni 1923 das verurteilende Erkenntnis gegen einen Steuerinspektor, der in einer öffentlichen Versammlung das Lied gesungen hatte »Wir brauchen keine Judenrepublik, pfui Judenrepublik«, mit der Begründung auf, daß nicht die Staatsform der Republik gemeint sein könne, sondern die »neue Rechts— und Gesellschaftsordnung in Deutschland, die unter hervorragender Beteiligung deutscher und ausländischer Juden aufgerichtet wurde«, oder »die übermächtige Macht und der übermäßige Einfluß, den die kleine Anzahl der Juden nach Ansicht weiter Volkskreise in Deutschland tatsächlich ausübt«. Anfangs Februar 1930 stellte das Reichsgericht fest, daß die Behauptung, »der Jude Rathenau sei ein Verräter«, keine Beleidigung sei. Der Gesang des Liedes »Und wenn das Judenblut vom Messer spritzt, dann gehts noch mal so gut« wurde an Nationalsozialisten mit 15 RM, die Äußerung von Kommunisten: »Den nationalsozialistischen Hund schlagen wir tot«, vom Schöffengericht Naumburg mit sechs Monaten Gefängnis geahndet. Nach 1930 wurde dann auch die Ablehnung jüdischer Richter durch Nationalsozialisten wegen Befangenheit für begründet erklärt.

Auch Verbrechen und Vergehen gegen Leib und Leben wurden von den Staatsanwaltschaften und Gerichten je nach der politischen Zugehörigkeit des Täters oder des Verletzten vielfach verschiedenartig behandelt. J. Gumbel zählt bis Ende 1922 an Mordtaten von rechts 354 Fälle auf, die mit ganzen 90 Jahren und 2 Monaten Einsperrung und einer lebenslänglichen Festungshaft abschlossen. Das bedeutet, daß der weitaus größte Teil gar nicht zur Aburteilung kam, namentlich die Ausschreitungen der Freikorps fanden fast niemals gerichtliche Sühne. Dagegen wurden für 22 von links begangene politische Morde zehn Todesurteile, drei lebenslängliche Zuchthausstrafen und 249 Jahre Einsperrung verhängt. Diese Todesstrafen wurden vollstreckt, während der Mörder des bayerischen Ministerpräsidenten Eisner, der Graf Arco, zwar zum Tode verurteilt, aber zu lebenslänglicher Festungshaft begnadigt und dann nach wenigen Jahren entlassen und als bayerischer Nationalheld gefeiert wurde. Ein gewisser Dietz schrieb von ihm, er habe eigentlich Notwehr gegen einen Landesfeind geübt und hätte deshalb freigesprochen werden müssen. Der Major Stephani, der im Januar 1919 die Vorwärtsparlamentäre hatte wiederrrechtlich erschießen lassen, wurde vom Landgericht Berlin II mangels Beweises »außer Verfolgung« gesetzt. Am 9. Dezember 1919 wurde der Oberleutnant Marloh, der am 11. März 1919 rechtswidrig die Erschießung von 24 Matrosen der Volksmarinedivision veranlaßt hatte, vom Kriegsgericht der Reichswehrbrigade III von der Anklage des Totschlags freigesprochen. Das Gericht nahm an, daß die Erschießung zwar ungerechtfertigt war, daß der Täter aber glaubte, einen Dienstbefehl dazu zu haben. Dagegen wurden die Rotgardisten Debus, Strelenko und Greiner vom Volksgericht München nur deshalb zu 15 Jahren Zuchthaus verurteilt, weil sie der Erschießung der Geiseln in München am 30. April 1919 zugesehen und dadurch nach Meinung des Gerichts die Tat gefördert hatten. Der von Regierungstruppen an Professor Horn in München nach Niederschlagung der Räterepublik begangene Mord fand keine Sühne. Die Schadensersatzklage der Witwe wurde von den Münchner Gerichten abgewiesen, »da Horn zu jenem Kreis von Leuten gehört hat, der die Bevölkerung aufgereizt und dadurch die Ausschreitungen der Soldaten selbst erzeugt hat«. Erst das Reichsgericht hob dieses unerhörte Urteil, das den Ermordeten, nicht die Mörder für schuldig erklärte, auf. Gegen die Mörder der 12 unschuldigen sozialdemokratischen Arbeiter von Perlach, die am 5. Mai 1919 auf die bloße Angeberei hin, daß sie linksradikal seien, in München erschossen wurden, fand erst im Januar 1926 ein Strafverfahren vor dem Münchener Schwurgericht statt. Die Täter, die in Strafhaft wegen begangenen Diebstahls saßen, wurden freigesprochen und von der nationalsozialistischen Zuhörerschaft mit Hochrufen gefeiert. In der Sache der im Mai 1919 in München ermordeten Kling, die den Regierungssoldaten als Zielscheibe gedient hatte, waren bei der Aufhebung der Militärgerichtsbarkeit, wie in vielen anderen Fällen, die Akten verlorengegangen. Der Mörder Gustav Landauers in München, der Unteroffizier Digela, wurde von der Anklage des Totschlags freigesprochen und nur wegen Aneignung der Uhr des Toten mit fünf Wochen Gefängnis bestraft.

Wie bei der Niederwerfung der Münchner Räterepublik, so blieben auch beim Kapp-Putsch die gröbsten Ausschreitungen von rechts gewöhnlich ungesühnt. So wurden die Brüder Lefort, die als Parteigänger Kapps in Mecklenburg die Stadt Waren beschossen und den Tod von Menschen verursacht hatten, außer Verfolgung gesetzt. Die Namen der Offiziere, die in Haltern 14 Kanalarbeiter hatten erschießen lassen, wurden zwar ermittelt, aber die Täter waren angeblich nicht auffindbar. Die Marburger Studenten, die in Thale in Thüringen 15 gefangene Arbeiter angeblich auf der Flucht erschossen hatten, wurden freigesprochen. Dabei war bei zwei Toten festgestellt, daß die Schüsse von vorn gekommen waren, bei einem, daß der Schuß von oben nach unten ging. Wenn, wie die Täter behaupteten, die Schüsse im Nebel und auf Entfernung abgegeben worden wären, hätten nicht alle Arbeiter tot sein können. In dem Strafverfahren gegen die Mörder wurde der Hauptbelastungszeuge Duderstadt nicht vernommen. Die Angeklagten wurden nicht verhaftet, obwohl Anklage wegen Totschlags erhoben war. Vom Gericht wurden die Entlastungszeugen liebenswürdig, die Belastungszeugen schroff behandelt. Bei der Verhandlung in der ersten Instanz wurde ein Gefreiter im Kriegsgericht auf Verlangen der Studenten durch einen Offizier ersetzt.

Auch in der Folgezeit gingen die Justizbehörden an die Verfolgung und Bestrafung rechtsradikaler Mörder nur mit äußerster Vorsicht heran. So wurde das Verfahren gegen die Mörder des Pazifisten Paasche am 27. November 1920 eingestellt, weil eine strafbare Handlung nicht nachweisbar und die Tat auf unglückliche Umstände zurückzuführen sei. Der Mörder des Kriminalwachtmeisters Buchholz, der in der Schupo-Hundertschaft »zur besonderen Verwendung« des Hauptmanns Stennes beseitigt wurde, weil man von ihm die Aufdeckung republikfeindlicher Treibereien fürchtete, wurde am 13. Dezember 1921 freigesprochen. In den Fememörderprozessen wurde an keinem der zum Tode verurteilten Täter, Schulz, Klapproth, Fahlbusch, Büsching, das Urteil vollstreckt. Das ist nicht zu tadeln, aber nur durch die politische Einstellung des Richters ist es zu erklären, daß Klapproth, der von einem anderen Gericht als blutgieriger Rohling geschildert war, von einem rechtsstehenden Richter in den Urteilsgründen als »brave, ehrliche Soldatennatur, als aufrechter Mann« bezeichnet und der Fememord als Zwangslage und einziges Mittel hingestellt wurde, um die Geheimhaltung der Schwarzen Reichswehr zu sichern. Im Falle des Leutnants zur See a. D. Eckermann, der am 15. Dezember 1923 den Soldaten der Schwarzen Reichswehr Beyer, den er für einen kommunistischen Spitzel hielt, durch den Feldwebel Boldt hatte ermorden lassen, nahm das Schweriner Schwurgericht ein Notwehrrecht des Staates gegen Landesverräter an, das jeder Staatsbürger ausüben dürfe. Da Eckermann Beyer bereits verhaftet hatte, der Landesverrat also auch ohne Ermordung hätte abgewendet werden können, wurde der Angeklagte nur der fahrlässigen Tötung für schuldig und, da diese Tat unter die Amnestie fiel, das Verfahren für eingestellt erklärt. Um zu diesem für den Angeklagten günstigen Ergebnis zu kommen, hatte man einen juristischen Umweg gewählt, dessen Unmöglichkeit das Reichsgericht auch einsah und das Urteil aufhob.

Der nationalsozialistische General Litzmann erklärte am 27. Mai 1930 in einer öffentlichen Versammlung in Dresden über den Vertrag von Versailles: »Leider fehlen uns die Femerichter, um die Unterschreiber dieses Vertrages unschädlich zu machen.« Das Verfahren wurde eingestellt, weil man dem General die sinnlose Ausrede hingehen ließ, er habe davon gesprochen, die »Unterschriften« müßten durch Femerichter unschädlich gemacht werden.

Am Tag nach der Ermordung Erzbergers schrieb das »Spandauer Tageblatt«: »Aufs Schafott! Das zweite Opfer Hello von Gerlach!« Der Verfasser Lehmann wurde mit ganzen 200 Mark bestraft. Manfred von Killinger, der die Koffer der Erzberger-Mörder in Verwahrung genommen, Briefe von ihnen empfangen, auch nach dem Mord mit ihnen verkehrt hatte und offensichtlich in den Mordplan eingeweiht gewesen war, wurde von der Beihilfe zum Mord vom Schwurgericht Offenburg am 13. Juni 1922 freigesprochen.

Bei Raufereien zwischen links- und rechtsstehenden Organisationen, wie sie seit 1924 und besonders in den letzten Jahren der demokratischen Republik an der Tagesordnung waren, wurde in einseitiger und aufreizender Weise das Notwehrrecht gewöhnlich den Mitgliedern der Rechtsorganisation mit der Folge ihrer Freisprechung zuerkannt. Besonders eindeutig war die Rechtslage im Fall des Wikingmannes Rehnig in Berlin, der am 25. April 1925 zuerst die Insassen eines Propagandakraftwagens des Reichsbanners beschimpfte, zur Rede gestellt, sofort Feuer gab und dann auf der Flucht vor einigen Reichsbannerleuten, die ihn mit vollem Recht festnehmen und der Polizei übergeben wollten, den Reichsbannermann Schulz niederschoß. Hier hätte der Täter zum mindesten wegen fahrlässiger Tötung verurteilt werden müssen. Aber das Gericht billigte ihm Notwehr zu und sprach ihn frei.

Von dem Vorsitzenden der Naumburger Strafkammer wurde ein

nationalsozialistischer Theologiestudent freigesprochen, obgleich festgestellt war, daß er einem Polizeibeamten ein Bierglas auf den Kopf geschlagen hatte. Hernach sprach der gleiche Richter trotz Überführung des Angeklagten durch die Mittäter einen Nationalsozialisten frei, der in einer Versammlung einem Kommunisten die Brillengläser zerschlug und damit das Zeichen zur Versammlungssprengung gab.

Der Nationalsozialist Jähnert war wegen eines hinterlistigen Überfalls auf den Reichsbannersekretär Gelhardt zu sechs Monaten Gefängnis verurteilt worden, der deutschnationale Berufsrichter Bühnemann sprach in frei. In Murnau am Staffelsee wurde im Jahre 1921 eine sozialdemokratische Versammlung von zusammengezogenen Sturmabteilungen der Nationalsozialisten zu sprengen versucht. Obwohl die Angeklagten durch ihre eigenen Geheimbefehle überführt waren, sprachen sie die Gerichte frei.

In Ratibor feuerte der nationalsozialistische Lehrer Adamczyk mit einer Pistole mitten in eine Versammlung hinein und wurde deswegen nur wegen unbefugten Waffenbesitzes mit 100 Mark bestraft. Dagegen wurde der sozialdemokratische Reichstagsabgeordnete Buchwitz, der nach einer Versammlung von Nationalsozialisten bedrängt, Schüsse in die Luft abgefeuert hatte, wegen Waffenmißbrauchs zu drei Monaten Gefängnis verurteilt. Allein wegen Besitzes eines Gewehres wurde der Kommunist Hullach mit einem Jahr Zuchthaus bestraft. In Berlin verurteilte ein Amtsgerichtsrat Rosenthal einen Nationalsozialisten, der einen Polizeileutnant zu Boden geschlagen hatte, zu nur 30 Mark und empfahl ihn überdies zur Bewährungsfrist.

In Zeitz stellten sich Nationalsozialisten vor dem Fenster eines Mädchens auf, das auf einem Fest mit seinem jüdischen Chef getanzt hatte, und riefen ihm »Judendirne« zu. Der Bruder und der Bräutigam der Beschimpften eilten auf die Straße, wurden aber von den Nationalsozialisten schwer mißhandelt. Der Bräutigam erhielt von den Nationalsozialisten einen Schlag auf den Schädel, daß der Knochen zersplitterte und das Gehirn bloßgelegt wurde. Wegen des Vorfalls bekamen die Täter wegen nächtlicher Ruhestörung nur einen Strafbefehl über 60 Mark. Sie legten Einspruch ein und wurden dann doch wegen Raufhandels mit einem Monat Gefängnis bestraft. Auf Veranlassung des Justizministeriums wurde Berufung eingelegt, die 2. Instanz sprach dann Strafen von sechs und acht Monaten Gefängnis aus.

Der Landfriedensbruch linksgerichteter Organisationen, wie der verhältnismäßig harmlos abgelaufene von Grevesmühlen, wurde an den Schuldigen mit Gefängnis von jahrelanger Dauer geahndet. Gegen die nationalsozialistischen Angeklagten im Schweidnitzer Prozeß, die in einer sozialdemokratischen Versammlung mit Waffen und Werkzeugen ein wahres Blutbad angerichtet hatten, wurden am 23. Dezember 1929 ganz geringfügige Gefängnisstrafen von ein bis drei Monaten ausgesprochen. Während der ganzen Verhandlung durften die SA-Leute die republikanische Staatsform verhöhnen, Tumultszenen im Gerichtssaal aufführen, den Vertreter des Nebenklägers als Juden beschimpfen und sich mit dem Faschistengruß begrüßen. Der Vorsitzende stammelte Entschuldigungen für sein Urteil und führte zu seiner Entlastung aus, »daß Hitler in seiner anständigen, ehrlichen Weise gewiß von den bedauerlichen Handlungen der Angeklagten abgerückt wäre«. Am 24. August 1932 sprach das Schöffengericht Berlin-Schöneberg drei Nationalsozialisten, die am 6. März 1932 Reichsbannerleute überfallen hatten, mit der Begründung frei, »daß die Belastungszeugen einer gegnerischen Organisation angehörten und deshalb nicht unparteiisch seien«.

Die Große Strafkammer Hildesheim verurteilte die Nationalsozialisten, die in Alfeld Reichsbanner und Bevölkerung überfielen, zu sechs bis acht Monaten Gefängnis, die Mitglieder der Eisernen Front aber, die den Überfall abgewehrt hatten, zu Gefängnisstrafen von ein bis zwei Jahren, einen Reichsbannermann gar zu einem Jahr sechs Monaten Zuchthaus.

Im Untersuchungsverfahren gegen die Organisation Consul behauptete der Oberreichsanwalt Niethammer, daß der Ausdruck »Verräter verfallen der Feme« nur gesellschaftliche Verachtung bedeute. Münchener Arbeiter aber, die in einem Umzug eine Tafel mitführten: »Arbeiter, sprengt euere Ketten!«, wurden wegen Aufreizung zum Klassenhaß mit vier bis fünf Monaten Gefängnis bestraft. Ein Arbeiter, der äußerte, an jedem Laternenpfahl müsse ein Reaktionär hängen, wurde gar zu einem Jahr Gefängnis verurteilt.

Der Amtsgerichtsrat Dr. Springer in Polkwitz sprach einen deutschnationalen Landwirt, der eine Wahlversammlung der Sozialdemokratischen Partei durch Klavierspiel und Gesang im Versammlungsraum gestört hatte, von der Anklage des Hausfriedensbruchs unter Berufung auf die verfassungsmäßige Meinungsfreiheit aller deutschen Staatsbürger frei. Das Urteil war mit zahlreichen Ausfällen gegen das System der Volksherrschaft gespickt, insbesondere wurden die Besucher von Wahlversammlungen verhöhnt und die Verhandlungen der Parlamente herabgewürdigt.

Die Wahlfälschung des deutschnationalen Gemeindevorstehers von

Böhningen wurde mit 100 Mark Geldstrafe geahndet. Der demokratische Lehrer Siebens aus Tannenhausen aber, der nach Ermittlung des Wahlergebnisses aus Spaß einen Zettel für die Deutschhannoveranische Partei ankreuzte und ihn einem zu spät gekommenen Wähler dieser Partei übergab, wurde wegen Wahlfälschung mit einem Jahr drei Monaten Gefängnis bestraft. Solche Urteile fällt nur der niedrigste politische Haß.

Schutz gegen Verunglimpfungen wurden dem Staat von Weimar und seinen Symbolen von den Gerichten häufig gar nicht oder nur ungenügend gewährt. Der preußische Leutnant Krueger, der in Preußen die Reichsfarben Schwarz-Rot-Gold als eines Kriegsvereins unwürdig bezeichnete und als Farben eines Saustaates und einer Saurepublik beschimpfte, wurde freigesprochen, weil das Wort »Sau« in der bayerischen Mundart nichts Beleidigendes sei. Dasselbe widerfuhr dem nationalsozialistischen Pastor Münchmeyer, der von einer »Juden- und Saurepublik« gesprochen hatte. Ein Vertreter der Reichsanwaltschaft führte einmal aus, die Bezeichnung »Saurepublik« lasse nicht erkennen, ob die republikanische Staatsform oder nur der Reichstag gemeint sei. Die Äußerung Duesterbergs, »die Republik sei aus Verrat und Meuterei geboren«, erklärte das Amts- und Landgericht in Prenzlau als keine Beschimpfung der Republik. Im »Deutschen Tagblatt« war einmal von einer »schleimigen und breiigen demokratischen Republik«, einem »Gouvernement der Reparationskolonie Deutschland« die Rede. Das Amtsgericht Berlin Mitte sprach frei, weil die Äußerung nicht besonders roh und verletzend sei. Der Stahlhelmführer Stadtler verglich die Republik mit einem Kuhfladen, der unter der erstarrten Kruste feste Rechtsformen angenommen habe, innen aber doch weich und mit Dreck gefüllt geblieben sei. Er wurde zuerst freigesprochen und erst auf Berufung mit 300 Mark bestraft. Eine rechtsradikale Zeitung hatte geschrieben: »Es gibt im neuen System kein Laster und keine Lumperei, der man sich allgemein schämt und das man zertritt. Haltet dieses fest, daß im neuen Deutschland das alles beherrschende Wort »Ehre« gestrichen ist!« Das Reichsgericht vermochte darin keine zweifelsfrei nachweisbare Beschimpfung der verfassungsmäßig festgestellten republikanischen Staatsform zu erblicken. In Ratibor wurde ein nationalsozialistischer Kriminalassistent Faber freigesprochen, der gesagt hatte, daß in Oberschlesien von dem marxistisch verseuchten Staat das Deutschtum bekämpft werde. Am 22. November 1931 sprach die 4. Strafkammer beim Landgericht Berlin I auf Berufung den Major a. D. Wagner und einen Schriftleiter der »Stahlhelmzeitung« wegen

Wahrung berechtigter Interessen frei, obwohl die beiden in einem Aufsatz erklärt hatten, die preußische Regierung habe den Verlust der Ostprovinzen auf dem Gewissen, sie habe den Ruhrkampf sabotiert, sie sei ein sicherer Verbündeter Frankreichs und Polens, sie werde in ihrem Haß gegen jede stolze Regung der Nation stets Volk und Reich zu entmachten suchen. Dabei war die »Stahlhelmzeitung« wegen dieses Aufsatzes verboten worden, und das Reichsgericht hatte bei der Verwerfung der Beschwerde ausdrücklich die »denkbar schwersten Vorwürfe« und die »böswillige Verächtlichmachung« der preußischen Regierung hervorgehoben.

Die Bezeichnung »schwarz-rot-mostrich« oder »schwarz-rot-hühnereigelb« für die Farben der Republik wurde von den Gerichten nicht als Beschimpfung betrachtet. Selbst das Reichsgericht erklärte, es sei keine Beschimpfung, auch wenn dem Täter infolge einer Abneigung gegen die Republik die richtige Bezeichnung nicht über die Lippen wolle. Ebenso stellte das Reichsgericht fest, daß die Benennung »Lappen« für die Reichsfahne keine Beleidigung sei, weil mit dem Wort »Lappen« »Stock und Tuch rein materiell« gemeint seien. Nach der Rechtsprechung des Reichsgerichts war die Beschimpfung der Farbe Schwarz-Rot-Gold straffrei, wenn der Täter nach den Umständen des Falles die ungeschützten Farben des Reichsbanners gemeint haben konnte. Das Herunterreißen von schwarz-weiß-roten Fahnen wurde von den Gerichten vielfach als Landfriedensbruch und mit Gefängnis, das von Reichsflaggen nur als Sachbeschädigung mit Geld bestraft.

Über die Einstellung vieler Gerichte zum demokratischen Staat gibt aber am meisten Aufschluß die Bestrafung des Hochverrats. Nach einer amtlichen Auskunft des bayerischen Bevollmächtigten beim Reichsrat wurden von den an der bayerischen kommunistischen Räterepublik beteiligten Personen eine (Leviné) mit dem Tode bestraft. Von den rund 6000 Jahren ausgesprochener Freiheitsstrafen wurden etwa drei Viertel verbüßt. Die Mitläufer aller Art, jeder Rotgardist, selbst die mit der Drucklegung von Zeitungen der Räterepublik befaßten Leute, wurden wegen Beihilfe zum Hochverrat verurteilt. Requirierung von Lebensmitteln wurde als räuberische Erpressung bestraft. Eine Amnestie für die Beteiligten wurde von der bayerischen Regierung verhindert, die Führer der Bewegung sind erst nach Ablauf von fünf bis sieben Jahren begnadigt worden.

Für die Teilnehmer am Kapp-Putsch dagegen wurde sofort eine Amnestie erlassen. Von 705 eingeleiteten Verfahren wurden 412 durch Amnestie, 109 durch Tod und andere Gründe erledigt, in 183 Fällen wurde das Verfahren eingestellt. Von 775 am Kapp-Putsch beteiligten Offizieren wurde keinem ein Haar gekrümmt. Urheber oder Führer des hochverräterischen Unternehmens waren von der Amnestie ausgenommen. Das Reichsgericht ließ aber nur neun Kappisten als Führer gelten. Auch von diesen wurde einzig und allein der frühere Polizeipräsident von Jagow mit fünf Jahren Festung bestraft.

Ganz anders verfuhr die Justiz mit den Arbeitern, die sich an der Abwehr des Kapp-Putsches und in der Folge an den Vorgängen im Ruhrgebiet beteiligt hatten. Da wurden ganz unbekannte Leute, wie der Kommunist Kaldenberg und 21 des Landfriedensbruchs mitangeklagte Gesinnungsgenossen, denen das Gericht im Urteil bescheinigt hatte, daß sie nicht die geistigen Urheber der Tat waren, sondern den Weisungen einer über ihnen stehenden Leitung folgten, zu »Führern« erklärt. Der Bergmann Keller, der im Ruhrgebiet nur als Mitglied der Ortswehr und gemeinsam mit der Polizei Posten gestanden war, wurde deswegen mit dreieinhalb Jahren Gefängnis bestraft. Sein Handeln habe, obwohl er nicht Mitglied der Roten Armee gewesen sei, doch in gleicher Richtung gewirkt. Der Staatsanwalt hatte fünf Jahre Zuchthaus beantragt. Ein Bergmann Schön, Obmann des Arbeiterausschusses, hatte einen Befehl des Vollzugsausschusses zur Bewaffnung der Arbeiter weitergegeben. Der Antrag des Staatsanwalts lautete auf sechs Jahre Zuchthaus und acht Jahre Verlust der bürgerlichen Ehrenrechte, das Urteil auf ein Jahr Gefängnis. Der Bergmann Steffens, Mitglied des Arbeiterausschusses in Hamborn, hatte im Einverständnis mit dem Grubendirektor die Rote Armee verköstigt, er erhielt dafür eineinhalb Jahre Gefängnis, der Staatsanwalt hatte zehn Jahre Zuchthaus beantragt. Ein Kommunist in Halle wurde wegen Anschlags aufreizender Plakate zu einem Jahr Zuchthaus verurteilt, gegen den Oberst Zedlitz, der am 13. März 1920 in Halle Plakate der Kapp-Regierung anschlagen ließ, wurde überhaupt kein Verfahren eingeleitet. Requisitionen für die Rote Armee wurden als »Eigennutz« von der Amnestie ausgenommen und als räuberische Erpressung bestraft. Dagegen wurden Mitglieder des Freikorps Aulock in Breslau, die als Anhänger Kapps gefangene Arbeiter mit Peitschen und Gewehrkolben geschlagen und in einer Kammer gefoltert hatten und bis zu vier Jahren Gefängnis verurteilt worden waren, vom Reichsgericht im Gegensatz zu den Vorinstanzen amnestiert, obwohl Handlungen, die lediglich auf Roheit beruhten, ausdrücklich von der Amnestie ausgenommen waren.

Gegen die Kommunisten, die am mitteldeutschen Aufstand von 1921 beteiligt waren, gingen die Gerichte mit strengsten Strafen vor. So wurde der Redakteur Werner von Essen wegen Abdrucks von

Aufrufen der kommunistischen Parteileitung zu zwei Jahren Zuchthaus verurteilt. Die kommunistische Stadtverordnete Hedwig Krüger von Halle, die einen Sanitätsdienst eingerichtet hatte, wurde dafür vom Sondergericht Naumburg mit fünf Jahren Zuchthaus bestraft. Wegen einer Schürze, die sie sich bei der Pflege von Verwundeten in einem fremden Haus umgebunden hatte und die dann infolge eines Versehens der Post nicht an die Eigentümerin zurückgelangt war, wurde ihr eine zusätzliche Strafe von zwei Jahren Zuchthaus wegen räuberischer Erpressung aufgebrummt. Die Gewaltanwendung wurde vom Gericht in der bloßen Anwesenheit von Rotgardisten in dem betreffenden Hause erblickt. Der kaum 18 Jahre alte Kommunist Wolf, der mit einem Trupp in ein Bauernhaus eingedrungen war und die Inwohner gezwungen hatte, ihn zu bewirten, wurde zu zehn Jahren Zuchthaus verurteilt.

Das Gegenstück hierzu bildet das Verhalten der bayerischen Justiz nach dem Hitlerputsch. Wegen vollendeten Hochverrats wurden Hitler, Pöhner, Kriebel und Weber zur gesetzlichen Mindeststrafe von fünf Jahren Festung und kleinen Geldstrafen verurteilt. Röhm, Dr. Frick, Pernet und Wagner erhielten wegen Beihilfe zum Hochverrat die gesetzliche Mindeststrafe von einem Jahr drei Monaten Festung und entsprechend geringe Geldstrafen. Diese Gehilfen des Hochverrats bekamen für den Strafrest bereits am 1. April 1924 volle Bewährungsfrist, den Haupttätern wurde Bewährungsfrist nach Verbüßung eines Strafteils von sechs Monaten Festung in Aussicht gestellt. Dabei war Hitler im Jahre 1922 wegen Landfriedensbruchs mit drei Monaten Gefängnis bestraft worden, von denen nur ein Monat verbüßt, für den Rest Bewährungsfrist bewilligt worden war. Diese Bewährungsfrist hätte nach den bestehenden Vorschriften widerrufen werden müssen. Gegen die Inaussichtstellung der Bewährungsfrist erhob der Staatsanwalt Beschwerde zum Bayerischen Obersten Landesgericht, zog sie aber auf Weisung des Justizministeriums wieder zurück. Am 26. September 1924 beschloß die Strafkammer des Landgerichts München I für Hitler und Kriebel die endgültige Bewährungsfrist. Die gegen diesen Beschluß eingelegte Beschwerde des Staatsanwalts wurde vom Bayerischen Obersten Landesgericht mit der Begründung verworfen, daß es wegen der Zurückziehung der früheren Beschwerde keine rechtliche Möglichkeit mehr habe, über die Berechtigung der Bewährungsfrist zu entscheiden. Die Anwendung der Vorschrift des Republikschutzgesetzes gegen Hitler, daß wegen Hochverrats verurteilte Nichtdeutsche aus dem Reichsgebiet auszuweisen seien, wurde vom Volksgericht München mit der gesetzwidrigen Begründung abgelehnt, daß eben diese Bestimmung nach ihrem Sinn und Zweck auf Hitler keine Anwendung finde. Wegen dieser offenkundigen Rechtsbeugung wurde gegen die schuldigen Richter kein Straf- und Disziplinarverfahren eingeleitet.

General Ludendorff wurde von der Anklage des Hochverrats freigesprochen mit der Begründung, daß er den Hitler-Putsch mit seiner auf Art. 48 RV. fußenden Patentlösung verwechselt habe und von den Vorfällen im Bürgerbräukeller zu ergriffen gewesen sei, um einen Hochverrat zu bemerken. Der Vorsitzende des Volksgerichts hatte entgegen den Bestimmungen der Strafprozeßordnung schon vor der Hauptverhandlung an Ludendorff schriftlich Fragen gerichtet und sie von ihm schriftlich beantworten lassen. Die Verteidigung des Angeklagten wurde dadurch wesentlich erleichtert.

Die Verhandlungsleitung im Hitlerprozeß war ein einziger Skandal. Der Gerichtssaal wurde völlig von den Angeklagten und ihren Verteidigern beherrscht. Eifrig bemühte sich der Vorsitzende, den Angeklagten Ausreden in den Mund zu legen und belastende Aussagen abzuschwächen. Er duldete Beschimpfungen der Zeugen und des Staatsanwalts, verhängte gegen tobende Angeklagte, wie Hitler, keine Ordnungsstrafen, ließ den Reichsadler als Pleitegeier verhöhnen, gestattete den Angeklagten, sich in verbotener Uniform fotografieren zu lassen und tagelang Agitationsreden für den Wahlkampf zu halten. Er ist im Dritten Reich dafür mit dem Amt des Oberlandesgerichtspräsidenten von München belohnt worden.

Die nachfolgenden kleinen Hitlerprozesse machten die bayerische Justizkatastrophe des Frühjahrs 1924 voll. Gottfried Feder, der im Auftrag Hitlers für die neue Nationalregierung eine Geschäftsstelle eingerichtet und eine Verordnung über Bankensperre herausgegeben hatte, wurde nur wegen Amtsanmaßung mit 50 Mark bestraft, seine Verordnung wurde in den Urteilsgründen als »vernünftig und der Sorge für das Vaterland entsprungen« gelobt. Dem Großteil jener Angeklagten, die an der Zerstörung und Ausplünderung der »Münchener Post« und der Mißhandlung der Angehörigen des Abgeordneten Auer beteiligt waren, wurde wegen ihrer »lauteren Gesinnung« Bewährungsfrist zugebilligt. Der Geschäftsführer Hitlers, Amann, der unter Gewaltanwendung Räume für die neue Regierung beschlagnahmen ließ, wurde nur wegen Amtsanmaßung mit 100 Mark bestraft. Hochverrat wurde nicht angenommen, weil er sich nach Meinung des Gerichts trotz seiner Anwesenheit im Bürgerbräukeller kein Bild über gewaltsames Vorgehen machen konnte. Der Major Streck, der für Hitler illegale Waffenlager ausgehoben hatte, erhielt volle Bewährungsfrist, »weil die Bewaffnung erfolgt sei zur Reinigung im Inneren und für einen möglicherweise zu erwartenden Kampf auch gegen die Kommunisten«. Der Angeklagte Knauth, der mit 40 Mann unter Androhung von Waffengewalt bei den Reichsbanknotendruckereien 28 000 Billionen Papiermark zur Löhnung der Hitlertruppen erpreßt hatte, bekam für seine Festungsstrafe volle Bewährungsfrist. Mit Rücksicht auf die ehrenhafte Gesinnung, die ihn bei seiner Tat geleitet habe, wurde dem Oberleutnant Heß, dem späteren Reichsminister, der die bayerischen Minister Dr. Schweyer und Wutzlhofer ins Gebirge verschleppt, ständig mit Aufhängen bedroht und vor Gericht bedauert hatte, daß sie von seinen Leuten nicht noch länger gefangengehalten worden seien, für fünf Sechstel seiner Strafzeit Bewährungsfrist zugebilligt. Erst als der Staatsanwalt in der Beschwerdeschrift ausführte, daß durch solche Beschlüsse der Eindruck erweckt würde, als habe das Gericht auf die Sicherung des Staates durch die Strafgesetze verzichten wollen, beschloß das Oberste Landesgericht, »zur Zeit« Bewährungsfrist zu versagen. Dagegen erhielt der Angeklagte Oßwald volle Bewährungsfrist, obwohl er sich am Putsch beteiligt, danach die verbotene Organisation »Reichskriegsflagge« fortgesetzt und in einem Brief den Generalstaatskommissar einen »Schweinehund« genannt hatte.

Bei einem großen Teil der Putschisten kam es erst gar nicht zur Anklageerhebung. So hatte der Oberleutnant Neunzert zwar selbst zugegeben, daß er sich aktiv am Putsch beteiligt hatte und von Hitler zum Kronprinzen Rupprecht nach Berchtesgaden geschickt worden sei, trotzdem wurde das Verfahren gegen ihn eingestellt. Der Lehrer Streicher aus Nürnberg, der in das Unternehmen Hitler eingeweiht, nach München geeilt und als Propagandaredner für die neue Regierung aufgetreten war, wurde ebenfalls nicht angeklagt. Das Strafverfahren gegen den Einwohnerwehrführer Zeller, der bei der Besetzung des Kriegsministeriums durch Röhm mitgewirkt hatte und dann bei dem Versuch, das Polizeigebäude zurückzuerobern, gefangengenommen worden war, wurde eingestellt. Die Eröffnung des Hauptverfahrens gegen die Mitglieder des »Bundes Oberland«, die — wie in der Rätezeit — wahllos Geiseln verhaftet hatten, wurde vom Gericht abgelehnt, weil sie der Meinung sein konnten, daß die Verhaftung von Kahr gewollt sei. Ein Fürst Wrede, der für sein Reiterkorps in Kleidergeschäften Hosen beschlagnahmt hatte, wurde ebenfalls nicht angeklagt.

Selbstverständlich wurde gegen Kahr, Lossow und Seisser, die zur Gewaltanwendung gegen die rechtmäßige Regierung Truppen ausgerüstet und angesammelt hatten, kein Hochverratsverfahren durchgeführt.

Man vergleiche mit dieser juristischen Bereinigung des Hitlerputsches die Strafen gegen die Teilnehmer des Kommunistenaufstandes vom Oktober 1923, der an dem Haupttäter, dem kommunistischen Reichstagsabgeordneten Urbahns, mit zehn Jahren Festungshaft und an zahlreichen anderen Teilnehmern mit langjährigen Zuchthausstrafen gesühnt wurde. Oder man vergegenwärtige sich den Fall des bayerischen Landtagsabgeordneten Fischer, der wegen der Äußerung: »Wenn die Münchner einen Staatsstreich machen, werden wir in Franken uns von Südbayern losreißen« eine Strafe von eineinhalb Jahren Gefängnis erhielt!

Aber in Hochverratsverfahren gegen rechts war auch die Oberreichsanwaltschaft gewöhnlich mit Blindheit geschlagen. So machte sie sich in der Anklageschrift gegen die Organisation Consul die lächerliche Ausrede der Angeschuldigten zu eigen, daß in den Niederschriften der thüringischen Polizeibeamten über die Vernehmung der Mitglieder der O.C. nicht deren Angaben, sondern die Auffassungen der Polizeibeamten enthalten seien. Die Fortführung der Brigade Ehrhardt nach ihrer Auflösung wird vom Oberrreichsanwalt damit entschuldigt, daß sich doch wegen des gemeinsamen Zusammenstehens im Kampf das Bestreben geltend machen mußte, den Zusammenhalt für die Zukunft zu wahren. Während in der Sitzung der O.C. als Hauptzweck die »Bekämpfung der antinationalen Weimarer Verfassung« genannt war, gab der Oberreichsanwalt als Ziel der O.C. die Änderung der Verfassung auf gesetzlichem Wege an. Die Stelle der Satzung, in der von dem unbedingten Gehorsam gegen den Oberen die Rede war, sollte sich nach Meinung des Oberreichsanwalts nur auf den Fall eines vierten Polenaufstands in Oberschlesien beziehen. Während der Oberreichsanwalt einerseits eine Verfügung über Bestandsmeldungen an Waffen erwähnte, stellte er andererseits fest, daß die O.C. niemals über Waffen verfügt habe. Von einem Mitglied der O.C. nahm der Oberreichsanwalt sogar an, daß es nicht einmal den Namen der Organisation gekannt habe.

Dasselbe unerschütterliche Vertrauen in die Angaben der Angeklagten zeigte die Oberreichsanwaltschaft im Hochverratsverfahren gegen den Justizrat Claß. Auf ihren Antrag stellte das Reichsgericht im Oktober 1927 das bereits seit eineinhalb Jahren schwebende Verfahren ein. Dabei war dem Angeschuldigten durch eine Aussage des Generals Seeckt nachgewiesen, daß er bereits 1923 an den Oberbefehlshaber der Reichswehr verfassungswidrige Zumutungen gestellt hatte. Trotzdem wurde ihm geglaubt, daß er seine hochverräterischen Pläne für vereinbar mit den Artikel 48 RV gehalten habe. Im Einstellungsbeschluß ließ das Reichsgericht die Frage offen, ob diese Rechtsauffassung objektiv zutreffend sei, und ermöglichte es damit auch in Zukunft jedem Hochverräter, sich auf einen staatsrechtlichen Irrtum zu berufen.

Ganz anders als gegen rechts wurden die Bestimmungen über Hochverrat den Kommunisten gegenüber angewendet. Bei ihnen wurde immer der denkbar strengste Maßstab angelegt. Entgegen der sonstigen Übung wurden kommunistische Schriftleiter auch bei längerer Abwesenheit für die in der Zwischenzeit geschriebenen hochverräterischen Aufsätze haftbar gemacht. Jeder Verleger, Drucker und Setzer wurde für kommunistischen Hochverrat für verantwortlich erklärt. Der Verkäufer in einer Buchhandlung wurde wegen Hochverrats verurteilt, weil er Bücher vertrieb, die zwar weder beschlagnahmt noch verboten waren, aber hochverräterischen Inhalt hatten. Das Reichsgericht erklärte es für seine Pflicht, alle bei ihm eingehenden Druckschriften einer sorgfältigen Durchsicht zu unterziehen und wegen der Strafbarkeit ihres Inhalts allenfalls Erkundigungen einzuziehen. Bei kommunistischem Hochverrat wurde Haft wegen Verdunklungsgefahr ohne tatsächlichen Anhaltspunkt für berechtigt erklärt, weil der kommunistische Täter grundsätzlich die Mitbeschuldigten oder Zeugen zu falschen Aussagen verleiten würde. Der Schauspieler Josef Gärtner aus Stuttgart wurde am 21. Juni 1925 vom Reichsgericht wegen Vortrags revolutionärer Gedichte mit einem Jahr drei Monaten Gefängnis bestraft. Der Schriftleiter Fritz Rau aus Stuttgart erhielt vom Reichsgericht am 18. Juni 1926 wegen der Besprechung eines revolutionären Films in der »Süddeutschen Arbeiterzeitung« neun Monate Gefängnis. Nicht nur sämtliche Funktionäre der KPD, sondern durch Urteil des Reichsgerichts vom 7. Juli 1926 sogar ein Mieterobmann der KPD wurde wegen Hochverrats für straffällig erklärt, weil die KPD auch mit dem Eingreifen in die Mieterbewegung Staatsbürger ihren hochverräterischen Plänen gefügig zu machen suche. Selbst der Gebrauch des Goethewortes »Allen Gewalten zum Trutz sich erhalten« im Munde eines Kommunisten wurde als Vorbereitung zum Hochverrat erklärt, selbstverständlich auch jede Anspielung auf eine »proletarische Revolution«.

Im Gegensatz dazu ging man besonders gegen Ende der demokratischen Republik gegen den nationalsozialistischen Hochverrat nur mit sichtlichem Widerstreben vor. Die Untersuchung des Hochverrats wegen der »Boxheimer Dokumente« zog sich fast zwei Jahre lang hin. Schon bei der ersten Veröffentlichung der Angelegenheit in der Presse hatte der Oberreichsanwalt Dr. Werner öffentlich erklärt, daß die Darmstädter Polizei gegen den Verfasser der Dokumente nicht in seinem Auftrag vorgegangen sei und daß die Maßnahmen des Dr. Best offenbar keinen Hochverrat darstellten, weil sie sich nicht gegen eine verfassungsmäßige Regierung richteten, sondern erst nach ihrem Sturz durch die Kommunisten Platz greifen sollten. Das war eine ganz ungewöhnliche Parteinahme für die Beschuldigten, bevor überhaupt noch eine Untersuchung eingeleitet war. Die Rechtsauffassung des Oberreichsanwalts war überdies nicht einwandfrei. Die in den Boxheimer Dokumenten vorgesehenen ersten Notverordnungen bedeuteten zweifellos selbst gewaltsame Machtergreifung, also Hochverrat, denn auch nach Beseitigung einer Regierung blieb nach der Weimarer Verfassung noch das wichtigste Staatsorgan bestehen, das souveräne Volk, von dem alle Staatsgewalt ausgehen sollte. Die Ausrede mit dem kommunistischen Putsch gehörte zum eisernen Bestand aller hochverräterischen Bestrebungen von rechts. Sie war beim Kapp-Putsch nachträglich erfunden worden, der Freischarenführer Roßbach bediente sich ihrer, als er im Frühjahr 1923 in seiner Villa in Wannsee die eingeladenen Reichswehroffiziere zur Neutralität im »Kampf gegen die Revolution« bestimmen wollte, und Hitler hat sie bei der Mobilisierung seiner Truppen am 1. Mai 1923 gebraucht. Auch in den Plänen des Justizrats Claß hatten die vorausgehenden kommunistischen Unruhen, die sogar künstlich erregt werden sollten, eine bedeutsame Rolle gespielt.

Selbst das einzige Hochverratsverfahren, das in den letzten Jahren der demokratischen Republik gegen rechts durchgeführt wurde, das gegen die Ulmer Reichswehroffiziere, ist keinesfalls untadelig verlaufen. Das Reichsgericht bescheinigte den Verurteilten nicht nur ihre »glühende Vaterlandsliebe«, sondern ließ Hitler auch stundenlang Propagandareden halten und vernahm ihn als einzigen Zeugen über die Frage, ob von der nationalsozialistischen Partei ein Umsturz geplant werde. Dem Gegenzeugen, Staatssekretär Zweigert, wurde der Vortrag seines die nationalsozialistische Partei belastenden Materials untersagt. Der Rechtsgrundsatz, daß beiden Teilen Gehör zu schenken sei, ist hier offensichtlich verletzt worden.

Das vom Oberreichsanwalt gegen Dr. Goebbels eingeleitete Hochverratsverfahren kam jahrelang nicht vom Fleck. Gegen nationalsozialistische Drohungen mit der kommenden Revolution, dem geplanten Blutbad unter den sozialdemokratischen Funktionären und der Nacht der langen Messer schritt die oberste Strafverfolgungsbehörde nicht ein. Den Vorwurf, daß von ihr mit zweierlei Maß gemessen werde, hat sie nie widerlegt.

Die Strafbestimmungen gegen den Landesverrat wurden von einer politischen Justiz zur Verhinderung der Aufdeckung rechtsradikaler Umtriebe und Bürgerkriegsvorbereitungen mißbraucht. Der vorsichtigste Hinweis, daß die Regierung zu schwach sei, um rücksichtslos gegen die rechtsradikalen Rüstungen vorzugehen, wurde zur Anwendung der Landesverratsbestimmungen benutzt. Der Oberreichsanwalt erhob Anklage, und das Reichsgericht verurteilte in Fällen, in denen in der Presse Mitteilungen über die Verbindungen von Geheimverbänden mit der Reichswehr und ihre geheimen Waffenlager veröffentlicht waren, selbst wenn die Mitteilungen nur bezweckten, solche Vorgänge in ihrer Gesetzwidrigkeit zu zeichnen und ihre Abstellung zu erreichen. Dadurch wurde den staatsfeindlichen Organisationen die Möglichkeit der Waffenrüstung gewährt und der republikanischen Bevölkerung die Möglichkeit der Gegenwehr beschränkt. Daß der Vorsatz der Täter dahin ging, nur innerpolitische Gefahrenquellen aufzudecken, nicht dem Ausland Nachrichten gegen die deutsche Regierung zu liefern, wurde häufig unberücksichtigt gelassen. Zeitweise war es ein beliebtes juristisches Spiel, politische Gegner um jeden Preis zu Landesverrätern zu stempeln. So ist das Urteil gegen Eisners Sekretär, Fechenbach, der vom bayerischen Volksgericht am 20. Oktober 1922 zu der ungeheuerlichen Strafe von elf Jahren Zuchthaus verurteilt wurde, nur aus politischem Haß gegen links zu erklären. Das Reichsgericht hat später festgestellt, daß die angebliche Straftat nach dem Pressegesetz im Zeitpunkt der Aburteilung verjährt war, und das Verfahren insoweit eingestellt.

Aber nicht nur in der Verschiedenartigkeit der Urteile gegen rechts und gegen links, sondern auch in der Art ihrer Begründung, in der Behandlung von Parteien und Zeugen vor Gericht, in der Richtung, in der die Voruntersuchung geführt wurde, in Äußerungen von Gerichtspersonen, ist politische Justiz nachweisbar. Dem Mitglied der Rechtsanwaltschaft Jorns, der die Untersuchung gegen die Mörder Liebknechts und Rosa Luxemburgs zu führen hatte, wiesen später zwei Gerichtsinstanzen nach, daß er Spuren, die zur Aufklärung der Mordfälle dienten, nicht aufnahm, Spuren, deren Wichtigkeit er erkannte, nicht verfolgte, Spuren verwischte, indem er das Gegenteil der Ermittlungen in die amtlichen Niederschriften aufnahm und Zustände duldete, die, wie ihm bekannt war, geeignet waren, den Sachverhalt zu verdunkeln und das Ergebnis der Untersuchung zu gefährden. Der Mörder Rosa Luxemburgs, der Oberleutnant Vogel, konnte bequem fliehen, obwohl die Einzelheiten des Fluchtplans vorher in der Presse zu lesen waren. Auch der an diesen Morden beteiligte Leutnant Krull wurde nicht verhaftet und benützte so ebenfalls die Gelegenheit zur Flucht.

Ein Würzburger Staatsanwalt beschimpfte einen sozialdemokratischen Schriftleiter, er führe die Sprache eines Marktweibes, das die höhere Schule besucht habe, seine Aufsätze atmeten den üblen Duft von Orten, die man nur mit dem Anfangsbuchstaben bezeichne.

Einer der Magdeburger Richter im Rothardt-Prozeß hatte schon Monate vor der Verhandlung erklärt, der Sattlergeselle da oben müsse weg, der einzige Mann, der Präsident des Deutschen Reiches werden könne, sei Ludendorff. Er ließ sich nach dem Rothardt-Urteil von Kyffhäusergesinnungskollegen als Sieger von Magdeburg feiern. Im Beleidigungsprozeß gegen den damaligen Landgerichtsdirektor Korner, der die Magdeburger Richter des Rothardt-Prozesses in einem scharfen Ausatz angegriffen hatte, war vom Vorsitzenden geäußert worden, die Strafe für Kroner müsse mindestens sechs Monate Gefängnis betragen, trotzdem wurde der Ablehnungsantrag abgelehnt und Kroner zu der ungeheueren Strafe von 3000 Goldmark verurteilt. Das Urteil ist vom Berufungsgericht aufgehoben worden.

Richter der Strafkammer in Öls stellten dem demokratischen Arzt Dr. Köbisch in Obernigk in einem Beleidigungsprozeß aus politischem Haß das Zeugnis aus, er sei mit seiner Selbstgefälligkeit, Eitelkeit, Unwahrhaftigkeit und Anpassung an die Leidenschaften der Menge einer von jenen unberufenen Volksführern, die ihren Herrschergelüsten auf Kosten und zum Schaden des Volkes frönen. Die Untersuchung einer des Morphiumrausches verdächtigen Krankenschwester durch diesen Arzt wurde vom Gericht als »Vergewaltigung« hingestellt.

Zum offenen Kampf zwischen deutschnational eingestellten Richtern in Magdeburg und dem sozialdemokratischen Oberpräsidenten der Provinz Sachsen führte der Fall Haas. Am 10. Juni 1925 ermordete der Rentenempfänger Schröder in Magdeburg den früheren Buchhalter und Reisenden Helling, um in den Besitz einer Sicherheit von 1000 Mark zu gelangen. Weil Helling an dem Tag verschwunden war, an dem er wegen einer angeblichen Steuerhinterziehung seines früheren Arbeitgebers, des jüdischen Fabrikanten Haas, eine Vorladung zum Finanzamt erhalten hatte, kam der politisch linksstehende Haas in den Verdacht, am Mord beteiligt zu sein. Obwohl auf Eingreifen des sozialdemokratischen Oberpräsidenten Hörsing durch einen Berliner Polizeibeamten der wirkliche Mörder

Schröder überführt wurde, hielten die Magdeburger Richter aus politischer Voreingenommenheit hartnäckig an der Täterschaft des Haas fest und warfen der Polizei auch nach völliger Aufklärung des Falles Begünstigung der Mörder vor.

In Thüringen hatte die Regierung des rechtsstehenden Ordnungsblocks die Aufgabe der Abrechnung mit der Linken übernommen, die bis 1924 an der Regierung gewesen war. Zu diesem Zweck wurden den politischen Gegnern nach Möglichkeit Prozesse wegen angeblicher Verfehlungen angehängt. Offensichtlich unbegründete Anklagen wurden insbesondere auch gegen den früheren Staatsbankpräsidenten Löb erhoben. Ein Meineidsprozeß, in dem er freigesprochen wurde, hatte ein bemerkenswertes Nachspiel für ein jüdisches Mitglied der thüringischen Justizbürokratie. Der Oberstaatsanwalt Frieders in Jena hatte sich nämlich mit dem Bearbeiter der Meineidssache Löb, dem Staatsanwaltschaftsrat Floël, vor Eröffnung des Hauptverfahrens geeinigt, die Außerverfolgungsetzung des Löb zu beantragen. Floël, der von der Rechtsregierung mit der Überwachung seines Vorgesetzten Frieders betraut gewesen war, setzte sich hinter dessen Rücken mit dem deutschnationalen Finanzminister von Klüchtzner in Verbindung und legte dem nichtsahnenden Oberstaatsanwalt statt des vereinbarten Antrags einen solchen auf Eröffnung des Hauptverfahrens auf den Tisch, den Frieders »ungelesen« unterschrieb. In einem Beleidigungsprozeß sagte Frieders später als Zeuge gutgläubig aus, daß ihm Floël den neuen Antrag nicht »vorgelegt« habe. Er wurde deshalb am 13. Oktober 1926 wegen fahrlässigen Falscheides zu sechs Monaten Gefängnis verurteilt.

Der sozialdemokratische Regierungsrat Worch in Thüringen, der im Herbst 1923 thüringische Studenten, die sich zu der Freischar Ehrhardt in Oberfranken begeben wollten, verhaften und einvernehmen ließ, wurde wegen angeblicher Erpressung von Geständnissen durch ein politisches Fehlurteil zu einem Jahr Zuchthaus verurteilt, vom Berufungsgericht aber freigesprochen, weil das erste Urteil völlig unhaltbar war. Mit ähnlich willkürlich aufgebauten Strafverfahren wurden auch noch andere sozialdemokratische Beamte in Thüringen bedacht.

In Braunschweig griff die Rechtsregierung den sozialdemokratischen Schulmann Dr. Stölzel, der für Dienstreisen, die er in der 3. Wagenklasse ausführte, nach Gewohnheitsrecht die 2. Wagenklasse verrechnet hatte, heraus und setzte seine Verurteilung wegen Betrugs durch. Anderwärts verfolgte man wegen der gleichen Straftat sozialdemokratische Beamte, die auf dem Diensttelefon Privatgespräche führten.

In den Verhandlungen gegen die Fememörder schlossen die Gerichte vielfach entgegen dem Wunsch des Auswärtigen Amtes die Öffentlichkeit aus. Dieser Eifer in der Wahrung der Geheimnisse der Schwarzen Reichswehr konnte nur den Zweck haben, die Machenschaften der Rechtsverbände zu verdecken und zu beschönigen.

In den Strafprozessen gegen Nationalsozialisten und Stahlhelmer wegen Landfriedensbruchs wurden die Zeugen der rechtsstehenden Organisationen vielfach in Bausch und Bogen als glaubwürdig, die des Reichsbanners als unglaubwürdig hingestellt. Die Beschimpfung jüdischer Rechtsanwälte durch Nationalozialisten wurde geduldet, schnoddrige Antworten der SA-Leute wurden vom Vorsitzenden eingesteckt, Störungen der Ordnung durch das dreiste und herausfordernde Benehmen der Angeklagten nicht gerügt. Im Kurfürstendamm-Prozeß durfte Dr. Goebbels als Zeuge in den Gerichtssaal schreien, daß ihn der Strafprozeß nichts anginge, daß er die öffentliche Sauberkeit vertrete und daß ihm das Wesen des Nationalsozialismus die Zeugnisverweigerung gebiete, ohne daß die erforderlichen Maßnahmen gegen ihn vom Gericht ergriffen wurden.

Im Barmatprozeß gaben der nationalsozialistische Assessor Kußmann und der Staatsanwaltschaftsrat Peltzer einem deutschnationalen Spionagebüro Mitteilungen aus den Akten zur Verwertung in der Presse und ließen den Vertreter dieses Büros in ihrem Amtszimmer Abschriften aus den Akten machen.

Ein Opfer der Justiz gegen links wurde der Zentrumsminister Dr. Höfle, der wegen des Verdachts von Durchstechereien verhaftet worden war. Dem Haftbefehl fehlten die vorschriftsmäßigen Angaben zur Begründung der Flucht- oder Verdunklungsgefahr. Die Untersuchungshaft wurde unerhört hart durchgeführt, in mehreren Fällen ließ das Verhalten der Staatsanwaltschaft ruhiges Urteil und sicheren Takt vermissen. Die ärztliche Überwachung und Betreuung war durchaus ungenügend und oberflächlich, so daß der Ernst des Gesundheitszustandes Dr. Höfles nicht erkannt wurde und er im Gefängnis starb.

Einen tiefen Blick in die Seele der republikfeindlichen Justiz gestatteten manche Urteile, die unmittelbar gegen den preußischen Staat erlassen waren. So hatte der Landrat des Kreises Emden der Borkumer Kurkapelle das Spielen eines antisemitischen Hetzliedes verboten. Auf Antrag des Gemeindevorstandes Borkum erließ der Amtsrichter von Steuber in Emden eine einstweilige Verfügung, durch die dem preußischen Staat bei Meidung einer Geldstrafe von 100 000 Mark untersagt wurde, das Spielen des Borkumliedes zu verhindern.

In der Begründung war dem preußischen Staat vorgeworfen, daß er bewußt zu Unrecht und in einer an Nötigung grenzenden Weise die Badverwaltung geschädigt habe.

Während des Osterfriedens von 1932 hatte der hannoveranische Oberpräsident Noske der nationalsozialistischen Zeitung »Niedersächsischer Beobachter« die Verteilung von Freinummern untersagt, weil dadurch das Verbot der Verbreitung von Flugblättern umgangen würde. Das Landgericht Hannover untersagte dem preußischen Staat die Verhinderung der Verteilung von Freinummern mit der Begründung, daß das Vorgehen des Oberpräsidenten willkürlich und eine Hinwegsetzung über alle Rechtsschranken, eine unerlaubte Handlung sei. Die Hoheitsstellung der staatlichen Behörden habe man dazu mißbraucht, sachlichen Erwägungen fernstehende Absichten um jeden Preis durchzusetzen. Von einer Bestrafung des Oberpräsidenten sei nur abgesehen worden, weil ein schuldhafter Verstoß nicht genügend glaubhaft gemacht sei. Die Verfügung wurde vom Oberlandesgericht Celle sofort aufgehoben.

Ein Senatspräsident Witt lehnte es im Jahr 1922 ab, in den Staatsgerichtshof zum Schutze der Republik einzutreten, weil er diesen Staat nicht schützen wolle. Er wirkte dann in dem Senat des Reichsgerichts mit, der in einem aufsehenerregenden Urteil ostelbischen Großgrundbesitzern ein Notstandsrecht gegenüber den Vollstreckungsbeamten des preußischen Staates zusprach. Das Amtsgericht Glogau sprach am 23. Dezember 1930 den nationalsozialistischen Gauführer Kremser, der den Aufruf des Reichspräsidenten bei der Unterzeichnung des Youngplans als ebenso lügenhaft bezeichnet hatte wie den der Volksbeauftragten von 1918, mit der Begründung frei, die Revolution von 1918 sei Meineid und Hochverrat gewesen.

Nationalsozialistische Rechtsanwälte konnten besonders seit 1930 sich vor Gericht die stärksten Angriffe gegen den Staat leisten, ohne daß ein Justizorgan eingriff. Dagegen wurde der kommunistische Rechtsanwalt und Parlamentarier Obuch vom Reichsgericht mit Ausschließung bestraft, weil er durch öffentliche Kritik die Zeugen von ungünstigen Aussagen gegen seine angeklagten Klienten habe abhalten wollen.

Gegenüber linksstehenden Beamten ließen rechtsstehende Richter ihren Haßgefühlen gegen das demokratische System nicht selten freien Lauf. Als in Köln ein Nationalsozialist einem hochgestellten Beamten ohne den Schatten eines Beweises nachsagte, er habe eine Dirne geheiratet, erhob das Gericht im Beleidigungsprozeß Beweis durch die Gattin des Beamten, ob sie jemals Gewerbsunzucht getrieben habe.

In den letzten Jahren der demokratischen Republik mußten preußische Polizeipräsidenten wiederholt erklären, daß ihnen durch die Einstellung der Gerichte der wirksame Schutz von Ruhe und Ordnung unmöglich gemacht werde. Schwerbelastete Nationalsozialisten wurden häufig freigesprochen, weil die Gerichte die Aussagen der Polizeibeamten für unglaubwürdig erklärten und nur die der nationalsozialistischen Zeugen gelten ließen. Zuweilen wurden Polizeibeamte in öffentlicher Gerichtsverhandlung vom Vorsitzenden lächerlich gemacht. Der Schutz des Staates durch die Gerichte wurde mehr und mehr eine fragwürdige Angelegenheit. Geldstrafen von 3 bis 5 Mark, mit denen bayerische Richter zuletzt die Übertretung des Uniformverbots durch Nationalsozialisten ahndeten, hatten keine abschreckende Wirkung mehr, durch sie wurde der Staat nur verhöhnt. Dafür ließen sich manche Gerichte seit 1930 den Schutz Hitlers und der nationalsozialistischen Bewegung besonders angelegen sein. Sie verboten durch einstweilige Verfügungen sechs Plakate über Hitlers Verrat an Südtirol, die Verbreitung der wahren Tatsache, daß er ein Bündnis mit Papen habe oder das Kabinett Papen billigte, sie untersagten z. B. der sozialdemokratischen »Schwäbischen Tagwacht«, von einer Hitler-Notverordnung zu schreiben, weil Hitler beim Erlaß der Papen-Verordnungen nicht mitgewirkt habe. Ein Feriensenat des Oberlandesgerichts Celle billigte Nationalsozialisten, die gegnerische Flugblätter den Verteilern mit Gewalt entrissen, ein Notwehrrecht zu, weil die in den Flugblättern enthaltenen Beleidigungen Hitlers auf andere Weise nicht hätten abgewehrt werden können.

Gegen staatstreu gebliebene Richter und Staatsanwälte wandten die Nationalsozialisten alle Mittel der Einschüchterung an. Sie wurden in der Presse herumgezogen, ihr Privatleben wurde unter die Lupe genommen, mit Tratsch und Klatsch, Lügen und Verleumdungen gegen sie gearbeitet. Über einen sehr verhaßten Staatsanwalt brachte der nationalsozialistische Abgeordnete Kube eine kleine Anfrage im Landtag ein, ob der Herr nicht auf Staatskosten und auf längere Zeit in einem Sanatorium untergebracht werden könne. Um das Jahr 1931 brachte dann der ehemalige Proviantmeister und spätere Gerichtssaalberichterstatter Moritz aus Zarnow ein Buch »Gefesselte Justiz« heraus, in dem die »Korruption« der preußischen Justizverwaltung nachgewiesen sein sollte. Alle veröffentlichten Widerlegungen und Richtigstellungen von unwahren Vorwürfen und schiefen Vorstellungen waren darin hartnäckig totgeschwiegen. Das Königsberger Schöffengericht stellte dem Verfasser das Zeugnis aus, daß seine verlogenen Darstellungen beinahe an Verleumdung grenzten. Der preußische Justizminister Dr. Schmidt stellte im Landtag fest, daß sich fast auf jeder Seite des Buches tatsächliche Unrichtigkeiten und Entstellungen in Hülle und Fülle fänden. Durch rechtskräftige Urteile und Beschlüsse der Gerichte und Disziplinargerichte sei die restlose Unrichtigkeit der erhobenen Vorwürfe festgestellt. Die Ergebnisse dieser Verfahren seien in dem Buch einfach nicht berücksichtigt worden. Der deutschnationale Landdtagsabgeordnete Deerberg, selbst Senatspräsident, hatte schon vor dem Erscheinen des Buches mündlich und schriftlich darauf hingewiesen, daß die Darstellung Zarnows im wesentlichen falsch sei. Da er sich standhaft weigerte, die Lügen des Buches mit seinem Namen zu decken, wurde er von den Deutschnationalen gezwungen, sein Landtagsmandat niederzulegen. Dafür fanden sich Richter, wie der frühere Reichsgerichstpräsident Dr. Simons und ein Reichsgerichtsrat Müller, die aus politischer Voreingenommenheit ohne nähere Kenntnis des Sachverhalts das Buch öffentlich nur nach seinem Eindruck beurteilen und die darin enthaltenen Angaben ohne Prüfung als wahr unterstellten.

Seit 1924 war die deutsche Rechtspflege mehr und mehr verschlechtert worden. Besonders die Beteiligung der Laien an der Strafjustiz war seit der Abschaffung der alten Schwurgerichte durch die Emminger-Verordnung von 1924 erheblich gesunken. So wurden in Preußen im Jahr 1923 noch 348 000 Urteile in Strafsachen unter Beteiligung von Laienrichtern gefällt, im Jahr 1926 aber nur mehr 69 000; ohne Laienrichter wurden gefällt im Jahr 1923 erst 10 000, im Jahr 1926 aber 301 000. Das hatte eine völlige Umstellung in der Strafjustiz zur Folge. Dabei bildete selbstverständlich auch die Beteiligung von Laienrichtern keinen unbedingten Schutz gegen politische Justiz. Bei den bayerischen Volksgerichten hatte der Vorsitzende das Recht, die Laienbeisitzer nach Belieben auszuwählen, und er hat davon besonders im Hitlerprozeß parteiisch Gebrauch gemacht. Seit 1930 setzten dann die Notverordnungen der Rechtspflege zu. Besonders verhängnisvoll wurde das dem Richter eingeräumte Recht, den Umfang der Beweisaufnahme nach freiem Ermessen zu bestimmen, die Beschränkung der Rechte der Verteidiger und die Bildung von Sondergerichten. Die Urteile der letzteren riefen Schrecken und Entsetzen hervor. Das Sondergericht in Berlin verurteilte im November 1932 einen 19jährigen Arbeiter, Schmidtke, der bei einem Zusammenstoß auf Nationalsozialisten geschossen haben sollte, aber nicht überführt war, zu zehn Jahren Zuchthaus. Ein Nationalsozialist, der des Schußwaffengebrauchs angeklagt war, bekam nur neun Monate Gefängnis. Das Sondergericht Liegnitz sprach angeklagte

Nationalsozialisten, die nach ihrem eigenen Geständnis in das Gewerkschaftshaus in Bunzlau eingedrungen waren, frei, weil sie in Notwehr gehandelt hätten. Freigesprochen wurde auch ein beim Schießen beobachteter SS-Mann, obwohl bei diesem Überfall ein Reichsbannermann durch Kopfschuß getötet worden war. In Siemensstadt wurden die Arbeiter Rechlin und Grothe auf dem Heimweg erschossen, drei ihrer Begleiter schwer verletzt, die angeklagten Nationalsozialisten wurden trotz der belastenden Aussagen der Polizeibeamten freigesprochen. Vom Sondergericht Berlin wurde eine Frau Lüders, die aus einer Menge heraus einen Stein geworfen haben sollte, zu einem Jahr Zuchthaus verurteilt. In Gladbach-Rheydt wurde der Reichsbannermann Klein, der sich bei einem Überfall durch Nationalsozialisten seiner Angreifer erwehrte, obwohl niemand verletzt wurde, vom Sondergericht mit zehn Jahren Zuchthaus bestraft. Diese und andere haarsträubende Urteile der Papenschen Sondergerichte bewirkten, daß sich für die Amnestie vom Dezember 1932 eine so große Mehrheit im Reichstag zusammenfand und die Sondergerichte von der Regierung Schleicher wieder abgeschafft wurden.

Die politische Justiz hat der Gegenrevolution als Schrittmacherin gedient. Sie hat dem Staat von Weimar häufig den Schutz der Strafgesetze gegen staatsfeindliche Erschütterungen versagt. Dadurch hat sie nicht nur der Polizei ihre Aufgabe, die Aufrechterhaltung der öffentlichen Ordnung, erschwert, sondern auch das Ansehen des Staates und der Staatsbehörden geschädigt und die Gegner der demokratischen Republik ermuntert, ihre Angriffe gegen den Staat fortzusetzen. Ein Staatswesen, das von seinen eigenen Justizorganen im Stich gelassen wird, macht sich lächerlich, seine Vorschriften werden nicht mehr ernst genommen, seine Drohungen verfangen nicht mehr. Es bricht beim ersten kräftigen Anstoß zusammen. In Deutschland hat sich die politische Justiz gelegentlich sogar in den Dienst der Gegner des Staatssystems gestellt. Sie hat sich als Gegenkraft gegen die Verwaltung ausspielen lassen. Die Möglichkeit dazu gab ihr jene in der Verfassung niedergelegte richterliche Unabhängigkeit, durch die das Walten der Justizorgane der unmittelbaren Volkskontrolle entzogen ist. Allein die richterliche Unabhängigkeit ist nie Selbstzweck, sie hat ihren Sinn verloren, wenn sie als Hammer gegen die staatliche Vollzugsgewalt gebraucht werden kann und die Gefahr heraufbeschwört, daß dadurch das ganze Staatsgefüge auseinandergesprengt wird. Richterliche Unabhängigkeit will verdient, sie darf nicht Mittel zu politischen Zwecken sein.

Von den Nationalsozialisten sind der deutschen Justizbürokratie ihre Verdienste um das Dritte Reich schlecht gelohnt worden. Der nationalsozialistische Abgeordnete Freisler behauptete im Mai 1932 im preußischen Landtag, daß 90 Prozent der Staatsanwälte auf die Anklagebank gehörten. Am 24. Juni 1932 erklärte er an derselben Stelle, daß er die preußischen Gerichte in ihrer damaligen Zusammensetzung für die ungeeignetsten Verwalter des Rechtes halte, die man sich denken könne. Er sprach von einem lächerlichen preußischen Richterverein, drohte, die Richter der berechtigten Wut der breiten Volksmassen preiszugeben, nannte einen Oberstaatsanwalt einen Lumpen und niederträchtigen Provokateur, beschimpfte einen Richter, er schände das Recht, und drohte den preußischen Richtern in ihrer Gesamtheit mit dem Schicksal der in der Varusschlacht gefangenen römischen Richter, denen von den Germanen die Zungen herausgerissen worden seien. In der Tat scheint der deutsche Berufsrichter für das Dritte Reich viel zu gut gewesen zu sein. Die Nationalsozialisten beeilten sich, ihn bei den Nationaltribunalen durch SA-Leute und Fliegeroffiziere zu ersetzen. Erst diese konnten jenes »Recht« sprechen, das im Dritten Reich rechtens war.

Die Schuld der Kommunisten

Die Kommunistische Partei Deutschlands erstrebte die Errichtung der proletarischen Diktatur nach russischem Muster durch das Mittel der Gewalt. Sie war von Anfang an geistig und finanziell abhängig von der russischen bolschewistischen Partei und hat es nie zu einem eigenen, den besonderen deutschen Verhältnissen angepaßten politischen Programm oder zu einer selbständigen politischen Strategie und Taktik gebracht. Solange der russische Bolschewismus die Weltrevolution als Voraussetzung für die Aufrechterhaltung der Herrschaft im eigenen Land ansah, wurde die KPD von ihm zu verhängnisvollen revolutionären Aktionen gedrängt, für die von vornherein keine Möglichkeit eines Erfolgs bestand. Als unter Stalin die Lehre von der Durchführbarkeit des Sozialismus in *einem* Land siegte, wurden die deutschen Kommunisten zu einer Hilfstruppe der russischen Außenpolitik herabgedrückt. Wie anderwärts erhielten sie die Aufgabe, den befürchteten Angriff der kapitalistischen Mächte des Westens auf die Sowjetunion mit allen denkbaren Mitteln zu verhindern.

Im deutschen Bauern- und Bürgertum war für die KPD als reine Klassenpartei kein Raum. Ihr Tätigkeitsfeld beschränkte sich deshalb fast ausschließlich auf das Industrieproletariat. Hier gewann sie zunächst die politisch und gewerkschaftlich nicht geschulten Schichten, die Gelegenheitsarbeiter und ungelernten Arbeiter, besonders im Bergbau und in der chemischen Industrie. Das Heer der Arbeitslosen neigte ihr in der Mehrzahl zu, und später schloß sich ihr auch der Großteil der proletarischen Jugend an, die in der Republik von Weimar keinen Fortschritt zum Sozialismus sah. Die Vorherrschaft der Sozialdemokratie in den Freien Gewerkschaften aber konnte die KPD bis zuletzt nicht erschüttern. Ihr Kampf gegen die Sozialdemokratie war zwangsläufig, den sie erstrebte die Führung innerhalb der deutschen Arbeiterschaft und wollte unter dem Einfluß rein russischer Gedankengänge den Sozialdemokraten das Schicksal der russischen Menschewiki bereiten. Diese inneren Auseinandersetzungen konnten als unglückseliges Erbe der Revolution von 1918 äußerstenfalls noch verständlich erscheinen in einer Zeit, in der die Arbeiterschaft nicht von einem gemeinsamen Feind bedrängt war. Ihre Fortsetzung aber nach dem Septembersieg der Nationalsozialisten von 1930 war ein Verbrechen gegen die deutsche Arbeiterbewegung und eine Hauptursache für ihren kampflosen Untergang. Die KPD hat durch ihre unsinnige Putschtaktik das beste Blut proletarischer Kämpfer nutzlos verspritzt und durch die ständige Drohung mit dem bewaffneten Aufstand dem Bürgertum den Schrecken in die Glieder gejagt und es dem Faschismus in die Arme getrieben. Sie hat durch den haßerfüllten Kampf gegen die Sozialdemokratie das Vertrauen der Massen in die Führer zerstört und damit die Widerstandskraft des deutschen Proletariats entscheidend geschwächt. Sie hat zuletzt durch Nachäffung der nationalsozialistischen Redensarten dem Faschismus in der Arbeiterschaft geistig den Boden geebnet. Mit der Beendigung der Bruderkämpfe innerhalb der Arbeiterschaft und der Annahme der Weimarer Verfassung im August 1919 war das neue Staatssystem der deutschen Republik festgelegt. Die Würfel waren gegen eine Rätediktatur nach russischem Muster und für eine Demokratie nach westeuropäischen Vorbildern gefallen. Die deutsche Arbeiterschaft war einer der wichtigsten Bürgen der neuen Ordnung und nunmehr vor die Aufgabe gestellt, die Macht im Staate, die ihr durch den unglücklichen Ausgang der Revolution nicht zugefallen war, auf dem Wege des friedlichen Wettbewerbs mit anderen Parteien zu erobern. Die rasche Niederwerfung des Kapp-Putsches bedeutete die klarste Absage des Deutschen an die Vergangenheit, die Ablehnung auch einer militärischen Gewaltherrschaft. Jede Revolutionstat des Proletariats gegen den Willen der Sozialdemokratie und der Freien Gewerkschaften war nunmehr offenbar aussichtslos geworden. Dieser zwingenden Folgerung aus den Ereignissen und der Kräfteteilung verschloß sich unter russischem Einfluß allein die Kommunistische Partei.

Die Kommunisten bildeten bis ins Jahr 1923 hinein im deutschen Proletariat eine verschwindende Minderheit. Auch davon war nur ein Bruchteil parteipolitisch organisiert. In Berlin waren sie noch völlig bedeutungslos. Im Ruhrgebiet zählten sie etwa ein Viertel der Arbeiterschaft, nur in Mitteldeutschland hatten sie die Mehrheit der Arbeiter in der Hand. Aber auch dort verfügten sie nicht über die bürgerlichen Mittelschichten und hatten keinen Rückhalt in der bewaffneten Macht. Trotzdem gab die russische Leitung der deutschen Kommunistischen Partei im Frühjahr 1921 den Befehl, von Mitteldeutschland aus eine Aktion zur Eroberung der Macht im ganzen Reich in die Wege zu leiten. Sie begann damit, daß bei den ersten Anzeichen einer proletarischen Erhebung die preußische Schutzpolizei ins Mansfeldische Gebiet einrückte und so den entscheidenden Vorsprung gewann. Die Kommunisten sahen sich, bevor die Aktion noch losgebrochen war, in die Verteidigung gedrängt. Ihr Aufruf zum Generalstreik wurde von einer Minderheixt der Arbeiterschaft befolgt. Schon gedachten die örtlichen Führer die Sache wegen Aussichtslosigkeit aufzugeben, da kam von der Berliner Zentralleitung der Befehl, sie fortzusetzen und den Aufstand zu steigern. Jetzt traten überall die kommunistischen Heerhaufen an mit der Waffe in der Hand. Sie stürzten sich zuerst auf die arbeitswillige Mehrheit, die den Streik nicht mitmachen wollte, und trugen so den Kampf in die einzelnen Betriebe hinein. Vielfach wurden sie von den Arbeitswilligen zurückgeschlagen und blieben dann allein der Arbeit fern. Dann erst gerieten sie in blutige Kämpfe mit der unaufhaltsam vorrückenden Polizei. Im übrigen Deutschland wurden die kommunistischen Aufstandsversuche in kürzester Zeit niedergeschlagen. In Mitteldeutschland besetzten kommunistische Scharen ziel- und planlos Ortschaften und Städte, in denen sich häufig überhaupt keine bewaffnete Macht des Staates befand, sprengten Banken und Postgebäude in die Luft und hoben überall die verfügbaren Gelder ab. Mutwilligerweise wurden auch Privathäuser, Eisenbahnanlagen und Bahnhofsgebäude zerstört. Von einer einheitlichen Leitung des Aufstandes war keine Rede, überall gewann die Polizei gegen die einzelnen kommunistischen Abteilungen die Oberhand. Die Zentrale der Kommunistischen

Partei in Berlin aber schickte, als die Sache längst verloren war, immer noch Arbeiter in den sicheren Tod. Obwohl in ihrer Mitte bereits eine Mehrheit für den Abbruch der Aktion vorhanden war, wagte sie es aus Furcht vor dem Vorwurf der Schlappheit nicht, ihrer Meinung Geltung zu verschaffen. Immer noch hoffte man, daß es irgendwie in Deutschland »losgehen« würde. Schließlich mußte man die Aktion doch einstellen lassen, inzwischen aber hatte man Hunderte der besten Kämpfer geopfert. Das politische Ergebnis des militärischen Aufstandes war, daß die Kommunistische Partei ihren rechten Flügel unter Dr. Levi, der sich gegen die sinnlose Putschtaktik gewendet hatte, an die Sozialdemokraten verlor.

Trotz dieser bitteren Erfahrung schlitterte die KPD im Herbst 1923 wieder in denselben Fehler hinein. Abermals bereitete sie für ganz Deutschland den bewaffneten Aufstand vor. In Sachsen und Thüringen trat sie nur zu dem Zweck in sozialdemokratische Regierungen ein, um sich für ihre Mitglieder leichte Waffen zu sichern. In der Tat gelang es ihr, auf diesem Weg ihre proletarischen Hundertschaften mit Waffen zu versorgen. Als die Reichswehr diese Hundertschaften verbot, gaben die Kommunisten Weisung, das Verbot zu mißachten und den bewaffneten Aufstand in die Wege zu leiten. Das ganze deutsche Verkehrswesen wurde auf den Putsch vorbereitet, überall wurden mit kommunistischen Eisenbahnern Sabotageakte vereinbart. Wie 1921, waren es auch jetzt wieder die russischen Sendlinge, die Turkestaner, die unablässig zum Kampf drängten. Ein Teil der deutschen kommunistischen Führer erkannte die Unfähigkeit dieser »Spezialisten des Bürgerkriegs«, die auf ihre mangelhafte Kenntnis der besonderen deutschen Kampfbedingungen zurückzuführen war. Aber Thälmann gab sich allzu bereitwillig zu ihrem Sprachrohr und blinden Werkzeug her. Als die sozialdemokratische Arbeiterschaft auf dem Chemnitzer Betriebsrätekongreß die kommunistische Zielsetzung unzweideutig abgelehnt hatte, gab der vernünftige Teil der kommunistischen Führer den Gedanken an eine kommunistische Sonderaktion auf. Allein Thälmann gab hinter dem Rücken der übrigen Mitglieder der kommunistischen Zentrale auf eigene Faust den Befehl zum Losschlagen und sandte Kuriere aus. Brandler erfuhr von diesem Streik und schickte den Kurieren sofort ergebene Leute nach, die Kuriere aufzuhalten und den Befehl zum Aufstand rückgängig zu machen. Bis auf zwei, den Hamburger und Mecklenburger Kurier, wurden noch alle erreicht. Bei dem letzteren stellte sich später heraus, daß ihm, während er auf dem Bahnhof noch eine Tasse Kaffee trank, der Zug davongefahren war. Der andere aber richtete in Hamburg Unheil an, dort brach der Aufstand los, und die Leichen der Proletarier lagen auf den Straßen.

Auch bei dem letzten kommunistischen Putschversuch vom 1. Mai 1929 in Berlin hatten russische Sendboten wie Manuilski ihre Hand im Spiel. Die Kommunisten und die Sozialdemokraten hatten getrennte Maifeiern angekündigt, und es bestand nach den durchgesickerten Plänen der Kommunisten die Gefahr, daß es zwischen beiden Gruppen zu schweren Zusammenstößen kommen würde. Nun griffen die Turkestaner ein und verpflichteten die Berliner Leitung der Kommunistischen Partei, trotz des Verbots die Arbeiter auf die Straße zu bringen. Der Versuch mißlang zuerst, erst am Abend bekam dann der Rotfrontkämpferbund den Befehl, den Kampf gegen die Polizei zu eröffnen. Nun kam es im Scheunenviertel, am Wedding und in Neukölln zu blutigen Zusammenstößen. Barrikaden wurden errichtet, aus den Fenstern wurde geschossen, am Wedding mußte die Polizei sogar einen Panzerwagen einsetzen. Die Kämpfe wiederholten sich an den folgenden Abenden, sie flauten erst nach Verhängung des Ausnahmezustands über die Unruhebezirke ab. Der Versuch der Kommunisten, in Berlin und im Reich den Generalstreik durchzuführen, mißlang. Im ganzen wurden bei den Kämpfen 19 Menschen getötet und 36 schwer verletzt. So lastete auf der kommunistischen Parteileitung die schwere Schuld, daß sie die völlig sinnlosen Kämpfe in der ausgesprochenen Absicht hervorrief, die Sozialdemokraten in der preußischen Regierung und Polizei als »Bluthunde« zu entlarven und dadurch den Graben zwischen den beiden Arbeiterparteien noch mehr zu vertiefen. Die unmittelbare Folge der Berliner Vorgänge war ein Verbot des Rotfrontkämpferbundes. Seine politisch wenig gefestigten Mitglieder, die sogenannten »Radieschen«, die außen rot, innen aber weiß waren, wanderten ab zur nationalsozialistischen SA. Der andere Teil aber führte in den Folgejahren den Kampf gegen den Faschismus mit Überfällen auf SA-Leute und Straßenschlachten, die den Nationalsozialisten immer wieder die Verschleierung ihrer eigenen Schandtaten ermöglichten und ihren Ausschreitungen den Schein der Selbsthilfe gegen die »Mordkommune« verliehen.

Die deutsche Kommunistische Partei war beim deutschen Bürgertum von vornherein mit dem Abscheu vor dem Bolschewismus belastet, den die Ausrottung der bürgerlichen Elemente Rußlands in der europäischen Kulturwelt hervorgerufen hatte. Aber auch sie selbst tat alles, um die Bolschewistenfurcht durch Verherrlichung der russischen Vorgänge und Zustände, durch blutrünstige Großsprechereien, wilde Redensarten und fürchterliche Drohungen in immer weiteren Kreisen des deutschen Volkes zu steigern. Nachhaltigen Eindruck machte besonders auch der große Tschekaprozeß vom April 1925 in Leipzig, bei dem sich herausstellte, daß dem kommunistischen Parteiapparat eine eigene Tschekagruppe angegliedert war, die nicht nur eine Reihe bekannter Persönlichkeiten wie General Seeckt und die Großindustriellen Stinnes und Borsig ermorden wollte, sondern der auch die Beseitigung von Spitzeln oblag. So war von dieser Gruppe am 7. Januar 1924 in Berlin der als Spitzel verdächtige Friseur Rasch getötet worden. Der Prozeß endete für die Beteiligten mit drei Todesurteilen und einer Verurteilung zu 15 Jahren Zuchthaus. Er wurde in der bürgerlichen Presse weidlich gegen die Kommunisten ausgenützt.

Nicht minder wurde die Angst vor dem kommunistischen Umsturz in bürgerlichen Kreisen gesteigert durch die Diebstähle von Gewehren und Maschinengewehren und die Verbergung von Waffen auf kommunistischen Grundstücken, wie sie von der Kommunistischen Partei selbst bei der Reichswehr veranlaßt und durchgeführt wurden, und die zahllosen Sprengstoffdiebstähle in allen Teilen des Reichs, die immer wieder Gerüchte über bevorstehende kommunistische Unruhen erzeugten. Die von den Kommunisten in den Parlamenten hervorgerufenen Schlägereien, die Bekämpfung gegnerischer Ansichten mit Wassergläsern und Tintenfässern trugen ebenfalls dazu bei, die kommunistische Gefahr der Öffentlichkeit immer wieder vor Augen zu stellen. Solche Spektakelstücke wurden von den kommunistischen Fraktionen in ihren Sitzungen vorher genau vorbereitet und zur Pflicht gemacht; wer nicht mittun wollte, wurde bedroht und beschimpft. Aber je drohender die Sprache der Kommunisten in den Parlamenten und Versammlungen wurde, um so schneller und stärker füllten sich die Kassen der arbeiterfeindlichen Organisationen der Gegenrevolution. Es gab eigene Büros, durch die solche Kraftreden gesammelt und verbreitet wurden, um damit das Bürgertum in Schrecken zu versetzen und Stimmung für die Einrichtung und Finanzierung des bürgerlichen Selbstschutzes gegen den Bolschewismus zu machen.

Mit Steigerung der kommunistischen Abgeordnetensitze seit September 1930 wurde die Sprache der Kommunisten gegen die bürgerliche Staats- und Wirtschaftsordnung immer aufreizender und rücksichtsloser, der Tag des roten Umsturzes als unmittelbar bevorstehend angesagt. Immer häufiger war davon die Rede, dem »System« den Todesstoß zu versetzen. Deutschland wurde als Aufmarschgebiet der herannahenden europäischen Revolution bezeichnet. Kommunistische Redner verkündeten, daß auch in Deutschland bald die GPU ihre Arbeit aufnehmen und die Gegner der proletarischen Revolution abschießen werde. Die Wehrhaftmachung der gesamten Arbeiterklasse und aller Werktätigen gegen die Bourgeoisie, die Ausrufung der Sowjetrepublik in Deutschland wurde gefordert. Um die bürgerlichen Kreise bis aufs Blut zu reizen, beschimpften kommunistische Abgeordnete Hindenburg als »Vertreter des Versailler Systems.«

Als unerträgliche Herausforderung wurde vom Bürgertum besonders auch das Auftreten der kommunistischen Reichstagsabgeordneten Clara Zetkin in der Sitzung vom 30. August 1932 empfunden, die sie als Alterspräsidentin zu leiten hatte. Es war in der Tat ein abstoßendes Bild, wie die kommunistische Fraktion die altersschwache Greisin, die sichtlich ihre letzten Kräfte aufbot und der ständigen Unterstützung durch einen kommunistischen Abgeordneten bedurfte, zur Verkündung des kommunistischen Evangeliums mißbrauchte. Sie meldete in einer qualvoll herausgestoßenen Rede den Anbruch der kommunistischen Herrschaft in Deutschland als unmittelbar bevorstehend an. Der Sturz der Regierung sollte nur ein Symbol sein für den Aufmarsch und die Machtentfaltung der breiten Massen außerhalb des Parlaments. Über das Augenblicksziel der Beseitigung der Regierung hinaus müsse das Ziel auf den Sturz des bürgerlichen Staates und seiner Grundlage, der kapitalistischen Wirtschaft, gerichtet sein. Sie forderte mit hohler Stimme die proletarische Revolution und sprach die Hoffnung aus, als Alterspräsidentin den ersten Rätekongreß Sowjet-Deutschlands zu erleben. Den politischen Vorteil von diesem Vorgang hatten die Nationalsozialisten. Sie bekamen mit ihrer Erklärung, daß ein solches Schauspiel dem bürgerlichen Deutschland nicht ein zweites Mal geboten werden dürfe, den Beifall des gesamten Bürgertums.

Um das Maß voll zu machen, gingen die Kommunisten in den letzten Jahren der Republik dazu über, auch die russische Gottlosenbewegung auf Deutschland zu übertragen. Junge Menschen beiderlei Geschlechts fanden sich in Gottlosenabenden zusammen, in denen unter kommunistischer Leitung religiöse Vorstellungen, die Millionen von Deutschen heilig waren, verhöhnt und häßliche Zoten zum besten gegeben wurden. Daneben wurde die Schuljugend kommunistisch beeinflußt, selbst in den Bekenntnisschulen wurden kommunistische Zellen errichtet. Das war mehr, als das deutsche Bürgertum ertragen konnte und wollte. Die Nationalsozialisten bekamen die gewünschte Gelegenheit, sich als Vorkämpfer gegen den Kulturbolschewismus aufzuspielen und sich dadurch den besonderen Dank konservativer und kirchlicher

Kreise zu verdienen. Sie nahmen begierig die von den Kommunisten selbst herausgegebene Losung auf, daß »dem deutschen Volke nur die Wahl zwischen Kommunismus oder Nationalsozialismus« geblieben sei. So wurde die öffentliche Meinung für die große Mission Hitlers, »die Rettung des deutschen Volkes vor dem Bolschewismus«, reif gemacht. Die Kommunistische Partei hat gerade in den letzten Jahren der demokratischen Republik alles getan, um den Nationalsozialisten zu dieser Rolle zu verhelfen. Nie hätte der Reichstagsbrand im letzten Wahlkampf vom Frühjahr 1933 diese ausschlaggebende Bedeutung gewinnen können, wenn nicht der Großteil des deutschen Volkes den Kommunisten eine solche verbrecherische Tat zugetraut hätte. Daß dies möglich war, daß man die Kommunisten ohne Überlegung dieser schändlichen Tat fähig hielt, obwohl alle Gründe der Vernunft dagegen sprachen, ist das besondere Verdienst der verhängnisvollen kommunistischen Politik. Ihr Ruf war schlechter geworden als sie selbst, die Taktik der Putsche, der ewigen Drohungen und Kraftsprüche wandte sich wider sie und besiegelte ihren Untergang.

Die Abwehrfront der deutschen Arbeiterschaft gegen den Faschismus war durch die jahrelange Wühlarbeit der Kommunisten in den Gewerkschaften und ihre haßerfüllte Agitation gegen die Sozialdemokratie ungeheuer geschwächt. Die Taktik der KPD gegenüber den Gewerkschaften bietet ein Bild der jammervollen Planlosigkeit. Auf ihrem Gründungstag im Dezember 1918 gab die Kommunistische Partei die Losung: »Heraus aus den Gewerkschaften!« aus. Im Jahr 1920 bekam sie von der Komintern die Weisung, daß sie vor einer Spaltung der Gewerkschaften nicht zurückschrecken dürfe. Ein Jahr darauf hieß es wieder, die Kommunisten sollten in den Gewerkschaften bleiben. Im Jahre 1924 wurde der Befehl gegeben, die Fraktionsarbeit der Kommunisten in den Gewerkschaften zu verhundertfachen. Im Jahr 1928 wurde zum Beschluß erhoben, daß die gewerkschaftlichen Lokalorganisationen, in denen die Kommunisten die Mehrheit erlangt hätten, aus den Gewerkschaften austreten sollten. Auf der Ende 1929 abgehaltenen Reichsparteiarbeiterkonferenz der Kommunistischen Partei wurden neue Richtlinien für das Verhalten der Kommunisten bei Streiks und Aussperrungen herausgegeben, in denen offen die Ausschaltung und Zerschlagung der Gewerkschaften vorgeschrieben war. Streiks sollten jetzt von besonderen Streikkomitees geführt werden, denen die besondere Aufgabe oblag, alle von der »reformistischen Gewerkschaftsbürokratie« abgeschlossenen Vereinbarungen mit den Arbeitgebern für unverbindlich zu erklären, die »reformistischen« Verbände aus den Betrieben zu verdrängen, ihnen die

Führung der Arbeitskämpfe zu entwinden und das Vertrauen der Arbeiter zum »reformistischen Gewerkschaftsapparat« systematisch zu zerstören. Nun kam es zur Bildung einer Art kommunistischer Gewerkschaft, der sogenannten Revolutionären Gewerkschaftsopposition (RGO). Schon vor der Weltwirtschaftskrise verlegten sich die Kommunisten besonders auch auf die Erfassung und Bearbeitung der Arbeitslosen. Sie setzten mit der Bildung eigener »Arbeitslosenkomitees« ein, die beauftragt wurden, die Verbindung der Arbeitslosen mit den Gewerkschaften zu lösen, die Arbeitslosen bei der Erhebung ihrer Forderungen vor Behörden und in der Öffentlichkeit zu vertreten und sie dadurch und durch Veranstaltungen besonderer Arbeitslosenversammlungen ins kommunistische Fahrwasser zu bringen. So waren sie am Werk, die Arbeitslosen als Sondergruppe in das wirtschaftliche und politische Gebiet einzubauen und allmählich eine neue Klassenscheidung im Proletariat herbeizuführen. Den Erfolg dieser Bestrebungen zur Zerstörung der Freien Gewerkschaften und der Einheit der Arbeiterklasse heimsten die Nationalsozialisten ein.

Ihren Hauptkampf aber führten die Kommunisten von allem Anfang bis zu ihrem letzten Stündlein gegen die Sozialdemokratie. Bei der Neuwahl des Reichspräsidenten im Jahr 1925 halfen die Kommunisten durch Aufrechterhaltung der völlig aussichtslosen Kandidatur Thälmanns im zweiten Wahlgang dem Generalfeldmarschall Hindenburg zum Sieg.

Die Blütezeit der kommunistischen Hetze gegen die Sozialdemokratie begann, als die Sozialdemokratie nach den Wahlerfolgen vom Mai 1928 unter Führung Hermann Müllers wieder in eine Regierung der Koalition mit den bürgerlichen Mittelparteien eintrat. Die kommunistische Internationale hielt nunmehr den Zeitpunkt für gekommen, gegen das größte Hindernis zur Eroberung der Arbeitermassen durch den Kommunismus, die Sozialdemokratische Partei, den Generalangriff zu eröffnen. Er wurde mit den verwerflichsten Mitteln geführt. Unter Berufung auf Lenin, der im politischen Kampf die Anwendung jeder möglichen List und Schlauheit, aller illegalen Methoden der Verschweigung und Verheimlichung der Wahrheit — wie Hitler — empfohlen hatte, stellten die Kommunisten die Lüge, die sie als eine »verflucht reale Notwendigkeit« bezeichneten, bewußt in den Dienst ihrer Agitation. So konnte schon die Regierungserklärung Hermann Müllers von ihnen als Programm der Bourgeoisie, als einzige Bankrotterklärung der Koalitionspolitik der Sozialdemokratie, als Politik der kapitalistischen Klasse hingestellt werden.

Dann machte die Sozialdemokratie, um Hitler nicht an die Macht kommen zu lassen, die Tolerierungspolitik. Sie begann sich selbst aufzuopfern, um die deutsche Arbeiterbewegung und den Staat von Weimar über die Weltwirtschaftskrise hinwegzuretten. Dieser verzweifelte Versuch fand bei den Kommunisten nicht nur keine Unterstützung, sondern er wurde von ihnen dazu benützt, im Wettbewerb mit den Nationalsozialisten über die Sozialdemokratie herzufallen und das Vertrauen der Massen in die Ehrlichkeit ihrer Politik weiter zu untergraben und zu zerstören. Im August 1932 gab dann Thälmann zu, daß die kommunistische Kritik an Brüning überspitzt und übertrieben gewesen war. Aber der Schaden konnte nicht mehr gutgemacht werden.

Wie nicht anders zu erwarten war, arbeiteten die Kommunisten auch eifrig an der Unterwühlung des letzten sozialdemokratischen Bollwerks Preußen mit. Anfangs März 1931 sprach der Kommunist Heckert im Reichstag von sozialdemokratischen Polizeipräsidenten, die den Mord organisieren. Die sozialfaschistischen Führer und Henker arbeiteten mit den nationalsozialistischen Henkern zusammen. Die Sozialdemokraten hätten den Nationalsozialisten das Handwerkszeug gegeben. Innungsmeister dieses blutigen Handwerks seien Grzesinski und Severing. Beim Stahlhelm-Volksbegehren und -Volksentscheid auf Auflösung des preußischen Landtags im Sommer 1931 traten die Kommunisten im Kampf gegen die Sozialdemokratie offen an die Seite der Reaktion. Es war die schmählichste politische Handlung, der sie sich bis dahin schuldig gemacht hatten. Anfänglich hatten sie sich gegen Beteiligung am Volksbegehren des Stahlhelms ausgesprochen, ja, als der Berliner Polizeipräsident im März 1931 einen Aufmarsch des Stahlhelms nicht verbot, schrien die Kommunisten, daß diese Einleitung des Volksbegehrens durch den Stahlhelm nichts anderes als die allgemeine Mobilmachung für den Faschismus sei. Die Sozialdemokratie stelle dafür die Hilfspolizei, sozialdemokratische Polizeioffiziere hätten die Stahlhelmer geschützt, damit diese ihre Propaganda für das Dritte Reich durchführen könnten. Damals gaben die Kommunisten die Weisung aus, sich am Volksbegehren nicht zu beteiligen, weil die Faschisten in Preußen die Hochburg aller faschistischen Regierungssysteme nach dem Muster Mussolinis errichten wollten. Das Volksbegehren der Reaktion aus Stahlhelm und Schwerindustrie bis Hugenberg und Hitler sei »eine parlamentarische Komödie und ein Hohn auf das hungernde Volk«. Noch im April 1931 mahnte die »Rote Fahne« die kommunistischen Arbeiter, sich nicht verleiten zu lassen, gemeinsam mit den Mord- und Streikbrecherbanden des Stahlhelms und der Nationalsozialisten, gemeinsam mit den

Börsenfürsten, Junkern und Inflationsgewinnlern für deren Volksbegehren aufzumarschieren. Am 23. Juli 1931 aber gab die »Rote Fahne« plötzlich die Losung aus: »Heraus zum Volksentscheid!« Jetzt wurde auf einmal mit den Mord- und Streikbrecherbanden und Börsenfürsten gemeinsame Sache gemacht. Im Sportpalast höhnte dann Dr. Goebbels, wenn die Kommunisten dumm genug seien, den Nationalsozialisten zu helfen, dann hätte man keinen Grund, sie daran zu hindern, sich selbst aufzuhängen. Das war selbst einem Großteil der kommunistischen Arbeiter zu viel. Sie weigerten sich, der verderblichen Losung der kommunistischen Parteileitung zu folgen, und der Volksentscheid fiel durch.

In diesen Jahren wirkte sich der abgrundtiefe Haß und die maßlose Hetze der Kommunisten auch in blutigen Gewalttaten aus. In Hamburg und Umgebung fanden schon im Jahr 1928 mehrfach blutige Kämpfe zwischen Kommunisten und Reichsbannerleuten statt, bei denen es Tote und Schwerverletzte gab. Auch in Berlin wurden wiederholt einzelne Reichsbannerleute von Kommunisten ermordet. Der sozialdemokratische Reichstagsabgeordnete und Gewerkschaftssekretär Reißner wurde in Berlin am 29. Mai 1931 grundlos von Kommunisten überfallen, durch einen Messerstich verletzt, und es wurde ihm die rechte Schulter gebrochen. Anfang Juli 1931 verbreitete die Kommunistische Partei in Köln Aufrufe unter den Arbeitslosen, den sozialdemokratischen Polizeipräsidenten aus dem Hinterhalt zu erschießen. Ende Juli 1931 überfielen kommunistische Schlägerkolonnen Reichsbannerleute und sozialdemokratische Arbeiter in einer öffentlichen Versammlung in der Wohnstadt Karl Legien in Berlin. Im Berliner Sportpalast fand am 14. September 1931 eine große Auseinandersetzung zwischen sozialdemokratischen und kommunistischen Rednern statt. Allein die Kommunisten wurden tätlich, schlugen sozialdemokratische Arbeiter zu Boden und sprengten die Versammlung. Begeistert schrieb dazu die schwerindustrielle »Deutsche Allgemeine Zeitung«: »Es ist vom Standpunkt der bürgerlichen Politik aus gesehen nur erfreulich, wenn sich die roten Brüder kräftig in die Haare geraten, und in der Tat hat diese Selbstzerfleischung des Sozialismus seit 1918 bereits wesentliche Dienste geleistet.«

Ein anderes Mal hatte sie höhnisch geäußert: »Die Kommunisten haben in bestimmten Grenzen für das staatspolitische Leben eine nützliche Funktion. Sie müssen verhindern, daß die Sozialdemokratie übermächtig wird, sie sind für den bürgerlichen und kapitalistischen Staat solange ein wertvolles Werkzeug, als sie als Pfahl im Fleisch der Sozialdemokratie wirken.«

Allerdings hat sich die deutsche Arbeiterbewegung an diesem Pfahl im Fleisch schließlich die tödliche Blutvergiftung geholt. Die Kommunisten verhinderten es bis zuletzt, daß der Pfahl entfernt und die Wunde gereinigt wurde.

Als im Herbst 1931 sich die SAP (Sozialistische Arbeiterpartei) von der Sozialdemokratie trennte und etwas großtuerisch mit dem Anspruch hervortrat, die deutsche Arbeiterbewegung unter ihrem kleinen Banner zu einigen, wurde sie gerade von den Kommunisten aufs schärfste abgelehnt. Diese bezeichneten die linken Sozialdemokraten als die gefährlichsten Feinde der Arbeiterklasse, weil sie zu verhindern suchten, daß die Arbeiter die arbeiterfeindliche Politik der Sozialdemokratie begriffen und sich von ihr abwendeten. Die Seydewitzgruppe sei nur eine Auffangorganisation, ein Hemmnis, daß die Arbeiter zu den Kommunisten kämen. Diese Aufnahme hatten sich die Apostel der Einheitsaktion allerdings nicht erwartet. Aber die deutschen Kommunisten blieben nur der russischen Auffassung treu, daß die Menschewiki überall zum Bolschewismus bekehrt oder vernichtet werden müßten.

Während des Wahlkampfs in Hessen im Herbst 1931 hatte der sozialdemokratische Führer Breitscheid in einer Versammlung in Hessen vorsichtig angedeutet, daß einmal Voraussetzungen gegeben sein könnten, unter denen die Arbeiterschaft ohne Rücksicht auf das Parteibuch den Kampf gegen den Faschismus führen könnte. Das war nicht mehr als ein Wink mit der Augenbraue in einem Augenblick, in dem der deutschen Arbeiterschaft das Wasser bereits am Hals stand. Aber sofort kreuzte die »Rote Fahne« auf: »Nein, der Hauptfeind ist und bleibt die Sozialdemokratie.« Am 8. Januar 1932 veröffentlichte dann das Zentralkomitee der Kommunistischen Partei Deutschlands ein Rundschreiben, in dem es hieß: »Jeder Kommunist und jeder klassenbewußte Arbeiter muß verstehen, daß der Hauptstoß der revolutionären Politik gegen die Hauptstütze der Bourgeoisie, die Sozialdemokratie und ihre linke Filiale, die SAP, gerichtet werden muß. Die SAP stellt den linken Flügel der Bourgoisie und einen Bestandteil des Sozialfaschismus dar, der durch die Propaganda des Burgfriedens zwischen Kommunismus und Reformismus die gefährlichsten und konterrevolutionärsten Anschläge gegen die wirkliche rote Einheitsfront des kämpfenden Proletariats durchführt.« Die wirkliche rote Einheitsfront, das war nach Auffassung der Kommunisten die alleinseligmachende Kommunistische Partei. Eine Einigung mit ihr gab es nur durch bedingungslose Unterwerfung unter ihre Diktatur. Freilich waren die Kommunisten nicht ehrlich genug, diese ihre Auffassung über die Einheitsfront offen zuzugestehen. Sie warben in Wort und Schrift für eine absichtlich unbestimmt gelassene Einheitsfront und hetzten im gleichen Atemzug gegen die Sozialdemokratie. Das schlimmste war, daß dieser schändliche Widerspruch einem Großteil ihrer verhetzten Anhänger gar nicht mehr zum Bewußtsein kam. Es kam die Reichspräsidentenwahl des Frühjahrs 1932, bei der die Sozialdemokraten sich für Hindenburg entscheiden mußten, um nicht Hitler siegen zu lassen. Aber die Kommunisten sogen aus dieser Zwangslage nur tödliches Pfeilgift gegen die Sozialdemokratie. Als Dr. Goebbels damals die Sozialdemokratie im Reichstag als Partei der Deserteure verleumdete und ein Sturm der Entrüstung durch die Kriegsteilnehmer aller Parteien ging, schämten sich die Kommunisten nicht, den nationalsozialistischen Ehrabschneidern zu Hilfe zu kommen. Sie verhöhnten die Sozialdemokraten als die treuesten Diener der imperialistischen Kriegspolitik und warfen ihnen vor, sie wollten im Zeichen der Präsidentenwahl das Volk für einen neuen Krieg mobilisieren. Ihr Fraktionsführer Torgler aber gab als neuen Lehrsatz der Logik zum besten: Der Hauptfeind der Arbeiterklasse sei der Kapitalismus, die Hauptstützen des Kapitalismus seien die Sozialdemokraten, daher seien die Sozialdemokraten der Hauptfeind der Arbeiterklasse. Breitscheid wurde als der gewandte Kommis des Finanzkapitals beschimpft. Severing habe es Groener gezeigt, wie man es machen müsse, um das kapitalistische System länger am Leben zu erhalten. Als dann Groener die SA verbot, beantragte die kommunistische Fraktion des Badischen Landtags, die Regierung solle auch das Reichsbanner und die Eiserne Front verbieten, da deren Tätigkeit der Aufrechterhaltung des kapitalistischen Systems diene und dadurch gegen die Interessen der arbeitenden Bevölkerung sei. Eine solche Blüte des politischen Irrsinns hatte die kommunistische Hetze gegen die Sozialdemokraten erzeugt!

Brüning stürzte, und Papen kam, die Kommunisten aber führten immer noch ihren Hauptstoß gegen die Sozialdemokratie. Vergebens mahnte jetzt Trotzki, die endgültige Auseinandersetzung mit der Sozialdemokratie, für die er sich ebenfalls aussprach, angesichts der dringenden Aufgabe des Kampfes gegen den Faschismus auf bessere Zeiten zu verschieben. Er verurteilte die Teilnahme der Kommunisten am Hitlervolksentscheid gegen Preußen als dumme und schädliche Maßnahme und forderte Kommunisten und Sozialdemokraten auf, wenigstens vereint zu schlagen, wenn sie schon getrennt marschieren müßten. Darüber könnte man sich sogar mit Noske und Grzesinski verständigen. Den Sieg über den Faschismus könne man nur zusammen mit den sozialdemokratischen Arbeitern, nicht gegen und nicht ohne sie erringen. Aber solche Worte waren für den Rauchfang geschrieben. In Württemberg wurden die kommunistischen Führer Schlaffer, Schönbeck und Bellmann gemaßregelt, weil sie bei den letzten Gemeindewahlen das strategische Hauptfeuer gegen den Nazifaschismus und nicht gegen die Sozialdemokratie gerichtet hatten. Nach wie vor wurde Grzesinski als faschistischer Massenmörder beschimpft. Im Zeitzer Bezirk, in Hessen, in Sachsen und Thüringen verhalfen die Kommunisten durch Stimmenthaltung oder Abgabe ungültiger Stimmzettel den Nationalsozialisten, die in Stichwahl mit Sozialdemokraten standen, zu Ämtern in der Gemeindevertretung.

Nach dem Verfassungsbruch Papens vom 20. Juli 1932 schien es einen Augenblick, als dämmerte den Kommunisten endlich die Erkenntnis der Folgen ihrer mörderischen Hetzpolitik auf. In der wissenschaftlichen Zeitschrift der Kommunistischen Partei bezeichnete es Thälmann als die große Schwäche der Kommunistischen Partei am 20. Juli, daß sie mit ihrer Streikparole zwar eine mächtige Wirkung zur Entlarvung der SPD erzielt habe, aber Streiks in nennenswertem Umfang nicht auszulösen vermochte. Er führte das darauf zurück, daß die kommunistische Parteileitung in den ersten wichtigen Stunden mit der Sicherung der Partei und den dafür notwendigen technisch-organisatorischen Maßnahmen zu stark beschäftigt gewesen sei. Die kommunistischen Arbeiter aber hätten nicht gemerkt, daß der Stoß gegen die sozialdemokratischen Minister ein brutaler Angriff auf die Freiheit der Arbeiterklasse war. Diese Darlegungen waren die schärfste Verurteilung der bisherigen kommunistischen Politik. Wie hätten die kommunistischen Arbeiter etwas merken sollen, wenn ihnen die sozialdemokratischen Minister bisher als Henker und Mörder des Proletariats, als bezahlte Schurken des Großkapitals hingestellt worden waren? War das richtig, dann mußten ja die kommunistischen Arbeiter die Befreiung von ihnen geradezu als Erlösung empfinden!

Aber die Überlegungen Thälmanns waren nur ein lichter Augenblick gewesen. Auch nach dem 20. Juli blieben die Kommunisten dabei: Der Hauptschlag gilt der Sozialdemokratie! Als der kommunistische Führer Heinz Neumann an die Stelle der bisherigen Parole seiner Partei: »Einheitsfront von unten!« die Parole: »Einheitsfront von unten bis oben« setzen wollte, wurde ihm rechtsopportunistisches Abgleiten vor der SPD- und ADGB-Führung vorgeworfen und das Vertrauen Moskaus entzogen. Man wollte keine Einigung mit der reformistischen Führerschaft!

Im Reichstag machten die Kommunisten jedoch, um der wachsenden Massenstimmung für eine wirkliche Einigung des Proletariats entgegenzukommen, ein scheinbares Zugeständnis. Bei den Präsidentenwahlen im August und November 1932 gaben sie die Erklärung ab, falls der nationalsozialistische Kandidat für das Amt des Reichstagspräsidenten im ersten Wahlgang nicht gewählt werden sollte, würden sie in der Stichwahl, um die Wahl eines Nationalsozialisten zu verhindern, ihre Stimme dem Kandidaten der Sozialdemokratie geben. Selbstverständlich war dieses »Zugeständnis« mit heftigen Angriffen auf den Klassenverrat der Führung der SPD und des ADGB gespickt. Dabei wußten die Kommunisten ganz genau, daß infolge der Haltung des Zentrums der Nationalsozialist als Vertreter der stärksten Fraktion schon im ersten Wahlgang gewählt würde. Bei den Wahlen der Vizepräsidenten stimmten die Kommunisten auch in der Stichwahl für ihre eigenen Kandidaten und vereitelten dadurch die Wahl von Sozialdemokraten.

Im übrigen wurde innerhalb und außerhalb des Reichstags der Kampf der Kommunisten gegen den sozialdemokratischen »Hauptfeind« weitergeführt. Das Urteil des Staatsgerichtshofs vom 25. Oktober 1932 wurde den Lesern der »Roten Fahne« wahrheitswidrig als Sieg der Barone hingestellt. Beim großen Berliner Verkehrsstreik Anfang November 1932 arbeiteten Kommunisten und Nationalsozialisten in engster Gemeinschaft gegen die »Gewerkschaftsbürokratie« zusammen. Sie errichteten miteinander Barrikaden und sammelten Arm in Arm für den Wahlfonds ihrer Partei. Kommunistische Führer holten aus SA-Lokalen Arbeiter zur Verübung von Sabotageakten heraus, und die übrigen Arbeiter wurden von den vereinigten Kommunisten und Nationalsozialisten unter Druck gesetzt. Mitte November 1932 erließ das Zentralkomitee der KPD wieder einen Aufruf zur Bildung der Einheitsfront, in dem es hieß: »Was kümmert die SPD-Führer der hungernde Arbeiter, das zusammenbrechende werktätige Volk? Sie dienen treu der Bourgeoisie, sie verteidigen das kapitalistische System.« Die »Linie« war beibehalten, nur die Verwünschungen waren etwas sanfter geworden. Bei der Beratung der großen Dezemberamnestie von 1932 warfen die Kommunisten den Sozialdemokraten wider besseres Wissen vor, daß diese eine weitergehende Amnestie verhindert hätten. Dabei hatten die Sozialdemokraten zugunsten der Kommunisten die Aufnahme des Hochverrats in das Gesetz erreicht. In Elmshorn hatte damals der kommunistische Reichstagsabgeordnete Jürgensen mit Hilfe der kommunistischen Stimmen die Wahl eines Sozialdemokraten zum Bürgermeister ermöglicht. Darauf zwang ihn die kommunistische Parteileitung, eine öffentliche Erklärung abzugeben, daß seine Haltung der politischen Linie der Kommunistischen Partei widersprochen und er sich von der Unrichtigkeit seiner Auffassung überzeugt habe. Noch unmittelbar vor der Ernennung Hitlers zum Reichskanzler brachte die kommunistische Reichstagsfraktion ein durch und durch verlogenes Flugblatt heraus, in dem behauptet war, daß der »Vorwärts« eine Hitlerregierung fördere, und in dem von einem schändlichen Dolchstoß Leiparts und Stampfers die Rede war. Dann wurde unter dem alten Zeichen des Kampfes gegen die Sozialdemokratie zum Massenstreik aufgefordert. Das war buchstäblich die unsinnige Politik des Bruderkampfes bis zum letzten Augenblick und bis zum letzten Mann!

Dabei hatte sich um die Jahreswende gegen diese selbstmörderische Taktik in den Reihen der kommunistischen Arbeiter endlich Widerstand geregt. Im Januar 1933 mußte die Bezirksleitung der KPD in Sachsen auf Betreiben ihrer Mitglieder anordnen, daß die kommunistischen Fraktionen in den Gemeindeparlamenten bei Stichwahlen unter bestimmten Vorraussetzungen für die sozialdemokratischen Kandidaten zu stimmen hatten. Auf diese Weise wurde in Leipzig mit Hilfe der Kommunisten zum ersten Vorsitzenden der Stadtvertretung ein Sozialdemokrat gewählt. In Lübeck erzwangen die kommunistischen Arbeiter nach großen Demonstrationen der Sozialdemokraten, daß die Kommunisten in der Bürgerschaft in zweiter Lesung gegen den nationalsozialistischen Mißtrauensantrag stimmen mußten, für den sie in der ersten Lesung eingetreten waren. Andernfalls wäre der Senat den Nationalsozialisten ausgeliefert worden.

Anfangs Februar 1933 schrieb dann der Sozialdemokrat Stampfer seinen offenen Brief an die kommunistischen Arbeiter, in dem er sie aufforderte, alle gehässigen, zersetzenden und organisationsschädlichen Kämpfe und Angriffe beiderseits einzustellen und eine Art Nichtangriffspakt abzuschließen. Torgler lehnte das ab und empfahl statt dessen die praktische Zusammenarbeit der Arbeiter beider Richtungen in den Betrieben. Besprechungen zwischen sozialdemokratischen und kommunistischen Führern wurden angeregt. Sie fielen dann infolge des Reichstagsbrandes aus. Die Einsicht war zu spät gekommen, das Versäumnis von Jahren hatte sich furchtbar gerächt.

Ob eine Schwenkung der kommunistischen Politik gegenüber der Sozialdemokratie nach Hitlers Berufung zum Reichskanzleramt noch viel Sinn gehabt hätte, kann dahingestellt bleiben. Die geistige Verwirrung innerhalb der kommunistischen Anhängerschaft war anfangs

1933 schon unheimlich groß. Einen wesentlichen Teil der Schuld daran trifft die Kommunistische Partei, weil sie nach 1930 darangegangen war, zur Täuschung der für nationalsozialistische Redensarten empfänglichen Volksschichten den Nationalsozialismus nachzuäffen und womöglich zu übertreiben. Allerdings reichen national-bolschewistische Anwandlungen in der Kommunistischen Partei schon ins Jahr 1921 zurück. Damals schon haben kommunistische Führer mit der Reaktion wegen eines deutsch-russischen Zusammengehens gegen die kapitalistischen Westmächte verhandelt. Dann kam die Zeit, in der die Nebenregierung der Reichswehrgenerale unter Vorwissen der deutschen Kommunisten Flugzeug- und Giftgasfabriken in Sowjetrußland errichten ließ. Im Sommer 1923 durfte dann der deutschvölkische Graf Reventlow, der immer für wirtschaftliche und politische Zusammenarbeit des Deutschen Reichs mit Rußland eintrat, über diesen Gegenstand in der »Roten Fahne« Aufsätze schreiben. Er und Radek tauschten dort ihre außenpolitischen Ansichten aus. Auch in Stuttgart fanden öffentliche Aussprachen zwischen nationalsozialistischen und kommunistischen Führern statt, in denen eine weitgehende Annäherung der Meinungen über die Notwendigkeit der Gewaltpolitik erreicht wurde. Im Deutschen Reichstag erklärte dann Clara Zetkin am 27. November 1925 unter dem Beifall der Offiziere des Reichswehrministeriums, sie halte es im Gegensatz zu der Auffassung des Abgeordneten Wels für gar nicht so aussichtslos, daß unter Umständen Reichswehr und Rotgardisten zusammenwirkten. Der volksdeutsche Graf Reventlow ging in seiner Rede entzückt auf diese Äußerung ein. Als Stalin dann die bisherige bolschewistische Auffassung über die Weltrevolution änderte, hörte das Liebäugeln mit einem gemeinsamen Kampf der deutschen und sowjetrussischen Soldaten am Rhein gegen Frankreich auf.

In der Folgezeit ergab sich in den Parlamenten eine gewisse taktische Zusammenarbeit der Kommunisten mit Deutschnationalen und Nationalsozialisten aus ihrer Eigenschaft als Partei der Opposition. Sie ging aber über das zulässige Maß weit hinaus. Besonders schimpflich war ihre Rolle bei der Amnestierung des Fememordes. Diese Amnestie wäre ohne die Kommunisten nicht möglich gewesen, weil der Reichsrat gegen das im Reichstag beschlossene Gesetz Einspruch eingelegt hatte und deshalb für die Inkraftsetzung der Amnestie eine Zweidrittelmehrheit des Reichstags erforderlich war. Ursprünglich hatten sich die Kommunisten im Reichstagsausschuß heftig gegen eine Amnestierung der Fememörder ausgesprochen. Dann aber machten sie mit den bürgerlichen Parteien ein schnödes Kuhhandelgeschäft. Sie verkauften ihre Stimmen für die Fememörderamnestie gegen die ausdrückliche Zusicherung des Reichsjustizministers Dr. Bredt und aller bürgerlichen Parteien, daß in Hochverratssachen künftighin vom Oberreichsanwalt Anklagen nur unter den milderen Voraussetzungen des neuen Strafgesetzbuchentwurfs erhoben werden sollten. Auf diese Weise kamen im Oktober 1930 die Fememörder, darunter auch der berüchtigte Heines, mit Hilfe der Kommunisten in den Genuß der Amnestie. Im preußischen Landtag ließen sich die Kommunisten bei der Beratung des Polizeiverwaltungsgesetzes von einem deutschnationalen Major kommandieren.

Seit den Juliwahlen 1932 hatten dann die Kommunisten zusammen mit den Nationalsozialisten im Reichstag die Mehrheit. Wie schon im vorigen Reichstag, wirkten sie jetzt erst recht mit den Feinden des Proletariats zur Zerstörung des Parlamentarismus einträchtig zusammen. Häufig kamen nationalsozialistische Führer zu den Sitzungen der äußersten Linken und legten dort mit Torgler die gemeinsame parlamentarische Taktik fest. Mit ihren Stimmen verhalfen sie auch dem berüchtigten nationalsozialistischen Bombenleger, dem Reichstagsabgeordneten Moder aus Holstein, der eben sechs Jahre Zuchthaus erhalten hatte, zur Freiheit. Im Wettbewerb mit den Nationalsozialisten führten sie im Reichstag Tumultszenen herbei, gemeinsam mit ihnen schrien sie sozialdemokratische Redner nieder, gemeinsam brüllten sie Sprechchöre gegen die Sozialdemokratie. So wurde der Reichstag nicht nur durch die autoritäre Staatsführung, sondern unter Mithilfe der Kommunisten, die sich kurzfristig als Werkzeuge des Faschismus gebrauchen ließen, arbeitsunfähig gemacht.

Ungewohnte nationale Töne schlugen die Kommunisten zum erstenmal im Reichstagswahlkampf von 1930 an. Damals gaben sie eine Erklärung zur »nationalen und sozialen Befreiung des deutschen Volkes« heraus, in der insbesondere rücksichtsloser Kampf gegen den Youngplan und den Versailler Vertrag und gegen die »landesverräterische Sozialdemokratie« angekündigt war. Die neue Weise erregte die größte Freude bei der »nationalen« Reaktion. Die Hugenberg-Zeitungen schrieben, das kommunistische Bekenntnis zum Nationalgedanken sei ein Beweis dafür, daß es auch in der verhetzten deutschen Arbeiterschaft zu dämmern beginne. Der »Völkische Beobachter« aber stimmte ein Klagelied über geistigen Diebstahl an. In Chemnitz ließ sich der kommunistische sächsische Landtagsabgeordnete Sindermann in der Begeisterung über die neue nationale Linie zu der Äußerung hinreißen, daß die Kommunistische Partei im Bund mit den Nationalsozialisten in Deutschland den Nationalbolschewismus einführen werde. Nicht international, sondern national, im Bund mit den Faschisten wolle die deutsche Arbeiterschaft zur Freiheit gelangen. Rühmend hob er die innige Verbindung zwischen der Reichswehr und der Roten Armee Sowjetrußlands hervor.

Vor der Novemberwahl 1932 wandte sich dann das Zentralkomitee der Kommunistischen Partei wiederum aufs schärfste gegen den »Schandvertrag von Versailles« und trat für die nationale Befreiung der unterdrückten Bevölkerung in Österreich, Elsaß-Lothringen und Südtirol ein.

Die Bekehrung der Kommunisten zur nationalen Phraseologie war natürlich nicht ernst gemeint. Sie sollte nur dazu dienen, einen Teil der nationalen Springflut, die über das deutsche Volk hinwegging, auch in den kommunistischen Graben zu lenken. In Wirklichkeit wurden aber die Arbeiter dadurch nur für Hitlers Redensarten über den landesverräterischen Marxismus empfänglich gemacht. Sie wurden blind für die alte marxistische Erkenntnis, daß der Nationalismus in jedem Land der Deckmantel und die Maske für die Bestrebungen des wirtschaftlichen und politischen Rückschritts ist. Die Folgen der geistigen Verwirrung, die von den Kommunisten durch ihre widersinnige und unwahrhaftige Taktik angerichtet wurde, stellten sich auch bald ein. In Altona forderten die Kommunisten in den Arbeitervierteln die Entfernung der Fahnen der Eisernen Front, eher wollten sie noch Hakenkreuzfahnen dulden. In Chemnitz und anderen Orten gingen die Kommunisten im Stadtparlament mit den Nationalsozialisten gegen die Sozialdemokraten zusammen. In Braunschweig traten im April 1932 zahlreiche kommunistische Funktionäre zu den Nationalsozialisten über. Die kommunistische »Welt am Abend« mußte mitteilen, daß bei der zweiten Reichspräsidentenwahl auch in Berlin »einige tausend Kommunisten« für Hitler gestimmt hätten. Tatsächlich waren es im ganzen Reich über 1/2 Million kommunistischer Wähler gewesen, die ihre Stimmen für Hitler abgaben. Diese Haltung des kommunistischen Anhangs wurde mit »revolutionärer Ungeduld, die Entscheidung rascher herbeizuführen«, entschuldigt. Sie war aber nur die Folge jener Geisteshaltung und jener üblen Miesmacherei kommunistischer Führer, die seit 1931 die Losung ausgaben, daß die Zeit für den Kommunismus in Deutschland erst nach dem Sieg und dem darauffolgenden Abwirtschaften des Faschismus kommen würde. So äußerte der kommunistische Führer Remmele am 14. Oktober 1931 im Reichstag: »Wenn die faschistischen Horden einmal an der Macht sind, dann werden wir die Einheitsfront des Proletariats haben und alles wegfegen.« Einfältige Gemüter meinten dann, daß man deshalb, um rascher zur kommunistischen Herrlichkeit zu gelangen, den Sieg des Faschismus wenn möglich noch beschleunigen müsse. Umsonst verurteilte auch Trotzki aufs schärfste diese verderbliche Politik des Zentralkomitees der KPD, die teils bewußt, teils unbewußt von der Unvermeidlichkeit des faschistischen Sieges ausging. Solche Auffassungen mußten nicht nur die gesinnungstreuen Anhänger entmutigen und ihren Willen zum Widerstand lähmen, sie wurden für unsichere, ängstliche und bestechliche Mitläufer auch das Signal, sich schleunigst bei den Nationalsozialisten in Sicherheit zu bringen. Siegreiche Fahnen ziehen an, der unvermeidlichen Niederlage sehen nur Helden ins Auge. Die Mehrzahl der Menschen aber ist nicht zu Helden geboren.

Besonders in Berlin wurden die Nationalsozialisten erst durch den Abfall aus den kommunistischen Reihen stark. Dort hatten die gewalttätigsten Anhänger des Kommunismus, vielfach Menschen der Unterwelt, ihre Kraftäußerungen gegen die demokratische Republik und die preußische Polizei mit ständigen Verfolgungen und schweren Strafen bezahlt. Sie sahen nun, daß die Gewaltmenschen und Radaubrüder der nationalsozialistischen SA von den Behörden weniger zu leiden hatten und bei den Gerichten leichter durchschlüpfen konnten. Besonders nach Papens Gewaltstreich in Preußen wurden die Nationalsozialisten gewissermaßen heilig und unverletzlich, die Polizei wagte ihnen nicht mehr nahezutreten, die Gerichte feierten sie als »nationale Männer« und sprachen sie frei. So lohnte es sich seit 1932 für alle, die Gegner der öffentlichen Ordnung und der bürgerlichen Ruhe waren, sich unter den schützenden Hakenkreuzfahnen zu sammeln. Der große Rummel und die besseren Versorgungsaussichten zogen alle abenteuerlichen Gesellen, vor allem aber auch die Jugend an, deren größte Freude es war, unter Musik und Fahnen zu marschieren, eine Uniform zu tragen und Leute des gegnerischen Lagers zu verdreschen. In Berlin, in Hamburg, im Ruhrgebiet und in Sachsen haben gerade frühere Kommunisten den Grundstock der nationalsozialistischen Bewegung gestellt. So schloß sich der Kreis. Die kommunistische Hetze gegen die Führer der Freien Gewerkschaften und der Sozialdemokratie hatte das Vertrauen zum demokratischen Sozialismus und seinen Führern erschüttert. Die irre gewordenen Massen strömten zuerst zur KPD, die ihnen aber bei dem ständigen Führerwechsel, den einander widersprechenden Moskauer Parolen und dem Mangel eines politischen Nahziels keine Heimat und keinen Halt bieten konnte. So verfielen die kommunistischen Reihen zuerst durch innere Zersetzung, Fahnenflucht, Feigheit und Verrat. Als am 22.

Januar 1933 die kommunistische Leibwache des Karl-Liebknecht-Hauses von der Polizei gefangen abgeführt wurde, erhob sich keine Arbeiterfaust mehr zum Widerstand. Der Opfer- und Bekennermut einzelner hielt die allgemeine Auflösung nach dem Reichstagsbrand nicht mehr auf. So ist die Kommunistische Partei Deutschlands schließlich durch die gleichen Waffen erledigt worden, die sie jahrelang mit Erfolg gegen die Sozialdemokratie und gegen die Freien Gewerkschaften schwang. Im Grunde war sie immer ein Abklatsch russischer Denkweise, ein Element asiatischer Zerstörung und in den ganz anders gearteten deutschen Verhältnissen ein Fremdkörper in der deutschen Arbeiterbewegung geblieben, wie auch der deutsche Faschismus nichts als geistlose Nachäffung italienischer Vorbilder war.

Papens und Schleichers Zwischenspiel

Mit der Ernennung des Herrenreiters v. Papen zum Reichskanzler war das Schicksal der demokratischen Republik und der demokratischen Parteien entschieden. Von da ab ging der verbissene Kampf nur mehr um den Anteil der Macht, den Hitler und die Seinen bekommen sollten. Die deutschnationale Reaktion wollte Hitler nur als »Trommler« zur Betörung und Fesselung der großen Menge gelten lassen und den Preis, den sie für seine Rattenfängerkünste zu bezahlen hatte, so gering wie möglich bemessen. Nach den Plänen Hitlers und seiner Getreuen aber sollte die Herrschaft der Barone nur das Sprungbrett für die spätere Alleinherrschaft der Nationalsozialisten sein. Der Kampf wurde mit wechselndem Glück geführt, und zuletzt verdankte Hitler nur der Uneinigkeit seiner reaktionären Gegner die Wiedererhebung aus tiefstem Fall.

Gleich zu Beginn seiner Regierungstätigkeit gedachte Papen, den Handel, den er mit den Nationalsozialisten abgeschlossen hatte, durch ein politisches Geschäft mit dem Zentrum zu ergänzen. War doch die Hoffnung der Rechten auf eine Spaltung oder doch Rechtsschwenkung des Zentrums einer der Hauptgründe für die Berufung des Katholiken von Papen zum Reichskanzleramt gewesen. Aber Papen stellte die Sache, wie immer, so ungeschickt wie möglich an. Noch unmittelbar vor seiner Ernennung gab er dem Zentrumsführer Dr. Kaas die Versicherung, daß er das ihm angebotene Amt aus zwingenden Gründen nicht annehmen werde. Für die Ehrlichkeit dieser

Erklärung hatte sich Dr. Kaas dann ausdrücklich verbürgt. Unmittelbar darauf nahm von Papen doch an und stand nun in den Augen seiner Parteifreunde als Lügner und Abtrünniger da. Nichts aber haßt die katholische Kirche mehr als den Abfall, und ihr Haß gegen Renegaten ist unheimlich stark. Die ganze Politik des Zentrums gegenüber Papen war in der Folgezeit von Haßgefühlen durchtränkt. Sofort trat es dem neuen Kabinett in scharfer Kampfstellung gegenüber und nahm so dem neuen Reichskanzler die Möglichkeit, dem Kabinett der Barone auch eine linke Stütze zu geben. Die Zentrumspartei bekannte sich vielmehr feierlich zur Brüningpolitik und lehnte auch in Preußen jede Kombination ab, die irgendwie die Politik des Herrenkabinetts hätte stützen können. Papen schied aus der Zentrumspartei und aus dem Aufsichtsrat der maßgebenden Zentrumszeitung »Germania« aus.

Der Unmut des Zentrums wurde gesteigert durch die Regierungserklärung, die das neue Kabinett am 3. Juni 1932 verkünden ließ. Darin war insbesondere behauptet, daß bisher keine der notwendigen grundlegenden Reformen zur Anpassung des staatlichen Lebens an die Armut der Nation über schwächliche Ansätze hinausgekommen sei. Die Sozialversicherung stünde vor dem Bankrott. Alle Nachkriegsregierungen hätten geglaubt, durch einen sich ständig steigernden Staatssozialismus die materiellen Sorgen dem Arbeitnehmer wie dem Arbeitgeber in weitem Maß abnehmen zu können. Sie hätten den Staat zu einer Art Wohlfahrtsanstalt zu machen versucht, dadurch die moralischen Kräfte der Nation geschwächt, die Arbeitslosigkeit noch vermehrt und das deutsche Volk moralisch zermürbt. Die christlichen Kräfte des Staates hätten sich allzu leicht zu Kompromissen mit dem Kulturbolschewismus und dem zersetzenden atheistisch-materialistischen Denken bereit gefunden.

Das war eine unwahrhaftige Verzerrung der Politik, wie sie das Zentrum nach 1918 unter den gegebenen Verhältnissen zusammen mit der Sozialdemokratie getrieben hatte. Die Mitglieder der früheren Regierung Brüning setzten sich gegen die Schmähungen in einer öffentlichen Erklärung zur Wehr, in der besonders auf die Drosselung der öffentlichen Ausgaben um 6 Milliarden RM seit 1930 und die finanzielle und technische Vorbereitung der Pläne, bis zu 600 000 Menschen Brot und Arbeit zu verschaffen, und auf die großen Siedlungspläne im Osten hingewiesen war. So war das Tischtuch zwischen Zentrum und der Regierung der Barone endgültig zerschnitten. Das Zentrum suchte heimlich Fühlung mit den Nationalsozialisten. Diese nutzten den Umstand, daß sie von zwei Seiten umworben wurden, geschickt zu Erpressungen an der neuen Reichsregierung aus.

Diese beeilte sich freilich ganz von selbst, die Hitler gemachten Versprechungen einzulösen. Der Reichtstag wurde am 4. Juni 1932 aufgelöst, da seine Zusammensetzung dem politischen Willen des deutschen Volkes nicht mehr entspreche. Die Neuwahlen wurden auf 31. Juli festgesetzt. Das SA-Verbot wurde auf unablässiges Drängen der Nationalsozialisten am 16. Juni 1932 aufgehoben. Die Flugblatt- und Plakatzensur wurde nach den Wünschen der Nationalsozialisten umgestaltet. Das Verfahren wegen Landesverrats gegen die SA war bereits am 30. Mai eingestellt worden, weil die Ablehnung von Grenzverteidigungsmaßnahmen nur während des Krieges strafbar sei.

Die Nationalsozialisten dagegen suchten sich von der Erfüllung ihrer übernommenen Verpflichtungen zu drücken. Ihre Zusage, sich an der Preußenregierung zu beteiligen, reute sie ganz besonders, weil sie infolge der schwierigen Lage der preußischen Staatsfinanzen vor der Wahl zu scharfen Steuermaßnahmen hätten greifen müssen. Als Papen den Versuch machte, die Unterhandlungen wegen Bildung einer neuen preußischen Regierung zu beginnen, ließ sich Hitler nicht finden. Ein Brief der nationalsozialistischen Parteileitung an das Zentrum, in dem Hitler in Preußen nur den Ministerpräsidenten und den Innenminister für sich verlangte und vom Zentrum die Einstellung seiner Angriffe gegen die Regierung Papen forderte, wurde von Röhm zwar dem Reichskanzler vorgezeigt, aber nicht abgesandt. Vielmehr stellten die Nationalsozialisten jetzt dem Zentrum unerfüllbare Bedingungen, wie Überlassung des Postens des Ministerpräsidenten und vier weiterer Ministerien, um die Verhandlungen zum Scheitern zu bringen. Sie erreichten damit, daß noch die geschäftsführende Regierung Braun die zur Abdeckung des Fehlbetrags im Staatshaushalt erforderlichen Steuerverordnungen erließ. Dadurch bekamen die Nationalsozialisten Gelegenheit, sie im Reichstagswahlkampf als Verrat am Volk zu bekämpfen. Auch vom Zentrum rückten sie nach kurzem Besinnen wieder ab. Den Vorwand dazu gab ihnen die feindselige Haltung, die der politische Katholizismus in Süddeutschland nach wie vor gegenüber den Nationalsozialisten einnahm. Ende Juni schimpfte Hitler in einem Aufruf über »Schiebungen« des Zentrums und erklärte, auch in Preußen keine Koalition mehr mit ihm eingehen zu wollen. Noch deutlicher wurde der nationalsozialistische Ministerpräsident Röver aus Oldenburg, der in Wahlversammlungen nur noch von »dieser Sauludergesellschaft von

Zentrum«, diesen »Schweinehunden« sprach, die nach den Wahlen an den Ast kämen, »wo die Krähen sie fressen mögen«. Andere nationalsozialistische Redner beschimpften die katholischen Parteien als »schwarze Pest««, »schwarze Brüder«, »Lügner«, »Strohköpfe«, »schwarze Galgenvögel« und »schwarze Schmach«. Gerade diese wüste Hetze gegen den politischen Katholizismus, der im überwiegend evangelischen Norden fast noch verhaßter als der Marxismus war, trieb den Nationalsozialisten die Wähler in Scharen zu. Der Katholik Papen hat sie ihnen später nicht übelgenommen.

Trotz Hitlers Wortbruch bezüglich der Bildung der Preußenregierung glaubte die »nationale« Rechte immer noch, daß er seine Zusage über die Tolerierung der Reichsregierung halten würde. Die »Deutsche Bergwerkszeitung«, das Blatt der Grubenbarone, schrieb anfangs Juni 1932 begeistert über ihn: »Höchstes Lob gebührt dem Agitator, der seine Gaben, aber auch das, was ihm versagt ist, richtig einzuschätzen weiß und neidlos den Staatsmann gewähren läßt, nachdem er die Waffe geschmiedet hat und zum Gebrauch bereit hält.« Das war eine gründliche Selbsttäuschung. Hitler dachte nicht daran, sich mit der Rolle eines Waffenschmieds für die Ritter von Ahr und Halm, von Kohle und Eisen zu begnügen. Er hielt sich für einen geborenen Staatsmann und wollte selbst Ritter sein. Wie Hugenberg später mitgeteilt hat, eröffnete ihm Hitler schon in diesen Tagen, daß er gar nicht daran denke, die feierlichen Zusagen die er dem Reichspräsidenten gemacht hatte, zu erfüllen. Die Abgabe einer ihm von der Reichsregierung angesonnenen schriftlichen Erklärung, gemäß seinem mündlichen Versprechen, die Reichsregierung auch nach den Wahlen tolerieren zu wollen, lehnte er ab. Vielmehr begann Dr. Goebbels mit Zustimmung Hitlers in der nationalsozialistischen Presse ganz unbekümmert die sozialreaktionären Maßnahmen der Reichsregierung Papen an den Pranger zu stellen. Die beiden erkannten ganz richtig, daß sie als offene Verbündete einer solchen Regierung den Wahlkampf verlieren würden. Besonders nach der Notverordnung vom 14. Juni 1932 gebot den Nationalsozialisten ihr Selbsterhaltungstrieb, vom Kabinett der Barone abzurücken. Diese Notverordnung atmete unverfälschten sozialreaktionären Geist. In allen Zweigen der Sozialversicherung wurden die Renten herabgesetzt, sogar den Kriegerwitwen und -waisen wurde abgezwackt. Die Salzsteuer wurde eingeführt, bei der Umsatzsteuer der bisher steuerfreie Betrag von 5000 RM gestrichen. Die Unterstützung in der Arbeitslosenversicherung wurde bis zu 23 Prozent, in der Krisenunterstützung bis zu 17 Prozent und in der Wohlfahrtsunterstützung bis zu 15 Prozent gekürzt. Für alle Lohnempfänger wurde eine neue Abgabe zur Arbeitslosenhilfe eingeführt. Der Großindustrie dagegen wurden Steuergeschenke gemacht, insbesondere wurde die Aufbringungsumlage auf die Hälfte gesenkt. Eine solche Notverordnung, die weit über Brünings letzte Pläne hinausging, konnte nur von einer Regierung erlassen werden, die gewillt war, auf die breiten Volksmassen nicht mehr die geringste Rücksicht zu nehmen. So also sah die »Wiederaufrichtung der Verantwortlichkeiten, der gottgewollten Ordnung der Dinge, die Widerherstellung der Verbundenheit von Arbeitnehmer und Arbeitgeber, die grundsätzlich neue Richtung der Staatsführung« aus, von der Papen auf einer Festsitzung des Deutschen Landwirtschaftsrates am 11. Juni 1932 in Berlin gesprochen hatte. Ein Schrei der Entrüstung ging durch das deutsche Volk. Die Gewerkschaften aller Richtungen legten gegen die Notverordnung Widerspruch ein. Die Nationalsozialisten sahen für den Fall einer weiteren Unterstützung dieser sozialreaktionären Regierung ihren Wahlerfolg in Gefahr. Rücksichtslos warfen sie sofort das Steuer herum und begannen nunmehr, hemmungslos die Regierung der Barone vor allem Volk zu bekämpfen. Eben wurde ein Rundschreiben des Herrenklubs in der Öffentlichkeit bekannt, in dem festgestellt war, daß die Regierung Papen die ausdrückliche Zustimmung des »Führers« besitze. Die Geschwätzigkeit eines vornehmen Herrn drohte, den Nationalsozialisten das Spiel zu verderben. Jetzt half nur noch Frechheit, sie leugneten alles ab und suchten, durch hemmungslose Angriffe auf das Kabinett der Barone den Beweis ihrer Unabhängigkeit von ihm zu erbringen. Die Enthüllung des Herrenklubs wurde in einer großen Propagandawelle ersäuft. Alle »Taten« der Regierung Papen wurden heruntergerissen.

Diese Regierung aber sah zunächst unschlüssig und untätig zu, als die nationalsozialistische SA ihren Wiedereintritt in die Politik mit Blut und Terror begann. Mit der Wiederaufstellung der SA-Formationen nach Aufhebung des SA-Verbots hatte Hitler seinen alten Freund Röhm betraut. Die SS wurde von Hitler neu organisiert. Das Reichsbanner rüstete sich zur Gegenwehr und stellte seine Schutzformationen (Schufo) wieder auf, die auf Groeners Wunsch im Frühjahr aufgelöst worden waren. Die Kommunisten rüsteten eigene Schlägerkolonnen aus. Mit dem Auftauchen der Parteiuniformen auf den Straßen entbrannte, wie es von allen Verständigen vorausgesehen worden war, in allen Teilen Deutschlands ein erbitterter Kleinkrieg, der alle bisherigen Ausschreitungen der politischen Leidenschaften weit übertraf. Die SA fühlte sich nach dem Bündnis Hitlers mit der Reichsregierung bereits völlig als Herr im Staat. Getreu dem Vorbild der italienischen Faschisten trat sie jetzt vielerorts zum Angriff auf »marxistische« Zeitungsgebäude, Gewerkschafts- und Konsumvereinshäuser an. In Köln schoß die SA aus dem nationalsozialistischen Parteihaus heraus auf die Polizei und warf mit Stühlen und anderen Gegenständen nach ihr, so daß diese mit der blanken Waffe vorgehen mußte. Am 25. Juni drangen 50 SA-Leute in das »Vorwärts«-Gebäude in Berlin ein, es kam zwischen ihnen und der Hauswache zu einer Schießerei, bei der es auf beiden Seiten Verletzte gab. In Biskupitz schoß Beuthener SA vom Lastwagen aus in eine Gruppe spielender Kinder hinein und verletzte eine Anzahl durch Bauchschüsse schwer. In Dessau wurde von den Nationalsozialisten bei einem Zusammenstoß mit dem »Reichsbanner« der Hundertschaftsführer Feuerherdt getötet. In Halle schlugen SA-Leute den Reichsbannermann Zahn im Hausflur mit einem Schlächterbeil nieder. Über 100 bewaffnete Nationalsozialisten unternahmen einen Sturm auf das Gewerkschaftshaus, wurden aber zurückgeschlagen. In Limburg bei Chemnitz wurde der Reichsbannermann Marek von Nationalsozialisten erschossen. Der unglücklichen Mutter schrieben sie einen Brief: »Herzlichen Glückwunsch, daß der Landesverräter tot ist. Erst wenn sämtliche Lumpengenossen den gleichen Weg gegangen sind, wird es endlich in Deutschland besser werden. Dreimal Hurrah, wenn so ein Auswurf verschwindet.« Dafür gingen in Berlin, Hamburg und vielen anderen Orten des Reiches die Kommunisten planmäßig gegen nationalsozialistische Abteilungen vor.

Die süddeutschen Regierungen hatten der Nichterneuerung des Uniformverbots durch die Reichsregierung widersprochen und auch beim Reichspräsidenten Vorstellungen erhoben. Sie erblickten in der hitlerfreundlichen Einstellung Papens eine schwere Gefahr für den Bestand des Reichs. Schon tauchte in der Presse das böse Wort von der Mainlinie auf. Die süddeutschen Innenminister bereiteten gegen die erwarteten nationalsozialistischen Übergriffe und Aufstandsversuche gemeinsame Abwehrmaßnahmen vor. Zunächst suchten sie sich durch Aufmarsch- und Uniformverbote in eigener Zuständigkeit zu helfen. Die Nationalsozialisten bestritten die Rechtsgültigkeit solcher Landesverordnungen und mißachteten sie. In München zogen sie aus ganz Oberbayern einige tausend SA-Leute zusammen und suchten zum Haus des Ministerpräsidenten vorzudringen. Es kam zu schweren Zusammenstößen mit der Polizei. Im bayerischen Landtag zogen die nationalsozialistischen Abgeordneten in der verbotenen Uniform auf, wurden deshalb auf 20 Tage von den Sitzungen ausgeschlossen und durch Polizeibeamte abgeführt. Schon sprach Hitler von der bedrohten Reichseinheit, die von den Nationalsozialisten unter allen Umständen gewahrt werden würde. Er forderte die Reichsregierung zum Einschreiten gegen die süddeutschen Länder auf. Diese beeilte sich, den Wünschen der Nationalsozialisten nachzukommen. Der Reichsinnenminister verlangte von der bayerischen Regierung die Aufhebung ihres Uniformverbots. Als sich diese, gestützt auf die Mehrheit des bayerischen Landtags, weigerte, einem solchen Verlangen nachzukommen, hob der Reichspräsident durch eine Notverordnung vom 20. Juni 1932 die Sonderverbote der süddeutschen Staaten auf.

Bald zeigte sich, wie viel richtiger Bayern, Württemberg und Baden die Folgen der hitlerfreundlichen Politik Papens eingeschätzt hatten. Der kleine Bürgerkrieg verschärfte sich. Am 10. Juli suchten die Nationalsozialisten das Gewerkschaftshaus in Eckernförde zu erstürmen, zwei Reichsbannerleute starben bei der Verteidigung an den erlittenen Schußverletzungen. Auch in Ohlau in Schlesien griffen aus Brieg heimfahrende SA-Leute friedliche Arbeitersportler an. Das »Reichsbanner« rückte gegen sie aus, es kam zu einer wilden Straßenschlacht, die erst durch das Eingreifen der Reichswehr beendet wurde. Im ganzen wurden an diesem blutigen Sonntag 17 Menschen getötet, zehn tödlich verwundet, 181 schwer verletzt. Jetzt legte der sozialdemokratische Parteivorstand gegen die bürgerkriegsähnlichen Zustände in Deutschland beim Reichspräsidenten schärfste Verwahrung ein und klagte die Reichsregierung der Begünstigung der Verfassungsfeinde an. Das Zentrum beschwerte sich über die wilden Beschimpfungen im »Angriff« des Dr. Goebbels, daß sich die Zentrumspartei würdig neben die bolschewistischen Henkersknechte und Massenmörder stellen könne. Vergebens erinnerte es Hindenburg daran, daß er vor wenigen Monaten mit den Stimmen des Zentrums gewählt worden war. Der Reichspräsident war seinen Wählern gegenüber schwerhörig geworden, er schwieg. Am nächsten Sonntag, dem 17. Juli 1932, riefen dann die Kommunisten in Altona einen folgenschweren Zusammenstoß hervor. Die Polizeibehörde hatte den Nationalsozialisten törichterweise einen Umzug mitten im Arbeiterviertel Altonas erlaubt. Als die SA herausfordernd durch die Straßen marschierte, schossen die Kommunisten aus den Häusern und von den Dächern in die braunen Reihen hinein. Dann errichteten sie Barrikaden und leisteten auch der Polizei Widerstand. Diese ging schließlich mit einem Panzerwagen gegen die Aufständischen vor. In Altona wurden an diesem Tag 14 Menschen, darunter drei Nationalsozialisten, getötet. Außerdem gab es noch drei Tote anläßlich eines Aufmarsches der Nationalsozialisten in Greifswald und weitere zwei im übrigen Reich. Seit Aufhebung des Uniformverbots bis 18. Juli wurden bei politischen Zusammenstößen 99 Menschen getötet und 1125 verletzt. Jetzt endlich griff die Reichsregierung ein und verbot alle Versammlungen unter freiem Himmel und alle Umzüge im ganzen Reichsgebiet. Wahrheitswidrig, aber in völliger Übereinstimmung mit der nationalsozialistischen Agitation schob sie die überwiegende Schuld an den Ausschreitungen auf die Kommunistische Partei. Das Vorgehen der Kommunisten in Altona gab ihr auch die erwünschte Gelegenheit, den schon längst erörterten, aber bisher immer verleugneten Plan gegen das Land Preußen zur Ausführung zu bringen.

Die Einsetzung eines Reichskommissars in Preußen war in einer Unterredung zwischen Hitler und Schleicher für den Fall, daß die Nationalsozialisten nicht in die preußische Regierung einträten, schon am 4. Juli in Aussicht genommen worden. Jetzt wurde die Sache in einer Besprechung der beiden Männer in Kottbus am 19. Juli 1932 endgültig abgemacht. Auch Hugenberg hatte wegen der Ausschreitungen in Altona die Reichsregierung aufgefordert, dem »marxistischen Spuk« in Preußen durch Einsetzung eines Reichskommissars ein Ende zu machen. Am 19. Juli schrieb der preußische Landtagspräsident, der Nationalsozialist Kerrl, an den Reichskanzler den vorher abgesprochenen Brief, in dem angesichts des Versagens der preußischen Regierung gegenüber den sich täglich mehrenden Überfällen und Morden Papen aufgefordert wurde, diesen unwürdigen und dem Willen der Mehrheit des preußischen Volkes nicht entsprechenden Zuständen ein Ende zu machen und die Polizeigewalt in Preußen auf das Reich zu übernehmen. Am 20. Juli wurde der Staatsstreich durchgeführt. Durch eine auf die Vorschriften des Art. 48 RV. über die Reichsexekutive wie über die Wiederherstellung der gefährdeten Sicherheit und Ordnung gestützte Notverordnung wurde der Reichskanzler zum Reichskommissar für das Land Preußen bestellt und ermächtigt, Mitglieder des preußischen Staatsministeriums ihrer Ämter zu entheben. Papen machte davon gegenüber dem preußischen Ministerpräsidenten Braun und dem Innenminister Severing sofort Gebrauch. Er ernannte den Essener Oberbürgermeister Dr. Bracht zu seinem ständigen Stellvertreter im preußischen Staatsministerium und betraute ihn außerdem mit der Wahrnehmung der Geschäfte des Innenministers Severing. Dieser bezweifelte sofort die Verfassungsmäßigkeit der Notverordnung und erklärte, er weiche nur der Gewalt. Die Minister Hirtsiefer und Klepper schlossen sich dieser Erklärung an. Hierauf verhängte die Reichsregierung den Ausnahmezustand über Berlin und die Provinz Brandenburg und übertrug die vollziehende Gewalt dem Reichswehrminister Schleicher, der sie an den Kommandeur des Gruppenkommandos I, General von Rundstedt, weitergab. Am Nachmittag wurde das Gebäude der preußischen Staatsregierung von mehreren Mann Reichswehr unter Führung eines Offiziers besetzt und geschlossen. Die ständige Wache in der Reichskanzlei wurde vorsichtshalber durch einen Zug Infanterie verstärkt. Als sich nunmehr das gesamte preußische Kabinett solidarisch erklärte und Beschwerde beim Staatsgerichtshof ankündigte, wurden sämtliche Minister von der Führung der laufenden Geschäfte enthoben. Gegen 8 Uhr abends begab sich Dr. Bracht mit dem neuernannten Polizeipräsidenten von Berlin, Dr. Melcher, mit einem Reichswehroffizire und einem Polizeioberst zu Severing und forderte ihn auf, das Amt zu verlassen. Der Polizeipräsident sei angewiesen, Severing mit allen Mitteln der Gewalt zu entfernen. Nun erwiderte Severing, er weiche dieser Gewalt, weil er wisse, daß er damit in Deutschland Blutvergießen abwende.

Außer Severing hatten sich noch der Polizeipräsident Grzesinski, der Vizepolizeipräsident Dr. Weiß und der Polizeioberst Heimannsberg geweigert, ihre Ämter zur Verfügung zu stellen. Sie wurden schon am Nachmittag von Dr. Melcher, der mit zwölf schwerbewaffneten Reichswehrsoldaten erschien, verhaftet und in die Offiziersstrafanstalt überführt, aber am nächsten Morgen wieder entlassen.

In einer Rundfunkrede unterrichtete Papen die deutsche Öffentlichkeit von den Vorgängen. Er bekannte sich dabei zu dem für einen Katholiken seltsamen Grundsatz, daß Kommunisten und Nationalsozialisten moralisch nicht gleich bewertet werden dürften, und erhob gegen die abgesetzte preußische Regierung den Vorwurf, daß eine Reihe maßgeblicher Persönlichkeiten die innere Unabhängigkeit gegenüber den Kommunisten nicht mehr besäße, sondern ihre Hand dazu geboten hätte, kommunistischen Führern die Verschleierung illegaler Terrorabsichten zu ermöglichen. Wie man später erfuhr, war damit auf eine Unterredung des demokratischen preußischen Staatssekretärs Abegg mit den kommunistischen Führern Torgler und Münzenberg angespielt, in der Abegg die Kommunisten aufgefordert hatte, ihre illegalen Terrormethoden einzustellen und sich an die alle Staatsbürger verpflichtenden Gesetze zu halten. Der einzige Zeuge dieser Unterredung, Oberregierungsrat Dr. Diels, hatte seinem Vorgesetzten zuerst noch seine besondere Bewunderung über die Art der Behandlung der kommunistischen Führer ausgesprochen, den In-

halt der Unterredung aber nachher in entstellter Form der Reichsregierung hinterbracht. Die alte Preußenregierung legte gegen die
Ausschlachtung dieses Falles sofort Verwahrung ein.

Der Staatsstreich gegen Preußen rief in den anderen Ländern die
stärkste Beunruhigung hervor. Die bayerische Regierung erhob gegen die Einsetzung des Reichskommissars in Preußen telegrafisch Beschwerde beim Staatsgerichtshof. Auch Baden rief den Staatsgerichtshof an. Zentrum und Staatspartei erhoben gegen die Vergewaltigung
Preußens entschiedensten Widerspruch. Die Gewerkschaften aller Richtungen aber mahnten zur Besonnenheit und verwiesen ihre Mitglieder auf das künftige Urteil des Staatsgerichtshofs. Der sozialdemokratische Parteivorstand forderte die Sozialdemokraten auf, alle
Kräfte für einen Sieg bei der Reichstagswahl einzusetzen. Nur die
»Rote Fahne« druckte ein Flugblatt mit der Aufforderung zum Generalstreik. Sie wurde polizeilich geschlossen, jede Aufforderung zum
Generalstreik wurde vom Militärsbefehlshaber untersagt. Schwächliche kommunistische Versuche, trotzdem einen Generalstreik in Gang
zu bringen, mißlangen.

Die Maßnahmen der Reichsregierung gegen Preußen waren nackter
Verfassungsbruch. Für eine Reichsexekutive fehlten alle Voraussetzungen. Die Reichsregierung konnte nicht angeben, welche Pflichten gegenüber dem Reich das Land Preußen verletzt haben sollte, es war
niemals zur Erfüllung irgendwelcher Pflichten vergebens gemahnt
worden. Auch die zur Wiederherstellung der öffentlichen Sicherheit
und Ordnung getroffenen Vorkehrungen gingen zu weit. Durch Art.
17 RV. war jedem Land der Bestand einer aus dem Land selbst
hervorgegangenen eigenwüchsigen Landesregierung gesichert. An die
Stelle dieser Landesregierung konnte auch vorübergehend kein anderes Staatsorgan gesetzt werden. Überdies stellten die Maßnahmen
der Reichsregierung einen Ermessensmißbrauch dar, weil sie auf politischen Gründen, insbesondere auf Abmachungen zwischen den Na-
tionalsozialsiten und Schleicher beruhten. Schließlich wäre zur Wiederherstellung der gefährdeten Ordnung und Sicherheit in Preußen keinesfalls die Übertragung sämtlicher Machtmittel erforderlich gewesen.
Überdies hatte die preußische Polizei in Altona und anderwärts
durchaus ihre Pflicht getan. Auch in anderen deutschen Ländern bestanden damals geschäftsführende Regierungen, weil sich die politischen Parteien über die Neubildung einer Regierung nicht einigen
konnten. Dort ließ man diesen Zustand bestehen, in Preußen griff
die Reichsregierung ein, um die Sozialdemokratie aus der Regierung
zu verdrängen.

Von der Sozialdemokratie und den Freien Gewerkschaften wurde wohl der Verfassungsbruch, nicht aber seine politische Tragweite erkannt. Sie wollten um keinen Preis der Reichsregierung einen Vorwand liefern, wegen innerer Unruhen die Reichstagswahlen zu verschieben. Dabei konnte man sich nach dem Ausfall der Landtagswahlen im Frühjahr und angesichts der Fortdauer der Wirtschaftskrise über das Ergebnis der Wahlen vom 31. Juli keinen übertriebenen Erwartungen hingeben. Aus Brünings Kanzlerzeit wußte man auch, daß der Reichstag gegenüber einer zu allem entschlossenen Reichsregierung keine ausschlaggebende Macht besaß. Trotzdem beantwortete man den Verfassungsbruch Papens nicht mit dem äußersten und letzten Mittel, mit dem Generalstreik, wie es beim Kapp-Putsch geschehen war. An Mahnern und Warnern hat es am 20. Juli 1932 allerdings nicht gefehlt. Diese wiesen darauf hin, daß man gegen die Reichswehr und die alarmierte SA große Teile der preußischen Polizei und des von ihr zu bewaffnenden Reichsbanners einsetzen konnte. Kampfesmut und wilde Entschlossenheit waren da. Die Aussichten eines bewaffneten Widerstands waren durchaus nicht hoffnungslos. Der Aufruf zum Generalstreik wäre bei der fieberhaften Erregung des Proletariats geschlossen befolgt worden. Möglicherweise wäre auch der greise Reichspräsident nach den ersten Zeichen eines Widerstands vor dem blutigen Bürgerkrieg zurückgeschreckt und hätte, auch auf Vorstellungen der süddeutschen Länder, einen Ausgleich gesucht. Aber die Gewerkschaftsführer schreckten vor der Verantwortung für ein Blutvergießen zurück, und der sozialdemokratischen Pateileitung schien der Zeitpunkt für eine äußerste und letzte Auseinandersetzung zu früh. So fiel das sozialdemokratische Bollwerk Preußen, der Stolz der Partei, für dessen Erhaltung man in den letzten Jahren das Ansehen und den Ruf der Sozialdemokraten geopfert hatte, ohne daß zu seiner Verteidigung ein Schuß abgegeben worden war. Die Sozialdemokratie hatte ihre große Stunde verpaßt. Wer in der äußersten Not sich zum Verzweiflungskampf entschließt, kann noch Glück haben, wer kampflos die Waffen streckt, dem ist nicht mehr zu helfen. Verächtlich tauften jetzt die Nationalsozialisten die »Eiserne Front« in eine »blecherne« um. Von nun an jagte der Name der Sozialdemokratie dem Bürgertum keinen Schrecken mehr ein. Das Proletariat war wieder der ungefährliche Riese der frühkapitalistischen Zeit, ein ungeheuerer Leib mit gelähmten Armen und Füßen. Die Arbeiterbataillone standen wieder stramm, sie marschierten nicht mehr. Das Bürgertum hatte die Revolution von 1918 endgültig besiegt.

Der Staatsgerichtshof in Leipzig lehnte am 23. Juli 1932 eine von Preußen beantragte einstweilige Verfügung mit der Begründung ab, daß durch eine solche der Endentscheidung vorgegriffen würde. Im Überwachungsausschuß des Reichstags, der nach der Weigerung des nationalsozialistischen Vorsitzenden Gregor Strasser, ihn einzuberufen, auf Einladung des ältesten Mitglieds zusammentrat, von den Nationalsozialisten, den Deutschnationalen, der Deutschen Volkspartei, dem Landvolk und der Wirtschaftspartei aber nicht beschickt wurde, hielt der sozialdemokratische Führer Dr. Breitscheid eine flammende Anklagerede gegen die Regierung Papen und warf ihr Verfassungsbruch vor. Auch der Zentrumsredner stellte das Vorgehen der Reichsregierung gegen Preußen als verfassungsrechtlich unzulässig hin. Der Reichskanzler verteidigte sich kaum und wurde nur unruhig, als der Redner der Bayerischen Volkspartei von einer neuen Mainlinie sprach. Der Ausschuß faßte Beschlüsse, aber da seine Zuständigkeit dazu bestritten war, blieben sie wirkungslos. Die Reichsregierung richtete sich im Land Preußen häuslich ein und ersetzte die »system«-treuen Beamten massenweise durch Anhänger der Deutschnationalen Volkspartei. Trotz des Systemwechsels in Preußen dauerten die nationalsozialistischen Ausschreitungen fort. In Großrottmarsleben überfielen 250 SA-Leute das Haus des sozialdemokratischen Ortsvorsitzenden Assel, bombardierten es und stachen die Frau nieder. In Buer stürzten sich 100 SA-Leute auf den Gewerkschaftssekretär Kenz, er und seine Frau wurden schwer verletzt. Über 400 SA-Leute aus Liegnitz überfielen das Volkshaus in Bunzlau, ein wachhabender Reichsbannermann wurde von den Nationalsozialisten erschossen. In Friedrichskoog in Holstein wurde eine sozialdemokratische Versammlung durch die SA verhindert, ein Reichsbannermann wurde erstochen, mehrere schwer verletzt. In Hindenburg in Oberschlesien erstürmten 150 SA-Leute das Gewerkschaftshaus und verwundeten drei Reichsbannerleute schwer. Auch in Memmingen sprengte die SA eine Versammlung der Bayerischen Volkspartei, der Schriftleiter des Memminger Volksblattes, Dr. Fink, wurde schwer verletzt. Bei dem Herzog von Coburg beschlagnahmte die bayerische Landespolizei mehrere hundert Gewehre der SA. Aber die nationalsozialistische Regierung in Oldenburg stellte bereits SA-Leute als Hilfspolizei in den Dienst.

Unter der Kanzlerschaft Papens war die Macht der Nationalsozialisten auch in den Ländern erheblich gewachsen. In Oldenburg und Mecklenburg hatten sie bei den Wahlen die Mehrheit erlangt und reine nationalsozialistische Regierungen gebildet. Auch in Hessen hatten sie bedeutende Erfolge erzielt. Hier hatte aber auch die Sozialdemokratie wieder erheblich aufgeholt, während die bürgerlichen Mittelparteien mit Ausnahme des Zentrums zerrieben worden waren. Sie gingen, uneinig und unfähig zu einer letzten Sammlung aller Kräfte, als verlorener Haufen in die Schlacht. Der Versuch eines Arbeitsausschusses, dem der Zeppelinfahrer Dr. Eckener und der Botschafter Dr. v. Solf angehörten, eine neue bürgerliche Partei der Mitte zu bilden, schlug fehl.

Bei den Reichstagswahlen vom 31. Juli 1932 erhielten dann die Nationalsozialisten 230 Sitze gegen 107 am 14. September 1930, die Sozialdemokraten noch 133 gegen 143, die Kommunisten 89 gegen 77, das Zentrum 75 gegen 68, die Deutschnationalen 39 gegen 44, die Bayerische Volkspartei 22 gegen 19, die Deutsche Volkspartei noch 7 von 30, die Deutsche Staatspartei noch 4 von 14, der Christliche Volksdienst 3 gegen 14, die Deutsche Bauernpartei 2 gegen 6, die Wirtschaftspartei 2 gegen 23, die Volksrechtspartei 1. Durch starke Wahlbeteiligung war die Zahl der Abgeordnetensitze von 577 auf 608 gestiegen, was in der Hauptsache den Nationalsozialisten zugute kam. Hitler hatte sein Ziel erreicht und der Regierung der Barone durch die Neuwahl das scheinbar unaufhaltsame Vordringen seiner Bewegung vor Augen geführt. Nun legte er die Rechnung vor.

In einer Wahlversammlung in Königsberg hatte der Nationalsozialist Dr. Frick am 29. Juli 1932 unter tosendem Beifall erklärt: »Für Deutschland wird es ein Segen sein, wenn 10 000 oder noch besser 15 000 der marxistischen Burschen verschwinden, damit will ich aber nicht im entferntesten eine Mordhetze entfesseln.« Zwei Tage später krachten in Königsberg die Bomben, und das Blut der Marxisten floß. Für die Wahlnacht hatte Röhm im ganzen Reich höchste Alarmbereitschaft der SA angeordnet. Hitler rechnete damit, im Reichstag die Mehrheit zu gewinnen, und die SA bereitete zur Siegesfeier eine Bartholomäusnacht vor. In den Morgenstunden des 1. August wurden in Königsberg eine Reihe sozialdemokratischer und marxistischer Führer in ihren Wohnungen von SA überfallen, dabei zwei Kommunisten erschossen, mehrere Sozialdemokraten und der der Deutschen Volkspartei nahestehende frühere Regierungspräsident Dr. von Bahrfeldt durch Schüsse verletzt. Außerdem wurden auf das Otto-Braun-Haus und auf das Verlagsgebäude der Staatspartei (»Königsberger Hartungsche Zeitung«) Brandbomben geworfen. Über 100 Nationalsozialisten waren an den Gewalttaten beteiligt. In Dortmund schossen SA-Leute, die sich polizeiliche Befugnisse angemaßt hatten, auf die Schutzpolizei. In Wülfel bei Hannover überfielen

Nationalsozialisten eine katholische Kirche, zertrümmerten die Einrichtung und verletzten mehrere katholische Jungmänner schwer. In Hessisch-Oldendorf schossen auswärtige Nationalsozialisten von Lastwagen herab in eine Volksmenge hinein und töteten dabei einen Reichsbannermann. In Holstein wurden am 1. August und an den folgenden Tagen auf Befehl der SA-Führung zahlreiche Handgranatenanschläge auf die Wohnungen politischer Gegner, auf Konsumvereinsläden, gegnerische Wirtschaften und Vereinsräume verübt. In Torgau bei Königsberg wurde der sozialdemokratische Gemeindevorsteher Gallowski von Nationalsozialisten niedergeschossen. In Allenstein überfielen die Nationalsozialisten sogar badende Arbeiter, SA-Züge unternahmen wiederholt Stürme auf das Gewerkschaftshaus. In München wurden ein sozialdemokratisches Jugendheim, ein Bierzelt und Wartehäuschen der Straßenbahn durch nationalsozialistische Brandbomben zerstört. In Hofgeismar konnte die Polizei einen Panzerwagen der SA beschlagnahmen, der aus einem Lastwagen hergerichtet war. In Ortelsburg wurden Brandbomben auf ein Kaufhaus, gegen das Finanzamt und eine Wirtschaft geworfen, in Mehlauken auf das Gerichtsgebäude, in Lötzen auf die Nebenstelle der Reichsbank. In Gleiwitz schoß die SA zwei Polizeibeamte vom Motorrad herunter, in Johannisburg wurde ein Sprengstoffattentat auf das Gewerkschaftshaus und in Lyck auf die Apotheke verübt. In Leobschütz versuchten die Nationalsozialisten das Volkshaus zu stürmen. In der Umgegend wurde der Reichsbannersekretär mit zwei Kopfschüssen tot aufgefunden. An zahlreichen Orten Schlesiens wurden in die Wohnungen sozialdemokratischer Funktionäre oder in sozialdemokratische Zeitungsgebäude Handgranaten geschleudert, auch in das Haus der Zentrumszeitung und in das allgemeine Krankenhaus in Ratibor. In Bad Sachse wurde ein Reichsbannermann von Nationalsozialisten ermordet. In Reichenbach im Eulengebirge wurde der SS-Mann Janke, als er auf den sozialdemokratischen Schriftleiter Pöschke eine Handgranate schleudern wollte, selbst von dem Sprengkörper zerrissen. In Lötzen wurde der Reichsbannerführer Kotzahn von Nationalsozialisten auf der Straße erschossen, in Nassiedel bei Breslau der Reichsbannerführer Sizusch. Am 8. August wurde in Kipper bei Görlitz der Reichsbannermann Hoffmann von Nationalsozialisten erschossen und ein Sprengstoffanschlag gegen den Konsumverein in Marklissa verübt. Das Reichsbannerheim in Britz wurde mit einer Brandbombe belegt. In Braunschweig wurden durch ein nationalsozialistisches Sprengstoffattentat im Arbeiterviertel 21 Häuser beschädigt und über 300 Fensterscheiben zerrissen. In Kiel wurde eine

Brandbombe gegen das Warenhaus Karstadt geschleudert, in Breslau in das Schlafzimmer des SAP-Führers Dr. Eckstein eine Handgranate geworfen. In Mühlheim bei Offenbach am Main wurde vor das Arbeitsamt eine Bombe gelegt. In Alzenau zündeten die Nationalsozialisten das Haus eines Eisenbahners an, der eine Fahne der Eisernen Front aufgezogen hatte; die zum großen Teil aus Nationalsozialisten bestehende Feuerwehr verweigerte die Löscharbeit. In Dauborn bei Limburg hatten die Nationalsozialisten am Wahltag mehrere Deutschnationale niedergestochen. Vor Gericht entschuldigten sich die Angeklagten mit der Meinung, sie hätten Kommunisten vor sich gehabt. Damals wagte noch ein Richter in Deutschland, die SA darüber zu belehren, daß Kommunisten auch Menschen seien.

Über eine Woche lang versetzte die losgelassene SA das deutsche Volk in Schrecken durch Sprengstoffverbrechen, Brand und Mord. Die nationalsozialistische Parteileitung machte nicht einmal den Versuch, die Verantwortung auf einzelne Unterführer oder, wie es später unter Hitlers Kanzlerschaft geschah, auf Spitzel und Provokateure abzuwälzen. Auch im »Angriff« des Dr. Goebbels wurde dem Hauptschriftleiter der »Vossischen Zeitung«, Georg Bernhard, ganz offen gedroht, daß ihm eines Nachts eine kleine Bombe auf die Daunendecke fliegen werde. In der Redeweise des Straßenräubers wurde erklärt, entweder gibt man uns die Macht, oder man soll uns kennenlernen. Der »Völkische Beobachter« bemühte sich, die Attentate als »Verzweiflungstaten«, als »verzweifelte Ausbrüche des Volkszorns gegen die rote Hetzpresse«, als Selbstschutz gegen die Kommunisten hinzustellen. Mit unübertrefflichem Zynismus schrieb er, es mache einen Unterschied, ob die Waffen von Nationalsozialisten oder von marxistischen Verbrechern gehandhabt würden, es käme auf die Gesinnung an, nicht auf den Tatbestand. Der Grund für die Entfesselung der Terrorwelle durch die nationalsozialistische Parteileitung nach dem 31. Juli ist später vor Gericht aufgedeckt worden. Sie wollte die Reichsregierung einschüchtern und den nationalsozialistischen Machtansprüchen geneigt machen, aber auch die »Marxisten« durch Mord und Totschlag zur Gegenwehr herausfordern. Dann sollten SA und SS zusammen mit der Reichswehr den Aufstand blutig niederschlagen. Im Grunde war es wieder der alte Plan des Justizrats Claß, durch künstlich erregte Unruhen den Vorwand für die Beseitigung der Verfassung und die Errichtung der Diktatur in Deutschland zu schaffen.

In unbegreiflichem Langmut sah die Reichsregierung dem Toben ihrer nationalsozialistischen Bundesgenossen zu. Erst am 9. August griff sie mit einer scharfen Notverordnung ein. Darin wurde für politische Gewalttaten, die den Tod eines Menschen verursachten, die Todesstrafe, für andere Zuchthausstrafe angedroht. Zur Aburteilung solcher Straftaten wurden Sondergerichte eingesetzt, gegen deren Urteile es kein Rechtsmittel gab. Trotzdem wurden noch in vielen Orten Schlesiens, besonders in Bunzlau, die Schaufensterscheiben von Konsumvereinen, Läden, Bankfilialen und jüdischen Geschäften eingeschlagen, in Penzich wurde ein Reichsbannerführer durch eine in seine Wohnung geschleuderte Bombe verletzt. In der Nacht zum 10. August wurde die scheußlichste Bluttat dieser Tage begangen. In Potempa im Landkreis Gleiwitz drangen uniformierte SA- und SS-Leute in die Wohnung des kommunistisch gesinnten polnischen Arbeiters Pietezuch ein und schlugen ihn vor den Augen seiner 69jährigen Mutter tot. Die Leiche wies 26 Verletzungen auf, die Halsader war durchgeschlagen, der Kopf durch Stiefel zertreten. Im ganzen wurden vom 1. Januar 1932 bis 30. September 1932 im Deutschen Reich bei politischen Zusammenstößen 155 Menschen getötet, davon seit der Aufhebung des Uniformverbots durch die Regierung Papen allein 108. Von den Ermordeten gehörten 10 der »Eisernen Front«, 62 der kommunistischen, ebenso viele der nationalsozialistischen und 21 keiner dieser Gruppen an.

Die wilden Ausschreitungen der SA hatten den Reichswehrminister Schleicher nicht abgehalten, wenige Tage nach der Wahl die Verhandlungen mit Hitler in Fürstenberg wegen Neubildung der Reichsregierung aufzunehmen. Hitler stellte unerhörte Forderunge. Er wollte Reichskanzler und zugleich preußischer Ministerpräsident werden, außerdem verlangte er für seine Partei das Reichsinnenministerium und das preußische Innenministerium, ein zu errichtendes Propagandaministerium, das Reichsjustizministerium, das Ernährungsministerium und ein Ministerium für Luftfahrt, das ebenfalls neu zu bilden wäre. Der Reichstag sollte ihm ein Ermächtigungsgesetz bewilligen oder sofort wieder aufgelöst werden. Zur Unterstreichung seiner Forderungen ließ Hitler die SA in Bereitschaft und zog sie immer dichter um Berlin zusammen. Am 12. und 13. August fanden zwischen Hitler und der Reichsregierung in Berlin die entscheidenden Verhandlungen statt. Schon in der Unterredung mit Papen wurde dem »Führer« erklärt, daß er als Kanzler eines Präsidialkabinetts nicht in Frage käme, weil er zu parteigebunden sei. Papen redete ihm zu, sich mit dem Posten eines Vizekanzlers und einigen anderen Ministerien für seine nächsten Parteifreunde zu begnügen. Vom Reichspräsidenten wurde Hitler nur stehend empfangen. Hindenburg

war über den Wortbruch Hitlers, der ihm am 31. Mai durch Hand-
schlag versprochen hatte, eine Regierung Papen auch nach den Wahlen
zu tolerieren, aufs äußerste empört. Der Empfang dauerte kaum eine
Viertelstunde. Hitler verlangte die Übertragung der gesamten Staatsgewalt in demselben Umfang, wie sie Mussolini nach dem Marsch
auf Rom erhalten hätte. Für seine SA, der eine Machtübernahme
ohne Abrechnung mit den Novemberverbrechern zwecklos erschien,
forderte er die Gewährung einer »Nacht der langen Messer«, einer
dreitägigen Bartholomäusnacht. Hindenburg aber erklärte, daß er es
vor seinem Gewissen und seinen Pflichten dem Vaterland gegenüber
nicht verantworten könne, die gesamte Regierungsgewalt der Nationalsozialistischen Partei zu übertragen, die diese Macht einseitig an-
zuwenden gewillt sei. Er geißelte den Wortbruch Hitlers und ermahnte ihn, nunmehr die Opposition gegen die Reichsregierung rit-
terlich zu führen und sich seiner Verantwortung vor dem deutschen
Volk bewußt zu sein. Unverrichteter Dinge zog Hitler ab.

Der Reichspräsident hatte sich unter dem Einfluß seiner Umgebung
und Papens abermals auf eine von den Parteien und vom Parlament
unabhängige Regierung festgelegt. Die Deutschnationalen atmeten
auf. Nunmehr ließen sie in ihrer Presse für die Erklärung des Staats-
notstands und die gänzliche Ausschaltung des Reichstags Stimmung
machen. Auch Justizrat Claß trat mit dieser Forderung wieder hervor. Bei einem großen Stahlhelmaufmarsch in Berlin erklärte der
Bundesführer Seldte ebenfalls, daß die Verfassung Papier wäre,
wenn es um die Erhaltung der Nation ginge. Hindenburg ging auch
von seiner starren Linie nicht ab, als die Zentrumspartei vom Reichskanzler nachträglich die volle Beteiligung der Nationalsozialisten an
der Verantwortung verlangte. An dem Widerstand der Deutschnationalen scheiterte auch der Versuch des Zentrums, neue Verhandlungen
zur Bildung einer Regierung in Preußen in Gang zu bringen.

Durch die Mitteilungen der Reichsregierung über Hitlers Wortbruch
und seine Forderungen nach der Stellung Mussolinis und der »Nacht
der langen Messer« erlitt das Ansehen des Führers in der deutschen
Öffentlichkeit einen schweren Stoß. Es half ihm wenig, daß er sich
aufs Leugnen verlegte, die Reichsregierung hielt ihre Darstellung aufrecht. In seiner grenzenlosen Wut ließ sich Hitler alsbald zu einem
neuen politischen Fehler verleiten. Am 22. August 1932 wurden die
nationalsozialistischen Mörder von Potempa vom Sondergericht
Beuthen zum Tode verurteilt. Der schlesische SA-Führer Heines leitete gegen das Urteil tagelang Straßentumulte ein. Hitler aber richtete an die Verurteilten das Telegramm: »Meine Kameraden! Ange-

sichts dieses ungeheuerlichen Bluturteils fühle ich mich mit Euch in unbegrenzter Treue verbunden. Euere Freiheit ist von diesem Augenblick an eine Frage unserer Ehre, der Kampf gegen eine Regierung, unter der dies möglich war, unsere Pflicht.« Göring telegrafierte, daß 14 Millionen der besten Deutschen die Sache der nationalsozialistischen Mörder zu der ihrigen gemacht hätten. Im »Völkischen Beobachter« aber suchte Rosenberg nachzuweisen, Mensch sei nicht gleich Mensch, Seele nicht gleich Seele, Tat nicht gleich Tat. Für den Nationalsozialismus gebe es kein Recht an sich, sein Ziel sei der deutsche Mensch. Das Telegramm Hitlers rief im deutschen Bürgertum lebhaftes Befremden hervor. Der Grundsatz der Gleichheit vor dem Gesetz schien ihm damals noch eine unumstößliche Wahrheit, die Gemeinschaft mit Mördern eine anstößige und verwerfliche Sache zu sein. Vielen gingen schon damals über das Wesen des Nationalsozialismus die Augen auf.

Nur die Reichswehr hielt an dem Vorrang der Politik vor moralischen Erwägungen fest. General Schleicher setzte die geheimen Besprechungen mit Hitler und anderen nationalsozialistischen Führern fort. Das verleitete einzelne Nationalsozialisten, zu früh auf die Reichswehr die letzte Hoffnung zu setzen. So schrieb der »Westdeutsche Beobachter« um diese Zeit: »Die Wasser zwischen Nationalsozialismus und Reichswehr waren ohnehin nie tief. Es ist deshalb unmöglich, daß Herr von Papen die Entwicklung zum neuen Staat verhindert. Es werden eben dann andere Wege beschritten werden müssen, um das Recht des Nationalsozialismus auf die Macht erneut anzumelden.«

Um Schleicher noch gefügiger für die Forderungen der Nationalsozialisten zu machen, knüpfte jetzt Hitler Verhandlungen mit dem Zentrum an. Der Haß gegen Papen war bei diesem stärker als die Erinnerung an die nationalsozialistischen Beschimpfungen im Wahlkampf. Im Reichstag vom 31. Juli besaßen die Nationalsozialisten zusammen mit dem Zentrum die Mehrheit. Diese Schlüsselstellung schien dem politischen Katholizismus noch einmal zum Nutzen auszuschlagen. Besprechungen über die Bildung einer schwarz-braunen Regierung kamen in Gang. Vorerst riet das Zentrum Hitler, auf die Kanzlerschaft zu verzichten. Auch Gregor Strasser empfahl dem Führer, ein Kabinett Schleicher zu ermöglichen. Aber Hitler lehnte solche Vorschläge entschieden ab. Er suchte vielmehr, durch Vermittlung des Zentrums die Sozialdemokratie des Reichstags zu gewinnen.

Die Besprechungen zwischen Hitler und dem Zentrum lösten bei der Reichsregierung große Unruhe aus. Nur Papen ließ sich nicht beirren, sondern regierte weiter, als ob kein Reichstag bestünde. Am 4. und 5. September 1932 erließ er neue Notverordnungen, in denen das angekündigte Wirtschaftsprogramm verwirklicht sein sollte. Sie brachten als Neuerung die Ausgabe von Steuergutscheinen an die Unternehmer und die Herabsetzung der Tariflöhne als Prämie für Neueinstellung von Arbeitern. 1 3/4 Millionen Arbeitnehmer sollten auf diese Weise wieder in den Arbeitsprozeß eingeschaltet werden. Eine Anzahl von besonders drückenden Steuern, wie die Grund- und Gewerbesteuer, wurde herabgesetzt. Das ganze war ein Vorgriff auf das Steuererträgnis der künftigen Jahre, für die man eine Wiederbelebung der Wirtschaft erwartete. Die Wirtschaftsführer waren von dieser künstlichen Kreditschöpfung begeistert, die Gewerkschaften aller Richtungen lehnten sie ab. Das Zentrum wies insbesondere auf die Unsicherheit der politischen Lage hin, die einer Wiederkehr des Vertrauens und damit einer Erholung der Wirtschaft im Wege stünde. Es bot jetzt offen eine aus Zentrum und Nationalsozialisten zusammengesetzte Präsidialregierung an.

So standen die ersten Verhandlungen des neuen Reichstags im Zeichen einer sich anbahnenden schwarz-braunen Koalition. In der Sitzung vom 30. August 1932 wurde der Nationalsozialist Göring mit Hilfe des Zentrums zum Präsidenten gewählt. In seiner Antrittsrede spielte er sich als Hüter der Verfassung auf, trat den Gerüchten über eine Ausschaltung des Reichstags durch Erklärung des Staatsnotstandes entgegen und erkannte das Zentrum als »nationale« Partei ausdrücklich an. Dafür wurde die Sozialdemokratie durch das Verhalten des Zentrums und der Kommunisten gänzlich aus dem Reichstagsvorstand ausgeschaltet.

Allein in der zweiten Sitzung vom 12. September 1932 flog der Reichstag samt der werdenden schwarz-braunen Koalition auf. Das war freilich nicht in der Absicht aller Beteiligten gelegen. Der Reichskanzler war vielmehr mit Göring übereingekommen, daß der Reichstag die Erklärung der Reichsregierung entgegennehmen und dann in die Aussprache darüber eintreten solle. Über die vorliegenden Mißtrauensanträge der Kommunisten und Sozialdemokraten sollte erst am Schluß der Aussprache abgestimmt werden. Die Deutschnationalen hatten gegen die sofortige Beratung dieser Anträge im Ältestenrat Einspruch angekündigt. Bei Beginn der Reichstagssitzung beantragten nun die Kommunisten die sofortige Beratung ihres Mißtrauensantrags. Aber die Deutschnationalen rührten sich nicht, ihr erwarteter Einspruch unterblieb. Wie sie später erklärten, verfolgten sie damit die Absicht, die Auflösung des Reichstags und die Erklärung des staatlichen Notstands durch die Reichsregierung zu erzwingen. Allein durch eine sofortige Abstimmung über den Mißtrauensantrag, dessen Annahme nicht zweifelhaft war, wäre die Reichsregierung gestürzt worden, da der Reichskanzler noch nicht die Auflösungsverfügung besaß. Da rettete sie unfreiwillig der nationalsozialistische Fraktionsführer Dr. Frick, der in der allgemeinen Verwirrung die Sitzung auf eine halbe Stunde unterbrechen ließ. In der Pause einigten sich Nationalsozialisten, Zentrum und Bayerische Volkspartei dahin, über den kommunistischen Mißtrauensantrag erst am Schluß der Aussprache abstimmen zu lassen. Inzwischen hielten aber im Haus des Reichstagspräsidenten Göring einige nationalsozialistische Führer mit Hitler eine geheime Besprechung ab, in der das Gegenteil, die sofortige Abstimmung, beschlossen wurde. Unmittelbar vor der Sitzung teilte dann Dr. Frick dem Zentrum mit, die Nationalsozialisten hätten aus bestimmter Quelle die Nachricht erhalten, daß der Reichstag unter allen Umständen aufgelöst würde, sie würden deshalb nicht mehr für eine Zurückstellung der Abstimmung über das Mißtrauensvotum stimmen. In der Tat war auch der Reichskanzler in der Pause nicht müßig gewesen, er hatte sich die Verfügung des Reichspräsidenten über die Auflösung des Reichstags verschafft. Bei Wiederbeginn der Reichstagssitzung erklärte Göring, daß man zur Abstimmung über den Mißtrauensantrag schreite. Der Reichskanzler meldete sich zu Wort, Göring aber sah absichtlich weg zu den Kommunisten hinüber. Als er auf die Wortmeldung Papens aufmerksam gemacht wurde, erklärte er unter dem Beifall der Kommunisten, daß die Abstimmung bereits begonnen habe. Nun legte der Reichskanzler die Auflösungsverfügung auf den Präsidententisch und verließ mit den Mitgliedern der Reichsregierung den Saal. Göring aber schob das Schriftstück beiseite und fuhr in der Abstimmung fort. Für die Mißtrauensanträge und die Anträge auf Aufhebung der Notverordnungen wurden 513 Stimmen, dagegen nur 32 abgegeben, 5 Abgeordnete enthielten sich der Stimme. Erst nach der Bekanntgabe dieses Abstimmungsergebnisses verlas Göring die Verfügung des Reichspräsidenten über die Auflösung des Reichstags, die mit der Befürchtung begründet war, daß der Reichstag die Aufhebung der Notverordnung vom 4. September 1932 verlange. Göring vertrat die Meinung, daß die Auflösung wegen der Gegenzeichnung der Verfügung durch soeben gestürzte Reichsminister hinfällig sei. Er versprach, alle Schritte zu unternehmen, damit die Auflösung vom Reichspräsidenten rückgängig gemacht werde. Als Zeitpunkt der nächsten Reichstagssitzung wurde der folgende Tag anberaumt. Hernach mußte sich Göring von den

Sozialdemokraten darüber belehren lassen, daß die Reichstagsauflösung bereits mit der Niederlegung des Schriftstücks auf dem Präsidententisch wirksam geworden war. Das Zentrum nahm den gleichen unanfechtbaren Rechtsstandpunkt ein. Die Nationalsozialisten mußten sich fügen. Sie suchten jedoch der Reichsregierung durch Einberufung des Überwachungsausschusses Schwierigkeiten zu machen. Allein die Reichsminister weigerten sich, vor dem Ausschuß zu erscheinen, bevor nicht Göring seine Äußerung, daß die Abstimmungen im Reichstag zu Recht erfolgt seien, widerrufen habe. Das war Verfassungsbruch, die Reichsregierung konnte ihr Erscheinen vor dem Ausschuß nicht von Bedingungen abhängig machen. Allein der Reichspräsident wies den von Göring gegen Papen erhobenen Vorwurf des Verfassungsbruchs entschieden zurück. Nun wandelte sich der Überwachungsausschuß in einen Untersuchungsausschuß um und lud den Reichskanzler und Reichsinnenminister als Zeugen vor. Sie wurden mit anderen Beobachtern der Vorgänge in der letzten Reichstagssitzung am 27. September 1932 einvernommen. Das wichtigste Ergebnis war die Bekundung des Reichskanzlers, daß die Reichsregierung auf Grund der vorherigen Abmachung mit Göring nicht von vornherein die Absicht gehabt hätte, den Reichstag sofort aufzulösen. Bei den Abstimmungen im Ausschuß gingen Zentrum und Nationalsozialisten, aber auch Nationalsozialisten und Kommunisten vielfach zusammen. Irgendeinen Einfluß auf die politische Lage erlangten die Beschlüsse des Ausschusses nicht. Die Volksvertretung war im Staatsleben bedeutungslos geworden. Ihre Wasser schossen noch durch das Kraftwerk, aber sie setzten kein Rad mehr in Bewegung.

Hitler war über die Auflösung des Reichstags außer sich vor Freude, er sehnte sich nach der Auseinandersetzung mit der verhaßten Reaktion. Aber seine Kassen waren durch die vielen Wahlkämpfe des Jahres erschöpft, und die bisher so freigebige Schwerindustrie hielt nach der Entzweiung zwischen Papen und den Nationalsozialisten die Taschen zu. Dazu nützten die Deutschnationalen die anrüchigen Verhandlungen zwischen Zentrum und Nationalsozialisten bei der protestantischen Bevölkerung weidlich gegen ihn aus. Wie im Herbst 1930 fingen sie wieder an, das Bürgertum vor dem gefährlichen »Sozialismus« der Nationalsozialisten und vor ihrem Klassenkampf gegen die besitzenden Kreise zu warnen. Dr. Goebbels rächte sich durch die Organisierung eines großen Boykotts der Hugenbergzeitungen. Der »Silberfuchs« setzte sich dagegen erfolgreich durch einstweilige Verfügungen der Gerichte zur Wehr. Als dann die Nationalsozialisten in Berlin und anderwärts deutschnationale Versammlungen sprengten, verbot der Berliner Polizeipräsident eine Versammlung mit Dr. Goebbels im Sportpalast. Anderes Mißgeschick kam hinzu. Anfang Oktober 1932 wurde ein umfangreicher Waffenschmuggel der Nationalsozialisten aus Holland aufgedeckt. In Braunschweig wurde der Nationalsozialist Campe, der im Verdacht stand, seiner Bewegung untreu geworden zu sein, von dem SA-Mann Kanne in höherem Auftrag durch sieben Pistolenschüsse getötet. In einem Beleidigungsprozeß in München wurde gar das Bestehen einer Art Tscheka im Braunen Haus aufgedeckt. Auf Betreiben des Majors Buch, des Vorsitzenden des Untersuchungs- und Schlichtungsausschusses der NSDAP, hatte der Fabrikant Danzeisen Ende März 1932 einen gewissen Horn von Karlsruhe telegrafisch nach München geholt und ihn beauftragt, die Nationalsozialisten Röhm, Graf Du Moulin-Eckart, Graf Spreti und Dr. Bell zu ermorden. Röhm flüchtete mit seinen Freunden, darunter auch Himmler, dem Führer der SS, mit dem Rechtsanwalt Luetgebrune nach Berlin. Dort hatte er eine Unterredung mit dem ihm von früher her bekannten Reichsbannermann Major Mayr, teilte ihm mit, daß der Fememörder Schulz hinter der Sache steckte, und ersuchte ihn um Material gegen diesen. Graf Du Moulin-Eckart und Graf Spreti waren in ihrer Angst zu der Polizei gegangen und hatten dort freiwillig Angaben über das Bestehen einer Stelle G in der Nationalsozialistischen Partei gemacht, einer Art Tscheka, der die Beseitigung von mißliebigen Leuten obliegen sollte. Angeblich hatte auch Hitler vor dieser Zelle einmal eine Ansprache gehalten und seine Freude darüber ausgedrückt, den wichtigsten Teil der Bewegung kennenzulernen. Der nationalsozialistische SA-Führer Dr. Bell war am 9. April 1932 im Auftrag Röhms auf der Schriftleitung des »Vorwärts« gewesen und hatte sie über die beabsichtigten Morde an Röhm und seinen Stabsoffizieren ins Bild gesetzt. Danzeisen war wegen Aufforderung zum Mord mit sechs Monaten Gefängnis bestraft worden. Das alles wurde jetzt durch die beeideten Aussagen Dr. Bells und des Majors Mayr in der Öffentlichkeit bekannt. Die Angelegenheit erregte beträchtliches Aufsehen, zumal im Wahlkampf ein Lichtbild Hitlers, wie er ein Kind Danzeisens an der Hand hielt, veröffentlicht wurde.

Auch Papen ging jetzt rücksichtslos gegen Hitler vor. Er sprach ihm wegen seines Eintretens für die Mörder von Potempa, die inzwischen begnadigt worden waren, die sittliche Befähigung zur Führung des deutschen Volkes rundweg ab und wies auch den Totalitätsanspruch der Nationalsozialisten entschieden zurück. Hitler antwortete mit einer Herabsetzung der Papenschen Außenpolitik. Der

Reichskanzler hätte auf der Abrüstungskonferenz den mangelnden Willen Frankreichs zur Abrüstung vor aller Welt feststellen, Genf verlassen und sich vom Versailler Vertrag feierlich lossagen müssen. Er hielt seine Forderung nach Übertragung der vollen und ungeteilten Macht an die Nationalsozialistische Partei aufrecht und erklärte damals schon, daß er sich die Macht, wenn er sie einmal habe, nicht mehr nehmen lassen werde. Aber der »Führer« war bereits in seinem eigenen Lager bedroht. Sein Nebenbuhler Gregor Strasser traf Anfang Oktober 1932 mit dem christlichen Bergarbeiterführer Imbusch bei General Schleicher zusammen. Am 20. Oktober richtete Gregor Strasser eine öffentliche Aufforderung an die Freien Gewerkschaften, die internationalen Gedankengänge aufzugeben und sich zum deutschen Staat zu bekennen. Kaum bemerkt von der großen Öffentlichkeit, bahnten sich hier hinter dem Rücken Hitlers für ihn gefährliche politische Möglichkeiten an.

Inzwischen versuchte die Sozialdemokratische Partei, durch Herausstellung ihrer alten sozialdemokratischen Forderungen in neuem Gewand um jeden Preis neue Wählermassen für sich zu gewinnen. Sie hatte im Reichstag Anträge auf einen Gesamtumbau der Wirtschaft, insbesondere Schaffung einer Planstelle, Verstaatlichung der Großbanken und der Schlüsselindustrien und Enteignung des Großgrundbesitzes eingereicht. Selbst die alten Forderungen zur Fürstenabfindung wurden wieder hervorgeholt. Die sozialdemokratische Presse bemühte sich, den Sozialismus als letzten Ausweg aus der kapitalistischen Krise zu empfehlen. Aber ein Teil der Arbeiterschaft glaubte nicht mehr an den Willen der Sozialdemokratie zum Sozialismus und hielt sich dann schon lieber an das starre Dogma der Kommunisten oder an die verschwommenen und alle Wünsche befriedigenden Redensarten der Nationalsozialisten. Ein anderer sah nur die offensichtliche politische Ohnmacht der Sozialdemokratie und setzte auf diese Partei keine Hoffnungen mehr. Zwar hatte die alte Preußenregierung Braun am 25. Oktober 1932 einen halben Sieg über das Reich errungen. Der Staatsgerichtshof stellte fest, daß Preußen keine Pflicht gegenüber dem Reich verletzt habe und deshalb die Reichsexekutive unzulässig sei. Dagegen wurden die übrigen Maßnahmen Papens gegen Preußen für rechtens erklärt, mit Ausnahme jener, durch die den preußischen Ministern die Vertretung des Landes Preußen im Reichstag, im Reichsrat oder sonst gegenüber dem Reich oder gegenüber dem preußischen Landtag, dem Staatsrat oder gegenüber anderen Ländern entzogen worden war. Die Entscheidung ging davon aus, daß an die Stelle einer Landesregierung auch vorübergehend kein anderes Organ gesetzt werden könne, daß es aber zulässig sei, Geschäfte und Befugnisse der Landesregierung vorübergehend auf ein Reichsorgan zu übertragen. Die Reichsregierung Papen aber wollte durchaus nicht dem Wortlaut und Sinn dieses Urteils Rechnung tragen. Es kam zwischen ihr und der alten Preußenregierung zu einem unerquicklichen Streit über Geschäftsräume und Geschäftsbedürfnisse bis zu Bleistift und Tinte, der den Staatsbürgern nur immer wieder die tatsächliche Ohnmacht der preußischen Sozialdemokratie bewies. Der Kampf um Preußen bekam schließlich einen Anstrich von Lächerlichkeit, als der Dichter Gerhart Hauptmann zu seinem 70. Geburtstag von der alten Preußenregierung am Vormittag die Urkunde über die Verleihung der goldenen preußischen Staatsmedaille, allerdings ohne Medaille und Staatssiegel, erhielt, am Abend aber vom Reichskommissar Dr. Bracht ebenfalls mit einer Verleihungsurkunde, jedoch samt Medaille und Staatssiegel, geehrt wurde.

Unmittelbar vor der Reichstagswahl warteten die Nationalsozialisten wieder mit einer großen Enthüllung auf. Ihre Parteikorrespondenz veröffentlichte ein angebliches Rundschreiben der Exekutive der Kommunistischen Partei, in dem Anweisungen für die Durchführung eines Putsches nach dem 15. November enthalten waren. Die Rechtspresse stürzte sich sofort auf die Sache und schien eine Panikstimmung erzeugen zu wollen. Da brachten sich die Nationalsozialisten im letzten Augenblick selbst um die winkende Frucht. In Berlin entfesselte ihre Betriebszellenorganisation zusammen mit der kommunistischen roten Gewerkschaftsopposition wegen einer Minderung des Stundenlohns der städtischen Arbeiter um 2 Pfg. einen wilden Verkehrsstreik. In verschiedenen Teilen der Stadt kam es zu gemeinsamen Sabotageakten und zu Zusammenstößen mit der Polizei. Als die Lohnsenkung durch einen Schiedsspruch bestätigt und dieser für verbindlich erklärt wurde, beschlossen die Gewerkschaften die Wiederaufnahme der Arbeit. Kommunisten und Nationalsozialisten setzten aber den Streik noch über den Wahltag fort, bis die Berliner Verkehrsgesellschaft einen Teil der widerspenstigen Arbeiter entließ. Der Streik, der Kommunisten und Nationalsozialisten vereint im Arbeitskampf zeigte, schreckte einen großen Teil des Bürgertums vom Nationalsozialismus ab. Er schadete aber bei vielen radikalen Arbeitern den Freien Gewerkschaften und der Sozialdemokratie.

Bei den Wahlen vom 6. November 1932 fiel dann auch die Sozialdemokratie von 133 auf 121 Abgeordnetensitze zurück. Die Nationalsozialisten verloren 34 Sitze und kamen nur mit 196 wieder. Das Zentrum fiel von 75 auf 70, die Bayerische Volkspartei von 22 auf

20, eine »Technische Arbeitsgemeinschaft« aus Deutscher Volkspartei, Christlichem Volksdienst, Deutscher Bauernpartei und den Deutsch-Hannoveranern brachte es auf 20 Sitze. Die Staatspartei sank von 4 auf 2 und die Wirtschaftspartei von 2 auf 1 Abgeordnetensitz. Dafür stiegen die Deutschnationalen von 40 auf 54, die Kommunisten aber von 89 auf 100 Sitze an. Sieger waren die Deutschnationalen auch insofern, als eine schwarz-braune Mehrheit im Reichstag nicht mehr bestand.

Wenige Tage nach der Wahl knüpfte Papen abermals Verhandlungen mit Hitler an. Aber dieser blieb störrisch und ließ sich vorerst nicht finden. Darauf beauftragte der Reichspräsident den Reichskanzler, durch Besprechungen mit den Führern der einzelnen Parteien festzustellen, wieweit sie gewillt seien, das politische und wirtschaftliche Programm der Reichsregierung zu unterstützen. Die Sozialdemokraten lehnten Verhandlungen mit Papen grundsätzlich ab. Auch die Christlichen Gewerkschaften forderten in einem Aufruf den Rücktritt Papens und die Bildung eines »volksverbundenen Kabinetts«. Das Zentrum nahm an der Führung und Zusammensetzung der Reichsregierung Anstoß, die Nationalsozialisten verwarfen Papens Programm. Darauf trat die Reichsregierung Papen am 17. November 1932 zurück. Das war vorerst nur als politischer Schachzug gedacht. Die Deutschnationalen und die Umgebung Hindenburgs wollten noch einmal die Unmöglichkeit einer parlamentarischen Lösung der Krise vor Augen führen. Hitler wurde am 19. und 21. November vom Reichspräsidenten ampfangen. Er hatte jetzt Gelegenheit, über eine Stunde lang sein Programm zu entwickeln. Aber die Kreise, die geglaubt hatten, daß er nach der Wahlniederlage seine Forderungen mäßigen würde, täuschten sich. Er blieb dabei, daß er nur in einer von ihm selbst geführten Regierung mitarbeiten könne. Hindenburg beauftragte ihn, sich im Reichstag eine Mehrheit für eine von ihm geführte Regierung zu suchen. Dafür wären aber jetzt Verhandlungen auch mit den Deutschnationalen erforderlich gewesen. Strasser empfahl sie, Hitler lehnte diese Demütigung ab. Er forderte ein Präsidialkabinett. Mit der Führung eines von den Parteien unabhängigen Präsidialkabinetts wollte aber Hindenburg nur einen Mann seines besonderen Vertrauens, wie Papen, betrauen. Als Hitler sich in einem Schreiben an Hindenburg als überparteilichen Parteiführer empfehlen wollte, belehrte ihn Staatssekretär Meißner im Auftrag Hindenburgs in einem Schreiben vom 22. November, daß der Führer einer die Ausschließlichkeit seiner Bewegung fördernden Partei nicht Führer eines Präsidialkabinetts sein könne. Jetzt schlug

Hitler vor, man solle ihn ermächtigen, innerhalb 24 Stunden eine Ministerliste vorzulegen und ihm dann die Vollmacht zur Auflösung des Reichstags erteilen. Gleichzeitig gab er den Auftrag zur Bildung einer parlamentarischen Regierung zurück. Am 24. November wies Staatssekretär Meißner das Angebot Hitlers ab, weil Hindenburg befürchtete, daß ein von Hitler geführtes Präsidialkabinett sich zwangsläufig zu einer Parteidiktatur mit allen ihren Folgen für eine außerordentliche Verschärfung der Gegensätze im deutschen Volk entwickeln würde, die herbeigeführt zu haben er mit seinem Eid und seinem Gewissen nicht verantworten könne.

Hitler war abermals geschlagen. Seine Niederlage wäre vollständig gewesen, wenn Papen den Auftrag zur Regierungsbildung bekommen hätte. Bestrebungen dafür lagen vor, nachdem die Bemühungen des Zentrumsführers Dr. Kaas, mit den übrigen Parteiführern Besprechungen über ein sachliches Not- und Arbeitsprogramm für eine parlamentarische Regierung in Gang zu bringen, an der ablehnenden Haltung der Deutschnationalen gescheitert waren. Papens Wiederbetrauung mit dem Kanzleramt hätte die offene Kampfansage gegen den Parlamentarismus bedeutet. Die Deutschnationalen wollten die Gewaltlösung, den offenen Verfassungsbruch, der ihnen Aussichten für die Wiederkehr der Monarchie zu bieten schien. Aber Papen hatte nicht nur fast alle Parteien, sondern auch die Regierungen der süddeutschen Länder gegen sich. Schleicher hatte ihn längst aufgegeben, und einflußreiche Führer der Großindustrie forderten aus wirtschaftlichen Gründen einen politischen Waffenstillstand. Den Ausschlag gab aber die Weigerung einer Anzahl Mitglieder der alten Reichsregierung Papen, wie Dr. Bracht, Graf Schwerin-Krosigk, Dr. Warmbold und Dr. Popitz, in einem neuen Papen-Kabinett weiterzuarbeiten. Nunmehr verzichtete Papen selbst auf eine Kandidatur und empfahl dem Reichspräsidenten, der ihn ungern ziehen ließ, den bisherigen Reichswehrminister Schleicher zum Reichskanzler zu ernennen. Vor Annahme des Auftrags suchte Schleicher durch Verhandlungen mit Hitler die Tolerierung seitens der Nationalsozialisten zu erreichen. Der »Führer« wich einer persönlichen Unterredung aus. Auf Vorschlag Görings sandte Schleicher einen Offizier als Unterhändler nach Weimar, wo sich die nationalsozialistischen Führer befanden. Für eine Tolerierung stellte Hitler zur Gegenbedingung die Vertagung des Reichstags bis Januar, Amnestie und Notwehrrecht der SA. Er hielt dem Verbindungsmann Schleichers einen dreistündigen Vortrag, daß Schleicher das Kanzleramt nicht annehmen solle, weil dadurch die Reichswehr ins politische Getriebe gezogen und völlig verbraucht

werde. Aber Schleicher ging auf diese durchsichtigen Warnungen nicht
ein, sondern nahm an und wurde am 3. Dezember 1932 zum Reichskanzler ernannt. Reichsinnenminister wurde Dr. Bracht, Außenminister Dr. Neurath, Reichsfinanzminister blieb Graf Schwerin-Krosigk,
Justizminister Gürtner, Wirtschaftsminister Dr. Warmbold, Reichsernährungsminister Frhr. von Braun, und Dr. Popitz blieb Minister
ohne Geschäftsbereich. Der Präsident des Deutschen Landgemeinde-
tags, Gereke, ein besonders Vertrauter Hindenburgs, wurde zum
Reichskommissar für Arbeitsbeschaffung ernannt.

General Schleicher hatte den Auftrag Hindenburgs angenommen,
weil er insgeheim bereits einen neuen und eigenartigen politischen
Schlachtplan besaß. Es war ihm gelungen, aus der starren Hitlerfront
den Eckstein Gregor Strasser herauszubrechen. Mit Strassers Unterstützung wollte Schleicher als Grundlage seiner Regierung aus Teilen
der Nationalsozialisten zusammen mit den Christlichen und Freien
Gewerkschaften eine neue, die sogenannte »dritte Front« bilden. Die
Aussichten für eine solche politische Neugliederung waren nicht von
vornherein aussichtslos. Die Freien Gewerkschaften verhandelten mit
Schleicher sofort über ein großes Arbeitsbeschaffungsprogramm. Insbesondere sollten die in der Verordnung vom 4. September 1932 für
Neueinstellungsprämien vorgesehenen 700 Millionen RM zur Finanzierung öffentlicher Arbeiten verwendet und die Verkürzung der Ar-
beitszeit auf 40 Stunden in der Woche durchgeführt werden. Der
Vorsitzende der Freien Gewerkschaften, Leipart, trat in der Öffentlichkeit für eine Zusammenarbeit mit General Schleicher ein. Bei der
sozialdemokratischen Parteiführung stieß er damit freilich auf Widerspruch. Hier hatte ein einflußreicher pazifistischer Flügel von vornherein einen Abscheu vor der engeren Berührung mit einem leib-
haftigen General. Ernsthafte Politiker fürchteten die Rückwirkungen
einer solchen Annäherung an die Reichswehr auf die kommunistische
Agitation. Sie glaubten, nur durch Verharren in der Opposition gegenüber jeder Art von Präsidialregierung die Wählermassen für die
Partei zurückzugewinnen. Vergebens suchte Schleicher in den wenigen Wochen seiner Regierungstätigkeit wiederholt, die Sozialdemokraten an den Verhandlungstisch zu bringen. Die Parteiführung begriff nicht, daß die freie Arbeiterbewegung damals nur noch mit dem
Einsatz neuer, gewagter und äußerster Mittel zu retten war. Vielleicht wäre es zu einer Spaltung zwischen Partei und Gewerkschaften
gekommen, wenn General Schleicher Zeit gehabt hätte, sein politisches Spiel weiter zu entwickeln.

Allein er scheiterte auch bei den Nationalsozialisten. Zwar ging es bei ihnen nach den Reichstagswahlen reißend bergab. Bei den Thüringer Gemeindewahlen verloren sie gegenüber der Reichstagswahl vom 31. Juli 1932 fast die Hälfte ihres Bestandes. Die Partei hatte über 12 Millionen RM Schulden angehäuft, sie wuchsen ihr über den Kopf, eine Reihe von Zeitungen stand vor dem Zusammenbruch. Strasser glaubte, es sei zum Einlenken die allerböchste Zeit. Er hatte sich Schleicher gegenüber bereit erklärt, zu gegebener Zeit als Vizekanzler ins Reichskabinett einzutreten. In einem neuen Wahlkampf sollte eine eigene Liste Strasser aufgestellt werden. Er hatte unter den Mitgliedern der Partei, aber auch in der Reichstagsfraktion einen starken Anhang. Anfangs Dezember kam es zwischen ihm und Hitler zum endgültigen Bruch. In einem später veröffentlichten Brief an Hitler bezeichnete sich Strasser als Gegner der Gewalt, weil es auch in gegnerischen Parteien und sogar in der Sozialdemokratie aufbauwillige Kräfte gebe, die man nicht zurückstoßen dürfe. Die von Hitler falsch geführte Partei treibe aber zur Katastrophenpolitik, auf Gewaltakte und einen Trümmerhaufen hin. Hitler aber war völlig unter den Einfluß des Propagandaleiters Dr. Goebbels geraten, der Strasser haßte und dessen Stellung bei Hitler untergrub. Am 8. Dezember 1932 legte Gregor Strasser nach einer scharfen Auseinandersetzung mit Hitler seine sämtlichen Ehrenämter nieder. Darauf wurde die Nummer des »Illustrierten Beobachters«, die gerade eine Verherrlichung Strassers brachte, zurückgezogen und eingestampft. Auch Gottfried Feder überwarf sich mit Hitler, weil dieser die Auflösung der ingenieur-technischen Abteilung, der Feder vorstand, nicht rückgängig machte. Während aber Strasser in tiefem Groll schied, wurde Feder nur in Urlaub geschickt und hielt auf Hitlers Beschwörungen »in unerschütterlicher Ergebenheit« an dem Führer fest. Am 9. Dezember 1932 trat der nationalsozialistische Führerkreis in Berlin zu einer Treuekundgebung für Hitler zusammen. Der Führer hielt eine stundenlange Rede über Strassers Treulosigkeit und brach zuletzt in Tränen aus. Auch die Zuhörer weinten und legten ein neues Treuegelöbnis in die Hand Hitlers ab. Strasser hat nachträglich boshaft geäußert, daß die meisten Führer nur deshalb bei Hitler verblieben, weil der Führer über die Futterkrippe verfügte, daß sich aber alle einig seien über seine Unfähigkeit. So vermochte der Abfall Strassers das starre Gefüge der Nationalsozialistischen Partei nicht zu lockern. Hitler übernahm das durch Strassers Rücktritt freigewordene Amt des Reichsorganisationsleiters selbst und ernannte zum Stabsleiter für die politische Organisation den ihm blind ergebenen Reichstagsabgeordneten Dr. Ley.

Die Verhandlungen des neuen Reichstags waren von den erwarteten Auswirkungen der nationalsozialistischen Führerkrise überdeckt. Der nationalsozialistische Alterspräsident General Litzmann richtete in seiner Eröffnungsansprache am 6. Dezember 1932 heftige Angriffe gegen den Reichspräsidenten, den er geschmackloserweise daran erinnerte, daß er seinen Marschallstab eigentlich den Truppen des Generals Litzmann anläßlich ihres Durchbruchs bei Brzeziny im Herbst 1915 zu verdanken habe. Er machte Hindenburg zum Vorwurf, daß er Hitler nicht mit der Kanzlerschaft betraut habe, und mahnte ihn, dem geschichtlichen Fluch zu entgehen, daß er das deutsche Volk der Verzweiflung und dem Bolschewismus in die Arme getrieben habe, obwohl der Retter bereitgestanden sei. Zum Reichstagspräsidenten wurde wiederum Göring, dieses Mal aber gegen die Stimmen der Deutschnationalen gewählt. Die Nationalsozialisten hatten sich nämlich geweigert, für die Wahl des deutschnationalen Abgeordneten Graefe zum Vizepräsidenten zu stimmen. Tatsächlich fielen die Deutschnationalen bei den Vorstandswahlen gänzlich durch. Ihnen zum Hohn wurde dann Hugenberg von den Nationalsozialisten zum Schriftführer gewählt. Mit einer Stimme Mehrheit drang der Sozialdemokrat Löbe als 3. Vizepräsident bei der Stichwahl gegen den Deutschen Volksparteiler durch. Die Kommunisten hatten wieder ungültige Stimmzettel abgegeben. Göring sang in seiner Ansprache ein Loblied auf den Parlamentarismus und pries den Reichstag als einzige Stelle, an der zur Zeit die Wille des deutschen Volkes kundgetan werden könne. Auf Schleicher war seine Bemerkung gemünzt, man könne mit Bajonetten vieles tun, aber auf die Dauer nicht auf ihnen sitzen. An die empfindlichste Stelle des Reichspräsidenten aber rührte die Behauptung, daß durch die Ernennung Schleichers zum Reichskanzler die Wehrmacht in den Tagesstreit hereingezogen worden sei. Niemals dürfe die deutsche Wehrmacht als Polizei benützt werden. Das waren genau die Worte, mit denen später Hindenburg die Entlassung Schleichers begründet hat.

Trotzdem wagten es die Nationalsozialisten dieses Mal nicht, es auf einen offenen Kampf mit der Reichsregierung ankommen zu lassen. Die vorliegenden Mißtrauensanträge wurden zurückgestellt, bis Schleicher sein Programm vor dem Reichstag entwickelt habe. Allein der Kanzler blieb den Verhandlungen der Volksvertretung fern. So war das bedeutsamste Ereignis der Dezembersitzung eine schwere Schlägerei zwischen kommunistischen und nationalsozialistischen Abgeordneten, die Göring durch seine aus SA und SS bestehende mit Koppeln bewaffnete Hilfspolizei im Reichstag entschied.

Außerdem brachten die Nationalsozialisten einen Gesetzentwurf zur Änderung der Verfassung ein, in dem als Stellvertreter des Reichspräsidenten bei seiner Verhinderung der Präsident des Reichsgerichts vorgesehen war. Er sollte bestimmte politische Geheimpläne der Deutschnationalen vereiteln. Diese hatten damit gerechnet, daß Hindenburg bei Fortdauer der Staatskrise zurücktreten und einen Hohenzollernprinzen zu seinem Stellvertreter ernennen würde, der dann die Wiederherstellung der Monarchie in die Wege zu leiten hätte. Da auch die Sozialdemokratie damals in völliger Verkennung der ihr drohenden Gefahren in der Monarchie das größte Übel erblickte und das Zentrum völlig im Kielwasser Hitlers schwamm, wurde der Gesetzentwurf mit der erforderlichen Mehrheit gegen die Stimmen der Deutschnationalen und Kommunisten angenommen. Auch die von Schleicher den Nationalsozialisten versprochene Amnestie wurde beschlossen. Sie war die umfassendste seit dem Bestehen der Republik, nur die Verbrechen gegen das Leben und gegen das Sprengstoffgesetz wurden von ihr durch den Widerstand der Sozialdemokratie ausgeschlossen. Dagegen trat die Sozialdemokratie zusammen mit den Kommunisten auch für die Amnestierung der hochverräterischen Zersetzungsversuche in der Polizei und Reichswehr ein und gab den Nationalsozialisten wieder die erwünschte Gelegenheit, sich als Retter des Vaterlandes und der Reichswehr gegen den Umsturz aufzuspielen. Der Reichstag wurde auf unbestimmte Zeit vertagt. Die Staatskrise dauerte an. In Preußen blieben die Bemühungen des Zentrums, die Nationalsozialisten zu Verhandlungen über die Bildung einer neuen Regierung zu gewinnen, ergebnislos. Als später die Nationalsozialisten sich dieserhalb unmittelbar an die Deutschnationalen wandten, lehnten diese die gewünschten Besprechungen unter Hinweis auf die grundsätzliche Gegnerschaft der Nationalsozialisten gegenüber der Regierung Schleicher ab. Hugenberg fühlte sich als starker Mann und warnte davor, wieder in die Parlamentswirtschaft abzurutschen.

Inzwischen ging die Reichsregierung unverdrossen an die praktische Arbeit heran. Am. 14. Dezember 1932 beschloß sie, für Arbeitsbeschaffung 1½ Milliarden RM, davon allein aus Steuergutscheinen 640 Millionen RM, zur Verfügung zu stellen. Am Tag darauf entwickelte General Schleicher am Rundfunk sein Regierungsprogramm. Er stellte sich als überparteilicher Sachwalter der Interessen aller Bevölkerungsschichten für eine hoffentlich nur kurze Übergangszeit vor. Mit Recht bezeichnete er als die größte Aufgabe eines Staatsmannes der Gegenwart die Überwindung der Arbeitslosigkeit. Die Notwendigkeit der Siedlung im Osten wurde stärker betont, als den Junkerohren angenehm klang. Dann aber ließ der Kanzler Worte fallen, die bei den bisherigen Trägern der autoritären Staatsführung das größte Befremden hervorrufen mußten. Er bezeichnete sich als »sozialer« General und nannte sich ketzerisch genug, einzugestehen, daß er weder ein Anhänger des Kapitalismus noch des Sozialismus sei, sondern daß es ihm nur darauf ankomme, in der Wirtschaft das Richtige und Vernünftige zu tun. Was von ihm als Ausdruck weltmännischer Überlegenheit über Dogmen und Systeme gedacht war, wurde von den allmächtigen Wirtschaftsführern als Absage an den alleinseligmachenden kapitalistischen Glauben aufgefaßt. Solche Worte aus dem Mund eines Generals waren in Deutschland noch nie gehört worden. Die heiligsten Güter des Besitzbürgertums schienen in Gefahr. Man traute es diesem Bürogeneral, dessen Einfluß und Spiel hinter den Kulissen schon unheimlich war, auf einmal zu, im Bund mit der Arbeiterschaft den Bolschewismus zu verwirklichen. Demgegenüber erschien Hitler, dessen verschwommener Sozialismus der Herrschaft des Kapitalismus nicht gefährlich werden konnte, als das kleinere Übel. Eilig sahen sich die Wirtschaftsführer nach Bundesgenossen gegen diesen gefährlichen Kanzler um. Der über Schleichers Treulosigkeit im November aufs tiefste verwundete und maßlos ehrgeizige Herr von Papen stellte sich sofort zur Verfügung. Er erkannte sogleich, daß Schleicher nur durch Hitler zu beseitigen sei. So fanden sich die beiden Unterlegenen vom November gegen den Sieger von damals zusammen. Bereits am 4. Januar 1933 fand in Köln durch Vermittlung des Bankiers von Schröder eine Aussprache zwischen Hitler und Papen über die Möglichkeiten einer Kanzlerschaft Hitlers statt. Papen übernahm es, den Reichspräsidenten, der Hitler bisher instinktiv abgelehnt hatte, für ihn günstig zu stimmen. Um für die eingeleiteten Verhandlungen Zeit zu gewinnen, schoben die Nationalsozialisten mit Hilfe des ahnungslosen Zentrums die Einberufung des Reichstags auf Ende Januar 1933 hinaus.

Allein die Zusammenkunft Papens mit Hitler wurde in der Öffentlichkeit bekannt und erregte beträchtliches Aufsehen. Das Spiel war aufgedeckt und hätte noch verdorben werden können. Aber anstatt mit aller Kraft dazwischenzufahren, sprach Schleicher mit seinem Freund von Papen nur unter vier Augen und begnügte sich mit Papens Ehrenwort, das dieser niemals eine Bewegung leiten oder dulden werde, die sich gegen Schleicher und eine von ihm geleitete Regierung richten würde. An gebrochenen Ehrenwörtern deutscher Kavaliere und Halbkavaliere ist die Republik zugrunde gegangen.

Noch stand es um Hitler nicht sonderlich gut. Der Reichspräsident hatte Gregor Strasser empfangen, und wenn diesem Besuch auch jede politische Bedeutung abgesprochen wurde, so war doch die bloße Tatsache bemerkenswert. Der Fememord der SA an dem Nationalsozialisten Hentzsch in Dresden, dessen Leiche in einen Sack gehüllt und mit Steinen beschwert in einer Talsperre aufgefunden wurde, rief auch in bürgerlichen Kreisen heftigen Abscheu gegen Hitlers Mordorganisation wach. In Berlin erschoß der SA-Sturmführer Baumgart in der Neujahrsnacht im Blutrausch vom Fahrrad herab eine unter der Haustür stehende Frau. In Breslau, in Berlin-Lichtenrade, in Köln wurden Reichsbannerleute von Nationalsozialisten ermordet. Im Friedrichshain in Berlin drang bewaffnete SA in eine kommunistische Versammlung ein und kam sogar mit der Polizei in ein Feuergefecht, bei dem es zahlreiche Verletzte gab. Im ganzen Reich kam es zu Meutereien der SA und SS. Anhänger Strassers und Hitlerleute prügelten sich. In Franken forderte der SA-Sturmgruppenführer Stegmann die Beseitigung des Gauführers Julius Streicher wegen seines anrüchigen Lebenswandels. Als er von Röhm abgesetzt und die hinter ihm stehende Gruppe Franken der SA aufgelöst wurde, gründete er ein Freikorps Franken, dem der Großteil der SA-Leute beitrat. Der Zerfall der Nationalsozialistischen Partei schien nur noch eine Frage der Zeit.

Selbst die Wirtschaftsführer, die mit Papen für eine Berufung Hitlers eintraten, zweifelten allmählich an seinem Glück. Sie gaben ihm noch einmal Gelegenheit, eine Probe seines Könnens abzulegen: in der Lippeschen Landtagswahl. Sofort warf Hitler seinen ganzen Führerstab in diesen lächerlichen Wahlkampf, und er selbst verschmähte es nicht, in den kleinsten Dörfern, oft nur vor wenigen hundert Zuhörern, zu reden. Als Gegenmaßnahme riefen auch andere Parteien ihre Redner von Glanz und Namen herbei. So wurde in diesem Zwergstaat das Schicksal Deutschlands entschieden. Bei den Wahlen vom 15. Januar 1933 gelang es den Nationalsozialisten, mit 38 844 Stimmen wieder die stärkste Partei zu werden. Sie holten gegenüber der Reichstagswahl vom November 1932 rund 5800 Stimmen auf, blieben aber gegenüber ihrer Stimmenzahl vom 31. Juli 1932 fast um 4000 zurück. Aber auch den Sozialdemokraten war es geglückt, gegenüber der Novemberwahl 4000 Stimmen zu gewinnen und dadurch fast die Stimmenzahl der letzten Landtagswahlen zu halten. Die Kommunisten dagegen verloren gegenüber der Novemberwahl rund 3600 und auch die Deutschnationalen über 3500 Stimmen. Das Blatt hatte sich wieder gewendet. Am Wahlsonntag konnte Hitler in einer Rede in Weimar vor den thüringischen Parteifunktionären erklären: »Wenn auch einer von uns irrsinnig wird, unsere Partei bleibt, aber die Regierung vergeht.« Soweit war es freilich noch nicht, die Verhandlungen, die der Führer mit den Deutschnationalen wieder angeknüpft hatte, scheiterten zunächst an der Weigerung Hugenbergs, die von Hitler geforderte Übernahme der SA auf den Staat zuzugestehen.

Der Reichskanzler Schleicher aber ließ Woche um Woche verstreichen, statt die kostbare Zeit zur Vereitlung der Pläne seiner Gegner zu nutzen. Er raffte sich nicht dazu auf, mit Hitler völlig zu brechen. Am 22. Januar erlaubte er der Berliner SA einen Aufmarsch vor dem Karl-Liebknecht-Haus auf dem Bülowplatz, der Zentrale der KPD. Er wurde durch ein riesiges Polizeiaufgebot geschützt, schwächliche Gegendemonstrationen der Kommunisten wurden im Keim erstickt. Diese entgegenkommende Haltung der Behörden stärkte den welkenden Glauben der SA an Hitlers schließlichen Sieg. Während die Polizei überall im Reich gegen kommunistische Ausschreitungen mit der größten Strenge vorging, so daß es bei der Auflösung einer kommunistischen Versammlung in Dresden neun Tote und zahlreiche Verletzte gab, wurden die Nationalsozialisten mit Samthandschuhen angefaßt. Man sah sie offenbar schon als künftige Herren des Reiches an. Schleicher tat nichts, um dieser zweideutigen und bedenklichen Haltung der Behörden entgegenzuwirken. Er verlor durch seine Zweideutigkeit und Unentschlossenheit seine alten Freunde und vermochte keine neuen zu gewinnen.

Zuletzt beging er die in seiner schwierigen Lage unbegreifliche Torheit, es auch noch mit Hindenburgs allmächtigen Freunden, den ostelbischen Junkern, zu verderben. Die Führer des Landbundes hatten die Siedlungsabsichten des Kanzlers im Osten übel vermerkt. Mitte Januar 1933 setzten sie zur Darlegung ihrer Wünsche und Beschwerden einen Empfang bei Hindenburg durch. Der anwesende Reichskanzler und der zuständige Reichsminister wiesen ihnen nach, daß durch die bereits getroffenen und noch in Aussicht genommenen Maßnahmen der Reichsregierung den Forderungen der Abordnung soweit irgend möglich Rechnung getragen war. Allein der Vorstand des Reichslandbundes hatte bereits vor dem Empfang eine von hinterhältigen und ungerechtfertigten Angriffen auf die Reichsregierung strotzende Erklärung in die Presse gegeben. Es hieß darin, daß unter Duldung der derzeitigen Reichsregierung die Verelendung der Landwirtschaft ein selbst unter einer rein marxistischen Regierung für nicht möglich gehaltenes Ausmaß angenommen habe. Die Reichsregierung lehnte darauf Verhandlungen mit Mitgliedern des Vorstandes des Reichslandbundes ein für allemal ab. Diesen Beschluß verdrehte der Reichslandbund in der Richtung, als ob die Reichsregierung den Notruf des Landvolkes nicht hören wolle oder völlig die wahre Sachlage verkenne. An den Reichspräsidenten Hindenburg aber richtete er ein herzlich gehaltenes Dankschreiben für den Empfang. Das Ganze war ein politisches, von den Nationalsozialisten im Reichslandbund mit eingefädeltes Ränkespiel. Der »Völkische Beobachter« nahm sofort die Trumpfkarte auf. Wie zur Zeit der »Schwarzen Fahne« und der Bombenattentate machte er wieder in übelster Bauernverhetzung und trieb in Wort und Bild zum Bauernaufstand an. In einer von den Nationalsozialisten beeinflußten Entschließung des Pommerschen Bauernbundes wurden die Bauern aufgefordert, ihre Scholle mit den letzten Mitteln gegen jeden Zugriff auch des Staates zu schützen. Schleicher selbst mußte in einer öffentlichen Erklärung dieser Ausartung des politischen Kampfes entgegentreten.

Den letzten Anstoß zu Schleichers Sturz gab ein Ereignis, für das er später selbst zu Unrecht verantwortlich gemacht worden ist. Im Haushaltsausschuß des Reichstags deckte das Zentrum auf die Klagen geschädigter Gläubiger hin umfangreiche Schiebungen bei der Osthilfe auf. Der Reichsernährungsminister selbst mußte über den bisherigen Umfang der Osthilfe bemerkenswerte Aufschlüsse geben. Danach waren bis zum 31. Dezember 1932 insgesamt an Entschuldungsdarlehen für 11 748 Betriebe bis 100 ha vom Reich rund 69½ Millionen RM oder 53,6 Prozent, für 531 Betriebe von 100 bis 500 ha rund 28 Millionen RM oder 21,5 Prozent und für 191 Betriebe über 500 ha rund 32½ Millionen RM oder 24,9 Prozent aufgewendet worden. Die Begünstigung des Großgrundbesitzes lag auf der Hand. Das Zentrum und die Sozialdemokratie deckten dann Einzelfälle auf, nach denen die Großgrundbesitzer die vom Reich empfangenen Gelder vielfach nicht zur Abdeckung ihrer Schulden, sondern für den Kauf von Kraftwagen und Pferden oder gar für Reisen nach dem sonnigen Süden ausgegeben hatten. Es stellte sich heraus, daß Hindenburgs Freund und Gutsnachbar, der alte Oldenburg-Januschau, zur Sanierung seiner Güter 621 000 RM erhalten und daß auch Verwandte der Kaiserin Hermine sich um Osthilfe bemüht hatten. Einem Herrn von Quast-Radensleben, der nach Angabe des Finanzamtes Neuruppin sein Vermögen »verjeut, verhurt und versoffen« hatte, wurde trotzdem eine Umschuldungshypothek von 250 000 RM bewilligt, weil sein Gut seit mehreren Jahrhunderten im Besitz der Familie war. Die Enthüllungen im Reichstagsausschuß lösten bei den ostelbischen Junkern größte Bestürzung aus. In zahlreichen Akten befanden sich auch in zweifelhaften Fällen Befürwortungen von Hindenburgs oder seines Sohnes Hand. Die Junker warfen Schleicher vor, daß er die Aufdeckung der Fälle zugelassen habe, um sich an den Führern des Landbundes zu rächen und Stimmung für seine Siedlungspläne zu machen. Die Deutschnationalen sahen in Schleichers Verhalten außerdem einen sträflichen Rückfall in den parlamentarischen Sumpf und traten abermals in Verhandlungen mit Papen und Hitler ein. Inzwischen nützte Göring seine guten Beziehungen zu Reichswehrkreisen und zu Hindenburg gegen Schleicher. Er konnte auch Seldte, den Bundesführer des Stahlhelms, und Staatssekretär Meißner zu Verhandlungen über den Sturz des Kanzlers gewinnen.

Als Schleicher endlich zum entscheidenden Vorstoß gegen die Nationalsozialisten ansetzte, war der Boden, auf den er sich stellen wollte, schon unterwühlt. Die Einberufung des Reichstags war auf Betreiben der Nationalsozialisten noch einmal, und zwar auf den 31. Januar 1933 verschoben worden. Schleicher betrieb jetzt mit Eifer die Hereinnahme Gregor Strassers, Hugenbergs und Stegerwalds in sein Kabinett. Die Deutschnationalen hielten ihn hin und arbeiteten insgeheim an einem neuen Kabinett Papen oder Dr. Schacht. In der Presse nahmen sich jetzt die Nationalsozialisten gegen Schleicher kein Blatt mehr vor den Mund. In der Verteidigung ließ Schleicher wieder die Frage des Staatsnotstandes erörtern. Er fragte auch den sozialdemokratischen Führer Dr. Breitscheid, ob die Sozialdemokraten auf die Barrikaden gingen, wenn bei einer neuen Reichstagsauflösung die gesetzliche Frist für die Neuwahl nicht eingehalten würde. Dieser stellte gegenüber solchen Plänen die stärksten politischen Widerstände in Aussicht. Von allen Seiten erhob sich gegen die Erklärung des staatlichen Notstandsrechtes stürmischer Widerspruch. Nur die Deutschnationalen hielten an diesem Gedanken fest. Am 27. Januar beschloß der Ältestenrat des Reichstags, daß die nächste Reichstagssitzung am 31. Januar mit der Tagesordnung »Entgegennahme einer Erklärung der Reichsregierung« stattfinden solle. Die Nationalsozialisten kündigten im »Völkischen Beobachter« an, daß sie dem kommunistischen Mißtrauensantrag zur Annahme verhelfen würden. Nun erst suchte sich Schleicher gegen den drohenden Sturz der Regierung zu wappnen. Er erbat am 28. Januar vom Reichspräsidenten die Auflösungsverfügung, wie sie seinem Vorgänger Papen am 12. September bewilligt worden war. Zur größten Bestürzung des Kanzlers erklärte Hindenburg, diesem Vorschlag bei der zur Zeit gegebenen Lage nicht ensprechen zu können. Er warf seinem Kanzler auch vor, daß er die Reichswehr in Unordnung gebracht habe. Die Junker hatten dem alten Mann eingeredet, Schleicher wolle mit Hilfe der Reichswehr einen Staatsstreich durchführen. Dem Kanzler blieb nichts übrig, als sofort den gesamten Rücktritt des Reichskabinetts zu erklären. Wie es bereits abgekartet war, betraute der Reichspräsident den früheren Kanzler Papen mit der Aufgabe, eine neue Regierung zu bilden. Die Lösung sollte im Rahmen der Verfassung und zusammen mit dem Reichstag gesucht werden. Noch hatten die Gewerkschaften die Lage nicht erfaßt. Sie legten durch ein Telegramm an Hindenburg gegen die unterirdischen, auf den Staatsstreich hinzielenden Bestrebungen Widerspruch ein und bestanden auf verfassungsmäßiger Lösung der Krise. Sie sollten ihren Willen haben, nach dem Buchstaben der Verfassung zugrunde zu gehen.

Papens Verhandlungen zogen sich fast zwei Tage hin. Trotz der geheimen Vorbereitungen der Sache waren die letzten Schwierigkeiten groß. Der Kabinettsbildung durch Hitler stimmte Hugenberg gegen den festgeschlossenen Widerspruch der deutschnationalen Parteileitung zu. Aber dem Verlangen Hitlers nach einer Neuauflösung des Reichstags leistete er hartnäckig Widerstand. Vergebens suchte Hitler, durch Hinweis auf angebliche Generalstreikabsichten der Kommunisten voranzukommen. Da wurden die Verhandlungen durch plötzlich auftauchende Gerüchte beschleunigt, daß Schleicher mit der Potsdamer Garnison einen Staatsstreich durchführen und Hitler, Papen und den Sohn Hindenburgs, ja vielleicht sogar den Reichspräsidenten selbst festnehmen lassen wolle. Schleicher hat später solche Absichten entschieden in Abrede gestellt. Es ist möglich, daß die Gerüchte von nationalsozialistischer Seite erfunden und ausgestreut wurden, um auf den zögernden Hugenberg einen Druck auszuüben. Als nun Hitler auch noch sein Ehrenwort gab, daß ohne Rücksicht auf das Wahlergebnis alle in diesem Kabinett tätigen Minister auch nachher in ihrer Stelle bleiben sollten und Hugenberg seine Hand hinstreckte, schlug dieser endlich ein. Es sollte das schlechteste Geschäft seines Lebens werden. Am 30. Januar 1933 früh 11 Uhr wurde Hitler vom Reichspräsidenten empfangen, das Kabinett wurde sofort gebildet, die Minister von Hindenburg gleich auf die Verfassung vereidigt. Papen wurde Vizekanzler, Neurath Außenminister, Dr. Frick Reichsminister des Innern, Generalleutnant von Blomberg, der Kandidat des längst nationalsozialistischen Wehrkreispfarrers Müller, des späteren Reichsbischofs, wurde Reichswehrminister, Graf Schwerin-Krosigk blieb Finanzminister, Dr. Hugenberg wurde Reichswirtschafts- und Reichsernährungsminister, von Eltz-Rübenach blieb Reichspost-

und Reichsverkehrsminister, Göring wurde Minister ohne Geschäftsbereich und Reichskommissar für den Luftverkehr und mit der Wahrnehmung der Geschäfte des preußischen Innenministers beauftragt. Am 1. Februar 1933 wurde Gürtner als Reichsjustizminister bestätigt. Das Zentrum sah sich zu seiner schmerzlichen Überraschung von den nationalsozialistischen Freunden übergangen. Zum Schein ließ Hitler, obwohl die Reichstagsauflösung beschlossene Sache war, den Zentrumsführer Dr. Kaas kommen und befragte ihn über die Einstellung des Zentrums zum neuen Kabinett. Das Zentrum stellte vorerst eine Reihe von Anfragen über den von der neuen Reichsregierung in Aussicht genommenen politischen Kurs. Hitler beantwortete sie mit der Auflösung des Reichstags, weil die Bildung einer arbeitsfähigen Mehrheit nicht möglich gewesen sei.

Inzwischen baten Führer des sozialdemokratischen Parteivorstands die Führer der Gewerkschaften dringend, den Beginn des Faschismus in Deutschland, den die Ernennung Hitlers zum Reichskanzler unzweifelhaft bedeutete, mit dem Aufruf zum Generalstreik zu beantworten. Allerdings war die Meinung darüber nicht einmal innerhalb der Parteileitung einheitlich, denn der »Vorwärts« schrieb, heute Generalstreik machen, hieße die Munition der Arbeiterklasse in die leere Luft zu verschießen. Er dachte offenbar nicht daran, daß sie durch allzulange Lagerung auch unbrauchbar werden könnte. Die Gewerkschaftsführer stellten sich auf den rein formalen Standpunkt, daß die Ernennung eines Reichskanzlers nach der Verfassung in das Belieben des Reichspräsidenten gestellt sei. Sie übersahen völlig, daß durch eine Kundgebung des Widerstands im Proletariat auch jener einflußreiche Teil der Generalität in der Reichswehr, der mit Schleicher gegen die Auslieferung der Staatsmacht an Hitler war, ermutigt und gestärkt worden wäre. Sie dachten vor allem an die in Menschenaltern aus den Sparpfennigen der deutschen Arbeiterschaft aufgebauten Einrichtungen, ihre Gewerkschaftshäuser, Schulen, Bibliotheken und Siedlungen, die sie nicht leichtfertig aufs Spiel setzen wollten. Einzelne unter ihnen hatten sich bereits mit dem scheinbar unvermeidlichen Faschismus abgefunden und erwarteten, schlimmstenfalls das Schicksal der italienischen Gewerkschaften zu erleiden und in den Staat eingegliedert zu werden. Der Gedanke, daß es Hitler wagen könnte, die Koalitionsfreiheit anzutasten oder gar die Gewerkschaften zu zertrümmern, war ihnen unvorstellbar. Dafür gab es kein Beispiel in der Geschichte, hatte sich doch noch jede Regierung bisher bemüht, es mit der Millionenorganisation der Arbeiter nicht zu verderben. Selbst Kapp hatte sie umschmeichelt und Schleicher sie zuletzt zu höheren Dingen bestimmt. So glaubten sie, auch eine Hitlerherrschaft zu überdauern und den Kern ihrer Organisation in bessere Zeiten hinüberretten zu können. Der Erfolg eines Generalstreiks bei 7 Millionen Arbeitslosen in Deutschland schien ihnen zweifelhaft, daß der Hunger der Arbeitslosen nach Arbeit stärker sein würde als die Begeisterung für die sozialdemokratische Sache und ihre Empörung gegen die faschistische Reaktion.

Unter der zermürbenden Auswirkung der Weltwirtschaftskrise war ihnen der Glaube an den revolutionären Schwung des Proletariats, wie er beim Kapp-Putsch aufgeflammt war, verlorengegangen. Im täglichen Kampf gegen Lohnherabsetzungen, um Einzelheiten der Tarifverträge und des Arbeitsrechts waren sie gewöhnt, nur das Nächstliegende und jede Möglichkeit eines Ausgleichs widerstrebender Interessen zu sehen. Das erzog nicht zur Zusammenschau der politischen Vorgänge, nicht zur geistigen Erfüllung dessen, was entwicklungsgemäß kommen mußte. Jetzt rächte sich an der deutschen Arbeiterschaft, daß man entgegen den Warnungen Bebels die Freien Gewerkschaften der Sozialdemokratischen Partei neben- und nicht untergeordnet hatte. Im entscheidenden Augenblick stand sich der verschiedene Geist, der in ihnen herrschte, unvereinbar gegenüber. Der Geist der Gewerkschaften, der Vorsicht, Verantwortungsbewußtsein, Zähigkeit, aber auch eine begreifliche Scheu vor großen Entscheidungen erfordert, und der Geist der Politik, der im richtigen Augenblick oft kühne Entschlüsse und gefährlichen Wagemut verlangt. Am 30. Januar 1933 siegte der Geist der Gewerkschaften über den Geist der politischen Partei. Die letzte Stunde, die der deutschen Sozialdemokratie noch einmal gegeben war, entweder das Schicksal zu wenden oder ehrenvoll unterzugehen, blieb ungenützt. Vergebens warteten die Millionen draußen im Lande auf den Angriffsbefehl. Er blieb aus; den Deutschen aber liegt es nicht, etwas ohne Befehl der Führung, aus eigenem Entschluß zu tun. So scharten sich noch Millionen stumm und treu um die rote Fahne des Proletariats. Aber die Massen hatte eine große Lähmung befallen, wie sie immer wieder in der deutschen Geschichte von den Schlachten aus der Römerzeit bis zum Bauernkrieg und zur Sendlinger Mordweihnacht überliefert ist. Die Haufen, die früher einer Welt von Feinden getrotzt hatten, ließen sich im Zustand der Lähmung willenlos, ohne Gegenwehr niederhauen. Wiederum, wie in der Zeit des Sozialistengesetzes, sollte sich zeigen, daß die Größe des einfachen Volkes in Deutschland nicht im Handeln, sondern im Leiden und Dulden liegt.

Von Hitlers Kanzlerschaft zur Parteidiktatur

Die Regierung Hitler war für die dafür verantwortliche Umgebung Hindenburgs und die Anhänger Papens der Versuch, die Nationalsozialisten zur verantwortlichen Mitarbeit im Staat unter Aufsicht der Deutschnationalen zu zwingen. Alle sichtbaren Machtstellungen schienen überwiegend in der Hand der Deutschnationalen zu sein. Obwohl manche bürgerlichen Kreise jetzt mit Schadenfreude auf das baldige Abwirtschaften der Nationalsozialisten warteten, wurden sie über Hitlers Berufung nicht froh. So schrieb die »Deutsche Allgemeine Zeitung«, die seit langem für die Heranziehung der Nationalsozialisten eingetreten war: »Eine gewagte und kühne Entscheidung ist es auf alle Fälle und kein verantwortungsbewußter Politiker wird zum Jubeln geneigt sein. Hitler zu ernennen, ist verhältnismäßig leicht, nicht aber, ihn zu stürzen ... Seinen Anhängern werden jetzt die Augen übergehen, und diese Enttäuschung ist vom gesamtnationalen Standpunkt aus wahrscheinlich noch mehr zu fürchten.« Wie sich alsbald zeigte, war es der schwerste Fehler Hugenbergs, daß er den Nationalsozialisten die Möglichkeit verschaffte einen Wahlkampf unter Ausnutzung aller ihnen zur Verfügung stehenden Mittel des Staates, insbesondere Rundfunk und Presse, zu schlagen. Der Leiter der Propagandaabteilung der Nationalsozialistischen Partei, Dr. Goebbels, wurde so in die Lage versetzt, ein Meisterstück seiner Kunst zu liefern und nachträglich den vormaligen Beherrschern der Weimarer Republik zu zeigen, was sich durch rücksichtslose einseitige Handhabung des Staatsapparats erreichen ließ. Mit einem Schlag waren die Parteikassen wieder gefüllt. Auf eine Partei, die so offensichtlich vom Glück begünstigt war, setzte jedermann gern.

Gleich nach seiner Ernennung hatte der neue Reichsinnenminister Dr. Frick vor Vertretern der Presse erklärt, die Regierung Hitler lege den größten Wert auf Freiheit der Meinungsäußerung, sie denke nicht daran, die Presse mit Art. 48 RV. knebeln zu wollen. Ähnlich sprach sich einige Tage später auch Hitler bei einem Presseempfang aus. Nationalsozialistische Versprechungen sind niemals gehalten worden. Schon am 3. Februar 1933 wurden der »Vorwärts« und weitere 28 sozialdemokratische Zeitungen in Preußen wegen Abdrucks eines Aufrufs des sozialdemokratischen Parteivorstands, in dem zur Wahrung des Selbstbestimmungsrechts der Staatsbürger, zur Zerbrechung der wirtschaftlichen und politischen Macht der hauchdünnen Oberschicht der Junker und Besitzbürger und zur Enteignung des Großgrundbesitzes und der Schwerindustrie durch das Mittel des Stimmzettels aufgefordert war, auf drei Tage verboten. Das Reichsgericht hat später das Verbot als ungerechtfertigt bezeichnet. Am 15. Februar 1933 traf den »Vorwärts« wegen eines Berichts über ein Blutbad in Eisleben ein neues auf eine Woche erstrecktes Verbot. Göring hob es dann genau nach Ablauf der Frist wieder auf. Am 18. Februar 1933 wurde wegen Veröffentlichung eines Aufrufs verschiedener katholischer Organisationen eine Anzahl von Zentrumszeitungen unterdrückt. Noch schlimmer erging es den Kommunisten. Die Reichsregierung schritt zwar nicht zu einem Verbot dieser Partei, aber nur, um die kommunistischen Wähler nicht scharenweise zu den sozialdemokratischen Listen zu treiben. Dafür ordnete Göring am 3. Februar die vollständige Unterdrückung der kommunistischen Presse, die polizeiliche Besetzung der kommunistischen Parteizentrale in Berlin und anderer Parteihäuser im Land und die Verhinderung aller kommunistischen Aufzüge und Umzüge an. Sein Erlaß wurde sofort von den anderen nationalsozialistisch regierten Ländern Thüringen, Oldenburg, Mecklenburg, Braunschweig und Anhalt übernommen.

In ihrem Aufruf vom 1. Februar 1933 zeigte auch die Reichsregierung unzweideutig, wie sie durch Mißbrauch der Staatsmacht die öffentliche Meinung zu beeinflussen gewillt war. Gotteslästerlich war darin behauptet, daß Gott dem deutschen Volk seit dem Verrat von 1918 seinen Segen entzogen habe. Entgegen aller geschichtlichen Wahrheit wurde davon gesprochen, 14 Jahre Marxismus hätten Deutschland zugrunde gerichtet, den deutschen Bauernstand vernichtet, ein Heer von Arbeitslosen, ein wirtschaftliches Trümmerfeld geschaffen. In grellen Farben wurde die kommunistische Gefahr dargestellt. Zur Rettung des deutschen Bauern und des deutschen Arbeiters durch Arbeitsdienstpflicht und Siedlungspolitik wurde eine Frist von vier Jahren verlangt und der Segen des allmächtigen Gottes für die Arbeit der Regierung herabgefleht. Selbst das Zentrum legte gegen die ungeheuerlichen Geschichtsfälschungen dieses Aufrufs Verwahrung ein.

Die Arbeit der neuen Regierung fing mit nationalsozialistischen Drohungen und Gewalttaten an. Bereits am 8. Februar 1933 gab Hitler die Losung heraus, daß es in zehn Jahren keine Spur von Marxismus in Deutschland mehr geben werde. Für den Verlust des Weltkriegs, für die Zahlungsdiktate der alliierten Mächte, für Deutschlands Ausplünderung und Unterdrückung, für die Inflation, für den angeblichen Verfall von Kultur und die Zersetzung der Literatur, für die Vergiftung des Theaters und der Kunst machte er einzig und allein die »Novemberverbrecher« als Anstifter verantwortlich, die 14 Jahre lang das deutsche Volk ruiniert hätten. Jetzt endlich gab er in seinen Reden auch das seit langem als kostbares Geheimnis gehütete Programm der Nationalsozialisten bekannt. Es lautete, »nicht zu lügen und nicht zu schwindeln, keine Versprechungen zu machen, das deutsche Volk nicht nach bloßen Theorien, sondern nach den Ehrengesetzen von Blut und Boden wiederaufzubauen, die Sauberkeit im Volke wiederherzustellen«. Daneben kündigte er mit jedem Wort die Ausrottung des Marxismus an, sein Entschluß und sein Wille, die Parteien der Klassenspaltung zu vernichten, werde unabwendbar und unabänderlich sein.

Die rechtliche Möglichkeit, durch Polizeiwillkür die Wahlfreiheit erheblich zu beeinträchtigen, wurde bereits durch eine Verordnung »Zum Schutze des deutschen Volkes« vom 4. Februar 1933 eröffnet. Sie brachte nicht nur für alle politischen Versammlungen die Anmeldepflicht,, sondern gab den überwachenden Polizeibeamten auch die Befugnis, alle Versammlungen bei Beschimpfung oder böswilliger Verächtlichmachung von Organen, Behörden oder leitenden Beamten des Staates für aufgelöst zu erklären. Druckschriften durften nunmehr polizeilich beschlagnahmt und eingezogen werden, wenn ihr Inhalt auch nur geeignet war, die öffentliche Sicherheit und Ordnung zu gefährden. Sie konnten auf längere Zeit insbesondere verboten werden, wenn sie Nachrichten enthielten, deren Verbreitung geeignet erschien, »lebenswichtige Interessen des Staates zu gefährden«. Gegen sicherheitsgefährliche Personen wurde in bestimmten Fällen Polizeihaft bis zur Dauer von drei Monaten für zulässig erklärt. Um die widerspenstigen süddeutschen Länder niederzuzwingen, wurde ihre Polizeihoheit teilweise beseitigt. Der Reichsminister des Innern wurde ermächtigt, Versammlungen unter freiem Himmel, Aufzüge oder das Tragen einheitlicher Kleidung im ganzen Reich zu verbieten oder solche Verbote der Länder von sich aus aufzuheben. Immerhin wurde für Presseverbote noch der Weg der Beschwerde zum Reichsgericht offengehalten.

Die meisten dieser Vorschriften waren Kautschukbestimmungen, alles hing bei ihnen vom Geist und Willen der zu ihrer Anwendung berufenen Behörden ab. In dem von Göring verwalteten Preußen und in den nationalsozialistisch regierten Ländern wurden sie zur rücksichtslosen Unterdrückung der politischen Gegner benützt. So wurde am 18. Februar 1933 in Preußen die gesamte Zentrumspresse, über 600 Zeitungen, unterdrückt. Im Berliner Sportpalast wurde eine sozialdemokratische Versammlung aufgelöst, als der Redner den Ausspruch tat: »Um antimarxistisch zu sein, braucht man gar nichts zu wissen.« Über zahlreiche sozialdemokratische Redner wurde ein Redeverbot verhängt. Immer wieder peitschte Göring seine Polizeibehörden zu schärferen Maßnahmen mit der Klage an, sie gingen gegen Ausschreitungen der Presse nicht mit genügender Strenge vor. Er drohte öffentlich, die lässigen Beamten dienststrafrechtlich zu belangen. Unter Verletzung des Verfassungsgrundsatzes von der Gleichheit aller Staatsbürger vor dem Gesetz schrieb er in einem Runderlaß vor, daß die Verordnung »Zum Schutze des deutschen Volkes« nicht dazu geschaffen sei, die hinter der Reichsregierung stehenden Volkskreise an ihrer willkommenen und notwendigen Mitarbeit an der Förderung der hohen Ziele der Reichsregierung zu hindern, vielmehr hätten die Polizeibehörden mit den nationalen Verbänden SA, SS und »Stahlhelm« das beste Einvernehmen herzustellen, den Kommunisten gegenüber aber, wenn nötig, rücksichtslos von der Waffe Gebrauch zu machen. Für falsche Rücksichtnahme drohte er dienststrafrechtliche Folgen an. Auf einer Konferenz der preußischen Oberpräsidenten und Regierungspräsidenten vom 14. Februar 1933 erklärte er, daß viele seiner Anweisungen zwar mit dem geltenden Reichs- und Landesrecht und den Gesetzen in Widerspruch stünden, es werde sich aber kein Staatsanwalt und kein Richter finden, um einen Beamten, der seinen Anweisungen folge, zu strafen. In den Häusern der SA und SS habe kein Polizeibeamter etwas zu suchen, selbst wenn die Waffen dort bergehoch lägen. Am 22. Februar 1933 nahm er SA, SS und »Stahlhelm« als Hilfspolizei in Dienst. Die preußische Schutzpolizei wurde durch Entlassung zahlreicher Offiziere und Tausender von Mannschaften gesäubert und mit Leuten aus SA und SS durchsetzt. Selbstherrlich ordnete Göring auch die Auflösung aller Vertretungskörperschaften der gemeindlichen Selbstverwaltung an und setzte die Neuwahlen auf 12. März 1933 fest.

Im Streit zwischen Preußen und Reich, der noch immer nicht zum Abschluß gekommen war, ging nunmehr die Reichsregierung unter Verfassungsbruch über das Urteil des Staatsgerichtshofs vom 25. Oktober 1932 hinweg. Mit Notverordnung des Reichspräsidenten vom 6. Februar 1933 wurden sämtliche Befugnisse, die nach diesem Urteil dem preußischen Staatsministerium und seinen Mitgliedern verblieben waren, auf den Vizekanzler als Reichskommissar und seine Beauftragten übertragen. Dadurch wurde auch die Auflösung des preußischen Landtags ermöglicht, die bisher am Widerspruch des Ministerpräsidenten Braun und des Staatsratspräsidenten Adenauer, eines

Zentrumsmannes, gescheitert war. Sie wurde nunmehr mit der Stimme des Reichskommissars von Papen und des preußischen Landtagspräsidenten, des Nationalsozialisten Kerrl, am 6. Februar durchgedrückt. Vergebens legten die nichtnationalsozialistisch regierten Länder gegen diese neue Vergewaltigung Preußens Widerspruch ein, vergebens wurde wieder von allen Seiten der Staatsgerichtshof angerufen, vergebens brandmarkte der preußische Staatsrat den abermaligen Verfassungsbruch. Die alten Begriffe von Recht und Verfassung galten nicht mehr.

Der Ausschuß des Reichstags zur Wahrung der Rechte der Volksvertretung, in dem gegen Willkür und Gewalt noch ungehindert hätte die Stimme erhoben werden können, wurde von den Nationalsozialisten lahmgelegt. In der Sitzung vom 7. Februar 1933 schrien die Nationalsozialisten den Vorsitzenden Löbe nieder, weil er Hitler im Lippeschen Wahlkampf beleidigt habe. Die anderen sozialdemokratischen Mitglieder des Ausschusses wurden insbesondere von Heines und Streicher als »Saukerle«, »Judenschweine«, »Judenknechte und Lumpen« beschimpft. Als man am 14. Februar 1933 wieder eine Sitzung abzuhalten versuchte, stieß der Abgeordnete Frank II, nachdem er sich vorher Mut angetrunken hatte, den Vorsitzenden Löbe mit Gewalt beiseite und maßte sich selbst den Vorsitz an. Darauf verließen die Mitglieder mit Ausnahme der Nationalsozialisten den Raum, der Abgeordnete Morath der Deutschen Volkspartei wurde beim Hinausgehen von Streicher noch ins Gesicht geschlagen. Die Sozialdemokraten stellten in der Öffentlichkeit die im Strafgesetz mit Zuchthaus bedrohte gewaltsame Verhinderung der Tätigkeit eines Teiles der Volksvertretung und den Verfassungsbruch der Nationalsozialisten fest. Damit waren die Versuche, das letzte Recht des Reichstags zu wahren, beendet.

Gewalt und Blut kennzeichneten auch den letzten Wahlkampf, den Todeskampf der demokratischen Republik. Die nationalsozialistischen Parteisoldaten kannten jetzt, im Schutze des Staates, keine Rücksicht mehr. In Moers stürmten sie das Gebäude der sozialdemokratischen Zeitung und schlugen alles kurz und klein. In Berlin wurden zahlreiche sozialdemokratische Wirtschaften von SA überfallen. Förmliche Straßenschlachten fanden statt, bei denen es Tote und Verwundete gab. Im Ruhrgebiet, in Oberschlesien, in Köln, im Harz, in Peine kam es zu Angriffen auf sozialdemokratische Zeitungen, Parteihäuser und Umzüge, überall wurden sozialdemokratische Versammlungen gesprengt. In Staßfurt wurde der sozialdemokratische Bürgermeister Kasten aus politischem Haß von einem 17jährigen Gymnasiasten niedergeschossen. Die Geschäftsräume der Otto-Strasser-Gruppe in Berlin wurden von schwerbewaffneten SA-Leuten überfallen, sämtliche Akten und Briefschaften weggeschleppt, die anwesenden Strasserleute mit Stricken gefesselt. In Eisleben überfielen SA-Leute das kommunistische Parteihaus und zerstörten es, drangen in eine dahinter liegende Turnhalle und schlugen auf die anwesenden Kinder und Frauen ein. Die Kommunisten wurden mit Spaten niedergeschlagen und durch Schüsse niedergestreckt. Ein Toter und zwölf schwerverletzte Kommunisten blieben auf dem Platz. In Frakfurt a. O. schossen die Nationalsozialisten in einen Umzug der Eisernen Front, in Halle wurde von ihnen eine Küche für Erwerbslose zerstört. In Berlin schossen sie den Sozialdemokraten Gottschalk bei der Verbreitung von Flugblättern nieder. In Groß-Beeren wurde nach einem Fackelzug der SA ein Arbeiterwohnhaus in Brand desteckt, der Maurer Schlombach und seine Frau mußten im Hemd flüchten, die SA schoß ihnen nach und verletzte sie. In Breslau besetzte SA das sozialdemokratische Volkshaus und zog eine Hakenkreuzfahne auf. Am 27. Februar 1933, früh 3 Uhr, drangen SA-Leute in die Wohnung des sozialdemokratischen Reichstagsabgeordneten Löwenstein in Berlin ein, schossen durch die versperrte Schlafzimmertür und zertrümmerten die Einrichtung, bis das Überfallkommando kam. In Kaiserslautern stürzten sich die Nationalsozialisten nach einer Wahlversammlung des Zentrums auf den Saalschutz der Bayerischen Volkspartei und verletzten davon elf Leute schwer. Der Hauptredner Brüning mußte unter polizeilicher Bedeckung aus der Stadt geleitet werden. Am 21. Februar drangen die Nationalsozialisten in eine geschlossene Zentrumsversammlung in Krefeld ein und schlugen den früheren Minister Stegerwald mit Kopfhieben nieder, ohne daß die Polizei ihm zu Hilfe kam. Im ganzen wurden während des Wahlkampfs 70 Menschen getötet, davon waren mehr als zwei Drittel politische Gegner der Nationalsozialisten.

Die wilden Ausschreitungen der Nationalsozialisten riefen in der deutschen Öffentlichkeit die größte Entrüstung hervor. Vergebens versuchte Hitler sie auf angebliche in die SA eingedrungene Spitzel abzuwälzen. Besonders in Süddeutschland und im Rheinland erhob sich gegen die offensichtliche Begünstigung der Gewalttaten durch die Reichsregierung immer schärferer Widerspruch. In Bayern wurde die monarchistische Bewegung, die bisher ein Schattendasein geführt hatte, plötzlich bedeutungsvoll. Der »Regensburger Anzeiger«, das Blatt des bayerischen Ministerpräsidenten, wies auf einen bayerischen König als die beste Gewähr für die Erhaltung des Bayerischen Staates auch in der Zukunft hin. Wenn man in Berlin versuchen sollte, Bayern zu entrechten, werde man in Bayern wissen, was man zu tun habe. Der Landesleiter der »Bayernwacht«, der Wehrorganisation der Bayerischen Volkspartei, erklärte, daß sich Bayern keine braune Parteidiktatur gefallen lasse; wenn es in letzter Stunde einen Mann brauche, so hole es sich seinen Stammesherzog aus eigenem tausendjährigem Geschlecht. Die Stimmung für die Wiederaufrichtung der Mainlinie schwoll so an, daß Hitler am 24. Februar 1933 in München drohte, ein Versuch, sie wieder aufzurichten, würde von Bayern aus selbst zerschlagen werden.

Noch war der Wahlsieg der »nationalen« Parteien durchaus nicht gewiß. Das Zentrum stand unerschüttert. In Württemberg verhöhnte der dem Zentrum zugehörige Staatspräsident Bolz die Programmlosigkeit der Reichsregierung und gab aus seinen eigenen Erfahrungen mit den Nationalsozialisten zum besten, daß sie froh seien, wenn man ihnen eine Anregung zukommen ließe. Auch die Sozialdemokratie raffte sich noch einmal zu einer Riesenanstrengung im Wahlkampf auf. Ihre Versammlung im Berliner Lustgarten am 7. Februar 1933 war die gewaltigste Kundgebung, die Berlin jemals erlebt hatte. Die Massen fühlten, daß es ums Ganze ging. Wie auf ein Wunder warteten sie noch immer auf das erlösende Wort. Noch einmal nahmen die durch die ununterbrochenen Wahlschlachten des letzten Jahres abgekämpften Redner ihre letzten Kräfte zusammen, noch einmal marschierten im ganzen Reich die stolzen Schutzformationen des Reichsbanners, der Arbeitersportler, der Gewerkschaften im Zeichen der Eisernen Front. Ein entschlossener Abwehrwille ging durch das Land, und überall hieß es: »Deutschland ist nicht Italien«, und »Lieber tot als Sklav!« Auch den Gewerkschaftsführern gingen jetzt langsam die Augen auf. In einem Vortrag in der Hochschule für Politik in Berlin erklärte der Vorsitzende Leipart: »Die nationalsozialistischen Reden im Rundfunk und im Sportpalast können nur als Kampfansage an die organisierte Arbeiterschaft aufgefaßt werden. Es wird bei dem Freiheitswillen und der Entschlossenheit der deutschen Arbeiterschaft ein Kampf auf Leben und Tod werden, dessen furchtbare Folgen die jetzigen Machthaber abschrecken müßten.« Er irrte, die Machthaber vom Schlage eines Hitler und Göring schreckten vor nichts zurück.

Die erste Wahlbombe der nationalsozialistischen Propaganda war geplatzt, ohne viel Schaden anzurichten. Dr. Goebbels hatte die preußischen Minister Braun und Severing beschuldigt, aus dem Fonds zur Bekämpfung des Verbrechertums 2 Millionen RM veruntreut zu haben. In Wirklichkeit handelte es sich, wie alle Welt wußte, um Gelder, die für die Wahl Hindenburgs verwendet worden waren. Selbst der Vizekanzler von Papen mußte den preußischen Ministern öffentlich ihre persönliche Sauberkeit bestätigen und den gegen sie erhobenen Vorwurf bedauern. Viele Gerichte gingen in dieser Sache gegen die nationalsozialistischen Zeitungen und Plakate auf Antrag mit einstweiligen Verfügungen vor. So trat gegen Ende Februar in der Propaganda sichtlich eine Panne, eine Stockung ein. Sie konnte nur noch durch ein ungewöhnliches Ereignis behoben werden.

Nach der polizeilichen Schließung des kommunistischen Karl-Liebknecht-Hauses am 24. Februar 1933 wurden in der nationalsozialistischen Presse geheimnisvolle Andeutungen über versteckte unterirdische Gänge und aufgefundenes hochverräterisches Material im Gewicht von vielen Zentnern gemacht. Am gleichen Tag wurde die Bevölkerung durch die Meldung erschreckt, daß im Südflügel des Berliner Schlosses ein von unbekannten Tätern gelegter Brand entdeckt und noch rechtzeitig erstickt worden sei. In der zehnten Abendstunde des Rosenmontags, des 27. Februar 1933, schlugen dann aus der Kuppel des Reichstagsgebäudes Flammen heraus. Wie ein Lauffeuer verbreitete sich die Kunde, daß an zwei Hauptherden und vielen Nebenstellen Brand gelegt, der Sitzungssaal völlig zerstört und ein Brandstifter, der holländische Kommunist van der Lubbe, am Tatort festgenommen worden war. Göring, Hitler, Dr. Goebbels und andere nationalsozialistische Führer, die am ersten Tag der letzten Wahlwoche sich »zufällig« in Berlin aufhielten, trafen am Brandplatz ein und kündigten die Vernichtung der Kommunisten an.

Die erste Meldung des amtlichen preußischen Pressedienstes über den Brand enthielt eine Fülle von Behauptungen, die sich hernach als unrichtig oder gar erfunden herausgestellt haben. So war unter Bezugnahme auf das gefundene »Material« im Karl-Liebknecht-Haus davon die Rede, daß der Brand des Reichstags das Fanal zum blutigen Aufruhr und Bürgerkrieg sei, daß mit dem 28. Februar in ganz Deutschland eine Reihe von Anschlägen gegen einzelne Persönlichkeiten, gegen das Privateigentum, gegen Leib und Leben der friedlichen Bevölkerung beginnen sollte und schon für früh 4 Uhr große kommunistische Plünderungen angesetzt waren. Einwandfrei sollte der Beweis dafür gefunden worden sein, daß der kommunistische Reichstagsabgeordnete Torgler nicht nur mit dem festgenommenen holländischen Kommunisten, sondern mit mehreren Brandstiftern einige Stunden im Reichstag zusammen gewesen sei. Schließlich war mitgeteilt, daß der Brandstifter in seinem Geständnis die Verbindung mit der Sozialdemokratie zugegeben habe und dadurch die kommunistisch-sozialistische Einheitsfront offenbar Tatsache geworden sei.

Zu der letzteren Behauptung gab der Untersuchungsrichter am Reichsgericht die öffentliche Erklärung ab, die Ermittlungen hätten nicht den geringsten Anhaltspunkt dafür ergeben, daß nichtkommunistische Kreise mit dem Reichstagsbrand in Beziehung stünden, die anderen Behauptungen wurden teils später nicht mehr aufrechterhalten, teils im großen Reichstagsbrandprozeß im Herbst 1933 widerlegt. In diesem Prozeß sind der kommunistische Abgeordnete Torgler und die mit ihm angeklagten bulgarischen Kommunisten, die man in Deutschland aufgegriffen hatte, freigesprochen worden. Der Täter van der Lubbe, der während der Gerichtsverhandlung den Eindruck eines verblödeten oder mit einem Gift behandelten Menschen machte, wurde zum Tode verurteilt und hingerichtet, die Überführung des Leichnams ins Ausland verweigert. Eine für die wirklichen Täter aufschlußreiche Angabe in der ersten Meldung des preußischen Pressedienstes, die am 28. Februar sofort wieder zurückgezogen wurde, hat im Strafprozeß eine Rolle gespielt. Sie hatte gelautet: Die Flucht der anderen Brandstifter sei offenbar dadurch zu erklären, daß sie durch die unter dem Reichstagsgebäude befindlichen Gänge für die Heizanlagen nach dem Wohngebäude des Reichstagspräsidenten entkommen konnten. Im Prozeß wurde von einem Zeugen bekundet, er habe in diesen Gängen schon einige Zeit vor dem Brand Stimmen und Schritte gehört. Das Wohngebäude des Reichstagspräsidenten aber war von der Leibwache Görings besetzt. Nach dem Gutachten der Sachverständigen kann van der Lubbe unmöglich der einzige Brandstifter gewesen sein. Beziehungen zu Nationalsozialisten, zu ihren »Homosexuellen«, wurden ihm nachgesagt. Auffällig ist auch, daß die Listen für die Verhaftung der kommunistischen Führer am Abend des Brandes längst vorbereitet waren. Die Brandstiftung wäre vom Standpunkt der Kommunistischen Partei aus eine sinnlose, ja eine selbstmörderische Tat gewesen. Die nationalsozialistische Propaganda dagegen hatte den einzigen und ungeheuerlichsten Vorteil davon. Die ganze Aufmachung der ersten Meldungen Görings mit ihren für politische Zwecke aufgestellten falschen Behauptungen rechtfertigen den Schluß, daß die Tat von der nationalsozialistischen Propàganda ausgeheckt und daß van der Lubbe nur eines der Werkzeuge gewesen ist. So hat eines der ruchlosesten Verbrechen der Geschichte den Nationalsozialisten die politische Macht verschafft, über Hunderttausende von unschuldigen Menschen aber unendliches Leid, über viele Tod und Verderben gebracht.

Durch den Reichstagsbrand wurde der Wahlkampf zugunsten der Nationalsozialisten entschieden. Noch in der Brandnacht wurde die Verhaftung aller kommunistischen Abgeordneten und Funktionäre, ein Verbot für alle kommunistischen Zeitungen, Zeitschriften, Flugblätter und Plakate auf vier Wochen, für alle der Sozialdemokratischen Partei auf 14 Tage angeordnet. Im Rundfunk hielt Göring eine Rede über die kommunistische Gefahr und machte Enthüllungen, die den Stempel der Erfindung an der Stirn trugen, aber im wahnwitzig erregten deutschen Volk die Panikstimmung verstärkten. Er erzählte schauderhafte Geschichten über angeblich aufgefundene Pläne der Kommunisten, ganze Abteilungen der SA und der SS und des Stahlhelms zu verhaften, Frauen und Kinder führender Persönlichkeiten in Deutschland als Geiseln festzusetzen, Attentate gegen führende Persönlichkeiten zu begehen, an über 8000 Stellen Eisenbahnen und Brücken zu sprengen, lebenswichtige Betriebe zu zerstören, alle Offiziere totzuschlagen, an weiteren 10 000 Stellen Unruhen anzuzetteln, um die Polizei aufs flache Land hinauszuziehen und dann in den Städten den roten Terror zu entfesseln. Nie ist später mehr von so irrsinnigen Plänen der Kommunisten die Rede gewesen, keiner ihrer Führer ist irgendwie abgeurteilt worden. Es war schlimmste Greuelpropaganda, Ausgeburt einer wahrhaft höllischen Einbildungskraft, die für das deutsche Volk losgelassen wurde und bis in das fernste Dorf alles mit Schrecken und Entsetzen erfüllte. In Berlin wurde das ausgebrannte Gebäude des Reichstags auf Anordnung Hitlers den Wählern zur Besichtigung freigegeben und täglich von zahllosen Menschen besucht. Die konservative Wochenschrift »Der Ring« aber stellte die Frage, ob das deutsche Volk wirklich ein Volk von blinden Hühnern sei, und deutete an, daß sich die Täter in der besten deutschen Gesellschaft befänden.

Die Reichsregierung erließ am 28. Februar 1933 eine Verordnung zum Schutz von Volk und Staat, durch die praktisch alle Freiheitsrechte der Verfassung außer Kraft gesetzt wurden. Willkürliche Beschränkungen der persönlichen Freiheit, des Rechtes der freien Meinungsäußerung einschließlich der Pressefreiheit, des Vereins- und Versammlungsrechts, beliebige Eingriffe in das Brief-, Post- und Telefongeheimnis, Anordnungen von Haussuchungen und Beschlagnahmen sowie Beschränkungen des Eigentums auch außerhalb der hierfür sonst bestimmten gesetzlichen Grenzen wurde für zulässig erklärt. Damit war die Polizeidiktatur errichtet, der Staatsbürger gegenüber aller Verwaltungswillkür schutzlos geworden. Gleichzeitig wurde auf eine Anzahl Verbrechen wie Hochverrat, Brandstiftung, Beschädigung von Eisenbahnanlagen, für das Unternehmen der Tötung von Mitgliedern der Reichs- oder Landesregierung, für schweren Aufruhr oder schweren Landfriedensbruch die Todesstrafe eingeführt. Eine weitere Verordnung gegen »Verrat am deutschen Volk und hochverräterische Umtriebe« setzte für Landesverrat oder schweren Verrat militärischer Geheimnisse die Todesstrafe, für die öffentliche Mitteilung oder Erörterung geheimzuhaltender Nachrichten und für die Herstellung, Verbreitung oder das Vorrätighalten von Druckschriften hochverräterischen Inhalts schwere Freiheitsstrafen fest. Die Reichsregierung wurde ermächtigt, die zur Wiederherstellung der öffentlichen Sicherheit und Ordnung nötigen Maßnahmen auch an Stelle der Landesregierungen vorübergehend wahrzunehmen. Die Landes- und Gemeindebehörden wurden verpflichtet, den Anordnungen der Reichsregierung auf dem Gebiet der Sicherheitspolizei unmittelbar Folge zu leisten. Damit war die Polizeihoheit der Länder beseitigt, dem Widerstand der süddeutschen Regierungen gegen die »nationale« Reichsregierung das Rückgrat gebrochen. Auch bei Presseverboten war nun der Weg der Beschwerde zum Reichsgericht, das bisher der Willkür Görings und Fricks einen Riegel vorgeschoben und viele Verbote aufgehoben hatte, versperrt. Gegenüber den in der ausländischen Presse aufgetauchten, wohl von deutschnationaler Seite hinterbrachten Meldungen, daß die Reichstagsbrandstifter in der Reichsregierung säßen, wurde eine eigene Verordnung »zur Abwehr heimtückischer Angriffe gegen die Regierung der nationalen Erhebung« erlassen, in der die Verbreitung unwahrer oder gröblich entstellter Behauptungen unter Strafe gestellt war, die auch nur geeignet wären, das Wohl des Reiches oder eines Landes oder das Ansehen der Reichsregierung oder einer Landesregierung oder der hinter den Regierungen stehenden Parteien zu schädigen. Zur Aburteilung politischer Straftaten wurden Sondergerichte eingeführt, vor denen im abgekürzten Verfahren verhandelt wurde, die Beweiserhebung völlig ins Belieben des Richters gestellt war und gegen deren Urteile es kein Rechtsmittel gab.

Durch die Maßnahmen Görings, insbesondere auch durch die völlige Unterdrückung der gegnerischen Propaganda und die Verhaftung zahlreicher Führer war der Wahlkampf der nicht »nationalen« Parteien in der entscheidenden letzten Wahlwoche gänzlich lahmgelegt. Trotzdem hielt vor allem die Sozialdemokratische Partei am 5. März 1933 überraschend gut stand. Sie verlor nur einen einzigen Abgeordnetensitz und kam mit 120 zurück, ja sie hatte in verschiedenen Teilen des Reichs Stimmen gewonnen. Das Zentrum stieg von 70 Sitzen auf 73, die Bayerische Volkspartei fiel von 20 auf 19, die Deutsche Bauernpartei von 3 auf 2, während die Staatspartei infolge eines Wahlabkommens mit der Sozialdemokratie durch Auswertung der Reststimmen von 2 auf 5 Sitze kam. Dagegen fiel die Deutsche Volkspartei von 11 auf 2, der Christlich-Soziale Volksdienst von 5 auf 4, der Landbund von 2 auf 1. Die Deutschnationalen blieben mit 52 Sitzen gleich. Am meisten verloren naturgemäß die Kommunisten, sie fielen von 100 auf 81 Sitze zurück. Die Nationalsozialisten aber stiegen von 196 auf 288. Sie verdankten ihren Erfolg besonders der stärkeren Wahlbeteiligung. Wurden doch am 5. März 1933 rund 39,6 Millionen Stimmen gegenüber 35,7 Millionen am 5. November 1932 abgegeben. Die »nationalen« Parteien hatten zusammen im Reichstag eine Mehrheit, allerdings von noch nicht einmal 2 Prozent, die Nationalsozialisten allein nur 43 Prozent aller Stimmen erreicht.

Nach dem 5. März 1933 gingen die Nationalsozialisten ohne Zögern, mit größter Umsicht und rücksichtsloser Entschlossenheit an die Eroberung der gesamten politischen Macht. Ihre Methode wird für Politiker, die sich nicht durch Erwägungen des Rechts oder der politischen Moral leiten lassen, stets vorbildlich sein. Ausschlaggebend war in diesem Feldzug der Besitz der höchsten Befehlsstellen in Preußen und im Reich. Unter ihrer Deckung schufen die bewaffneten Parteitruppen immer neue revolutionäre Tatsachen, die dann von den nationalsozialistischen Regierungsstellen schleunigst in förmliches Recht verwandelt wurden. So brauchten die Nationalsozialisten keinen Staatsapparat zu zertrümmern, um mit ungeschulten Kräften einen neuen aufzubauen, sondern sich nur der reibungslos laufenden Staatsmaschine zu bedienen. So bewaffnet mit dem Schwerte des Rechts und gewappnet mit dem Panzer der Legalität machten sie jeden Widerstand aussichtslos, konnten sie ungestraft jedes Unrecht, jede Gewalttat, jedes Verbrechen begehen. Nicht ihr Verdienst, sondern ihr geschichtliches Glück war es schließlich, daß an der Spitze des Reichs, die sie vorläufig nicht einnehmen konnten, kein ebenbürtiger Mann, sondern ein verlöschender Greis sich befand. Auch für die politische Minderwertigkeit ihrer Bundesgenossen konnten sie nichts. Der eine, der Bundesführer des Stahlhelms, war ein mittelmäßiger Kleinbürger, der den tönenden Redensarten Hitlers erlag, der andere, Hugenberg, opferte die Deutschnationale Partei seinem unversöhnlichen Haß gegen die Sozialdemokratie. Er hatte sich eine vermeintlich kluge Teilung der Machtgebiete ausgedacht: Die Politik, als deren wesentlichen Inhalt er nur die Vernichtung der Marxisten betrachtete, überließ er den Nationalsozialisten, die Wirtschaft nahm er für sich und die Führer des Unternehmertums in Anspruch. Er vergaß, daß

Hitler stets den Vorrang der Politik vor der Wirtschaft betonte und deshalb auf eine ehrliche Teilung der Herrschaft nicht eingehen konnte. So mußte auch Hugenberg fallen, als er von Hitler nicht mehr benötigt wurde. Neben Hitler blieb zuletzt nichts als die Wehrmacht, deren rücksichtsvolle Behandlung aus außenpolitischen Gründen geboten war. An ihr allein hat die nationalsozialistische Parteidiktatur eine lange nicht überwundene Schranke gefunden.

Auf dem Weg zur Macht konnten die Nationalsozialisten nach Eroberung der Reichsführung mit etwaigem Widerstand von Länderregierungen, anderen politischen Parteien, Gemeindeverwaltungen, Glaubensgesellschaften und von einem Teil der Staatsbürokratie rechnen. Im Verlauf weniger Monate haben sie alle diese Gruppen für sich unschädlich gemacht. Sie fingen jeweils mit Entziehung von Rechten und Erschwerung aller freien Tätigkeit an und hörten nicht auf, bis die wirklichen oder mutmaßlichen Widersacher vernichtet oder unterworfen waren. Sofort nach dem 5. März wurden die gefährlichsten Träger eines möglichen Widerstands, die wohlorganisierten Staatsapparate der vom Nationalsozialismus noch nicht beherrschten Länder angepackt. Noch am Wahltag verlangten die Nationalsozialisten in Hamburg unter schweren Drohungen die Auslieferung der Polizeigewalt. Sofort kam es zu schweren Auseinandersetzungen innerhalb der Hamburger Ordnungspolizei. Ein Teil der Mannschaften hißte auf den Dienstgebäuden die Hakenkreuzfahnen, der andere widersetzte sich. Am Abend marschierte die gesamte SA und SS vor dem Rathaus auf. Nunmehr ordnete der Reichsinnenminister Dr. Frick telegrafisch die Übertragung der Polizeigewalt an den früheren Polizeioberleutnant Richter an, der wegen nationalsozialistischer Umtriebe entlassen worden war. Der demokratische Bürgermeister Petersen und der sozialdemokratische Polizeisenator traten zurück. SA und SS und Stahlhelm besetzten das Rathaus. Die Machtergreifung war den Nationalsozialisten gelungen, obwohl die »nationalen« Parteien in Hamburg bei der Wahl auch nicht annähernd eine Mehrheit erlangt hatten. Sozialdemokratie, Gewerkschaften und Reichsbanner in Hamburg, die zu den besten Organisationen im ganzen Reich zählten, leisteten keinen Widerstand. Auch die Kommunisten rührten sich nicht.

Nun ging es im ganzen Reich durch. Bereits am 6. März kamen die übrigen Hansestädte und Hessen an die Reihe. In Bremen übernahm der Reichsinnenminister Dr. Frick selbst die Befugnisse der Obersten Landesbehörde, in den anderen Ländern übertrug er die Polizeigewalt auf die Nationalsozialisten. Überall wurden nun die öffentlichen Gebäude, die sozialdemokratischen Zeitungen und die Gewerkschaftshäuser von SA besetzt. Nirgends schritt die Polizei gegen sie zum Schutz von Mensch und Eigentum ein. In Breslau wurde das Gewerkschaftshaus von der Reichsbannerbesatzung verteidigt, es kam zu einem Feuergefecht, bei dem der Sohn des Hausverwalters erschossen wurde. Auch in Utzen in Sachsen wurden die sozialdemokratischen Verteidiger des Gewerkschaftshauses erst nach einer Schießerei überwältigt. Am 8. März fielen Schaumburg-Lippe, Sachsen, Württemberg-Baden mit Hilfe des Reichsinnenministers in die Hand der Nationalsozialisten. Überall setzten sie kommissarische Regierungen ein. Am 9. März eroberten sie Bayern. Die bayerische Regierung hatte sich völlig sicher geglaubt, weil sie eine schriftliche Zusage des Reichspräsidenten besaß, daß in Bayern kein Reichskommissar eingesetzt werden sollte. Im Vertrauen darauf hatte sich Dr. Held auch der ihm nahegelegten Ausrufung der Monarchie widersetzt. Er war sich nicht schlüssig darüber, »welche Grundrechte er dem König einräumen solle«, und fürchtete überdies die mögliche Einmischung des Auslands. In den Mittagsstunden des 9. März verlangten die nationalsozialistischen Führer in München die Übergabe der Staatsgewalt an den nationalsozialistischen früheren General Epp. Die Regierung lehnte das Ansinnen ab. Am Spätnachmittag drangen dann nationalsozialistische Haufen in die öffentlichen Gebäude ein und zogen Hakenkreuzfahnen hoch. Den Vorschlag der Reichsregierung, General von Epp zum bayerischen Generalstaatskommissar zu ernennen, lehnte die bayerische Regierung ab. Der bayerische Innenminister Dr. Stützel, ein mutiger Mann, war gewillt, gegen die bewaffnet aufmarschierende SA und SS die bayerische Schutzpolizei marschieren zu lassen. Darauf setzte die Reichsregierung den General von Epp als Polizeibeauftragten für Bayern ein. Nun leisteten die Polizeioffiziere den Befehlen bayerischer Minister keine Folge mehr. Auf Befehl Epps drangen die nationalsozialistischen Sturmabteilungen in das Gewerkschaftshaus und in das sozialdemokratische Zeitungsgebäude ein, verwüsteten die Räume und warfen die Einrichtungsgegenstände zum Fenster hinaus. Im Gewerkschaftshaus hatten sich junge Reichsbannerleute mit Prügeln und Wasserstrahlern verteidigt, mußten sich aber schließlich der Übermacht ergeben und erhielten ehrenvollen Abzug bewilligt. Die vom Innenminister ausgesandte Schutzpolizei griff nicht ein. Im Lauf des Abends wurden die Wohnungen sozialdemokratischer Führer von SA und SS überfallen, zahlreiche politische Gegner der Nationalsozialisten, insbesondere auch Monarchisten und viele Juden verhaftet. Der Herausgeber der katholischen Zeitschrift

»Der gerade Weg«, Dr. Gerlich, der Hitler in den letzten Jahren aufs schärfste befehdet hatte, wurde schwer mißhandelt und ins Polizeigebäude verschleppt, dort bis 30. Juni 1934 festgehalten und an diesem Tag ermordet. Um Mitternacht holte die SS den bayerischen Innenminister, den seine Polizeioffiziere schmählich im Stich ließen, aus dem Bett und schafften ihn im bloßen Hemd ohne Fußbekleidung ins Braune Haus und mißhandelten ihn. Das gleiche Schicksal widerfuhr dem Staatsrat Schäffer, dem Vorsitzenden der Bayerischen Volkspartei. Im ganzen Land wurden die nationalsozialistischen Häftlinge aus den Gefängnissen und Zuchthäusern befreit. Am 10. März 1933 übergab der bayerische Ministerpräsident Dr. Held in aller Form die Amtsgeschäfte dem neuen Reichskommissar General von Epp. Dieser setzte sofort eine nur aus Nationalsozialisten bestehende kommissarische Regierung ein. So fiel Bayern, dessen Regierungsmänner in den letzten Jahren wiederholt gedroht hatten, einen Reichskommissar an der Grenze verhaften zu lassen. Der Ministerpräsident hatte es verschmäht, das seit Jahren fällige Bündnis mit der Sozialdemokratie einzugehen, die Polizei durch Mitglieder der »Bayernwacht« und des »Reichsbanners« zu verstärken und so das Land, das auch in den Wahlen vom 5. März 1933 noch keine »nationale« Mehrheit erhielt, gegen die nationalsozialistische Revolution zu verteidigen. Die letzte Aufgabe, die einem selbständigen Bayern in der deutschen Geschichte gestellt war, wurde nicht gelöst, die 1400 jährige Geschichte eines immer eigenwilligen und auf seine Sonderrechte eifersüchtigen Stammes schloß mit einer schmählichen Übergabe ab.

Die Übernahme der Regierungsgewalt in den Ländern durch die Nationalsozialisten hatte die Beseitigung des bürgerlichen Rechtsstaates, besonders seines Grundgesetzes von der Gleichheit aller Staatsbürger vor dem Gesetz, zur Folge. Mit einem Schlage wurden die bisherigen politischen Gegner der Nationalsozialisten und die Angehörigen der von ihnen als minderwertig betrachteten und gehaßten Rasse der Juden vogelfrei. Zum Schutz ihres Lebens, ihrer Freiheit oder ihres Vermögens griff keine staatliche Behörde mehr ein. Die Sicherheitspolizei schien abgesetzt, SA und SS beherrschten das Feld und tobten sich aus. In mehreren Ländern bemächtigte sich die SS selbst der politischen Polizei und führte Strafzüge gegen »Marxisten« und Juden durch. Überall wurden Geschäftsräume der anderen Parteien und ihrer Hilfs- und Nebenorganisationen besetzt und geschlossen, die sozialdemokratischen Zeitungsgebäude in SA-Kasernen umgewandelt, Einrichtungsgegenstände gestohlen, Kassen mit Beschlag belegt, Bankdepots abgehoben; zahllose Wohnungen wurden willkürlich durchsucht und geplündert, Scharen von Menschen verhaftet, verschleppt, in SA-Kasernen gefoltert, mit Peitschen, Knüppeln, Stahlruten, Gewehrkolben und Dolchen viehisch behandelt, viele ermordet. Mit Salzwasser wurden die Wunden der Opfer überschüttet, mit Stiefelwichse verschmiert. Bald lagen die Krankenhäuser voll Menschen mit zerbrochenen Gliedmaßen, halb irrsinnig von den ausgestandenen Martern, blutende, zerfetzte menschliche Klumpen. Vergebens flehte der stellvertretende Vorsitzende der Deutschnationalen Partei, Dr. von Winterfeldt, den Reichskanzler Hitler an, den Rechtsstaat nicht zerstören zu lassen. Hitler gab wohl den nationalsozialistischen Mördern von Potemba die Freiheit, für die schmerzlichen Rufe gemarterter Marxisten und Juden dagegen hatte er kein Ohr. Alles, was er tat, war, daß er einzelne Aktionen verbot und die Schuld an den grauenhaften Vorgängen auf Spitzel abzuwälzen suchte. Aber die Schreckensherrschaft seiner SA und SS unterdrückte er nicht. In Spandau holte SA den Führer der sozialdemokratischen Arbeiterjugend, Erich Meyer, aus einer Laubenkolonie heraus, am nächsten Morgen wurde sein verstümmelter Leichnam gefunden. In Offenbach wurde der Reichsbannermann Bleß durch SA tödlich verletzt, in Chemnitz der Verlagsdirektor Landgraf der sozialdemokratischen »Volksstimme«, einige Wochen später der Rechtsanwalt Dr. Wiener und der Reichsbannermann Stupf von SA erschossen. In Duisburg wurden die Gewerkschaftsangestellten Schlösser, Birk, Rodenstock und Schmalhans, von SA ermordet, als Leichen aus dem Rhein gezogen. In Ohlen wurden zwei Angestellte im Gewerkschaftshaus erschossen, in Felgeleben wurde der Stadtrat Kresse, in Krefeld der Beigeordnete Bayer, in Oberhausen der Jugendgenosse Schmidt, in Butz der Sozialdemokrat Oleff ermordet. In Berlin starb am 18. März 1933 der Rechtsanwalt Günther Joachim an den Folgen schwerer Mißhandlungen durch SA. In Kiel schossen Nationalsozialisten den sozialdemokratischen Rechtsanwalt Spiegel in seiner Wohnung nieder. In Köln wurde der sozialdemokratische Reichstagsabgeordnete Sollmann von SA bewußtlos geschlagen, durch die Straßen geschleift und nach fürchterlichen Mißhandlungen in einen Kohlenkeller geworfen. In Köpenick wurde die 46 Jahre alte Sozialdemokratin Frau Jankowski in den Morgenstunden des 21. März aus ihrer Wohnung in eine nationalsozialistische Kaserne verschleppt, nackt ausgezogen und ausgepeitscht. In Braunschweig wurde der Geschäftsführer des Ruhrwerkbundes, Theissen, mit Peitschen geschlagen, daß er starb, der Postbeamte Grothehann, ein kriegsbeschädigter Frontsoldat, zu

Tode geschleift und getreten, der Werbeleiter Salle erschossen. Zahlreiche fielen oder starben an ihren Verletzungen in ganz Deutschland, ohne daß die Öffentlichkeit davon Kunde bekam. In Freiburg im Breisgau schoß der sozialdemokratische Abgeordnete Nußbaum in der Aufregung auf eindringende Polizei. Darauf wurden sämtliche Reichstags- und Landtagsabgeordnete der sozialdemokratischen und kommunistischen Partei in Baden in Schutzhaft genommen. An vielen Orten wurden sozialdemokratische Funktionäre, auch ehemalige Minister, zu Fuß wie Verbrecher oder in offenen Wagen für die Schaulust der Menge durch die Straßen geführt. Ermordet wurden auch frühere Mitglieder der Nationalsozialistischen Partei, wie Dr. Schäfer, der die Boxheimer Dokumente aufgedeckt hatte, und Werner Abel, der wegen der nicht beweisbaren Behauptung, daß Hitler Geld aus italienischen Quellen bezogen habe, zu Zuchthaus verurteilt worden war. Der Hellseher Hanussen, der mit führenden Nationalsozialisten verkehrte und angeblich Wissen über den Reichstagsbrand besaß, wurde anfangs April nächst Berlin als Leiche aufgefunden. Am 3. April wurde der frühere Adjutant Röhms, Dr. Bell, der vor Gericht die Tschekagruppe im Braunen Haus aufgedeckt hatte, in Durchholzen bei Kufstein auf österreichischem Gebiet von SS-Leuten niedergeschossen, die mit einem Kraftwagen der Polizeidirektion München über die Grenze gefahren waren. Bald gab es Zehntausende von politischen Gefangenen in Deutschland, die kein anderes Verbrechen begangen hatten, als daß sie anderer politischer Gesinnung als die Nationalsozialisten gewesen waren. Sie wurden in neuerrichtete Konzentrationslager gesperrt, dort zur Zwangsarbeit, insbesondere Straßenbauten und Moorkultur wie Zuchthaussträflinge verwendet, vielfach aufs grausamste gequält und mißhandelt, monatelang in Einzelhaft in Steinsärge gesperrt oder auf der Flucht erschossen. Die Zahl der Insassen der Konzentrationslager betrug zuletzt über 100 000, die der Ermordeten geht in die Tausende. Einzelne Häftlinge wurden darin jahrelang widerrechtlich ihrer Freiheit beraubt. Am berüchtigsten sind die Konzentrationslager von Oranienburg und Dachau geworden. Was hier an wohl ausgedachter, abgefeimter Menschenschinderei, an sadistischen Folterungen durch Bestien in Menschengestalt verübt wurde, hat nur bei der verwilderten Soldateska des Dreißigjährigen Krieges sein Gegenstück. Für immer wird die Schande dieser Konzentrationslager mit dem Namen der Nationalsozialisten verbunden sein.

Getreu dem nationalsozialistischen Programm, das die Ausstoßung der Juden aus der deutschen Staatsbürgerschaft forderte, setzte mit der Machtergreifung Hitlers in den Ländern eine große Judenverfolgung ein. Jüdische Warenhäuser und Einzelgeschäfte wurden willkürlich geschlossen, zahlreiche jüdische Wohnungen heimgesucht und geplündert, Juden jeden Alters verhaftet, mißhandelt, in die Konzentrationslager gesteckt oder nach Laune niedergeschossen. An vielen Orten wurden die jüdischen Rechtsanwälte und Richter durch SA gewaltsam aus den Gerichtsgebäuden entfernt. Jüdische Unternehmer wurden zum Rücktritt aus Ehrenstellungen und Ämtern gezwungen, zahlreiche jüdische Angestellte entlassen. Später wurden Ausnahmegesetze gegen Juden erlassen, sie wurden mit wenigen Ausnahmen für Frontkämpfer aus der Beamtenschaft, Ärzteschaft, der Presse, aus den künstlerischen Berufen, sogar aus dem ehrenwerten Stand der Steuerberater ausgestoßen. Den Beamten wurde die Ehe mit Frauen jüdischer Herkunft verboten. Zu Gelehrtenberufen wurden Juden nur mehr im Verhältnis ihres Anteils an der Gesamtbevölkerung zugelassen. Nichtjüdischen Mädchen, die sich mit Juden einließen, wurden Plakate mit Aufschriften wie »Judendirne« und dergleichen umgehängt und die Haare abgeschnitten; so führte man sie durch die Straßen. Die Einbürgerung von Juden, die nach dem 1. August 1914 in Deutschland zugewandert waren, wurde rückgängig gemacht. Zehntausende von Juden flohen ins Ausland, um das nackte Leben zu retten. Ihre Berichte, die Zeichen der Mißhandlung, die sie vielfach an sich trugen, riefen besonders in den angelsächsischen Ländern die größte Entrüstung hervor. Darauf wurden von den Nationalsozialisten die zurückgebliebenen Juden für die »Greuelmeldungen« haftbar gemacht. Auf Befehl Hitlers setzte am 1. April 1933 in ganz Deutschland ein Boykott gegen die Juden ein. Der Besuch jüdischer Geschäfte, Ärzte, Rechtsanwälte wurde durch aufgestellte Posten der SA und SS verhindert. In einzelnen Städten wurde jüdischen Firmen und Einzelpersonen sogar der Fernsprechanschluß gesperrt. Personen, die den Versuch machten, in jüdischen Geschäften zu kaufen, wurden im Lichtbild festgehalten und als Verräter am deutschen Volk gebrandmarkt. Die jüdischen Unternehmungen waren durch gelbe Plakate allgemein kenntlich gemacht. Infolge der Vorstellungen ausländischer Mächte mußte der Boykott gegen die Juden schon nach einem Tag wieder aufgehoben werden. Aber die Judenverfolgungen dauerten fort. Durch alle Mittel der Verachtung, Einschüchterung und Bedrohung wurden einzelne Opfer und ganze Landstriche allmählich judenrein gemacht. Die Juden wurden wie im Mittelalter wieder minderen Rechts.

Zur Sicherheit und Festigung der nationalsozialistischen »Revolution« in den Ländern, die durch Mißbrauch der Diktaturgewalt des Reichspräsidenten nach Art. 48 RV. widerstandslos durchgeführt worden war, mußte Hitler seine Stellung gegenüber dem Reichstag und dem Reichspräsidenten verstärken. Er hatte zu diesem Zweck schon längst ein Ermächtigungsgesetz als nächstes Ziel ins Auge gefaßt. Ein solches Gesetz war nur durch Verfassungsänderung möglich, für die im Reichstag die Anwesenheit von zwei Dritteln der gesetzlichen Mitgliederzahl und die Zustimmung von zwei Dritteln der Abgeordneten erforderlich war. Je größer die Zahl der anwesenden Reichstagsmitglieder war, um so schwerer konnte die notwendige Mehrheit aufgebracht werden. Das war ein Hauptgrund dafür, daß man die am 5. März 1933 rechtmäßig gewählten kommunistischen Abgeordneten durch ihre Verhaftung mit Gewalt von der Reichstagssitzung fernhielt, ihnen auch keine Freifahrtkarten zustellte und ihnen die Aufwandsentschädigung sperrte. Das war zwar Verfassungsbruch, aber nach dem Reichstagsbrand wagte es niemand mehr, die Kommunisten in Schutz zu nehmen.

Die Eröffnung wurde zu einem feierlichen Staatsakt benützt, dessen Ausgestaltung dem am 13. März 1933 ernannten Minister für Propaganda und Volksaufklärung, Dr. Goebbels, oblag. Die große »nationale« Feier fand am 21. März 1933 in der großen Potsdamer Garnisonskirche statt. Sie sollte die Wiederherstellung des Vorkriegsdeutschlands unter der Hakenkreuzfahne Hitlers versinnbildlichen. Die verfassungsmäßigen schwarz-rot-goldenen Reichsfarben hatte der Reichspräsident bereits am 12. März 1933 in einer verfassungswidrigen Verlautbarung durch die schwarz-weiß-rote und die Hakenkreuzflagge ersetzt. Jetzt hielten Hindenburg und Hitler Ansprachen, der Reichspräsident begab sich in die Gruft Friedrichs des Großen, hernach nahm er den Vorbeimarsch der Reichswehr und der nationalen Verbände ab. Bemerkenswert an der Siegesfeier der »nationalen« Revolution war die mutige Predigt des Generalsuperintendenten Dr. Dibelius, der darauf hinwies, wir wären nicht wert, eine Evangelische Kirche zu heißen, wenn wir nicht mit dem Freimut, wie es Luther getan, hinzufügen wollten, Staatsmacht darf sich nicht mit persönlicher Willkür vermengen.

Die Verhandlungen des Reichstags über das Ermächtigungsgesetz fanden am 23. März in der Krolloper statt. Dichte Haufen von Nationalsozialisten umlagerten das Gebäude und schrien unausgesetzt im Sprechchor: »Wir wollen das Ermächtigungsgesetz, sonst gibt es Feuer!« In einer Regierungserklärung wandte sich Hitler nicht nur gegen die Hoheitsrechte der Länder, sondern auch gegen den Grundsatz der Gleichheit aller Staatsbürger vor dem Gesetz. Er billigte diese gleiche Behandlung nur all denen zu, »die der Regierung ihre Unterstützung nicht versagen«, stellte also die Gegner der Regierung außerhalb des Gesetzes, machte sie vogelfrei. Er sprach davon, daß die weltbürgerliche Beschaulichkeit in raschem Verschwinden begriffen sei und sich als kommender Gestalter und Führer der Völkerschicksale der »Heroismus« erhebe. Das Privateigentum wurde von ihm noch einmal feierlich anerkannt. Die Rettung des deutschen Bauern und des deutschen Arbeiters wurde als dringendste Wirtschaftsaufgabe hervorgehoben. Das Ermächtigungsgesetz verlangte der Kanzler vom Reichstag mit der unmißverständlichen Drohung, die Regierung sei ebenso entschlossen und bereit, die Bekundung der Ablehnung und damit des Widerstandes entgegenzunehmen, der Reichstag solle wählen zwischen Frieden und Krieg.

Diese Worte zielten auf die beiden katholischen Parteien, in denen sich gegen die Zustimmung zum Ermächtigungsgesetz Widerstand regte. Eine Anzahl von Abgeordneten unter Führung Brünings wollten nicht auch noch den Strick liefern, an dem sie hernach aufgehängt würden. Das von Hitler verlangte Ermächtigungsgesetz gab der Reichsregierung die Vollmacht, die ganze Verfassung auf den Kopf zu stellen. Nur die Einrichtung des Reichstags und des Reichsrats als solcher und die Rede des Reichspräsidenten sollten unberührt bleiben. Aber sogar die Unterzeichnung der von der Reichsregierung beschlossenen Gesetze sollte dem Reichspräsidenten abgenommen und dem Reichskanzler übertragen werden. Auf diese Weise wollte man Hindenburg daran hindern, daß er ein mißliebiges Gesetz nicht unterschreiben, sondern zum Volksentscheid bringen könnte. Die Mehrheit in der Zentrumsfraktion aber fürchtete eine wilde Revolution Hitlers mehr als seine gesetzliche Macht. Nur die Sozialdemokraten, die sich auch an der Potsdamer Feier nicht beteiligt hatten, blieben fest. Sie waren durch vertrauliche Mitteilungen gewarnt worden, in die Reichstagssitzung zu gehen, in der kaum die Hälfte von ihnen mit dem Leben davonkommen würde. Nur wenige Mitglieder der Reichstagsfraktion rieten, nicht in die »Falle« zu gehen, alle anderen wiesen das als Feigheit zurück. In der Krolloper wimmelte es von bewaffneten SA- und SS-Leuten, selbst im Sitzungssaal war die Sozialdemokratie im Halbkreis von einer solchen zweifelhaften Schutzgarde umschlossen, die Drohungen ausstieß und Zwischenrufer zur Ruhe ermahnte. In der Sitzung wurde ein sozialdemokratischer Antrag, die verhafteten neun sozialdemokratischen Abgeordneten freizulassen, von dem Nationalsozialisten Stöhr mit der höhnischen Bemerkung abgefertigt, daß die Mehrheit des Reichstags der Meinung sei, es wäre unzweckmäßig, die Herren des Schutzes zu berauben, der ihnen durch die Verhängung der Haft zuteil geworden sei. Die Ablehnung des Ermächtigungsgesetzes durch die Sozialdemokratie begründete Otto Wels. Er trat mutig der Behauptung Hitlers entgegen, daß die Sozialdemokratie jemals vorsätzlich zum Schaden Deutschlands gewirkt habe, und forderte die Anwendung der außenpolitischen These des Reichskanzlers, daß es nicht ewig Sieger und Besiegte geben könne, auch auf die innere Politik. Gegenüber den Geschichtsfälschungen Hitlers hob er die Verdienste der Sozialdemokratie für den Wiederaufbau Deutschlands nach dem Weltkrieg hervor und hielt dem »Volks«-Kanzler entgegen, daß er als ehemaliger Anstreicher im Deutschland der Vorkriegszeit den Stuhl Bismarcks niemals hätte einnehmen können. Die Ausschaltung jeder öffentlichen Kontrolle der Handlungen der Regierung sei ein Unglück, zumal auch Pressefreiheit nicht mehr bestehe. Die Sozialdemokratie halte an den Grundsätzen des Rechtsstaats für alle fest. Freiheit und Leben könne man den Sozialdemokraten nehmen, die Ehre nicht. Die Sozialdemokratie bekenne sich in dieser geschichtlichen Stunde feierlich zu den Grundsätzen der Menschlichkeit und Gerechtigkeit, der Freiheit und des Sozialismus. Kein Ermächtigungsgesetz gebe Hitler das Recht, ewige und unzerstörbare Ideen zu vernichten. Auch aus neuen Verfolgungen könne die Sozialdemokratie neue Kraft schöpfen. Der Schluß war ein Gruß an die verfolgten und bedrängten Genossen im Reich.

Die tragische Größe dieser Rede wirkte auf einen Hitler nicht. Er erhob sich und klagte die Sozialdemokratie an, daß sie im November 1918 nicht die Massenerhebung gegen den äußeren Feind durchführte und daß sie 1919 die Flagge gewechselt habe. Bebend vor Haß und Rache schnaubend hielt er ihr vor, daß jahrelang die nationalsozialistischen Ausschreitungen und Putschversuche durch die Staatsgewalt niedergehalten worden seien. Diese Sünde könne nie vergeben werden. Außer sich schrie er dem sozialdemokratischen Führer zu: »Ich will auch gar nicht, daß Sie für dieses Gesetz stimmen. Deutschland soll frei werden, aber nicht durch Sie!« Für das Zentrum erklärte Dr. Kaas, seine Partei stimme dem Ermächtigungsgesetz zu, um chaotischen Entwicklungen einen festen Damm entgegenzusetzen. Gegenüber manchem tagespolitisch bedingtem Urteil der Gegenwart werde die Geschichte ein ausgeglicheneres Urteil haben. Der Sprecher der Bayerischen Volkspartei sprach die Erwartung aus, daß die Handhabung des Ermächtigungsgesetzes sich in den Schranken des christlichen Sittengesetzes halten werde, und legte die Verantwortung für seine Durchführung vor Gott, dem deutschen Volke und der deutschen Geschichte in die Hand der Reichsregierung. Zuletzt gab auch der Vertreter der Staatspartei in einer gewundenen Rede die Zustimmung seiner Gruppe bekannt. Nie war die Stimmung einer Volksvertretung trotz des widerlichen Lärms der Nationalsozialisten so bedrückt und von kommendem Unheil überschattet wie an diesem Tag. Für das Ermächtigungsgesetz wurden 444 Stimmen, dagegen nur die 94 der SPD abgegeben. Die erforderliche Mehrheit war erreicht. Der Deutsche Reichstag hatte einen Selbstmord vollzogen.

Von den Nationalsozialisten wurde das Gesetz sofort zum Ausbau ihrer Machtstellung in den Ländern benützt. Im vorläufigen Gesetz zur Gleichschaltung der Länder mit dem Reich vom 31. März 1933 wurde die Auflösung und Neuwahl der Volksvertretung der Länder und der gemeindlichen Selbstverwaltungskörper mit Ausnahme Preußens auf Grund der Stimmenzahlen vom 5. März 1933 angeordnet. In Preußen hatten die Landtagswahlen vom 5. März den Parteien der »nationalen Regierung« bereits die Mehrheit gebracht und die Kommunalwahlen vom 12. März 1933 ihren Erfolg noch erhöht. Göring wurde am 11. April 1933 preußischer Ministerpräsident. Ein Gesetz vom 7. April 1933 brachte die Einrichtung von Reichsstatthaltern, die vom Reichspräsidenten auf Vorschlag des Reichskanzlers ernannt wurden und die Aufgabe hatten, für die Beachtung der vom Reichskanzler aufgestellten Richtlinien der Politik in den Ländern zu sorgen. Sie hatten insbesondere die Vorsitzenden und auf deren Vorschlag die übrigen Mitglieder der Länderregierungen sowie die unmittelbaren Staatsbeamten und Richter zu ernennen und zu entlassen. Das parlamentarische System wurde in den Ländern abgeschafft, die Einrichtung von Staatspräsidenten beseitigt. Die spätere Entwicklung ging gemäß der Zentralisationstendenz jeder Diktatur immer mehr zum Einheitsstaat. Durch das Gesetz über den Neuaufbau der Länder vom 30. Januar 1934 wurden die Volksvertretungen der Länder aufgehoben, die Hoheitsrechte auf das Reich übertragen, die Länderregierungen der Reichsregierung und der Reichsstatthalter der Dienstaufsicht des Reichsinnenministers unterstellt. Landesgesetze bedurften nunmehr der Zustimmung der zuständigen Reichsminister, die Obersten Landesbehörden hatten den Anordnungen des zuständigen Reichsministers Folge zu leisten. Das Gesetz wurde sofort in der Rechtspflege durchgeführt. Die Verwaltungen des Reichsjustizministeriums und des preußischen Justizministeriums wurden miteinander vereinigt, die übrigen Länderjustizverwaltungen dem Reichsjustizministerium als Abteilungen angegliedert, die Länderjustizminister abgeschafft. Eine neue Einteilung des Reiches in 20 Gaue und damit auch die Aufteilung Preußens war in Aussicht genommen. Die selbstverständliche Folge dieser Maßnahmen war die Beseitigung des Reichsrats und der Ländervertretungen beim Reich. Mit der Zerschlagung der Länder schwanden auch die letzten Hoffnungen der Monarchisten in Deutschland dahin.

Die gemeindliche Selbstverwaltung wurde in Deutschland nach dem Muster des italienischen Faschismus vernichtet. Durch die Zusammensetzung der gemeindlichen Vertretungskörperschaften nach dem Wahlergebnis vom 5. März 1933 und die Ausschaltung der Kommunisten erhielten die Nationalsozialisten fast überall das Übergewicht. In der Folge wurde für Wahlbürgermeister, Beigeordnete, Magistratsmitglieder und Gemeindevorsteher der Staatsaufsichtsbehörde ein Bestätigungsrecht eingeräumt. Das preußische Gemeindeverfassungsgesetz vom 15. Dezember 1933 lieferte die Gemeinden der Führung von Leitern aus, die von den Staatsbehörden nach Fühlungnahme mit den Gauleitern der nationalsozialistischen Bewegung berufen wurden. Ratsherren, Gemeindeälteste und Dorfälteste bildeten beratende Körperschaften ohne Beschlußrecht und hatten nur in bestimmten Fällen ein Recht auf Gehör. Sie wurden ebenfalls durch die Staatsbehörden auf Vorschlag der nationalsozialistischen Gauleiter berufen. Die Staatsbehörde konnte alle Maßnahmen der Leiter der Gemeinden aufheben, »die den Zielen der Staatsführung« zuwiderlaufen. Ähnlich wie in Preußen wurden auch in den anderen Ländern die Gemeinden unter die Vormundschaft des Staates gestellt. Um die Herrschaft der Natioalsozialistischen Partei im Staat für vermeintlich ewige Dauer zu sichern, ging Hitler mit der Waffe des Ermächtigungsgesetzes, wiederum nach dem Vorbild des italienischen Faschismus, alsbald den anderen Parteien zu Leibe. Zunächst wurden im ganzen Reich die Wehrorganisationen außer SA, SS und »Stahlhelm« unterdrückt. Im vorläufigen Gleichschaltungsgesetz vom 31. März 1933 wurde dann die Zuteilung von Sitzen auf Wahlvorschläge der Kommunistischen Partei auf den Reichstag und preußischen Landtag für unwirksam erklärt, bei der Neubildung der Volksvertretung der Länder durften auf Wahlvorschläge der Kommunistischen Partei entfallende Sitze nicht mehr zugeteilt werden. Durch ein Gesetz vom 26. Mai 1933 wurde die Möglichkeit eröffnet, Sachen und Rechte der KPD und ihrer Hilfs- und Ersatzorganisationen sowie Sachen und Rechte, »die zur Förderung kommunistischer Bestrebungen gebraucht oder bestimmt sind«, entschädigungslos einzuziehen.

Die Sozialdemokratie hoffte anfangs, wenigstens als Parteiorganisation weiterbestehen zu können. Sie brach deshalb zunächst die den neuen Machthabern besonders anrüchige Verbindung mit der Internationale ab. Zu diesem Zweck erklärte der Parteivorsitzende Wels am 30. März 1933 zum Schein seinen Austritt aus der Internationale mit der Begründung, daß diese ohne Einladung und Mitwirkung deutscher Vertreter Beschlüsse über Deutschland gefaßt habe. Am 27. April 1933 wurde in Berlin durch eine Parteikonferenz ein neuer Parteivorstand gewählt, der im wesentlichen aus den alten Mitgliedern mit Ausnahme der bereits ins Ausland geflüchteten bestand. Aber Hitler drohte, wenn sich der Marxismus auch tot stelle, so schütze ihn das nicht davor, daß er endgültig vernichtet werde. Nötigenfalls werde man den Marxisten sogar die Kinder wegnehmen und zwangsweise zu Nationalsozialisten erziehen. Um eine der wesentlichen Grundlagen der Sozialdemokratischen Partei zu zerstören, beschloß er bereits Mitte April, nach der Maifeier die Freien Gewerkschaften zu vernichten. Der 1. Mai wurde auf Betreiben des Propagandaministers Dr. Goebbels zum Feiertag der Deutschen Arbeit erklärt. Die Vorstände der Freien Gewerkschaften glaubten gerade in der zweiten Hälfte des April, günstige Aussichten auf Duldung zu haben, und machten verschiedene Sicherungsmaßnahmen für ihr Vermögen wieder rückgängig. So forderten sie jetzt ihre Mitglieder auf, »im vollen Bewußtsein ihrer Pionierdienste für den Maigedanken, dür die Ehrung der schaffenden Arbeit und für die vollberechtigte Eingliederung der Arbeiterschaft in den Staat sich allerorts an der von der Regierung veranlaßten Feier zu beteiligen«. Am 1. Mai fanden dann überall im Reich Festzüge statt, zu denen Beamte, Angestellte und Arbeiter zusammengetrieben wurden. Hitler hielt eine große Rede, aber das erwartete Programm über die Rechtsstellung des Arbeiters im neuen Staat war nicht darin. Am Tag darauf wurden in ganz Deutschland die Gewerkschaftshäuser durch SA und SS besetzt, überall die Gewerkschaftsführer, darunter auch Leipart, Graßmann und der frühere Reichsarbeitsminister Wissell verhaftet, zum Teil mißhandelt, in Konzentrationslager gebracht und ihrer Stellungen beraubt. Bald darauf teilten die christlichen Gewerkschaften das gleiche Schicksal. Die sämtlichen Gewerkschaften wurden zu einer »Deutschen Arbeitsfront« unter dem Nationalsozialisten Dr. Ley zusammengefaßt, ihre Vermögen wurden beschlagnahmt.

Am 7. Mai 1933 kündigte Hitler in einer Rede in Kiel an, daß er die Kommunisten bis in den letzten Schlupfwinkel verfolgen werde und daß es überhaupt nur eine einzige Organisation des politischen Willens geben könne. Um diese Zeit wurden in München, Nürnberg und anderen Orten die sozialdemokratischen Gemeindevertreter von den Nationalsozialisten mit Gewalt aus den Rathäusern geworfen, mißhandelt und samt ihren Ersatzleuten in die Konzentrationslager gesperrt. Am 9. Mai verfügte der Generalstaatsanwalt beim Landgericht I Berlin die Beschlagnahme des gesamten Vermögens der SPD, ihrer Zeitungen sowie des Reichsbanners, weil die Gewerkschaften für die Sozialdemokratische Partei große Summen hergegeben hätten und dadurch der Tatbestand der Untreue gegeben sei. In Wirklichkeit handelte es sich um freiwillige Beiträge, die in den letzten Jahren von den Gewerkschaftsangestellten aus ihren Bezügen für den Kampffonds der Partei gespendet worden waren. Aber es gehörte zu den wirksamen Kampfmitteln der Nationalsozialisten, ihren politischen Gegnern Korruptionsprozesse anzuhängen, die ihren Zweck erfüllten, auch wenn sich ihre Grundlagen später als haltlose Verleumdungen herausstellten. Nach diesem Vorgang gab der sozialdemokratische Parteivorstand alle Hoffnung auf und verlegte seinen Sitz ins Ausland, zunächst nach Prag. Durch außenpolitische Ereignisse bekamen die zurückgebliebenen Sozialdemokraten noch einmal eine kurze Gnadenfrist.

Durch die Haltung Deutschlands auf der internationalen Abrüstungskonferenz waren schwere Verwicklungen hervorgerufen worden. Der englische Kriegsministre Lord Hailsham erklärte am 11. Mai 1933, wenn Deutschland nicht die Vorschläge Englands annehme, würde es wieder an die Bestimmungen des Versailler Vertrags mit den darin vorgesehenen Sanktionsmaßnahmen gebunden sein. Die deutschen Wehrverbände wurden als militärische Formation erklärt. In Frankreich kam eine starke Strömung für Sanktionen durch sofortige Besetzung des Rheinlands auf. Nun berief Hitler den Deutschen Reichstag für 17. Mai 1933 zu einer Sitzung ein. Um die außenpolitischen Gefahren zu bannen, hielt er an diesem Tag eine große Friedensrede und gab die feierliche Versicherung ab, daß keine deutsche Regierung von sich aus den Versailler Vertrag durchbrechen werde, behauptete, daß Deutschland voll abgerüstet habe, verglich die SA und SS mit einer friedlichen Feuerwehr, drohte aber auch bereits den Austritt Deutschlands aus dem Völkerbund an. Die Nationalsozialisten hatten einen von den übrigen Parteien mit Ausnahme der Sozialdemokraten unterschriebenen Antrag eingebracht: »Der Reichstag als die Vertretung des deutschen Volkes billigt die Erklärung der Reichsregierung und stellt sich in dieser für das Leben der Nation entscheidenden Frage der Gleichberechtigung des deutschen

Volkes geschlossen hinter die Reichsregierung.« In der sozialdemokratischen Fraktion war über die Stellungnahme zu diesem Antrag heftig gerungen worden. Eine Anzahl von Abgeordneten befand sich bereits im Ausland, 18 waren in Schutzhaft genommen. Vergeblich versuchte die Fraktion, Gelegenheit zur Abgabe einer Erklärung im Reichstag zu erhalten, in der die Gewaltdiktatur der Nationalsozialisten gegeißelt werden sollte. Der Reichstagsvorstand lehnte dieses Verlangen rundweg ab. In der Ältestenratssitzung, die der Vollversammlung des Reichstags vorausging, erklärte der Reichsinnenminister Dr. Frick bei der Beratung des Antrags der Parteien, es sei völlig gleichgültig, ob die Sozialdemokraten dem Antrag zustimmten oder nicht oder sich der Stimme enthielten, auf jeden Fall stünde das Leben der Nation höher als das Leben einzelner Menschen. Das war eine unmißverständliche Drohung. Die übergroße Mehrheit der Fraktion fürchtete, daß bei einer Ablehnung des Antrags die SPD zu einer landesverräterischen Organisation gestempelt und dadurch der Anlaß zu einer Bartholomäusnacht unter Tausenden ihrer Funktionäre, besonders unter den Insassen der Konzentrationslager gegeben würde.

Der Inhalt des Antrags der anderen Parteien war einwandfrei. Die Gleichberechtigung Deutschlands hatte gerade die Sozialdemokratie immer verlangt und im Herbst 1918 die alliierten Mächte nachdrücklich vor »einem Siegfrieden« gewarnt. Den ganzen Ernst der außenpolitischen Lage kannten die Sozialdemokraten nicht, weil die gleichgeschaltete Presse darüber schwieg. Aber sie fühlten, daß Deutschland bedrängt war und nach außen hin der Einigkeit bedurfte. An seiner Spitze stand freilich ein Mann, der die Sozialdemokratie außerhalb des Gesetzes gestellt, ihre wehrlosen Anhänger den Mordwaffen seiner Banden und dem Grauen der Konzentrationslager preisgegeben hatte. Man konnte der Sitzung fernbleiben, vor der Welt eine Anklage gegen das Blutsystem Hitlers erheben und dann Selbstmord begehen. Aber die Folgen einer solchen Handlung trafen doch am meisten wieder die Millionen deutscher arbeitender Menschen, das gesamte deutsche Volk. So taten die Sozialdemokraten wieder, was Ebert im Herbst 1918 getan hatte. Damals hatte er durch den Eintritt der Sozialdemokraten in die kaiserliche Regierung das Wohl des Volkes über den Parteinutzen gestellt, der geboten hätte, den Krieg von den Generalen beenden zu lassen. Jetzt brachten die Sozialdemokraten die Ehre der Partei, die geboten hätte, einem Hitler ins Gesicht zu spucken, dem außenpolitischen Bedürfnis des deutschen Volkes zum Opfer. Sie stimmten dem Antrag zu. Die Nationalsozialisten waren überrascht, und einen Augenblick schienen sie sich vor der Größe ihrer Gegner zu beugen. Als dann im Reichstag das Deutschlandlied erklang, sangen einige Sozialdemokraten mit. Zwar hatte sie das Deutschland Hitlers verstoßen und mißhandelte sie auf das grausamste, aber Deutschland war ihre Mutter, sie gehörten ihr an. Die Reichstagsabgeordnete Toni Pfülf aus München ertrug die seelische Belastung dieser Tage nicht und starb am 9. Juni durch Gift. Schon früher hatten viele Sozialdemokraten, darunter eine Tochter und der Schwiegersohn Scheidemanns und der Reichstagsabgeordnete Biedermann von Hamburg, Selbstmord begangen. Auch zahlreiche Juden gaben sich aus Gram über die schmähliche Behandlung ihrer Rasse den Tod.

Die Haltung der Sozialdemokraten war den Nationalsozialisten außenpolitisch erwünscht, innenpolitisch aber unangenehm. Sie stellten die zur Vernichtung der anderen Parteien geplanten Maßnahmen einige Wochen zurück. Dann aber fanden sie Vorwände, um die Sozialdemokratie trotz allem zu vernichten. Die Tätigkeit des sozialdemokratischen Parteivorstands in Prag, für die von der Reichsregierung die in Deutschland zurückgebliebenen sozialdemokratischen Führer verantwortlich gemacht wurden, lieferte ihn. Am 10. Juni 1933 beschlossen sozialdemokratische Führer unter Leitung des früheren Reichstagspräsidenten Löbe, daß der Sitz des Parteivorstands in Deutschland sein müsse. Am 19. Juni wählte eine aus dem ganzen Reich beschickte Parteikonferenz in Berlin einmütig die Genossen Westphal, Reimer, Stelling und Künstler, unter Zuziehung des Vorsitzenden der Reichstagsfraktion, Löbe, und des Vorsitzenden der preußischen Landtagsfraktion, Szillat, zum neuen Parteivorstand. Für die Äußerungen der Parteigenossen im Ausland wurde öffentlich jede Verantwortung abgelehnt. Aber am 22. Juni erklärte der Reichsinnenminister die Deutsche Sozialdemokratie wegen der Tätigkeit ihrer Führer im Ausland zur staats- und volksfeindlichen Partei. Ihre Mitglieder wurden aus den Volksvertretungen des Reichs und der Länder und aus den Gemeindevertretungen ausgeschlossen, jede Parteitätigkeit, insbesondere auch die Herausgabe von Zeitungen und Zeitschriften untersagt, das Parteivermögen beschlagnahmt. Im ganzen Reich wurden viele Tausende von sozialdemokratischen Funktionären verhaftet und in die Konzentrationslager gesperrt. Das Vermögen der Sozialdemokratischen Partei und ihrer Hilfs- und Nebenorganisationen wurde eingezogen. Das Otto-Braun-Haus in Königsberg war schon am 8. April durch eine Verfügung des Regierungspräsidenten einfach auf den preußischen Staat zu Eigentum übertragen worden. Dann ging eine Blutwelle über das Land. In Köpenick wurde das Mitglied des Parteivorstands Johannes Stelling mit den Reichsbannerführern Aßmann und van Essen, den Sozialdemokraten Krabl, Pohl und dem Gewerkschaftssekretär Schmaus und seinem Sohn von SA ermordet. In Braunschweig wurden ihre Opfer die Genossen Ehlers, Basse und Rock. In Breslau war schon früher der Führer der SAP, Dr. Eckstein, an den Mißhandlungen durch SA gestorben. In Hannover endete auf diese Weise der Sozialdemokrat Maciossuk. Wieder setzten die Folterungen und Erschießungen in den Konzentrationslagern ein. Auf dem Weg von Lippe ins Konzentrationslager Dachau wurde Felix Fechenbach, der frühere Sekretär Eisners, ermordet. In Dachau wurden an einem Tag der Kommunist Hausmann und die Juden Goldmann, Benario und zwei namens Kahn erschossen. Grausam zu Tode gequält wurden dort die kommunistischen Landtagsabgeordneten Dressel und Götz, die Kommunisten Lehrburg und Stenzer, der sozialdemokratische Krankenkassenvorsteher Aigmann aus Pasing, der Jude Aaron aus Bamberg, der Münchner jüdische Rechtsanwalt Strauß, Ende Oktober 1933 auch der jüdische Arzt Dr. Katz aus Nürnberg, der den zerschundenen Opfern der SS im Dachauer Lager monatelang die erste Hilfe geleistet hatte. Im Konzentrationslager Papenburg starben unter den Kugeln der Nationalsozialisten der Reichsbannersekretär Alexander aus Breslau, der frühere Polizeipräsident Eggerstedt von Altona, die Polizeibeamten Bergmann und Buse. Im Lager Sonneburg wurde der Sozialdemokrat Ritter zu Tode gefoltert, im Lager Börgermoor der Sozialdemokrat Pappenheim »auf der Flucht erschossen«, auf dem Weg ins Konzentrationslager Holnstein der sozialdemokratische Schriftleiter Fritzsch totgeschlagen. Im Konzentrationslager zu Tode geprügelt wurden der Reichsbannermann Otto Rose, durch Selbstmord im Konzentrationslager endeten nach nationalsozialistischer Angabe der Schriftleiter Dr. Schmitz aus Lübeck, der ehemalige badische Staatsrat und sozialdemokratische Rechtsanwalt Dr. Marum und der Dichter Erich Mühsam sowie der Arbeiter Glaser aus Ottendorf. Zahlreiche Mordfälle der SA sind der Öffentlichkeit nicht bekanntgeworden. Die nationalsozialistische Rache griff sogar über die Grenzen. In Marienbad wurde am 30. August 1933 der deutsche Universitätsprofessor Dr. Theodor Lessing ermordet. Zahlreiche andere Gegner der Nationalsozialisten, die ihr nacktes Leben gerettet hatten, wie der Senatspräsident Dr. Freymuth von Berlin, begingen Selbstmord im Ausland. In ihrer unersättlichen Rachgier nahmen die Nationalsozialisten auch die Untersuchung über politische Schlägereien aus den früheren Jahren wieder auf, verurteilten zahlreiche Kommunisten, Sozialdemokraten und Reichsbannerleute, die höchstens wegen Beteiligung an Raufhändeln oder Totschlags hätten bestraft werden können, wegen Mordes zum Tode und ließen sie hinrichten.

Unmittelbar nach der Vernichtung der Sozialdemokratie erfüllte sich auch das Schicksal der anderen Parteien. Die Abgeordneten der Staatspartei wurden am 26. Juni von den Parlamenten ausgeschlossen, weil sie durch Listenverbindung mit der Sozialdemokratie gewählt worden waren. Die Staatspartei löste sich am 28. Juni, die Deutsche Volkspartei am 4. Juli 1933 auf. Zahlreiche Führer der Bayerischen Volkspartei wurden schon am 22. Juni in die Gefängnisse und Konzentrationslager gesteckt, aber nach der unfreiwilligen Auflösung der Partei am 4. Juli wieder entlassen. Das Zentrum wurde am 28. Juni von Dr. Goebbels öffentlich gemahnt, seine Selbstauflösung zu beschließen. Die Führer der christlichen Gewerkschaften wurden von Dr. Ley feierlich aus der Deutschen Arbeitsfront ausgestoßen. Am 5. Juli löste sich dann die Zentrumspartei auf. Ein Teil ihrer Abgeordneten wurde als Gäste auf die nationalsozialistische Fraktion übernommen. Viele katholische Verbände, wie der Windthorstbund und der Volksverein für das katholische Deutschland, wurden behördlich aufgelöst, ihr Vermögen beschlagnahmt.

Der »Stahlhelm« wurde unter der verderblichen Führung seines Bundesvorsitzenden Seldte wehrlos gemacht. In einigen Teilen des Reichs waren die Unterführer mit der Aufrichtung der nationalsozialistischen Alleinherrschaft unzufrieden und nahmen in die Organisation zahlreiche frühere Reichsbannerleute, ja sogar Kommunisten auf, um sich für den Tag der Abrechnung gegen Hitler stark zu machen. Da griffen die Nationalsozialisten ein, die Verbände des Stahlhelms wurden in vielen Teilen des Reichs, wie in Braunschweig und in der Rheinpfalz, aufgelöst, die Landesführer eingesperrt. Seldte setzte den widerstrebenden 2. Bundesführer Duesterberg ab, trat am 27. April 1933 der Nationalsozialistischen Partei als Mitglied bei und stellte den Stahlhelm unter Hitlers Oberbefehl. Eine Reihe von Landesführern wurde beurlaubt. Vergebens forderte die Deutschnationale Partei Seldte zur Niederlegung seines Reichstagsmandats auf, da er auf ihrer Liste gewählt worden sei. Am 21. Juni wurde der Stahlhelm durch eine Vereinbarung zwischen Hitler, Seldte, dem Reichswehrminister Blomberg und Papen in die nationalsozialistische Bewegung eingegliedert. Die Reibungen zwischen Stahlhelmmitgliedern und SA dauerten allerdings noch lange Zeit an.

Als eigene Wehrorganisation der Deutschnationalen Volkspartei hatte der Staatssekretär von Bismarck nach Abfall des Stahlhelms den »Kampfring« gegründet. Bismarck wurde aber wegen monarchistischer Äußerungen bereits am 10. April aus seinem Amt entfernt. Vergebens beschwor Hugenberg seine Bundesgenossen, den Deutschnationalen Gleichberechtigung zu gewähren. Der deutschnationale Führer der Reichstagsfraktion, Dr. Oberfohren, der sich der Politik Hugenbergs am 30. Januar 1933 am schärfsten widersetzt hatte und eine geheime Denkschrift über den Reichstagsbrand besitzen sollte, wurde am 7. April in seiner Wohnung in Kiel, am Tag eines großen Aufmarsches der SA, erschossen aufgefunden. Der deutschnationale Parteivorstand forderte von Hitler die Wiederherstellung der Rechtsordnung und die Sicherheit der wirtschaftlichen Aufbauarbeit des Ministers Hugenberg. Die Nationalsozialisten antworteten mit der Forderung nach Ersetzung Hugenbergs durch den nationalsozialistischen Bauernführer Darré. Am 21. Juni wurden im ganzen Reich die Geschäftsstellen des »Kampfringes« durch SA und SS besetzt, die Führer verhaftet, die Organisation verboten. Darauf trat Hugenberg am 24. Juni aus der Reichsregierung aus. Man glaubte, daß dadurch das Ermächtigungsgesetz hinfällig geworden sei, weil es nur so lange galt, bis die gegenwärtige Reichsregierung durch eine andere abgelöst würde. Allein Hitler blieb, und die Deutschnationale Partei wurde durch ein »Freundschaftsabkommen« mit Hitler aufgelöst. So war alles gekommen. wie einsichtige Politiker dem von Marxistenhaß blinden Führer der Deutschnationalen vorausgesagt hatten. Am 11. Juli 1933 teilte der Reichsinnenminister dem deutschen Volk durch Rundschreiben mit, daß die nationalsozialistische Revolution abgeschlossen sei. Drei Tage später wurde dann die Nationalsozialistische Partei durch Gesetz zur einzigen politischen Partei Deutschlands erklärt und der Versuch der Neubildung oder der Fortführung einer anderen Partei mit Zuchthausstrafe bedroht. Am gleichen Tag wurde den Beamten in Deutschland der Hitlergruß vorgeschrieben. Durch ein Gesetz vom 1. Dezember 1933 wurde schließlich die unlösliche Verbundenheit der Nationalsozialistischen Partei mit dem Staat ausgesprochen, ihr die Eigenschaft einer Körperschaft des öffentlichen Rechts verliehen und die Mitglieder der Partei und der SA einer besonderen Gerichtsbarkeit unterstellt. Zur Gewährleistung engster Zusammenarbeit der Dienststellen der Partei und der SA mit öffentlichen Behörden wurde der Chef des Stabes der SA zum Mitglied der Reichsregierung bestimmt. Diese Vorschrift ist nach dem 30. Juni 1934 wieder beseitigt worden, ebenso die Einrichtung der Kommissare der SA, die zur Überwachung der Tätigkeit der Behörden eingesetzt worden waren.

In der Beamtenpolitik hatten die Nationalsozialisten in ihren auf dem Nürnberger Parteitag von 1929 aufgestellten Richtlinien die Aufrechterhaltung des Berufsbeamtentums mit seinen verfassungsmäßig garantierten Rechten, insbesondere der Freiheit der politischen Gesinnung und der freien Meinungsäußerung des Beamten, zugesagt. Nach ihrer Machtergreifung haben sie schleunigst auch dieses Versprechen gebrochen. Durch ein Gesetz vom 7. April 1933 wurden alle Beamten, die seit dem 9. November 1918 angestellt worden waren, ohne die für ihre Laufbahn vorgeschriebene oder übliche Vorbildung oder sonstige Eignung zu besitzen, die sogenannten Parteibuchbeamten, ohne Gewährung von Wartegeld, Ruhegeld und Hinterbliebenenversorgung aus dem Dienst entlassen. Mit einigen unwesentlichen Ausnahmen für Frontkämpfer wurden auch alle Beamten nichtarischer Abstammung zwangsweise in den Ruhestand versetzt. Beamte endlich, die nach ihrer bisherigen politischen Betätigung nicht die Gewähr dafür boten, daß sie jederzeit rückhaltlos für den nationalen Staat eintreten würden, konnten unter Aberkennung eines Viertels des ihnen gesetzlich zustehenden Ruhegehalts aus dem Dienst entfernt werden. Trotz gegenteiliger Zusicherung wurde die Geltungsdauer dieses Gesetzes, das ursprünglich bis 30. September 1933 befristet war, immer wieder verlängert. Durch ein späteres Gesetz vom 30. Juli 1933 konnte das Recht auf Wartegeld, Ruhegeld und Hinterbliebenenversorgung bei »marxistischer« Betätigung des Bezugsberechtigten für ruhend erklärt werden. Vielen wegen politischer Unzuverlässigkeit entlassenen Beamten wurde sogar die Zulassung zur Rechtsanwaltschaft versagt. Zum erstenmal seit Jahrhunderten wurde in Deutschland durch das Gesetz auch die richterliche Unabhängigkeit aufgehoben. Ein Richter, der jederzeit Gefahr läuft, wegen politischer Unzuverlässigkeit abgesetzt zu werden, ist in seinen Entscheidungen nicht frei. So sind Justiz und Polizei durch die Aufhebung der früheren verfassungsmäßigen Rechte der Beamten blinde Werkzeuge der nationalsozialistischen Parteidiktatur geworden. Das Gesetz wurde dazu benützt, Tausende von linksstehenden Beamten, aber auch Zentrumsleute und Deutschnationale aus ihren Stellungen zu entfernen. Besonders in den Gemeindeverwaltungen und in den Anstalten der Sozialversicherung wurden viele Beamte durch alte Kämpfer der Nationalsozialistischen Partei ersetzt. Auch die Hochschulen wurden von der Gleichschaltung nicht verschont. Zahlreiche Gelehrte von europäischem Ruf mußten ihre bisherigen Wirkungsstätten verlassen und sich in der Fremde ein Unterkommen suchen. Ein ungleich größeres Hindernis als die an Gehorsam gewöhnte

Beamtenschaft wurden für den nationalsozialistischen Totalitätsanspruch die Glaubensgesellschaften. Zwar hatte die katholische Kirche, die vordem den Nationalsozialismus aufs schärfste bekämpft hatte, nach der Machtergreifung Hitlers eingelenkt. Die Fuldaer Bischofskonferenz hob zwar am 28. März 1933 nicht die Verurteilung religiös-sittlicher Irrtümer der nationalsozialistischen Bewegung auf, wohl aber erklärte sie, die allgemeinen Verbote und Warnungen an ihre Gläubigen vor dem Nationalsozialismus nicht mehr aufrechterhalten zu wollen. Aber in vielen Gegenden Deutschlands wirkte sich der aufgespeicherte Haß der Nationalsozialisten gegen den politischen Katholizismus aus. Zahlreiche katholische Geistliche wurden verhaftet oder zum Widerruf ihrer früheren Äußerungen gegen die Nationalsozialisten gezwungen, viele katholische Organisationen verfolgt und unterdrückt. Am 11. Juni 1933 erstürmte SA und SS in München die Vereinsräume der katholischen Gesellen, die gerade eine große Veranstaltung mit einer Rede Papens abgehalten hatten, rissen den katholischen Gesellen die Hemden vom Leib und verletzten auch zahlreiche Männer im Priesterkleid. Am 12. September 1933 aber schloß der Päpstliche Stuhl mit dem nationalsozialistischen deutschen Staat ein Konkordat. Danach wird die Bulle des Papstes über die Ernennung von Erzbischöfen, Bischöfen und Koadjutoren erst ausgestellt, nachdem der Reichsstatthalter des betreffenden deutschen Landes festgestellt hat, daß gegen den Ernannten irgendwelche Bedenken allgemein politischer Natur nicht bestehen. Die Bischöfe haben in die Hand des Reichsstatthalters dem Deutschen Reich Treue zu schwören, sie müssen insbesondere versprechen, die verfassungsmäßig gebildete Regierung zu achten und von ihrem Klerus achten zu lassen. Den katholsichen Geistlichen ist die Mitgliedschaft bei politischen Parteien untersagt. Katholische Organisationen, die sich nicht ausschließlich mit religiösen, karitativen und kulturellen Dingen beschäftigen und nicht unmittelbar dem Bischof unterstellt sind, werden vom Staat nur noch zugelassen, soweit sie Gewähr dafür bieten, daß sie ihre Tätigkeit außerhalb jeder politischen Partei entfalten. Wegen der Auslegung des Konkordats und der Mißachtung vieler Bestimmungen durch den Nationalsozialismus ist es zwischen dem Päpstlichen Stuhl und Hitler in der Folge zu schweren Meinungsverschiedenheiten gekommen. Die katholische Kirche hielt ihren Widerspruch gegen die Rassenlehre, gegen die von den Nationalsozialisten verlangte Reinigung der kirchlichen Lehre und Gebräuche von allen jüdischen Bestandteilen und gegen das neue Heidentum eines Rosenberg aufrecht. Einzelne Würdenträger, wie der Erzbischof Faul-

haber von München, sind wiederholt aufs schärfste gegen die nationalsozialistischen Auffassungen aufgetreten und von ihnen bedroht und
mit Anschlägen auf ihr Leben verfolgt worden.

Leichter schien ursprünglich die Gleichschaltung der protestantischen
Kirchen zu gelingen. Nach dem Muster der »Religiösen Sozialisten«
in der Sozialdemokratischen Partei hatte Hitler im März 1932 die
Gründung einer »Glaubensbewegung der Deutschen Christen« genehmigt. Diese forderte die Errichtung einer protestantischen Reichskirche, Übertragung der Rassenlehre auf das religiöse Gebiet, insbesondere die Aufnordung und Eindeutschung Christi, die Ablehnung des
Alten Testaments und aller jüdischen Bestandteile in der christlichen
Religion, Umschmelzung Christi zu einer heldischen Gestalt nach dem
Muster des altsächsischen Heliand und Anerkennung von Staat, Volk
und Rasse als den großen Dreiklang der göttlichen Schöpfungsord-
nung. Nach dem Sieg der Nationalsozialisten vom 5. März 1933 schal-
teten sich aber überall die protestantischen Kirchen gleich. Der Präsident des Kirchenbundes setzte zur Reform der Kirchenverfassung
einen Ausschuß ein, der am 27. Mai 1933 eine zentralistische Rahmen-
verfassung unter Anerkennung des Führerprinzips vorlegte. Die zuständigen kirchlichen Instanzen wählten sofort den Pastor von Bodelschwingh zum Reichsbischof. Das war nun durchaus nicht nach dem
Sinn der Deutschen Christen, die sich als Nationalsozialisten allein
zur Führung der Reichskirche berufen glaubten. Sie verlangten unter
Führung des Wehrkreispfarrers Müller von Königsberg als Reichsbischof einen Mann, der den Kampf um Deutschlands Freiheit an
der Seite Hitlers mitgeführt habe. Durch nationalsozialistische Massenversammlungen und den Druck der SA wurde Bodelschwingh zum
Rücktritt gezwungen. Die alten protestantischen Führer suchten
Schutz und Hilfe bei Hindenburg, der Hitler am 30. Juni in einem
ernsten Brief seine Sorge über die Entwicklung in der protestantischen
Kirche aussprach. Aber die »Deutschen Christen« setzten Neuwahlen
zu den kirchlichen Vertretungskörpern durch, und Hitler griff zu ihren Gunsten in den Wahlkampf ein. Er erklärte in einer Rundfunkansprache vom 22. Juli 1933, der Staat wünsche eine einzige
Reichskirche; die Kraft der lebendigen Bewegung in der evangelischen
Kirche sei nur bei den Deutschen Christen zu finden, die bewußt
auf den Boden des nationalsozialistischen Staates getreten seien. Schon
vorher, am 13. Juli 1933, hatte die Reichsregierung ein Gesetz über
die Verfassung der deustch-evangelischen Kirche erlassen, in dem die
Bildung einer Reichskirche mit einem Reichsbischof an der Spitze, ein
geistliches Ministerium und als beratende Körperschaft eine National-

synode vorgesehen waren. Durch den rücksichtslosen Terror der SA erlangten die Deutschen Christen bei den Wahlen vom 23. Juli 1933 eine Zweidrittelmehrheit. Wehrkreispfarrer Müller wurde Reichsbischof. Nun wurden überall die alten »Kirchenbonzen« verdrängt, blutjunge Nationalsozialisten als Landesbischöfe eingesetzt, widerstrebende Geistliche gemaßregelt. Durch ein Reichsgesetz vom 7. Juli 1934 ließ sich Reichsbischof Müller ermächtigen, nicht »willige« Mitglieder der Nationalsynode aus dieser Körperschaft zu entfernen. Die durch Ausschluß von 20 nicht willigen Geistlichen gereinigte »Nationalsynode« beschloß dann am 9. August 1934 mit 60 gegen 11 Stimmen, der obersten Kirchenführung unumschränkte Gewalt einzuräumen, alle Geistlichen auf die nationalsozialistische Weltanschauung zu vereidigen, innerhalb der Synode keine Beschlüsse, sondern nur noch eine Aussprache zuzulassen. Am 23. September 1934 wurde Müller im Berliner Dom feierlich in sein Amt eingeführt.

Inzwischen war aber innerhalb der protestantischen Geistlichkeit aus religiösen und organisatorischen Gründen eine starke Gegenbewegung gegen Müller entstanden. Sie erhob insbesondere gegen die Anwendung des Arierparagraphen auf das kirchliche Leben, gegen die Verweisung getaufter Juden und Halbjuden in eine Sonderkirche Bedenken. Unter Führung des Dahlemer Pfarrers Niemöller, eines ehemaligen U-Bootkommandanten, aber früheren Anhänger Hitlers, bildete sich ein Pfarrernotbund, der mit immer größerer Schärfe gegen den Reichsbischof Stellung nahm. Das Ergebnis der Kirchenwahlen von 1933 wurde wegen des ausgeübten unkirchlichen Drucks nicht als rechtsgültig anerkannt. Mit Hilfe von Rechtsgutachten und Gerichtsurteilen wurden die Erlasse und Pfarrersabsetzungen des Reichsbischofs für ungültig erklärt. Gegen die Liebäugelei der »Deutschen Christen« mit dem germanischen Heidentum wurde Einspruch eingelegt. Schließlich wurde eine eigene Bekenntniskirche als Gegenorganisation gegen Müllers Reichskirche gegründet. Innerhalb eines Jahres waren von 16 000 protestantischen Geistlichen in Deutschland von Müller 1200 gemaßregelt worden. Diese abgesetzten Pfarrer blieben vielfach in ihren Gemeinden und hielten in gemieteten Sälen oder Privatwohnungen für ihre treugebliebenen Anhänger eigene Gottesdienste und Predigten ab. Im Herbst 1934 suchte dann der Reichsbischof die Unterwerfung der widerspenstigen Bekenntniskirche und der noch widerspenstigen Landeskirchen mit Gewalt zu erzwingen. Die Landesbischöfe von Württemberg und Bayern wurden ihrer Ämter enthoben und verhaftet, ihre Amtsräume von Polizei besetzt. Da scharten sich in verschiedenen Städten Süddeutschlands, besonders in München und Nürnberg, die Anhänger der Landesbischöfe zusammen und zogen Lutherlieder singend durch die Straßen. Vielfach suchte die Polizei die Züge mit Knüppeln auseinanderzuschlagen, aber gegen den Bekennermut der religiös aufgerüttelten Menge kam sie nicht auf. Am 21. Oktober 1934 verlas der Führer der Bekenntniskirche, Koch in der Pfarrkirche von Dahlem eine Erklärung über die Trennung von der Reichskirche und die Einstellung aller Kirchensteuern an die Gewaltherrschaft des Reichsbischofs. Nun mußte Müller nachgeben, die Landesbischöfe von Bayern und Württemberg wurden wieder in ihre Ämter eingesetzt. Dem Reichsbischof wurde ein Bischofsrat zur Seite gesetzt, der in kollegialer Weise neue Entscheidungen über die Kirchenfragen treffen sollte. Müller gliederte die Landeskirche der altpreußischen Union wieder aus der Reichskirche aus und setzte sich an ihre Spitze als Landesbischof. Der Reichsinnenminister stieß gegen die Anhänger der Bekenntniskirche schwere Drohungen aus, zahlreiche ihrer Versammlungen wurden verboten. Durch die Dienstentlassung des hervorragenden Universitätsprofessors Barth, der aus religiösen Bedenken die Eidesleistung auf Hitler verweigerte, kam es zu weiteren Verwicklungen. Ein Teil der protestantischen Geistlichkeit stand auf dem alten kirchlichen Standpunkt, daß man Gott mehr gehorchen müsse als den Menschen. Der Nationalsozialismus dagegen erhob einen Totalitätsanspruch auch in dieser Richtung und wollte festgestellt wissen, daß der Wille des Führers immer auch der Wille Gottes sei, so daß es einen religiösen Vorbehalt bei der Eidesleistung nicht geben könne. Hitler hatte überdies den Ehrgeiz, eine geschichtliche Ruhmestat sondergleichen zu vollbringen und durch Schaffung einer allen Deutschen gemeinsamen Nationalkirche die durch die Reformation eingetretene Kirchenspaltung zu überwinden. Gegen eine solche Entwicklung setzten sich aber zahllose Katholiken und Protestanten aufs äußerste zur Wehr. Sie hätte wohl nur durch eine neue Jugend abgeschlossen werden können, die den alten kirchlichen Lehren entfremdet und einseitig in nationalsozialistischem Geist erzogen war. Jedenfalls ist es für das deutsche Volk bezeichnend, daß es den Verlust der politischen Freiheit, die ihm im Herbst 1918 zugefallen war, leichter ertrug als Eingriffe in die Gewissensfreiheit, die im 16. und 17. Jahrhundert von ihm mit Strömen Blutes erkämpft worden ist. Luthers Lehre von der Freiheit des Christenmenschen hat sich wider Erwarten als ernsthafter Widerpart gegenüber dem Totalitätsanspruch erwiesen.

In der Wirtschaft hat der Nationalsozialismus ein viel leichteres Spiel gehabt. Hier konnte er sich mit dem äußerlichen Machtschein begnügen, weil sein wirtschaftspolitisches Ziel nicht etwa in der Ersetzung des kapitalistischen Wirtschaftssystems durch ein wirklich sozialistisches, sondern nur in der Unterordnung der kapitalistischen Wirtschaft unter die Staatsführung bestand. Wie im Faschismus wurde vom Nationalsozialismus der Gegensatz zwischen Kapital und Arbeit verneint und durch eine Art nationalen Solidarismus zu vermischen und aufzuheben gesucht. In der starken Abhängigkeit Hitlers von den Männern der Schwerindustrie lag es begründet, daß dabei nach den Wünschen der Großindustrie die Arbeiterschaft ihrer früheren Rechte beinahe völlig beraubt wurde. Auch in der Landwirtschaft begnügten sich die Nationalsozialisten im wesentlichen mit einer Erhöhung der Preise für landwirtschaftliche Erzeugnisse, die von ihnen beabsichtigte Siedlungspolitik scheiterte an dem Widerspruch der Junker, die in der Reichswehr eine starke Stütze hatten. Sie wurde dann für die Landstriche vorgesehen, die nach Hitlers und Rosenbergs außenpolitischen Absichten dem deutschen Bauern im slawischen Osten erobert werden sollten.

Die Gleichschaltung der großen Wirtschaftsorganisationen ging ohne nennenswerten Widerstand vor sich. In den Arbeitgeberverbänden, besonders im Reichsverband der Deutschen Industrie, im Langnameverein, im Hansa-Bund, dann in den Industrie- und Handelskammern wurden Nationalsozialisten in führende Stellungen gebracht und die ihnen wenig gewogenen Persönlichkeiten, wie der Geheimrat Kastel, ausgeschaltet. Am 15. Juli 1933 wurde ein Generalrat der Wirtschaft geschaffen, der zur Beratung in allen wirtschaftlichen Fragen der Reichsregierung zur Seite stehen sollte. Die alten Wirtschaftsführer, wie Krupp von Bohlen und Halbach, v. Siemens, Thyssen und Dr. Vögler, übten darin lange Zeit den maßgebenden Einfluß aus. Die entscheidende Persönlichkeit wurde aber schließlich Dr. Schacht, der von Hitler an Stelle Dr. Luthers wieder zum Präsidenten der Reichsbank gemacht worden war. Er war auch der wirkliche Leiter des Wirtschaftsministeriums und übte auf Grund eines wirtschaftlichen Ermächtigungsgesetzes vom 3. Juli 1934, durch das er alle Maßnahmen treffen konnte, die er zur Förderung der deutschen Wirtschaft sowie zur Verhütung und Beseitigung wirtschaftlicher Schädigungen für notwendig hielt, eine Wirtschaftsdiktatur aus, die ein Gegenstück zur politischen Diktatur Hitlers bildete. Sie war gekennzeichnet durch die Wiederheranziehung der alten Bürokratie des Reichswirtschaftsministeriums und die Eingliederung aller Wirtschaftsorganisationen in den nationalsozialistischen Staat. Die Entwicklung zum Staatskapitalismus kam in vollen Gang.

Eine Vereinigung von Arbeitnehmern zur Wahrnehmung ihrer wirtschaftlichen Interessen bestand nicht mehr. Bereits mit Gesetz vom 6. Mai 1933 wurden staatliche Treuhänder der Arbeit mit dem Recht ernannt, an Stelle von Vereinigungen der Arbeitnehmer und Arbeitgeber rechtsverbindlich die Bedingungen für den Abschluß von Arbeitsverträgen nach den Richtlinien und Weisungen der Reichsregierung zu regeln. So wurden die von den Nationalsozialisten in der »Deutschen Arbeitsfront« zusammengefaßten alten Gewerkschaften ihrer wichtigsten Aufgabe beraubt. Durch das Gesetz zur Ordnung der nationalen Arbeit vom 20. Januar 1934 wurde der Arbeitsvertrag in ein feudales Treueverhältnis zwischen dem einzelnen Unternehmer, dem »Führer« des Betriebs, und den im Betrieb beschäftigten Arbeitnehmern, den »Gefolgsleuten«, der frühere Betriebsrat in einen von Unternehmergunst abhängigen und der Aufsicht des Treuhänders der Arbeit, also einem Reichsbeamten unterstellten Vertrauensrat umgewandelt. Der Kollektiv-Arbeitsvertrag wurde durch Betriebsordnungen für die einzelnen Arbeitsstätten ersetzt. Damit wurde die »Arbeitsfront« aller gewerkschaftlichen Aufgaben überhaupt enthoben. Sie diente lediglich noch der Erfassung der Arbeitnehmer für den Nationalsozialismus und der Einsammlung von Beiträgen für die Nationalsozialistische Partei. Vorerst aber war es den Nationalsozialisten nicht gelungen, die große Masse der Arbeitnehmer für den Nationalsozialismus zu erobern, bei den Wahlen der Betriebsvertrauensmänner im Frühjahr 1934 wurden zur Überraschung Hitlers die nationalsozialistischen Listen von der Arbeiterschaft überwiegend abgelehnt.

Die Herabminderung der Zahl der Arbeitslosen um 2 bis 3 Millionen Menschen in Deutschland glückte den Nationalsozialisten durch Abwanderung zahlreicher weiblicher Arbeitskräfte in die Hauswirtschaft, durch die Überführung städtischer Arbeitsloser in die Landhilfe, durch Herausnahme der jugendlichen Arbeitkräfte aus den Betrieben und ihre Pressung zum »freiwilligen« Arbeitsdienst, durch Einstellung zahlreicher Menschen in die nationalsozialistischen Wehrformationen und in die Reichswehr, durch die Inangriffnahme öffentlicher Arbeiten und durch die militärische Aufrüstung, die mit größter Schnelligkeit und in größtem Umfang in Gang gesetzt wurde. Diese »Arbeitschlacht« ist fast ausschließlich durch Kreditausweitung finanziert worden.

Die Stellung der nationalsozialistischen Parteidiktatur zur Reichswehr wurde bestimmt durch den Vertrag, den Hitler am 30. Januar 1934 mit Hindenburg und der Reichswehrgeneralität abgeschlossen hat. Darin war die Reichswehr zur alleinigen Waffenträgerin der deutschen Nation bestimmt. Sie nahm deshalb dem Nationalsozialismus gegenüber eine Sonderstellung ein. Der Gefreite Hitler war lange weder machtpolitisch noch geistig stark genug, auch diesen Vertrag zu brechen. Als Röhm, der den Generalen der Reichswehr geistig unbefangener gegenüberstand und eine feinere Witterung für die Notwendigkeiten des nationalsozialistischen Totalitätsanspruchs besaß, in Gegensatz zu der Reichswehr geriet, wurde er von Hitler im Stich gelassen. Die Reichswehr verlangte auch aus außenpolitischen Gründen, um die von ihr als unumgänglich angesehene Vermehrung ihrer Stärke auf 300 000 Mann mit Hilfe Englands durchsetzen zu können, eine fühlbare Herabsetzung des militärisch ziemlich wertlosen, aber vom Ausland mit Mißtrauen betrachteten Millionenheeres der SA. Röhm dagegen forderte umgekehrt die Stelle des Reichswehrministers für sich, ferner die Ergänzung der Reichswehr aus den Reihen der SA und die Übernahme der SA-Offiziere mit gleichem Rang in die Reichswehr. Er drang in der Reichsregierung gegen Hitler nicht durch, wurde zunächst beurlaubt und spann zweifellos an Racheplänen herum. Ehe diese Pläne greifbare Gestalt annahmen, jedenfalls vor Vollendung der Vorbereitungen, fiel Hitler mit der SS-Garde am 30. Juni 1934 über seinen Freund her und ließ Röhm mit einer ganzen Anzahl seiner Unterführer in der SA, wie Heines, Ernst, Bredereck, Schneidhuber und viele andere, erschießen. Da die SS im Zuge war, wurden von ihr auch ehemalige Gegner der Nationalsozialisten, wie General Schleicher mit seiner Frau, katholische Führer aus der Umgebung Papens wie Dr. Klausener, der 70jährige ehemalige bayerische Generalstaatskommissar v. Kahr und auch Gregor Strasser mit in den Tod geschickt. Die Zahl der Opfer hat Hitler in seiner Rechtfertigungsrede im Reichstag mit 77 angegeben, sie ist aber zweifellos bedeutend höher. Hitlers Herrschaft war durch diese angebliche »Revolution« in keiner Weise ernstlich bedroht, die Millionen der SA sahen ruhig zu, wie ihre Führer abgeschlachtet wurden. Das Blutbad erregte im Ausland Grauen und Entsetzen, die Reichsregierung aber erklärte auf Antrag des Reichsjustizministers die vollzogenen Maßnahmen als Staatsnotwehr für rechtens. Die SA wurde ihrer Waffen beraubt und verkleinert. Gegen Ende des Jahres 1934 wurde auch die SS auf Verlangen der Reichswehr, vermutlich ebenfalls aus außenpolitischen Gründen, mit Ausnahme einer Division von 9000 Mann, die unmittelbar unter den Oberbefehl der Reichswehr kam, ihres bisherigen Charakters als militärische Truppe entkleidet und ihrer Militärwaffen beraubt. Die nationalsozialistische

Parteidiktatur verfügte nunmehr über keine schlagkräftige Partei-truppe mehr und war machtpolitisch von der Reichswehr abhängig geworden. Hitlers persönliche Stellung hatte sich dagegen seit der Ver-nichtung der anderen Parteien im Sommer 1933 weiter gehoben. Er holte für den Austritt Deutschlands aus dem Völkerbund vom 14. Oktober 1933 nicht nur die Willensmeinung des deutschen Volkes ein, sondern benützte diesen Anlaß auch dazu, den Reichstag aufzu-lösen und einen neuen wählen zu lassen. Wie im faschistischen Italien durften aber die Wähler nur über die von der Nationalsozialistischen Partei aufgestellten Listen abstimmen. Gegen diese Liste wurden in der Reichstagswahl vom 12. November 1933 nur etwas über zwei Millionen Stimmen abgegeben. Der neue Reichstag gab der Reichs-regierung einstimmig ein neues Ermächtigungsgesetz. Dieses Gesetz vom 30. Januar 1934 erlaubte der Reichsregierung, nach Belieben »neues Verfassungsrecht zu setzen«. Die Rechte des Reichspräsidenten waren von einer Neuregelung nicht mehr ausgenommen worden. Hin-denburg war seitdem ein von Hitler geduldeter Mann. Innerhalb der Reichsregierung herrschte schon seit April 1933 das Führerprinzip, es wurde nicht mehr abgestimmt, sondern die letzte Entscheidung von Hitler allein gefällt. Am 2. August 1934 starb der Reichspräsident auf seinem Gut Neudeck, schon seit dem 30. Januar 1933 ein poli-tisch toter Mann. Das Schicksal hatte ihn dazu bestimmt, nicht nur den Weltkrieg, sondern auch die deutsche demokratische Republik, auf deren Verfassung er den Treueid geleistet hatte, zu verspielen. Schon vor seinem Tod hatte die Reichsregierung ein Gesetz erlassen, das die Ämter des Reichspräsidenten und des Reichskanzlers in der Person Hitlers vereinigte. Durch eine Volksabstimmung vom 19. Au-gust 1934, bei der sich die Gegnerschaft gegen Hitler trotz allen Wahlterrors und aller Wahlfälschung gegenüber dem 12. November 1933 verdoppelte, wurde der Alleinherrschaft Hitlers nachträglich ein demokratisches Mäntelchen umgehängt. Seitdem bezeichnete sich Hit-ler als Reichsführer auf Lebenszeit. Nach dem äußeren Anschein ver-einigte er in seiner Person die größte Machtfülle, die in germanischen Landen jemals einem einzelnen Mann anvertraut war. Reichsregie-rung und Reichstag waren seine Werkzeuge. Er war Oberbefehls-haber der Reichswehr und der gesamten Polizei im Deutschen Reich und unumschränkter Beherrscher der vom Staat allein zugelassenen Partei, seit 30. Juni 1934 als oberster Gerichtsherr des deutschen Vol-kes, als unumschränkter Herr über Leben und Tod jedes deutschen Staatsbürgers anerkannt. Seine Herrschaft unterschied sich ihrem We-sen nach grundsätzlich von dem Weimarer Staatssystem. In diesem

war der Staat als eine Gemeinschaft von Freien und Gleichen aufgefaßt, wie sie bei allen europäischen Völkern, insbesondere auch bei
den Deutschen, bei ihrem Eintritt in die Geschichte bestand, durch
die zahlreichen Gewaltverhältnisse des Mittelalters immer wieder
durchschimmerte und seit der großen Französischen Revolution das
Staatsideal der abendländischen Kulturwelt geworden ist. Alle
Staatsbürger sind hier vor dem Gesetz gleich, Vorrechte der Geburt,
des Standes, Besitzes oder der Leistung bestehen nicht. Die öffentliche Gewalt ist durch gewisse angeborene Grundrechte des einzelnen
Staatsbürgers, wie Gewissensfreiheit usw., beschränkt. Ziel und Richtung der Staatspolitik werden durch die Gesamtheit der Staatsbürger bestimmt, die nach Weltanschauung, wirtschaftlichen oder anderen
Interessen zu politischen Verbänden zusammentreten und unter gleichen Kampfbedingungen um die Anerkennung ihrer Grundsätze
durch eine Mehrheit des Volkes ringen. Die politischen Führer werden demgemäß durch Mehrheitsentscheid des Volkes gewählt. Recht
wird nach den von der Volksmehrheit gegebenen Gesetzen durch
Richter gesprochen, die von der Staatsgewalt unabhängig und nur
ihrem Gewissen unterworfen sind. Das Erziehungswesen strebt die
Ausbildung der körperlichen und geistigen Anlagen, die Erzielung der
von den großen Sittenlehren der Menschheit bestimmten Persönlichkeit an. Außenpolitisches Ziel der Gemeinschaft ist nicht kriegerische
Eroberung, sondern neben der selbstverständlichen Selbstbehauptung
der friedliche Wettbewerb der Völker, die Hebung des allgemeinen
Wohlstands durch Güteraustausch, die Schlichtung aller Streitigkeiten
durch Schiedsgerichte, die Zusammenarbeit aller Nationen für den
Fortschritt der Menschheit.

Im Gegensatz dazu faßte der Nationalsozialismus den Staat als
Herrschaftsverhältnis auf. Seine Leitung stand nicht mehr der Gesamtheit der Staatsbürger, sondern einem durch den Zufall der Geschichte an die Spitze des Staates aufgestiegenen Führer zu, der seine
Spießgesellen, die er als die höchstwertigen Männer des ganzen Volkes ausgab, zu seinen Mitarbeitern ernannte. Diese Führerschicht
allein übte die Staatsgewalt aus, die große Mehrheit des Volkes
war nur Gegenstand ihrer Herrschaft, zum Verzicht auf eigene
Meinungsäußerung, zu blindem Gehorsam verpflichtet. Menschenrech-
te bestanden nicht, der Staat war auf allen Gebieten, auch im Bereich
des Religiösen, grundsätzlich unumschränkt. Der Staatszweck war
oberstes Gesetz, die Herrschaft der Moral im Staatsleben, wie sie
der Philosoph Kant fordert, wurde abgelehnt. Recht war, was dem
Staat nach Meinung der auserlesenen Führerschicht, also in Wirklich-

keit ihr selber, nützte. Alle gesellschaftlichen Beziehungen unter den Staatsbürgern bis zum Arbeitsvertrag wurden als Gefolgschaftsverhältnisse gedeutet. So wurde eine Einrichtung, die einem germanischen Häuptling dazu diente, mit angeworbenen, berufsmäßigen Raufbolden kriegerische Raubzüge in fremde Länder zu unternehmen, zum Lebensgesetz der deutschen Nation erklärt. Das vornehmste Ziel der Erziehung war körperliche Ertüchtigung, Ausbildung zum Krieger mit bedingungsloser Opferbereitschaft für die Führung, unter bewußter Vernachlässigung der Geistigkeit. Die christlichen Tugenden der Milde, der Demut und der Barmherzigkeit wurden ebenso wie das klassische Humanitätsideal oder europäische Kulturgesinnung abgelehnt. Den einzigen Inhalt einer sogenannten Sittenlehre bildete der Rassenmythus, die Lehre von der Überlegenheit der nordischen Rasse und ihrem dadurch gegebenen natürlichen Anrecht auf Vorherrschaft in der ganzen Welt. Da hiernach Blut stärker war als der Geist, konnte der Friede nur als Waffenstillstand zwischen den Kriegen, die Außenpolitik nur ein Kampf ums Dasein mit dem Endsieg des rassisch Besten über den Minderwertigen sein. Das ganze geistige Leben der Nation wurde gleichgeschaltet, dem Staatszweck untergeordnet, von der Willkür des Führers abhängig und in jeder Äußerung seiner Oberaufsicht unterworfen. Die Furcht vor dem Tyrannen und seinen grausamen Schergen hatte wieder, wie unter dem fürstlichen Absolutismus, Heuchelei und Angebertum, Knochenerweichungen und niedrigste Schmeichelei zu Bürgertugenden gemacht. Selbst Wissenschaftler von Rang, wie der Staatsrechtslehrer Schmitt, fanden sich, die jede Gewalttat, jede Verhöhnung göttlichen und menschlichen Rechts durch das herrschende Gesindel mit allem Aufwand scharfsinniger Gelehrsamkeit »begründeten« und die Willkür als höchste Gerechtigkeit priesen. Die heranwachsende Jugend wurde einseitig, unter gewissenloser Verfälschung der Geschichte bis in die grauste Vorzeit hinauf, im nationalsozialistischen Sinn erzogen und zum willenlosen Werkzeug und Opfer machtpolitischer Ziele des Staatstyrannen gedrillt. Das Schicksal einer Alleinherrschaft aber, deren Ziel nicht die Wohlfahrt des Volkes, sondern nur dessen Aufopferung für den Ruhm des Alleinherrschers und für geschichtlichen »Heroismus« war, konnte früher oder später nur die Verstrickung in kriegerische Abenteuer sein. Ob dann an ihrem Ausgang die siegreiche Behauptung und die Wiederaufrichtung einer deutschen Vorherrschaft über Europa oder die Zertrümmerung des Deutschen Reiches steht, hängt nicht nur von tatsächlichen und willensmäßigen Kräften der Tyrannis Hitlers, sondern von dem Zufall der Geschichte ab.

Trotz allem wurden die Gegenkräfte gegen Hitlers Alleinherrschaft im deutschen Volk nicht ausgetilgt. Der Marxismus, den Hitler zerbrechen wollte, war schwer verwundet, aber er atmete noch. Die größten Anstrengungen der nationalsozialistischen Parteidiktatur, ihm den Todesstoß zu versetzen, sind vergeblich geblieben. Umsonst haben sie vor allem die ins Ausland geflüchteten Marxisten außerhalb des bürgerlichen Rechtes gestellt. Nach einem Gesetz vom 14. Juli 1933 konnte ihnen die Staatsangehörigkeit aberkannt, ihr inländisches Vermögen eingezogen werden. Es genügte, daß sie auch nur einer Aufforderung zur Rückkehr in die Konzentrationslager des Dritten Reiches nicht nachkamen. Die Nationalsozialisten schreckten nicht einmal davor zurück, Frauen und Kinder politischer Flüchtlinge als Geiseln zu verhaften und in Konzentrationslager zu sperren. Die Fälle Scheidemann und Seeger sind der Außenwelt bekanntgeworden, Dutzende von anderen nicht. Alle geistigen Verbindungen des Auslands mit Anhängern der marxistischen Parteien im Inland wurden mit grausamer Strenge unterdrückt. Nach dem von Göring veranlaßten Blutgesetz zur »Gewährleistung des Rechtsfriedens« vom 13. Oktober 1933 wurde auf jeden Hochverrat und auf die Herstellung, Verbreitung oder das Vorrätighalten einer hochverräterischen Druckschrift auch im Ausland oder die Einführung und Verbreitung einer solchen in das Deutsche Reich oder die Förderung eines im Ausland begangenen Hochverrats im Inland die Todesstrafe gesetzt. Für das Unternehmen der Einführung einer Druckschrift zu staatsgefährdenden Zwecken ins Inland war Zuchthausstrafe vorgesehen. Nach dem Gesetz vom 14. Dezember 1934 wurde sogar die Aufstellung oder Verbreitung unwahrer oder gröblich entstellter Behauptungen tatsächlicher Art, die geeignet sind, das Wohl des Reiches oder das Ansehen der Reichsregierung oder der Nationalsozialistischen Partei zu schädigen, mit Gefängnis, gehässige, hetzerische oder von niedriger Gesinnung zeugende Äußerugen über leitende Persönlichkeiten des Staates oder der Nationalsozialistischen Partei wurden, wenn nach Auffassung eines Gerichts die Absicht der Erregung eines Aufruhrs oder von Angst und Schrecken in der Bevölkerung damit verbunden war, in schweren Fällen sogar mit dem Tode bestraft. Die Aburteilung politischer Verbrechen wurde durch ein Gesetz vom 4. April 1934 gemäß den alten Wünschen Hitlers auf Errichtung eines Nationaltribunals einem Volksgerichtshof übertragen, dessen Spruchkammern sich aus zwei Berufsrichtern und drei Funktionären der Nationalsozialistischen Partei, darunter nach Weisung Görings Fliegeroffizieren, zusammensetzten. Die Bestellung eines Verteidigers vor diesem Gericht war von der Genehmigung des Vorsitzenden abhängig, die Voruntersuchung konnte wegfallen, der Eröffnungsbeschluß entfiel, das Urteil brauchte nicht einmal öffentlich verkündet zu werden, ein Rechtsmittel dagegen gab es nicht. So wurden durch Blutjustiz und Polizeiwillkür jede Auflehnung gegen die Diktatur Hitlers unmöglich gemacht.

Die Organisationen der Arbeiter waren vernichtet, die Führer getötet, in Konzentrationslager oder Gefängnisse gesperrt oder durch Not und Elend zum Schweigen verurteilt oder ins Ausland gejagt. Trotzdem lebte der sozialdemokratische Glaube und die Gemeinschaft der Bekenner der sozialdemokratischen Lehre unter der Decke des Dritten Reiches fort. Diese Vereinigung der unbeugsamen Sozialdemokraten begnügte sich nicht damit, in Geduld und Zuversicht das Ende des »tausendjährigen« Reiches Hitlers abzuwarten, sondern sie führte im geheimen gegen die Herrschaft der braunen Barbaren einen zähen und verbissenen Kampf. Sie hatte sich vornehmlich die Verbreitung der Wahrheit unter dem deutschen Volk zur Aufgabe gestellt. Obwohl überall der Tod auf ihre Sendboten lauerte, war der Geist der Freiheitskämpfer nicht zu unterdrücken. Allmählich wurde der Glaube an Hitlers göttliche Berufung in weiten Volkskreisen erschüttert, das deutsche Volk seufzte unter der Last der Ketten und bäumte sich schon zuweilen dagegen auf. Die antikapitalistische Sehnsucht hatte nach dem eigenen Zugeständnis der Nationalsozialisten ihnen einstmals große Schichten der Besitzlosen in die Arme geführt. Sie hatten ihnen eine Verbesserung der Lebenslage, einen wahrhaft deutschen Sozialismus versprochen. Nun sahen sie zu ihrer schmerzlichen Enttäuschung, daß sie mit Haut und Haaren einer rücksichtsloseren kapitalistischen Herrschaft als je und der Massenarmut ausgeliefert waren. So stießen zu den Millionen, die der sozialdemokratischen Lehre treu geblieben waren, die Millionen der Betrogenen, die vormals auf die sozialistischen Redensarten eines Hitler und Dr. Goebbels hereingefallen waren. Man kann Millionen von Menschen durch Feste und alle Kunstgriffe einer aufs höchste entwickelten und auf die Massenwirkung aufs sorgfältigste berechneten Propaganda eine Zeitlang täuschen und irreführen, zuletzt muß aber die Wahrheit über die Lüge, die Gerechtigkeit über das Zwangsrecht und der Geist der Freiheit über die Knechtschaft siegen, nach den Erfahrungen der Geschichte menschliche Gemeinschaft auf die Dauer ohne ein Mindestmaß von Wahrheit, Gerechtigkeit und Freiheit nicht bestehen kann.

Kommentiertes Personenregister

Abegg, Dr. Wilhelm (geb. 1876 Berlin, gest. 1951 Baden-Baden), stellvertr. Leiter des Landespolizeiamtes in Berlin, später ins preußische Staatsministerium des Innern berufen, richtete die Schutzpolizei ein und leitete die Polizeiabteilung bis zu seiner Berufung als Staatssekretär 1926, im Juli 1932 von Papen abgesetzt, 1933 emigrierte er in die Schweiz, Mitglied der Deutschen Demokratischen Partei, später Staatspartei 345

Adenauer, Konrad (geb. 1876 Köln, gest. 1967 in Rhöndorf), 1906 Beigeordneter der Stadt Köln, 1917 Oberbürgermeister, 1920—33 Präsident des preußischen Staatsrates, 1933 entlassen, nach dem 20. Juli 1944 vorübergehend verhaftet, 1945 wieder Oberbürgermeister von Köln, von 1949 bis 1963 Bundeskanzler 378

Arco-Valley, Anton Graf v. (geb. 1897 St. Martin/Österreich, gest. 1945 bei Salzburg), ehemaliger Offizier, erschoß am 21. 2. 1919 Kurt Eisner, zum Tode verurteilt, zu lebenslänglicher Festungshaft begnadigt, 1924 Aussetzung des Strafvollzugs 38, 40, 64, 87, 295

Auer, Erhard (geb. 1874 bei Passau, gest. 1945 Giengen an der Brenz), 1907 Abgeordneter des Bayerischen Landtages, 1908 Landessekretär der SPD in Bayern, 1918 Bayerischer Staatsminister des Innern, 1919 durch ein Attentat schwer verletzt, Rücktritt, 1920 Vizepräsident des Bayerischen Landtages, 1933 von der SA mißhandelt, lebte während der Nazizeit unter falschem Namen im Schwarzwald 35, 38, 40, 87, 97, 118, 182

Bauer, Gustav (geb. 1870 Darkehnen, gest. 1944 Berlin), Gehilfe in einem Anwaltsbüro, Mitbegründer des Verbandes der Büroangestellten, 1912 Reichstagsabgeordneter der SPD, 1908—18 2. Vorsitzender der Generalkommission der Freien Gewerkschaften, 1919 Staatssekretär im Kabinett Prinz Max von Baden, 1919 Reichskanzler, Rücktritt nach dem Kapp-Putsch 24, 50, 52, 71, 73, 77 f.

Bauer, Hermann (geb. 1884 Deuttenheim), Studienprofessor, 1922 Vorsitzender der vaterländischen Verbände Bayerns, 1924—1933 Landtagsabgeordneter der DNVP 162

Bauer, Max (geb. 1869, gest. 1929 Shanghai), Oberst, während des Weltkrieges Abteilungschef in der obersten Heeresleitung, führend am Kapp-Putsch beteiligt, danach Flucht ins Ausland, 1925 amnestiert, militärischer Berater Tschiang Kai-Scheks 61, 67, 69 f., 105

Baur, Karl (geb. 1902, ermordet 1923), Student, Mitglied der O. C., des Schutz- und Trutz-Bundes, des Roßbachbundes, des Blücherbundes und der Deutschvölkischen Freiheitspartei, half den Rathenaumördern, Privatsekretär des Privatdozenten Dr. Arnold Ruge, auf dessen Betreiben ermordet 98, 243

Bazille, Dr. Wilhelm (geb. 1874 Eßlingen, 1934 Stuttgart Selbstmord), Mitglied des Reichstags und des Württembergischen Landtages für die DNVP,

1924 Staatspräsident von Württemberg und Kultusminister, 1928–33 erneut württembergischer Kultusminister 108

Bell, Dr. Georg, zeitweilig Adjutant von Röhm, April 1933 von der SS auf österreichischem Boden erschossen 358, 391

Below, Otto von (geb. 1857 Danzig, gest. 1944 bei Göttingen), General, während des 1. Weltkrieges Führer der 8. Armee in Ostpreußen, später einer Heeresgruppe in Mazedonien, an der Westfront und in Italien; nach dem Kriege Vorsitzender der vaterländischen Verbände in Norddeutschland 68, 172

Bermondt-Awaloff (infolge Adoption Fürst Awaloff-Bermondt), russischer Oberst, geb. 1880 in Sibirien, kämpfte 1918 in Kurland gegen die Bolschewisten 59

Bernhard, Georg (geb. 1875 Berlin, gest. 1944 New York), Bankbeamter, Buchhalter u. Börsenvertreter bis 1898, 1898–1903 Handelsredakteur der »Berliner Morgenpost«, dann Chefredakteur der »Vossischen Zeitung«, Verlagsdirektor bei Ullstein, Mitglied des Reichstags für die Deutsche Demokratische Partei. 1933 Emigration 351

Bernstein, Eduard (geb. 1850 Berlin, gest. 1932 Berlin), Bankkaufmann, 1878 Schweiz, 1888 nach London, bis 1890 Redakteur des »Sozialdemokrat«, 1901 Rückkehr nach Deutschland, Mitglied des Reichstags SPD, 1917 USPD, später wieder SPD, führender Kopf der Revisionisten 78, 118

Best, Dr. Werner (geb. 1903 Darmstadt), 1930 NSDAP, Verfasser der Boxheimer Dokumente, 1933 Polizeipräsident in Hessen, bis 1940 gehörte er zur Führung des SD, 1942 Bevollmächtigter des Deutschen Reiches in Dänemark; 1948 zum Tode verurteilt, 1950 zu längerer Gefängnisstrafe begnadigt, 1951 entlassen 266, 308

Bischoff, Josef, Major, Führer der Eisernen Division im Baltikum unter Generalmajor v. d. Goltz, am Kapp-Putsch beteiligt 59, 67, 81

Bismarck, Herbert von (geb. 1884 Stettin, gest. 1955 Wiesbaden), 1918–31 Landrat des Kreises Regenwalde und Gutsbesitzer, 1931–33 Reichstag (DNVP), 1. 2. 1933 Staatssekretär im preußischen Staatsministerium des Innern, nach 2 Monaten entlassen, Gründer des »Kampfringes«, einer Wehrorganisation der DNVP nach dem Abfall des Stahlhelms; lebte bis 1945 auf seinem Gut in Pommern, nach 1945 Sprecher der Pommerschen Landsmannschaft 404

Blomberg, Werner (geb. 1878 Stargard, gest. 1946 Kriegsverbrechergefängnis in Nürnberg), 1927 Chef des Truppenamtes im Reichswehrministerium, 1929 Befehlshaber im Wehrkreis I, 1933 Reichswehrminister, 1935 Reichskriegsminister und Oberbefehlshaber der Wehrmacht, 1936 Generalfeldmarschall, 1938 wegen privater Verhältnisse verabschiedet 372, 403

Bolz, Dr. Eugen (geb. 1881 Rottenberg a. N., 1945 Plötzensee hingerichtet), Mitglied des Reichstags seit 1912, 1924 württembergischer Minister des Innern, 1928–33 württembergischer Staatspräsident und Minister des Innern, nach 1933 an der Widerstandsbewegung gegen Hitler beteiligt, nach dem 20. Juli 1944 verhaftet 381

Bracht, Dr. Franz (geb. 1877 Berlin, gest. 1933 Berlin), 1923 bis 1924 Staatssekretär in der Reichskanzlei, 1924 Oberbürgermeister von Essen, 1932 Stellvertretender Reichskommissar in Preußen und Reichsminister ohne Geschäftsbereich im Kabinett Papen; Reichsminister des Innern im Kabinett Schleicher   344 f., 360, 362 f.

Braun, Magnus Freiherr von (geb. 1878 Neucken/Ostpreußen, gest. 1976 Oberaudorf), seit 1906 im Staatsdienst, zuletzt als Regierungspräsident von Gumbinnen, 1926 Generaldirektor der deutschen Raiffeisen-Organisation, 1932 Ernährungsminister im Kabinett Papen, 1933 Rücktritt, lebte bis Kriegsende auf seinem Gut in Oberwiesenthal/Niederschlesien, danach in Oberaudorf/Inn   285, 363

Braun, Otto (geb. 1872 Königsberg, gest. 1955 Locarno), Buchdrucker, später Redakteur, 1913 Mitglied des preußischen Abgeordnetenhauses (SPD), 1920 Mitglied des Reichstags, 1918—1921 preußischer Landwirtschaftsminister, 1920—1933 preußischer Ministerpräsident, 1933 Emigration (Schweiz)   78, 200, 237, 262, 273, 277, 290, 378, 381

Brauns, Dr. Heinrich (geb. 1868 Köln, gest. 1939 Lindenberg/Allgäu), zuerst Seelsorger, seit 1900 Direktor des Volksvereins für das katholische Deutschland in Mönchen-Gladbach, Leiter der Organisationsabteilung und der volkswirtschaftlichen Kurse, seit 1920 Mitglied des Reichstags (Zentrum), 1920—28 Reichsarbeitsminister   173

Bredt, Prof. Dr. Johann Viktor (geb. 1879 Marburg, gest. 1940 Marburg), seit 1918 Ordinarius für Staats-, Verwaltungs- und Kirchenrecht an der Universität Marburg, unter Brüning Reichsjustizminister, seit 1924 Vorsitzender der Wirtschaftspartei des deutschen Mittelstandes, Mitglied des Reichstags 1924—33   251, 334

Breitscheid, Rudolf (geb. 1874 Köln, gest. 1944 KZ Buchenwald bei einem Luftangriff), ursprünglich Angehöriger der Freisinnigen Partei, 1920—1933 Mitglied des Reichstags (bis 1922 USPD, dann SPD, »der« Außenpolitiker der SPD-Fraktion), 1933 emigrierte er nach Frankreich, 1941 wurde er von der Gestapo in Paris verhaftet, ins KZ Buchenwald gebracht   118, 328, 348

Brockdorff-Rantzau, Ulrich Graf von (geb. 1869 Schleswig, gest. 1928 Berlin), 1912 deutscher Gesandter in Kopenhagen, 1918 Staatssekretär des Auswärtigen, 1919 Reichsaußenminister, führte die deutsche Friedensdelegation in Versailles, Rücktritt, da er die Unterzeichnung des Friedensvertrages ablehnte, 1922 bis zu seinem Tode deutscher Botschafter in Moskau   50

Brüning, Dr. Heinrich (geb. 1885 Münster, gest. 1970 Norwich), 1920—30 Geschäftsführer des Deutschen Gewerkschaftsbundes (Dachorganisation der christlichen Gewerkschaftsgruppen), 1924 Reichstag (Zentrum), 1929 Fraktionsvorsitzender des Zentrums, 1930—32 Reichskanzler, 1933 Vorsitzender der Zentrumspartei, 1933 Exil in USA   10, 230, 232—236, 246, 248, 250, 253 f., 257, 259, 261, 329, 380, 394

Buch, Walter (geb. 1883 Bruchsal, 1949 Selbstmord), Major a. D., 1918 verabschiedet, 1922 NSDAP, 1923 am Hitler-Putsch beteiligt, 1927 in die Reichsleitung der NSDAP (Untersuchungs- und Schlichtungsausschuß), 1933 Vorsitzender des Obersten Parteigerichtes der NSDAP; 1945 verhaftet, als Hauptschuldiger eingestuft, 1949 aus dem Gefängnis entlassen, danach Selbstmord durch Ertrinken 255, 358

Buchrucker, Bruno Ernst, Major, nach dem 1. Weltkrieg Freikorpsführer, dann Reichswehroffizier, Organisator der »Schwarzen Reichswehr«, 1923 Putsch in Küstrin, zu 10 Jahren Festungshaft verurteilt, 1927 amnestiert, gründete 1930 zusammen mit Otto Strasser die »Kampfgemeinschaft revolutionärer Nationalsozialisten« (Schwarze Front) 72, 160, 203

Buttmann, Dr. Rudolf (geb. 1885 Marktbreit, gest. 1947 München), 1924—1933 nationalsozialistischer Abgeordneter im Bayerischen Landtag, seit 1925 Fraktionsführer, 1933 auch Reichstag, Ministerialdirektor im Reichsinnenministerium (Leiter der Kulturabteilung), 1935 Generaldirektor der Bayerischen Staatsbibliothek 40

Claß, Heinrich (geb. 1868 Alzey, gest. 1953 Jena), Justizrat, 1908 Vorsitzender des Alldeutschen Verbandes, Inhaber der »Deutschen Zeitung« Berlin, dort bis 1933 publizistisch tätig, 1933 Reichstag (NSDAP) 128, 149, 162, 173, 188, 203, 263, 306, 308, 351, 353

Cossmann, Prof. Paul Nikolaus (geb. 1869 Moskau, gest. 1942 KZ Theresienstadt), Herausgeber der »Süddeutschen Monatshefte« seit 1903 115

Cuno, Dr. Wilhelm (geb. 1876 Suhl, gest. 1933 Hamburg), 1918 Generaldirektor bei der Hamburg-Amerika-Linie, 1922—23 Reichskanzler, dann wieder Hamburg-Amerika-Linie 108, 153, 159

Curtius, Dr. Julius (geb. 1877 Duisburg, gest. 1948 Heidelberg), Jurist, schriftstellerisch und politisch tätig in Heidelberg bis 1924, dann Rechtsanwalt in Berlin, seit 1920 Reichstag (DVP), 1925 Reichswirtschaftsminister im Kabinett Luther, 1929 Reichsaußenminister als Nachfolger von Stresemann 232, 263

Darré, Richard Walter (geb. 1895 Belgrano/Argentinien, gest. 1953 München), 1925 Diplomlandwirt, bis 1930 verschiedene Staatsstellungen, 1930 NSDAP, Leiter des Agrarpolitischen Apparates der Partei, ab 1933 Reichsnährstand, den er als Reichsbauernführer leitete, zugleich Reichsernährungsminister, 1942 beurlaubt; im Wilhelmstraßenprozeß zu 7 Jahren Gefängnis verurteilt (1949), 1950 entlassen 404

David, Dr. Eduard (geb. 1863 Berlin, gest. 1930 Berlin), seit 1903 Mitglied des Reichstags (SPD), 1918 Unterstaatssekretär im Auswärtigen Amt, 1919 Reichsinnenminister, 1923 Vertreter des Reiches in Darmstadt 23, 27

Diels, Dr. Rudolf (geb. 1900 Berghausen, tödlich verunglückt 1957 Katzenelnbogen), 1930 als Oberregierungsrat ins preußische Staatsministerium des Innern berufen, 1933/34 1. Chef der Gestapo, auf Intervention Görings, dessen Schwester er in 2. Ehe heiratete, nach dem Röhmputsch Regierungspräsident von Köln, 1936 von Hannover, nach dem 20. Juli verhaftet; 1945—48 interniert, danach Landwirt u. Schriftsteller 345

Dinter, Artur (geb. 1876 Mülhausen/Elsaß), Lehrer, Schriftsteller, seit 1919

Mitglied der NSDAP, seit 1924 Abgeordneter im thüringischen Landtag 215

Drexler, Anton, Schlosser in München, gründete 1918 den »Freien Ausschuß für einen guten Frieden«, daraus ging hervor die »Deutsch-sozialistische Arbeitsgemeinschaft«, aus der 1919 die »Deutsche Arbeiterpartei« entstand, die sich später NSDAP nannte, 1921 von Hitler als Ehrenpräsident ausgebootet, 1923 nach dem Putsch verhaftet, 1925 gründete er eine neue, eigene Partei, den »Nationalsozialen Volksbund« 133 ff.

Duesterberg, Theodor (geb. 1875 in Darmstadt, gest. 1950 Hameln), Oberstleutnant a. D., 1924—1933 2. Bundesführer des Stahlhelm, 1932 Reichspräsidenten-Kandidat, 1933 Niederlegung aller Ämter, 1934 beim Röhmputsch vorübergehend verhaftet, 1943 unterstützte er Goerdeler 130, 173, 270, 272, 292, 300

Ebert, Friedrich (geb. 1871 Bremen, gest. 1925 Berlin), von Beruf Sattler, 1912 Mitglied des Reichstags (SPD), seit 1913 im Vorstand der SPD, am 9. 11. 1918 Reichskanzler, am 11. 2. 1919 Reichspräsident der deutschen Republik 23, 27, 29, 36 ff., 44, 56, 60, 63, 68, 72, 77, 79, 104, 108, 117, 161 ff., 168, 171, 188, 198 f., 290

Ehrhardt, Hermann (geb. 1881 Weil, gest. 1971 Brunn/Niederösterreich), Korvettenkapitän a. D., 1919 Führer des Freikorps »Brigade Ehrhardt«, 1920 am Kapp-Putsch beteiligt, Flucht (Bayern), nach Auflösung des Freikorps Schaffung der Organisation Consul (O. C.), für zahlreiche Fememorde der O. C. verantwortlich, Nov. 1922 verhaftet, Flucht nach Tirol, Juli 1923 von Kahr zurückgeholt, am Kahrunternehmen und Hitlerputsch beteiligt, 1925 amnestiert (Kapp-Putsch), 1927 Heirat mit der Prinzessin Margarete von Hohenlohe-Öhringen; angeblich gegen den Nationalsozialismus eingestellt, ging er 1934 (nach Röhm-Putsch) ins Ausland 68 ff., 74, 80, 83, 99 f., 116, 122, 131, 146, 165, 185, 188, 204, 207

Eisner, Kurt (geb. 1867 Berlin, ermordet 1919 München), 1892/3 Redakteur bei der »Frankfurter Zeitung«, 1898—1905 beim »Vorwärts«, 1907—1910 »Fränkische Tagespost«, vom 7. 11. 1918—21. 2. 1919 Bayerischer Ministerpräsident und Außenminister 35, 38, 40, 42, 63, 87, 109 f., 118, 269

Eltz-Rübenach, Paul Frhr. v. (geb. 1875 Wahn/Rheinl., gest. 1943 Linz), 1919—1924 in verschiedenen Staatsstellungen, zuletzt im Reichsverkehrsministerium, 1924 Präsident der Eisenbahndirektion Karlsruhe, 1932 im Kabinett Papen Reichsverkehrsminister, ebenso unter Schleicher und Hitler, 1937 wegen Differenzen mit der NSDAP entlassen 285, 372

Endres, Fritz (geb. 1877 Ebenhausen, gest. 1963 München), 1918 Geschäftsführer des Metallarbeiterverbandes, 1912—1933 Bayerischer Landtag (SPD), 1918/19 bayerischer Justizminister, 1920 Innenminister, seit 1920 Geschäftsführer der Landtagsfraktion der SPD 112 f.

Epp, Franz Xaver Ritter v. (geb. 1868 München, gest. 1946 München), Generalleutnant, 1919 an der Niederschlagung des Münchner Räteaufstandes beteiligt (Freikorps Epp), 1921—23 Infanterieführer der 7. Bayerischen Reichs-

wehrdivision, Dez. 1923 verabschiedet; erst Mitglied der Bayerischen Volkspartei, seit 1927 dann NSDAP, 1928 Reichstag (NSDAP), 1933 Reichskommissar und Reichsstatthalter für Bayern; 1945 interniert, Dez. 1946 in ein
Münchner Krankenhaus eingeliefert, dort gestorben 92, 125 f., 146, 149,
164, 217, 388 f.

Ernst, Karl (geb. 1904 Berlin, 1934 beim Röhmputsch erschossen), Bäcker-
geselle, Liftboy, kaufmännischer Angestellter, seit 1923 NSDAP, Adjutant
von Heines und Helldorff, zuletzt Gruppenführer der Berliner SA. 412

Erzberger, Mathias (geb. 1875 Buttenhausen, ermordet 16. August 1921 am
Kniebis im Schwarzwald), Lehrer, seit 1903 Reichstag (Zentrum), 1918 Kabinett Max v. Baden Staatssekretär ohne Geschäftsbereich, 1919 Reichsfinanzminister 34, 50, 51, 54, 61 ff., 83, 100, 104, 112, 117, 121, 218, 297

Escherich, Dr. Georg (geb. 1870 Schwandorf, gest. 1941 München), Forstmeister, 1921 Vertreter der bayerischen Staatsforstverwaltung in der Reichs-
forstwirtschaft, 1919 Landeshauptmann der bayerischen Einwohnerwehr
(Orgesch) bis zu ihrer Auflösung, 1929 Führer des bayerischen Heimat-
schutzes 92, 112, 116, 119 f.

Esser, Hermann (geb. 1900 Röhrmoos/Obb.), nach der Revolution Mitglied
der USPD, 1920 Schriftleiter des »Völkischen Beobachter«, 1923 Propa-
gandaleiter der NSDAP, 1929—1933 Stadtrat und Fraktionsvorsitzender
der NSDAP im Münchener Stadtrat, 1932 Bayerischer Landtag, 1933 Präsident des Landtags, 1933 auch Reichstag (Vizepräsident) und Mitglied der
Reichsregierung, 1933—1935 Mitglied der bayerischen Staatsregierung, Chef
der Staatskanzlei und Staatsminister für Wirtschaft, 1939—1945 Staatssekretär für Fremdenverkehr im Reichspropagandaministerium; 1949 zu 5 Jahren Arbeitslager verurteilt, amnestiert 135, 143, 156, 187, 194 f.

Feder, Gottfried (geb. 1883 Würzburg, gest. 1941 Murnau), Gründungsmit-
glied der NSDAP, 1923 am Hitler-Putsch beteiligt, seit 1924 im Reichstag,
zuerst Nationalsozialistische Freiheitspartei, dann NSDAP, Mitglied der
Reichsleitung der Partei, 1931 Vorsitzender des Wirtschaftsrates der NSDAP,
1933/34 Staatssekretär, 1934/35 Reichskommissar für das Siedlungswesen,
seit 1934 auch Professor an der TH Berlin 135, 183, 195, 252, 304, 364

Fehrenbach, Konstantin (geb. 1852 Wellendingen, gest. 1926 Freiburg/Br.),
Rechtsanwalt, seit 1901 Mitglied des Badischen II. Kammer, seit 1903 auch
des Reichstags (Zentrum), 1920—21 Reichskanzler, 1924 Vorsitzender der
Zentrumsfraktion im Reichstag 85, 203

Fischer, Hermann, ehem. Offizier, Mitglied der O. C., ermordete zusammen
mit Kern am 24. 6. 1922 Rathenau, erschoß sich bei der Verhaftung 105

Frank II, Dr. Hans (geb. 1900 Karlsruhe, hingerichtet 1946 Nürnberg), schloß
sich 1919 der völkischen Freiheitsbewegung an, Mitglied der NSDAP, 1926
Rechtsanwalt in München, 1927 Leiter der Rechtsabteilung der NSDAP,
Mitglied des Reichstags seit 1930, 1933 Reichskommissar für die Gleichschaltung der Justiz und bayerischer Justizminister, 1934 Reichsminister, Reichs-
rechtsführer und Präsident der Akademie für Deutsches Recht, 1939—45
Generalgouverneur in Krakau 252, 255, 379

Heß, Rudolf (geb. 1894 Alexandria), im 1. Weltkrieg Fliegerleutnant, 1920 NSDAP, 1923 am Hitlerputsch beteiligt, 1¹/₂ Jahre Festung, nach 7 Monaten entlassen, Assistent bei Karl Haushofer, 1925—1932 Privatsekretär Hitlers, 1933 Stellvertreter des Führers und Reichsminister, 1941 Flug nach Schottland, 1946 in Nürnberg zu lebenslänglichem Zuchthaus verurteilt, seitdem im Spandauer Gefängnis in Haft   143, 181 f.

Heye, Wilhelm (geb. 1868 Fulda, gest. 1947 Braunlage/Harz), 1919 als Oberst Chef des Stabes der Nordarmee, 1926 Nachfolger Seeckts als Generalleutnant Chef der Heeresleitung, 1930 verabschiedet   16, 28, 67, 206

Hilferding, Dr. Rudolf (geb. 1877 Wien, gest. 1941 Paris), Arzt, 1907—1915 politischer Schriftleiter des »Vorwärts«, 1918—1922 Chefredakteur der »Freiheit«, 1923 Reichsfinanzminister, 1924 Reichstag, 1928—1929 erneut Reichsfinanzminister; 1933 Emigration in die Schweiz, 1938 Paris, 1941 dort von der Gestapo verhaftet, starb im Gefängnis   170, 229

Himmler, Heinrich (geb. 1900 München, 1945 Selbstmord Lüneburg), 1918 Fahnenjunker, 1919 Freikorps »Oberland« und »Reichskriegsflagge«, am Hitler-Putsch 1923 beteiligt, 1927 Stellvertretender, 1929 Reichsführer der SS, 1933 Polizeipräsident von München, 1936 Chef der deutschen Polizei, 1943 Reichsminister des Innern, 1944 Befehlshaber des Heimatheeres   152, 358

Hindenburg, Oskar v. (geb. 1883 Königsberg), im 1. Weltkrieg Generalstabsstellungen, seit 1925 persönlicher Adjutant seines Vaters, 1934 als Generalmajor entlassen, lebte bis 1945 auf Gut Neudeck, danach in der Nähe von Nürnberg   201, 204, 372

Hindenburg, Paul v. Beneckendorf u. v. (geb. 1847 Posen, gest. 1934 Neudeck), Teilnahme am Krieg 1866 und 1870/71, 1903 Kommandant General des IV. Armeekorps, 1911 Abschied, 1914 Oberbefehlshaber der 8. Armee (Tannenberg), dann Oberbefehlshaber Ost, 1916 Chef des Generalstabs des Feldheeres (OHL), nach dem Krieg wieder im Ruhestand, 1925 Reichspräsident, 1932 erneut   10, 16—20, 30, 33, 37, 61, 162, 165, 200 f., 204 f., 218, 229, 237 f., 242, 246, 248, 253 f., 258, 261 ff., 265, 267 ff., 271 f., 277, 280 f., 284, 289, 328, 343, 352 f., 355, 362 f., 365 ff., 369—372, 393, 407, 413

Hoffmann, Johannes (geb. 1867 Ittesheim, gest. 1930 Wachenheim), von Beruf Lehrer, seit 1908 Bayerischer Landtag (SPD), 1912 auch Reichstag, 1918 bayerischer Kultusminister, 1919/1920 Ministerpräsident   38, 89, 112 ff.)

Hölz, Max (geb. 1889 bei Riesa, gest. 1933 bei Gorki), Techniker, 1920 Leiter des kommunistischen Aufstandes in Mitteldeutschland, Flucht in die Tschechoslowakei, 1921 erneut Aufstand, lebenslänglich Zuchthaus, 1928 amnestiert, ging in die Sowjetunion   103, 199

Hoetzsch, Otto (geb. 1876 Leipzig, gest. 1946 Berlin), Historiker, 1906 Professor in Posen, 1920 in Berlin, 1920—30 Mitglied des Reichstags (DNVP), 1930 trennte er sich als Gegner Hugenbergs von der Partei, 1935 zwangsweise emeritiert   197

Hugenberg, Dr. Alfred (geb. 1865 Hannover, gest. 1951 Gut Rohbraken), 1890 Mitbegründer des Alldeutschen Verbandes, seit 1920 Mitglied des

Reichstags (DNVP), 1928 Vorsitzender der DNVP, 1931 mit Hitler Harzburger Front, 1933 unter Hitler Reichswirtschafts- und -ernährungsminister, Rücktritt Juni 1933, danach auf seinem Gut Rohbrake/Rinteln (Weser) 55 f., 128, 147, 185, 219—223, 232 f., 237, 246, 253, 264, 269, 272, 326, 340, 365 f., 369, 371 f., 375, 386, 404

Hustert, Heinz, Kaufmann aus Elberfeld, Mitglied der O. C. und des »Deutschvölkischen Schutz- und Trutzbundes«, 1922 Mordversuch an Scheidemann, zu 10 Jahren Zuchthaus verurteilt, 1928 amnestiert   102, 140

Imbusch, Heinrich (geb. 1878 Oberhausen, gest. 1945 in Essen), 1919 Vorsitzender des Gewerkvereins der christlichen Bergarbeiter, Mitglied des Reichstags (Zentrum), 1933 emigrierte er ins Saargebiet, dort 1934 von einem SA-Rollkommando mißhandelt, 1935 Luxemburg, 1940 Belgien, 1942—1945 illegal in Essen   359

Jagow, Dr. Traugott (geb. Perleberg 1865, gest. Berlin 1941), ehem. Polizeipräsident von Berlin, am Kapp-Putsch beteiligt und zu 5 Jahren Festung verurteilt   70, 105, 116, 302

Jarres, Dr. Karl (geb. 1874 Remscheid, gest. 1951 Duisburg), 1910 Oberbürgermeister von Remscheid, 1914—33 Oberbürgermeister von Duisburg, 1923—25 Reichsminister des Innern, 1925 Kandidat für die Reichspräsidentenwahl im 1. Wahlgang, im 2. durch Hindenburg ersetzt, nach 1933 in der Wirtschaft, Vorsitzender des Aufsichtsrates der Klöckner-Werke   200

Kaas, Dr. Ludwig (geb. 1881 Trier, gest. 1952 Rom), 1918 Professor für Kirchenrecht am Priesterseminar in Trier; seit 1920 Reichstag (Zentrum), 1921 preußischer Staatsrat, 1928 Vorsitzender der Zentrumspartei, 1933 Emigration, 1935 Kanonikus von St. Peter in Rom   232, 282, 337, 362, 373, 395

Kahr, Gustav Ritter v. (geb. 1862 Weißenburg, gest. 1934 KZ Dachau), 1917 Regierungspräsident von Oberbayern, 1920/21 bayerischer Ministerpräsident, 1923/24 Generalstaatskommissar, 1924—1930 Präsident des Bayerischen Verwaltungsgerichtshofes   93, 113 f., 118—123, 131, 147, 149, 162 bis 190, 193, 306, 412

Kanitz, Gerhard Graf v. (geb. 1885 Podangen/Ostpreußen), bis 1913 Offizier, dann auf seinem Gut tätig, 1920—23 Reichstag (DNVP), 1923—26 Reichsernährungsminister, 1928 Mitglied des preußischen Landtages   173, 198

Kapp, Wolfgang (geb. 1858 New York, gest. 1922 Leipzig), 1906 Generallandschaftsdirektor in Ostpreußen, 1917 Gründer der Vaterlandspartei, März 1920 Kapp-Putsch, starb während des Hochverratsprozesses in der Untersuchungshaft   56, 67—74, 83

Kardorff, Siegfried v. (geb. 1873 Berlin, gest. 1945 Berlin), Sohn von Wilhelm v. Kardorff, verheiratet mit Katherina v. Oheimb, geb. van Endert, seit 1912 Reichstag (Freikonservativ), 1918 zunächst DNVP, seit 1920 DVP, Mitglied des Reichstags und 1923 bis 1930 Vizepräsident   222

Karl Eduard, Herzog von Sachsen-Coburg und Gotha (geb. 1884 Esher, gest. 1954 Coburg), 1920–26 Führer der Brigade Ehrhardt in Thüringen, bzw. des Wikingbundes, 1933 SA-Obergruppenführer und NSKK-Obergruppenführer, Präsident des Deutschen Roten Kreuzes   272, 348

Kautsky, Karl (geb. 1854 Prag, gest. 1938 Amsterdam), trat 1878 der SPD bei, 1881 Privatsekretär von Engels in London, gründete die »Neue Zeit«, 1917 USPD, 1918 in den Kaukasus, um die Menschewiki gegen die Bolschewiki zu unterstützen, Rückkehr nach Wien, von dort 1938 in die Emigration   39, 78, 84

Kerrl, Hans (geb. 1887 Fallersleben, gest. 1941 Berlin), 1928 Mitglied (der NSDAP) im preußischen Landtag, 1932 Landtagspräsident, 1933 preußischer Justizminister und Reichsminister ohne Geschäftsbereich, 1935 Reichsminister für kirchliche Angelegenheiten   344, 379

Kern, Erwin, Oberleutnant zur See a. D., Mitglied der OC., 24. 6. 1922 zusammen mit Fischer Mord an Rathenau, erschoß sich bei der Verhaftung   105

Keudell, Dr. Walter v. (geb. 1884 Hohenlübbichow/Neumark, gest. 1973 Bonn), Sohn des Gesandten Robert v. Keudell; Forstwirtschaftler, Mitglied des Reichstags seit 1924 (DNVP), Reichsinnenminister 1927/28, 1929 Übertritt zum Christlich-Sozialen Volksdienst, 1933 NSDAP, Oberlandesforstmeister, 1936 Staatssekretär; 1948 von der Spruchkammer entlastet   224

Killinger, Manfred v. (geb. 1886 Lindigt/Nossen, 1944 Selbstmord Bukarest), Kapitänleutnant a. D., Führer im Freikorps Ehrhardt, militärischer Leiter der O. C., 1921 Führer der Brigade Ehrhardt im polnischen Aufstand in Oberschlesien, 1921 Beihilfe beim Mord an Erzberger, freigesprochen, Führer des Wikingbundes in Sachsen, 1927 NSDAP, 1933 sächsischer Ministerpräsident, 1934 abgesetzt, 1937–39 Generalkonsul in San Francisco, 1940 Gesandter in Preßburg, dann Bukarest   101, 297

Klagges, Dietrich (geb. 1891 Herringsen), Volksschullehrer, 1931 nationalsozialistischer Minister für Volksbildung in Braunschweig, 1933 dort Ministerpräsident, nach 1945 verschiedene Verfahren, 1952 15 Jahre Zuchthaus, 1957 entlassen   259, 265

Knilling, Dr. Eugen v. (geb. 1865 München, gest. 1927 München), 1912–18 im Bayerischen Ministerium des Innern, 1920 Mitglied des Landtags (BVP), 1922–24 bayerischer Ministerpräsident, 1924 Präsident der Bayerischen Staatsschuldenverwaltung   126

Koch, Karl (geb. 1876 Witten/Ruhr, gest. 1951 Bielefeld), seit 1927 Superintendent in Oeynhausen, Präsident der westfälischen Landessynode, 1919–33 Preußischer Landtag (DNVP), 1930–32 auch Reichstag, im Kirchenkampf leitete er die Bekenntnissynode der deutschen Evangelischen Kirche in Barmen, Dahlem und Augsburg   290, 409

Kriebel, Hermann (geb. 1876 Germersheim, gest. 1941 Berlin), Infanterieoffizier (Oberstleutnant), Stabsleiter der Landesleitung der bayerischen Einwohnerwehr, 1923 militärischer Führer des »Deutschen Kampfbundes«, 1923 am Hitlerputsch beteiligt, 1925 Reichstag für die Nationalsozialisti-

1916 Austritt aus der Fraktion, nach einer Kundgebung gegen den Krieg zu 4 Jahren Zuchthaus verurteilt, 1918 begnadigt, zusammen mit Rosa Luxemburg im Spartakusbund 37, 87 f., 309

germeister von Essen, 1922 Reichsminister für Ernährung und Landwirtschaft, 1923 Reichsfinanzminister, 1925 Reichskanzler, 1927 Beitritt zur DVP, 1930—33 Reichsbankpräsident, 1933—1937 Botschafter in USA 199, 202—205, 237, 410

Luxemburg, Rosa (geb. 1870 Zamosść, Polen, 1919 in Berlin ermordet), 1905 Teilnahme an der russischen Revolution, gehörte dann mit Liebknecht zur äußersten Linken der deutschen Sozialdemokratie, 1917 Gründung des »Spartakus«, 1918 der KPD 37, 87 f., 309 f.

Maercker, Georg (geb. 1865 Baldenburg, gest. 1924 Dresden), General, Führer des Wehrkreiskommandos IV in Dresden, nach dem Kapp-Putsch verabschiedet 38 f., 73 f.

Mahraun, Artur (geb. 1890 Kassel, gest. 1950 Gütersloh), Offizier (Oberleutnant), 1920 Gründung des Jungdeutschen Ordens, 1932 Mitglied des Reichstags (Staatspartei), 1933 Verbot des Ordens, zeitweilig in Haft, dann Verleger in Berlin 132, 229

Marx, Wilhelm (geb. 1863 Köln, gest. 1946 Bonn), seit 1899 zum Zentrum gehörend, 1920—28 Vorsitzender des Zentrums und ihrer Reichstagsfraktion, 1923, 1924 Reichskanzler, 1926 Reichsminister für Justiz, 1926—28 erneut Reichskanzler 197, 200, 205, 208, 211, 293

Max, Prinz von Baden (geb. 1867 Karlsruhe, gest. 1929 Salem), badischer Thronfolger, 5. Oktober 1918 Reichskanzler, 9. November Rücktritt, seitdem auf Schloß Salem 17, 22—32, 35

Meißner, Dr. Otto (geb. 1880 Bischweiler, gest. 1953 München), 1905 Mitglied der Liberaldemokratischen Partei in Elsaß-Lothringen, 1919 Geschäftsträger in der Ukraine, 1919 Vortragender Rat im Büro des Reichspräsidenten, 1920 Ministerialdirektor und Leiter des Büros des Reichspräsidenten, 1923 Staatssekretär, 1937 Reichsminister und Chef der Präsidialkanzlei. 1949 im Wilhelmstraßenprozeß Freispruch 284 f., 362

Minoux, Friedrich (geb. 1877 Mutterstadt), 1912 Generaldirektor im Stinnes-Konzern, 1923 Leiter einer Kohlengroßhandlung und eines Bankhauses 173

Möhl, Arnold v. (geb. 1867 Nandlstadt), 1917/18 Kommandeur der 16. Bayerischen Infanteriedivision, 1919—22 der 7. Reichswehrdivision und bayerischer Landeskommandant, 1923—24 Befehlshaber der Gruppe 2 der Reichswehr in Kassel 113 f., 123, 126, 204

Müller, Hermann (geb. 1876 Mannheim, gest. 1931 Berlin), 1899 Redakteur, 1906 in den Parteivorstand der SPD, 1916 Mitglied des Reichstags, 1920 Reichsaußenminister, 1920 Reichskanzler, Fraktionsvorsitzender der SPD im Reichstag, 1928—30 erneut Reichskanzler 78, 217 f., 228, 231, 237, 325

Müller, Ludwig (geb. 1883 Gütersloh, gest. 1945 Berlin), während des Krieges Marinepfarrer, 1926 Wehrkreispfarrer in Königsberg, 1930 NSDAP, 1933—37 Reichsbischof der »Deutschen Kirche« 372, 408 f.

Münchmeyer, Ludwig (geb. 1885 Hoyel/Melle), 1921 Pfarrer in Borkum, 1926 legte er das Pfarramt nieder, zur NSDAP, Mitglied des Reichstags 1930, nach dem Krieg in Bethel 268, 300

korps Ehrhardt, dann Mitglied O. C., erschoß am 16. 8. 1921 zusammen mit Tillesen Erzberger, Flucht ins Ausland, 1937 Mitglied der NSDAP, 1950 zu 12 Jahren Zuchthaus verurteilt, 1952 bedingte Strafaussetzung   100 ff.

Schulz, Paul, 1918 vom Unteroffizier zum Leutnant befördert, Adjutant bei Buchrucker (Schwarze Reichswehr), Anstifter zahlreicher Fememorde, unter seinem Kommando die Fememörder Büsching, Hein; Klapproth, Erich; Klapproth, Willy; Fahlbusch, August; nach Buchruckers Putsch Flucht (1923), 1924 Organisator der Landvolkgenossenschaft (einer Einrichtung des Zentralverbandes der christlich-nationalen Landarbeiter), später Anhänger G. Strassers, 1934 (Röhm-Putsch) auf der Flucht schwer verwundet   140, 258, 296, 358

Schwerin-Krosigk, Lutz Graf (geb. 1887, gest. 1977), seit 1926 höherer Ministerialbeamter im Reichsfinanzministerium, 1932—1945 Reichsfinanzminister, 1949 im Wilhelmstraßenprozeß zu 10 Jahren Gefängnis verurteilt, 1951 entlassen   285, 362, 372

Schweyer, Dr. Franz (geb. 1868, gest. 1935 München), seit 1900 im Staatsdienst, 1909—1917 Bezirksamtmann, dann Ministerialrat im Innenministerium, 1921—1924 bayerischer Innenminister   126, 153, 181, 305

Seeckt, Hans v. (geb. 1866 Schleswig, gest. 1936 München), 1915 Generalstabschef verschiedener Armeen, 1919 Leiter der militärischen Vertretung des Deutschen Reichs in Versailles, 1920 Chef der Heeresleitung, 1926 als Generaloberst verabschiedet, 1933—1935 militärischer Berater   10, 70 f., 81, 125, 151, 170 ff., 174 ff., 183, 188 f., 205 f., 306, 322

Seisser, Hans Ritter v. (geb. 1874 Würzburg), 1919 Befehlshaber der Bayerischen Landespolizei (Oberst), 1930 Ruhestand   168, 174, 178 ff., 184 f., 190, 193, 305

Seldte, Franz (geb. 1882 Magdeburg, gest. 1947 Fürth), Gründer und Führer des Stahlhelms, 1933 bis 1945 Reichsarbeitsminister; 1945 verhaftet, 1947 in einem amerikanischen Militärlazarett in Fürth gestorben   130, 263, 353, 386, 403

Severing, Carl (geb. 1875 Herford, gest. 1952 Bielefeld), Schlosser, Gewerkschaftssekretär und Redakteur, seit 1907 Mitglied des Reichstags für SPD, 1919 Reichs- und Staatskommissar für Westfalen, 1928—1930 Reichsinnenminister, 1920—1921 und 1921—1928 und 1930—1932 preußischer Innenminister   38, 75, 99, 151, 160 ff., 244, 262, 278, 290, 344 f., 381

Sollmann, Wilhelm (geb. 1881 Oberlind/Meinigen, gest. 1951 USA), 1897 bis 1911 kaufmännischer Angestellter, dann Redakteur in Würzburg und Köln, 1923 Reichsinnenminister, seit 1920 Mitglied des Reichstags (SPD), Chefredakteur der »Rheinischen Zeitung«; 1933 Exil, USA, dort Universitätsprofessor   390

Stampfer, Friedrich (geb. 1874 Brünn, gest. 1957 Kronberg/Taunus), Journalist, seit 1900 Redakteur der »Leipziger Volkszeitung«, 1916—1933 Chefredakteur des »Vorwärts«, Vorstandsmitglied der SPD, seit 1920 auch Mitglied des Reichstags, emigrierte 1933 nach Prag, 1938 nach Frankreich, später USA, 1948 Rückkehr nach Deutschland   23, 332

Thälmann, Ernst (geb. 1886 Hamburg, gest. 1944 KZ Buchenwald), 1903 Mitglied der SPD, 1917 USPD, dann KPD, Vorsitzender der Partei seit 1925, Mitglied des Reichstags und Gründer des Roten Frontkämpferverbandes, 1933 verhaftet 199, 270, 272, 320, 325, 330

Thyssen, Fritz (geb. 1873 auf Styrum, gest. 1951 Buenos Aires), Vorsitzender des Aufsichtsrates der Vereinigten Stahlwerke Düsseldorf u. a. zum Thyssen-Konzern gehörenden Gesellschaften, Mitglied des Reichsverbandes der deutschen Industrie; seit Mai 1923 NSDAP, Finanzier Hitlers, 1939 Flucht in die Schweiz, 1940 verhaftet, bis 1945 in verschiedenen KZs, anschließend interniert, 1948 als Minderbelasteter eingestuft, lebte zuletzt in Argentinien 147, 206, 410

Tillesen, Heinrich (geb. 1894 Köln), ehem. Marineoffizier (Oberleutnant), Mitglied des O. C., erschoß am 16. 8. 1921 zusammen mit Heinrich Schulz Erzberger, Flucht ins Ausland (Ungarn), 1947 zu 15 Jahren Zuchthaus verurteilt 101 f.

Tirpitz, Alfred v. (geb. 1849 Küstrin, gest. 1930 Ebenhausen/Obb.), Großadmiral a. D., 1897—1916 Staatssekretär des Reichsmarineamtes, 1917 Mitbegründer der Vaterlandspartei, 1924 Reichstag (DNVP) 116, 167, 196 f.

Torgler, Ernst (geb. 1893 Berlin, gest. 1963 Hannover), seit 1907 proletarische Jugendbewegung, 1910—16 SPD, 1916—20 USPD, seit 1920 KPD, Reichstagsabgeordneter, Fraktionsvorsitzender der Partei im Reichstag, im Reichstagsbrandprozeß freigesprochen 329, 345, 383

Vögler, Dr. Albert (geb. 1877 Borbeck/Essen, gest. 1945 Dortmund), Generaldirektor, u. a. Vorsitzender des Vorstandes der Vereinigten Stahlwerke (Thyssenkonzern), Mitglied des Reichstags 1920—24 (DVP) und 1933 13, 263, 269, 410

Wagner, Adolf (geb. 1890 Alling, gest. 1944 München), 1919 bis 1929 Direktor der Bayerischen Bergwerksgesellschaft, 1923 NSDAP, seit 1924 Bayerischer Landtag, 1929 Gauleiter des Gaues Großmünchen und Oberbayern, 1933 bayerischer Staatsminister des Innern, 1936 für Unterricht und Kultus 227, 273

Wagner, Robert (geb. 1895 Lindach/Baden, 1946 hingerichtet), Leutnant der Infanterie-Schule München, Mitglied des »Kampfbundes« (Roßbach), Teilnahme am Hitler-Putsch, $2^{1}/_{2}$ Jahre Festung, begnadigt, Aufbau der NSDAP in Baden, 1932 Stellvertreter des Reichsorganisationsleiter Dr. Ley, 1933 Reichsstatthalter in Baden, 1940 Chef der Zivilverwaltung im Elsaß 190, 303

Warmbold, Prof. Dr. Hermann (geb. 1879 Kleinheinstedt/Hildesheim), bis 1921 im Staatsdienst (preußisches Landwirtschaftsministerium), dann Tätigkeit in der Industrie, Vorstandsmitglied der IG Farben AG., Reichswirtschaftsminister im 2. Kabinett Brüning, unter Papen und Schleicher 263, 280, 285, 363